„... Zu denen in der Ferne gehen ..."
Friedhelm Jürgensmeier

„... Zu denen in der Ferne gehen ..."

Missionare von der Heiligen Familie (1895–1995)

herausgegeben von
Friedhelm Jürgensmeier

Mainz 1995

Die Deutsche Bibliothek – CIP-Einheitsaufnahme

„... **zu denen in der Ferne gehen** ..." : Missionare von der Heiligen Familie (1895 – 1995) / hrsg. von Friedhelm Jürgensmeier. – Mainz : Inst. für Mainzer Kirchengeschichte, 1995
 ISBN 3-9804290-0-8

NE: Jürgensmeier, Friedhelm [Hrsg.]; Kongregation der Missionare von der Heiligen Familie

© Friedhelm Jürgensmeier
Alle Rechte vorbehalten. Nachdruck, auch auszugsweise, nur mit Genehmigung des Herausgebers.
Auslieferung: Missionshaus Hl. Familie, Abt. Sendbote, Klosterweg 1, Postfach 530, 57505 Betzdorf
ISBN 3-9804290-0-8
Gesamtherstellung: Progressdruck GmbH, 67346 Speyer

Inhalt

Vorwort 9

I. Die Kongregation

EGON FÄRBER, Italien
Eine Ordensgemeinschaft auf dem Weg. Suche nach Identität
und Orientierung 13

FRIEDHELM JÜRGENSMEIER, Deutschland
Hundert Jahre Missionare von der Heiligen Familie (1895–1995).
Historischer Abriß 28

EGON FÄRBER, Italien
Die Verehrung der Heiligen Familie von Nazaret unter
Papst Leo XIII. (1878–1903). Ein Brückenschlag zum heutigen
Verständnis 72

EDOUARD JOST, Italien
Jean Berthier (1840–1908). Missionar von La Salette und
Gründer der MSF 83

GERHARD MOCKENHAUPT, Deutschland
Mission – Partnerschaft – Dialog 111

II. Region Indonesien – Papua-Neuguinea – Madagaskar

WIM VAN DER WEIDEN, Indonesien
Auf dem Wege zu einer asiatischen Kirche 129

WILLEM DEMARTEAU, Indonesien
Missionskirche wird Ortskirche. Alt-Bischof Willem Demarteau
von Banjarmasin/Kalimantan beantwortet Fragen
von Egon Färber 151

ALOYSIUS M. SUTRISNAATMAKA, Indonesien
Die javanische *kebatinan*-Mystik. Ihre Bedeutung für eine
Neuevangelisierung 162

ALOYSIUS PURWA HADIWARDOYO, Indonesien
Islamische Ehemoral in Indonesien im Lichte der heutigen
katholischen Lehre 177

YUVENALIS LAHAJIR, Indonesien
Panorama der Dayakkultur in Kalimantan 190

YAN ZWIRS (LAWING PARAN), Indonesien
„Oft ist Lawing schlau wie ein Zwerghirsch, aber oft
erwischt es ihn doch". Parabeln von Lawing über den
Alltag der Dayaks 209

STANISŁAW CZARNY, Papua-Neuguinea
Missionare von der Heiligen Familie in Goroka.
Ersterfahrungen eines Missionars in Papua-Neuguinea ... 218

VINCENT DE PAUL RAJOMA, Madagaskar
Madagaskar. Ein Volk, das seinen Glauben singt 230

OTTO APPERT, Schweiz
Paläontologische Forschungen in Madagaskar –
mit Randglossen 235

OTTO RICKENBACHER, Schweiz
„Das Leben ist Schatten und Nebel, geht vorüber und
ist dahin" – oder: Wenn Qohelet und Ohabòlana sich treffen 251

JOSEF HARTMANN, Norwegen
Amharische Grammatik 261

III. Region Amerika

WERNER ARENS und HANS-MARTIN BRAUN, Deutschland
Die Rückkehr der Indianer zu ihren alten religiösen Traditionen.
Reservatsbesuche bei den Chippewa, Cheyenne und Sioux im
Sommer 1994: Neun Szenen aus einem Reisetagebuch ... 269

JUAN VAN KESSEL, Chile
Die heutigen Aymara von Chile 295

GASPAR HANDGRAAF, Chile
Aldea Mis Amigos. Eine Familie für Straßenkinder 337

JOSÉ MARIA AGUIRRE, Argentinien
Familienkatechese im Stadtrandgebiet von Buenos Aires.
Erfahrungsbericht eines Großstadtseelsorgers 359

JOSÉ ANTONIO ROCHA LIMA, Brasilien
Seelsorgliche Erfahrungen und Versuche im Norden
von Minas Gerais 372

IRIO LUIZ CONTI und ROQUE JOÃO BIEGER, Brasilien
Die schwarze Segeltuchstadt. Neue Wege der Kirche
in Brasilien? 379

VICENTE LAURINDO DE ARAÚJO, Brasilien
Kirchenmodelle in Brasilien (1889–1993) 393

EUCLIDES BENEDETTI, Brasilien
Befreiungstheologie und Seelsorge der MSF in Lateinamerika 401

ITACIR BRASSIANI, Brasilien
Zur Spiritualität der MSF in Lateinamerika 425

ANDREW SPATAFORA, Kanada
Die Familie zur Zeit Jesu 448

IV. Region Europa

ISAIAS LASO MARTÍN, Spanien
Familienorientierungs- und Eheberatungszentren in Spanien 455

MARIAN TWARDAWA, Polen
Volksmission und Familienpredigt gestern und heute
in Polen 463

JOACHIM PIEGSA, Deutschland
Ein Gebet- und Gesangbuch als Beitrag zur deutsch-polnischen
Versöhnung 482

HERMANN-JOSEF BURBACH, Deutschland
   Aufgabe und pastorale Chance eines katholischen Rundfunkbeauftragten beim Westdeutschen Rundfunk in Köln 494

GERHARD EBERTS, Deutschland
   Der SENDBOTE – eine Zeitschrift für Familie und Mission
   dargestellt an der deutschen Ausgabe 505

JOSEF VODDE, Deutschland
   Von der apostolischen Schule zum Apostolat in der Schule . 520

Die Autoren 525

Vorwort

In den 1985 von Rom approbierten Konstitutionen der Missionare von der Heiligen Familie (MSF) wird in Anlehnung an Apg 2, 39 das Apostolat unter *all denen in der Ferne, die der Herr, unser Gott, herbeirufen wird*, als das besondere Ziel der missionarischen Ordensgemeinschaft bezeichnet.

Daß die Jubiläumsschrift anläßlich des 100-jährigen Bestehens unter fast gleichlautendem Titel erscheint, geht nicht unmittelbar auf diesen Text zurück. Der Titel erwuchs vielmehr aus der Lektüre der über dreißig Beiträge, die fast ausschließlich von Mitgliedern der Kongregation als Festgabe zur Vollendung des ersten Zentenars verfaßt wurden. Was sich lange als Problem erwiesen hatte, nämlich die Vielfalt und Verschiedenartigkeit der einzelnen Artikel unter einen treffenden Nenner zu bringen, schien auf einmal fast selbstverständlich, als in einer Gesprächsrunde die Bemerkung fiel, *zu denen in der Ferne gehen* sei eine Maxime, die, wenn auch unterschiedlich stark und unter recht divergenten Aspekten, fast alle Beiträge erkennen ließen. Da sind „ferne" Räume, die aufgesucht werden, Länder, Rassen, Kulturen und Sprachen, Andersdenkende und Andersglaubende, Arme, Notleidende, Alleingelassene, Menschen an den Rändern der Zivilisation, Menschen im Dschungel ausufernder Großstädte, Menschen in der Diaspora. Zu helfen, daß „die Fernen" dem Reich Gottes und der Frohbotschaft Jesu Christi näherkommen, sind das missionarische Ziel und die Aufgabe, die in den Beiträgen anklingen oder zur Sprache kommen.

In Anlehnung an die derzeit im Aufbau befindliche obere Organisationsform der Kongregation sind die Artikel, teils persönlich gehaltene Berichte, teils pastoraltheologische Modellbeschreibung, teils Vorstellung von wissenschaftlichen Aktivitäten und teils historische Untersuchung und Darstellung, in regionalbezogene Abschnitte gegliedert. Diese lokalbetonte Gliederung gibt zugleich einiges vom inneren Gehalt der Beiträge wieder, denn sie sind nicht selten ein Spiegelbild eben der Mentalität und der Denkweise jener Regionen und Länder, in denen sie geschrieben wurden.

Vielfach mußten die Originaltexte übersetzt werden. Dabei wurde darauf geachtet, daß bei allem Bestreben, dem deutschen Sprachempfinden gerecht zu werden, mit den inhaltlichen Aussagen des Autors nach Möglichkeit auch dessen Stil und Eigenart erkennbar blieben. Diese Übersetzungsarbeit machte nicht unerhebliche Mühe. Daher sei an dieser Stelle ganz aufrichtig all denen gedankt, die bei den Übersetzungen halfen oder auch fertige Texte lieferten. Gerne nenne ich die MSF-Patres Raymond Brück (Belgien), Hermeto Lunkes (Rom), Klaus Quast (Spanien), Francesco Pavin (Italien), Hermann Stahlhacke (Indonesien) und insbesondere Ulrich Schmitz (Deutschland), weiter meinen wissenschaftlichen Mitarbeiter in Osnabrück Dr. Hans Peterse, Sr. Thoma Galuschka SSND aus Rom, Ursula Strack aus Bonn und schließlich als berufliche Übersetzerinnen Irene Huber und Barbara Böer Alves. Ganz herzlich danke ich Ricarda Hovermann vom Fachbereich Katholische Theologie in Osnabrück und Alwine Bornheimer vom Institut für Mainzer Kirchengeschichte in Mainz für viele sorgfältige Schreibarbeit sowie Gabriela Hart, ebenfalls vom Mainzer Institut, für intensives und aufmerksames Korrekturlesen. Zu besonderem Dank bin ich meiner wissenschaftlichen Mitarbeiterin am Mainzer Institut Regina E. Schwerdtfeger verpflichtet. Sie half mir nicht nur unermüdlich bei der sprachlichen Aufbereitung und der Redaktion der Texte sowie bei der Organisation der Drucklegung, sie begleitete auch mit kritischen Überlegungen engagiert das Gesamtprojekt und war dabei eine wertvolle Gesprächspartnerin. Herzlicher Dank gilt schließlich dem Generaloberen der MSF in Rom, P. Egon Färber. Von Anfang an befürwortete er den Vorschlag, die Jubiläumsschrift in vorliegender Form herauszubringen. Er stellte die Verbindung zu den meisten Autoren her und zeigte sich am Fortgang der Arbeit stets interessiert und ihm ist es letztendlich zu verdanken, daß die finanzielle Voraussetzung zum Druck der Publikation geschaffen wurde.

Die Veröffentlichung selbst sei ein aufrichtiges Dankeschön an die MSF und ihren Gründer Jean Berthier (1840-1908). Möge die Kongregation in ihr zweites Jahrhundert mit jenem Elan und Optimismus schreiten, den die „Heilige Familie" auf dem Titelbild ausstrahlt, das aus der Feder des langjährigen Chile-Missionars Juan van Bergenhegouwen MSF stammt.

Am Fest der Heiligen Familie 1995

Friedhelm Jürgensmeier MSF

I. Die Kongregation

Eine Ordensgemeinschaft auf dem Weg

Suche nach Identität und Orientierung

von EGON FÄRBER in Italien

Eine Ordensgemeinschaft ist ein lebendiger Organismus, der in das Leben der Gesellschaft und der Kirche integriert ist und nicht unberührt bleibt von den Strömungen der Zeit. Das kann feststellen, wer Rückschau hält, den Ist-Stand betrachtet und über die Herausforderungen für die Zukunft nachdenkt.

I. Rückschau

Der Weg der Kongregation der MSF in den ersten hundert Jahren (1895–1995) läßt drei verschiedene Etappen erkennen.

Die Periode von 1895–1965

Dies ist die Zeit von der Gründung bis zum II. Vatikanischen Konzil, das am 28. Oktober 1965 das Dekret *Perfectae Caritatis* über die zeitgemäße Erneuerung des Ordenslebens verkündete. Unsere Kongregation sah in dieser Epoche ihren vordringlichen Auftrag darin, im „christlichen Europa" oder in anderen Teilen der Welt, dort, wo es kinderreiche katholische Familien gab, Missionsschulen und Missionsseminare in eigener Trägerschaft zu errichten und zu unterhalten, um möglichst viele Ordensleute und Missionare heranzubilden und sie in die „Heidenländer" oder „Missionsgebiete" zu entsenden.

In diesen Jahrzehnten herrschte innerhalb der Ordensgemeinschaft ein zentralistischer Leitungsstil, der sich allerdings für die damalige Missionsarbeit als sehr wirksam erwies. Alle wichtigen Entscheidungen geschahen schnell und ohne große Diskussionen durch die Obern, die lediglich in besonderen Fällen den Rat ihrer Assistenten anhören mußten.

Bald wurden der jungen Ordensgemeinschaft durch den Apostolischen Stuhl große und sehr unterschiedliche Missionsgebiete übertragen. Die Gemeinschaft breitete sich schnell aus.

Die Konstitutionen und Gebräuche, die das Leben der Ordensmitglieder und der Gemeinschaften bis ins einzelne regelten, galten überall in gleicher Weise. Der Ordensgehorsam wurde schnell mit dem Willen Gottes in Verbindung gebracht. Immer wieder wurde die Aufsichtspflicht der Obern und Visitatoren eingeschärft und meist auch konsequent verwirklicht.

Die Mitglieder gestalteten das Leben bewußt aus dem Glauben; sie wußten im allgemeinen um ihre Identität. Die Ordenskleidung, die Frömmigkeitsübungen und die Gebräuche der Gemeinschaft trugen dazu bei. Die Kongregation war in ihren Strukturen fest gefügt und zielstrebig in ihren Aktivitäten.

Die Nachkonzilszeit 1965–1985

Das Konzilsdekret *Perfectae Caritatis* leitete eine Erneuerung des Ordenslebens ein in der gesamten katholischen Kirche. Alle Ordensgemeinschaften wurden aufgefordert, sich auf ihren Ursprung und den Kern ihrer Berufung zu besinnen, um besser auf die Zeichen der Zeit antworten zu können. In diesem Sinne sollten die Ordensregeln überarbeitet und erneuert werden. Es begann eine Zeit des Umbruchs, der Änderungen, der Experimente. An Stelle der alten Ordensregeln, deren Befolgung als sicherer Weg zum Heil verstanden worden war, erstellte man nun sehr unterschiedliche Regelentwürfe, die „ad experimentum" eingeführt wurden.

Als Reaktion auf den bisherigen strengen Zentralismus wurde der Wert der Verschiedenheit der Kulturen betont. Die Freiheit des einzelnen und die Entfaltung der Persönlichkeit wurden hervorgehoben und die Erkenntnisse der Humanwissenschaften, besonders der Psychologie und Anthropologie, herangezogen. Viele Ordensleute nutzten das Angebot von entsprechenden Trainings. Alte Ordenstraditionen, die vorher unumstrittene Geltung besaßen, gerieten ins Wanken. Die äußeren Zeichen und Symbole der Identität gab man weitgehend auf.

Es war eine Zeit der Unsicherheit. Nicht wenige Ordensleute traten aus. Manche Formen des geistlichen Lebens, oft von Devotion oder einer Häufung von Frömmigkeitsübungen geprägt, wurden durch die Liturgieerneuerung des Konzils in Frage gestellt und in kurzer Zeit aufgegeben. Dadurch fühlten sich viele Ordensleute heimatlos und ohne Orientierung; das Bekannte und Erlernte existierte nicht mehr, das Neue wuchs nur langsam und mühsam.

Die Jahre 1985–1995

Bei den MSF traten im Oktober 1985 die neuen vom Apostolischen Stuhl approbierten Konstitutionen in Kraft. Sie waren in fünfzehnjähriger Arbeit durch Beteiligung der ganzen Kongregation erarbeitet und vom Generalkapitel 1983 verabschiedet worden. Der in deutscher Sprache verfaßte Text wurde in die englische, französische, indonesische, niederländische, polnische, portugiesische und spanische Sprache übersetzt. Damit waren die früheren lateinisch-französischen Konstitutionen abgelöst. In den Jahren 1985–1995 erarbeitete man in den fünfzehn Ordensprovinzen eigene Provinzdirektorien (= Statuten der Provinz). In ihnen waren die allgemeinen Normen der Konstitutionen und des Generaldirektoriums auf die konkreten Situationen der jeweiligen Provinz angewandt. Das bot eine Chance zur Inkulturation. Sie wurde unterschiedlich wahrgenommen. Einige Provinzen bemühten sich, dem Ordensleben in ihrem Kulturraum besondere Akzente zu geben, andere begnügten sich mit juristischen oder praktischen Anpassungen. Dieser Prozeß der Inkulturation ist somit nicht beendet; er hat eigentlich erst begonnen.

Die letzten Jahre sind zunehmend von dem Bemühen gekennzeichnet, in der Vielfalt der Kulturen die gemeinsamen Werte des gottgeweihten Lebens zu erkennen und zu bestärken. Es wächst ein neues Verständnis der Solidarität zwischen den Nachbarprovinzen und der Wunsch, in den einzelnen Kontinenten als Ordensgemeinschaft enger zusammenzuarbeiten in der Weiterbildung und Animation, in der Heranbildung des Ordensnachwuchses und in der missionarischen Sendung. In der Kongregation der MSF bilden sich drei recht unterschiedliche Regionen heraus:
– Amerika, mit starker Konzentration auf Lateinamerika,
– Europa, mit ausgeprägten Traditionen und einer Vielfalt von Sprachen,
– Madagaskar – Indonesien – Papua Neuguinea (MadIndoPapua), mit vielen jungen Ortskirchen.

Diese „Regionalisierung" beruht nicht auf juristischen Strukturen, sondern ist erwachsen aus dem Wunsch nach intensiverer Erfahrung der Internationalität, nach stärkerer Familiarität innerhalb des Ordens über die nationalen Grenzen hinaus und nach effektivem missionarischen Einsatz. Die Generalleitung versucht, diese Entwicklung zu fördern. Die besonderen Probleme dieser im Entstehen begriffenen regionalen Ausrichtung sind die Sprachschwierigkeiten und die großen geographischen Distanzen. Die englische Sprache wird der gemeinsame Nenner sein.

II. Ist-Stand

Um die MSF in das Gesamtbild des Ordenslebens besser einordnen zu können, seien zunächst einige statistische Angaben über das Ordensleben in unserer Zeit gemacht: Bei einer Gesamtkatholikenzahl von 906.400.000 beträgt die Zahl der Mitglieder der Institute des gottgeweihten und der Gesellschaften des apostolischen Lebens zwar weit über eine Million, aber dies sind nur 0,12 Prozent.

Etwa 72,5 Prozent der Ordensleute sind Frauen, 27,5 Prozent Männer. Frauen und Laienbrüder, also Laien, bilden mit etwa 82,2 Prozent die große Mehrheit. Nur 17,8 Prozent sind Priester oder Diakone. Es gibt 250 männliche Ordensinstitute päpstlichen und 242 diözesanen Rechtes. Bei den Ordensfrauen sind es 1.423 Institute päpstlichen und 1.550 diözesanen Rechtes. Außerdem bestehen 165 Säkularinstitute und 39 Gesellschaften des apostolischen Lebens päpstlichen Rechtes.

Die MSF, seit dem Jahr 1911 ein Institut päpstlichen Rechtes, zählte laut Statistik vom 1. Januar 1994 15 Ordensprovinzen, 81 Hausgemeinschaften in 21 Nationen, 8 Bischöfe, davon zwei Emeriti, 697 Priester und 86 Ordensbrüder, 113 Scholastiker mit Gelübden (20 mit ewigen, 93 mit zeitlichen), 67 Studenten im Philosophie- bzw. Theologiestudium ohne Gelübde, 50 Novizen und 53 Aspiranten.

In der Gesamtkongregation sind folgende Trends zu beobachten: Die bisher personal- und finanzstärkeren Provinzen in Mitteleuropa und Nordamerika beginnen zu überaltern und werden zahlenmäßig kleiner. In drei Gebieten scheint sich die Präsenz der Kongregation zu verstärken: Von Polen aus durch eine Öffnung zum Osten zu den Ländern der ehemaligen Sowjetunion; in MadIndoPapua durch eine größere Beheimatung in Madagaskar, auf den verschiedenen Inseln

Indonesiens und in Papua-Neuguinea; in Lateinamerika durch die Verlagerung der Berufungen: von den Nachkommen der europäischen Einwanderer in den Bereich der Mischbevölkerung. Durch diese Umschichtung verändert sich das Bild der Kongregation stark.

III. Ausblick: Herausforderungen

Vom 22. bis 27. November 1993 veranstaltete die Vereinigung der Generalobern (USG) in Rom einen internationalen Kongreß, der unter dem Thema stand: „Gottgeweihtes Leben heute: Charismen in der Kirche für die Welt". Es war der erste Kongreß dieser Art, auf dem die Ordensleute auf Weltebene über ihren Auftrag und über ihr Selbstverständnis nachdachten. Die Versammlung diente der Vorbereitung der 9. Ordentlichen Versammlung der Bischofssynode, die sich im Oktober 1994 mit dem gottgeweihten Leben in der katholischen Kirche befaßt.

An diesem Kongreß nahmen über 500 Personen aus rund 150 Nationen teil, darunter 125 Generalobere, meist in Begleitung von Mitgliedern ihrer Institute, etwa fünfzig Vorsitzende oder Vertreter von National- oder Kontinentkonferenzen der höheren Ordensobern und rund einhundert Theologen. Eine bedeutende Zahl von Generaloberinnen und Theologinnen der Internationalen Union der Generaloberinnen (UISG) bereicherte die Erörterungen. Im Anschluß an Grundsatzreferate fanden Podiumsdiskussionen statt, die sich in geographisch-kultureller, charismatischer und ekklesiologischer Sicht mit verschiedenen Aspekten des gottgeweihten Lebens befaßten. In dreißig Sprachgruppen, die ihre Erörterungen in fünf „Konstellationen" konzentrierten, wurden jeden Tag die besonderen Perspektiven wie Kultur, Charismen, Ausbildung und Zukunft des Ordenslebens behandelt. In einem vorwiegend praktisch und einem mehr theologisch ausgerichteten Schlußdokument werden drei Grundaspekte des gottgeweihten Lebens vorgestellt: Sendung, Communio und Identität.

Im folgenden wird versucht, vor dem Hintergrund der Erfahrungen der Ordensleute aus aller Welt konkrete Anregungen, Folgerungen und Orientierungen für die MSF aufzuzeigen.

Das Suchen nach Selbstverständnis und Identität

Das Ordensleben befindet sich in einem tiefgreifenden Wandel. Das zeigt sich bereits in neuentwickelten Begriffen. So gebraucht man in der jüngsten Zeit mehr und mehr den Begriff „gottgeweihtes Leben" (Istituti di Vita Consacrata), um das Ordensleben zu bezeichnen. Daneben tritt zunehmend der Begriff „Charisma" als Bezeichnung für das Wesen des Ordenslebens in den Vordergrund. Dieser Terminus deutet darauf hin, daß das gottgeweihte Leben nicht zuerst vom Verpflichtungscharakter der Ordensgelübde her zu verstehen ist, sondern als Gnadengabe (Gabe und Auftrag) Gottes an die Kirche für die Welt. Charisma ist nicht etwas Starres, Unbewegliches, für alle Zeiten Fertiges. Die kirchlichen Richtlinien *Mutatae relationes* aus dem Jahr 1978 umschreiben es so: *Das Charisma der Stifter scheint eine gewisse Erfahrung des Geistes zu sein, die den eigenen Schülern überliefert wurde, damit sie danach leben, sie hüten, vertiefen und ständig weiterentwickeln in der gleichen Weise, wie auch der Leib Christi ständig wächst.*

Die Vitalität einer Ordensgemeinschaft wird vor allem davon abhängen, ob sie dem Ursprungscharisma treu bleibt und zugleich fähig ist, in schöpferischer Weise auf den Anruf des Geistes Gottes in der Jetzt-Zeit zu antworten. Daher stellen viele Ordensgemeinschaften Fragen in zwei Richtungen: Was ist das Spezifische, das Charakteristische, das Typische unseres Charismas und wie sollen und müssen wir auf die großen Herausforderungen in unserer Zeit eingehen? Nur wenn sich eine Gemeinschaft ihrer „Originalität" bewußt ist, kann sie diese auch konsequent verwirklichen bzw. umsetzen. Eine Ordensfamilie, die nichts ausstrahlt, hat keine Anziehungskraft.

Bei der Frage nach der Identität des gottgeweihten Lebens stößt der Ordenschrist letztlich auf Christus und sein Evangelium. Am Anfang einer Ordensgründung steht meist eine Gotteserfahrung, die Wahrnehmung eines Rufes Christi. Christus ist der Mittelpunkt des gottgeweihten Lebens. Sein Evangelium ist das Fundament. Jede Ordensfamilie möchte einen Aspekt, ein Wort, ein Beispiel des Mysteriums besonders hervorheben und leben, damit im Bruchstück das Ganze, die Fülle des Lebens Jesu erahnt oder sichtbar werden kann, zum Beispiel wie er auf dem Berg in Beschauung verweilt, wie er den vielen das Reich Gottes verkündet, wie er Kranke und Besessene heilt, die Sünder zum Guten bekehrt und allen Gutes tut.

Die MSF sehen in Jesus vor allem den „Missionar des Vaters", der in der Familiengemeinschaft mit Maria und Josef an Weisheit zunahm und bei Gott und den Menschen Gefallen fand (Lk 2, 52), der das Heilswerk in der Alltäglichkeit von Nazaret begann, der sich besonders den Armen zuwandte (vgl. die „Antrittspredigt" in Nazaret in Lk 4, 14–21), mit seinen Jüngern eine Gemeinschaft bildete und diese mit Geduld und Weisheit auf ihre Mission vorbereitete.

Ausgehend von diesem Christusbild und entsprechend dem Charisma des Anfangs sehen die MSF die Förderung von Missionsberufen und die pastorale Sorge um Ehe und Familie als ihr spezifisches „Missionsfeld" (vgl. Mt 9, 35–38). Es heißt in den Konstitutionen (Nr. 4): *Im Sinne von Pater Berthier ist für uns Familienseelsorge auch Berufsapostolat.* Es ist ein pastoraler Ansatz, der bewußt auf die familiären Zusammenhänge achtet. Dafür bedarf es einer Sensibilität und eines Verantwortungsvermögens, das sich am Evangelium orientiert und durch Fort- und Weiterbildung ständig gepflegt werden muß.

Heutige Ideale für das Gemeinschaftsleben

In der Vergangenheit betrachtete man die „vita communis" mehr im Blick auf die Einheitlichkeit; heute werden stärker das brüderlich-schwesterliche Leben in Gemeinschaft, die Einheit in den Grundüberzeugungen und die menschliche Sorge und Hilfsbereitschaft füreinander betont. Innerhalb der gleichen Ordensfamilie kann es verschiedene Apostolatswerke und deshalb legitimerweise auch unterschiedliche Lebensstile geben, wenn sie dem Gemeinschaftsziel dienen und sich gegenseitig ergänzen. Die Ausübung der Autorität hat neue Formen vor allem dadurch angenommen, daß eine größere Teilhabe an Entscheidungen gewünscht ist. Als Ideal gilt nicht der passive, sondern der dialogische, mitwirkende, verantwortliche Glaubensgehorsam.

Wie im heutigen Familienleben haben auch im Ordensleben die Teilnahme aller an den häuslichen Arbeiten, die Rücksicht auf die jüngere bzw. ältere Generation, die Sorge und Mithilfe bei Krankheiten, die Einfachheit im Umgang miteinander und die selbstverständliche gegenseitige Hilfe eine große Bedeutung.

Unser Gründer Jean Berthier schreibt in den ersten Konstitutionen von 1895, Nr. 15, einen Satz, der in diese Richtung zeigt und für die Kongregation bleibende Gültigkeit hat; denn es geht um den Primat des Liebesgebotes. Es heißt dort: *Sie werden nie vergessen, daß über allen Konstitutionen die gegenseitige Achtung und Liebe steht und daß alle Vorschriften, alle Gelübde das Ziel haben, in den Seelen die Liebe zu Gott und zum Nächsten zur Entfaltung zu bringen. Sie werden darum alles tun, um einander mit Ehrerbietung zuvorzukommen, ein Herz und eine Seele zu sein, einander zu helfen in der Arbeit, zu trösten in der Mühsal des Lebens und sich gegenseitig zu erbauen.* Dies ist eine Kurzformel dessen, was der Ordensgründer zum Gemeinschaftsideal der MSF zum Ausdruck bringen will. Berthier sah im Bild der Heiligen Familie von Nazaret alle Tugenden, die das Gemeinschaftsleben braucht.

In der heutigen Realität darf nicht übersehen werden, daß sich manchmal – und zwar nicht nur in den sogenannten „reichen" Ländern – die Suche nach Komfort in die Ordensgemeinschaften einschleicht oder daß das Fehlen der geistlichen Dimension (Spiritualität) und einer angemessenen Disziplin zu einer inneren Leere führt. Der rechte Umgang mit den heutigen Freiräumen verlangt eine Erziehung zur Klugheit und zur affektiven Reife, zur Bereitschaft, Kritik anzunehmen und die Eindeutigkeit des Evangeliums zu leben.

Die heutige Gesellschaft erwartet von den Ordensleuten kein überstiegenes Vollkommenheitsideal, sondern echte Menschlichkeit, Glaubwürdigkeit, Transparenz, Demut und Einfachheit.

Für die MSF heute ist der Lebensstil einer einfachen Arbeiterfamilie ein gewisser Maßstab für die Verwirklichung ihres Armutsgelübdes. Die Familie von Jesus, Maria und Josef ist Vorbild und Orientierung für das geistliche Leben. Es heißt in den Konstitutionen (Nr. 5): *Die Heilige Familie bestimmt in ihrem gemeinsamen Hinhören auf Gottes Willen und im Weiterschenken seiner Gaben unser missionarisches Leben und Handeln. Ihre Einheit in Gott ist für unsere Ordensgemeinschaft ein Anruf zur brüderlichen Einheit, zur menschlichen Offenheit und zur Gastfreundschaft, zugleich aber auch der Auftrag, alle Menschen in die eine Familie des Vaters zu führen.*

Das Leben in der Gemeinschaft ist ein Ideal und ein Weg, der nicht leicht ist und erhebliche Anforderungen an den einzelnen stellt. Communio entsteht nicht spontan. Wesentlich sind Großmut und die Bereitschaft, *siebzig mal siebenmal* zu vergeben. Nur so können gegenseitige Offenheit, reife Beziehungen und die Kraft der Freundschaft wachsen.

Die Mitglieder des geweihten Lebens sind sich bewußt, daß das Charisma der Communio nicht nur eine Gabe und Aufgabe für die eigene Gemeinschaft darstellt, obwohl die eigene Familie der Ort ist, wo sie zuerst eingeübt werden und sich bewähren und bewahrheiten muß. Darüber hinaus ist die Koinonia, die Pflege des Gemeinschaftssinnes, innerhalb der Gesamtkirche von größter Bedeutung, eine wahre Herausforderung. Der Ordensstand versteht sich u.a. als ein Band zwischen der Kirche und den Randgruppen, die oft von der normalen Pastoral nicht erreicht werden. Das Bemühen um Communio mit ihnen wird jedoch nicht freibleiben von innerkirchlichen Spannungen. Dasselbe gilt für das Bemühen um Ökumene mit anderen christlichen Konfessionen und für den Dialog mit den nichtchristlichen Religionen. Doch gerade hier liegt ein großer Auftrag und eine Chance für die Gemeinschaften des gottgeweihten Lebens.

Die Mission des gottgeweihten Lebens in unserer Zeit

Die gewandelten Verhältnisse in Kirche und Welt stellen neue Anforderungen an die Mission der Kirche und an das Ordensleben. Beim internationalen Kongreß der Ordensleute im Jahr 1993 wurden folgende Optionen für die Mission der Ordensgemeinschaften in unserer Zeit hervorgehoben:

* Die *Option für die Armen*: Armut und Verelendung nehmen in vielen Teilen der Welt in einem erschreckenden Maße zu. Auch in den wirtschaftlich stärker entwickelten Ländern entstehen neue Formen der Armut. Das Nord-Süd-Gefälle wird extremer. Die in der Kirche Lateinamerikas betonte „vordringliche Option für die Armen" ist nicht mehr auf diesen Kontinent beschränkt, sondern sie stellt die Ordensleute in allen Teilen der Welt vor neue Herausforderungen, die ihren Lebensstil und ihren Dienst in Frage stellen. Die Ordensregel der MSF sagt daher: *Mit Christus verbunden und von ihm herausgefordert, stellen wir uns auf die Seite*

jener, die unfreiwillig arm und unterdrückt, rechtlos und alleingelassen sind. Das kann bedeuten, daß viele mit den Armen und einige wie die Armen leben. Zur Ordensarmut gehört die Demut, von den Armen anzunehmen, was sie uns sagen und geben können, und sich von ihnen evangelisieren zu lassen (DG 014).

* *Die Option für Gewaltlosigkeit und für das Leben*: Gewalttätigkeit, übertriebener Nationalismus und die Unterdrückung von ethnischen Minderheiten scheinen zuzunehmen. Gewalttätigkeit provoziert neues Unrecht. Die Institute des gottgeweihten Lebens sehen sich aufgerufen, sich im Geist der Gewaltlosigkeit des Evangeliums für das Leben einzusetzen. Sie tun das im Blick auf Jesus, der die Gewaltlosigkeit gefordert, aber die moralische Widerstandskraft gegen Unfrieden, Ungerechtigkeit, unsoziale Verhältnisse gelehrt und selbst bewiesen hat (vgl. RUDOLF SCHNACKENBURG).

* *Die Option für den Dialog mit den anderen Religionen und Kulturen*: Dem wachsenden Fundamentalismus und Dogmatismus gegenüber, der sich auch in den großen Religionen breit macht, können die Ordenschristen nicht gleichgültig bleiben. Sie spüren die Notwendigkeit, besonders den interreligiösen Dialog zwischen Christen und Moslems geduldig weiterzuführen.

* *Die Option für Christus und die Missio „ad gentes"*: Die Vereinsamung des Menschen, die Unfähigkeit zur Stille und Kontemplation sowie die Suche nach schnellen technischen Lösungen für menschliche Probleme sind Zeichen unserer Zeit. Nach dem Fall der früheren Messianismen ist in vielen Teilen der Welt ein religiöses Vakuum entstanden, ein Hunger nach dem Transzendenten. Die religiösen Erwartungen sind stark vom Emotionalen und Sentimentalen geprägt. Es entstehen neue Sekten, und in weiten Kreisen führen parapsychologische Techniken zu tiefen Enttäuschungen. Das gottgeweihte Leben ist mit seiner Ausgewogenheit von Gebet und Aktion ein wesentliches Moment geistlicher Orientierung. Die Verkündigung des Evangeliums „nach draußen" hat hierin eine neue Aktualität erhalten.

Die Ordensleute werden sich mehr und mehr dieser großen Herausforderungen unserer Zeit bewußt und versuchen, auf ihre je eigene Weise dem Missionsauftrag in unserer Zeit gerecht zu werden. Sie haben auch erfahren, daß man bei der heutigen Evangelisation nicht an der Welt der sozialen Kommunikationsmittel vorbeigehen kann, die einen enormen Einfluß auf die Gewissensbildung, auf die Wertvorstellungen und die religiöse Überzeugung der Zeitgenossen ausüben.

Der große Anspruch an die Ordensleute, der in diesen Optionen und Postulaten zum Ausdruck kommt, kann nur ausgehalten werden, wenn das Leben der einzelnen und das der Gemeinschaften in Gott und seinem Heilsplan verwurzelt ist. Die missionarisch-aktive und die missionarisch-kontemplative Dimension des Ordenslebens müssen ineinander integriert sein. Die Ordensregel der MSF bringt das mit folgenden Worten zum Ausdruck (Nr. 47): *Wenn Gebet, Leben und Arbeiten übereinstimmen, befruchten sie sich gegenseitig. Unsere Hinwendung zu Gott führt uns zu den Menschen, um ihnen das Heil zu bringen, und unsere Sorge um die Menschen führt uns wieder zu Gott, der allein wahres Heil schenken kann.*

Inkulturation

Eines der großen Probleme, denen die Kirche in unserer Zeit begegnet, ist das der Inkulturation. Das trifft auch das Ordensleben; denn das gottgeweihte Leben, wie es sich heute darstellt, ist stark von der europäischen Kultur geprägt. Die neuen Berufungen kommen aber zum größten Teil aus den jungen Nationen. Es ist daher eine große Aufgabe, daß sich das gottgeweihte Leben in die Vielfalt der Milieus, Rassen und Kulturen inkarniert. Die Kirche ist sich bewußt, daß die verschiedenen Kulturen neue Aspekte in das Ordensleben einbringen können in bezug auf Tätigkeit und Kontemplation, Gemeinschaftsleben und Gastfreundschaft, menschliches Miteinander und Umgang mit der Autorität.

Die Inkulturation des gottgeweihten Lebens geschieht nicht durch schnelle oder oberflächliche Anpassung. Sie erfordert eine gute Kenntnis der Kultur und Geschichte eines Volkes, der Sprache, des Brauchtums und der Überlieferungen. Die wahre Inkulturation kann man nicht systematisch planen, weil sie, wie das Leben selbst, eigenen Gesetzmäßigkeiten unterliegt. Grundlegend ist die Achtung vor den Menschen, vor ihren Überzeugungen, Erfahrungen und Gefühlen. Die Wertschätzung des Menschen und der Sinn für das Wesentliche des Glaubens zeigen den Weg für das, was echt und gut ist.

Solidarität und Zusammenarbeit

Wir sehen die großen Herausforderungen und Chancen für das Ordensleben, wir finden aber auch ein beachtliches Maß an Verunsicherungen innerhalb der Ordensgemeinschaften. Nicht wenige Ordensmitglieder – und oftmals sind es angesehene und einflußreiche – verlassen ihre Gemeinschaften und treten aus. Außerdem zeigt sich in vielen Ländern, vor allem in den nördlichen Breiten, eine starke Überalterung.

Hier fragen sich die Jüngeren oder diejenigen, die eintreten möchten: Haben wir eine Zukunft? Auch in Veröffentlichungen wird gefragt: Ist das Ordensleben überhaupt noch für junge Menschen zumutbar? Sollten die Ordensinstitute, besonders die vielen des 19. Jahrhunderts, nicht lernen, in Würde zu sterben? Oder es wird gefragt: Wäre es nicht effektiver, wenn sich die Ordensgemeinschaften zusammenschließen würden?

Diese Fragen sind nicht Ausdruck von böser Absicht, sondern kommen meist aus Mitsorge. Wir Ordensleute müssen sie ernst nehmen und an uns herankommen lassen; es sind zum Teil unsere eigenen Sorgen.

Wir können keine klaren Voraussagen für die Zukunft machen; denn es gibt keine fertigen Rezepte. Wir müssen angstfrei und ohne Profilierungssucht im Heute leben und in kluger Vorsorge die Zukunft gestalten. Der Mensch, der mit Gott rechnet, weiß allerdings, daß Gottes Geist nicht selten Überraschungen bereit hält. Bei aller Zukunftsplanung müssen wir daher offen bleiben für unerwartete neue Möglichkeiten.

Im Hinblick auf den Zusammenschluß von Ordensgemeinschaften muß man sich bewußt sein, daß man Ordensgemeinschaften nicht einfach wie Wirtschaftskonzerne fusionieren kann, wo es um Effizienz der Produktion, um Konkurrenzfähigkeit oder finanzielle Vorteile geht. Ordensgemeinschaften sind Lebens- und Glaubensgemeinschaften. Hier haben auch die alten und kranken Mitglieder ihren Wert und ihre Sendung. So sagt z.B. ein Text in der Ordensregel der MSF (48 u. 043): *Als apostolische Glaubensgemeinschaft stehen wir mit allem, was wir sind und tun, im Dienst des Evangeliums. Auch die älteren und kranken Mitbrüder, die vom Leid Bedrückten und alle, die im Verborgenen ihren Dienst verrichten ... tragen dazu bei, daß der Leib Christi in Liebe aufgebaut wird.* Die Gemeinschaft hat zu sorgen, daß in verantwortlicher Weise für die Zukunft vorgesorgt wird; denn eine Ordensgemeinschaft darf der Gesellschaft keine Sozialfälle zumuten.

Ein Zusammenschluß oder eine Föderation von Ordensgemeinschaften hat immer die Autonomie der einzelnen Institute und die Verschiedenheit der Charismen zu respektieren. Die Vielfalt der Formen des gottgeweihten Lebens sollte weder erstickt noch eingeebnet werden. Sie bezeugt die „Katholizität", den Reichtum des Evangeliums. Was geschichtlich und im Glauben gewachsen ist, darf man nicht vorschnell oder rein rational lösen.

Aus der Erfahrung der MSF ist es aber unbedingt notwendig, daß eine missionarische Ordensgemeinschaft offen ist für jede gute Form der Zusammenarbeit mit anderen Instituten, für Solidarität mit den Menschen guten Willens und für die Communio im oben beschriebenen Sinn. Wer um seine eigene Identität weiß, braucht sich nicht ängstlich abzugrenzen. Die verschiedenen Charismen der Kirche wollen sich ergänzen, damit sie gemeinsam dem Kommen der Gottesherrschaft dienen. Dafür einige Beispiele:

* Nach dem II. Vatikanischen Konzil bildeten sich die Union der Generalobern (USG) für die männlichen und die Union der Generaloberinnen (UISG) für die weiblichen Orden. Seitdem treffen sich die Mitglieder des USG zweimal im Jahr zu Vollversammlungen, und zwar in der letzten Woche im Mai bzw. im November. Dabei handelt es sich um vier Tage des gegenseitigen Kennenlernens und des Erfahrungsaustausches, der Weiterbildung und der Analyse von aktuellen weltweiten Problemen, der gegenseitigen Information und der Zusammenarbeit. Dort ergeben sich erfahrungsgemäß neue Initiativen für den missionarischen Dienst oder für das geistliche Leben. Oftmals werden gemeinsame Stellungnahmen zu aktuellen Problemen verfaßt und veröffentlicht. Diese Form der Zusammenarbeit der Orden ist für viele eine der wirklich guten Erfahrungen in der heutigen Kirche. Auf der Ebene der Nationen und Kontinente gibt es ähnliche Erfahrungen mit den Vereinigungen der höheren Ordensobern.

* Nicht wenige Ordensgemeinschaften haben für die Generalleitung überdimensional große Häuser, die heute echte finanzielle

und verwaltungstechnische Probleme mit sich bringen, besonders in Rom. Aus diesem Grund haben sich die MSF und die Missionare vom Kostbaren Blut im Jahr 1994 entschlossen, auf der Grundlage eines kirchlichen Partnerschaftsvertrags die beiden Generalate in einem einzigen Haus zu konzentrieren, aber so, daß beide Gemeinschaften ihre eigenen Lebensbereiche behalten. Man erhofft sich davon, daß die kleine, ja bescheidene Struktur besser dem missionarischen Ideal entspricht und daß man freier ist für die eigentliche Aufgabe: für die Koordinierung der Missionsaufgaben. Häuser dürfen nicht als Statussymbole verstanden werden. Einfachheit und Funktionalität sind ein Gebot der Stunde.

* Noch vor wenigen Jahrzehnten war es für das Selbstbewußtsein einer männlichen Ordensgemeinschaft wichtig, ordenseigene Seminarien und philosophisch-theologische Hochschulen zu haben. In den letzten Jahren ist es zu einer Selbstverständlichkeit geworden, die Ausbildung der Ordensangehörigen in Zusammenarbeit mit anderen Instituten oder Diözesen gemeinsam zu planen und zu verantworten. Die Kongregation der MSF ist heute Träger oder Mitträger von folgenden Ausbildungsstätten:
– *Brasilien-Süd*: In Passo Fundo das „Institut Pater Berthier für Philosophie", an dem auch Mitglieder anderer Orden studieren, und in Santo Angelo das „Missionarische Institut für Theologie", das zugleich von den Diözesen Santo Angelo und Cruz Alta mitgetragen wird;
– *Indonesien*: In Yogyakarta die „Fakultas Teologi Wedhabakti", die gemeinsam vom Jesuitenorden, von der Erzdiözese Semarang und von den MSF unterhalten wird;
– *Polen*: In Kazimierz Biskupi die „Philosophisch-theologische Hochschule" in wissenschaftlicher Zusammenarbeit mit der päpstlichen theologischen Fakultät in Poznan.

* Es gab Zeiten, da die Ordensgemeinschaften bemüht waren, ihre Spiritualität als ein „exklusives Privateigentum" anzusehen. Heute ist man offener, um durch Erfahrungsaustausch die eigene Sicht zu vertiefen, von anderen zu lernen und sich über den Reichtum der Charismen in der Kirche zu freuen. Aus dieser Erkenntnis heraus wurde im Jahr 1989 ein internationales Symposium von etwa zwanzig verschiedenen Kongregationen veranstaltet, die sich alle vom Mysterium der Heiligen Familie aus Nazaret inspirieren lassen, sich bis dahin aber nicht kannten. Daraus entwickelten sich die beiden internationalen Kongresse in Barcelona über die Heilige Familie (1992 und 1994), von denen beachtliche Impulse für die Spiritualität und für die Familienpastoral der Kongregationen von der Heiligen Familie ausgingen.

Zusammenfassend kann man sagen: Die Institute des gottgeweihten Lebens erleben eine starke Umwandlung. Veraltetes wird zerbrechen – Neues wird wachsen. In dieser Phase ist es von vitaler Bedeutung, daß sich die Ordensinstitute auf das Wesentliche ihrer Berufung besinnen und zugleich offen sind für dringliche Aufgabenstellungen unserer Gesellschaft. Gefragt sind Sachverstand und Glaubenshaltung, Vertrauen auf Gottes Führung und Einsatz aller menschlichen Kräfte. Es geht um das Heil der Menschen und das Kommen des Reiches Gottes, nicht um die Erhaltung von menschlichen Strukturen! Ermutigend und herausfordernd ist die Botschaft, die am Ende der dritten Vollversammlung des Episkopates von Lateinamerika in Puebla (1979) herausgegeben wurde. Darin heißt es: *Wir glauben an die Kraft des Evangeliums. Wir glauben an die Gnade und Kraft unseres Herrn Jesus Christus, der das Leben durchdringt und uns zur Umkehr und Solidarität auffordert. Wir glauben an die Hoffnung, die den Menschen auf seinem Weg zu Gott, unserem Vater, kräftigt und stärkt* (Botschaft an die Völker Lateinamerikas, Nr. 9).

Literaturhinweise:
RUDOLF SCHNACKENBURG, Alles kann, wer glaubt. Bergpredigt und Vaterunser in der Absicht Jesu. Freiburg: Herder 1992.
Union der Generalobern: Gottgeweihtes Leben heute – Charismen in der Kirche für die Welt. Internationaler Kongreß, Rom, 22.–27. November 1993. Schlußdokument, hg. vom Sekretariat der Deutschen Bischofskonferenz (= Arbeitshilfen 120). Bonn 1994.

Hundert Jahre Missionare von der Heiligen Familie (1895–1995)

Historischer Abriß

von FRIEDHELM JÜRGENSMEIER in Deutschland

Als 1989 und 1990 die sowjet-kommunistische Diktatur zusammenbrach und die Sowjetunion zerfiel, für viele Länder des östlichen Europa eine freiheitlich-demokratische Staats- und Wirtschaftsordnung erstmals möglich wurde und in Deutschland nach dem Fall der unseligen Mauer die über 40 Jahre unterbrochene staatliche Einheit wiederhergestellt werden konnte, überwogen Freude und optimistische Zukunftserwartung so sehr, daß in der ersten Euphorie nur unscharf gesehen wurde, welch eine Herausforderung aller Kräfte eine so tiefgehende historische Zäsur zugleich auch bedeutet. Inzwischen ist längst täglich erlebte Wirklichkeit, daß die große Wende weder eine Stunde Null war, die einen von der Vergangenheit völlig losgelösten Neuanfang ermöglicht hätte, noch die Garantie einer problemlos besseren und deutlich vorherbestimmbaren Zukunft. Unwägbarkeiten, Wirrnisse, Unsicherheiten, ja selbst Chaos und Krieg machen sich breit und sind oft die bedrückenden Begleiterscheinungen. Altlasten und überkommene Vorstellungen, oft zäher als erwartet, müssen mühsam aufgearbeitet oder beseitigt, die vielen Veränderungen, und das auf allen Seiten, verkraftet und durch mitunter radikale Neuorientierung gemeistert werden.

Eine weitere Erfahrung lassen uns unsere Zeit und Gegenwart machen. Der Einzelmensch, Gemeinschaften, der Staat, die Kirchen, sie alle sind tief eingebunden in die laufenden historischen Prozesse und Veränderungen. Sie sind Teil von ihnen, sie gestalten sie mit und sie werden von ihnen beeinflußt, ja selbst geprägt bis hin zu Wertvorstellungen und Meinungsbildungen. Diese Prägung und Formung kann so tief gehen, daß es durchaus Sinn macht, mit dem großen französischen Reformtheologen und Mitbegründer der Nouvelle Théologie, Kardinal Henry de Lubac SJ, angestrengt über das Verhältnis von Unveränderlichkeit und Geschichtlichkeit sogar der Wahrheit zu reflektieren.

Was uns die jetzige Erfahrung eindringlich lehrt, das hatte seine Geltung auch im 19. Jahrhundert, in dem der Gründer der MSF, Jean Berthier (1840–1908), lebte und wirkte, und es gilt für das Jahrhundert Geschichte, daß die von ihm ins Leben gerufene Kongregation mit ihrem Zentenarium 1995 durchschritten hat. Ein rascher Blick in die Zeit und Welt Berthiers möge helfen, ihn und sein Gründungswerk besser zu verstehen.

I. Wurzeln. Der Zeit- und Lebensraum von Jean Berthier

Das Jahrhundert, in das hinein der Gründer der MSF am 24. Februar 1840 im französischen Dorf Châtonnay (Departement Isère) als ältester Sohn des Kleinbauern Pierre Berthier-Mozère und seiner Frau Marie, geb. Putoud, geboren wurde, hatte mit ähnlich tiefgreifenden politischen und geistigen Umbrüchen und Veränderungen begonnen, wie es das ausgehende 20. Jahrhundert erlebt.

Die Französische Revolution von 1789 und der gewaltsame Sturz der Monarchie, die in eine grausame revolutionäre Diktatur ausartende demokratische Republik 1792–1794, die bürgerliche Republik bis 1799, die beginnende Alleinherrschaft Napoleon Bonapartes und der von ihm betriebene Aufbau eines zentralistischen Regierungs- und Verwaltungssystems in Frankreich, die nach Europa hineingetragenen Revolutionskriege, das die gewachsenen und Jahrhunderte alten kirchlichen Strukturen radikal verändernde Konkordat von 1801, der Diktatfriede von Lunéville mit dem folgenden Reichsdeputationshauptschluß von 1803, der die Auflösung des seit über 1000 Jahren bestehenden „Heiligen römischen Reiches" bewirkte, der *Code civil* von 1804, die Hegemonialkriege Kaiser Napoleons I. und dessen Niederlage und Sturz und schließlich 1815 der Wiener Kongreß mit seinem Länderschacher, alle diese Ereignisse hatten bewirkt, daß mit dem Beginn des 19. Jahrhunderts ein staatlich, machtpolitisch, kirchlich und geistig weithin neues und verändertes Europa entstanden war.

Der französische Klerus

Diese Veränderungen betrafen insbesondere auch Frankreich, wo sich ab 1789 der seit langem aufgestaute Konflikt zwischen den herrschenden Kräften des Ancien régime und den nach drastischen Umwälzungen drängenden progressiven Kräften im Sturmgewitter der Revolution am heftigsten und gewaltsamsten entladen hatte. Zu Beginn der Revolution standen nicht wenige Geistliche vornehmlich des niederen Klerus den Umbrüchen und Veränderungen durchaus positiv gegenüber. Berührt vom Gedankengut der Aufklärung und unzufrieden mit den herrschenden kirchlichen Zuständen erhofften sie sich von einer neuen Verfassung und der Zerschlagung verkrusteter Strukturen eine für das Volk segensreiche Entwicklung und die dringend erforderliche Reform der vom adeligen Episkopat dominierten französischen Kirche. Doch die Begeisterung für einen möglichen Bund von „Altar und Freiheit" schwand rasch, als die immer radikaler werdenden Revolutionsführer ziemlich offen einen harten antikirchlichen und bald auch antichristlichen Kurs führten und während der Terrorjahre von 1792 bis 1794 mit ungezählten anderen der Großteil des Klerus an Leib und Leben bedroht, tausende Geistliche und Nonnen ins Gefängnis, an die Laterne oder aufs Schafott gebracht und die Kirche Frankreichs an den Rand ihrer Existenz gedrängt wurden. Von da an schien vielen die Verbindung von „Thron und Altar" wieder der bessere Garant für Frieden, Ruhe und Freiheit. Diese konservative Tendenz und Rückorientierung verstärkte sich noch durch Napoleons späteres despotisches Vorgehen gegen den Papst und die ihm unangenehmen Kardinäle und Bischöfe. Der sich weit verbreitenden restaurativen Grundstimmung vieler Katholiken gab CHATEAUBRIANDS eindrucksvolles Buch *Le génie du Christianisme* (1807) noch nachhaltigen Vorschub. Als mit der Thronerhebung des Bourbonen Louis XVIII. 1814 das katholische Glaubensbekenntnis wieder offiziell zur Staatsreligion Frankreichs erklärt wurde, sahen viele darin die Chance, ungeachtet aller Entwicklungen seit 1789 an die vorrevolutionäre Kirche anknüpfen zu können. Gallikanische Tendenzen machten sich erneut bemerkbar. Sie fielen jedoch bald wieder in sich zusammen, nicht weil deren Befürworter irrtümlich vermeint hatten, mit dem Ende der Revolution und dem Sturz Napoleons seien auch die Zeiten zurückgedreht und alle Vorgänge und Veränderungen seit 1789 ungeschehen. Der Grund lag tiefer. Ihnen mangelte es an Echo und Nährboden, denn der weitaus größte Teil des französischen Klerus und der katholischen Intelligenz hatte sich geistig und ekklesiologisch neu orientiert. Es blieb, wenigstens für das Gros des Klerus, eine Festlegung für lange Zeit.

Eine Dominante dieser Neuorientierung war eine tiefgehende Skepsis und ablehnende Haltung den revolutionären und modern fortschrittlichen Ideen gegenüber. Die andere beruhte im Ekklesiologischen. Gefördert von Persönlichkeiten wie Joseph de Maitre (1753–1821) und Hugo de Lamennais (1750–1831) fand der Ultramontanismus Anklang und Eingang in die französische Kirche. Er wuchs an Bedeutung und Einfluß, als unter den Pontifikaten der Päpste Gregor XVI. (1831–1846) und Pius IX. (1846–1878) die absolute Monarchisierung der Kirche betrieben und die papalistischen Theorien vehement durchgesetzt wurden. Forciert wurde der Ultramontanismus noch durch den Verlauf und die Infallibilitätsentscheidung des I. Vatikanischen Konzils sowie die mit der Eroberung von Rom (1870) ermöglichte Auflösung des Kirchenstaates zugunsten eines fortschrittlich-liberalen italienischen Einheitsstaates. Von da an sah sich Papst Pius IX. als der „Gefangene im Vatikan", ein Mitleid heischendes Bild, das für viele Katholiken nachgerade ein Symbol für die von den Mächten des Bösen bedrohte und geknechtete Kirche wurde. Es trug dazu bei, auch in Frankreich die papale Kirchenkonzeption zu einer regelrechten Papstdevotion zu steigern.

Die Ausbildung des Klerus

Seine *theologische* Ausbildung erhielt der französische Klerus während des gesamten 19. Jahrhunderts fast ausschließlich in den etwa 24 Diözesanseminaren. Sie war weithin losgelöst vom Kontakt mit der profanen geistigen Kultur der Zeit und zeigte vornehmlich in der ersten Hälfte des Jahrhunderts eher dürftiges Niveau. Das besserte sich, als die ab etwa 1850 von Italien ausgehende neuscholastische Prägung der Philosophie und Theologie langsam wirksam und allmählich bestimmend wurde. Mit der Erklärung des Thomismus als offizielle philosophische Lehrmeinung der Kirche und Grundlage der Theologie in der 1879 von Papst Leo XIII. (1878–1903) veröffentlichten Enzyklika *Aeterni patris* erlangte diese Richtung auch in Frankreich fast ausschließliche Geltung.

Die *religiös-spirituelle* Formung des französischen Klerus erfolgte weithin im Sinne der sogenannten Ecole française, jener geistig-religiösen Haltung und Ausrichtung also, die an die Spiritualität der französischen Oratorien im 17. und 18. Jahrhundert anknüpfte und auf große Persönlichkeiten des geistlichen Lebens wie Kardinal Pierre de Berulle (1575–1629), Jean-Jacques Olier (1608–1654), Jacques-Bénigne Bossuet (1627–1704) u.a. zurückgriff. Gefördert und getragen wurde diese priesterliche Lebensformung insbesondere von den 1814 wiederentstandenen Sulpizianern, einer von Olier gegründeten und 1664 von Papst Alexander VII. (1655–1667) bestätigten Weltpriesterkongregation, und ihrem Zentrum St. Sulpice in Paris. Diese geistige Erziehung galt nicht nur der inneren Haltung der Kleriker, sie nahm auch prägenden Einfluß auf ihre Lebensgestaltung bis hin zu den alltäglichen Abläufen. Die tägliche Messe, das Breviergebet, geistliche Lesung und Meditation, Rosenkranz und Sondergebete, Visitatio Ss. Sacramenti et B. Mariae V., abendliche Gewissenserforschung, Seelenführer und Correctio fraterna, regelmäßige Beichte, Exerzitien, körperliche Zucht, Anspruchslosigkeit, Buße und Sühne waren Übungen zur Selbstheiligung und galten als Mittel und Voraussetzung für das Apostolat und das segensreiche Wirken in Pastoral und Seelsorge. Besondere Merkmale dieser Spiritualität und der von ihr mitgetragenen, bzw. auch aus ihr heraus gewachsenen Andachts- und Frömmigkeitsformen, teils wiedererwacht, teils neu und bald weit im kirchlichen Leben Frankreichs (selbstverständlich nicht nur dort) verbreitet und populär, waren eine betonte Christozentrik (Eucharistie- und Herz-Jesu-Verehrung, Passionsfrömmigkeit, sakramentalische Andachten), eine gesteigerte Marienverehrung (La Salette 1846, Dogmatisierung der Immaculata Conceptio 1854, Lourdes 1858) und eine hervorgehobene Hochachtung des Priestertums (klerikale Kleidung, ständiges Tragen der Soutane bzw. des Talars). Hinzu kam eine enge Affinität zum hierarchischen Ordnungsprinzip und zu zentralistisch-autoritärer Führung und Leitung.

Kirchliches und religiöses Leben

Manche Andachts- und Pastoralformen, in der Phase der Aufklärung einst verdrängt oder von seiten der Kirchenführung bewußt zurückgenommen, hatten nicht nur eine Neubelebung gefunden, sie wurden geradezu volkstümlich, so vor allem die Heiligenverehrung, sie jedoch eher selektiv, die Wallfahrten und die Volksmissionen. Ihnen haftete nicht selten ein stark gefühlsbetonter bis sentimentaler Zug an. Auch waren sie oft bewußt oder unbewußt antiaufklärerisch und antirationalistisch ausgerichtet. Sie sollten quasi eine religiös-kirchliche Phalanx bilden gegen den als gefährlich eingestuften modernen und liberalen Zeitgeist in Staat, profaner Gesellschaft und Kultur.

Gefördert wurde diese Tendenz noch durch reaktionäre Verlautbarungen Roms, wo seit dem Pontifikat Leos XII. (1823–1829) die „Zelanti" dominierten. Die Enzyklika dieses Papstes *Ubi primum* vom 5. Mai 1824, die Enzyklika *Mirari vos* Gregors XIV. vom 15. August 1832, der *Syllabus* und die Enzyklika *Quanta cura* Pius' IX. vom 8. Dezember 1864, sie alle verwarfen als *ganz verderblichen Irrtum*, was unter die Sammelbegriffe Liberalismus, Rationalismus und Fortschritt fiel und zielten damit geradezu auf eine „autoritär-defensiv geprägte Abgrenzung zwischen dem Katholizismus und den geistigen und politischen Anliegen der modernen Welt" (RUDOLF LILLE, 1964). Die Staaten und Regierungen, zunächst reaktionär, restaurativ und staatskirchlich gesinnt und dann unter dem Etikett liberal und fortschrittlich oft intolerant und antikirchlich, verschärften noch durch kulturkämpferische Provokationen und restriktive Gesetze solche katholische Antihaltung. Das führte die Katholiken zu nicht ungefährlicher Ghettomentalität, gedanklicher Uniformität und Isolierung.

Orden und Mission

Gleichzeitig jedoch bildete sich ein katholisches Milieu von großer kirchlicher Geschlossenheit, enormer Vitalität und außerordentlicher Mobilisierung der eigenen Kräfte. Begünstigt durch ein ganzes Bündel von äußeren Umständen, so die Möglichkeit des sozialen Aufstiegs, die Suche nach sinnvoller Lebensgestaltung, die Vielkinderfamilie, der expansive Kolonialismus usw., erwuchsen aus dieser kirchlichen Selbstfindung und religiösen Revitalisierung zwei besonders bemerkenswerte Früchte: Einmal das überaus zahlreiche Entstehen von neuen religiösen Gemeinschaften, Orden und Kongregationen und zum anderen eine Missionsbegeisterung von lange nicht gekannter Intensität. Auf beiden Feldern war Frankreich bahnbrechend und lange Zeit führend. Dem schloß sich ab etwa 1830 Italien an, im letzten Drittel des Jahrhunderts gefolgt von Belgien, Irland, den Niederlanden und Deutschland. Die Gründungen vor allem weiblicher Gemeinschaften gingen in die Hunderte. Allein in Frankreich erhöhte sich zwischen 1864 und 1877 die Zahl um das Vierfache. Um 1880 gab es rund 140.000 französische Ordensangehörige, etwa 120.000 davon Ordensfrauen. Die Orden, Gemeinschaften und Kongregationen stellten sich zunächst krankenpflegerischen, sozialen, karitativen und schulischen Aufgaben, dann jedoch auch erstmals ausschließlich oder wenigstens hauptsächlich missionarischen Zielen. Zwischen 1805 und 1900 entstanden neben einer ganzen Anzahl von missionarischen Weltpriestergemeinschaften und kleineren Missionsgesellschaften 18 größere Missionsorden. Von ihnen stellte Frankreich den größten Teil. 1880 waren etwa zwei Drittel aller Missionare und drei Viertel aller Missionsschwestern französischer Herkunft.

In dieser Welt wuchs J. Berthier, seit 1862 Priester und Missionar von La Salette, auf, sie prägte ihn und in ihr faßte er den Entschluß, selbst eine Missionskongregation zu gründen. Symptomatisch ist, daß die Gründung nicht mehr in Frankreich, sondern im benachbarten nordbrabantischen Grave erfolgte, denn die große Zeit der französischen Gründungen näherte sich dem Ende. Düstere politische Wolken zogen bald über die Kirche Frankreichs und bedrohten insbesondere die vielen dort beheimateten Orden.

II. Grundlegung. Die Anfänge der MSF bis zum Tode des Stifters 1908

La Salette

In seinem Hirtenschreiben vom 19. September 1851 hatte Bischof Philibert de Bruillard von Grenoble die Echtheit der Marienerscheinung von La Salette bekanntgegeben. Auch ordnete er die Errichtung eines Heiligtums auf dem Berge an. Für die Betreuung der Pilger zu dieser neuen Wallfahrtsstätte und zum Abhalten von Volksmissionen in seiner Diözese gründete er 1852 das Institut der Missionare Unserer Lieben Frau von La Salette. Sein Nachfolger, Bischof Achille Ginoulhiac approbierte 1858 dessen erste provisorische Regel. Ab 1869 wurde aus dem kleinen Institut, es zählte bis dahin kaum mehr als ein halbes Dutzend Mitglieder, unter diesen seit 1862 Jean Berthier, eine Ordensgemeinschaft zunächst bischöflichen und seit 1890 auch päpstlichen Rechts. 1876 traf sich die junge Gemeinschaft zu ihrem ersten Generalkapitel, auf dem drei für die Zukunft des Instituts wichtige Entscheidungen fielen: Zum neuen Leiter und General wurde der Jean Berthier persönlich sehr verbundene und für das apostolische Engagement weit offene Pierre Michel Archier gewählt, die Gemeinschaft gab sich neue Konstitutionen, die der Grenobler Bischof Armand Joseph Fava noch im gleichen Jahr approbierte, und es wurde beschlossen, eine eigene apostolische Schule zu eröffnen. Die Ziele der Gemeinschaft waren jetzt der Dienst am Wallfahrtsort, das Abhalten von Exerzitien und Missionen, und zwar über das Bistum Grenoble hinaus, und die Heranbildung von Jugendlichen zu Priestern. Für Jean Berthier, der mit fünf weiteren Mitgliedern zu den ersten gehörte, die sich am 2. Februar 1879 mit ewigen Gelübden an diese neuen Konstitutionen banden, war jetzt das Arbeitsfeld gegeben, auf dem er mit enormem Einsatz und sehr erfolgreich wirkte. Er wurde Lehrer und Leiter der ersten MS-Schule in Corps und von 1881 bis 1888 auch des ersten MS-Scholastikats und einer schulischen Einrichtung in Leuk (Schweiz/Wallis). Er betreute jährlich zur Hauptwallfahrtszeit die Pilger am Erscheinungsort von La Salette, eine besonders gerne ausgeübte Pastoralaufgabe, die er bis 1898 beibehielt. Sodann betätigte er sich als außerordentlich fruchtbarer apostolischer Schriftsteller und als Volksmissionar. 1904 schrieb er im ersten *Messager de la Sainte Famille*, er habe in *mehr als 33 Jahren und in 16 verschiedenen Diözesen Frankreichs* Missionen abgehalten und Exerzitien gegeben. OSKAR KÖHLER erwähnt im *Handbuch der Kirchengeschichte* eigens das erfolgreiche Wirken des Volksmissionars Jean Berthier in allen Ständen Frankreichs.

Gründungsvorhaben

In diesen Jahren und auf diesen Missionsreisen durch viele französische Regionen kam er zu der Erkenntnis und Überzeugung, viele junge Männer, denen wegen ihres fortgeschrittenen Alters oder wegen fehlender Geldmittel keine Möglichkeit gegeben war, eine humanistische Ausbildung zu erhalten und zum Theologiestudium zugelassen zu werden, seien ein bisher vernachlässigtes vortreffliches Reservoir für die Heranbildung von Priestern und Missionaren. Mit der von da an verfolgten Idee, solchen Spätberufenen, das heißt jungen Menschen zwischen 14 und 30 Jahren, eine schulische und theologische Ausbildung zu ermöglichen, scheint er bei seinen Mitbrüdern in der La Saletter Ordensgemeinschaft nicht die erwartete Resonanz gefunden zu haben. Das verfestigte in ihm seit Anfang der 90er Jahre den Gedanken, ein eigenes religiöses Institut für Spätberufene zu schaffen. Wie intensiv er sich darauf vorbereitete, belegt sein 1893 in Paris erschienenes voluminöses Buch über den Ordensstand mit weit ausholenden Untersuchungen über die spirituellen und theologischen Grundlagen des Ordenslebens.

Auch machte er sich daran, die Strukturen und die Ausrichtung seiner beabsichtigten Gründung zu bearbeiten. Im März 1893 legte er dem Reimser Erzbischof Kardinal Benedikt Langénieux schriftlich seine Anliegen und Pläne mit der Bitte vor, dafür ein römisches Plazet zu erwirken.

Gut ein Jahr später erreichte ihn aus Reims die Einladung, dem dortigen Diözesanklerus im August 1894 Exerzitien zu halten.

Die Begegnung mit Langénieux wurde für das Werden der MSF von einschneidender Bedeutung. Anläßlich seines Rombesuches im Oktober/November 1894 trug der Erzbischof das Anliegen Berthiers dem einflußreichen und die große politische Öffnung Papst Leos XIII. prägend mittragenden Kardinal-Staatssekretärs Mariano Rampolla vor. Da dieser Berthier sofort einen Audienztermin einräumte, sandte er ihm zum 10. Oktober ein Telegramm mit der Aufforderung, möglichst bald nach Rom zu kommen. Berthier erhielt die Mitteilung auf La Salette, wo er als Assistent an dem am 8. Oktober eröffneten Generalkapitel der MS teilnahm. Die überraschende Einladung führte zu einiger Verwirrung, da Berthier seine Confratres in seine Gründungspläne noch nicht eingeweiht hatte. Die Irritation hielt an, da Berthier, der am 11. November Rom erreichte, ohne nähere Informationen über die anstehenden Verhandlungen abgereist war. Am 12. November stellte der Reimser Bischof Berthier dem Kardinal-Staatssekretär Rampolla vor. Offensichtlich fand dieser Interesse an dem beabsichtigten Werk, denn er forderte Berthier auf, für den nächsten Tag einen Text seiner Pläne zu erarbeiten, um ihn dem Papst vorlegen zu können. Leo XIII. zeigte sich von dem ihm am 13. und 14. November unterbreiteten Spätberufenenprojekt so angetan, daß er es sogleich guthieß, Kardinal Langénieux zum Protektor des Unternehmens erklärte und Berthier auffordern ließ, das Werk, da es wahrhaft zeitgemäß sei, ohne Aufschub zu verwirklichen.

Die soziale Komponente und die missionarische Ausrichtung bzw. Zielsetzung des geplanten Werkes von Berthier zählten sicher zu den Gründen, die den Papst so spontan für das Vorhaben eingenommen sein ließen, denn beides zählte zum Grundprogramm seines Pontifikats.

Mit der Enzyklika *Rerum novarum* vom 15. Mai 1891 hatte Leo XIII. erstmals die Grundlagen einer katholischen Sozialordnung umschrieben und damit einen bedeutenden kirchlichen Beitrag zur Lösung der brennenden Arbeiterfrage geleistet. In der Enzyklika *Sancta Dei civitas* vom 3. Dezember 1880, unkorrekterweise oft als eigentliches Missionsrundschreiben bezeichnet, hatte er den Missionswerken Frankreichs hohes Lob ausgesprochen und zu tätiger Missionsgesinnung aufgefordert. Gleiches tat er im Apostolischen Schreiben vom 25. Oktober 1884 anläßlich der Einweihung des Amerikanischen Kollegs in Rom. Erneut würdigte er das segensreiche Wirken so vieler Missionare.

J. Berthier hatte am 14. November 1894 Rom mit zwiespältigen Gefühlen verlassen. Einerseits war er glücklich über den Erfolg seiner Reise. Er wußte sich vom Papst in seinem Vorhaben bestätigt und mit der Durchführung seiner Pläne beauftragt; doch gleichzeitig beunruhigte ihn die zu erwartende Auseinandersetzung mit seiner Kongregation.

Gründungserlaubnis

Die durchaus verständlichen Dissonanzen blieben dann auch nicht aus. Sie konnten jedoch bald beigelegt werden; denn bereits am 11. Januar 1895 erhielt J. Berthier vom Generalrat seines Ordens die Erlaubnis, ein eigenes *Unternehmen für apostolische Spätberufene für die auswärtigen Missionen* zu gründen. Zuvor hatte ihm auf sein Ersuchen Erzbischof Langénieux am 6. Dezember 1894 bereits die Erlaubnis erteilt, für den Erwerb einer Niederlassung Spenden zu sammeln und die Honorare aus seinen Buchveröffentlichungen einzubehalten. Am 15. Januar 1895 gab dann der Erzbischof als vom Papst beauftragter Protektor den von Berthier erarbeiteten und ihm vorgelegten *Konstitutionen der Missionare und Helfschwestern von der Heiligen Familie* eine erste Belobigung, das heißt ein kirchliches Unbedenklichkeitszeugnis, das er für die jetzt gedruckt vorliegenden Konstitutionen am 25. Juli 1895 wiederholte.

Diese ersten Konstitutionen, sie behielten Gültigkeit, bis sie 1904 durch die gemäß den am 28. Juni 1901 erlassenen Normen der römischen Bischofs- und Religiosen-Kongregation überarbeiteten und von den Bischöfen von Reims und Herzogenbusch am 13. bzw. 18. Februar approbierten neuen Regeln ersetzt wurden, waren ein Ineinander von Konstitutionen, Consuetudines, das heißt Gebräuche- und Zeremonienanweisungen, und einem Direktorium mit 1048 Nummern. Sie waren angelehnt an viele bereits bestehende Ordensregeln, insbesondere die der Jesuiten, enthielten die üblichen Canones bezüglich Ordensgelübden, Aufnahme, Gliederung und Leitung, griffen darüber hinaus aktuelle Anliegen des Pontifikats Leos XIII. auf, atmeten viel vom Geist jener restaurativ ausgerichteten französischen Spiritualität, die durch eine Vielzahl von Einengungen und Detailbestimmungen das Leben und die Lebenshaltung bzw. -führung des Klerus und der Religiosen von oben nach unten, das heißt autoritär und disziplinierend, reglementieren zu müssen glaubte, und wiesen zugleich nebst tiefer und echter Religiosität doch eine bestimmte Weite und Offenheit auf.

Die Konstitutionen hatte J. Berthier für sein Spätberufenen-Institut und für die Soeurs Auxiliaires (Helfschwestern) verfaßt. Eine solche Frauenkongregation hatte er bereits während seiner Zeit von 1881 bis 1888 im schweizerischen Leuk angezielt. Jetzt glaubte er, den Gedanken verwirklichen zu können, das umso mehr, da mehrere hochherzige Damen ihn und sein junges Werk finanziell und mit dem selbstlosen Einsatz ihrer Kräfte vorbildlich unterstützten. Eine solche Gründung zu verwirklichen, blieb ihm jedoch auch dieses Mal versagt.

Sein Institut für Spätberufene bzw. in den Konstitutionen von 1895 auch die Gemeinschaft der Helfschwestern stellte J. Berthier unter den Namen und den Schutz der Heiligen Familie. Das wurzelte zum einen in der besonderen Spiritualität des Missionars UL Frau von La Salette mit seiner Affinität zu einer betonten Jesus, Maria und Josef bezogenen Frömmigkeit. Zum anderen war es eine Hommage an Papst Leo XIII., dem besonderen Förderer der vor allem nach 1850 aufgekommenen Heilige Familie-Verehrung. Er hatte im Apostolischen Schreiben *Novum argumentum* vom 20. November 1890 die Andacht zur Heiligen Familie nochmals gutgeheißen und ein entsprechendes Weihegebet veröffentlicht, durch sein Breve *Neminem fugit* vom 14. Juni 1892 die Heilige Familie den damals einer familienfeindlichen Zeitströmung begegnenden christlichen Familien als Vorbild *häuslicher Gemeinschaft und alter Tugend und Heiligkeit* vor Augen gestellt und ihre Verehrung empfohlen und am 20. Juni 1892 in *Quum nuper* den weltweiten Hl. Familie-Verein mit einer Anzahl von Privilegien und Ablässen ausgestattet.

Grave

Mit Beginn des Jahres 1895 waren die kirchenrechtlichen Voraussetzungen gegeben, die es J. Berthier ermöglichten, das beabsichtigte *Oeuvre pour les vocations tardives* anzugehen. Mit schier unbegrenztem Gottvertrauen ging er ans Werk, denn außer der eigenen Tatkraft, einigen Wohltätern, den Soeures Hermance Coyret und Marie Bruyant, etwas Geld und dem Gebet mancher Schwesternkonvente besaß er eigentlich nichts: weder Mitarbeiter, noch die Unterstützung seiner Kongregation, noch ein Haus, in dem er beginnen konnte. Doch J. Berthier fing an, und er fand nach einigem Suchen in der leerstehenden Kaserne zu Grave im niederländischen Brabant das ihm geeignet erscheinende Gebäude für sein Institut. Private Beziehungen, aber auch die politischen Verhältnisse in den Niederlanden, die seit dem Sturz der linksliberalen Regierung Koppeyne 1888 kirchen- und ordensfreundlich waren im Gegensatz zu Frankreich, in dem sich die Beziehungen zwischen Staat und Kirche immer mehr verschlechterten und schließlich 1905 zum radikalen Bruch führten, hatten ihn veranlaßt, weitab von seiner Heimat eine erste Niederlassung und Schule zu gründen. In die Kaserne mit ihren Nebengebäuden, im März bzw. im Juni und Juli gekauft, zog er im September 1895 ein. Vom 24. September an waren die ersten Schüler, einige Franzosen und Deutsche, ein Schweizer und ein Luxemburger, eingetroffen. Über verschiedene Presseorgane, in denen J. Berthier seit

Jahresanfang für sein Institut warb, waren sie auf das Spätberufenenwerk und die beabsichtigte Schulgründung aufmerksam geworden. J. Berthier begrüßte sie in der an ihm stets gerühmten Herzlichkeit und begann mit der am 28. September 1895 gegebenen schriftlichen Erlaubnis des Ortsordinarius von Herzogenbusch, Bischof Wilhelmus van de Ven, mit dem Schulbetrieb. Es ist der Tag der Gründung der MSF, vor sich gegangen ohne jedes Aufheben und, bezogen auf die ersten drei Jahre, auch ohne sichtbaren Erfolg; denn von den Schülern dieser Jahre ist kaum einer geblieben. Drei Jahre lang wurde neu angefangen. Die Jahre bis 1900 stand Berthier fast ohne oder mit wenigen, teils schnell wechselnden oder nur bedingt geeigneten Mitarbeitern durch. Dennoch bemühte er sich, in der auf drei resp. vier Jahre beschränkten Zeit der „grammatikalischen und literarischen", das heißt humanistischen Ausbildung eine entsprechende Schulung zu vermitteln. Nach dem dritten bzw. gegebenenfalls vor dem nachgeholten vierten Schuljahr sollte das einjährige Noviziat erfolgen. Für das Philosophiestudium waren zwei und für das Theologiestudium, alles im eigenen Haus und mit eigenen Kräften, drei Jahre vorgesehen.

Die anfänglich desolaten Wohn- und Lebensverhältnisse in der Kaserne besserten sich allmählich, nicht zuletzt dank der handwerklichen Geschicklichkeit und des hohen körperlichen Arbeitseinsatzes der als Spätberufene gekommenen Schüler. Mit dem Schuljahr 1898/1899 kamen vermehrt erstmals Schüler, die auch blieben und die bald zu der MSF-Gruppe um J. Berthier zählten. Zu ihnen gehörten Gabriel Blanchard (gest. 1946), Josef Breuer (gest. 1933), Josef Carl (gest. 1939), Paul Dick (gest. 1939), Josef Hellmann (gest. 1936), Matthäus Michalon (gest. 1951), Alois Serwas (gest. 1950) und Peter Vorrenhagen (gest. 1936). Am 4. Oktober 1899 nahmen fünf Schüler das Ordenskleid, begannen unter der Leitung des Stifters das Noviziat und legten am 4. Oktober des folgenden Jahres als erste MSF ihre ersten zeitlichen Gelübde der Armut, der Ehelosigkeit und des Gehorsams ab. Es waren Alexander Bertraud, Gabriel Blanchard, Alexander Mertens (gest. 1922), Matthäus Michalon und August Stolz. Mit dem gleichen Tag begann ihr Philosophiestudium, wiederum unter der Leitung J. Berthiers, der einziger Lektor war. Seine damit erneut umfangreicher gewordene Arbeit war für ihn, den vielseitig beanspruchten Rektor, einer der Gründe, nicht mehr nach Frankreich zurückzukehren, das er, wie bis dahin jedes Jahr, letztmals im August und September 1898 besucht hatte. Ein weiterer Grund dürfte gewesen sein, daß seine MS-Kongregation durch die konsequent antiklerikalen Regierungserlasse, wohl ergangen als Reaktion auf die das Ralliement einschränkende Enzyklika *Graves de commune* (1901), im September 1901 genötigt wurde, den Berg von La Salette zu verlassen. Im Herbst (4. Oktober) 1902 wurde für die ersten MSF-Scholastiker in Grave auch das Theologiestudium eröffnet. Einziger Lektor war wiederum J. Berthier. Als Handbuch diente sein inzwischen in mehr als 17.000 Exemplaren verbreitetes *Breve compendium theologiae*. Zwei weitere für den Auf- und Ausbau der jungen Kongregation wichtige Vorgänge bestimmten noch das Jahr 1902. Im März konstituierte sich das *Institut des vocations tardives pour les missions étrangères* notariell als eingetragener Verein und war damit eine staatlich anerkannte juristische Person mit Geschäftsfähigkeit. Im Mai wurde im Haus eine eigene Setzerei und Druckerei eingerichtet. Das ermöglichte zum einen, die vielen Druckerzeugnisse für die Werbung selbst herzustellen und darüber hinaus die finanzielle Situation durch von außen kommende Druckaufträge aufzubessern, zum anderen war damit der Grundstock für ein eigenes Presseorgan gelegt. Das wurde 1904 mit der ersten Herausgabe eines *Messager de la Sainte Famille* bzw. des deutschen *Sendbote* verwirklicht.

Erfolg und erste Entfaltung

Eine wichtige Etappe in Richtung des Aufbaus der MSF zu einer Ordensgemeinschaft bedeutete das Jahr 1903. Jean Berthier, damals gesundheitlich angegriffen, legte am 27. Februar ein geistliches Testament nieder und reiste dann, versehen mit Empfehlungsbriefen von mehreren Bischöfen und insbesondere dem des Ortsordinarius, nach Rom, um auf Empfehlung des ebenfalls in Rom weilenden Protektors Kardinal Langénieux am 3. März sein Gesuch um die päpstliche Anerkennung seines Werks als ein der Propaganda-Kongregation unmittelbar unterstelltes religiöses Institut persönlich bei der Kurie einzureichen. Diese römische Belobigung bzw. päpstliche Anerkennung und die damit verbundene Selbständigkeit der MSF strebte er umso sehnlicher an, da bald die ersten Weihen seiner

Schüler anstanden, wofür er die Dimissiorien und einen Weihetitel benötigte. Er erreichte sein Ziel nicht ganz.

Mehreren Rückfragen aus Rom und der Aufforderung, die Konstitutionen gemäß den 1901 von der Kongregation der Bischöfe und Regularen erlassenen Normen erneut zu ändern, kam Berthier nach, dennoch erhielt er für sein Werk und für die von ihm noch einmal überarbeiteten Konstitutionen, jetzt getrennt von den Consuetudines und dem Direktorium und ohne weitere Einbeziehung der Helfschwestern, zwar noch nicht die erbetene päpstliche Belobigung, sondern lediglich am 13. bzw. 18. Februar 1904 von Kardinal Langénieux – als dem Protektor – und von Bischof Wilhelmus von Herzogenbusch – als dem Ortsordinarius – die Approbation. Das römische Belobigungsdekret wurde der MSF erst am 16. Juni 1911 gewährt.

Das Jahr 1903 brachte dem Institut eine – wenn auch nur geringfügige – erste räumliche Entflechtung. Da die Zahl der Klerikerprofessen, es waren bereits 30, und die der Novizen ständig wuchs und die Kaserne für alle nicht mehr genügend Platz bot, wurde ein unbewohntes Nachbarhaus aufgekauft und als Noviziat eingerichtet.

Auch wurde am 4. Oktober 1903, dem Tag, an dem die ersten MSF ihre ewigen Gelübde ablegten, erstmals die Leitung des Instituts erweitert. Auf Wunsch und Verfügung von J. Berthier, dem bis jetzt alleinigen Direktor und Leiter, wurden von den Klerikerprofessen in geheimer Wahl ein Vikar und designierter Nachfolger des Superiors und vier Assistenten gewählt, von denen der Viertplazierte jedoch erst nach dem Tode des Stifters oder eines der Räte in Amt und Funktion treten sollte. Gewählt wurden Josef Carl, Anton Maria Trampe (gest. 1953), Wilhelm Dautzenberg (gest. 1910), Gabriel Blanchard und Josef Breuer, alle zwischen 29 und 33 Jahre alt.

Die erste Ratssitzung der MSF erfolgte am 5. Januar 1904. Einer der wichtigsten Tagesordnungspunkte war die Behandlung der bisher noch ungeklärten Frage der Dimissiorien bzw. des Weihetitels für die ersten bald anstehenden höheren Weihen. Eine Lösung stand aus, obwohl Kardinal Langénieux bereits 1903 in Rom beantragt hatte, dem Superior des Instituts die Genehmigung zu erteilen, mit Zustimmung des Rates für 20 Alumnen die Dimissiorien auszustellen und diese unter dem Titel der mensae communis oder auch sine titulo weihen zu lassen. Erst im Motu proprio vom 24. Januar 1905 erfüllte Papst Pius X. (1903–1914) diesen Wunsch. Das entsprechende Dokument stellte die Propaganda-Kongregation am 11. Februar 1905 aus.

Damit waren alle Voraussetzungen für die Weihe der ersten MSF geschaffen. Am 16. Juni 1905 empfingen 15 Scholastiker in Haaren die Tonsur und die Minores, am 17. Juni wurden in Herzogenbusch fünf zu Subdiakonen, unter ihnen Paul Dick und Alois Serwas, und am 7. Juli zu Diakonen geweiht. Am 20. August 1905 empfingen Alexander Bertraud, Matthäus Michalon und Alexander Mertens in Löwen die Priesterweihe.

Als der Gründer Jean Berthier, er blieb stets Mitglied der MS, am 16. Oktober 1908 in Grave im Alter von 68 Jahren starb, zählte sein Institut bereits 25 Priester. Das war ein stolzer Erfolg. Sein Werk war kirchenrechtlich, spirituell, materiell und personell grundgelegt. Damit hatte er eines seiner seit spätestens 1893 mit großem Einsatz und unermüdlichem Eifer angestrebten Ziele trotz oft unüberwindbar scheinender Schwierigkeiten erreicht. Nicht mehr vergönnt allerdings war es ihm, mitzuerleben, daß sein Institut, so wie in der Zweckbestimmung festgelegt, auch über das Mutterhaus in Grave hinauswuchs. Seit 1903 bzw. gezielter seit 1907 hatte es zwar Überlegungen und Bemühungen gegeben, in der Schweiz, in Österreich, in Polen, in Liechtenstein, in Bosnien oder in Deutschland eine Niederlassung zu gründen, erste Kontakte wiesen sogar nach Kanada, doch verwirklicht werden konnte keiner dieser Ansätze oder Pläne. Die Ausbreitung seiner Gründung mußte der Stifter seinen geistigen Söhnen überlassen. Ihnen übergab er mit dem Werk das Vermächtnis, das Institut für apostolische Berufe auszubauen mit dem Ziel, Helfer und Mitarbeiter für die auswärtigen Missionen zu gewinnen.

III. Ausbreitung. Leben und Weg von 1908 bis zum II. Vatikanischen Konzil (1962–1965)

Nach dem Tode des Stifters

Mit dem Tode des Stifters trat die 1903 gewählte Kongregationsleitung ihr Amt an: Josef Carl als Oberer, Anton Maria Trampe als Vikar und als Assistenten Wilhelm Dautzenberg, Gabriel Blanchard und Josef Breuer. Am 20. September 1910 wurde Johannes Diesburg (gest. 1944) für den knapp zwei Wochen zuvor verstorbenen Wilhelm Dautzenberg in die Ordensleitung gewählt.

Es war keine leichte Aufgabe, der sich der erste General und seine Räte zu stellen hatten. Die auf schwacher materieller Basis stehende junge Gemeinschaft der MSF wuchs sehr schnell. 1910 zählte sie bereits 44 Priester, zwei Subdiakone und neun Mitglieder mit niederen Weihen. Im philosophisch-theologischen Studium standen rund 45 Scholastiker, ins Noviziat waren etwa 20 Novizen eingetreten, dazu kamen noch über 150 Schüler. Die weitaus größte Gruppe stammte aus Deutschland, gefolgt von Niederländern und Franzosen. Einzelne kamen aus der Schweiz, aus Österreich und aus Kroatien.

Finanzielle Probleme und räumliche Enge, aber auch missionarischer Eifer drängten zu erster Ausdehnung. Durch Ausbau und Ankauf wurden in *Grave* selbst für die verschiedenen Belange und Gruppierungen zusätzliche Wohn-, Ausbildungs- und Arbeitsräume geschaffen. Dazu zählten insbesondere die seit 1909 eingerichtete und am 11. Januar 1911 zur kanonischen Niederlassung erklärte Schule „Notre Dame" und das zunächst in der „Schmiede" und seit 1912 im ehemaligen Lazarett eingerichtete Noviziat. Die Eröffnung der mit eigenen Kräften geführten Missionsschule „Notre Dame" trug der gestiegenen Schülerzahl Rechnung, sie war aber auch eine Antwort auf den am 7. September 1909 von der römischen Kurie für die Orden und Kongregationen ergangenen Erlaß, der für die kommenden Ordenspriester eine angemessene, das hieß zumeist eine erweiterte humanistische Ausbildung vorschrieb und untersagte, das Noviziat vor den Abschluß der Humaniora zu legen. Dementsprechend wurde in Grave gehandelt und zugleich beschlossen, die Ausbildung der Schüler von bisher vier auf fünf Jahre zu verlängern. Die Anstrengungen standen im Zusammenhang mit dem Bestreben, die Gewährung des in Rom beantragten *Decretum laudis* nicht zu gefährden.

Eine wichtige juristische Aufgaben- und Kompetenzteilung in Grave erfolgte am 25. September 1915 dadurch, daß im Mutterhaus erstmals eine vom Generalat getrennte domus formata gebildet wurde. Rektor dieser jetzt als eigenständige kanonische Niederlassung geltenden Gemeinschaft wurde Johannes Streithoven (gest. 1978).

Erste Niederlassungen außerhalb von Grave

Das Bemühen, in der *Schweiz*, für Jean Berthier nachgerade ein *Hort der Freiheit und des Glaubens*, eine Niederlassung zu gründen mit dem Ziel und der Aufgabe, Priester- und Ordensberufe zu fördern, konzentrierte sich zunächst auf eine Liegenschaft in Wolhusen. Das Projekt zerschlug sich, doch die Richtung war gewiesen. Mit Zustimmung des Bischofs von Basel konnte im nahe Wolhusen gelegenen Werthenstein bei der Wallfahrskirche und dem ehemaligen Minoritenkloster vom dortigen Pfarrer ein ab dem 1. Oktober 1909 zu beziehendes Anwesen gemietet werden. Am 30. November 1909 trafen mit dem Rektor Emil Burgard (gest. 1925) die Patres Rudolf Bousseljon und Heinrich Cremer (gest. 1956), Br. Bonaventura Homacher (gest. 1945) und fünf Schüler ein und eröffneten am folgenden Tag unter dem Namen „Mater dolorosa" die „schweizerische Missionsschule des Instituts von der Heiligen Familie". Das Haus füllte sich rasch. In wenigen Jahren stieg die Zahl auf 65 Schüler. Da die meisten von ihnen aus Deutschland und nur wenige aus der Schweiz kamen, lief die Schule infolge des Ersten Weltkrieges aus und mußte 1917 geschlossen werden. Der einzig noch verbliebene Schüler Josef Oberstüfer (gest. 1988) aus der Schweiz zog zur Beendigung seiner schulischen Ausbildung nach Grave. Die Missionsschule in Werthenstein ruhte fast 20 Jahre und konnte erst 1926 in den inzwischen käuflich erworbenen Gebäuden wieder eröffnet werden.

Lediglich Episode, wenn auch sehr arbeitsgefüllte, war die Führung einer Missionsschule für französische Schüler im *belgischen* Wacken (1910–1912) bzw. im räumlich geeigneteren und noch näher zu Frankreich hin gelegenen Surice (1912–1914) in der Provinz Namur. Gleich drei Patres waren dort nacheinander Rektor: der Belgier Jules-Emile Delombaerde (gest. 1944), später in Brasilien Gründer einer eigenen Missionskongregation für Männer und von zwei Schwesternkongregationen, der Deutsche Eduard Auth (gest. 1963) und der Franzose Victor Roux (gest. 1954). Schon dieser rasche Wechsel deutet auf die Schwierigkeiten hin, unter denen von Anfang an das Unternehmen litt. Am widrigsten waren die Zeitumstände. Dazu zählte, daß in Frankreich die Durchführung der 1905 beschlossenen gesetzlichen Trennung von Staat und Kirche in den

Jahren ab 1906 nicht nur die staatliche Konfiskation aller kirchlichen Baulichkeiten, eine erhebliche administrative Unordnung und mit der Streichung der Gehälter und Stipendien für die Geistlichen großer materieller Verlust bedeutete, sondern auch eine rapide Abnahme der priesterlichen Berufe. Die Seminare leerten sich bald um die Hälfte und selbst spontan ins Leben gerufene Hilfswerke zur Förderung von Priesterberufen brachten nur mäßigen Erfolg. Schon das machte es den ärmlichen Schulgründungen der weithin noch unbekannten MSF in Wacken bzw. in Surice fast unmöglich, die erwarteten Priester- und Missionsberufe heranzuziehen. Der Ausbruch des Ersten Weltkrieges 1914 brachte dann sogar das Ende von Surice. Unmittelbar vom Kriegsgeschehen eingeholt, flohen einige nach Grave, andere nach Frankreich.

Es ist Matthäus Michalon zu verdanken, daß noch im gleichen Jahr 1914 im *südfranzösischen* Saint-Etienne-Vallée ein mietfrei überlassenes Haus bezogen und als Residenz für die französischen Patres und etwa 20 Schüler eingerichtet werden konnte. Über diese Niederlassung (1914–1918) und einen Kurzaufenthalt in La Tour bei Alès (1918–1919) führte der Weg der französischen MSF nach Ceilhes (Hérault) und Manissy (Gard), die beide als Missionsschulen begannen.

Es war Ausdruck von apostolischem Eifer und Treue zum Stifter, aber auch Zeichen erheblicher Unerfahrenheit, daß sich im Frühsommer 1910 Josef Carl und Anton Maria Trampe von Grave aus auf die lange Reise nach Banja Luka in *Bosnien* begaben, um hier, vermittelt über das dortige Trappistenkloster, Möglichkeiten für die Errichtung einer Missionsschule zu sondieren. Überlegungen, sich mit einer Schule in Bosnien-Herzegowina niederzulassen, hatte bereits Jean Berthier angestellt. Das könnte in Zusammenhang damit gestanden haben, daß die katholische Kirche – mit 350.000 bis 400.000 Gläubigen unter den 675.000 Orthodoxen und 550.000 Muslimen eine vornehmlich kroatisch-deutsche Minderheit – seit der Okkupation 1878 dieser ehemals türkischen Provinzen durch die k.u.k. Monarchie Österreich-Ungarn daranging, eine kirchliche Organisation aufzubauen und zu diesem Zwecke Jesuiten, Franziskaner und andere Orden als Missionare ins Land holte. Die seit 1878 politisch besonders brisante Situation auf dem Balkan spitzte sich noch zu, als Österreich-Ungarn am 5. Oktober 1908 Bosnien-Herzegowina staatsrechtlich annektierte. Das forderte den Widerstand der Verfechter eines Großserbien heraus, brachte den österreichisch-russischen Konflikt und löste damit jene gefährliche europäische Krise aus, die über den doppelten Balkankrieg 1912–1913 und die Ermordung des österreichischen Kronprinzen 1914 in den Ersten Weltkrieg führen sollte. Nicht recht verstehbar ist, daß trotz dieser Entwicklungen der Generalsuperior und sein Vikar ernsthaft eine Neugründung in Bosnien erwogen. Ein zum Kauf stehendes Gebäude im zu Sarajewo gehörenden Ort Doboy hatten sie bald ausgemacht. Joseph Stadtler (gest. 1918), seit 1881 Erzbischof im eben erst von Papst Leo XIII. gegründeten Erzbistum Sarajewo, brachte ihrem Anliegen offensichtlich auch freundliches Interesse entgegen. Dann jedoch scheiterte das Unternehmen an der Weigerung der österreichischen Regierung, der beabsichtigten Haus- und Schulgründung die erforderliche Erlaubnis zu erteilen. Ein weiterer Zuzug von Fremden in das krisengeschüttelte Gebiet lag 1910 nicht mehr im Sinne der staatlichen Obrigkeit. Dieser Umstand dürfte die junge MSF vor einem Fiasko bewahrt haben.

Durchdachter war das seit 1911 anstehende Vorhaben, sich über Grave hinaus in den *Niederlanden* zu verbreiten. Hier waren die MSF inzwischen zumindest regional bekannt. Zudem waren die politische Konstellation, das soziale Gefüge und die kirchlichen und religiösen Gegebenheiten so geschaffen, daß für die junge Kongregation eine positive Entwicklung erwartet werden konnte. Der niederländische Katholizismus, der sich seit der Mitte des 19. Jahrhunderts in einem freiheitlichen Staatssystem unbehelligt entfalten konnte, war stark und dynamisch. Ausdruck dieser Vitalität waren die Gründung der vielen katholischen Vereine, Wohlfahrtsanstalten und Presseorgane, die Entfaltung eines reichen Schul- und Krankenhauswesens und das Aufblühen zahlreicher Orden. Die Mehrheit der konservativ geprägten niederländischen Katholiken entstammte dem ländlichen oder kleinbürgerlich-handwerklichen Milieu. Traditionelle Frömmigkeitsformen herrschten vor und die überkommene betont enge Verbundenheit mit Rom verdichtete sich noch, als Papst Pius X. 1908 die 1853 errichteten Erz- bzw. Bistümer Utrecht, Haarlem, Breda, Herzogenbusch und Roermond aus der Bindung an die Propagandakongregation löste und in die reguläre Hierarchie der Kirche einordnete. Dem Modernismus stand die papsttreue niederländische Kirche negativ gegenüber. In der Zeitung *Maasbode* hatten die kirchlichen Integralisten einen vehementen Verfechter. Der Priester- und Ordensstand besaß hohes soziales Prestige. Groß war dementsprechend die Zahl der kirchlichen Berufe aus den zumeist kinderreichen Familien. Das zeigte sich auch in Grave, wo die Zahl der niederländischen Schüler und Scholastiker kontinuierlich wuchs und damit die Gründung neuer Niederlassungen erforderlich machte. Das Vorhaben nahm Gestalt an, als Baron Albert de Meester de Betzenbroeck zu Hollaeken (Belgien) dem *Institut des vocations tardives pour les missions étrangères de Grave* sein Haus mit Kapelle in Nieuwkerk-Goirle bei Tilburg zur Verfügung stellte. Hier entstand das dem Herzen Jesu geweihte Scholastikat, das am 1. Juni 1913 eröffnet wurde und in das bis zum Ende des Jahres nicht weniger als 50 Philosophie- und Theologiestudenten von Grave her übersiedelten. Die hoffnungsvolle Gemeinschaft wurde jäh zerrissen, als im August 1914 der Erste Weltkrieg ausbrach.

Der Bau der ersten Missionsschule für niederländische Schüler in Kaatsheuvel begann 1912. Er wurde durch die Schenkung des Geländes zur Errichtung eines Klosters ermöglicht. Durch den Kriegsbeginn verzögerte sich die Fertigstellung des mit eigenen Kräften errichteten Schulgebäudes. Doch am 1. April 1915 konnte „Sant Antonius" feierlich eingeweiht und der Schulbetrieb unter dem ersten Rektor Johann van Dinteren (gest. 1928) aufgenommen werden.

Die Missionen

Als 1912 in Kaatsheuvel die Stiftung des Herrn Alphons de Kanter an die MSF bekannt wurde, berichtete davon ein Lokalblatt. Darin hieß es, an der „Groote Straat" bauten die „Franse Paters" ein Kloster, das Spätberufene für die Ost-Indien-Mission heranbilde. Es sei zu wünschen, daß „viele sich berufen fühlten, zum Heil unserer indischen Kolonien dieses edle Unternehmen zu unterstützen." Diese Bemerkung gibt Typisches vom damals noch recht unreflektierten Missionsverständnis wieder. Mit Mission wurden nach den großen und erfolgreichen Missionsaktivitäten vor allem der Franziskaner und Jesuiten im 16. und 17. Jahrhundert zum einen die Gebiete und Zonen der Erde bezeichnet, die noch nicht christlich waren. Es waren die Länder, *die in Finsternis sitzen und im Todesschatten*, wie es in Anlehnung an Lk 1, 79 im „Gebet für Missionare" heißt, das noch bis weit ins 20. Jahrhundert gesprochen wurde. *Man muß vor allem auch ganz überzeugt sein, daß ein großer Teil dieses Weltalls, welches Gott zu seiner Ehre erschaffen hat, Satans tyrannischen Gesetzen noch immer unterworfen, und daß, wo der katholische Glaube nicht hingedrungen ist, überall, wir mögen unsere Blicke hinwenden, wo immer wir wollen, die Völker das unsinnige Schauspiel aller Ausschweifungen und Verbrechen darbieten*, ist 1840 in einer Werbeschrift des Lyoner Missionswerkes zu lesen.

Mission im damaligen Verständnis war sodann die Tätigkeit des Missionars in diesen Ländern. Diese Tätigkeit konnte zweifacher Art sein. Zum einen bestand sie in der priesterlichen und seelsorglichen Betreuung der vielen in den Kolonien tätigen oder aus Europa ausgesandten Katholiken. Die große Expansion des Kolonialismus im 19. Jahrhundert nach Asien und Afrika und die riesigen Auswandererströme vor allem nach Nord- und Südamerika ließen den Bedarf an solchen Seelsorge-Missionaren immer größer werden. Ein Drittel der Erde mit einer Bevölkerung von 700 Millionen war Kolonialgebiet, und die Zahl der ausgewanderten Katholiken wuchs unaufhörlich.

„Heidenmission" war dann die andere Tätigkeit des Missionars. Sie wurde im Zusammenhang mit der Kolonialisierung immer weltweiter und löste aus einer stark religiös motivierten romantisch-konservativen Grundhaltung heraus nachgerade eine Missionsbegeisterung aus. So hieß es 1911 in einer Werbebroschüre der MSF: *Sieben Achtel der Erdbevölkerung im 20. Jahrhundert befinden sich noch im Schatten des Heidentums, der Häresie oder des Schismas. Drei Viertel der gesamten Menschheit kennen unseren Herrn und Heiland noch nicht, und, während Handelsleute die Bodenschätze im Heidenland ausbeuten, ist die Zahl der apostolischen Arbeiter zu gering, um die Seelen, die unser Herr und Heiland mit seinem Blut erkauft hat, vor dem Untergang zu retten.*

Die Missionsmethode war christlich-abendländisch ausgerichtet. Das Christentum wurde mit zivilisatorischer Überlegenheit gleichgesetzt, die neu entstehenden Strukturen an den herkömmlichen europäischen orientiert und ausgerichtet. Eine Missions-Ekklesiologie gab es noch nicht. In den pastoraltheologischen Handbüchern wurde das Thema Mission als praktisch-theologisches Problem eher am Rande behandelt. Selbst auf dem I. Vatikanischen Konzil fanden die missionarischen Interessen nur schwache Vertretung. Die Impulse zur Missionsbegeisterung kamen nicht von oben her, die weltweite Ausdehnung der Mission war eng verknüpft mit der kolonialen Expansion. Das brachte es mit sich, daß Mission, gewollt oder nicht, eingebunden war in die imperialistischen Systeme und von seiten dieser den Interessen des Staates stets untergeordnet blieb.

Kaum in einem Land konnte von wirklicher Freiheit der Glaubensverbreitung die Rede sein. In bezug auf die „Heidenmission" waren die katholischen Missionare bis nach dem Ersten Weltkrieg weithin abhängig von den Erlaubnissen der herrschenden Kolonialmacht. Häufig war sogar untersagt, in bestimmten Gebieten Seelsorge zu betreiben. Das führte zu Spannungen und Konflikten. Noch problematischer war, daß es auch zu manch unguter Verflechtung von Mission und Kolonialismus kam.

Diesbezüglich, aber auch in bezug auf den lange anhaltenden kirchlichen Eurozentrismus brachte die Zeit nach dem Ersten Weltkrieg eine grundsätzliche Umorientierung. Die ersten offiziellen Schritte hin zur Entpolitisierung der Mission und zu einem auch ekklesiologisch neuen Missionsverständnis wurden von den Päpsten Benedikt XV. (1914–1922) und Pius XI. (1922–1939) getan. Meilensteine auf diesem Weg waren das Apostolische Schreiben *Maximum illud* vom 30. November 1919, von manchen nachgerade als Magna Charta der Mission bezeichnet, die Instruktion *Quo efficatius* vom 6. Januar 1920 der seit der Kurienreform von 1908 fast ausschließlich auf Heidenmission ausgerichteten Propagandakongregation (die, am Rande vermerkt, 1922 ihr 300jähriges Bestehen feierte), die Aufsehen erregende Pfingsthomilie Pius' XI. vom 4. Juni 1922 anläßlich der damaligen Missionsjubiläen, darunter 100 Jahre Bestehen des Lyoner Missionswerkes, ferner das Dekret *Lo sviluppo* vom 20. Mai 1923 an die Missionsgesellschaften sowie die Missionsenzyklika *Rerum ecclesiae* von 1926, die Pius XI. im Anschluß an das Heilige Jahr 1925 erließ und mit der er die 1927 erfolgte Festlegung des vorletzten Oktobersonntags als „Tag der Weltmission" einleitete.

Loslösung der Mission von politischen Interessen, Mission verstanden als Grundfunktion der Kirche, Beendigung des kirchlichen Eurozentrismus, ernstgenommene kirchliche Katholizität, Aufbau neuer Teilkirchen, Förderung eines einheimischen Klerus, grundsätzliche Bejahung von Indigenation, Akkommodation und liturgischer Adaption sind wichtige Aspekte dieser bedeutenden kirchlichen Missionsdokumente. Eine erste praktische Auswirkung dieser ekklesiologisch-missionarischen Um- und Neuorientierung war, daß Pius XI. mit der Weihe von sechs chinesischen Bischöfen 1926 begann, in den neuen Kirchen eine einheimische Hierarchie aufzubauen. Über diesen positiven Ansätzen kann jedoch nicht übersehen werden, daß die Diskrepanz zwischen Theorie und Praxis noch bis zum II. Vatikanischen Konzil (*Ad gentes* vom 7. Dezember 1965) bzw. bis zur programmatischen Verlautbarung Papst Pauls VI. (1962–1978), *Evangelii nuntiandi* vom 8. Dezember 1975 fast ungebrochen fortbestand.

Letzteres wiederum spricht nicht gegen die Tatsache, daß die vor allem seit der zweiten Hälfte des 19. Jahrhunderts bestehende Missionsdynamik in den Jahren von 1919 bis zum Ausbruch des Zweiten Weltkrieges 1939 nochmals eine Steigerung erfuhr. In vielen Ländern Europas, vor allem in den Niederlanden, in Italien, Spanien, Deutschland und Belgien, und zunehmend auch in den USA, formierte sich, begünstigt durch verschiedene Konstellationen, ein zahlenmäßig großer und engagierter missionarischer Nachwuchs. Durch die vielen ausgesandten Missionare und Missionsschwestern vergrößerte sich die Zahl der Katholiken weltweit in bisher nicht gekanntem Ausmaß. Das gilt vornehmlich für Asien und Afrika. Doch auch in Südamerika regte sich neues Leben. Gefördert von zahlreichen Ordensleuten, zunächst insbesondere aus Spanien, wurden viele neue Missionsgebiete unter der indianischen Urbevölkerung eröffnet. Die Zahl der neueingerichteten Bistümer und Prälaturen stieg sprunghaft. Allein in Brasilien erhöhte sich ab etwa 1895 durch Teilungen die Zahl der kirchlichen Distrikte bis 1940 auf über 100.

Ab 1911 reihte sich die MSF in diese Missionsarbeit ein. Der Beschluß, die ersten Missionare nach Übersee zu senden, war im Generalrat am 22. September 1910 gefallen. Entschieden wurde zugunsten der 1903 vom Erzbistum Parà abgetrennten Prälatur Santarem am unteren und mittleren Amazonas. Der dortige erst 1908 ernannte Missionsbischof Amandus Bahlmann OFM hatte um MSF-Patres persönlich in Grave angehalten. Wenige Tage nach der Entscheidung im Generalrat trafen zwei weitere Bittgesuche ein. Die römische Propagandakongregation trug der MSF an, die neuerrichtete Prälatur Rio Negro im Amazonasgebiet zu übernehmen und fügte dem Gesuch sogleich einen Frage- und Vorschlagsbogen für einen zu ernennenden Missionsbischof bei. Fast gleichzeitig erbat der Bischof von Diamantina Priester und Mitarbeiter für sein junges Bistum im südostbrasilianischen Staate Minas Gerais. Da jedoch bereits eine Festlegung erfolgt war, wurden beide später eingekommenen Angebote und Bitten abschlägig beschieden.

Die Tätigkeit der Kongregation in *Brasilien* begann mit dem Eintreffen der Patres und Brüder. Nach einem Eingewöhnungsaufenthalt im Franziskanerkloster zu Olinda begaben sie sich, durch Krankheit fast halbiert, in ihr Bestimmungsgebiet am Amazonas. Mazagao, Obidos und Magapa im Staate Amagá waren die ersten Stationen. Nach großen Anfangsschwierigkeiten, schwere Fiebererkrankungen hätten beinahe fast allen das Leben gekostet, wurden die Residenzen Ribeira und Alecrim in der rund 2000 km südöstlicher gelegenen Küstenstadt Natal im Rio Grande do Norte ab 1912 erste festere Basis. Natal blieb Zentralpunkt der MSF im nördlichen und nordwestlichen Brasilien, bis es als solcher in den 30er Jahren von der 1922 kanonisch errichteten Niederlassung in Barro-Recife abgelöst wurde. Von Natal aus erfolgte die Gründung der meisten Stationen in den Staaten Piauí, Ceará, Pernambuco und Parà. Von dort aus führte der Weg der Kongregation 1923 auch in den südlichsten Bereich des riesigen Quasi-Kontinents. Die mehrere Tausend Kilometer von Natal entfernten südbrasilianischen Missionsstationen Rolante und St. Angelo wurden die Ausgangspunkte für eine weite Verbreitung in den Staaten Rio Grande do Sul und Santa Catarina, seit 1824 bzw. 1847 und 1870 die Haupteinwanderungsgebiete der Deutschen und Italiener.

Weitere Regionen Brasiliens, in denen die Kongregation bis heute tätig ist, sind seit 1935 Rio de Janeiro, seit 1958 das Gebiet um Januaria am Rio São Francisco im Staate Minas Gerais und seit 1978 einzelne Stationen in Mato Grosso und im Staate Goiás im Amazonasgebiet.

War es chronischer Mangel an Priestern und Ordensleuten, der es erforderlich machte, daß immer wieder Missionare von Europa in das katholische Brasilien gingen – die Christianisierung noch nicht christlicher Indianerstämme lief eher am Rande mit – und waren somit kirchliche und seelsorgliche Betreuung, schulischer Dienst und die Förderung von Priester- und Ordensberufen die wesentlichen Aufgaben und Ziele auch der MSF-Missionare, die vornehmlich aus Deutschland rund 50 Jahre in das Land kamen – gleiches gilt für das Wirken der Kongregation seit 1926 in den *Vereinigten Staaten von Amerika* und in *Mexiko* und seit 1938 in *Argentinien* und in *Chile* –, so war ihr Wirken seit 1926 im Fernen Osten Heidenmission im eigentlichen Sinne. Damit ging der lange gehegte Wunsch der niederländischen Patres und Brüder in Erfüllung, in Niederländisch-Ostindien, der späteren Republik Indonesien (seit 1949), ein eigenes Missionsgebiet zu erhalten. Die politischen Aktivitäten der indonesischen Unabhängigkeitsbewegungen, die der niederländischen Kolonialregierung viele Zugeständnisse abnötigten, haben dazu beigetragen, die bis dahin stark eingeengte und reglementierte katholische Missionsarbeit zu erleichtern. Das erste Arbeitsfeld der Kongregation lag in der 1905 errichteten Apostolischen Präfektur Niederländisch-Borneo, und zwar in Laham nahe Samarinda, das heißt im Osten der früher Borneo und heute *Kalimantan* geheißenen drittgrößten, aber nur dünn besiedelten Insel der Welt. Als erste Missionare trafen die Patres Friedrich Groot (gest. 1965) und Johan van de Linden (gest. 1949) und die Brüder Ägidius Stoffels (gest. 1943) und Hermann Huskens (gest. 1951) ein. Den weitesten Weg in die Dayak-Mission nahm der wenig später angelangte Johan van Dinteren. Er war 1924 als Missionar nach Brasilien gegangen und reiste von dort am 9. Januar 1927 in sein neues Bestimmungsgebiet. Nur gut ein Jahr Missionsarbeit war ihm beschieden, denn gerade 42 Jahre alt starb er bereits am 12. Juni 1928 in Balikpapan. Es war ein herber Verlust. Die Mission, sowohl im Sinne von Christianisierung der noch Naturreligionen anhängenden einheimischen Bevölkerung, als auch pastorale Betreuung der bereits bestehenden katholischen Gemeinden, entfaltete sich gut. Bis 1938 übernahmen oder gründeten die Patres und Brüder zwölf Missionsstationen oder Pfarrzentren, darunter Banjarmasin (1931) und Samarinda (1933), heute MSF-Bistümer wie auch seit 1993 Palangka Raya, denen drei indonesische MSF-Bischöfe vorstehen: Franciscus Prajasuta aus Java, Florentinus Sului aus Tering, einer der ersten Missionsstationen der MSF auf Borneo, und Yulius Husin (gest. 1994) ebenfalls aus Kalimantan.

1931 konnte die Kongregation auch auf *Java*, der kleinsten, aber bevölkerungsreichsten und politisch und wirtschaftlich bedeutendsten der Großen Sunda-Inseln, Fuß fassen. Pastoraler Dienst in schon bestehenden katholischen Gemeinden und Verbreitung des katholischen Glaubens unter der fast ausschließlich islamischen Bevölkerung waren die wesentlichen Aufgaben. Übernommen wurde eine Pfarrstelle in Semarang, das damals noch zum Apostolischen Vikariat Batavia, das heißt Jakarta, gehörte, und heute Sitz eines Erzbistums ist. In diesem gesamt Mittel-Java umfassenden Kirchensprengel bildet die MSF inzwischen die nach dem Weltklerus und den Jesuiten zahlenmäßig stärkste im Pfarrdienst und in der Priesterausbildung eingesetzte Priestergruppierung.

1931 wurde den MSF ein weiteres Arbeitsfeld übertragen. Es gehört, wenn auch am nördlichsten Rande gelegen, zu den Kernländern Europas und liegt in einem Land, das fast 100 Prozent christlich ist. Dennoch wurde dieses Land *Norwegen* katholischerseits zu den Missionsländern gerechnet, weil es praktisch ohne Katholiken war. In seinem Rundschreiben vom 21. September 1931 teilte der Generalobere Anton Maria Trampe mit, auf Wunsch von Kardinal Willem van Rossum – dieser aus dem niederländischen Zwolle stammende Redemptorist, von 1918 bis zu seinem Tod 1932 Präfekt der Propaganda, gehört zu den Vorkämpfern der katholischen „Weltmission" und war in Missionsfragen einer der bedeutendsten Mitarbeiter der Päpste Benedikt XV. und Pius XI. – habe die Kongregation als weiteres Missionsgebiet Nord-Norwegen übernommen, einschließlich Spitzbergen. Unter Führung von Johannes Starke (gest. 1941 in Recife), später kurzfristig erster Apostolischer Administrator, nahmen noch im gleichen Jahr bzw. 1932 fünf deutsche Patres ihre Tätigkeit in Tromsö, Hammerfest und Harstadt auf. Es war ein mühseliger Anfang. Nicht Arbeitsüberlastung oder die damals üblichen materiellen Unzulänglichkeiten machten ihn so schwer. Es waren vielmehr die harten klimatischen Bedingungen dieser Arktis-Region, die schlechte Infrastruktur des sehr dünn besiedelten und durch viele Fjorde zerschnittenen Gebietes und die extreme Diasporasituation in dem von der lutherischen Landeskirche geprägten Land, die schwierigste Voraussetzungen boten. Heute bildet das früher zur „Nordischen Mission" gehörende Gebiet die Freie Prälatur Tromsö, der Bischof Gerhard Goebel MSF vorsteht. Repräsentanz der katholischen Universalkirche, ökumenische Begegnung sowie kirchliche und seelsorgliche Betreuung der rund 1200 Katholiken des Bistums sind Bestimmung und Aufgabe der gegenwärtig durchschnittlich zehn dort tätigen MSF-Geistlichen aus Deutschland und Polen.

Weitere Missionsfelder eröffneten die MSF in *Madagaskar*, *Äthiopien* und *Papua-Neuguinea*. Dabei war jedesmal der Drang nach einem „eigenen und eigentlichen Missionsgebiet" der Anstoß, in diese Länder zu gehen. Das und die damalige Missionsvorstellung charakterisiert typisch ein Schreiben des Schweizer Provinzoberen und nachmaligen Generalsuperiors Heinrich Bliestle (gest. 1987) vom 3. März 1948 an das Generalat in Grave: *Immer dringender wird die Notwendigkeit, daß die Schweizer Provinz MSF irgendwo in der Heidenmission mithilft. Denn ohne eine solche Tätigkeit haben erstens die Missionsschüler und die Scholastiker kein rechtes Ziel vor sich, darum auch ein gewisses Erlahmen der Liebe zur Kongregation, weil andere Kongregationen mit ihren Missionen große Propaganda machen, zweitens die schweizerischen Bischöfe treffen immer wieder Maßnahmen gegen die Missionsgesellschaften, vor allem gegen die nur bettelnden Genossenschaften ohne eine Heidenmission.* Die Schweizer fanden nach längerem Suchen und manchen Verhandlungen mit der Kongregation der Missionare von La Salette 1950 in *Madagaskar* ihr Missionsgebiet, und zwar in der Apostolischen Präfektur Morondava. Zehn Jahre später wurde hier die Diözese Morombe errichtet und Josef Zimmermann MSF zum Bischof ernannt. Er starb 1988 nach fast dreißigjährigem Pontifikat und erhielt 1990 in Alwin-Albert Hafner MSF seinen Nachfolger. Mit in der madagassischen Kirche tätig sind seit vielen Jahren auch MSF aus Frankreich und Polen.

Keinem Missionar ist zu wünschen, daß seine Tätigkeit mit jenem Fiasko endet, das die zwischen 1958 und 1971 in *Äthiopien* arbeitenden deutschen Patres erleiden mußten. Gedrängt von der römischen Orientalenkongregation und aufgefordert von der Ordensleitung hatte die deutsche Provinz eine Schule zunächst in Attat und ab 1967 ein Seminar in Oletta nahe Addis Abeba für die Priesterausbildung von mit Rom unierten Kopten übernommen. Es wurden gut ausgebildete und qualifizierte Lehrer entsandt. Dennoch erwiesen sich die angetroffenen kirchlichen und materiellen Umstände als so gravierend negativ, daß das von einigen mit großen Erwartungen begonnene Werk abgebrochen werden mußte. Die Episode „eigene Mission" in Äthiopien hat viele Opfer gekostet und hohe Verluste gebracht.

Die polnische Provinz, die von Anfang an Missionare ausschickte, seit langem in *Kanada* Pfarrer und Seelsorger für die mit Rom unierten orthodoxen Christen stellt und seit 1990 in *Weißrußland* und in der *Ukraine* tätig ist, beschickt seit 1988 ebenfalls ein „eigentliches" Missionsgebiet in *Papua-Neuguinea*. Ihr dortiges Missions- und Seelsorgegebiet liegt im Gebirgshochland des Bistums Goraka.

Nicht die Suche nach einem eigenen Missionsgebiet war der Anlaß, daß seit 1993 MSF aus Java und Kalimantan Gemeinden auf der indonesischen Insel *Flores* übernommen haben, sondern die Bereitschaft, notwendig gewordene Seelsorgsaufgaben zu übernehmen.

Generalleitung und Provinzen

Obwohl der steigende Nationalismus in Europa, die fortschreitende Rüstung, die Einführung der allgemeinen Wehrpflicht, militante Drohgebärden, lokale kriegerische Konflikte und die sich ausbreitende Angst vor kommenden Katastrophen Schlimmes befürchten ließen, kam im August 1914 der Ausbruch des Ersten Weltkrieges überraschend. Für die meisten Deutschen und Franzosen in Grave bedeutete er Abschied nehmen; für über 40, die bis 1918 fielen, war es ein Weggang für immer. 1916 standen 13 Priester, 31 Scholastiker und 287 Brüder und Schüler unter den Waffen.

Entsprechend den kirchlichen Bestimmungen hätte im gleichen Jahr erstmals ein Generalkapitel der MSF zur Wahl eines Oberen zusammentreten müssen. Doch bedingt durch die Kriegssituation wurde es mit Erlaubnis Roms mehrfach verschoben. Erst nach Kriegsschluß konnte das Kapitel am 16. Dezember 1919 eröffnet werden. Bereits im ersten Wahlgang entschieden sich die Kapitulare für den bisherigen Vikar Anton Maria Trampe als neuen Generaloberen. Durch die Wiederwahl auf dem Generalkapitel von 1931 und die erneute Unmöglichkeit, in den Wirrnissen des Zweiten Weltkrieges (1939–1945) ein Wahlkapitel einzuberufen, währte sein Generalat bis 1947. Vikare waren in dieser Zeit Emil Burgard (gest.

1925), der vorherige Generalsuperior Josef Carl (1925–1931) und Gustav Dehrenbach (gest. 1966), der 1947 zum neuen Generaloberen gewählt wurde und bis 1959 an der Spitze der Kongregation stand.

1919 war auf den charismatisch begabten Gründer und ersten Leiter der sich bildenden MSF und den eher stillen und sich und seine Person zurückhaltenden Josef Carl mit Anton Maria Trampe eine Persönlichkeit in der Führung der Kongregation gelangt, die sehr engagiert und ebenso autoritätsbewußt das ihr übertragene Amt ausübte. In einer Zeit, da innerkirchlich „Seine Heiligkeit", „Seine Eminenz" und „Seine Exzellenz" mehr bedeuteten als geschichtlich aufgekommene Ehrentitel für wichtige Funktionsträger innerhalb des Volkes Gottes, rückte auch „Seine Paternität" in den Orden auf zur besonders gottnahen Verfügungs- und Entscheidungsinstanz. Das Institutionelle und Konstitutionelle hatte für den Generalsuperior Trampe hohe Priorität. *Es gibt überhaupt nichts in unserem Tagewerk, das nicht wenigstens indirekt durch unsere Regel festgelegt wäre,* schrieb er am 8. Dezember 1925, als er den Mitgliedern *gleichsam aus Gottes Hand, dessen heiligen Willen und Absichten sie darstellt,* die gemäß can. 489 des CIC von 1917, den Beschlüssen des Generalkapitels von 1919 und den römischen Vorgaben von 1921 überarbeitete neue Ordensregel zusandte.

Auf dem Programm des Generalkapitels von 1919/20 hatte neben dem Beschluß der Wahl eines neuen Ordensoberen, die Regelüberarbeitung und die Beratung über eine mögliche Aufgliederung der inzwischen rund 230 Professen zählenden Kongregation, darunter fast 100 Priester, gestanden. Damals bildeten die Deutschen mit 65 Priestern, 58 Scholastikern, 16 Brüdern und 19 Novizen die weitaus größte Gruppe. Das, und der Umstand, daß es möglich wurde, im Nachkriegs-*Deutschland*, seit der Verfassung von 1919 Republik, in rascher Folge Niederlassungen zu gründen: Oberhundem, Lebenhan, Ravengiersburg, Wanne-Eickel, Biesdorf, Mühlbach, Betzdorf, Bad Langenau, Rückers, Bärenwalde und Düren, drängte auf eine Untergliederung. Hinzu kamen die veränderten politischen Verhältnisse in Europa, die Verschiebung von Landesgrenzen, die Einschränkungen, die der Versailler Vertrag (1919) den deutschen Auslandsmissionaren auferlegte, und, speziell die Kongregation betreffend, seit 1921 die Gründung erster Niederlassungen in *Polen*: Wielun, Kazimierz-

Biskupi, Kruszewo und Bablin. Dennoch stand die römische Religiosenkongregation einer kanonischen Aufgliederung vorerst ablehnend gegenüber. Die Kongregation der MSF, die gerade ihr 25jähriges Bestehen feiern konnte, schien ihr noch zu wenig fundiert. Rom gestattete am 7. Januar 1921 lediglich die Errichtung weiterer Noviziate. Das wurde noch im gleichen Jahr in Frankreich (Ceilhes), Deutschland (Lebenhan) und Polen (Wielun) verwirklicht. Dabei erwies es sich jedesmal als schwierig, ein Bischöfliches Ordinariat zu finden, das die erforderliche kirchliche Erlaubnis gab.

Eine erste Teilung erfolgte 1928 mit der Errichtung einer deutschen und einer polnischen Quasi-Provinz. Der deutschen Quasi-Provinz waren die Häuser in der Schweiz und in Österreich angeschlossen.

Erst gravierend veränderte politische Verhältnisse gaben den entscheidenden Anstoß zur Bildung von Provinzen. Die in Deutschland gerade an die Macht gelangte nationalsozialistische Regierung schloß am 20. Juli 1933 mit dem Apostolischen Stuhl das Reichskonkordat. Laut Art. 15, Abs. 3 dieses völkerrechtlichen Vertrages hatte der Heilige Stuhl dafür Sorge zu tragen, daß deutsche Ordensniederlassungen opportunlichst nicht ausländischen Provinzoberen unterstehen. Diese Vereinbarung und die immer aggressiver und kirchenfeindlicher werdende Staatsregierung führten dazu, daß auf Antrag der Kongregationsleitung die Religiosenkongregation am 3. Februar 1936 nicht nur die Errichtung einer west- und einer ostdeutschen Provinz gestattete, sondern auch die Errichtung einer niederländischen, französischen und polnischen Provinz. Die MSF-Missionsgebiete wurden zu den Regionen Nordamerika, Brasilien und Niederländisch-Indien erhoben. Das Kommissariat Schweiz (1932) mit den Niederlassungen in Werthenstein und Nuolen (1934) sowie im italienischen Castione di Loria (1939) bildete einen Teil der westdeutschen Provinz. 1947 wurde dieses Kommissariat eigene Provinz, 1948 gefolgt von den Provinzen Nord- und Südbrasilien und Nordamerika. Die 1942 bzw. 1947 errichteten Regionen Argentinien und Chile sind inzwischen ebenso selbständige Provinzen wie Java, Kalimantan, Mittel-Brasilien, Spanien und Madagaskar. Aus den heute insgesamt 15 bestehenden Provinzen formieren sich derzeit mit dem Ziel engerer Kooperation, die drei Regionen Europa, Amerika und Indonesien – Papua-Neuguinea – Madagaskar.

Eine Analyse des Rundschreibens, das der Generalobere Trampe anläßlich der Ernennung der ersten acht Provinziale und Regionale am 8. Dezember 1936 erließ, läßt deutlich Grundzüge jenes Verständnisses von Ordensleben und Ordensführung hervortreten, das, vom Zeitgeist noch besonders gefördert, damals bestimmend war: absoluter Vorrang von Institution und Regel, starke Verrechtlichung des Ordenslebens, striktes hierarchisches Prinzip, trotz aller Betonung der Subsidiarität Beharren auf Zentralismus, strenger Paternalismus, völlige Überwachung des Untergebenen, Gleichsetzung von Regelverstoß und Sünde als (unbewußtes) Instrument der Sozialdisziplinierung, Betonung unbedingten Gehorsams gegenüber Regel, Gebräuchen und Oberen, alle verstanden als Organe und Ausdruck des göttlichen Willens.

In seinem Beitrag *Das Kommunikationsleben in den Ordensgemeinschaften gestern und heute* griff der Generalsuperior GERHARD MOCKENHAUPT 1973 Ergebnisse einer Umfrage unter 59 klerikal-apostolischen Ordensgemeinschaften auf und vermerkte, bis zu den Veränderungen durch das II. Vatikanische Konzil habe in den Orden der Obere mehr über als in den Kommunitäten gestanden und die Stellung der Einzelnen sei fast ausschließlich bestimmt gewesen durch die Kommunität und der dieser übertragenen Aufgabe. Der religiösen Lebendigkeit und dem Engagement in den einzelnen Gemeinschaften und dem zahlenmäßig raschen Wachsen der MSF insbesondere in Deutschland, in den Niederlanden und in Polen, seit den zwanziger Jahren mit je eigenen und gut gefüllten Scholastikaten in Ravengiersburg, Oudenbosch und Bablin, tat das jedoch keinen Abbruch.

Der Zweite Weltkrieg

Umso düsterer und gravierender war der Einbruch, den die Kongregation durch das seit 1933 herrschende deutsche NS-Regime erdulden und erleiden mußte. Der von der nationalsozialistischen Regierung bald offen geführte Kirchenkampf, der immer brutaler werdende Rassenwahn und Judenhaß dieses Terror-Regimes und der 1939 von Hitler entfachte Zweite Weltkrieg brachten millionenfach Mord und Tod, Verfolgung und Elend, Zerstörung und Unheil. Von der Kongregation am schlimmsten traf es die polnische Provinz. Vom 1.

September 1939 an, dem Tag des Überfalls der deutschen Wehrmacht auf Polen und zugleich Beginn des Zweiten Weltkrieges, mußte sie Furchtbares erleiden: Bombardements, Vertreibung aus den Häusern, Internierung, Schikanen, Erschießung von fünf Patres, unter ihnen der Provinzobere Peter Zawada, und 25 Brüdern, darunter drei Novizen und drei Postulanten am 11. November 1939 in der Nähe von Gorka, Verschleppung in verschiedene Konzentrations- und Todeslager, darunter Dachau, Mauthausen und Bergen-Belsen, in denen zwölf MSF umkamen, dazu Zwangsarbeit, Hunger und Not.

Glimpflicher war nach der deutschen Okkupation von 1940 das Schicksal der niederländischen Provinz und der zur französischen Provinz zählenden Missionsschule im belgischen Habay la Neuve. Mit Beschlagnahmungen und Beeinträchtigungen hielt sich die direkte Bedrängung in Grenzen. Umso härter waren die Nöte und Bedrängnisse, in die nach der japanischen Invasion die niederländischen Missionare in Kalimantan gerieten. Ein Teil mußte fliehen, anderen wurde die Arbeit erheblich erschwert, für zwei bedeutete es Tod durch brutale Erschießung.

Bedrückt war die Lage in den deutschen Provinzen. Obwohl den Orden laut Art. 15 des Reichskonkordats Freiheit und ungehinderte Tätigkeit zugesagt war, steigerten sich ab 1935 die ordensfeindlichen Maßnahmen des NS-Regimes bis hin zu dem Verbot von 1940, in einen Orden einzutreten. Das bedeutete auch für die MSF schikanöse Hausdurchsuchungen, Verhöre, Haft, Devisenprozesse und willkürliche Verurteilungen. Trotz Art. 25 des Reichskonkordats wurden alle Missionsschulen geschlossen und teilweise beschlagnahmt. Die Druckerei in Betzdorf mußte ihren Betrieb einstellen. Mit Kriegsbeginn 1939 kamen die Stellungsbefehle. Viele Patres und fast alle wehrfähigen Scholastiker und Ordensbrüder wurden eingezogen. Eine Anzahl von ihnen ist gefallen oder vermißt. Die ostdeutsche Provinz, ausgenommen das Kommissariat Österreich, hörte auf zu existieren, als nach Ende des Krieges die Deutschen das Gebiet östlich der Oder-Neiße-Grenze verlassen mußten.

Es war eine ausgesprochen glückliche Fügung, daß die Ordensleitung in Vorahnung kommender Bedrohung 1937 und 1938 rund 70 fast ausschließlich deutsche Scholastiker zum weiteren Studium nach Recife in Brasilien sandte. Damit entgingen diese der Nazi-

Diktatur und den Schrecken des Krieges. Der Nazi-Regierung galten sie als Deserteure, weil sie später nachgesandten Stellungsbefehlen nicht Folge leisteten. Der Kongregation in ihrer neuen Heimat jedoch waren sie der zahlenmäßig stärkste und wirkkräftigste je zugekommene Nachschub. Einige von ihnen zogen 1938 weiter nach Argentinien und legten den Grundstein der dortigen MSF, 1946 dann Ausgangspunkt der Kongregation für Spanien, wo geistliche Berufe für die Mission in Lateinamerika gewonnen werden sollten.

Nachkriegszeit

Am Ende des Zweiten Weltkrieges standen Chaos, Zerstörung und Zusammenbruch. Das Ende bedeutete aber auch zugleich Frieden, Befreiung und Möglichkeit eines neuen Anfangs. Auffallend ist, daß sich in den westlichen Ländern die Orden und Kongregationen überraschend schnell erholten. Die früheren Tätigkeiten konnten wieder aufgenommen werden. Zahlreicher Nachwuchs ermöglichte es, neue Ziele anzugehen. Bei der MSF zeigte sich dieser bis in die 60er Jahre anhaltende Aufwärtstrend vor allem in den Niederlanden, in der Schweiz und in Deutschland. Auch in Frankreich, wo zwischen 1948 und 1958 die Anzahl der Ordenspriester insgesamt um 28,7 Prozent auf 1417 stieg, mehrte sich die Zahl der jungen MSF-Priester.

Die Gründe für diesen allgemein zu beachtenden Zuwachs an Ordensgeistlichen sind vielfältig: die negativen Erfahrungen des Krieges, religiöse und kirchliche Aufbruchstimmung, Suche nach Sinn des Lebens, nach Halt, Stabilität und Geborgenheit, das Erleben von Kirche als Fels in der Brandung in Zeiten der Krise, dazu auch die wirtschaftliche Unsicherheit und das hohe Sozialprestige des Priesters und Missionars.

Neben diesem erneuten zahlenmäßigen Anwachsen als Kennzeichen aller Ordensgemeinschaften und Kongregationen lassen sich jedoch schon früh auch andere Typika und Tendenzen ausmachen: Das, was RAYMOND HOSTIE 1972 mit „Immobilismus" bezeichnet, nämlich eine erhebliche Unbeweglichkeit in der Regelauslegung sowie bei den neuzeitlichen Ordensgemeinschaften die Überdeckung der (durch die römischen Dekrete von 1921 noch geförderten) grundsätzlichen Gleichförmigkeit durch Betonung der Originalität in unwesentlichen Äußerlichkeiten; dann die nicht zu übersehende Isolierung gegenüber der allgemeinen gesellschaftlichen, politischen und kulturellen Entwicklung; ferner bei den jüngeren Kongregationen das Fehlen der den alten Orden eigenen tieferliegenden Grundstruktur, ein Defizit mit negativen Auswirkungen vor allem in kirchlichen Krisensituationen. Aus letzterem erwuchs bereits damals eine Trendwende hin zu den eher kontemplativen Orden.

Wie sehr die MSF der Nachkriegszeit in dieses allgemeine Erscheinungsbild eingebunden war, zeigt einmal der zahlenmäßig kontinuierliche Anstieg, dann aber auch die fast unverändert wie früher praktizierten Lebens- und Erziehungsformen, die seit 1947 anhaltend und zeitweilig heftig geführte Diskussion um das spezielle Ziel der Kongregation und die Reserviertheit einer progressiven und weltoffenen Haltung gegenüber.

Zwar gab es Ansätze einer zeitgemäßen Erneuerung, so wie sie 1950 Pius XII. (1939–1958) in seiner Ansprache anläßlich des Ersten Internationalen Kongresses der Ordensleute in Rom anmahnte, doch diese waren, damit wiederum durchaus im Sinne des Papstes, sehr behutsam und zurückhaltend, dabei die autoritäre Führung nie in Frage stellend.

Einem weiteren Wunsch des Papstes, der wie wenige seiner Vorgänger die zentrale Leitungsfunktion Roms betonte und mit hoher Autorität und Kompetenz wahrnahm, kam die Ordensleitung nach. Mit römischer Erlaubnis wurde 1957 das Generalat von Grave nach Rom verlegt. Der Kontakt mit der Kurie und die Begegnung bzw. auch eine Zusammenarbeit mit anderen Ordensgemeinschaften sollte damit intensiviert werden. Zugleich wurde in der Casa generalizia an der Via di Villa Troili ein Internationales Studentat (SIR) eingerichtet und 1957 mit dem Generalassistenten Alois Borheier (gest. 1993) als erstem Rektor eröffnet. In seiner Blütezeit beherbergte das SIR bis zu 38 junge Mitglieder der MSF aus bis zu 14 Nationen, die an den verschiedenen Päpstlichen Universitäten und Instituten Philosophie, Theologie und Spezialgebiete studierten. Die feierliche Einweihung von Generalat und Studentat nahm im Beisein zahlreicher Gäste am 17. Juni 1959 Kardinal Tisserant vor. Es war ein Tag voller Optimismus. Daß 35 Jahre später das Studentat schon lange aufgelöst und das Generalat innerhalb Roms erneut verlegt sein würde, hätte keiner ahnen oder erwarten können.

Zuversichtliche Haltung prägte in den 50er Jahren die ganze Kongregation, das umso mehr, da es selbst der polnischen Provinz möglich wurde, nach der Phase der menschenverachtenden und religionsfeindlichen Verfolgung durch das herrschende kommunistische Regime ab etwa 1953 erneut aktiv zu werden und sich zu einer blühenden Provinz zu entwickeln.

IV. Veränderung. Die MSF in den letzten drei Dezennien

Das Generalkapitel von 1959

Im gleichen Jahr 1958, da Papst Johannes XXIII. (1958–1962) bei einem Besuch in St. Paul vor den Mauern die Einberufung eines Konzils ankündigte, wurde von der Generalleitung im Rundschreiben vom 24. November das nächste ordentliche Generalkapitel für die Zeit vom 20. Juni bis 2. Juli 1959 nach Rom einberufen.

Zentraler Tagesordnungspunkt war die Wahl einer neuen Generalleitung. Das vom Apostolischen Visitator Clementino da Vlissingen OFMCap mitbegleitete Kapitel wählte Heinrich Bliestle (gest. 1987) aus der Schweiz zum neuen Generaloberen. Mit ihm und den Assistenten Marcel Merck (gest. 1991), Gustav Dehrenbach, Gerard van Asseldonk (gest. 1988) und Alois Borheier aus Frankreich, Deutschland und den Niederlanden waren die damals einflußreichsten Provinzen im damaligen Generalat vertreten. Wenig deutete darauf hin, daß tiefgreifende Veränderungen bevorstanden und die neue Amtsperiode außerordentlich erregt, teilweise sogar turbulent sein würde.

Ein Thema des Generalkapitels waren die Konstitutionen. Seit einigen Jahren bereits ging das Bemühen, die 1938 von Rom vorläufig approbierte Ordensregel den von Pius XII. verfügten Neuerungen anzupassen. Die diesbezüglich erarbeiteten Veränderungen lagen der Religiosenkongregation zur Prüfung und Gutheißung vor. Doch da deren Reaktion 1959 noch ausstand, blieb dem Generalkapitel im bezeichnenderweise letzten Tagesordnungspunkt 6: „Konstitutionen", nicht viel mehr zu tun, als den Generalrat zu beauftragen, wenige angesprochene Nummern der Regel einer Revision zu unterziehen und alle weiteren erforderlichen Schritte selbst vorzunehmen. Mehr als zwei Jahre später kam am 31. Januar 1962 von der Religiosenkongregation der Bescheid, einem Neudruck der Konstitutionen von 1939 sollten die Abänderungen des Generalkapitels von 1959 und einige vom Heiligen Stuhl verfügte Neuerungen beigebunden werden. Im Anschluß an das II. Vatikanische Konzil würde der CIC überarbeitet; orientiert an diesem verbesserten kirchlichen Recht sollten dann die Konstitutionen verändert und vom nächsten Generalkapitel angenommen werden.

Daß mit Johannes XXIII. eine neue Epoche der Kirchengeschichte angebrochen war, in der das lange dominierende juristisch geprägte Kirchenbild zugunsten anderer Kirchenvorstellungen zurückgestellt würde, lag dem Verständnis dieser Antwort noch fern.

Die neuaufgelegten bisherigen Konstitutionen mit 38 behutsamen, um nicht zu sagen eher kosmetischen Veränderungen wurden den Mitgliedern 1963 überreicht. Sie waren Lebensnorm und Makulatur zugleich; denn bereits am 6. August 1966 veröffentlichte Papst Paul VI. mit *Ecclesiae sanctae* die Normen zur Durchführung des Konzilsdekrets *Perfectae caritatis* und verpflichtete darin unter Nr. 3 alle religiösen Institutionen, in den nächsten zwei, höchstens drei Jahren Generalkapitel abzuhalten, um ihre Ordensstrukturen und Regeln im Geiste und gemäß den Dekreten und Bestimmungen des II. Vatikanischen Konzils neu zu gestalten.

Symptomatisch für die Schwellensituation der Zeit des Generalkapitels von 1959 und der frühen Amtsperiode von Generalsuperior Bliestle war auch die Behandlung der Ratio Studiorum generalis. Am 7. Juli 1956 hatte die Religiosenkongregation die Ordensgemeinschaften aufgefordert, im Sinne der am 31. Mai 1956 veröffentlichen Apostolischen Konstitution *Sedes Sapientiae* eine ganzheitliche Formung des Ordensnachwuchses anzuzielen und ihre Studienordnungen zu erneuern. Das Generalkapitel kam dieser Anweisung nach und gab einen entsprechenden Auftrag. Eine unter Leitung des ersten Generalstudiendirektors G. van Asseldonk verfaßte Studienordnung wurde von der Religiosenkongregation 1962 für drei Jahre ad experimentum genehmigt und 1963 verbindlich eingeführt. Als Experimentierfeld diente das römische Studentat. Als es 1957 eröffnet worden war, hatte die Ordensleitung ihm insgeheim zum Ziel gesetzt, zentrifugalen Bestrebungen der Provinzen und Regionen entgegenzuwirken, dem Generalrat, als „dem zentralen Ort der

Kongregation", gut ausgebildete Kräfte für wichtige Verwaltungs- und Führungsfunktionen zuzuführen und Studiengänge, wie Spiritualität und Missiologie besonders zu fördern. Die gesetzten und weitgehend an den vorkonziliaren Vorstellungen orientierten Ziele überholten sich rasch selbst. Bereits 1966 wurde das SIR vorläufig und 1971 endgültig aufgelöst, weil in nicht wenigen Provinzen die Kritik an römischen Einrichtungen überlaut, die Bevorzugung einheimischer Studienstätten offenkundig und der Ordensnachwuchs in den meisten Provinzen frappant zurückgegangen, wenn nicht gar fast zum Erliegen gekommen war. Gleichzeitig hatte die Ratio Studiorum ihre Bedeutung verloren. Kaum anders ging es mit der *Revision der Gebetsordnung*, die das Generalkapitel 1959 beschloß. Als der Generalobere 1965 diese *Neuordnung der religiösen Übungen gemäß der Instruktion zur ordnungsgemäßen Durchführung der Konstitution der hl. Liturgie* des II. Vatikanums veröffentlichte, eine Ordnung, die noch vorwiegend traditionelle Züge aufwies, mit starker Betonung der gemeinsamen Gebetsübungen, wurde sie kaum mehr aufgenommen, denn neue spirituelle Bewegungen und ekklesiologische Ausrichtungen begannen sehr deutliche Wirkung zu zeigen.

Aggiornamento

Die Ankündigung des II. Vatikanischen Konzils mit dem Programm des Aggiornamento hatte auch unter den Ordensleuten große Hoffnungen auf eine umfassende Reform geweckt. Lebhaft waren beim Konzil die Debatten über Ort und Auftrag der Orden. Sie fanden ihren Niederschlag in Kapitel 6 der Dogmatischen Konstitution über die Kirche (Art. 43–47) und im Dekret über die zeitgemäße Erneuerung des Ordenslebens. Die Kerngedanken des Dekrets und der Durchführungsbestimmungen lauten *ständige Rückkehr zu den Quellen jedes christlichen Lebens und zum Geist des Ursprungs der einzelnen Institute* und *Anpassung an die veränderten Zeitverhältnisse* (Art. 2).

In Abkehr von der bisherigen zentralistischen Linie Roms sollte die angemessene Erneuerung von den Ordensgemeinschaften selbst durchgeführt werden, insbesondere auf deren Generalkapitel. Experimente, selbst wenn sie dem geltenden Kirchenrecht entgegenstanden, konnten mit der Zustimmung des Heiligen Stuhles rechnen. Eine Experimentierphase von 15 Jahren war vorgesehen. Durch eine umfassende und offene Befragung sollten alle Mitglieder in das Reform- und Anpassungsbemühen einbezogen und damit die gewollte Dezentralisierung realisiert werden. Die neu zu erstellenden Konstitutionen sollten nicht mehr lediglich juristische Elemente enthalten, wie vom geltenden CIC und den bisherigen Bestimmungen der Religiosenkongregation vorgeschrieben, sondern auch spirituelle mit Bezug insbesondere zur Heiligen Schrift.

Die Umsetzung und Verwirklichung dieses Programms führte, wie in den meisten Orden und Kongregationen, auch in der MSF zu heftigen und kontrovers geführten Diskussionen um Sinn, Aufgabe und Spiritualität der Kongregation, um Bedeutung, Inhalt und Verwirklichung der Gelübde, um das Gemeinschaftsleben und seine Formen, um Leitung und Struktur, insbesondere um die Position und Kompetenz der einzelnen Kommunitäten und um die Frage der Anpassung. Als einfachste, allerdings nicht rein äußerliche Veränderung zeigte sich der rasche Wandel in der Kleidung. Die bis dahin übliche Soutane verschwand mehr und mehr. Viel tiefergehender und grundsätzlicher waren das Fragen und Ringen, ob und wie weit die im weltlichen Leben spätestens seit Ende des Zweiten Weltkrieges akuten Fragestellungen wie Demokratie und Demokratieverständnis, Pluralismus, Menschenrechte, Unverletzlichkeit der personalen Würde, Freiheit der Meinungen und Freiheit der Meinungsäußerung in Kirche und Orden Raum haben könnten und müßten. Zu welch neuen Ufern Johannes XXIII. die Kirche geführt hatte, dokumentiert seine sozial engagierte Grundsatz-Enzyklika *Pacem in terris*. In ihr nimmt die Kirche nicht mehr in Anspruch, die wahre Kenntnis der naturrechtlichen Normen als objektive Wahrheit zu besitzen, die dann alle zu akzeptieren hätten. Die Wahrheitserkenntnis sollte vielmehr aus der Wahrhaftigkeit der menschlichen Beziehungen erwachsen, in der sich Wahrheit konkretisiert. Gefördert noch vom Apostolischen Schreiben Pauls VI. *Ecclesiam suam* vom 6. August 1964, in dem der Dialog als der Stil kirchlicher Kommunikation bezeichnet wird, wurden auch in der Kongregation richtige Erkenntnis und richtige Entscheidung nicht mehr einfach beim Oberen gesehen und von ihm entgegengenommen. Vielmehr wurde vieles in Frage gestellt, um dann Antworten zu finden.

Konkretisierungen

Im Prozeß der In-Frage-Stellung, eine Phase, die in der Kongregation bis etwa 1977 anhielt, stießen die Verfechter einer radikalen Neugestaltung, die Befürworter einer gemäßigten Reformlinie und die eher am überkommenen Verhafteten am schärfsten auf dem außerordentlichen Generalkapitel zusammen, das am 15. November 1968 einberufen worden war und vom 19. September bis zum 15. November 1969 in Rom tagte.

Zentraler Beratungsgegenstand waren die Konstitutionen. Seit 1966 liefen dazu die Vorbereitungsarbeiten, von der Generalleitung aufgefordert zunächst in den Provinzen, dann durch ein 21köpfiges Gremium, das bei seinem Treffen vom 19. September bis 27. November 1967 in Rom nicht mehr lediglich eine Überarbeitung wollte, sondern eine völlige Neufassung und dazu einen Entwurf erarbeitet hatte, und schließlich durch eine Dreierkommission, die den vorgelegten Entwurf ergänzte und vom 19. Januar bis zum 30. März 1968 zum *Schema Constitutionum* ausbaute, das dann im Mai 1968 von der Generalleitung allen Provinzen zur Stellungnahme zugesandt worden war.

Das Schema und die Stellungnahme lagen dem Generalkapitel vor, das sich in den ersten beiden Sitzungen mit einem Kapitelspräsident, einem Kapitelssekretär, zwei Moderatoren und den spontan gebildeten Arbeitsgruppen „Schalom", „Guarani", „Römer" und „Mongoky" eine vorläufige Organisation gegeben hatte. Die Arbeitsgruppen mit mehrfach wechselnden Zu- oder Abgängen waren ein Spiegelbild teils sehr unterschiedlicher Positionen, teils nationaler Gruppierungen. Dominant waren bald die einer sehr weiten Veränderung zuneigenden Kapitulare. Dabei artikulierten sich deutlich antizentralistische und wenig romfreundliche Tendenzen. Das vorgelegte Schema der Konstitutionen wurde lediglich als Arbeitspapier akzeptiert, ein völlig neuer Regeltext in Angriff genommen. Die Kritik an der Kongregationsleitung verschärfte sich so sehr, daß der Generalobere Bliestle seinen Rücktritt anbot, um die Wahl einer neuen Generalleitung zu ermöglichen. Am 31. Oktober 1969 beschlossen die Kapitulare mit 36 gegen drei Stimmen bei drei Enthaltungen im Anschluß an die Arbeit des außerordentlichen Generalkapitels, das heißt nach Fertigstellung der neuen Lebensregel, sogleich ein ordentliches Generalkapitel zur Wahl einer neuen Generalleitung durchzuführen. Die aufgekommene Polarisierung war damit nicht beigelegt; sie steigerte sich noch, als Heinrich Bliestle nach Beratungen mit der Religiosenkongregation Anfang November erklärte, wegen gravierender rechtlicher Bedenken nicht zurücktreten zu können und mit dem Generalrat bis zum Ende der offiziell vorgesehenen Zeit, also bis 1971, im Amt zu bleiben. Da sich auch im Generalkapitel die Bedenken bezüglich der Rechtskräftigkeit des noch unfertigen neuen Regelentwurfes verdichtet hatten, verzichteten die Kapitulare in einer Abstimmung auf Neuwahlen. Eine Fünferkommission zur weiteren Bearbeitung der Konstitutionsdekrete wurde bestimmt und am Schlußtag mehrheitlich beschlossen, mehrere Dekrete in Kraft zu setzen.

Das Generalkapitel von 1971 baute auf der Arbeit des außerordentlichen Kapitels von 1969 auf und brachte sie zu einem vorläufigen Ende. Verabschiedet wurden das Dekret über die Lebensordnung und die Grundzüge eines neuen Generaldirektoriums. Die Weiterbehandlung beider bis zu Inkraftsetzung wurde dem für sechs Jahre neugewählten Generalpräsidium übertragen, verstanden als ein kollegiales Arbeits- und Entscheidungsgremium mit abgestuften Kompetenzen und je eigenem selbstverantwortetem Aufgabenbereich, mit dem neuen Generaloberen Gerhard Mockenhaupt (1971–1977) aus Deutschland an der Spitze.

Dem Generalkapitel von 1971 war erstmals eine Tagung des neuformierten Kongregationsrates vorausgegangen, bestehend aus dem Generalpräsidium, den Generaloffizialen und den Provinzoberen. Laut den neuen Konstitutionen tritt dieses die Gesamtkongregation repräsentierende Gremium fortan alle drei Jahre zusammen.

So geschah es auch vor dem Wahlkapitel von 1977, dem außer der Wahl des neuen Generalpräsidiums die Aufgabe zugedacht war, auf der Grundlage von *Evangelii nuntiandi* ein Besinnungskapitel zu sein.

Innehalten und Besinnung zurück und nach vorne waren geraten und erforderlich, denn mit der heilsamen und hoffnungsfrohen Unruhe des letzten Jahrzehnts waren auch Turbulenzen in eins gegangen: die MSF war von der allgemein zu beobachtenden Austrittswelle nicht verschont geblieben; in der niederländischen Provinz waren die meisten Niederlassungen aufgehoben worden, darunter auch das Scholastikat in Oudenbosch, weil kein Nachwuchs mehr da war; in der deutschen Provinz setzte zu Anfang der 70er Jahre trotz des neuen Studienhauses in Mainz ebenfalls das fast gänzliche Ausbleiben des Nachwuchses ein; nicht anders war es in der nordamerikanischen Provinz; die lateinamerikanischen Provinzen befanden sich mitten im erregten Prozeß einer die gesamte dortige Kirche erfaßt habenden Umorientierung. Dazu kamen die großen neuen Herausforderungen durch die sich immer rascher verändernde Welt: offizielles Ende der Kolonialherrschaft, endgültiger Durchbruch einer globalen Zivilisation, Dritte Welt, zum Ost-West-Konflikt der Nord-Süd-Konflikt, Ökonomie- und Ökologiekrisen, Bevölkerungsexplosion, Konsumgesellschaft, rapides Ansteigen von säkularisiertem Denken und Handeln, wachsende Kirchenkritik, um nur einige zu nennen.

Das Kapitel von 1977 erfüllte seine Aufgaben: Es wählte ein neues Generalpräsidium mit dem Schweizer Josef Scherer (1977–1983) an der Spitze und erstellte als Ergebnis einer intensiven Besinnung und Reflexion jene „Orientierungen für unser Leben im Dienst des Evangeliums", die fortan wichtige Richtschnur für die Kongregation und die einzelnen Mitglieder sein sollten.

Das Generalkapitel von 1983 wählte Egon Färber zum neuen Generaloberen und brachte die Arbeit an den Konstitutionen zu Ende. Es stimmte über jede einzelne Nummer ab und nahm sie an. Nach Einarbeitung einiger Ergänzungswünsche der Religiosenkongregation durch den Kongregationsrat erhielt die Konstitution am 24. Oktober 1985 die kirchliche Approbation. Direktorien für die einzelnen Provinzen wurden von 1985 bis 1994 mit starkem Bezug auf die regionalen Eigentümlichkeiten und die Eigenrechte in den einzelnen Ländern erarbeitet.

Das Generalkapitel von 1989 stellte mit der erneuten Wahl von Egon Färber noch einmal einen deutschen Mitbruder an die Spitze der Ordensleitung. Die Zusammensetzung des neuen Generalpräsidiums macht deutlich, wie sehr sich innerhalb der Kongregation die Gewichte inzwischen verlagert haben. Zahlenmäßig stark gewordene Provinzen wie Polen, Brasilien und Indonesien haben jetzt auch ihre Vertreter in der Führung der Kongregation.

Welcher von diesen Provinzen die Zukunft gehört, bleibt abzuwarten. Der Historiker vermag hier nur bedingt Prognosen zu geben. Die Geschichte der Orden lehrt ihn jedoch, daß Lebendigkeit dann immer gegeben ist, wenn Orden in Korrelation stehen mit zentralen Bewegungen und Strömungen der Zeit und wenn sie auf deren Herausforderungen, Nöte, Sorgen und Schwächen positive und im Evangelium fundierte Antworten geben. Auch kann er aus der Geschichte erlesen, daß keinem, auch keiner Institution, auf Erden ewiges Leben gegeben ist. Es gilt also zu schaffen und zu wirken, solange es Tag ist. Das Schicksal der MSF im zweiten Zentenar kann getrost in Gottes Hände gelegt werden.

Literaturhinweise:
Constitutions des Missionaires de la Sainte Famille. Im Anhang: Constitutions des Soeurs Auxiliaires de la Sainte Famille. Reims 1895.
Constitutions et Coutumier et Directoire der MSF. Grave 1904; lat. Übersetzung Oberhundem 1925.
GREGOR BAUMGARTNER, Geschichte der madagassischen Provinz 1950–1990. Manuskript.
EWALD BETTE, Chronik von Natal (1912–1979). Manuskript.
GER. DAUWEN, Der Wandel der Konstitutionen der Missionare von der Heiligen Familie von 1895–1978 (Theol. Diplomarbeit, masch.). Mainz 1979.
HANS-OTTO GRIMM, Aufzeichnungen über Januaria am Rio São Francisco im Staate Minas Gerais. Manuskript.
RAYMOND HOSTIE, Vie et mort des ordres religieux. Paris 1972.
HUBERT JEDIN und KONRAD REPGEN (Hg.), Handbuch der Kirchengeschichte, VI, 1: Die Kirche in der Gegenwart. Die Kirche zwischen Revolution und Restauration. Freiburg u.a. 1971; VI,2: Die Kirche in der Gegenwart. Die Kirche zwischen Anpassung und Widerstand (1878 bis 1914). Freiburg u.a. 1973; VII: Die Weltkirche im 20. Jahrhundert. Freiburg u.a. 1979.
RUDOLF LILLE, in: Ökumenische Kirchengeschichte, III. Neuzeit. Mainz, München 1964.
JAKOB MOSKOPP, Die deutsche Ordensprovinz der Kongregation der Missionare von der Heiligen Familie. Manuskript 1989.
JAKOB MOSKOPP, Curia Generalizia MSF Roma. Ein geschichtlicher Überblick. Manuskript 1988.
XAVER MÜLLER, Zur Geschichte der Schweizer Provinz. Manuskript 1990.
FERDINAND NOLTE, Historische Skizze der Kongregation der Missionare von der Heiligen Familie, 4 Bde. Betzdorf bzw. Grave 1931–1952.
FERDINAND NOLTE, Missions-Annalen der Missionare von der Heiligen Familie, I. Betzdorf 1931.
PETER RAMERS, Bonus Miles Christi Jesu. Ein guter Kämpfer Jesu Christi. P. Joh. Bapt. Berthier, Missionar von La Salette, Stifter der Missionare von der Heiligen Familie (1840–1908), 2 Bde. Betzdorf 1931–1932.
KLAUS SCHATZ SJ, Kirchengeschichte der Neuzeit II (= Leitfaden Theologie 20). Düsseldorf 1989.
A. SCHEUERMANN, Um die Zeitnähe des Ordensstandes. In: Glaube und Leben. Kirchenzeitung für das Bistum Mainz Nr. 24 von 1951.

HENRIQUE SCHUTEN und LUIZ ALENCAR LIBORIO, Aufzeichnungen über Barro-Recife. Manuskript.
J. A. TH. WELTJENS, De Vriyheid der Katholieke Prediking in Nederlands-Indie van 1900 tot 1940. Djakarta 1969.

Die Verehrung der Heiligen Familie von Nazaret unter Papst Leo XIII. (1878–1903)

Ein Brückenschlag zum heutigen Verständnis

von EGON FÄRBER in Italien

I. Förderung der Verehrung der Heiligen Familie durch Papst Leo XIII. (1878–1903)

Am 14. Juni 1892 veröffentlichte Papst Leo XIII. das Apostolische Breve *Neminem fugit*, das die besondere Verehrung der Heiligen Familie von Nazaret thematisierte. Anläßlich des ersten Zentenariums dieses Dokumentes fand in Barcelona/Spanien vom 8.–11. September 1992 ein Kongreß über die Heilige Familie statt, an dem vor allem Mitglieder von Ordensgemeinschaften teilnahmen, deren Spiritualität von der Heiligen Familie von Nazaret geprägt ist. Die umfangreichen Akten dieses Kongresses, vom „Nazarenum", dem Institut der Kongregation der Hijos de la Sagrada Familia in Barcelona, veröffentlicht, enthalten reiche Angaben über die verschiedenen Aspekte der Verehrung der Heiligen Familie in den ersten sechzehn Jahrhunderten der Kirche (ACTAS 1992).

Der vorliegende Beitrag stellt die Verehrung der Heiligen Familie am Ende des 19. Jahrhunderts dar und zeigt auf, wie der französische Priester und Ordensgründer Jean Berthier MS das Anliegen des Papstes wirkkräftig unterstützte. Gleichzeitig soll versucht werden, von den historischen Gegebenheiten eine Brücke zur heutigen Spiritualität zu schlagen.

Leo XIII. brachte keine wesentlich neuen Aspekte hinsichtlich der Verehrung der Heiligen Familie ein. Sein Ziel war es jedoch, daß die Verehrung der Familie von Jesus, Maria und Josef, die bis dahin vorwiegend auf der Ebene einzelner Diözesen und Ordensgemeinschaften zu finden war, nun durch die höchste kirchliche Autorität Anerkennung und Ausbreitung in der gesamten katholischen Kirche erfuhr.

Die Gestalt des Papstes

Am 2. März 1810 wurde Gioacchino Vincenzo Pecci in Carpineto bei Anagni als Sohn eines päpstlichen Offiziers geboren. Nach der humanistischen Ausbildung bei den Jesuiten in Viterbo studierte er im Römischen Kolleg Philosophie und Theologie; 1832 wurde er zum Doktor der Theologie promoviert. Am 31. Dezember 1837 empfing er die Priesterweihe. Ein Jahr später wurde er päpstlicher Delegat in Benevent und 1841 in Umbrien (Perugia). Als Titularbischof von Damiette und Apostolischer Nuntius wirkte er seit 1843 in Brüssel. Dort sah er das Elend der Arbeiter, das durch die fortschreitende Industrialisierung mit bedingt war, aber auch die ersten Initiativen, Abhilfe zu schaffen. Seit 1846 Bischof von Perugia zeigte er reges Interesse an den Fragen der Sozialmoral. In seinen bischöflichen Hirtenschreiben betonte er mehrfach die Notwendigkeit, daß sich die Kirche der modernen Kultur gegenüber aufgeschlossen verhalten müsse. Seit 1853 Kardinal, wurde Pecci am 20. Februar 1878 zum Papst gewählt. In seinem Pontifikat wurde der obersten Kirchenführung bewußt, wie drängend die Arbeiterfrage war und daß die Kirche an deren Lösung aktiv mitwirken müsse (MICHAEL SCHOOYANS, 1991).

Papst Leo XIII., im häuslichen Leben einfach und bescheiden, war ein Mann von tiefer Frömmigkeit. Er hegte eine besondere Verehrung zur Heiligen Familie von Nazaret. In ihr sah er den Prototyp aller Familien. 1892 dichtete er selbst drei lateinische Hymnen für das Festoffizium der Heiligen Familie: *O lux beata caelitum*, *Sacra iam splendet* und *O gente felix hospita*.

Pastorale Herausforderungen

Papst Leo XIII. war die religiöse Neubelebung der Kirche und der Menschheit ein Herzensanliegen. Wie schon in seiner Antrittsenzyklika *Inscrutabili Dei consilio* vom 21. April 1878 deutlich wurde, sah er in der Kirche die Mutter der wahren Zivilisation und in der Religion die Quelle der Moralität, die Lehrerin aller Tugenden, den Trost der Menschen in den Drangsalen des Lebens, die Pflegerin von Kultur und Wissenschaft. Religion war für ihn das Prinzip eines jeden Segens auch in der Gesellschaft (JOSEF SCHMIDLIN, 1934). Daher forderte er die Beobachtung und Erhaltung der Religion und schärfte den christlichen Bürgern ihre Pflichten ein.

In der Enzylika *Arcanum divinae sapientiae* vom 10. Februar 1880 stellte Leo XIII. die Familie als konstitutives Fundament und als organische Zelle der menschlichen Gesellschaft dar. Die Kirche habe die Heiligkeit der Ehe gegen die mächtigsten Fürsten zu verteidigen. In seiner Enzyklika *Sapientiae christianae* vom 10. Januar 1890, die von den wichtigsten Pflichten der christlichen Bürger handelt, heißt es: *Die Familie umschließt die Keime des Staatswesens, und das Schicksal der Staaten wird zum guten Teil am häuslichen Herde bestimmt. Darum beginnen jene, welche die Staaten vom Christentum losreißen wollen, planmäßig an der Wurzel und versuchen, das Familienleben zu verderben... Das meiste hängt von der häuslichen Erziehung der Kinder ab. Wo die Jugend im elterlichen Hause eine gute Lebensordnung und eine Schule der christlichen Tugend findet, da steht auch das Wohl des Staates in sicherer Hut.*

Auch in seiner programmatischen Sozialenzyklika *Rerum novarum* vom 15. Mai 1891 wandte sich der Papst erneut der Familie zu und unterstrich deren Recht auf Privatbesitz: *Die Familie, die häusliche Gesellschaft, ist eine wahre Gesellschaft mit allen Rechten derselben, so klein sich diese Gesellschaft auch darstellt... Ein dringendes Gesetz der Natur verlangt, daß der Familienvater den Kindern den Lebensunterhalt und alles Nötige verschafft, und die Natur leitet ihn an, auch für die Zukunft der Kinder vorzusorgen, sie möglichst sicherzustellen gegen irdische Wechselfälle, sie in Stand zu setzen, sich selbst vor Elend zu schützen... Die Besitzlosen aber belehrt die Kirche, daß Armut in den Augen der ewigen Wahrheit nicht die geringste Schande ist und daß Händearbeit zum Erwerb des Unterhaltes durchaus keine Unehre bereitet. Christus, der Herr, hat dies durch Tat und Beispiel bekräftigt, der um unseretwillen ‚arm geworden, da er reich war'* (2 Kor 8, 9), *und der, obwohl Sohn Gottes und Gott selbst, dennoch für den Sohn des Zimmermanns gehalten werden, ja einen großen Teil seines Lebens mit körperlicher Arbeit zubringen wollte...* (Mk 6, 3).

Leo XIII. sah die Stärkung der kirchlichen Organisation und die Bedeutung des Zusammenschlusses der katholischen Kräfte als wichtiges Mittel, den pastoralen Herausforderungen der Zeit zu beggnen. Er erkannte die Notwendigkeit der Mitarbeit der Laien bei der Durchführung kirchlicher Erneuerung und förderte das Vereinswesen auf religiösem, missionarischem und karitativem Gebiet:

so etwa die Vinzenzkonferenz, die Arbeitersodalität der Salesianer „S. Maria Opifera", die Bruderschaften vom stigmatisierten heiligen Franziskus, die Sodalität von der sühnenden Anbetung und viele andere mehr.

Bereits in *Inscrutabili Dei consilio* hatte der Papst erklärt, es sei für die Heiligung der christlichen Ehen sehr nützlich, *jene frommen Vereine gehörig einzurichten und zu fördern, welche besonders in unserer Zeit zum großen Gedeihen der katholischen Sache gegründet worden sind.*

Das Apostolische Breve Neminem fugit

Auf dieser pastoralen Linie lag auch das Apostolische Breve *Neminem fugit* vom 14. Juni 1892, das die verschiedenen Vereine von der Heiligen Familie zum Wohl der christlichen Familien neu organisieren wollte. Schon der erste Satz – *Jedermann weiß, daß das Wohlergehen der Person und der menschlichen Gesellschaft in ganz besonderer Weise von der Familie abhängt...* – unterstreicht die besondere Wertschätzung des Papstes, des obersten Hirten der Kirche, für die Familie. Leo XIII. fährt fort: *Je mehr in den Familien die Tugenden herrschen und je mehr die Eltern es verstehen, den Kindern durch Wort und Beispiel religiöse Werte zu vermitteln, desto besser wird es um das Allgemeinwohl bestellt sein. Das in Heiligkeit gegründete Fundament der Familie allein genügt nicht: Die Familie muß durch heilige Gesetze geordnet sein und sich durch religiösen Geist und christlichen Lebensstil entfalten.* Zum anderen erklärt das Breve die Heilige Familie von Nazaret zum Vorbild und Modell für alle Familien: Im Schöpfungs- und Erlösungsplan ist die Heilige Familie vom barmherzigen Gott dazu ausersehen, daß sie für alle Familien ein vollkommenes Modell des häuslichen Zusammenlebens und ein Vorbild aller Tugenden und der Heiligkeit sei. In ihr hat nämlich Christus, die Sonne der Gerechtigkeit, verborgen gelebt, bevor er sich ganz als Licht der Völker offenbarte. Alle Familienväter haben in Josef ein vollkommenes Vorbild väterlicher Fürsorge und Wachsamkeit. Die jungfräuliche Gottesmutter ist für die Mütter ein Idealbild der Liebe, der Bescheidenheit, der Unterwürfigkeit, des Glaubens. Und die Kinder finden in Jesus, der seinen Eltern untertan war (Lk 2, 51), ein göttliches Beispiel des Gehorsams, das sie bewundern, verehren und nachahmen sollen. Die Adeligen und Vornehmen können von dieser Familie aus königlichem Geschlecht lernen, im Wohlstand die Mäßigung und im Unglück die Würde zu wahren. Die Wohlhabenden erkennen, daß die Tugend wichtiger ist als die irdischen Güter. Die Arbeiter werden in den Sorgen des täglichen Lebens auf die Heilige Familie schauen; denn auch Josef mußte durch seiner Hände Arbeit den Lebensunterhalt verdienen, und sogar die göttlichen Hände Jesu Christi haben Handarbeit verrichtet. Kein Wunder, daß es Menschen von großer Weisheit gab, die ihren ganzen Besitz aufgegeben haben, um wie Jesus, Maria und Josef ein Leben in Armut zu führen. Leo XIII. gab am Schluß seinem Wunsch Ausdruck, daß *Jesus, Maria und Josef angerufen und verehrt werden* [mögen], *damit sie den Familien nahe sind, die Liebe nähren, die Sitten ordnen, zur Nachahmung ihrer Tugenden bewegen und die Schwierigkeiten, die das Leben vielfach bedrängen, erträglicher machen.*

Als Ergänzung zu *Neminem fugit* wurde sechs Tage später, am 20. Juni 1892, das Apostolische Schreiben *Quum nuper* veröffentlicht. Es enthielt die bekannten Gebete *O amantissime Jesu*, das täglich vor dem Bild der Heiligen Familie gebetet werden sollte, und *O Jesu Redemptor noster amabilissime*, das die Familien bei ihrer Weihe an die Heilige Familie verrichteten. Dazu kam das Stoßgebet *Jesus, Maria, Josef, erleuchtet uns, helfet uns, errettet uns.* Der Papst bestimmte, die bisherigen Gebete und Anrufungen zur Heiligen Familie durch die neuen zu ersetzen. Die früheren Gebete durften nur nach erneuter Gutheißung durch die Ritenkongregation gebraucht werden. Außerdem verordnete der Papst, die verschiedenen Vereine von der Heiligen Familie auf der ganzen Welt in einer „Allgemeinen Assoziation" zusammenzuschließen. Sie sollte unter der Leitung ein- und desselben Präsidenten, nämlich des Kardinalvikars der Diözese Rom, stehen.

Zusammenfassend kann gesagt werden: Das Apostolische Breve *Neminem fugit* war Ausdruck der Hirtensorge des Papstes um die „Kirche im Kleinen", die Familie. Seine Sorge galt allen Familien, besonders aber den Arbeiterfamilien. Als wichtiges Mittel des Familienapostolates wurde die „Allgemeine Assoziation", die Vereinigung der christlichen Familien empfohlen (Familiengruppen). Kernpunkte der Familienpastoral waren das Gebet in der Familie, das Vertrauen auf die Kraft der Fürbitte und ein Leben in der Gottes- und Nächstenliebe.

Das Fest der Heiligen Familie im liturgischen Kalender der römischen Kirche

In einem weiteren päpstlichen Dekret vom 14. Juni 1893, also genau ein Jahr nach dem Erscheinen von *Neminem fugit*, wurde allen Diözesen und Ordensgemeinschaften, die darum baten, erlaubt, in der Liturgie das Fest zu Ehren der Heiligen Familie am dritten Sonntag nach Epiphanie zu feiern. Zugleich wurden neue liturgische Texte für das Breviergebet und die Feier der Eucharistie herausgegeben. Erst Papst Benedikt XV. führte 1921 das Fest von der Heiligen Familie für die gesamte Kirche verpflichtend ein und legte es auf den Sonntag in der Oktav von Epiphanie. Gemäß dem Calendarium Romanum, das nach dem II. Vatikanischen Konzil im Jahr 1969 herausgegeben wurde, wird heute das Fest am Sonntag in der Weihnachtsoktav bzw. am 30. Dezember gefeiert.

Die Einführung dieses Festes in die Liturgie der römisch-katholischen Kirche war ein wichtiger Schritt auf dem Weg, die Verehrung der Heiligen Familie von der Devotion zur Einordnung in das Pascha-Mysterium zu führen; denn vor 1893 war der Bezugspunkt für die Predigt und Verkündigung über die Heilige Familie von Nazaret weithin „Das heilige Haus von Loreto" und das Fest der Vermählung der Jungfrau Maria mit dem heiligen Josef. In diesem Zusammenhang erklärte Jean Berthier: *Nichts bringt den Glauben der Kirche besser zum Ausdruck als ihre liturgischen Gebete. Nichts ist darum auch besser geeignet, uns richtige Ideen von der Verehrung der Heiligen Familie zu vermitteln, als die von der Kirche gutgeheißene Messe und das Offizium zu Ehren der Heiligen Familie* (JEAN BERTHIER, Le culte, 1906).

II. Die Weiterführung der Anliegen Papst Leos XIII. durch Jean Berthier MS (1840–1908)

Jean Berthier hob im Vorwort zu seinem Buch *Le Culte et l'Imitation de la Sainte Famille* (1906) hervor, er habe sich vor allem an den Verlautbarungen des Heiligen Stuhles bezüglich der Verehrung der Heiligen Familie ausgerichtet. Er verstünde die Publikation zunächst als pastorale Handreichung für die Mitglieder der Assoziation von der Heiligen Familie, für die Ordensleute, die sich der Heiligen Familie geweiht haben, und schließlich für die Seelsorger, die die Vereinigungen von der Heiligen Familie begleiten. Im Schlußwort betonte Berthier, daß er dieses Buch gewissermaßen als ein Testament für seine „Kinder" – das heißt für die Mitglieder seiner jungen Ordensgründung – sähe. Dem fügte er noch das *Testament eines alten Missionars zugunsten der christlichen Familien* hinzu.

Im ganzen Werk steht die Familie von Nazaret im Mittelpunkt: Sie ist Vorbild für die christlichen Familien und missionarisches Modell für die Ordensgemeinschaft der MSF.

Impulse für die Familienpastoral

Ausgehend von den Apostolischen Schreiben Leos XIII. und von bewährten Seelsorgsmethoden seiner Zeit empfahl Berthier im Anhang des erwähnten Buches folgende Punkte für die Familienpastoral:

– Die Assoziation von der Heiligen Familie: Sie wird als ein wirksames Mittel gesehen, um die Familien zu heiligen und dadurch die Gesellschaft zu erneuern. Nichts sei so geeignet wie die Verehrung der Heiligen Familie, um den großen Übeln zu begegnen, welche die Gesellschaft bedrohen.
– Gebete zur Heiligen Familie, wie das Weihegebet zur Heiligen Familie und das Gebet, das jeden Tag vor dem Bild der Heiligen Familie zu verrichten sei sowie verschiedene Anrufungen zu Jesus, Maria und Josef.
– Werke der Nächstenliebe: Ein Liebesmahl, das darin besteht, drei arme Menschen zu Ehren von Jesus, Maria und Josef zu speisen.
– Monat der Heiligen Familie: Berthier gibt 48 Texte aus seinem Buch an, die in Pfarreien oder in Familien im „Monat der Heiligen Familie" gelesen und meditiert werden könnten.
– Novene zu Ehren der Heiligen Familie: Berthier bietet zwei Modelle für Novenen zur Heiligen Familie an, mit denen man sich in Pfarreien auf das Fest der Heiligen Familie vorbereiten kann oder die man verrichtet, um eine besondere Gnade zu erbit-

ten. Für den letzten Tag ist die Weihe an die Heilige Familie vorgesehen und das Liebesmahl für drei arme Menschen.
– Familienexerzitien: Hier werden Lesungen und Gebete für jeden Morgen und Abend für Familien-Exerzitien angeboten. Diese 7-tägigen Exerzitien, die auf P. Francoz SJ zurückgehen, erinnern an die „Exerzitien im Alltag", die heute vielfach geübt werden.

Die Gründung der Ordensgemeinschaft der MSF (1895)

Bei der Gründung der MSF ließ sich Berthier vor allem von zwei Anliegen des Papstes bewegen: der Sorge um die Weltmission, die Leo XIII. in der Enzyklika *Sancta Dei civitas* vom 3. Dezember 1880 zum Ausdruck gebracht hatte, und der Verehrung der Heiligen Familie zum Wohl der christlichen Familie.

Jean Berthier sagte einmal seinen Schülern, seit dem Erscheinen des Apostolischen Schreibens *Neminem fugit* im Jahre 1892 bis zur Ordensgründung der MSF im Jahre 1895 seien drei Jahre verflossen. In dieser Zeit habe er intensiv darüber nachgedacht, welchen Namen er seiner Kongregation geben solle. Die Wahl des Namens *Missionare von der Heiligen Familie* (MSF) sei daher für seine geistlichen Söhne eine Verpflichtung und Herausforderung. Sie müßten in den Geist der Heiligen Familie eindringen. Andernfalls würden sie weder ihrer Berufung noch dem Ziel der Kongregation voll entsprechen. Leo XIII. sei es um die Erneuerung der Familien gegangen. Die Heiligung der Familie geschehe aber durch unseren Herrn Jesus Christus, der 30 Jahre lang in der Heiligen Familie zu Nazaret verbracht habe.

Den großen Einfluß der Enzyklika *Sancta Dei civitas* auf die Gründung Berthiers erkennt man auch daran, daß die Nummern 2 bis 7 der ursprünglichen Konstitutionen der MSF wörtlich dieser Enzyklika entnommen sind, ebenso die biblischen Zitate in den Nummern 1 und 16.

Folgendes Gedankengut Leos XIII. schlug sich in der Ordensgründung der MSF nieder: Übernahme dringender Aufgaben in der Weltmission (vgl. Konst. 1–7); Förderung der Missionsberufe, insbesondere in Familien, deren Mitglieder aufgrund ihrer Armut anderswo nicht aufgenommen werden (Konst. 8, 9, 10, 16); Lebensprägung durch das Vorbild der Heiligen Familie von Nazaret (Konst. 13, 14, 15).

III. Das Echo beim Zentenarium von Neminem fugit im Jahr 1992

Im L'Osservatore Romano wurden zum Zentenarium von *Neminem fugit* drei Beiträge veröffentlicht, die auf verschiedene Aspekte des Apostolischen Breve Bezug nehmen:

In dem Artikel *Die Heilige Familie, Modell der häuslichen Kirche. Ein Nachlesen des Apostolischen Breve Neminem fugit von Leo XIII.* legt TARCISIO STRAMARE am 15. März 1992 theologische Gedanken zur Verehrung der Heiligen Familie dar: „Die Inkarnation muß in ihrer ganzen Weite gesehen und als Erlösungsgeschehen gedeutet werden. Im wunderbaren Ratschluß Gottes sind die ‚etwa dreißig Jahre' (Lk 3, 23) des Lebens Jesu in Nazaret kein einfaches Warten oder nur Vorbereitung, sondern wirklich Zeit des Heiles, in welcher der Sohn Gottes alle Phasen und Dimensionen seines menschlichen Lebens um der Erlösung willen auf sich nimmt, um die Aufgaben der Familie, die Arbeit und das tägliche Leben zu heiligen. Der Gehorsam Jesu im Haus von Nazaret (Lk 2, 51) ist Teil des Gehorsams, der das ganze Leben Jesu auf Erden charakterisiert und sich im Tod in höchster Dichte vollendet... Man kann nicht daran zweifeln, daß die Familie von Nazaret aufgrund der Gegenwart des Gottessohnes und seines Heilswirkens von Gott dazu bestimmt ist, das Geheimnis der göttlichen Liebe in diese sichtbare Realität hineinzutragen" (ACTAS 1992). Das Mysterium der Familie von Nazaret ist somit eine Einladung, den Alltag als Zeit des Heiles zu sehen und darin den Willen Gottes in dem Geist zu verwirklichen, wie es Gottes Sohn getan hat in der Gemeinschaft mit Maria und Josef. Heiligung geschieht durch ein Leben, das vor Gott arm und in ihm „verborgen" ist (vgl. Mt 5, 3; Phil 2, 5–11; Kol 3, 1ff.), im Dasein für andere.

Kardinalstaatssekretär ANGELO SODANO veröffentlichte am 14. Juni 1992, am hundertsten Jahrestag von *Neminem fugit*, im Namen von Papst Johannes Paul II. ein Schreiben, in dem er insbesondere auf pastorale Aspekte einging und als Prioritäten der Familienseelsorge hervorhob: „Die ernsthafte und systematische Vorbereitung der Jugendlichen auf das Ehe- und Familienleben, die Annahme des Ehepartners in seiner Personalität, die Pflege echter Beziehungen unter den Familienmitgliedern, die Stärkung der Treue, die Anerkennung des göttlichen Heilsplanes und der Rechte, die in der ‚Charta über die Rechte der Familie' des Apostolischen Stuhles enthalten sind" (ACTAS 1992).

Schließlich werden im L'Osservatore Romano vom 24. Juni 1992 die heutigen Assoziationen von der Heiligen Familie, die sich vor allem in spanisch sprechenden Ländern finden, angesprochen. Ihre Spiritualität versteht sich als ein Weg, der vom „Evangelium aus Nazaret" inspiriert wird. Es heißt wörtlich: „Die Assoziation versucht heute, durch ein geistliches Programm die einzelnen Mitglieder und die Familien schrittweise zu ermutigen, eine Gemeinschaft von Jüngern Jesu zu sein, welche in der Familie auf Gottes Wort hören und es meditieren; eine Gemeinschaft von Zeugen, die beweisen, daß es möglich ist, in und mit der Familie das Evangelium zu leben; eine Gemeinschaft von Aposteln, die anderen Familien durch ihr Wort und tägliches Beispiel Ermutigung schenken" (ACTAS 1992).

IV. Die Verehrung der Heiligen Familie in der heutigen Spiritualität

In der Präambel der Ordensregel der MSF, die im Jahr 1985 vom Apostolischen Stuhl gutgeheißen wurden, heißt es: *Über allen Regeln und Verordnungen steht für die Ordensgemeinschaft das Beispiel der Heiligen Familie, unter deren Schutz Pater Berthier sie gestellt hat. In ihr ist Gottes Sohn Mensch geworden und als Gesandter des Vaters herangewachsen, um das Licht des Evangeliums zu verbreiten. In ihr fand die Antwort des Menschen auf Gottes Geschenk ihren klarsten Ausdruck. So ist die Heilige Familie das missionarische Modell der Missionare von der Heiligen Familie: ein Anruf zur brüderlichen Einheit in Christus und zugleich ein Auftrag, alle Menschen in die eine Familie des Vaters zu führen.* Die Heilige Familie wird wie eine Ikone gesehen, an der die Ordensmitglieder ablesen können, was Weihe an Gott (Consecratio), brüderliche Gemeinschaft (Communio) und missionarische Sendung (Missio) für sie bedeuten:

Mission: Die Heilige Familie ist keine in sich verschlossene Idylle; sie läßt sich im Gehorsam und im Vertrauen auf Gottes Verheißung zum Exodus herausrufen; sie dient dem Heil und bezeugt im Alltag die Nähe Gottes. Sie lädt ein, in gläubiger und unaufdringlicher Art Missionar Jesu Christi zu sein, Mittler des Heiles.

Gemeinschaft: Jesus, Maria und Josef sind den Lebensweg gemeinsam gegangen und sind gemeinsam vor Gott gewachsen (Lk 2, 41–52): einer mit dem andern und einer durch den andern. Diese Familie ist ein Bild für die Kirche, für die Familie, wie auch für das Ordensleben: Wenn die Ordensgelübde z.B. nicht wie individuelle Vorschriften gelebt werden, sondern als das Bemühen, gemeinsam zu arbeiten und den Glauben zu teilen, dann wird der Akzent auf die Solidarität und Hilfsbereitschaft gelegt (Gelübde der Armut), auf die gegenseitige Bestärkung in der Hingabe an Gott und sein Reich (Gelübde der Keuschheit) und auf das gemeinsame Suchen nach Gottes Willen (Gelübde des Gehorsams).

Die Weihe an Gott: Das entscheidend Vorbildliche im Leben der Heiligen Familie ist wohl darin zu sehen, daß die einzelnen ihr Leben aus dem Glauben gestalten und von daher bereit sind, in allem dem Willen Gottes zu dienen. Aus dieser lebendigen Glaubenshaltung lösen sie die Konflikte des Lebens. Ihre Glaubenshaltung und die Bereitschaft zu Gottes Willen läßt sie das Rechte tun: Es ist der Glaube, der in der Liebe wirksam ist (Gal 5, 6).

Literaturhinweise:
ACTAS del primer congreso sobre la Sagrada Familia en ocasión del Centenario del Breve Apostólico „Neminem fugit" del Papa León XIII: La Sagrada Familia en los primeros XVI siglos de la Iglesia, Barcelona/Begues-Espâna 8/11 de Septiembre de 1992. Barcelona: Hijos de la Sagrada Familia – Nazarenum, Selbstverlag 1993.
JEAN BERTHIER, Le Culte et l'Imitation de la Sainte Famille. Paris, Grave 1906, S. 312–332; Anhang I (Gebete zur Heiligen Familie und das Liebesmahl für die Armen), S. 341–344; IV (Der Monat der Heiligen Familie), S. 424–425; V (Eine Novene zu Ehren der Heiligen Familie), S. 426–428 und VI (Exerzitien in der Familie), S. 429–460. Eine deutsche Übersetzung dieser Publikation liegt derzeit nicht vor.
EGON FÄRBER MSF, Leone XIII e il NEMINEM FUGIT. In: ACTAS del primer congreso 1993, S. 79–92.
JOSEF SCHMIDLIN, Papstgeschichte der neuesten Zeit, II. München 1934.
MICHEL SCHOOYANS, Leone XIII et la ‚miseria immeritata' degli operai. In: Catalogo della Mostra „Il lavoro dell' uomo nella pittura da Goya a Kandinskij" realizzata in occasione del centenario della promulgazione dell' Enciclica Rerum novarum (1891–1991), Città del Vaticano, 16.11.1991–1.3.1992 (= Biblioteca Apostolica Vaticana, Cataloghi d'Arte). Milano 1991, S. 59–74.
TARCISIO STRAMARE OSJ, Formulazione di una teologia attuale della Sacra Famiglia. In: ACTAS del primer congreso 1993, S. 537–557; vgl. auch DERS., ebd., S. 69–72.

Jean Berthier (1840–1908)
Missionar von La Salette und Gründer der MSF*

von EDOUARD JOST in Italien

I. Kindheit und Jugend (1840-1858)

Jean Berthier wurde am 24. Februar 1840 in Châtonnay (Isère) als ältester Sohn von Pierre Berthier und Marie Putoud geboren. Zwei Tage nach seiner Geburt wurde er von Abbé Champon, dem damaligen Vikar der Pfarrei getauft. Er hatte fünf Geschwister, von denen drei sehr jung verstarben. Er verbrachte seine Kindheit auf dem etwa sechs Hektar großen Hof seiner Eltern. Sein Vater war ein strenger, sparsamer, oft autoritärer und jähzorniger Landwirt, der seine Familie jedoch schätzte. Seine Mutter war gütig, zärtlich, friedlich und versöhnlich. Die unterschiedlichen Temperamente seiner Eltern prägten den jungen Berthier: Er hatte eine lebendige und empfindsame Natur; schlecht ertrug er Streit und Vorwürfe und bemühte sich stets, den schlechten Launen seines Vaters Heiterkeit entgegenzusetzen. Seine Mutter erzog ihn christlich, schärfte sein Gewissen und lehrte ihn beten. Voller Verehrung und Zuneigung notierte Berthier später: *Ich erachte es für eine der größten Gnaden, die ich von Gott empfangen habe, daß er mir eine heiligmäßige Mutter gegeben hat; sie wies mich zurecht, erzog mich, ließ nichts ungerügt durchgehen; wußte sie doch, daß sie Christin war, mehr noch und eher als Mutter, und daß ihre oberste Pflicht darin bestand, in mir den Christen großzuziehen.*

---

* Der detaillierte, mit vielen Belegstellen versehene französische Originaltext dieser gekürzten deutschen Fassung schöpft aus der reichen Korrespondenz Jean Berthiers, aus den Palmarès du Rondeau 1851-1860, den Annalen von La Salette, den Annalen von Loèche, den Aufzeichnungen Wilhelm Dautzenberg, Johann van Dinteren, Josef Hellmann, Gerhard Jansen und August Stolz, den Berichten und Publikationen von Victor Burgard, Jules-Émile De Lombarde, Ferdinand Nolte und Victor Roux sowie weiteren Quellen, die im Archiv des Generalats der MSF in Rom bzw. im Archiv der Missionare von La Salette zu finden sind.

Jean Berthier erhielt seine Schulbildung bei den Brüdern des Heiligsten Herzen in Châtonnay. Sein Schulfreund, der spätere Abbé Girard, schrieb rückblickend 1909, Jean sei hochbegabt gewesen und habe ein gutes Gedächtnis gehabt. So erlernte er rasch die französische Sprache und gehörte bald zu den Klassenbesten. Sein Vater war so stolz auf seinen Ältesten, daß er ihn im Winter, wenn der Schnee zu hoch lag, zur etwa ein Kilometer entfernten Schule auf den Schultern trug. Mit acht Jahren wurde Jean Meßdiener. Als Vorbereitung auf die Erste Heilige Kommunion nahm Jean am dreijährigen Katechismusunterricht mit Ernst und Fleiß teil. Er begnügte sich nicht damit, das Vorgetragene auswendig zu lernen, sondern strengte sich an, das Gelernte zu begreifen und zu erklären. Jahrzehnte später empfahl Berthier seinen Schülern – denen er stets *Vater* sein wollte und sie deshalb mit *Meine Kinder* anredete – *nichts durchzulassen, ohne es verstanden zu haben*. Am Dreifaltigkeitssonntag 1852 empfing Jean in tiefer Andacht seine erste Kommunion. Drei Tage später wurde er gefirmt.

Berthier fühlte sich zum Priestertum berufen. Mit Fingerspitzengefühl und Geduld gelang es dem Ortspfarrer, die Einwendungen des Vaters zu entkräften und erreichte, daß Jean seiner Berufung folgen durfte. Eineinhalb Jahre (1852/53) wurde er zusammen mit Josef Gandy und Louis Régallin vom Pfarrvikar in Latein unterrichtet. Im Herbst 1853 verließen die drei Schüler Châtonnay, um ins Kleine Seminar im etwa 20 km entfernten La Côte Saint André einzutreten. Sie wurden in die vierte Klasse aufgenommen. Neben Latein wurden die insgesamt etwa 150 Schüler unter anderem in Griechisch, Mathematik, Naturwissenschaften und Sprachen unterrichtet. Es war wohl die Schwierigkeit, sich an den neuen Lebensstil zu gewöhnen, die es mit sich brachte, daß sich Berthier im ersten Jahr schwer tat, mit seinen Kursgenossen Schritt zu halten. Die Schulleitung erwog, ihn das Jahr wiederholen zu lassen. Dank Fleiß und Ausdauer gelang es ihm jedoch bald, dieses Problem zu meistern. Schon 1856 zählte er zu den Klassenbesten. Sein leistungsstärkstes Fach wurde die Botanik. Sein Leben lang bewahrte er eine besondere Vorliebe für die Natur, besonders für die Blumen und die Vögel. Seine Pflanzenkenntnis und das Wissen um deren medizinische Kräfte waren ihm zeitlebens hilfreich.

Jean Berthier wurde von seinen Mitschülern geschätzt, obgleich er wenig Interesse an lauten Spielen hatte und sich selten an

Gesprächen beteiligte. Er war schüchtern, und, nach seinen eigenen Angaben, *scheu wie eine Ratte.* Andererseits konnte er mitunter auch bei Widerwärtigkeiten lebhaft, feurig und aufbrausend reagieren. Er schätzte zeitlebens den Spiritual des Seminars Abbé Turc, der ihn formte und ihm eine solide Frömmigkeit vermittelte.

Nach vier Schuljahren (den „Humaniora") wechselten die Schüler vom Kleinen Seminar in La Côte ins Seminar von Rondeau (Grenoble), um dort ein Jahr Philosophie zu studieren. Damals lehrte man das philosophische Gedankengut von Descartes, das Berthier wenig befriedigte. Seinen Schülern erzählte er später: *Sobald ich konnte, verlegte ich mich auf das Studium des Hl. Thomas, und auf diese Weise habe ich meine gesamte Philosophie erneut studiert. Dank dieser Revision konnte ich mir auch eine sichere Theologie aneignen. Bei ihm lernte ich überdies die Väter kennen und die Schätze, die in ihren Schriften liegen.* Mit der feierlichen Preisverteilung endete das Jahr: Louis Régallin errang den zweiten Preis in Philosophie und Jean Berthier wurde mit dem zweiten „Accessit" in Philosophie bedacht und erhielt den ersten Preis in Physik, Geologie und Mineralogie.

II. Im Großen Seminar (1858–1861)

Am 23. Oktober trat Jean Berthier zusammen mit Joseph Gandy und Louis Régallin ins Große Seminar von Grenoble ein, das von dem weisen, tüchtigen und kirchlich sehr geschätzten Jacques Philipp Orcel geleitet wurde. An der Wand seines Vorzimmers stand: *Die Menschen loben uns für die Hälfte unserer Pflicht, die wir tun, und Gott straft uns für die andere Hälfte, die wir nicht tun.* Berthier war davon so beeindruckt, daß er ihn später oftmals gegenüber seinen eigenen Schülern wiederholte. Orcel war ein Feind aller Überspanntheit; ein Grundsatz von ihm lautete zum Beispiel: *Es ist weise, sich auf das zu beschränken, was man ordentlich machen kann, und dieses gut zu machen.* Dieser kluge Menschenkenner wurde Berthiers Seelenführer.

In der Kapelle des Großen Seminars wies eine Inschrift darauf hin, daß hier Jean Baptiste Marie Vianney, der spätere Pfarrer von Ars, zum Priester geweiht worden war. Berthier schätzte diesen

Seelsorger, dessen Heiligkeit in der Erfüllung des Willen Gottes im alltäglichen Leben begründet lag, so sehr, daß er ihn später immer wieder seinen Schülern als Vorbild vor Augen stellte.

Berthier zeichnete sich durch Frömmigkeit, Arbeitseifer und Intelligenz aus. Sein Mitschüler Ronsat schrieb darüber später: *Seine Frömmigkeit hatte nichts übertriebenes, nichts aufgesetztes; er hatte einen seltenen gesunden Menschenverstand; er war hart in der Arbeit; seine Bescheidenheit kam seinem literarischen und theologischen Talent gleich; er besaß einen feurigen und ungewöhnlichen Eifer.*

Berthier maß dem Studium große Bedeutung zu; das theologische Wissen müsse so sehr verankert sein, daß man später in der seelsorglichen Tätigkeit davon zehren könne. Beim Theologiestudium sollten die pastoralen Perspektiven dem Seminaristen stets bewußt sein, denn: *Nichts ist wichtiger bei dem, was man lernt, als die praktische Seite zu sehen und sich früh auf das Amt einzustellen, das man später zu erfüllen hat* (JEAN BERTHIER, Le Sacerdoce). Er empfahl, sich einen „Zettelkasten" mit Zitaten, wichtigen geschichtlichen Ereignissen und wertvollen Gedanken anzulegen, die man später in der Seelsorgsarbeit nützen könnte. Besonders widmete sich Berthier der Heiligen Schrift. Sein Mitschüler Alloix schrieb 1909: *Ich erinnere mich, daß am Ende seines Großen Seminars Abbé Berthier das ganze Neue Testament auswendig wußte.*

Im ersten Jahr seines Theologiestudiums empfing der junge Seminarist am 23. April die Tonsur und am 10. Juli 1859 die vier niederen Weihen. In den Ferien erhielt er 1859 einen Posten als Hilfslehrer. Mit diesem Gehalt finanzierte er seinem Vater einen Knecht; dies ist besonders erwähnenswert, da Berthiers Studium praktisch ganz durch Börsen finanziert wurde.

III. Der Ruf von La Salette

Am 4. März 1861 erhielt Berthier die Subdiakonatsweihe in der Kapelle des Großen Seminars. Er fühlte sich zum Ordensleben berufen, fand jedoch im Seminar dafür wenig Unterstützung. Der Marienwallfahrtsort La Salette, den er gemeinsam mit einigen Kommilitonen besucht hatte, und die dort wirkenden Missionare beeindruckten ihn so stark, daß er beschloß, sich der dortigen Kongregation anzuschließen. Sein geistlicher Führer Jacques Ph. Orcel riet ihm, nichts zu überstürzen und im Gebet Klarheit zu suchen; seine Eltern sprachen sich gegen sein Vorhaben aus.

Planmäßig absolvierte Berthier 1861–1862 sein letztes Theologiejahr im Großen Seminar. Am 5. April 1862 wurde er in Grenoble zum Diakon geweiht. Vor der Zulassung zur Priesterweihe gaben die Professoren ein Gutachten über die Kandidaten ab; Jean Berthier wurde sehr positiv eingeschätzt: *Frömmigkeit: sehr gut; Charakter: gut; Benehmen: ziemlich gut; Predigen: gut; Singen: ziemlich gut; Gesundheit: etwas schwach; Bemerkungen: möchte in La Salette eintreten.* Dieser Wunsch konkretisierte sich, als Jacques Ph. Orcel für Berthier ein Gespräch mit dem Superior der Missionare von La Salette, P. Archier MS, vereinbarte. Dieser erkannte die Willensstärke und Seelengröße des jungen Diakons und äußerte die Hoffnung, Berthier bald wiederzusehen.

IV. Priestertum und Noviziat (1862–1865)

Am 13. Juli 1862 empfingen Berthiers Studiengefährten die Priesterweihe in Grenoble; er selbst ließ sich mit Einverständnis seines Spirituals unter dem Vorwand des fehlenden kanonischen Alters nicht weihen. Am 14. Juli ging er nach La Salette und trat ins Noviziat der Gemeinschaft der Missionare von La Salette ein. Am 20. September wurde Berthier von Mgr. Ginouilhac, Bischof von Grenoble, in der Kapelle des Bistums, zusammen mit zwei Dominikanern zum Priester geweiht. Seine Primizmesse feierte er am Tag darauf in der Kapelle der Patres von La Salette in Grenoble.

Der Winter 1862–1863 war besonders hart. Berthier erkrankte wie so viele. Der Arzt empfahl ihm, sich von jeder seelsorglichen Tätigkeit zurückzuhalten. P. Archier schickte ihn für fünf Wochen zur Genesung zu seinen Eltern, doch konnte dort seine Gesundheit nicht voll wiederhergestellt werden. P. Berlin MS meinte, Berthier könne bei dieser schwachen Konstitution nicht in der Gemeinschaft von La Salette bleiben. Auf Anraten eines anderen Paters begann Berthier während seiner Krankheit zu schreiben. Sein erstes Buch schildert am Beispiel der Gräfin von Chabons das Ideal einer christlichen Mutter. Damals vermittelte ihm P. Archier einen Hauslehrerposten bei Mme de Chitons de Bresson. Acht Wochen lang unterrichtete Berthier deren ältesten Enkel in Latein. Dann kehrte er ins Noviziat nach La Salette zurück. Immer noch kränklich, verbrachte er vierzehn Tage bei seinem Namensvetter Henri Berthier, dem früheren Pfarrer von St. Jean d'Héron. Am 30. Oktober übernahm er die Stelle eines Hausgeistlichen bei Mme de Quinsonas in der Gegend von Morestel. Schon nach zwei Monaten zog er sich in die Kartause von Valbonne zur Erholung zurück. Nach zwei Monaten hatte sich seine Gesundheit gebessert. Zur vollständigen Genesung hielten es seine Obern für gut, ihm eine Stelle als Hilfspriester in der Pfarrei von Veyssilieu anzuvertrauen, deren Pfarrer, Abbé Jean Douare, 54 Jahre alt, öfters krank war. Nach 15 Monaten, am 28. Juni 1865, verließ Berthier, gesundheitlich weitgehend wiederhergestellt, die Pfarrei Veyssilieu und kehrte für wenige Tage nach Grenoble in seine Gemeinschaft zurück, um dann für etwa acht Wochen nach La Combe zu gehen. Am 17. August, drei Wochen vor der Ordensprofeß, war er wieder im Noviziat. Trotz der wiederholten Unterbrechungen seines Noviziates, ließ der Rat ihn zu den zeitlichen Gelübden zu. Die Exerzitien zur Vorbereitung der Profeß fanden vom 2. bis zum 7. September statt. Berthier notierte sich, was ihm besonders wichtig erschien. Diese Aufzeichnungen zeigen die Grundlinien, die sein ganzes Leben bestimmten: *Ich werde nur in dem Maße glücklich sein und Gott die Ehre erweisen, in dem ich mich von allem aus Liebe zu ihm zurücknehme, und so weit ich in meinem Tun die Erfüllung seines Willens suche... Herr, gib mir, daß ich die Seelsorge, die du mir an den Kleinen und den Armen anvertraut hast, besonders liebe... Was für ein Friede, der Diener der Armen zu sein, was für ein Friede, der Letzte zu sein... Das immerwährende Gebet wäre mein Heil.* In diesem Sinne legte er am 8. September 1865 zusammen mit seinem Mitnovizen Josef Perrin seine Ordensgelübde ab.

V. Apostolisches Wirken von 1865–1876

Wenige Monate nach seiner Profeß focht Berthier einen heftigen inneren Kampf aus. In seinen Briefen an Abbé Jean Douare, den Pfarrer von Veyssilieu, spricht er offen davon. Es war das Ringen zwischen der Gnade, sich aus Liebe zu Gott selbst zu entäußern und dem Widerstand dagegen, sich gänzlich zurückzunehmen. Er wußte, daß er sein Missionar-Sein nur in dem Maße erfüllen konnte, wie er sich DEM hingab, der die Liebe selbst ist; *denn alleine die Liebe ist missionarisch*, vermerkt er in seinen Exerzitiennotizen. *Ich wäre hier oben wirklich glücklich, wenn ich Gott wirklich lieben würde; es gibt hier viel Gutes zu tun; aber ich bin weit von der Gnade entfernt, da ich meinem eignen Tun noch viel zu viel Bedeutung zumesse*, schrieb er dem Pfarrer. Bald legten sich diese inneren Kämpfe. Seinem „Guten Hirten" in Veyssilieu berichtete er am 25. August 1866: *Seit einigen Tagen vor allem, scheint es mir, daß ich Gott mehr liebe und daß ich mich ganz seiner Ehre hingeben will*. Diese Vollhingabe fand ihre Erfüllung während der Exerzitien im Januar 1867. Er erwählte die Gottesmutter zu seiner Braut und vertraute ihr sein ganzes Wesen an, damit sie es ihrem Sohn darbringe, so daß er nichts Irdisches mehr natürlicherweise liebe. Er empfahl auch Jean Douare, das Gebet von Jean-Jacques Olier (*O Jesu vivens in Maria veni et vive in famulo tuo in perfectione virtutum tuarum*) häufig zu sprechen. In lebendiger Vereinigung mit Jesus wollte er sein Prediger-Apostolat ausüben, das gemäß dem Gründungsdekret der Kongregation von La Salette (15. Januar 1852), darin bestand, während der Wintermonate, wenn die Erscheinungsstätte unerreichbar war, in den Pfarreien zu predigen und im Sommer den Pilgern zur Verfügung zu stehen.

Ein Zeitgenosse beschrieb Berthiers Seelsorgsmethode so: *In seinen Predigten versuchte er, vor allem die ewigen Wahrheiten vor Augen zu stellen. Er unterließ es nie, den Leuten Mut zu machen, indem er ihnen die Barmherzigkeit Gottes zeigte*. Berthier hatte eine gute Hand, Mißbräuchen ein Ende zu setzen: *Eines Tages*, so berichtete P. Besson MS, *beklagte sich ein Pfarrer über die Leichtigkeit, mit der die „Tanz-Mädchen" nach Salette sich die Lossprechung holen gingen, die ihnen in ihrer Pfarrei verweigert worden war. Dieser Vorwurf richtete sich direkt gegen Pater Berthier. Ohne sich aufzuregen antwortete dieser dem Ankläger: ‚Mein Freund, ich habe auf wirksame Weise die Tänze dadurch verhindert, daß ich die Seelen zur Beichte und zum öfteren Kommunionempfang geführt habe; Ihr hingegen, durch das Verbot dieser Gnadenmittel, überlaßt sie ihrer Schwäche, und durch Eure übermäßige Strenge, die gegen die Theologie verstößt, fördert Ihr den Tanz mehr als Ihr ihn verhindert'*.

Während seiner Volksmissionen besuchte Berthier alle Leute ohne Ausnahme, die Gleichgültigen ebenso wie die Praktizierenden. Er war ein beliebter Beichtvater, der sich durch väterliche Güte auszeichnete. In seinen Predigten versuchte er alle, besonders aber die Armen, die Nichtgebildeten und die Kinder anzusprechen. Seinen Schülern empfahl er später, sich bei Volksmissionen besonders der Kinder anzunehmen.

Mit Beginn der Pilgerzeit im Frühsommer 1866 nahm Berthier sein Apostolat in La Salette wieder auf. Bis 1898 verbrachte er fast jedes Jahr einen Teil des Sommers auf dem heiligen Berg, zu dem Zehntausende von Gläubigen hinpilgerten. Auch viele Priester beichteten bei ihm oder fragten ihn um Rat. Neben seinem Dienst als Prediger und Beichtvater, beteiligte sich Berthier an der Redaktion der *Annales de Notre Dame de la Salette*. Gleichzeitig beantwortete er die umfangreiche Korrespondenz, die täglich in La Salette eintraf.

VI. Erste apostolische Schule in La Salette (1876) und in Loèche (1884)

Das Generalkapitel von 1876 wählte als Nachfolger von P. Giraud P. Archier zum neuen Generalsuperior. Dieser plante, beraten von Berthier, in La Salette eine apostolische Schule zu eröffnen. Am 27. Juni 1876 erhielten die Patres von Mgr. Fava, Bischof von Grenoble, das Approbationsdekret. Berthier wurde beauftragt, den Schulbeginn vorzubereiten. Um sich zu informieren, reiste er zu P. de Foresta SJ nach Avignon, der eine ähnliche Schule eröffnet hatte.

Am 5. August 1876 konnte die erste Schule der Gemeinschaft von La Salette eröffnet werden, doch gab es zu wenig Missionare – die Kongregation zählte erst acht Mitglieder –, um den Unterricht in allen Klassen zu übernehmen. Bis 1888 unterrichteten fortgeschrittene Schüler die Anfänger. Die literarische Ausbildung beschränkte sich auf die unbedingt notwendigen Kenntnisse, um schneller zum philosophischen und theologischen Studium zu kommen. Damit sollte der Nachwuchs gesichert werden, der seit Jahren auf sich warten ließ. Innerhalb von nur acht Jahren wurden junge Männer vom Beginn des Lateinunterrichts durch das Noviziat zum Priestertum geführt, eigentlich eine zu kurze Zeit, wie schon damals kritisch vermerkt wurde. Ende 1877 wurden mehr als 30 Jungen unterrichtet. Berthier berichtete: *Einige Jugendliche, die ihre Gymnasial-Studien abgeschlossen hatten, kamen, um Philosophie und Theologie zu studieren. Von da an schien also unser apostolisches Werk mit seinen verschiedenen Zweigen gegründet.*

Nunmehr waren die Priester von La Salette in der Lage, dem Apostolischen Präfekten von Norwegen, Mgr. Bernard, einen positiven Bescheid auf seine Anfragen nach Missionaren zu geben. 1878 teilte die römische Kongregation der Glaubensverbreitung Mgr. Bernard mit, *daß es opportun sei, eine Kongregation, die mit einem Apostolat beauftragt ist, das weit über die Ursprungsdiözese hinausgeht, direkt dem Heiligen Stuhl zu unterstellen gemäß den kanonischen Bindungen, die sich aus der römischen Approbation ergeben.* In einer Audienz mit dem Sekretär der Propaganda lobte und bestätigte Papst Leo XIII. am 18. April 1879 das Hauptziel der Kongregation von La Salette, die von jetzt an der Propaganda unterstand. Daß das *Decretum laudis* erteilt und die Norwegenmission überhaupt ins Auge gefaßt werden konnte, ist der Tatsache zu verdanken, daß sich dank der Schule genügender Nachwuchs abzeichnete. Daran wiederum hatten laut P. Jaouen der mitreißende Eifer und die Aktivitäten von Jean Berthier hohen Anteil.

Ein am 29. März 1880 vom französischen Erziehungsminister Jules Ferry erlassenes Gesetz drohte, alle „nicht anerkannten" Ordensgemeinschaften auszuweisen. Zu diesen zählte auch die Kongregation von La Salette, die damals etwa 20 Novizen und 60 Schüler zählte. Um einer möglichen Aufhebung zuvorzukommen, richtete Berthier im Auftrag von P. Archier an den Bischof von Sion im Schweizer Kanton Wallis ein Bittgesuch um die Erlaubnis, eine Niederlassung der Kongregation in seinem Bistum zu gestatten. Mgr. Jardinier willigte ein und gab die Erlaubnis, daß Mitglieder der Kongregation nach Loèche (Leuk) in das Schloß von Mageran des Grafen von Werra kamen.

Am 20. Oktober 1881 machten sich fünf Theologie- und acht Philosophiestudenten mit Berthier auf den Weg nach Loèche, wo sie zwei Tage später eintrafen. Nach notwendigen Instandsetzungsarbeiten begann Anfang November der Studienbetrieb. Berthier war sowohl Rektor als auch Philosophie- und Theologielehrer, der es verstand, mit großer Klarheit und Präzision zu unterrichten.

Anfang 1882 reiste Berthier nach Grenoble, um dort am Generalkapitel teilzunehmen, auf dem er zum zweiten Generalassistenten, Generalsekretär und Monitor des Generaloberen gewählt und zum Superior von Loèche ernannt wurde. Bei seiner Rückkehr nach Loèche erfuhr er, daß die Polizei zu einer Untersuchung kommen würde, um zu erkunden, ob die dortige Gemeinschaft Ordensleute seien, da das schweizerische Bundesgesetz neue Niederlassungen von Ordensgemeinschaften untersagte. Der Kantonspräsident vom Wallis, M. Roten, mit dem Berthier in gutem Einverständnis stand, beauftragte mit der Untersuchung seine eigenen Agenten. Ihnen wurde erklärt, die Gemeinschaft gehöre dem Diözesanklerus von Grenoble an, betreue das Heiligtum von La Salette unter der Bezeichnung „Missionare" und widme sich der Erziehung der Jugend. Eine Ausweisung aus Frankreich habe nicht stattgefunden, doch habe man sich angesichts der kirchenpolitischen Unsicherheit in Frankreich im Wallis ein neues Zuhause gesucht. Damit gab sich die Bundesregierung der Schweiz zufrieden.

Zwei Jahre später konnte Berthier auch in der Schweiz eine apostolische Schule gründen. Mit Zustimmung des Generalrates unterbreitete er 1884 das Projekt dem Bischof von Sion. Mgr. Jardinier beantwortete die Anfrage positiv: *Da ihr Diözesanpriester seid, die meiner Jurisdiktion unterstehen, besteht kein Grund, daß ich mich eurer Anfrage widersetze; im Gegenteil, es freut mich sagen zu können, daß ich es gern sehe, daß ihr eine freie Schule in meiner Diözese eröffnet. Ich bin überzeugt, daß unsere ausgezeichnete Kantonalregierung dem nichts in den Weg stellt, unter der Bedingung, daß ihr euch den hiesigen Schulgesetzen anpaßt*. Gegen Mitte Oktober trafen die ersten Schüler ein; im Dezember waren es bereits 16. Scholastikat und apostolische Schule wuchsen rasch.

Im Spätherbst 1888 ersuchte Berthier um Entpflichtung als Rektor und Lokalsuperior, um sich mehr den Volksmissionen und den Exerzitien widmen zu können. Am 2. Dezember 1888 nahm der Generalrat seine Demission als Superior an und entpflichtete ihn am 24. April 1889 auch von seinem Amt als Generalstudiendirektor. Zu dieser Zeit verfaßte Jean Berthier, schwer erkrankt, ein geistliches Testament: *Bei meinem Tod werde ich eine große Zahl Kinder hinter-*

lassen. Ich habe ihnen allen viel Gutes tun wollen und zu denken, nicht alle blieben im Ordensberuf, in der Gottesfurcht und in der Liebe Gottes standhaft, wäre mein größter Schmerz... Mein Wunsch wäre es gewesen, die Ausbreitung dieses Werkes zu sehen. Ich baue darauf, daß alle, die ich ausgebildet habe, nach meinem Tod alles daransetzen, es besser zum Gedeihen zu bringen, als ich es selber habe tun können.

Neben seiner damaligen schweren Erkrankung dürfte auch die Kritik an seinen Erziehungsmethoden ein Grund für seine Demission gewesen sein. Einige Mitbrüder hatten ihm vorgeworfen, er lege zu großes Gewicht auf die praktischen und handwerklichen Tätigkeiten, wie Haus- und Gartenarbeit, so daß die eigentliche Ausbildung zu kurz käme. Wie erfolgreich dennoch sein Erziehungskonzept war, verdeutlicht eine Notiz von Berthier selbst: *Im Juli 1889 zählt unser Werk mehr als 50 Jugendliche in der Schweiz und in Frankreich. 32 sind Priester geworden und fünf davon arbeiten in der Mission in Norwegen; mehr als 40 studieren Philosophie oder Theologie, unter ihnen mehrere Subdiakone und Diakone. In wenigen Jahren hoffen wir, zehn Priester pro Jahr zu haben, wenn die Wohltäter uns weiterhin unterstützen.* Die Schule in Loèche mußte jedoch 1891 geschlossen werden.

Beim Generalkapitel von 1891 wurde P. Chapuy zum neuen Generalsuperior gewählt. Berthier blieb zweiter Assistent und wurde als Monitor des Generaloberen bestätigt. Er widmete sich wieder vorwiegend seelsorglichen Aufgaben: Er predigte, führte junge Patres in die Missionsarbeit ein und kümmerte sich um das Buchapostolat. Vor allem aber war er besorgt um die jungen Männer, die wegen ihres Alters oder ihrer Armut ihren Wunsch nach dem Ordens- und Missionsleben nicht verwirklichen konnten.

VII. Die Gründung der MSF

Römische Ermutigung

Mit Kardinal Langénieux, den er seit langem kannte, sprach Berthier 1893 über sein Vorhaben, den Spätberufenen zu Hilfe zu kommen. Dieser hielt das Vorhaben für sinnvoll und versprach, bei seinem nächsten Rombesuch mit Kardinal-Staatssekretär Rampolla darüber zu sprechen.

Nach einem Jahr des Wartens schickte Kardinal Langénieux, am 10. November 1894, mitten im Generalkapitel der Missionare von La Salette, ein Telegramm an Berthier, mit der Aufforderung, ihn in Rom aufzusuchen. Das Kapitel unterbrach seine Arbeit, und Berthier konnte nach Rom fahren.

Gleich am Tag nach seiner Ankunft wurde Jean Berthier von Kardinal Langénieux dem Kardinal Rampolla vorgestellt, um diesem das Projekt für Spätberufene zu erläutern. Der Kardinal-Staatssekretär hielt diesen Plan für *sehr zeitgemäß* und fügte hinzu: *Ich bin überzeugt, daß der Heilige Vater es von ganzem Herzen gutheißen wird*. Rampolla bat Berthier, den Plan seines Werkes zur Vorlage für den Papst schriftlich festzuhalten. Am 14. November reiste Berthier nach Grenoble zurück.

Das am 11. November in La Salette unterbrochene Generalkapitel wurde am 19. November wieder aufgenommen und endete am 29. November mit den Wahlen. Vier Tage vor Kapitelsschluß teilte Kardinal Langénieux Berthier mit, er habe von P. Chapuy, dem Generalobern der Missionare von La Salette, einen Brief bekommen, mit der Anfrage, wie das Gespräch in Rom verlaufen sei. Offensichtlich wußte der Generalobere nicht, wie er den Plan Berthiers einschätzen sollte. Die Antwort des Kardinals vom 25. November 1894 war klar und eindeutig: *Es ist wirklich wahr, daß der Heilige Vater das Werk für Spätberufe des guten P. Berthier approbiert, gelobt, ermutigt und gesegnet hat. Dieser heiligmäßige Mann hatte bereits den Plan dem Kardinal-Staatssekretär unterbreitet, der darin eine Inspiration Gottes sah, das den Anliegen entgegenkam, die ihn selbst bewegt hatten. So wollte er sich bemühen, es sofort dem Oberhirten zur Kenntnis zu geben. Am nächsten Tag hatte ich meine Audienz; was für eine Überraschung, zu sehen, daß der Papst von dieser Sache unterrichtet und ganz geneigt war, es zu ermutigen. ‚Das ist ein zeitgemäßes Werk', sagte mir seine Heiligkeit, ‚und ich wünsche, daß es sobald wie möglich verwirklicht wird'. Mit unaussprechlicher Güte hat Seine Heiligkeit mir vorgeschlagen, dessen Protektor zu sein, um P. Berthier zu helfen, sein Werk zu gründen... Sie können also, hochwürdiger Herr Pater, dieses Unternehmen ohne Sorge unterstützen.*

Damit waren jedoch nicht alle Schwierigkeiten aus dem Weg geräumt. Kardinal Langénieux schrieb am 20. Dezember 1894 an Jean Berthier: *Sie können sagen, daß es Ihnen nicht nur erlaubt wur-*

de, das Werk für die Spätberufe zu gründen, sondern daß der Heilige Vater Sie dazu bewogen hat, da er es für sehr nützlich und für zeitgemäß hält... Meines Erachtens nach wäre es sehr bedauerlich, für Sie eine Trennung nötig zu machen, die Sie über sich ergehen lassen müßten, wenn es Ihre Mission verlangt. Zwei Wochen später, in seiner Sitzung vom 11. Januar 1895, erlaubte der Generalrat, P. *Berthier sich einem Werk der Spätberufe für die Missionen zu widmen.* Sofort, am nächsten Tag, schrieb Berthier an Kardinal Rampolla: *Jetzt bin ich frei, um mein Projekt zu verwirklichen, und es ist alles friedlich verlaufen, was mir sehr am Herz liegt.*

Kauf der Kaserne in Grave

Berthier befürchtete, daß die französische Regierung weiterhin ordensfeindlich eingestellt sein würde. Daher entschloß er sich, nachdem er verschiedene andere Orte in Betracht gezogen hatte, zur Gründung seines Werkes in die Niederlande zu gehen, zumal er in Brabant einige Freunde hatte. Seit etwa fünfzehn Jahren korrespondierte er u.a. mit Sr. Salesia aus dem Orden der Visitatio Beatae Maria Virginis in Tilburg, die ihn nun ihrem Schwager Martin Brouwers aus Tilburg empfahl.

Mit *hohem Fieber* und mittellos reiste Berthier ab. In Tilburg konnte er im Kloster der „Visitatio" wohnen. Durch Vermittlung eines Bruders von Martin Brouwers, einem Kanoniker an der Kathedrale von Herzogenbusch, erhielt Berthier eine Audienz beim dortigen Bischof Mgr. Van de Ven. Er unterbreitete diesem den Beweggrund seines Kommens und legte ihm einige Empfehlungsbriefe vor. Ohne zu zögern, erlaubte der Bischof die geplante Gründung und versprach, sie zu approbieren. Die Suche nach einem geeigneten Haus gestaltete sich wegen Schnee und Kälte recht schwierig. Noch im Januar verließ Berthier Brabant, während seine holländischen Freunde weiterhin Ausschau nach einem zweckgemäßen Gebäude hielten. Am 18. März 1895, am Vorabend des St. Josefsfestes, kehrte er zurück, denn in Grave, einer früheren Garnisonsstadt, war eine Kaserne gefunden worden, die zwar baulich in einem wenig guten Zustand war, doch für eine Gründung die erforderten Eigenschaften besaß, nämlich große Räume und einen großen Garten. Der Kauf des Gebäudes wurde am 30. März für die

Summe von 22.175 FF mit dem Bürgermeister abgeschlossen. Berthier machte eine Anzahlung von 21.000 FF in der Erwartung, daß auch der endgültige Kauf zustande kam. Zufrieden mit seinem Besuch reiste er nach Grenoble zurück. Es war seine Absicht, im September in Grave mit dem Unterricht zu beginnen. Elisabeth Vidal, die er seit 1888 kannte, und die sein Vorhaben intensiv förderte, beauftragte er, 2.000 Schriften zu verschicken, um sein Werk bekannt zu machen.

In Begleitung von Alphonsine Thivillion, die nach Zeugenaussagen fast den Gesamtbesitz in Grave bezahlt hatte, und von Hermance Coyret, seine erste „Helfschwester", die bis zu ihrem Tode für die Küche und die Lebensmittelbeschaffung verantwortlich sein sollte, kehrte der Stifter im Juli 1895 nach Grave zurück. Gemeinsam mit seinen zwei Wohltäterinnen, die zur rechtlich-finanziellen Absicherung des Werkes zusammen mit ihm einen eingetragenen Verein bildeten, unterschrieb J. Berthier am 20. Juli 1895 den Kaufkontrakt.

Die beiden Damen A. Thivillion und H. Coyret richteten sich in den Räumen des damaligen Spitals ihre Wohnung ein, J. Berthier bezog für einige Tage die Kaserne, um die Restaurierungs- und Einrichtungsarbeiten voranzutreiben. Dann ging er nach La Salette, um sich dort wie jedes Jahr der Pilger anzunehmen. Er beabsichtigte, bis zum 19. September zu bleiben.

Der Gründungsakt und die ersten Jahre (1895–1898)

Seine Reise nach Grave im September 1895 unterbrach Berthier in Herzogenbusch, um Bischof Van de Ven schriftlich um verschiedene Vollmachten zu bitten, unter anderem, das Allerheiligste in der Kapelle aufbewahren zu dürfen. Dies konnte jedoch nur der Heilige Stuhl genehmigen. Berthier versicherte dem Bischof, daß er sofort nach seiner Ankunft in Grave den Papst um das Beneplacitum apostolicum bitten werde. Tags darauf, am 28. September, schrieb er Kardinal Langénieux: *Jetzt bin ich in Grave. Um mein Werk zu beginnen, brauche ich laut den Instruktionen des Bischofs von Herzogenbusch das authentisch unterschriebene Beneplacitum Sanctae Sedis... Ich bitte Sie demütigst, die beigefügte Bittschrift an Ihre Heiligkeit weiterzuleiten.* Am selben 28. September erteilte Mgr. Van de Ven die Erlaubnis, *in dieser Diözese ein Haus zu errichten, in dem junge Leu-*

te, besonders eines gewissen Alters, eine priesterliche Ausbildung bekommen unter dem Namen ‚Missionare von der Heiligen Familie'. Mit diesem Akt wurde die Kaserne von Grave zum Mutterhaus der Kongregation.

Nach Aussagen des Stifters waren bei seiner Ankunft in Grave *12 apostoliques* anwesend. Zahlreiche Anfragen um Aufnahme folgten; am 24. Oktober 1895 konnte Berthier dem Bischof schreiben: *Je mehr ich vorangehe, um so deutlicher erkenne ich, wie notwendig es war, dieses Werk zu tun. Ich habe mehr als sechzig Anfragen um Aufnahme bekommen und bekomme jeden Tag weitere.* Die Bitten trafen von überall her und aus den verschiedensten Berufsgruppen ein.

Es war jedoch nicht die Absicht des Stifters, die großen Säle der Kaserne zu füllen, sondern einen Kern zu bilden, ein Modell, das fähig sein würde, andere anzuziehen. Am 9. Februar 1896 berichtete er Mgr. Van de Ven: *Ich habe 18 junge Männer aufgenommen, und obwohl, Gott sei Dank, nichts Schlimmes vorgefallen ist, habe ich einige wieder weggeschickt, andere sind von sich aus gegangen. Was mich tröstet, ist, daß die Besten blieben, und ich habe einige, die ausgezeichnet sind. Meine Absicht ist, in diesem Jahr einen guten Kern zu bilden, die denen, die später kommen, Richtung geben.* Dieses Ziel war ihm besonders wichtig und es *war auch das schwierigste. Die ersten Jahre waren auch die weniger glücklichen.* Große Schwierigkeiten bereitete vor allem der Mangel an Hilfskräften, die ihn hätten unterstützen können: Von 1895 bis 1898 wechselten mehr als fünf seiner Hilfskräfte, wovon einige sogar die andern entmutigten. Hinzu kam, das Berthier nur französisch sprach. So konnte er sich mit Schülern anderer Nationalitäten zunächst kaum verständigen und mußte sich auf das Urteil anderer verlassen, wollte er sich eine Meinung über sie bilden. Das könnte eine der Ursachen sein, warum fast sämtliche Schüler der ersten Jahre wieder weggeschickt wurden oder von sich aus gingen. Auch das vernachlässigte Äußere der Kaserne schreckte zudem junge Menschen leicht ab. In einer Aufzeichnung von August Stolz liest man: *Als ich diese alte, düstere Kaserne sah mit den zerbrochenen Fensterscheiben und den wenigen Schülern eines gewissen Alters, fiel ich aus den Wolken. Der Traum von einem Studentenleben, wie ich es mir vorstellte, zerplatzte wie eine Seifenblase vor meinen Augen.* Nur dank der Geduld und der Güte P. Berthiers sei er nicht nach Hause zurückgegangen.

Berthier weigerte sich stets, Angebote, der Kaserne ein anziehenderes Aussehen zu geben, anzunehmen. Ihr deutliches Zeichen großer Armut war ihm Symbol für das Fundament seines Werkes. Seine Schüler sollten Armut und Einfachheit ertragen können, denn, so sagte er oft: *Eine Sache wächst nur, entwickelt sich nur durch das, wodurch sie geboren ist.* Er selbst lebte diese Armut vor und bewies tiefes Gottvertrauen angesichts der großen Zahl derer, die weggingen. Er war überzeugt, daß sein Werk weiterbestehen würde. In dieser Gewißheit arbeitete er an der Bildung einer guten Kerngruppe, so wie er sie im Auge hatte. Am 9. Februar 1896 schrieb er dem Bischof von Herzogenbusch: *Ich verharre in Schweigen. Mehr als einem jungen Mann mit guten Voraussetzungen, der aus den Niederlanden kam, verweigerte ich die Aufnahme mit der Bemerkung, noch ein Jahr zu warten und zwischendurch französisch zu lernen.*

Sein Vertrauen sollte auf eine harte Probe gestellt werden. Auf sein Gesuch, das Allerheiligste aufbewahren zu dürfen, antwortete der Präfekt der Propaganda am 28. Februar 1896 dem Bischof von Herzogenbusch, er verstehe den Zweck und Sinn dieses Werkes nicht; *wenn es darum gehe, so habe es den Anschein, ältere Priester, deren Kräfte abnehmen, in die Missionen zu schicken, dann ist dieses Werk absolut ungeeignet und ohne Nutzen. Der Bischof solle diesem Priester raten, seinen Eifer einem nützlicheren Werk zu widmen.* Diese Antwort macht deutlich, daß dem Präfekten der Propagandakongregation offensichtlich unbekannt war, daß Berthiers Werk außerhalb der normalen Regeln, das heißt durch die direkte Approbation des Papstes errichtet worden war. So hielt es Mgr. Van de Ven dann auch für gut, bevor er Berthier von der abschlägigen Antwort in Kenntnis setzte, Rom erneut Informationen über die Person des Stifters und den Zweck seines Werkes zu geben. Umsonst, der Präfekt blieb bei seiner Haltung. *Dieses Ergebnis macht mich traurig,* schrieb Berthier am 17. März 1896 dem Bischof, der ihm die gesamte Akte zugestellt hatte. *Wenn es lediglich eine weitere Prüfung ist, dann ertrage ich sie mit Gottes Gnade in Ergebung. Wenn es jedoch ein Zeichen sein sollte, daß weder Gott noch die Kirche dieses Werk segnen, dann bin ich bereit, darauf zu verzichten, obwohl die vielen Anfragen mir zu sagen scheinen, daß hier wirklich Gutes getan werden kann.* Er wandte sich an Kardinal Langénieux, um zu fragen, was zu tun sei. Der Kardinal riet ihm, das Werk weiterzuführen. Eine gleiche Antwort kam am 9. Mai von Kardinal Rampolla, der durch Kardinal Langénieux in Kenntnis gesetzt worden war: *Der Heilige Stuhl pflegt Instituten, die noch keine formelle Bestätigung bekommen haben, keine Erlaubnis zu geben, das Allerheiligste aufzubewahren. Der Heilige Vater würde jedoch P. Berthier gern diese Erlaubnis geben, wenn das Haus in der Diözese Herzogenbusch als Mutterhaus bezeichnet werden könnte und es bereits eine ansehnliche Zahl von Ordensleuten und Schülern besäße.* Das Schreiben Rampollas gab dem Stifter Mut, seinen Weg weiterzugehen. Ein erneutes Bittgesuch an die Ritenkongregation brachte die erhoffte Antwort: Am 28. Mai 1897 erhielt Berthier für zehn Jahre die Erlaubnis, das Allerheiligste in der Kapelle der Missionare und in der der Schwestern aufzubewahren.

Der Bericht von 1898 an den Bischof von Herzogenbusch zeigt, daß die Ausdauer von Jean Berthier Früchte brachte: *Wir haben genügend Aufnahmegesuche, und der Kern, der dableiben wird, scheint zuzunehmen. Dieses Werk scheint auch von Nutzen zu sein für die Jugendlichen, die nicht ausharren... einige von denen, die ich hier hatte, sind ins Trappistenkloster gegangen, einer ist Kartäuser geworden und hat schon Profeß abgelegt, drei sind bei den Assumptionisten eingetreten und drei bei den Picpuspatres, usw.* Dieser Bericht bestätigt die Aussagen von A. Stolz: *Die eigentliche Gründung fällt in das Jahr 1898. In dem Jahr trat eine große Zahl Jugendlicher ein, vorwiegend Deutsche, die einen ausgezeichneten Geist mitbrachten, so daß P. Berthier mir mehrmals sagte: ‚Aber, mein Sohn, das sind ausgereifte Männer. Das ist Holz, aus dem man Werke machen kann'.* Seine unvergleichbare Geduld hatte ihre Belohnung gefunden; es war auch höchste Zeit! Der „gute Kern" entwickelte sich dank des neuen Helfers, P. Patarin MS, der, nach allgemeiner Meinung, *wirksam zum Erhalt und zur Festigung der Berufe beitrug.*

VIII. Die Bemühungen um den Weihetitel

Die Aufnahmeanträge nahmen nicht ab. Am 24. Juni 1900 schrieb Berthier an Elisabeth Vidal: *Daß Werk hat seine Existenzberechtigung; seit dem 1. Januar 1899 haben 120 junge Leute verschiedener Nationalitäten um Aufnahme gebeten, und seit dem 1. Januar 1900 kommen immer weitere Anfragen.*

In Frankreich wurde ab 1901 die antiklerikale Haltung der Regierung massiv spürbar; durch Gesetz wurden alle gewachsenen Strukturen der Ordensleute und Religiosen zerstört. Auch die Missionare von La Salette waren davon betroffen. Auf Beschluß des Generalrates vom 8. September 1901 trugen die Patres in Frankreich ihr Umhängekreuz nicht mehr sichtbar und änderten ihren Titel „Pater" in „Monsieur l'abbé". Von La Salette kam P. Pons MS nach Grave, um die Stelle von P. Patarin MS zu übernehmen: *Er ist seit einigen Monaten mit mir zusammen,* berichtete Berthier dem Bischof von Herzogenbusch am 3. Juni 1901, *und er bleibt, um den zu ersetzen, den ich vorher hatte und der, da er jünger ist, durch den Hochw. Pater General für die Mission bestimmt wurde. Es war ein Trost für mich in der Einsamkeit, in der ich hier lebe, einen alten Freund zu empfangen, der sich bei mir sehr glücklich fühlt.* Inmitten dieser „Einsamkeit" erhielt Berthier von seiten der Bevölkerung von Grave unerwartet ein besonderes Zeichen der Sympathie zum 40. Jahrestag seiner Priesterweihe, dem 20. September 1902. Die Zeitung berichtet: *Es spielte die Musikgesellschaft von Grave zu seiner Ehre ein Ständchen vor dem Kloster. Der Jubilar bedankte sich herzlich für diese freundliche Geste. Sie sei ihm eine um so angenehmere Überraschung, da er sich in dieser Bevölkerung eher als Fremder sah. Die sympathische Kundgebung habe ihm gutgetan und er habe keinen anderen Wunsch, als hier zu bleiben und eines Tages hier zu sterben. Um zu zeigen, daß sie an dem Fest teilnahmen, hatten die Nachbarn die Häuser beflaggt.* Diese spontane Reaktion der Bevölkerung zeigt, wie sehr Berthier, obwohl er bewußt ein zurückgezogenes Leben führte, es verstanden hatte, die Hochachtung, wenn nicht gar die Zuneigung der Bevölkerung von Grave zu gewinnen.

Laut Bericht von Juni 1903 zählte das Institut zu diesem Zeitpunkt fünf Theologie- und 13 Philosophiestudenten. Für die fortgeschritteneren Theologiestudenten hieß es, in Rom um einen Weihetitel nachzufragen, ein Vorgehen, das nötig blieb, solange die Kongregation nicht der Propaganda unterstand. Berthier erkundigte sich über die Vorgehensweise bei einem Konsultor der Ritenkongregation. Der teilte ihm mit, wolle er mit seinem Gesuch Erfolg haben, sei seiner Meinung nach ein Besuch in Rom dringend erforderlich. Wegen seines schlechten Gesundheitszustandes und der Unwägsamkeiten einer Romreise traf Berthier vor der Abreise alle Vorkehrungen, daß das Werk weiter bestehen könnte, falls er *seine Kinder* nicht mehr wiedersehen sollte. Er hinterlegte mehrere Umschläge mit der Aufschrift *nach meinem Tode zu öffnen*. In dem für Mgr. Van de Ven bestimmten Brief hieß es: *Das wichtige ist, daß Ihre Hoheit meinen jungen Leuten einen frommen, bescheidenen Priester gibt, mit guter Urteilskraft, der fähig ist, sie zum Abschluß der theologischen Studien zu führen.* Er riet dem Bischof, *einige von den ersten zu weihen*; nachher (das heißt bei der zunehmenden Zahl der Priester) *dürfte es leicht sein, von der Propaganda einen Weihetitel zu bekommen, wie es bei anderen Ordensgemeinschaften auch der Fall ist, sobald sie das Werk der Propaganda unterstellen. Die zeitlichen Belange des Werkes sind bei den ‚Helfschwestern' in guten Händen.* Seinen Kindern hinterließ Berthier ein geistiges Testament, das nochmals festhielt, was ihm für den Fortbestand des Werkes wichtig war.

Jean Berthier traf am 3. März in Rom ein, am Tag, da Leo XIII. den 25. Jahrestag seiner Wahl zum Papst feierte. Er wohnte im Scholastikat der Salettiner. Am nächsten Tag stattete er Kardinal Langénieux, der ebenfalls in Rom weilte, einen Besuch ab. Der Kardinal teilte ihm mit, daß er den Präfekten der Propaganda gut kenne; dieser sei sehr gütig. Die Angelegenheit würde wohl auf einem guten Weg sein, wenn Gott sie segnete. Mehrere Tage ging der Stifter zur Propaganda, ohne Audienz bekommen zu können: *Man muß bis zu drei Stunden in einem Vorraum warten, um dann hören zu müssen, ‚Signore, kommen sie ein andermal wieder'. So konnte ich auch heute nichts erreichen, und es ist vorauszusehen, daß ich morgen auch nicht mehr schaffe, all das zieht meine Abwesenheit in die Länge, und ich fühle, daß ich hier nicht an meinem Platz bin.* Er hatte wenigstens den Trost, am Samstag, dem 7. März, von Kardinal Rampolla empfangen zu werden, *der sehr freundlich war, so wie das erste Mal vor acht Jahren. Er versprach mir, bei Kardinal Gotti für die Sache einzutreten, den ich versuchen werde, heute zu treffen, und der, so scheint es,* [dem Werk] *sehr gut gesonnen ist.* Die Audienz fand nicht statt. So bat er am darauffolgenden Montag schriftlich um eine Audienz: *Da er* [= der Antragsteller J. Berthier] *wegen seiner ‚kinderreichen Familie' seinen Aufenthalt in Rom nicht hinausziehen kann, bittet er Sie, ihm eine kurze Audienz zu gewähren.* Auch diese Bitte wurde nicht erfüllt. *Heute Abend gehe ich wieder hin. Viele unnütze Gänge*, urteilte Berthier schließlich und verließ Rom. Er war zwar ermutigt worden durch Kardinal Rampolla, hatte es jedoch nicht erreicht, sein Anliegen bei der Propagandakongregation vorzutragen oder wenigstens mit Kardinal Gotti gesprochen zu haben.

Er nahm den Rückweg über La Salette. *Am Montag, dem 11. März, Abreise von P. Berthier. Während der paar Tage, die er unter uns weilte, hat er unsere geistliche Lesung durch wertvolle Konferenzen ersetzt. Am Fest des heiligen Thomas hat er in der Kapelle gepredigt... In einer sehr interessanten Konferenz hat er lange über sein Werk der Heiligen Familie gesprochen,* heißt es in den Annalen von La Salette. Nach einem kurzen Aufenthalt in der Nähe von Turin bei P. Perrin kam Berthier am Abend des 13. März *sehr müde von der Reise* nach Grave zurück. Er teilte seinen Schülern mit, man habe in Rom großes Interesse für das Werk gezeigt; Kardinal Rampolla habe mit dem Papst darüber gesprochen, der über diesen Bericht sehr glücklich gewesen sei. Der Heilige Vater *sei zufrieden mit dem, was sich hier tut.*

Am 21. März teilte Kardinal Rampolla dem Kardinal Gotti mit: *Da der Heilige Vater will, daß dieses Institut* [der Heiligen Familie] *von der S.C. der Propaganda abhänge,* ersuche er ihn, *dem Kardinal genannter Kongregation das Bittgesuch von P. Berthier, den Stand des Institutes und die bischöflichen Empfehlungen zu übergeben, damit das Ganze gesichtet werde.* Die mit der Überprüfung der Aktenstücke beauftragte Kommission forderte Einzelheiten über den Zweck des Werkes, über die Studien sowie die Anpassung der Konstitutionen an die neuen Richtlinien an und verlangte Informationen über die Beziehungen von Berthier zu seiner eigenen Kongregation. Kardinal Gotti antwortete in seinem Reskript, es sei damit zu rechnen, daß aus dem Werk Priester hervorgingen und der Stifter verdiene, für seinen Eifer gelobt und zur Weiterführung seines Werkes ermutigt zu werden, ein formelles Belobigungsdekret sei jedoch auf später zu verschieben. Nach Empfang dieses Schreibens, teilte Berthier den Inhalt P. Perrin im Juni 1903 mit: *Ich möchte, daß Sie der erste sind, dem ich brieflich das Resultat meiner Reise und Ihres wohlwollenden Briefes an die Propaganda mitteile, um Ihnen meinen Dank zu bezeigen. Man sagt mir, dieses Reskript entspreche fast einem Belobigungsdekret und daß es mir erlaube, die nötigen Fakultäten für die Weihen zu bekommen, um die ich mich bemüht habe.*

Der Tod von Papst Leo XIII. am 9. Juli 1903 war Kardinal Langénieux Anlaß, erneut nach Rom zu reisen, um am Konklave teilzunehmen. Dem neugewählten Papst Pius X. überreichte er eine Bittschrift um ein Motu proprio, *das P. Berthier erlaube, 20 seiner Untertanen, die heiligen Weihen erteilen zu lassen.*

Kardinal Langénieux starb am 1. Januar 1905. Sein zwei Jahre zuvor bei der Kurie eingereichtes Bittgesuch führte dazu, daß letztendlich die erbetenen Weihetitel gewährt wurden. In der Audienz vom 24. Januar 1905 erteilte Papst Pius X. die Vollmacht, 20 Schüler Berthiers unter dem Titel „mensae communis" zu weihen. Am 11. Februar 1905 übersandte Kardinal Gotti dem Stifter das päpstliche Schreiben. Von der Freude darüber in Grave berichtete Wilhelm Dautzenberg in der Chronik: *Der sehr hochwürdige Vater verkündete uns die Nachricht während des Besuches* [vor dem Allerheiligsten] *um halb fünf; er sagte: Der Heilige Vater hat uns eine große Gnade gewährt; er hat uns erlaubt, die ersten zwanzig weihen zu lassen... Nehmen wir die Gebete dieses „Besuches" als Danksagung und singen wir das Te Deum. Vergessen wir nicht Kardinal Langénieux, der sich bis zum Ende seines Lebens um uns gekümmert hat, und der den Papst um diese Gnade gebeten hat; vielleicht war dies das letzte Werk seines Lebens. Für ihn beten wir das De Profundis.* Und Dautzenberg fügte hinzu: *Nie wurde in unserer schlichten Kapelle das Te Deum mit mehr Enthusiasmus gesungen.*

IX. Erste Weihen und Ausbreitung des Werkes

Nach seiner Romreise dachte Jean Berthier daran, dem Institut eine feste Struktur zu geben, sowohl auf Verwaltungsebene als auch im spirituellen Bereich, damit seine Schüler das Werk in seinem Sinne weiterführen konnten. Er verfaßte erneut ein geistliches Testament, in das er alles aufnahm: das Ziel des Werkes, die Laienbrüder, das Presseapostolat, die Güterverwaltung, die Wohltäter, die Gründung neuer Niederlassungen, das Gemeinschaftsleben, die Eintracht, die Wahl der Superioren und deren Assistenten, die Treue zu den geistlichen Übungen, zu den Gelübden und zum Geist der Heiligen Familie. *Hab keine Angst, kleine Herde! Wenn ihr euch bemüht, Kinder der Heiligen Familie zu sein, kann nichts euch feh-*

len, und ihr werdet das Gute tun nach den Weisungen der Vorsehung, schloß er sein Testament.

Damals schrieb er an Professor Selten: *Wenn ich sterben würde, gäbe es keinen Professen, der die erforderliche Voraussetzung erfüllte, Superior oder Rat zu sein. Das führte bei den zahlreichen jungen Leuten zur Verwirrung; am 4. Oktober 1903 werden die Profess-Studenten mehr als 30 sein; sie wüßten sich nicht zu helfen, noch wie sie vorgehen sollten. – Da ich schon älter und von wenig robuster Gesundheit bin, scheint es also nötig oder zumindestens klug, den Schwierigkeiten, die nach meinem Tode aufkommen könnten, vorzugreifen, das heißt schon jetzt die Leitung des Institutes zu organisieren, indem durch alle Professen ein Vikar gewählt würde und vier Räte, die ihm bzw. auch jetzt schon mir beistehen würden.*

Diese Wahlen fanden am 4. Oktober 1903 statt: *Sie sind unter den bestmöglichen Umständen verlaufen*, schrieb Berthier. *Derjenige, der zum Vikar bestellt wurde, ist 33 Jahre alt und wurde im ersten Wahlgang mit 26 Stimmen von 30 Wahlberechtigten gewählt; die vier andern Räte wurden alle mit absolutem Mehr gewählt.* J. Carl wurde zum Vikar und W. Dautzenberg, G. Blanchard und J. Breuer zu Räten gewählt.

Aufgrund des Indultes vom 24. Januar 1905, das dem Stifter erlaubte, 20 Mitglieder weihen zu lassen, beschloß der Rat in seiner Sitzung vom 4. Juni 1905, 15 Studenten zu den niederen Weihen und fünf zum Subdiakonat zu berufen. Die niederen Weihen fanden am 16. Juni in Haaren (im Großen Seminar von Herzogenbusch) statt, die höheren am Samstag in der Kathedrale: *Freitag Morgen*, schrieb Berthier am 10. Juni dem Bischof, *werde ich die Ehre haben, Ihrer Hoheit die 15 Studenten, deren Namensliste beigefügt ist, für die Tonsur und die niederen Weihen zu präsentieren... Und am Samstag werde ich die Kandidaten nach Herzogenbusch begleiten. Am Freitag werden wir um zwei Uhr morgens hier mit einem Mietwagen abreisen (um vor 8 Uhr in Haaren zu sein) wegen der Schwierigkeit, eine Unterkunft im Seminar zu finden.* Ein Augenzeuge, ein damaliger Student am Großen Seminar, berichtete: *1905 kam Pater Berthier mit seinen Studenten ins Große Seminar von Haaren, wo Mgr. Van de Ven die Tonsur und die niederen Weihen spendete. Da ich einer der jüngeren Schüler war, hatte ich einen Platz hinten in der Kirche, so daß ich Pater Berthier in der Bank der Professoren gut beobachten konnte.*

Zusammen mit mir haben auch andere den Diener Gottes mit der größten Andacht beten sehen, aufrecht, ohne sich zu stützen. Später sagten wir: ‚Wie der Mann gebetet hat!' Das kann ich als Augenzeuge bestätigen.

Drei der fünf zu Subdiakonen Geweihten wurden am 9. Juli 1905 in Louvain durch einen Missionsbischof zu Diakonen geweiht. Am 20. August 1905 wurden die drei ersten Priester des Institutes durch den Bischof-Koadjutor von Mecheln in der Kapelle der Jesuiten in Louvain zu Priestern geweiht: Dies war *die Krönung von zehn Jahren Ringen, Leiden und übermenschlichen Anstrengungen*. Am folgenden Tag feierten die Neupriester ihre Primiz. Der Dekan von Grave und seine zwei Vikare sowie der Bürgermeister von Grave nahmen daran teil. Nach der Messe, dem Singen des Te Deum und dem Primizsegen beglückwünschte er den Stifter für *die ersten Früchte seines Werkes* und, nachdem er die Prüfungen und Schwierigkeiten aufgezählt hatte, fügte er hinzu: *Mit der Kraft von oben haben Sie alle Hindernisse überwunden und es ist Ihnen gelungen, hier in meiner Pfarrei eine alte Kaserne in ein Haus von eifrigen Priestern zu verwandeln... Mögen Sie deren Zahl sich vermehren sehen.* Der bis zu den *Tränen* gerührte Berthier dankte dem Dechant und seinen Kaplänen herzlich für ihre Hilfe und ihr Wohlwollen. *Sich zu seinen Kindern wendend, sagte er uns: ‚Meine Kinder, ich habe eine traurige Nachricht für euch, gegen Ende der Messe hat der Ehrw. Pater Pons den letzten Atemzug getan. Betet für ihn und betet sofort alle den Kreuzweg für seine Seelenruhe'. Schon bis zu den Tränen gerührt durch all das, was eben geschehen war, brachen alle in Schluchzen aus.* Trotzdem wurde nichts am vorgesehenen Tagesablauf geändert; während des Mittagessens trugen die Schüler verschiedene Lieder vor, die sie vorbereitet hatten; jedoch lag Trauer über diesem Fest.

Berthier selbst war zutiefst vom Tod von P. Pons betroffen, wie sein Brief an einen Salettiner-Mitbruder bezeugt: *Es ist für mich ein großer Verlust, obwohl das Werk an sich dank des guten Willens meiner drei Neupriester nicht darunter zu leiden haben wird.* Die kontinuierlich wachsende Zahl von Professen und Weihekandidaten ließ Berthier zuversichtlich sein. In der Silvesternacht 1905 sagte er: *Meine Kinder, in diesem Jahr, von dem nur noch wenige Stunden bleiben, hat Gott uns große Gnaden geschenkt... Durch seine Gnade zählt das*

Werk jetzt Priester, Diakone, Subdiakone, Minoristen, Theologen, Philosophen, Novizen und schlußendlich eine beachtliche Zahl apostolischer Schüler. Dank Gottes Gnade ist das Werk jetzt gegründet. Ihr braucht es nur weiter zu entwickeln mit jenem guten Willen, von dem ihr beseelt seid. Ich glaube, daß das Werk Gutes tun wird. Wenige Tage später schrieb er: *Beten Sie für meine große Familie, mehr denn 130 junge Leute. Jetzt bin ich so weit, daß ich jedes Jahr Priester habe. Ich habe Vertrauen, daß etwas Gutes daraus entstehen wird; aber welch ein Bedürfnis an Gottes Hilfe!*

Da die Zahl der Schüler ständig zunahm, beschloß der Rat, mit Genehmigung von Mgr. Van de Ven die Färberei von Grave, die für 5.000 Gulden zum Kauf angeboten wurde, zu kaufen. *Es ist ein sehr großes Haus, von einem mit Obstbäumen bepflanzten, einem Hektar großen Grundstück umgeben,* berichtete Berthier am 30. Mai 1906 an den Bischof. *Eine Wohltäterin aus Frankreich hat mir für kommenden September 11.000 Francs versprochen, um diese Summe zu begleichen. So daß das Werk praktisch keine Ausgaben hat... Dort gibt es dann Platz, um Hunderte von Missions-Aspiranten unterzubringen. Es ist schwierig, in diesem Unternehmen nicht die Vorsehung zu sehen.* Am 19. September, am 60. Jahrestag der Erscheinung Mariens auf dem Berg von La Salette, wurde das Gebäude unter dem Namen „Unsere Liebe Frau von La Salette" eingeweiht. Der Ortspfarrer stand der Feier vor. In seiner Schlußrede bekundete er dem Stifter und den zahlreichen jungen Leuten, die um ihn versammelt waren, seine Freude: *Vor zehn Jahren besuchte mich ein unbekannter Priester, um mir mitzuteilen, mit Erlaubnis seiner Oberen wolle er in meiner Pfarrei ein Ordenshaus gründen. Später bat er mich, in der Kaserne die Kapelle zu segnen. Vor zehn Jahren also habe ich die Kapelle in der Kaserne gesegnet und heute sind wir in dieser Fabrik versammelt, um eine zweite Kapelle zu segnen... Ich hoffe, daß diese Fabrik, die von nun an Gotteshaus ist, in ihren Mauern wahre Jünger Christi beherbergen wird, die eines Tages von dieser Stadt Grave aus das Evangelium in die Ferne tragen werden zu denen, die den lieben Gott noch nicht kennen.*

Zu Beginn des Jahres 1907 wurde Jean Berthier so schwer krank, daß er dem Tode nahe war. Seine Schüler beteten inständig um Genesung. Nach 14 Tagen war Berthier wieder gesund. Er besuchte sie vor dem Partikular-Examen und dankte für die Gebete. Er beruhigte sie, sein Werk ruhe nicht auf seiner Person, sondern auf der Treue zum Geist der Heiligen Familie: *Sollte ich ausfallen, braucht Ihr nur ruhig Euren Weg weiter zu gehen... Es gibt eine besondere Vorsehung, die über die Werke wacht, die das Gute tun. Und Ihr könnt auf diese Vorsehung zählen, wenn Ihr eins bleibt in der Liebe und wenn Ihr in Demut und Einfachheit den Euch vorgezeichneten Weg geht.*

Zu Ostern 1907 erhielt Berthier Besuch von einem ehemaligen Schüler, P. Beaup MS, der jetzt Novizenmeister in Tournai (Belgien) war. Er hatte ihn eingeladen, seine Exerzitien mit der Gemeinschaft zu machen. Beaup war von diesem Aufenthalt sehr angetan. 1926 schrieb er: *Bevor ich 1907 Tournai verließ, um nach Italien zu gehen, habe ich auf seine Einladung hin Pater Berthier einen Besuch in Grave abgestattet. Ich habe das beste Andenken an diesen Besuch behalten sowie an all das, was ich in Grave gesehen und gehört habe. In seiner neuen Familie habe ich jenen Geist lebendiger Frömmigkeit, echter Heiterkeit und strebsamer Arbeit, kurzum, jenes wahren Ordenslebens feststellen können, den er in unserem Scholastikat in Loèche hatte herrschen lassen. Zu den glücklichsten Tagen meines Lebens zähle ich die meines Scholastikates unter der Leitung dieses guten Paters. Ich sage Euch im Vertrauen, daß ich ihn jetzt jeden Tag, in dem, was mich betrifft, anrufe.*

Am 9. Januar 1908 starb als erstes Mitglied der Kongregation der Missionsaspirant Heinrich Schloten. Auch Berthier dachte an seinen Tod. Am 25. Februar, seinem Geburtstag, sagte er seinen Schülern: *Der Tod könnte bald kommen, denn ich habe heute mein 69. Lebensjahr begonnen. Ich hoffe, daß Gott mir einen guten Tod gewähren wird und mir meine Sünden verzeiht.* Am 3. Mai 1908 teilte er dem Bischof von Herzogenbusch mit: *Ich muß Ihnen sagen, daß gemäß der Konzeption des Werkes, das Sie guthießen, dessen Haupt- und erstes Ziel ist, in den Ländern, wo man apostolische Berufe finden kann, kleine Kollegien, wie dieses hier, zu gründen. Nach den nächsten Weihen werden wir hier 20 im Werk ausgebildete Priester haben, und der Augenblick scheint gekommen, einige kleine Filialen mit drei Priestern zu errichten.* In einem Brief an einen Salettiner-Pater vom 28. Dezember 1907 heißt es: *Der Geist ist gut. Ich bin ruhiger denn je, denn die Priester, weit davon entfernt, Genies zu sein, sind guten Willens und helfen der Bewegung so gut sie können. Ich bin besonders zufrieden mit dem Rat, der mir sehr große Dienste erweist.*

In seiner Sitzung vom 12. August 1908 erörterte der Rat intensiv die Frage der Ausbreitung des Werkes; man hielt *die Zeit für gekommen, andere Schulen zu gründen mit drei Priestern und einem Bruder für jede Niederlassung*. Einige Monate vorher hatte sich Berthier über die Möglichkeiten einer etwaigen Gründung in Ländern wie die Schweiz, Österreich und Polen erkundigt und gemeint, man könne 1909 einige Priester aussenden. Ein Schweizer Kapuzinerpriester machte ihn auf eine Anstalt aufmerksam, die in Wolhusen (Luzern) zu verkaufen war *vor einigen Jahren für ältere Aspiranten auf das Priestertum gebaut*. Erkundigungen, die durch einen Priester, Lehrer am Seminar von Solothurn und Verwandter von einem Novizen in Grave, gemacht wurden, ergaben, daß der Besitzer der Anstalt hoch verschuldet war. Darauf verzichtete Berthier auf dieses Projekt, veranlaßte seinen Briefpartner jedoch, seine Ermittlungen diskret weiterzuführen: *Da die Geheimhaltung die Seele der Geschäfte ist, nennen Sie weder mich noch das Werk, für das Sie Ihre Ermittlungen machen*. 1909 erfolgte unweit von Wolhusen in Werthenstein die Gründung des ersten Hauses in der Schweiz.

X. Die letzten Lebenstage

Seinem Charisma getreu widmete der Stifter seine letzten Anstrengungen der Abfassung jenes langen und wichtigen Artikels über „Den Mangel an heiligmäßigen Berufen", der im MESSAGER, der ordenseigenen Zeitschrift, zwischen August 1908 und Juli 1909 publiziert wurde. Berthier führt darin aus, überall, auch in katholischen Ländern, sei Priestermangel festzustellen. Er rief die Priester und die Gläubigen auf, sich bewußt zu machen, *daß es bei der Frage um gute Priester und um gute Ordensleute um unser Heil und das unserer Familie geht, um das unseres Landes und um das der ganzen Welt*. Er erinnert die Erzieher, die Eltern und Lehrer an ihre Verantwortung, die Berufung bei den Jugendlichen zu fördern. *Aber*, fügte er hinzu, *es sind nicht nur die Eltern, die Erzieher und die Priester, die der Jugend den Glauben verkünden müssen. Die Nachbarn und die Freunde können es auch. Jeder kann es. Die Berufung ist die Sache aller* lautet die Botschaft, die vor dem Sterben jener hinterließ, der sein ganzes Leben in den Dienst der Förderung von Priester- und Ordensberufen gestellt hatte.

Bruder Gerhard, der mit den Arbeiten und der Verwaltung in der Niederlassung „Notre Dame" beauftragt war, berichtete, er habe am Nachmittag des 15. Oktober den Stifter in der Kaserne besucht, wie er es gewohnheitsgemäß mehrmals in der Woche tat. *P. Berthier saß wie gewöhnlich an seinem Schreibtisch, obwohl er sehr müde schien und mit großer Mühe sprach.* Auf die Frage des Bruders, wie es mit seiner Gesundheit stünde, antwortete er, er sei ständig von einem starken Husten geplagt und es fehle ihm jeglicher Schlaf; so lange er nicht schlafen könne, würde es nicht gehen. Auf die Frage des Bruders, ob er nicht glaube, seine Erkrankung wäre doch ernster, gab Berthier zu: *Bis jetzt nicht, mein Kind, wenn nichts hinzu kommt.*

Am selben Abend kam der Stifter wie gewohnt ins Refektorium und richtete einige Worte an die Gemeinschaft. Einem Zeugen zufolge sprach er vom Priester nach dem Bilde Jesu Christi, sanft und demütig von Herzen, und trug seinen Schülern auf, einfache und demütige Priester zu werden, die sich nicht über die Menschen erhaben fühlen. *Mit ein wenig Wissenschaft und einer großen Tugend kann man viel Gutes tun, Zeuge davon ist der Pfarrer von Ars, den die Kirche bald heilig sprechen und zum Vorbild aller Priester bestellen wird.*

Berthier fühlte seinen Tod nahen. Er begann in seinem Bett zu beten. Seinem Krankenpfleger sagte er: *Wenn ich Ihnen um Mitternacht klingele, ist es ein Zeichen, daß ich sterben werde.* Um Mitternacht klingelte er tatsächlich, doch folgte anschließend eine ruhige Nacht. Am nächsten Morgen stand der Stifter beim Ertönen der Gemeinschaftsglocke energisch auf, erklärte, er habe eine sehr gute Nacht gehabt, kleidete sich an und betete, um sich auf die Zelebration vorzubereiten. Sein Krankenpfleger schildert die letzten Minuten Berthiers: *Plötzlich sagte er mir, ich soll die Post holen, die am Abend vorher angekommen war. Meine Abwesenheit hatte kaum mehr als zwei Minuten gedauert. Bei meiner Rückkehr fand ich ihn auf meinem Bett sitzen. Der Kopf war nach hinten geneigt, die Augen waren verstört.* Der Krankenpfleger lief in die Kapelle und holte Hilfe. P. Berthier gab mehrfach zu verstehen, daß er noch zelebrieren wolle. Eine angebotene Stärkung lehnte er daher ab und auch den Empfang der Sterbesakramente, da dafür der richtige Zeitpunkt noch nicht gekommen sei. Man setzte ihn in einen Lehnstuhl, um ihm das Atmen zu erleichtern. Er betete einige Minuten, öffnete plötzlich den Mund und gab seine Seele Gott zurück. P. Trampe spendete ihm die letzte Ölung. Dann kam der Dechant und gab ihm den mit vollkommenem Ablaß verbundenen apostolischen Segen.

Die Trauer im Haus über den Tod des geliebten Vaters war groß. Joseph Carl, der als erster Generaloberer folgte, teilte dem Bischof von Herzogenbusch *die sehr traurige Nachricht von unserem verehrten Pater J. Berthier mit, der an diesem 16. Oktober um 6 Uhr gestorben ist*. Nach einigen Einzelheiten über die letzten Augenblicke des Verstorbenen und dem Dank an den Bischof für sein Wohlwollen fügte er hinzu: *Wir wagen zu hoffen und haben großes Vertrauen, daß Ihre Hoheit uns auch weiterhin Wohlwollen entgegenbringen wird. Das Begräbnis findet am Montag, dem 19. Oktober um 10 Uhr statt.* Der Dechant von Grave stand dem Trauergottesdienst vor und hielt die Ansprache. Darin entfaltete er die beiden Grund-Charakterzüge des Verstorbenen, seine Liebe und seine Liebenswürdigkeit.

Viele weltliche und kirchliche Amtsträger nahmen an der Beisetzung teil. Auch die Einwohner von Grave drängten sich am Weg. Ihre einhellige Meinung war: *Ein Heiliger ist gestorben.*

Mission – Partnerschaft – Dialog

von GERHARD MOCKENHAUPT in Deutschland

Die Begriffe, die als Überschrift für die folgenden Überlegungen gewählt sind, deuten eine Entwicklung an im Verständnis der Kirche von ihrer Sendung zu den Menschen und sagen zugleich, daß sich Mission nur in Partnerschaft und im Dialog vollziehen kann. Im Folgenden handelt es sich um den Versuch darzustellen, wie solche Bewußtwerdung in einer lokalen Kirche der „Alten Welt", in unserem Falle in Deutschland, vor sich geht: in der Teilnahme am Nachdenken über die historischen Erfahrungen einer missionierenden Kirche im Kontext weltweiter politischer und sozialer Umwälzungen: *Die Kirche hat ... die Pflicht, die Befreiung von Millionen Menschen zu verkünden, von denen viele ihr selbst angehören; die Pflicht zu helfen, daß diese Befreiung Wirklichkeit wird, für sie Zeugnis zu geben und mitzuwirken, damit sie ganzheitlich erfolgt. Dies steht durchaus im Einklang mit der Evangelisierung. Zwischen Evangelisierung und menschlicher Entfaltung – Entwicklung und Befreiung – bestehen in der Tat enge Verbindungen ... Wie könnte man in der Tat das neue Gebot verkünden, ohne in der Gerechtigkeit und im wahren Frieden das echte Wachstum des Menschen zu fördern?* Was Papst Paul VI. hier in seinem Apostolischen Schreiben *Evangelii nuntiandi* (*über die Evangelisierung in der Welt von heute*) vom 8. Dezember 1975 deutlich ausspricht, nämlich, daß die Verkündigung des Evangeliums nicht ohne den Blick auf die sozialen Lebensumstände der Menschen geschehen kann, bildet den vorläufigen Höhepunkt eines gewandelten Missionsverständnisses, das sich seit dem II. Vatikanum herausgebildet hat.

I. Blick in die Vergangenheit

Gewiß waren die Missionsbemühungen im 19. und auch noch die erste Hälfte des 20. Jahrhunderts von Eurozentrismus geprägt. „Die Missionare dieses Zeitraums waren mehrheitlich davon überzeugt, daß die Ausbreitung der westlichen Zivilisation die Voraussetzungen für das Kommen des Gottesreiches auf Erden schaffe" (RIVINIUS, 1988). Es handelte sich vielfach um die paternalistische Weitergabe europäischer Vorstellungen von Kultur und Traditionen. Zwar gab es im 16. und 17. Jahrhundert in China Versuche, vor allem der Jesuiten Matteo Ricci (1552-1610) und des Kölners Johann Adam Schall von Bell (1592-1666), das Christentum im Kontext der Überzeugungen des chinesischen Konfuzianismus zu lehren, doch im Zeitalter des Kolonialismus und des Imperialismus war die Beachtung der Traditionen der zu missionierenden Länder der Dritten Welt kaum ein Thema. Zu groß war das Bewußtsein von der überlegenen europäischen Kultur und von dem hier als recht verstandenen christlichen Glauben, als daß es behutsame Versuche einer Implementierung europäisch-christlicher Vorstellungen in den Kontext der Dritte-Welt-Länder gegeben hätte. *Bis in den Stil der Kirchenbauten und bis in die Melodien der Kirchenlieder war der europäische Einfluß spürbar* (HÖFFNER, 1983). Man lebte eben vielfach ohne böse Absicht in dem Bewußtsein, daß der europäische Stand der Dinge der fortschrittlichere und überlegenere sei. Dabei ging man aus praktischen Gründen vielfältige Verbindungen mit den Kolonialmächten ein, wobei die Missionsbemühungen weitgehend als Bestandteil der Kolonisierung betrachtet wurden. *Es ist verständlich, daß die oft engen Beziehungen der Glaubensboten zu den Kolonialbehörden bei der einheimischen Bevölkerung den Eindruck entstehen ließen, die christliche Mission sei eine Begleiterscheinung des Kolonialismus* (HÖFFNER, 1983). Doch wenn auch die beiden im Nachhinein negativ zu beurteilenden Gesichtspunkte der Missionierung im Zeitalter des Kolonialismus, die häufig nicht gerade als glücklich zu bezeichnende Verbindung mit den Kolonialmächten sowie die starke Europa-Lastigkeit der vermittelten Theologie und der Lebensformen in einem rückblickenden Urteil kaum übergangen werden können, so kann auch ebenso nicht übersehen werden, daß es das erste und vordringlichste Ansinnen der Missionare war, die Frohe Botschaft Jesu Christi zu verkünden. „Denn bei aller prinzipieller Bereitwilligkeit zur Kooperation mit der weltlichen Macht wußten sie sich letztlich dem göttlichen Sendungsauftrag verpflichtet, den Menschen das in Christus geschenkte Heil zu verkünden und anzubieten" (RIVINIUS, 1988). Sie taten dies keineswegs nur im

Einklang mit den Interessen der Kolonialmächte, oft genug stellten sie sich auch diesen entgegen, vor allem wenn es galt, die Menschenwürde der einheimischen Bevölkerung zu verteidigen. Immer wieder traten einzelne Missionare prophetisch dem Zeitgeist entgegen und sprachen sich nachdrücklich für eine menschenwürdige Behandlung der eingeborenen Bevölkerung aus. Das bekannteste Beispiel ist der spanische Dominikaner Bartolomé de Las Casas (1484/85-1566), der zeitlebens für die Menschenwürde und die Rechte der einheimischen Bevölkerung Lateinamerikas eintrat. Kardinal HÖFFNER sah in diesen Bemühungen der Missionare gar den Grund, warum es nicht zu einer Ausrottung der Indios gekommen ist: *Im 16. Jahrhundert erhob das christliche Gewissen seine Stimme und trat protestierend für die Rechte der Indianer ein. Wenn die indianische Rasse in Mittel- und Südamerika erhalten geblieben ist, verdankt sie es dieser Protestbewegung.* Auch die Päpste jener Zeit der Entdeckungen sprachen sich in verschiedenen Bullen für die Beachtung der Würde der zu missionierenden Menschen aus und lassen sich kaum generell als Werkzeuge der Interessen der Konquistadoren ansehen, wenngleich die Äußerungen als sehr stark in den historischen Kontext eingebettet betrachtet werden müssen.

Auch in den späteren Jahrhunderten entsprachen die Interessen der Missionare nicht einfach denen der Kolonialherren, denen es vorrangig um ökonomisch-politische Interessen ging. Die Missionare arbeiteten – wie schon immer – eng mit der Bevölkerung zusammen und waren, wollten sie Erfolg mit ihrer Arbeit haben, auf das Vertrauen der Einheimischen angewiesen. Denn die Objekte des Bemühens waren keine Waren, die notfalls auch gegen den Widerstand der Bevölkerung abtransportiert werden konnten, sondern es waren Menschen, deren Glauben letztlich nicht erzwungen werden konnte.

II. Die Phase der Entkolonialisierung

Als in der Mitte dieses Jahrhunderts das Zeitalter des Kolonialismus für Afrika und Asien sein Ende nahm, geriet mit dem Rückgang der politischen Macht Europas auch das herkömmliche, paternalistische Missionsverständnis in eine Krise. In dem Maße, in dem die Staaten der Dritten Welt politisch unabhängig wurden und sich in diesem Prozeß auf ihre eigene traditionelle Kultur besannen, wuchs in den Missionsgebieten das Selbstvertrauen der dortigen Kirche. Die Länder der Dritten Welt waren nun nicht länger Anhängsel europäischer Staaten – zumal ohnehin außereuropäische Mächte entstanden waren – sondern traten mit eigenen Interessen auf die Weltbühne. Dieses Selbstbewußtsein galt auch für die Kirche. Europäische Missionare erkannten in dieser Entwicklung die Zeichen der Zeit. Das Nachdenken über den Missionsauftrag der Kirche in dieser veränderten Welt fand seinen ersten gesamtkirchlichen Ausdruck im Missionsdekret des II. Vatikanums *Ad gentes* (7. Dezember 1965).

Das Erstarken der Länder außerhalb der sogenannten Ersten Welt wurde positiv durch ein neues Medium, das Fernsehen, beeinflußt, welches in bisher nicht gekannter Anschaulichkeit Informationen gleichsam hautnah zu vermitteln vermochte. Die Welt rückte dadurch ein gutes Stück zusammen. Aber es waren nicht nur erfreuliche Auskünfte, die man über die Bildschirme bekam. Die Not in den Ländern der Dritten Welt, die bislang kaum einmal Thema der Berichterstattung gewesen war und die man allenfalls aus Darstellungen der Missionare kannte, welche fremdartig und nicht von dieser Welt zu sein schienen, hatte man nun vor Augen. In der Folge wurden auch die Printmedien auf diese Länder und ihre Probleme aufmerksam. Kardinal FRINGS erwähnte diese Tatsache noch ausdrücklich in seiner 1958 vor der Bischofskonferenz gehaltenen Rede zur Gründung des kirchlichen Hilfswerks Misereor: *Die kirchliche und katholische Presse beginnt eindrucksvolle Einzelheiten zu bringen ... Selbst die Tagespresse wird aufmerksam, so die Frankfurter Allgemeine, die Kölnische Rundschau, der Tagesspiegel, um nur einige zu nennen.*

Entkolonialisierung, das sich durch die gesteigerte Aufmerksamkeit der Medien rasch vergrößernde Wissen über die Länder der Dritten Welt sowie die Verschiebung der Weltkräfteverhältnisse führten sowohl im profanen als auch im religiösen Bereich für diese Länder zu weitreichenden Konsequenzen.

Im profanen Bereich wurden bereits in der Charta der Vereinten Nationen (1945) in Anknüpfung an den Grundsatz der Gleichberechtigung und Selbstbestimmung der Völker entwicklungspolitische Zielsetzungen formuliert. In Artikel 55 heißt es:

Um jenen Zustand der Stabilität und Wohlfahrt herbeizuführen, der erforderlich ist, damit zwischen den Nationen friedliche und freundschaftliche, auf der Achtung vor dem Grundsatz der Gleichberechtigung und Selbstbestimmung der Völker beruhende Beziehungen herrschen, fordern die Vereinten Nationen:
   a) die Verbesserung des Lebensstandards, die Vollbeschäftigung und die Voraussetzungen für wirtschaftlichen und sozialen Fortschritt und Aufstieg,
   b) die Lösung internationaler Probleme wirtschaftlicher, sozialer, gesundheitlicher und verwandter Art sowie die internationale Zusammenarbeit auf den Gebieten der Kultur und der Erziehung ...

Allerdings begann auf dem Feld der Entwicklungszusammenarbeit auch das Spiel der beiden Weltmächte USA und UdSSR um Pufferzonen im Bereich der Länder der Dritten Welt. Entwicklungshilfe war somit ebenso vom Eigennutz – Ausweitung bzw. Eindämmung des Kommunismus – geprägt.

Auf kirchlicher Ebene bedeutete die gewandelte Weltsituation vor allem folgendes: Einmal veränderte sich der Charakter der Missionen, indem die missionarische Tätigkeit fortan ohne koloniale Unterstützung auskommen mußte. Zugleich verlagerten sich die Gewichte der Weltkirche immer mehr von Europa und Nordamerika weg in die südliche Hemisphäre. Die Idee vom Recht der Völker auf Selbstbestimmung hatte zur Folge, daß auch die Kirche in der Dritten Welt eine viel größere Selbständigkeit erlangen sollte. Dazu gehörte die systematische Förderung des einheimischen Klerus. Im Jahre 1926 weihte Papst Pius XI. die ersten sechs chinesischen Bischöfe; die ersten afrikanischen Oberhirten folgten im Jahr 1939. Immer mehr wurde die Leitung der häufig neu errichteten Diözesen in den Ländern der Dritten Welt in die Hände einheimischer Bischöfe gelegt. Neben dieser Übertragung der Verantwortung für die eigene Kirche war auch der Blick auf die sozialen Nöte der Länder bedeutsam. Während es im profanen Bereich auch aus Eigeninteresse seinen Anfang nahm, entdeckte die Kirche um die Jahrhundertmitte nun die weltumspannende Bedeutung ihres sozialen Auftrages; sie wurde sich in zunehmendem Maße ihrer Weltverantwortung bewußt. In den beiden Sozialenzykliken Papst Johanes XXIII., *Mater et magistra* (1961) sowie *Pacem in terris* (1963) ist diese weltweite Perspektive deutlich zu spüren: *Wenn nun die wechselseitigen Beziehungen der Menschen in allen Teilen der Welt heute so eng geworden sind, daß sie sich gleichsam als Bewohner ein und desselben Hauses vorkommen, dann dürfen die Völker, die mit Reichtum und Überfluß gesättigt sind, die Lage jener anderen Völker nicht vergessen, deren Angehörige mit so großen inneren Schwierigkeiten zu kämpfen haben, daß sie vor Elend und Hunger fast zugrunde gehen und nicht in angemessener Weise in den Genuß der wesentlichen Menschenrechte kommen (Mater et magistra).*

Entwicklungsarbeit wurde zu einem Teil der kirchlichen Sendung, zu einem integralen Bestandteil und wurde nicht als ein Supplement betrachtet: *Christliche Verkündigung vom Anbruch des Reiches Gottes und soziales Engagement in der Nachfolge Jesu sind ... – auch wenn das eine die Folge des anderen ist – nicht zu trennen, sondern müssen je für sich und gemeinsam als integrale Bestandteile des umfassenden kirchlichen Auftrags erkannt und verwirklicht werden. Deshalb sind auch die je verschiedenen Dienste für Verkündigung und Mission, für soziale Hilfe, Entwicklung und Frieden in der Motivation des praktischen Vollzugs zuinnerst aufeinander bezogen. Sie stellen zusammen die eine Sendung und das gemeinsame Ziel dar: Versöhnung mit Gott und den Menschen untereinander in Gerechtigkeit und Liebe (vgl. 2 Kor 5,14-21)* (Synode Würzburg, 1975).

Die Sorge der Kirche auch für die Probleme dieser Welt konnte kaum treffender zum Ausdruck gebracht werden, als es die Anfangsworte der Pastoralkonstitution *Die Kirche in der Welt von heute* bekunden: *Freude und Hoffnung, Trauer und Angst der Menschen von heute, besonders der Armen und Bedrängten aller Art, sind auch Freude und Hoffnung, Trauer und Angst der Jünger Christi.* Schon vor aller „Theologie der Befreiung" wird hier klar die „Option für die Armen und Bedrängten aller Art" betont. Die katholische Kirche machte in jenen Tagen glücklicherweise nicht den Fehler, sich in eine Enklave zurückzuziehen, sondern es war die unmißverständliche Aussage des Konzils, weltoffen und kritisch die „Zeichen der Zeit" im Lichte des Glaubens zu deuten und an Lösungen für die Probleme dieser Welt mitzuarbeiten. Die soziale Problematik ist daher auch aus den nachkonziliaren, kirchenamtlichen Dokumenten nicht mehr wegzudenken. Sie gewann „stark an theologischer Bedeutung, und sie ging in die Bestimmung des missionaren Auftrages ein" (COLLET, 1991). Nicht nur in den nachkonziliaren Enzykliken zur Soziallehre der Kirche, sondern eben auch in den lehramtlichen Aussagen zu Fragen der Mission wird die Sorge der Kirche um die sozialen Probleme der Menschen in den Ländern der Dritten Welt zu einer beständigen Thematik. Es wird eine ganzheitliche Entwicklung angestrebt, die Sorge gilt dabei dem ganzen Menschen, seiner leiblichen und geistigen Verfaßtheit in der Überzeugung, daß der an Hunger und Krankheit leidende Mensch nicht in umfassender Weise dazu fähig ist, das Wort Gottes zu hören und aufzunehmen. Die Herausführung des Menschen aus irdischer Not wird so zu einer unabdingbaren Voraussetzung für die Verkündigung. Daher hat auch die Kirche an dieser Aufgabe mitzuwirken. Teilhabe an der Sorge um einen gerechten irdischen Ausgleich der Güter ist ihr nicht wesensfremd, sondern insofern sie sich um das Wohl des Menschen in seiner Gesamtheit, in seiner leiblich-seelischen Verfaßtheit bemüht, gehört dies zu ihrem genuinen Auftrag. So urteilt auch die Bischofssynode von 1971 in ihrem Schlußdokument *De iustitia in mundo*, wo es heißt: Für die Kirche sind der *Einsatz für die Gerechtigkeit und die Beteiligung an der Umgestaltung der Welt wesentlicher Bestandteil der Verkündigung der Frohen Botschaft, d.h. der Sendung der Kirche zur Erlösung des Menschengeschlechts und zu seiner Befreiung aus jeglichem Zustand der Bedrückung.*

In gewisser Weise wurde allerdings mit der jüngsten Missionsenzyklika *Redemptor missio* von 1990 wieder größerer Wert auf eine regionale Bestimmung des Missionsgedankens gelegt, wenngleich damit die Betonung einer ganzheitlichen Entwicklung nicht aufgegeben wurde.

III. Vom Paternalismus zur Partnerschaft

Da mit der Phase der Entkolonialisierung sich die Gewichte von einem einst übermächtigen Europa weg verlagert haben, wird seitdem den jungen Kirchen in der Dritten Welt von seiten der europäischen Kirchen die Achtung gezollt, die eigenständigen Schwesternkirchen zukommt. In früherer Zeit war dies eher ein Vater-Kind-Verhältnis, eben Paternalismus. Es herrschte die Auffassung vor, es gäbe eine missionierende, aktive Kirche, die ihre Reichtümer zu vergeben habe, der eine zu missionierende, passive, empfangende Kirche in den Missionsländern gegenüberstehe. Als Ausdruck eines solchen Verständnisses läßt sich an die Figur des „Nicknegers" erinnern, der bis in die sechziger Jahre hinein in vielen Kirchen und Geschäften als Spendendose für die Mission aufgestellt war. Er kann als Ausdruck der bloß empfangenden, für materielle Hilfe sich bedankenden Kirchen der Dritten Welt gelten. „Er war Symbol seiner Zeit, eines patriarchalistischen Umgangs mit anderen Menschen und einer Missionsauffassung, die mit der Weltverantwortung des Christen nicht vereinbar ist. Sie ist Ausdruck einer Frömmigkeit und eines Empfindens, das sich missionstheologisch nicht mehr rechtfertigen läßt und von daher einer neuen Prägung und eines entsprechenden Ausdruckes bedarf" (RZEPKOWSKI, 1992). Nach dem Zweiten Weltkrieg wurden mehr und mehr direkte Beziehungen zwischen Pfarreien und Bistümern der Ersten und Dritten Welt geknüpft. So schloß das Erzbistum Köln im Jahr 1954 eine Partnerschaft mit der Erzdiözese Tokio. Das Päpstliche Werk der Glaubensverbreitung hatte 1961 eine „Katechisten-Patenschafts-Aktion" ins Leben gerufen, das Bischöfliche Hilfswerk Adveniat begann 1963 eine Patenschaftsaktion zugunsten der Priesterausbildung in Lateinamerika. „Patenschaften dieser Art erfreuten sich in den fünfziger und sechziger Jahren zunehmender Beliebtheit und galten als Zeichen einer engen Verbindung von Mission und Heimat, als ‚Signum der Katholizität' der Kirche" (PIEPEL, 1993). Diese sich rasch ausweitenden Patenschaften waren jedoch weiterhin in erster Linie von einem finanziellen Geber-Nehmer-Verhältnis bestimmt. Es gab darüber hinaus allenfalls Briefwechsel und sehr sporadisch vielleicht auch Besuche. Diese Formen der Patenschaft erwiesen sich indes schon bald als zu einseitig. Man spürte rasch – nachdem man zu immer größerer Kenntnis über den „Paten" gelangt war –, daß auch die Länder der Dritten Welt etwas zu bieten haben, daß auch sie über eine reiche, lebendige Tradition und eine interessante Kultur verfügen: „Patenschaften sollten ... nicht nur in fallweiser finanzieller Hilfe bestehen, sondern zu einer lebendigen Kommunikation führen, die dem gegenseitigen inneren Aufbau dient. Mission ist nicht nur Empfangende, sondern immer auch Gebende"

(AIGNER, 1971). Diese Einsichten verlangten nach einer Intensivierung der Kontakte, nach einem Aufbrechen der „Einbahnstraße", nach einem Austausch von Erfahrungen. Dieser Austausch soll für beide Partner zu einem größeren gegenseitigen Verständnis und mehr Achtung führen. Die „Gemeinsame Synode der Bistümer in der Bundesrepublik Deutschland" schreibt dazu in ihrem Beschluß *Der Beitrag der katholischen Kirche in der Bundesrepublik Deutschland für Entwicklung und Frieden*: *Es ist aus christlicher Sicht selbstverständlich, daß die Beziehungen zu den Kirchen und Menschen in den Entwicklungsländern vom Geist wirklicher Partnerschaft beseelt sein müssen. Zu diesen partnerschaftlichen Beziehungen können insbesondere die Entwicklungshelfer sowohl durch ihren Einsatz draußen als auch nach ihrer Rückkehr durch die Mitteilung ihrer Erfahrungen einen wertvollen Beitrag leisten. Förderlich sind auch Begegnungen mit den in der Bundesrepublik Deutschland weilenden Studenten und Praktikanten aus Übersee sowie mit Missionaren und Ordensschwestern. Die Christen in der Bundesrepublik erhalten dadurch die Möglichkeit, die menschlichen und kulturellen Werte anderer Völker kennenzulernen und das eigene Wertsystem immer neu zu befragen. Solche Begegnungen tragen sicher auch zur Lösung mancher sozialer Probleme in unserer Gesellschaft bei, etwa der Frage, wie die jüngere und die ältere Generation menschenwürdig und freundlich miteinander leben kann.*

Partnerschaftliche Beziehungen, die andere Wertvorstellungen vermitteln, helfen auch, daß die Christen sich in unserer Gesellschaft gegenüber dem allgemeinen Wohlstands- und Konsumdenken kritischer verhalten, daß sie nicht weiter gleichgültig dem unkontrollierten Wachstum unserer Industrie sowie der Verschwendung von begrenzten Vorräten unserer Erde zusehen und daß sie es sich damit zur Aufgabe machen, allen Menschen zu einem menschenwürdigen Leben zu verhelfen, das sich nicht nur an dem Maß wirtschaftlichen Fortschritts orientiert. Die, die sich ehemals ausschließlich in der Rolle der – finanziell – Empfangenden gesehen haben, können somit auch die Rolle der Gebenden übernehmen. Die Konfrontation mit ihren Werten kann uns anregen, unseren Lebensstil auf mehr Weltverantwortung hin neu zu überdenken.

IV. Konkrete Formen der Partnerschaft

Aus der vorausgegangenen Form des Umgangs mit den Menschen in der Dritten Welt wurde den Partnern auf beiden Seiten deutlich, daß es in ihrer Partnerschaft ein Mehr an Annäherung bedurfte. Man benötigte mehr gegenseitige Kenntnis voneinander, vor allem war es nötig, die bedrückende Lebenswirklichkeit der Menschen in der Dritten Welt besser nachempfinden zu lernen. Um dies zu erreichen, wurde – ähnlich wie im März 1985 in Indien – 1987 nach einiger Vorbereitungszeit ein sogenanntes „Exposure-Dialogprogramm" auf den Philippinen mit philippinischen und deutschen Partnern durchgeführt. Von dem angestrebten Programm erhoffte man sich folgende Ziele:

- Der abstrakte Begriff der Armut sollte in eine konkrete Form gebracht werden. Es ging darum, deutlich zu machen, daß Armut keine abstrakte Größe ist, sondern daß Menschen hinter der Armut stehen, die davon betroffen sind.
- Die die Armut bedingenden Ursachen und damit die politische Dimension von Armut wird vor dem Hintergrund der Lebensrealität derer, die von ihr „ganzheitlich" getroffen werden, verstehbar und damit auch spürbar: Von den Armen können wir lernen, wie sich die politischen und ökonomischen „Rahmenbedingungen" für sie auswirken.
- Ziel war auch: Das Exposure-Dialogprogramm sollte betroffen machen. Denn in der Betroffenheit sah man einen ersten Schritt im Hinblick auf ein mögliches weiteres Engagement in der Entwicklungszusammenarbeit.
- Das Exposure-Dialogprogramm sollte des weiteren zum Aufbau von Partnerschaften dienen, indem allerdings bewußt auf eine dialogische Struktur (Besuch und Gegenbesuch) Wert gelegt wurde.

Wenn diese Ziele sich auch recht einfach formulieren ließen, war ihre Erreichung keineswegs ohne Probleme. So schreibt der Direktor des in Ostasien tätigen Centre for the Development and Human Resources in Rural Asia (CENDHRRA), des asiatischen Partners für das Exposure-Dialogprogramm, aus seiner Sicht: „Mit den Armen im eigenen Land zusammenzukommen ist nicht leicht, bedeutet es doch immerhin, sich davor zu hüten, die Armen zu bloßen Objekten unangebrachten Mitleids seitens der Besucher zu degradieren. Um vieles sensibler ist also der Versuch, mit den Armen eines fremden und fernen Landes zusammenzutreffen!"

Man braucht ein „Bindeglied", das folgende Eigenschaften erfüllt:
1. „Die Ziele des Exposure-Dialogprogramms zu erklären und zu verdeutlichen;
2. eine Gruppe von Mittelsleuten aus örtlichen, als Vermittler dienenden Nichtregierungsorganisationen (NRO) zusammenzustellen, die als Fazilitatoren und Dolmetscher für die Besuche bei den Armen vor Ort eingesetzt werden;
3. die zu besuchenden Gemeinschaften von Armen auswählen;
4. die Logistik sowie die begleitenden Dienstleistungen im Zusammenhang mit den Besuchen vor Ort auszuarbeiten und durchzuführen;
5. den Rahmen für Analyse und Reflektion im Zusammenhang mit den Erfahrungen aus den Besuchen zu erarbeiten" (LEDESMA/OSNER, 1985).

Die Mittelsleute mußten wegen dieser Gründe sehr sorgfältig ausgewählt werden. Sie mußten vor allem das Vertrauen der Armen besitzen, um ihnen nicht das Gefühl zu geben, als bloße Betrachtungsobjekte vorgeführt zu werden oder als Gegenstand eines spleenigen Interesses reicher Europäer zu gelten. Wollte man echte Partnerschaft erreichen, sollte ein wirkliches Eingebundensein in die Lebenswelt der Armen stattfinden, war deren Vertrauen eine unabdingbare Voraussetzung, was ein behutsames Vorgehen notwendig machte. Die Mittelsleute wurden von den Partnern in Asien sorgfältig ausgesucht. Die Besucher aus Europa sind „mit den unterschiedlichen Gesichtern ländlicher Armut bei kulturellen Minderheiten, landlosen Arbeitern, arbeitslosen Jugendlichen, abgearbeiteten Frauen und ihren unterernährten Kindern, von Ausbeutern, Banditen und Wirtschaftsbossen hart bedrängten Kleinbauern und Fischern konfrontiert worden" (LEDESMA/OSNER, 1985). Die Frage, die für die deutschen Teilnehmer an dem Exposure-Dialogprogramm im Mittelpunkt stand, war: Welche persönliche Erfahrung kann ich aus dem Zusammentreffen mit den Armen gewinnen? Aber auch die Partner in dem armen Land hatten Fragen: Wie kannst Du uns auf unserem Weg der Armut begleiten? Bist Du bereit, Dein Leben so zu ändern, daß Du in Solidarität mit uns, unseren Weg ein Stück weit mitzugehen vermagst?

An dem Programm, welches vom 6.-14. Februar 1987 stattfand, beteiligten sich von deutscher Seite insgesamt 24 Repräsentanten aus Politik, Kirche, Wirtschaft, Verwaltung, Wissenschaft und Publizistik. In dem Einladungsschreiben des damaligen Vorsitzenden der deutschen Kommission Justitia et Pax, des Bischofs von Limburg Dr. Franz Kamphaus, hieß es: *Es stellt sich uns eine doppelte Aufgabe: es muß erstens auf das Problem der Armut schlechthin und auf die gesellschaftliche Bedeutung der Marginalisierten in der Dritten Welt hingewiesen, und es müssen zweitens effektivere und vor allem breitenwirksamere Konzepte zur Förderung ärmerer Bevölkerungsgruppen erarbeitet werden.*

Um beiden Aufgaben besser gerecht werden zu können, müssen Ursachen und Wirkungen der Armut vor Ort direkt erlebt und erfahren werden (exposure). Lösungsansätze müssen mit den Betroffenen selbst sowie mit intermediären Gruppen und Selbsthilfeorganisationen, die seit Jahren mit den Armen zusammenarbeiten und über große Erfahrungen auf diesem Gebiet verfügen, diskutiert und entwickelt werden. Dies erfordert intensive und direkte Kontakte (Dialoge) auf partnerschaftlicher Grundlage (vgl. LEDESMA/OSNER, 1988).

Einige Tage lang suchten nun die Teilnehmer aus Deutschland zusammen mit Teilnehmern von den Philippinen diesem Anspruch gerecht zu werden und verbrachten nach kurzer theoretischer Einführung diese Zeit getrennt nach Gruppen in der Lebenswirklichkeit der Armen in verschiedenen Regionen der Insel. Danach kamen sie wieder zusammen, um über die Erfahrungen dieser wenigen Tage zu berichten und sich auszutauschen. Sie wurden mit vielen Formen der Armut konfrontiert und berichteten unterschiedlich darüber: „Die Härte des Lebens spürten wir mehrfach: ... Etwa beim Schlafen auf dem Holzboden. Mit dünner Decke bei lausiger Kälte! In einem Haus, das aus einem einzigen Raum besteht, in dem auch die Feuerstelle ist. Kein Schrank. Kein Bett. Kein Stuhl. Kein Messer. Keine Gabel. Ein paar Löffel, ein paar Teller, vielleicht für die Gäste von Nachbarn geborgt. Kleider, die einmal welche waren. Keine Elektrizität. Eine Wasserstelle in der Siedlung. Keine Schule und über 30 Kinder. (Und andernorts, wo es eine Schule gibt, kein Geld, das Schulgeld zu bezahlen.) Kein Land oder zu wenig. Abhängigkeit vom

Pachtherrn. Keine Werkzeuge, auch keine einfachen. Keine Krankenstation, kein Arzt, keine Hebamme. Aber Krankheiten: Pocken, TB, Malaria, Rheumatismus, Unterernährung, falsche Ernährung. Klapprig dünn sind die Hunde, die sich herumtreiben." Ein Begleiter meinte: „An den Hunden ist der Wohlstand eines Dorfes zu erkennen. Die Hunde, auch die klapprig dünnen, werden gezüchtet. Sie werden gegessen. Sie sind eine Delikatesse" (LEDESMA/OSNER, 1988).

Die Erfahrungen, die die Teilnehmer machen konnten, hinterließen verständlicherweise einen tiefen Eindruck bei ihnen. Sie waren unmittelbar eingetaucht in eine Lebenswirklichkeit, die sie sich zwar erdenken konnten, die nachzuvollziehen aber so konkret niemals aus der Ferne möglich gewesen wäre. Doch die Besucher aus dem reichen Land konnten auch etwas mitnehmen von den Armen, sie konnten von ihnen lernen: „Die würdevolle Bescheidenheit der Armen, denen wir begegneten. Ihre Gastfreundschaft. Ihre Offenheit, eine unbefangene Offenheit ... Ihre Zufriedenheit ... Ihre Zukunftsorientierung" (LEDESMA/OSNER, 1988). Am Ende des Exposure-Dialogprogramms standen Erfahrungen und Erkenntnisse, die die Besucher bereicherten, aber auf einem Gebiet, auf welchem die Reichen selbst schon längst zu verarmen drohten: „Armut kennt Freude ... Armut pflegt die Kultur des Feierns in besonderer Weise ... Armut entfaltet Kreativität ... Armut macht solidarisch ... Armut läßt auch Initiativen ergreifen" (LEDESMA/OSNER, 1988).

Die wenigen Tage des Exposure-Dialogprogramms auf den Philippinen brachte die Teilnehmer nach eigenen Aussagen ein gutes Stück weiter auf ihrem Weg der Solidarität. Die Partner der Solidarität blieben nicht hinter Beschreibungen der Notsituationen des Landes zurück, sie waren für einige Zeit reale Gegenüber. Sie waren Menschen mit Schicksalen, mit Trauer und Freude, mit Ängsten und Hoffnungen. Es waren die von Gott geliebten Schwestern und Brüder in einem anderen Teil der Welt. Es waren die Partner in einer gemeinsamen Partnerschaft vor Gott.

V. Ausblicke

Durch moderne Transport- und Massenkommunikationsmittel rückt die Welt immer näher zusammen. Kein Land auf der Welt kann sich noch in Abgeschiedenheit behaupten, weder auf der nördlichen noch auf der südlichen Halbkugel. Auch die Kirche bleibt von Veränderungen nicht verschont und muß ihnen Rechnung tragen, was vor allem auch eine stärkere Beachtung der Lebenswirklichkeit der Menschen in der sogenannten Dritten Welt bedeutet. „Sie muß sich die Sorgen und Hoffnungen der Menschen in diesen Ländern (GS 1) wie auch den Reichtum ihrer kulturellen Traditionen zu eigen machen, um sie ‚im Licht des Evangeliums zu deuten' (GS 4). Nur so können echte Ortskirchen entstehen, die imstande sind, diesen Völkern die Frohbotschaft überzeugend zu verkünden. Andernfalls besteht die Gefahr, daß der christliche Glaube ein Fremdkörper bleibt und darum von der Mehrzahl der Menschen in diesen Ländern abgelehnt wird" (MÜLLER, 1991).

Die Zukunft der Kirchen auf den verschiedenen Kontinenten wird von Partnerschaft geprägt sein müssen. Partnerschaft bedeutet, aufeinander zuzugehen und den Anderen in seiner Eigenart ernst zu nehmen. Es bedeutet weiterhin, gegenseitig voneinander zu lernen, mit und von den Partnern. Um aber voneinander lernen zu können, muß man sich auf den Partner einlassen und seine Art zu leben kennenlernen. Die Exposure-Dialogprogramme bieten für die Menschen des Nordens eine gute Möglichkeit dazu. Am Ende des Bemühens um Partnerschaft sollte eine Kirche stehen, „welche, selbst befreit von verkrusteten Strukturen, befreiend wirkt im Dienst an den Menschen, besonders an den Armen, eine Kirche nicht nur für das Volk, sondern eine Kirche des Volkes, eine Kirche, in welcher besonders die Armen nicht nur Objekt von Belehrung und caritativer Betreuung sind, sondern selbst Subjekte werden und ihre ganze Kreativität einbringen und entfalten können" (KASPER, 1986).

Literaturhinweise:
J. AIGNER, Pfarrgemeinde und Weltmission. In: Die Katholischen Missionen (1971) S. 7–11.
Der Beitrag der katholischen Kirche in der Bundesrepublik Deutschland für Entwicklung und Frieden. Ein Beschluß der Gemeinsamen Synode. Würzburg 1975.
G. COLLET, „Zu neuen Ufern aufbrechen?". „Redemptoris Missio" aus missionstheologischer Perspektive. In: Zeitschrift für Missionswissenschaft und Religionswissenschaft 75 (1991) S. 161–175.
Deutsche Kommission Justitia et Pax (Hg.), Gerechtigkeit für alle. Zur Grundlegung kirchlicher Entwicklungsarbeit. Bonn 1991.

Josef Kardinal Frings, in: Abenteuer im Heiligen Geist. Rede vor der Vollversammlung der deutschen Bischöfe in Fulda, 15.–21. August 1958. In: Bischöfliche Kommission für MISEREOR (Hg.), MISEREOR – Zeichen der Hoffnung. Festschrift für G. Dossing. München 1976.

Josef Kardinal Höffner, Die Weltkirche nimmt Gestalt an. Eröffnungsreferat bei der Herbstvollversammlung der Deutschen Bischofskonferenz Fulda, 19. September 1983, hg. vom Sekretariat der Deutschen Bischofskonferenz (= Der Vorsitzende der Deutschen Bischofskonferenz 10). Bonn 1983.

W. Kasper, Die Theologie der Befreiung aus europäischer Perspektive. In: J. B. Metz (Hg.), Die Theologie der Befreiung: Hoffnung oder Gefahr für die Kirche? Düsseldorf 1986, S. 77–98.

A. Ledesma und K. Osner (Hg.), Wege und Schritte zur Solidarität. Erfahrungen und Impulse aus einem deutsch-philippinischen Exposure-Dialogprogramm. Mainz, München 1988.

J. Müller, Methode einer ‚Theologie von unten'. Anstöße für eine kontextuelle Sozialtheologie in Europa. In: J. Müller/W. Kerber (Hg.), Soziales Denken in einer zerrissenen Welt (= Quaestiones disputatae 136). Freiburg 1991, S. 218–230.

W. Ockenfels, Kolonialethik. Von der Kolonial- zur Entwicklungspolitik. Paderborn 1992.

K. Piepel, Lerngemeinschaft Weltkirche (= Misereor-Dialog 9). Aachen 1993.

H. Rzepkowski, Lexikon der Mission. Graz 1992.

K. J. Rivinius SVD, Mission und Neokolonialismus. In: Stimmen der Zeit 113 (1988).

II. Region Indonesien – Papua-Neuguinea – Madagaskar

Auf dem Wege zu einer asiatischen Kirche

von WIM VAN DER WEIDEN in Indonesien

Aloysius Pieris, Theologe und Spezialist für Buddhismus aus Sri Lanka erregte großes Aufsehen, als er 1981 anläßlich einer Tagung über die Zukunft der Mission (The Sedos Research Seminar on the Future of Mission) aussagte, so gut wie keine der asiatischen Ortskirchen könne als spezifisch asiatische Kirche bezeichnet werden (PIERIS, 1982). Dieses Urteil hat bis heute seine Gültigkeit nicht verloren, doch gleichzeitig zeichnet sich deutlich eine Entwicklung ab, die die östlichen Kirchen Asiens allmählich zu asiatischen Kirchen heranwachsen läßt (HONIG, 1988).

I. Die Situation in Asien

In Asien leben mehr als 60 Prozent der Weltbevölkerung. Die wirtschaftlichen, sozialen und politischen Gegebenheiten in den einzelnen Ländern sind überaus verschieden. Da ist Japan, das sowohl technisch wie auch wirtschaftlich zu den bedeutendsten Nationen zählt (Mitglied der „G 7-Staaten"), und es gibt Länder wie Papua Neuguinea, die gerade erst angefangen haben, sich zu entwickeln. Zwischen diesen beiden Extremen liegen die anderen Länder Asiens. Als Geburtsstätte aller Weltreligionen und als Ursprungskontinent großer Kulturen ist Asien noch immer ein Erdteil, in dem Religion und Kultur äußerst wichtige Elemente bilden. Doch zugleich ist der Kontinent sehr arm. Im sozialen und politischen Bereich gibt es zwischen den rechtsgerichteten Diktaturen und denjenigen mit einem marxistisch-leninistischen Regime große Divergenzen. Bei all diesen genannten Verschiedenheiten ist es nicht einfach, einen Beitrag über die „Kirche in Asien" zu verfassen. Dennoch können einige allgemeine Charakteristika aufgezeigt werden, die die Rolle der Kirche auf diesem Kontinent beschreiben.

Die soziale und wirtschaftliche Problematik

Immer noch vermehrt sich die Bevölkerung sehr schnell; in den meisten ost-, süd- und südostasiatischen Ländern hat sich die Population während der letzten 25 Jahre mehr als verdoppelt. Zwar werden fast überall Programme zur Geburtenbeschränkung proklamiert und durchgeführt, doch wird es sicherlich noch viele Jahre dauern, bevor sie greifen und die hohe Geburtenrate verringert wird. Mehr als 60 Prozent der Bevölkerung Asiens – das heißt ein Drittel der gesamten Weltbevölkerung – sind Jugendliche und damit im zeugungsfähigen Alter. Hinzu kommt, daß die Lebenserwartung durch die bessere medizinische Versorgung stark gestiegen ist.

Das wirtschaftliche Wachstum hat mit der Bevölkerungsexplosion nicht Gleichschritt halten können. Die Armut ist fast überall gestiegen und hat in den vielen Staaten, die noch zu den Entwicklungsländern gerechnet werden müssen, ein gewaltiges Ausmaß angenommen. Die meisten Menschen arbeiten mit einfachen und traditionellen Methoden in der Landwirtschaft, die dadurch zu wenige Erträge einbringt. Dies wiederum führt bei vielen, vor allem jungen Menschen, zur Landflucht. In den Städten nimmt die steigende Arbeitslosigkeit und Kriminalität unvorstellbare Formen an.

Industrialisierung

Viele Länder sehen in der Industrialisierung einen Ausweg aus ihren Problemen und vernachlässigen die Landwirtschaft und auch die damit zusammenhängende Agrarindustrie. Die wirtschaftliche Entwicklung Japans seit dem Ende des 19. Jahrhunderts wird in ganz Asien als beispielhaft eingeschätzt, so daß viele der Meinung sind: „Da, wo Japan vor vielen Jahrzehnten stand, stehen wir jetzt, und in Zukunft werden wir das gleiche Niveau erreichen, wie Japan es jetzt genießt." Eine rasche Industrialisierung hat in einigen Ländern wie Taiwan, Südkorea und in den Stadtstaaten Hongkong und Singapur für enormes wirtschaftliches Wachstum gesorgt, gravierend jedoch sind dort die Unterschiede der Lebensbedingungen zwischen den reichen Unternehmern und den verarmten Arbeiterschichten. Das macht sich in einem noch sehr viel größeren Ausmaß in jenen Ländern bemerkbar, die gerade mit der Industrialisierung angefangen haben, wie die Philippinen, Malaysia, Thailand und

Indonesien. In diesen Staaten haben die sozialen und wirtschaftlichen Verhältnisse zwischen einer kleinen Gruppe von Privilegierten und der großen Masse der Bevölkerung schier unannehmbare Formen erreicht.

Politische Freiheit

Die durch solche Strukturen bedingten potentiellen Gefahren sind der politischen Führungsschicht nicht unbekannt. Leicht entstehen daher in diesen Regionen Diktaturen oder halbdiktatorische Regierungsformen, die mit dem Schlagwort „nationale Interessen" vornehmlich die Belange der Reichen sicherstellen. Dieses Phänomen konnte schon vor Jahrzehnten in Mittel- und Südamerika wahrgenommen werden. Unter dem Vorwand der Wachsamkeit gegen jegliche Bedrohung von seiten des atheistischen Kommunismus wurden Personen und Bewegungen, die für mehr Demokratie und für soziale Reformen eintraten, politisch verfolgt bzw. verboten.

Auch die Frage der Einhaltung der Menschenrechte, im Westen während der letzten Jahrzehnte im Mittelpunkt der politischen Diskussionen, ist ein sehr empfindliches Thema. Die Reaktionen der indonesischen Regierung auf europäische und amerikanische Wirtschaftssanktionen wegen Menschenrechtsverletzungen sind bezeichnend: Die Politiker vertreten die Ansicht, mit solchen Maßnahmen mischen sich die westlichen Länder in die internen Angelegenheiten Indonesiens ein und vergäßen darüber, daß sie in jüngster Vergangenheit noch selber an Menschenrechtsverletzungen beteiligt waren. Die Weigerung des indonesischen Präsidenten im Frühjahr 1991, weitere Entwicklungshilfe von den Niederlanden anzunehmen, wurde in Indonesien und vielen Entwicklungsländern als mutige Tat bezeichnet.

Religiöses Empfinden

Auf religiösem Gebiet hat Asien eine lange Tradition, und die Religion ist noch immer ein bedeutender, ja vielleicht der bedeutendste Faktor, der das Leben der Mehrheit der Bevölkerung bestimmt (PIERIS, 1979). Theoretisch sind große Teile Mittel- und Ostasiens kommunistische Staaten, in denen Religion keinen Platz hat. Die kürzlich erfolgte Neuorientierung in Osteuropa könnte in der nahen Zukunft auch tiefgreifende Folgen für die jetzt noch kommunistischen Staaten Asiens haben. Bedenkt man, daß in den meisten osteuropäischen Ländern der Glaube trotz aller atheistischen Propaganda und oft harter Repression im Herzen der Bevölkerung lebendig geblieben ist, kann angenommen werden, daß viele der über eine Milliarde Menschen, die derzeit noch in kommunistischen Staaten leben, sich weiterhin als Buddhisten oder Muslime empfinden bzw. in ihren Herzen der konfuzianischen Tradition treu geblieben sind.

Dennoch gibt es auch bezüglich der Religion gewaltige Probleme. Der fast fanatische Hang zum wirtschaftlichen Fortschritt, der von vielen Regierungen propagiert wird, führt oft zum Verlust religiöser Werte und fördert gleichzeitig die Vorliebe für einen materialistischen Lebensstil. Reich werden gilt als Ideal, und dafür wird viel und manchmal alles geopfert. Dies gilt nicht nur für die Oberschicht, sondern für die Mehrheit der Bevölkerung. Die Propaganda für Geburtenbeschränkung ist nur ein Beispiel von vielen. In einigen Ländern wird das Befolgen des Regierungsprogramms für Familienplanung mit Geschenken wie Radios und anderen begehrenswerten Sachgegenständen belohnt. Aber auch in Staaten, wo eine so grobmaterialistische Propaganda nicht praktiziert wird, wie zum Beispiel in Indonesien, wird die Geburtenbeschränkung als ein Mittel für wirtschaftlichen Aufschwung angepriesen; überall sieht man Plakate mit Werbung für die Kleinfamilie (nicht mehr als zwei Kinder) als Garantie für Wohlstand und Glück.

Eine andere sehr diffizile Angelegenheit ist das Aufkommen des Fundamentalismus und die zunehmende Intoleranz anderen Religionen gegenüber. Beides kann nicht unabhängig von den politischen Aspirationen und Interessen gesehen werden. Die fundamentalistische Einstellung führt leicht zu einer repressiven Haltung gegenüber den Bewegungen, die für Reformen und mehr Demokratie eintreten. Nicht selten versuchen Politiker ihre Macht dadurch zu festigen, daß sie religiöse Differenzen aufgreifen und religiöse Minderheiten diskriminieren, um so die politische Unterstützung der Mehrheit zu bekommen. Damit wird die in vielen Staaten garantierte Religionsfreiheit zu einer Farce.

II. Die katholische Kirche in Asien

Obwohl das Christentum in Asien seinen Anfang nahm, leben auf diesem Kontinent nur sehr wenige Christen. 2,5 Prozent der asiatischen Bevölkerung sind Katholiken, davon leben fast die Hälfte auf den Philippinen; in vielen Ländern sind folglich weniger als ein Prozent katholisch. Die Einflußmöglichkeiten der Kirche sind daher gering, dies wiederum bietet auch gewisse Vorteile.

Der Anfang

Christlicher Glaube breitete sich im nicht-semitischen Teil Asiens im Zeitalter der großen Entdeckungsreisen aus. Vasco da Gama (1469–1524) erreichte 1498 Indien. Schon bald entstanden kleine christliche Gemeinschaften. Die Missionierung Asiens war jedoch keineswegs so flächendeckend wie auf dem amerikanischen Kontinent; die Philippinen bildeten eine Ausnahme.

Die Mission in Asien war viele Jahrhunderte geprägt durch die enge Verbindung zwischen Kirche und Kolonialmächten. Die chinesischen und japanischen Reaktionen gegen westliche Einflüsse hatten deshalb auch immer schwerwiegende Folgen für die Stellung der Kirche in den asiatischen Ländern.

Die Jahre von 1850–1940

Seit dem 19. Jahrhundert nahm die Mission in Asien, wie auch überall sonst, einen gewaltigen Aufschwung. Dies war eine Folge des missionarischen Elans, der das kirchliche Leben in Europa in zunehmendem Maße kennzeichnete. Hunderte Missionare kamen nach Asien. Da aber zu gleicher Zeit die Kolonialmächte den eigenen Einfluß in ihren Kolonien verstärkten, entstand oft eine enge Beziehung zwischen den Missionaren und den Regierungen der Länder, aus denen sie kamen; dies galt ganz besonders für Spanien.

Trotz gewisser Vorteile ließ diese Zusammenarbeit die Kirche in den Augen der asiatischen Bevölkerung als einen Fremdkörper erscheinen. Auch führte die enge Verbindung zu heftigen Reaktionen (zum Beispiel dem Boxer-Aufstand in China), wobei die Kirche und ganz besonders ihre Vertreter, die Zeche für die Verbrechen der europäischen Kolonialmächte zu zahlen hatten (CAMPS, 1988). Dennoch schrieb 1900 der damalige Apostolische Vikar von Peking, Mgr. A. Favier: *Und wieder hat man hierdurch die Notwendigkeit sehen können, daß Frankreich den katholischen Missionen Schutz gewährleistet, wie sie das auch früher immer gemacht hat und es von der Kirche akzeptiert worden ist. Man wird also immer ein Konsulat neben einer Kirche sehen, und das Gebäude mit der französischen Fahne wird für die Kirche immer ein Zufluchtsort sein.*

Die Entwicklung zu einer Ortskirche mit einem eigenen Klerus verlief sehr langsam. Zwar bemühten sich einige weitsichtige kirchliche Amtsträger, diese zu fördern, aber der sogenannte „Indigenisationsprozeß" blieb in fast ganz Asien in seinen Ansätzen stecken. Die vom Heiligen Stuhl herausgegebenen Richtlinien wurden oft als inopportun beiseite gelegt. Der Vatikan griff einige Male ein: So wählte 1926 der Apostolische Delegierte in China, Mgr. C. Costatini, sechs chinesische Priester aus und sandte sie nach Rom, damit sie vom Papst selbst geweiht würden. Dem chinesischen Klerus übergab Costatini während seiner zwölfjährigen Amtszeit 21 Missionsgebiete, baute viele Seminare und gründete eine Kongregation für chinesische Priester.

Nach dem Zweiten Weltkrieg

Die Missionspolitik war vor allem nach dem Ersten Weltkrieg darauf gerichtet, die Kirche in den Missionsgebieten dem Einfluß der Kolonialmächte zu entziehen und ihr ein autonomeres Gesicht zu geben. Für einige Staaten kam dieses Umdenken aber zu spät. In ihre Unabhängigkeitsbestrebungen mischte sich eine antikirchliche Zielrichtung, da die Missionare als Stütze der Kolonialmächte betrachtet wurden. Gerade wegen der starken Einflüsse ausländischer Kräfte in den Missionskirchen beteiligten sich die Katholiken kaum an den Unabhängigkeitsbestrebungen ihrer Länder.

Viele Missionare mußten die asiatischen Staaten verlassen und neue erhielten keine Einreisegenehmigung. Zwar wurde die katholische Kirche und die katholische Bevölkerung weitgehend toleriert, doch wurde ihr der negative Stempel, ein „Rest der kolonialen Vergangenheit" zu sein, aufgedrückt. Als die Kolonialmächte, die wenigstens dem Namen nach christlich waren, die Staaten in die Unabhängigkeit entließen, verloren die relativ kleinen christlichen Gemeinden ihre Schutzmacht und wurden einer Regierung unterstellt, die die Religion der Mehrheit der Bevölkerung (Islam, Hinduismus oder Buddhismus) unterstützte. Dies führte dazu, daß die Christen, die ohnehin nicht als sehr patriotisch galten, immer größeren Schwierigkeiten ausgesetzt waren. Eine Ausnahme bildet Indonesien: Sowohl die evangelische als auch die katholische Kirche hatten es nach der Unabhängigkeit 1945/49 leichter als während der niederländischen Kolonialherrschaft.

Die neue politische Situation, die durch die Unabhängigkeit der asiatischen Länder in den ersten Jahren nach dem Zweiten Weltkrieg entstand, hat den Prozeß der Emanzipation der asiatischen Kirchen vorangetrieben. In gewisser Hinsicht verfolgte der Vatikan schon seit Jahrzehnten klare Ziele, so daß es theoretisch keine Probleme gab. Auch wenn das Tempo der Umgestaltung nicht überall gleich schnell war, wurde in kürzester Zeit die Kirche in Asien von den ausländischen Seelsorgern in eine asiatische Kirche transformiert und die Leitung nahezu vollständig in die Hände asiatischer Bischöfe gelegt.

Mit Recht kann man von einer asiatischen Kirche bezüglich der Leitung und der Struktur sprechen. Denkt man aber an eine asiatische Kirche im Sinne einer in die asiatische Gesellschaft integrierten Kirche, werden sowohl Nicht-Christen, kritische katholische Theologen wie auch andere Intellektuelle die Auffassung vertreten, daß die Kirche Asien aufoktroyiert wurde und ein *corpus alienum* (Fremdkörper) ist. Diese Einschätzung ist nicht neu. Man konnte sie schon vor Jahrzehnten hören. Sie findet jetzt aber eine größere Resonanz, weil einerseits eine neue Generation asiatischer Theologen und kritischer katholischer Intellektueller herangewachsen ist und andererseits die Föderation asiatischer Bischofskonferenzen (FABC) ein effizientes Organ für neue Ideen ist.

III. Kirchliche Existenz in Asien seit dem II. Vatikanischen Konzil

Die Bischöfe Asiens pflegen seit Jahrzehnten enge Kontakte miteinander. Die vier Plenarsitzungen während des II. Vatikanischen Konzils und die vielen Kommissionstreffen davor und danach ermöglichen einen beständigen Austausch. Regionale Bischofskonferenzen, vorbereitet durch die Dekrete und theologischen Ansätze des II. Vatikanums, wurden in Asien während des Aufenthaltes Papst Pauls VI. in Manila 1970 beim „Asian Bishops' Meeting" initiiert. Dieses Treffen der Bischöfe legte den Grundstein für die „Federation of Asian Bishops' Conferences (FABC). Die erste Plenarsitzung fand im April 1974 in Taipeh statt. Diese Zusammenkunft, die die „Evangelisation in Asien" zum Thema hatte, hat den Weg für das Funktionieren der FABC in den folgenden zwanzig Jahren erkundet. Im Abschlußdokument heißt es: *In diesem Moment unserer Geschichte soll unsere Aufgabe der Evangelisation vor allem auf den Aufbau einer wirklich örtlichen Kirche gerichtet sein... Denn die örtliche Kirche ist die Verwirklichung und Inkarnation des Corpus Christi in einem bestimmten Volk, an einem bestimmten Ort und in einer bestimmten Zeit... Die örtliche Kirche ist eine in einem Volk inkarnierte Kirche, eine in der eigenen Kultur eingebundene Kirche. Konkret bedeutet dies eine Kirche, die fortdauernd einen bescheidenen und von Liebe geprägten Dialog mit den lebenden Traditionen, den Kulturen, den Religionen – also mit dem realen Leben des Volkes, in dessen Mitte sie ihre Wurzeln gepflanzt hat und dessen Geschichte und Leben sie mit Freude annimmt, führt* (For all the Peoples of Asia, 1984).

Außer den Plenarsitzungen, die ungefähr alle vier Jahre stattfinden, hat die FABC einige Kommissionen (Offices) eingerichtet (Mission, Medien, Entwicklungshilfe, Ökumene und interkonfessionelle Angelegenheiten), die häufiger zusammenkommen, um Studientagungen zu halten und weitere Richtlinien für die unterschiedlichen Gebiete zu erarbeiten.

Das Einmalige dieser Kooperation ist, daß hier eine gegenseitige Beeinflussung zwischen asiatischen Theologen bzw. Intellektuellen einerseits und den Bischöfen andererseits stattfindet. Was es an neuen Ideen und Initiativen gibt, erreicht in kürzester Zeit die Bischöfe; die FABC wurde zu dem Organ, „das wahrscheinlich am meisten zur Entstehung und Verbreitung asiatischer Theologie beigetragen hat" (CAMPS, 1991). Eine Boykottierung der Gruppen, die von der offiziellen Linie abweichen und eine eigene Auffassung vertreten, hat es bislang nicht gegeben. Selbstverständlich gibt es Meinungsunterschiede und ab und zu wird in den Sitzungen oder sogar in Aufsätzen und Zeitungsbeiträgen heftig miteinander diskutiert. Eine Polarisation zwischen Konservativen und Progressiven, wie sie im Westen zu finden ist, fehlt jedoch.

Die FABC übernahm eine sehr bedeutende Rolle in der Förderung von Entwicklung und Emanzipation der katholischen Kirche in Süd-, Südost- und Ostasien während der letzten Jahrzehnte. Unter den Studien, die im Zusammenhang mit der 1990 gehaltenen Plenarsitzung in Bandung vorgelegt wurden, befindet sich auch ein Aufsatz des philippinischen Theologen C. G. Arévalo über die Kirche und ihre Mission in den neunziger Jahren: Er ist der Meinung, daß es sinnlos sei über die Aufgaben der Kirche immer neu zu forschen, da bereits genügend Information vorhanden ist. Sehr viel wichtiger sei es, die Erkenntnisse der letzten zwanzig Jahre endlich in die Praxis umzusetzen. Diesen Aufruf haben sich die in Bandung tagenden Bischöfe zu Herzen genommen. Das in Bandung erarbeitete Dokument soll überwiegend als eine pastorale Konkretisierung früherer Auffassungen betrachtet werden (FABC Papers 59, 1990).

Wie in den übrigen nichteuropäischen Missionsgebieten hat sich die Kirche auch in Asien vorwiegend um Unterricht, Gesundheitswesen und die soziale und wirtschaftliche Entwicklung gekümmert. Durch ihre oft unvergleichbare aufopferungsvolle Arbeit wird die Kirche von Nicht-Christen oft mehr als eine soziale Organisation denn als eine religiöse Institution betrachtet. Der geistliche Charakter der Kirche als Heilsinstrument, die die von Gott zugesagte Erlösung verkünden möchte, ist vielen Leuten unbekannt.

IV. Reflexionen in der asiatischen Kirche über ihre Aufgaben

Die theologische Reflexion konzentriert sich auf die Frage, wie der Dialog mit den Kulturen, den Religionen und den Armen Asiens geführt werden kann. Dabei werden als Grundlagen die Dokumente der ersten Plenarsitzung der FABC in Taipeh (1974), in denen es um die Ortskirche ging, und die Erklärungen des Internationalen Missionskongresses in Manila (1979), bei dem als Evangelisationsziel der Aufbau der örtlichen Kirchenstrukturen formuliert wurde (For All the Peoples of Asia, 1984), berücksichtigt.

Das Junktim zwischen Aufbau der Ortskirche (vorwiegend eine Aufgabe der Kirche selbst) und dem Dialog mit den Kulturen, den Religionen und den Armen hat das Denken über Mission und Verkündung verändert. Früher wurde die Evangelisation mit der Verkündung der Frohen Botschaft identifiziert; sie war auf die Bekehrung der Menschen ausgerichtet. Die karitativen und sozial-wirtschaftlichen Tätigkeiten und der Dialog mit anderen Religionen hatten letztendlich nur die Christianisierung zum Ziel. Die Adaptation an die asiatische Kultur (oft Inkulturation oder Kontextualisation genannt), wurde nur praktiziert, um das Evangelium den Menschen leichter zugänglich zu machen.

Neue Ideen

Die Bischofssynoden der Jahre 1971 und 1974 sowie das Apostolische Schreiben *Evangelii nuntiandi* Pauls VI. (1975) haben ein fruchtbares Klima für ein fortwährendes Nachdenken über die Kirche und ihre Evangelisationsmöglichkeiten in Asien geschaffen. Dabei entstand eine neue Heilsauffassung und eine Neuinterpretation der Welt und der Geschichte.

Bezüglich des Heils spricht heutzutage niemand mehr von der „Rettung der Seelen". Heil ist die Befreiung und Entfaltung der Person innerhalb der menschlichen Gemeinschaft, des Kosmos. Es geht nicht darum, den individuellen Menschen aus einer sündigen Welt zu retten, sondern um die Veränderung und Verbesserung der sozial-wirtschaftlichen, politischen, kulturellen und religiösen Strukturen, damit eine bessere Welt entsteht, eine neue Welt, wie sie auch in der Verkündung der Propheten und des heiligen Paulus zu finden ist.

Diese neue und ganzheitliche Auffassung über das Heil bringt eine andere Sicht der Welt. Es geht nicht um eine Welt, die nur auf das kommende Reich Gottes wartet, sondern um die Erfüllung der Aufgaben, die sich hier und heute stellen. Die dazu notwendige Kraft ist schon wirksam, es ist *die Macht der Auferstehung* (Phil 3,10).

Gerade weil unsere Welt durch unsere Sünden voller Unrecht, Haß und Krieg ist, müssen wir eine Welt schaffen, in der Friede, Gemeinschaftssinn und Gerechtigkeit herrschen. Dank der Kraft des Heiligen Geistes ist die Kirche eine erste Frucht dieser Reform, und dank dieser Kraft soll sie daran auch weiterarbeiten. Das Mysterium der Erlösung ist gleichzeitig ein Mysterium der Kraft, die Gott uns Menschen gespendet hat, damit wir sein Reich in dieser Welt verwirklichen, Schritt für Schritt.

Auf diese Weise können wir auch die Geschichte als ein Zusammenspiel göttlicher und menschlicher Freiheit auffassen; die Geschichte, aufgenommen im Heilsplan Gottes, wird von Paulus „das" Geheimnis (Eph 1,9) genannt. Der universale Heilswille Gottes schließt nicht aus, daß es menschliche Vermittlungen geben wird, und immer mehr verbreitet sich die Meinung, daß es solche Interventionen auch durch die nicht-christlichen Religionen gibt. In ihnen finden sich wichtige und positive Elemente des göttlichen Heilsplans. Die asiatischen Bischöfe meinen zu Recht, daß Gott die hiesigen Völker durch ihre Religionen zu sich gezogen hat. Da es sich hier um den einen Gott und den einen universalen Heilsplan handelt, kann es nur so sein, daß eine Art Verbindung zwischen diesen Religionen und dem Christentum existiert. Die Entdeckung dieser Verknüpfung ist eine der Herausforderungen der neuen Evangelisation.

Orthopraxis und dreifacher Dialog

Bei der Reflexion über den Aufbau der asiatischen Ortskirche durch den dreifachen Dialog (mit den anderen Kulturen und Religionen und mit den Armen), hat sich der Schwerpunkt immer mehr verschoben zugunsten eines engen Zusammengehens der Orthodoxie (also der Verkündigung) und der Orthopraxis (das heißt der Verkündigung durch soziales Engagement). Eine christliche Gemeinschaft wird mehr durch ihre Taten als durch ihre Worte blühen. Die Evangelisation wird dann auch die Form einer Inkulturation, eines interkonfessionellen Dialoges und einer Befreiung annehmen und sich in der Praxis realisieren müssen und darf nicht auf einer theoretischen Ebene stehen bleiben. Auch wenn die drei Formen des Dialoges als unterschiedliche Aspekte betrachtet werden können, wird deutlich, daß hier eine Gesamtkonzeption gemeint ist, in der sich die drei Formen gegenseitig bedingen. Nur durch die Zusammenarbeit und den Dialog mit den anderen Religionen sowie durch das Respektieren der Kulturen, in denen die Religionen verwurzelt sind, läßt sich die

Befreiung des Menschen herbeiführen, eine totale Befreiung des Menschen, der innerhalb seiner Gemeinschaft lebt. Isoliert man dagegen die drei Formen des Dialoges voneinander, so werden die Ergebnisse kaum dauerhaft sondern eher sinnlos sein. Nur die vollständige Befreiung des ganzen Menschen als oberstes Ziel gibt einem Dialog mit anderen Kulturen und Religionen seinen tiefen Sinn. Er ist um so notwendiger, da fast alle asiatischen Länder eine religiös gemischte Bevölkerung haben. Zudem stellen Unrecht und Unterdrückung Probleme dar, die nicht nur die christliche Kirche sondern alle Religionen betreffen.

Das Reich Gottes

In den letzten zehn Jahren zeichnete sich bezüglich des Aufbaus der Ortskirchen ein neuer Trend ab. Der Dialog mit Kulturen, Religionen und den Armen ist über sein erstes Ziel, nämlich den Aufbau der örtlichen Kirchengemeinden, hinausgegangen. Die vollständige Befreiung des ganzen Menschen innerhalb seiner Gemeinschaft kann man kaum als „Aufbau der Kirche" definieren. So ist es zu der Bezeichnung „Reich Gottes" als eigentliches Ziel der Evangelisation gekommen (AMALADOSS, 1986). Diese Entwicklung ist wiederholt von Kardinal J. Tomko scharf kritisiert worden. Daß es hier nicht um eine Frage der Terminologie geht, sondern daß dieser Prozeß weitreichende Folgen für die Evangelisation beinhaltet, soll anhand einiger Beispiele verdeutlicht werden.

Die Kirche kann den Dialog mit einer anderen Kultur zum eigenen Nutzen verwenden, indem sie in ihrer Theologie, Liturgie und in ihren Strukturen Veränderungen durchführt, die sich der Landeskultur anpassen. Dies gehört primär zum Aufbau einer Ortskirche. Man kann diesen Dialog in einem Land mit nicht-christlichen Religionen auch führen, um die dortige Kultur mit biblischen Normen zu beschenken, ohne daß es zu einer Christianisierung ihrer Kultur kommt. Gerade dieser zweite Weg des Dialoges gibt dem ersten mehr Möglichkeiten zur Entfaltung.

Auf dieselbe Art und Weise kann der Dialog mit anderen Religionen geführt werden, indem die Kirche Elemente der anderen Religion übernimmt; damit räumt sie eventuelle Vorurteile und Mißverständnisse aus dem Wege. Die gegenseitige Teilnahme an den geistlichen Reichtümern des anderen kann den Dialog noch um einiges erweitern. Papst Johannes Paul II. erklärte am 5. Februar 1986 in Madras führenden Vertretern anderer Religionen gegenüber: *Durch den Dialog lassen wir Gott in unserer Mitte gegenwärtig werden; denn wenn wir uns einander im Dialog öffnen, öffnen wir uns damit auch Gott... Als Angehörige verschiedener Religionen sollten wir uns vereinigen in der Förderung und Verteidigung gemeinsamer Ideale in den Bereichen der religiösen Freiheit, menschlicher Brüderlichkeit, Erziehung, Kultur, sozialer Wohlfahrt und bürgerlicher Gesetze.*

Statt uns auf eine Dialogform zu beschränken, die nur den Aufbau der eigenen örtlichen Kirche zum Ziel hat, ist es erwünscht, daß wir unsere Ziele erweitern und das Reich Gottes zum Mittelpunkt der evangelischen Aktivitäten machen. In dieser erweiterten Perspektive gibt es auch durchaus Platz für den Aufbau der Ortskirche, denn gerade sie hat als Zeugin und Dienerin des Reiches Gottes eine sehr wichtige Funktion. Das Evangelium und die biblischen Normen haben nur aktuellen Wert, wenn die Kirche diese Werte als Glaubensgemeinschaft lebt. Wesentlich geht es hier nicht nur um ein prinzipielles Zeugnis für das Reich Gottes, sondern auch darum, wie es gegenwärtig ist im Leben, im Tod und in der Auferstehung Christi und weiterlebt in den Gemeinden seiner Jünger. Wenn die Ortskirche den Dialog sucht und die Verwirklichung des Reiches Gottes auf Erden anstrebt, soll sie ihrer eigenen Identität treu bleiben, zugleich aber die Freiheit und Identität ihres Partners respektieren. Nur so kann es einen authentischen Dialog geben.

Modelle der Evangelisation

Im Zusammenhang damit nennt der Jesuit AMALADOSS (1986) drei Modelle der Evangelisation:
* Eine Evangelisation, die den Aufbau der Kirche als Ziel hat: Dabei wird die Verkündigung der Frohen Botschaft als wichtigste Missionsaktivität betrachtet. Der Kampf um Gerechtigkeit und der Dialog zwischen den Konfessionen sind Hilfsmittel. Sie sind als erste Schritte in die Richtung der Verkündigung zu verstehen. In diesem Modell steht der historische Jesus von Nazaret im Mittelpunkt, der die Kirche gestiftet und ihr einen Missionsauftrag

gegeben hat. Dieses traditionelle Modell ist auf die biblische Vergangenheit ausgerichtet.
* Das zweite Modell hat im Blickpunkt die Welt. Hier stehen Gott und seine Schöpfung im Mittelpunkt. Der Pluralismus ist ein Aspekt der göttlichen Macht und soll positiv betrachtet werden. Die Rolle der Kirche in der Heilsgeschichte ist vor allem symbolisch zu betrachten. Sowohl die Evangelisation wie auch die Verkündigung sind dem Dialog untergeordnet und stehen in seinem Dienste. Das Modell richtet sich auf die heutige Zeit als eine Periode göttlicher Aktivität, an der die Menschheit teilnimmt.
* Das dritte Modell hat das Reich Gottes als zentrales Thema. Es beschäftigt sich mit den Unterschieden zwischen den Religionen und Kulturen, aber auch mit der einmaligen Menschwerdung Gottes. Wir sind auf dem Wege zu einer neuen Menschheit und einer neuen Zukunft, wobei der Heilige Geist als treibende Kraft auftritt. Die Dimensionen des göttlichen Heilsplans, wie sie vor allem in den Paulusbriefen an die Epheser und Kolosser skizziert werden, haben in diesem Zusammenhang eine zentrale Bedeutung. Auf die Verwirklichung des Reiches Gottes oder die neue Menschheit soll sich das Interesse richten; dies soll der Kern der kirchlichen Mission in ihrem asiatischen Kontext sein, das Kennzeichen ihrer Evangelisation. Gerade bei dem Aufbau des Reiches Gottes wird die Ortskirche sich selbst als „Kirche im Dienste des Reiches Gottes aufbauen".

Obwohl die FABC und ihre Kommissionen, vor allem die Kommission für Interkonfessionelle Angelegenheiten, sich in ihren Formulierungen bezüglich der Aufgaben der Lokalkirchen immer mehr auf die Perspektive des Reiches Gottes konzentrieren, sind die offiziellen Dokumente in ihren Aussagen vorsichtiger als in dem genannten Aufsatz des indischen Jesuitenpaters AMALADOSS (1986), der einer der wichtigsten Ratgeber der FABC ist. Anhand dieses dritten Modells könnte die Kirche versuchen, sich von ihrem Minderwertigkeitskomplex zu befreien: als kleine Gruppe, aber mit spirituellen Reichtümern ausgestattet, kann die Zusammenarbeit mit großen Gruppen angestrebt werden. So kann die katholische Kirche einen wenn auch nicht immer sehr bedeutenden Beitrag zur Lösung der gewaltigen Probleme Asiens liefern (FABC, Bandung 1990).

Die Auseinandersetzung innerhalb der theologischen Reflexion mit Wesen und Aufgabe der Kirche, wie sie von Seiten der FABC geführt worden ist, hat auch den Inhalt der Enzyklika *Redemptoris missio* (1990) von Papst Johannes Paul II. beeinflußt, unter anderem in den Artikeln, in denen es um den Dialog und die Diskussion über das Reich Gottes geht. Noch deutlicher und auch positiver wird dies alles in dem am 19. Mai 1991 vom Päpstlichen Rat für den interreligiösen Dialog herausgegebenen Dokument *Dialog und Verkündigung* erörtert.

Die Plenarsitzung der FABC in Bandung

Wir möchten diesen Abschnitt mit einigen Bemerkungen über das Ergebnis der Fünften Plenarsitzung des FABC in Bandung im Jahre 1990 beschließen. Das Dokument, das am Ende der Versammlung herausgegeben wurde, bekam den vielsagenden Titel *Gemeinsam auf dem Wege ins Dritte Millennium* (FABC Bandung, 1990). Auch diese Plenarsitzung setzte konsequent die Politik, die 1974 in Taipeh formuliert worden war, fort. In allen Diskussionen über die Rolle der Kirche in der heutigen Zeit stand die Ortskirche im Mittelpunkt. Es wurde vor allem darauf hingewiesen, daß die Mission der Kirche immer in ihrer Beziehung zum Wirken Gottes in unserer Welt und in dieser Zeit gesehen werden muß: die Realität Asiens heutzutage ist *das Theater, wo das Drama über die Erlösung Asiens aufgeführt wird* (FABC Bandung, 1990). Das Mysterium der Menschwerdung des Sohnes Gottes und die Form, die Jesus diesem Mysterium gegeben hat, ist die Grundlage dieser Glaubensüberzeugung und gleichzeitig das Modell für Leben und Handeln der Kirche. Obwohl die Verkündigung des Evangeliums im eigentlichen Sinn nicht ausgeschlossen wird, stellt die Plenarsitzung deutlich fest, daß diese Verkündigung nicht mit der Mission in Asien identifiziert werden darf. Vor allem wird es die Aufgabe der Kirche sein, die Verkündigung durch den Dialog und durch gute Taten voranzutreiben (WILFRED, 1990). Diese Verkündigung braucht nach WILFRED (1990) Jahrhunderte; erst dann wird man feststellen können, inwiefern die Botschaft Christi die asiatische Welt beeinflußt haben wird.

In Bandung haben die Teilnehmer sich besonders mit der Frage nach der Spiritualität der *Entäußerung* (Phil 2,7) beschäftigt, wie dies auch schon 1978 während der Plenarsitzung in Kalkutta geschah. Es wird Aufgabe sein, sich mehr mit der Spiritualität der Armen, der *anawin*, auseinanderzusetzen, die nur von den Armen gelernt werden kann, wenn man sich von ihnen bekehren läßt. Für die Aufgabe der Kirche hat diese Spiritualität auch zur Folge, daß sie zwar treu, aber ohne Anmaßung, den Dialog mit anderen Kulturen und Religionen sucht. Wenn die Kirche als Kirche arm sein möchte, muß sie mit den Armen leben.

V. Eine Kirche der Armen?

Der Kontinent Asien ist stark durch Armut geprägt worden. Gleichzeitig herrscht tiefreligiöses Empfinden vor. Die dauernde Wechselwirkung zwischen diesen beiden Realitäten muß ständig im Blickfeld bleiben (PUTRANTA, 1985; PIERIS, 1979). Daneben zeigt sich überall ein Kampf gegen diese unmenschliche Situation, ein Kampf, der auf vielen Ebenen und mit unterschiedlichen Methoden geführt wird. Dies wird auch seine Auswirkungen auf die Kirche und die von ihr empfundenen Aufgaben haben.

Vor allem in den Sitzungen des Instituts für Soziale Aktion, das der Kommission für Entwicklungsfragen der FABC untergeordnet ist, sehen wir ein zunehmendes Bewußtsein und eine damit verbundene Bereitschaft zum Handeln entstehen. Schon 1974 während der ersten Institutssitzung wurde die kirchliche Haltung in sozialen Fragen oft als zwiespältig und undeutlich kritisiert. Es wurde darauf gedrängt, daß die Kirche sich für die Armen entscheiden müsse („option for the poor"): *Dies bedeutet nicht für die Armen arbeiten, sozusagen von oben herab, wie eine soziale Institution. Es bedeutet arbeiten mit den Armen und deshalb mit ihnen zusammensein und leben. So können wir ihre Not und ihre Wünsche kennenlernen oder ihnen helfen, sie zu verstehen, wenn sie selbst dazu noch nicht in der Lage sind. Es bedeutet auch nicht, daß wir uns von den Mächtigen auf Erden distanzieren sollen, denn es gibt nach wie vor die Verpflichtung, sie zu informieren und zu beeinflussen. Im Gegenteil, sie sollen dazu bewegt werden, die Armen die politischen Entwicklungen und Entscheidungen, wovon diese ja direkt betroffen sind, mitgestalten zu lassen. Es kann aber bedeuten, daß wir sie in prophetischer Art und Weise anklagen und Wider-*

stand leisten, wenn sie nicht auf uns hören wollen, auch wenn wir dadurch ihre Hilfe und Unterstützung verlieren würden.

In dieser Hinsicht war es bezeichnend, daß das Institut im Jahre 1974 die Haltung der Kirche in sozialen Fragen zwiespältig nannte. Schon während ihres ersten Treffens 1970 in Manila, noch vor der Gründung der FABC, erklärten die asiatischen Bischöfe: *Wir haben uns dazu entschieden, für die Rechte der Armen einzutreten, gegen jegliches Unrecht. Wir wollen unsere Hände nicht binden lassen durch allzu enge Beziehungen mit den Mächtigen in unseren Ländern, wodurch wir uns kompromittieren würden.*

Nach dieser ersten Aussage haben die Bischöfe nie mehr solche deutlichen Töne geäußert, sondern sich für eine mehr moderate Position entschieden, wobei sie versuchen, Einfluß auszuüben, indem sie die geistlichen Werte des Reiches Gottes betonen.

Die Reflexion über den Zusammenhang zwischen den sozialen Aktivitäten und der Mission der Kirche ist während all dieser Jahre stark beeinflußt worden von dem Trend, der 1971 während der Bischofssynode und in der Enzyklika *Evangelii nuntiandi* (1975) in den Vordergrund trat, daß nämlich die Aktionen für soziale Gerechtigkeit ein wesentlicher Aspekt der Evangelisation und der Mission der Kirche sind. Die Kirche hat die Aufgabe, die Menschheit von jeglicher Unterdrückung zu befreien.

Während der Plenarsitzung der FABC in Kalkutta 1978 standen Gebet und Spiritualität im Mittelpunkt der Diskussionen. Doch auch die soziale Gerechtigkeit, Entwicklung und Befreiung wurden berücksichtigt. Das Thema der sozialen Gerechtigkeit wurde um die typisch asiatische Dimension des Gebetes und der freiwilligen Armut erweitert. Es handelt sich dabei nicht um die naive Überzeugung, daß das Gebet die sozialen Probleme lösen kann, sondern daß es dem Menschen auf seinem Weg zu der richtigen Geisteshaltung, welche für ein authentisches christliches Engagement notwendig ist, helfen wird. Auch dies gehört zu der *Entäußerung*, worin Christus uns vorangegangen ist (PUTRANTA, 1985).

Dennoch gibt es vor allem auf diesem Gebiet eine breite Kluft zwischen Theorie und Praxis. 1977 wurde in Hongkong in Anwesenheit von Bischöfen und Theologen ein Kolloquium über das Thema „Kirchliche Ämter" gehalten. Die Teilnehmer erklärten: *Wenn wir uns auf die Seite der großen Mehrheit der Bevölkerung unseres Konti-*

nentes stellen, soll sich in unserer Lebensführung auch etwas von ihrer Armut zeigen. Die Kirche darf nicht eine reiche, wohltuende Insel in einem Meer von Not und Elend sein. Unser persönliches Leben soll der evangelischen Armut gleichen, so daß es niemandem – wie einfältig und arm er auch sein möge – schwerfallen darf, den Weg zu uns zu finden und in uns wahre Brüder zu sehen.

Die „Kirche der Armen" ist nicht ein exklusiv asiatisches Problem. Dennoch macht die in Asien überall gegenwärtige Armut die Kluft zwischen Theorie und Praxis besonders peinlich. Das Ideal wird in seiner radikalsten Form wahrscheinlich nie realisiert werden, aber es gibt immer mehr Bischöfe, Provinziale, Priester und auch Laiengruppen, die sich der Situation bewußt sind und sie ändern möchten. Man sieht überall Initiativen aufblühen, von denen gehofft werden darf, daß sie unter Einfluß des Heiligen Geistes Wirkung zeigen, wie ein Same, aus dem ein Baum wachsen kann.

VI. Eine prophetische Kirche?

Die Kirche in Asien wurde im Laufe der Zeit öfters verfolgt, früher vorwiegend in Japan und Korea und in unserem Jahrhundert vor allem nach der kommunistischen Machtübernahme in China und Indochina. Der Haß gegenüber den westlichen Kolonialmächten und allem, was damit verbunden war, spielte dabei eine wichtige Rolle.

Mit Ausnahme der kommunistischen Länder hat die Kirche in den ersten Jahrzehnten nach dem Zweiten Weltkrieg – für die meisten Staaten auch der Anfang der Unabhängigkeit – fast überall eine Politik der „low profile" geführt. Sie konzentrierte sich auf das Suchen nach der eigenen Identität. Sie vermied, so gut sie konnte, die harte Konfrontation mit der politischen Realität. Durch Kompromisse mit den Machthabern und einem versuchten Dialog mit den Regierungen blieben größere Konflikte aus. Sogar in einem katholischen Land wie den Philippinen wurde der Weg des Kompromisses und des Dialoges gewählt.

Wachsendes Bewußtsein

Seit den siebziger Jahren hat sich die Haltung der Kirche in Asien merklich geändert. Dies hängt zusammen mit der Gründung der

FABC und ihren Kommissionen. Sie besprechen auf ihren Tagungen die Probleme Asiens, sie erörtern die Dokumente des Konzils und die päpstlichen Richtlinien bezüglich sozialer Gerechtigkeit, Befreiung und Entwicklung, sie beschäftigen sich mit der Befreiungstheologie und der mutigen Haltung führender Geistlicher in Mittel- und Südamerika. In einigen Ländern hat dies zu Konfrontationen zwischen den Regierungen einerseits und der Kirche und kirchlichen Organisationen andererseits geführt (HARDAWIRYANA, 1990; EVERS, 1989). Gerade in Ländern mit einer schnellen wirtschaftlichen Expansion, wie zum Beispiel Taiwan, Singapur, Korea und Malaysien, geht diese Entwicklung oft auf Kosten der Arbeiter und sozial Schwachen. An vielen Orten entstehen Projekte für Rechtshilfe gegen Enteignung des Bodens und Zwangsumsiedlung, für die Bildung der Arbeiter, damit sie sich ihrer Rechte bewußt werden, für Unterstützung bei einem Streik, für die Weiterbildung der Arbeitsführer etc. Mit solchen Mitteln versuchen die Kirche und einige kirchliche Organisationen, ihre sozialen Auffassungen konkret zu gestalten und zu einer menschlicheren Gesellschaft beizutragen. Aber gerade in den Ländern, in denen versucht wird, die wirtschaftliche Entwicklung so schnell wie möglich voranzutreiben und alles diesem Prozeß unterzuordnen, führen die Bemühungen der Kirche zu Konflikten mit den Regierungen.

Konflikte

Der Kirche wird oft vorgeworfen, sich mit Sachen zu beschäftigen, die sie eigentlich nichts angehen; statt zu kritisieren, solle sie die Regierung bei der Entwicklung des Landes so viel wie nur möglich unterstützen. Und wenn die Kirche meine, sie habe auch im sozialen Bereich eine Aufgabe – was übrigens von den Regierungen meistens verneint wird – dann muß sie sich in dieser Hinsicht auf ihre eigenen Mitglieder beschränken und sich nicht für die Nicht-Katholiken engagieren. Die Beteiligung der Kirche an der Volksrevolution auf den Philippinen 1986 ist für viele asiatische Regierungen ein Schreckensbild. Die Beschuldigung, es handle sich hier um kommunistische oder westlich-sozialistische Ideen, angeheizt von einer marxistisch orientierten Befreiungstheologie, wird immer wieder hervorgehoben.

Gerade die Befreiungstheologie wird von vielen Regierungen als eine Gefahr betrachtet, die keinen Spielraum bekommen darf. Die Bedrohung von Seiten der Befreiungstheologie für die „nationale Sicherheit" und die „nationalen Interessen" wird nach ihrer Auffassung deutlich durch die Ereignisse in Mittel- und Südamerika illustriert. So behält zum Beispiel der Sicherheitsdienst Indonesiens die Lehrveranstaltungen an theologischen Instituten scharf im Auge: Vor einigen Jahren wurde beispielsweise eine Magisterarbeit der theologischen Fakultät in Yogyakarta über Befreiungstheologie sofort nach dem Druck für das ganze Land verboten und aus dem Handel genommen.

Wenn dann auch noch ausländische Missionare im sozialen Bereich aktiv sind, wird sehr leicht von „ausländischem Einfluß", „unverantwortlicher Einmischung", „Unverständnis für die Situation in Asien" usw. gesprochen. Auf diese Weise kann die soziale Kritik „neutralisiert" werden.

Weil es sich hier um eine ziemlich neue Entwicklung handelt, für die sogar viele führende Repräsentanten der Kirche noch wenig Verständnis haben (EVERS, 1989), ist es schwierig, von einer prophetischen Kirche in Asien zu sprechen. Es gibt hier und dort Propheten – zum Beispiel den Künstler-Priester J. B. Mangunwijaya aus Indonesien, der mutig für die Rechte der Armen gegenüber oft gewissenlosen Machthabern eintritt, oder Aloysius Pieris aus Sri Lanka, der viel über die Aufgabe der Kirche in Asien veröffentlicht hat und somit für die Vertreter der Kirche eine Quelle der Inspiration ist – wie auch prophetische Taten, aber zu vereinzelt, um für die Gesellschaft jetzt schon von großer Bedeutung sein zu können. Die Möglichkeiten für ein sinnvolles Handeln auf diesem Gebiet sind natürlich fast überall sehr beschränkt, da die Kirche nur eine sehr kleine Minderheit repräsentiert. Eine Zusammenarbeit mit anderen christlichen und nicht-christlichen Gruppierungen und Organisationen scheint in vielen Fällen die einzig mögliche Lösung zu sein (PIERIS, 1982; AMALADOSS, 1990; CAMPS, 1991).

Abschließend kann festgehalten werden:
Das II. Vatikanische Konzil war mit allem, was dazugehört, für die Kirche in Asien ein sehr wichtiges Ereignis. Von einer Kirche, die zwar in Asien war, aber im weitesten Sinne nicht als asiatisch bezeichnet werden kann, hat sie sich Schritt für Schritt in Richtung

einer Kirche Asiens entwickelt, einer asiatischen Kirche, nicht nur bezüglich ihrer Struktur und Leitung, sondern auch der Mission, des Lebensstils und der Ideen. Das wichtigste Element bei dieser Entwicklung ist sicherlich die FABC mit ihren Kommissionen, aber daneben gibt es auch eine immer größere Anzahl von Theologen und kritischen Intellektuellen, die in der Zukunft eine Rolle von immer größerer Bedeutung spielen werden.

Die Kontakte mit den großen Religionen in Asien und mit den wichtigen, nicht-westlichen Kulturen, die vorsichtig angefangen haben und sich immer mehr ausdehnen, können im nächsten Jahrhundert eine ganz neue und erneuernde Bewegung innerhalb der Theologie und der christlichen Spiritualität darstellen.

Wenn die MSF im Jahre 2095 ihre zweite Jahrhundertfeier begeht, wird die Kirche auf diesem Kontinent ohne Zweifel noch immer nur eine relativ kleine Gruppe der Bevölkerung zu ihren Mitgliedern zählen können, aber es wird vermutlich eine Kirche sein, die sich wesentlich von der jetzigen Kirche unterscheidet, weil sie zu einer asiatischen Kirche gewachsen ist, die die Botschaft Christi über das Reich Gottes auf ihre Art und Weise verkündet. Anläßlich dieser ersten Jahrhundertfeier dürfen wir uns wünschen, daß die MSF dazu einen bescheidenen Beitrag leisten kann.

Literaturhinweise:
M. AMALADOSS SJ, The Church and Pluralism in the Asia of the 1990s (= FABC Papers 57e). Hongkong 1990.
M. AMALADOSS SJ, Evangelization in Asia: A New Focus? In: East Asien pastoral review 23 (1986) S. 440–461.
C. G. ARÉVALO, The Church in Asia and Mission in the 1990s (= FABC Papers 57b). Hongkong 1990.
Bischofskonferenz 1990 in Bandung (= FABC Papers 59). Hongkong 1990; dort auch Text: Journeying Together Toward the Third Millenium. The Final Statement of the Fifth Plenary Assembly of FABC Bandung, Indonesia, Juli 17–27, 1990.
A. CAMPS, China. Van vreemdheid naar kontekstualisatie'. In: Ders. u.a. (Hg.), Oecumenische Inleiding in de Missiologie. Teksten en konteksten van het wereldchristendom. Kampen 1988, S. 67–80.
A. CAMPS, Das Dritte Auge. Von einer Theologie in Asien zu einer asiatischen Theologie. In: Zeitschrift für Missionswissenschaft und Religionswissenschaft 75 (1991) S. 1–21.
J. DUPUIS, FABC Focus on the Church's Evangelising Mission in Asia Today. In: Vidyajyoti journal of theological reflection 56 (1992) S. 449–468 (Englische Übersetzung eines Aufsatzes, der ursprünglich in La Civiltà Cattolica veröffentlicht worden ist).

G. Evers, Stören christliche Kirchen asiatische Harmonie? Angriffe in ostasiatischen Ländern gegen den Sozialeinsatz der Kirchen. In: Herder-Korrespondenz 43 (1989) S. 321–326.

FABC, Bandung 1990: siehe: Bischofskonferenz 1990.

A. Favier, Péking, histoire et description. Lille 1900.

For all the Peoples of Asia, I. Manila 1984 (FABC in Taipheh: S. 25–41; Missionskongreß in Manila 1979, S. 216).

R. Hardawiryana, The Church before the Changing Asian Societies of the 1990s (= FABC Papers 57a). Hongkong 1990, S. 27–32

R. Hardawiryana, Peranan Gereja dalam masyarakat pluri-religius di Asia. In: Orientasi Baru 5 (1991) S. 14–67.

A. G. Hoekema, Evangelie en cultuur in Azië. In: J. van Butselaar und J. van Capelleveen (Hg.), Evangelie en cultuur in de oecumenische discussie. Kampen 1989, S. 30–39.

A. G. Honig, Azië: op zoek naar eigen identiteit als bron van vernieuwing. In: A. Camps u.a. (Hg.), Oecumenische Inleiding in de Missiologie. Teksten en Konteksten van het Wereldchristendom. Kampen 1988, S. 308–333.

Johannes Paul II. an die Teilnehmer an der Plenarsitzung der FABC in Bandung 1990 (= FABC Papers 59). Hongkong 1990.

B. F. Nebres und R. Hardawiryana, The Church in Asia and Politics (= FABC Papers 58). Hongkong 1990.

Aloysius Pieris, An Asian theology of liberation. Maryknoll, New York 1988. (Deutsche Übersetzung: Theologie der Befreiung in Asien, Freiburg etc., 1986).

Aloysius Pieris, Love meets wisdom. A christian experience of Buddhism. Maryknoll, New York 1988 (Deutsche Übersetzung: Liebe und Weisheit, Mainz 1989).

Aloysius Pieris, The Non-Semitic Religions of Asia. In: M. Motte und J. Lang (Hg.), Mission in Dialogue. The Sedos Research Seminar on the Future of Mission. Maryknoll, New York 1982.

Aloysius Pieris, Towards an Asian Theology of Liberation: Some Religio-Cultural Guidelines. In: Dialogue 6 (1979) S. 29–52.

C. B. Putranta, The Idea of the Church in the Documents of Asian Bishops' Conferences (FABC) 1970–1982. Diss. Roma 1985.

F. Wilfred, Asia on the Treshold of the 1990s (= FABC Papers 55). Hongkong 1990; vgl. ders., Fifth Plenary Assembly of FABC. An Interpretation of Its Theological Orientation. In: Vidyajyoti journal of theological reflection 54 (1990) S. 583–592.

Missionskirche wird Ortskirche

Alt-Bischof WILLEM DEMARTEAU von Banjarmasin/Kalimantan
beantwortet Fragen von Egon Färber

*Was sind die wichtigsten Etappen und Erfahrungen in Ihrem Leben
als Missionar?*

Vier Begebenheiten möchte ich nennen:
1. 1946 sollte ich als Missionar nach Norwegen gehen. Ich vermute, dort wäre ich „umgekommen", das heißt ich wäre nicht sonderlich glücklich geworden. 1947 wurde ich aber nach Indonesien auf die Insel Borneo (= Kalimantan) gesandt.
2. Meine eigene Bischofsernennung 1954, die mich sehr überraschte; mein Vorgänger, Mgr. J. Groen, starb im April 1953; während der folgenden sechs Monate dachte ich niemals an die Möglichkeit, daß ein Damoklesschwert über meinem Haupt schweben könne. Das Apostolische Vikariat von Banjarmasin umfaßte damals ein Gebiet von mehr als 400.000 qm^2. Seit 1926 war dieses Gebiet unserer Kongregation als Missionsgebiet anvertraut.
3. Die Konzilserfahrung. Als Missionar und auch als Bischof bin ich mit erneuertem Glauben nach Banjarmasin zurückgekehrt.
4. Die Bischofsweihen von Mgr. J. A. Husin (gest. 1994) und Mgr. Fl. Sului in Palangka-Raya und Samarinda am 17. Oktober und 21. November 1993. Beide gehören unserer Kongregation an, beide sind echte Dayaks. Die zwei Weihen machen deutlich, daß die Kirchen von Palangka-Raya und von Samarinda im wahren Sinne Ortskirchen geworden sind. Ein wenig stolz bin ich, daß beide Bistümer Teile des Gebietes sind, das 1954 mein Bistum wurde.

*Wie haben Sie das Land und die Leute von Kalimantan
damals erlebt?*

Als ich im Mai 1947 nach Banjarmasin kam und hörte, daß ich dort bleiben sollte, um Pfarrer an der Kathedralkirche zu werden, war ich enttäuscht. Ich hatte gedacht und erwartet, ins Inland von Ost-Borneo geschickt zu werden. Jetzt aber kam ich in eine Pfarrei, die zu 95 Prozent holländisch war. Außerhalb und auch innerhalb der Kirche wurde nur niederländisch gesprochen. Der katechetische Unterricht war ebenfalls in meiner Muttersprache. Es gab kaum katholische Kinder. Am Sonntag nach der heiligen Messe hielt der Pfarrer eine ganz kurze Predigt in indonesischer Sprache für die zehn Zuhörer, die niederländisch nicht verstanden.

Es darf dabei nicht vergessen werden, daß es bis Ende Dezember 1949 eine Kolonial-Regierung gab, wenigstens auf Kalimantan (Borneo). Pastorale Kontakte mit der nicht-katholischen Bevölkerung in meiner Pfarrei in Banjarmasin waren wegen der gespannten politischen Lage daher praktisch nicht möglich, da die am 17. August 1945 proklamierte Indonesische Republik bis Dezember 1949 keine Anerkennung seitens der niederländischen Regierung fand.

Nach 1949 habe ich Indonesien und das indonesische Volk, das aus vielen Volksgruppen (verschiedene Dayakstämme, Banjaresen, Boeginesen, Madoeresen, Javaner und Chinesen) besteht, besser kennen- und aufrichtig liebengelernt.

Die im Inland wohnenden Dayaks stehen dem Christentum positiv gegenüber; die anderen an der Küste lebenden Gruppen sind überwiegend moslemisch orientiert. Die wirtschaftlich gutsituierten Banjaresen und Chinesen kontrollieren den Handel, die Javaner sind besonders in der Verwaltung und im militärischen Bereich aktiv. Die Dayakstämme betreiben vorwiegend den Reisanbau; diese Tätigkeit wirft wenig Gewinn ab.

Meine Liebe zu diesem Kulturraum ist so sehr gewachsen, daß ich hoffe (ohne mein erstes Vaterland im geringsten zu verleugnen), meine „letzte Station" liege auf Borneo.

Welche kirchlichen Strukturen fanden Sie in Banjarmasin vor?

Schon 1937 war in Banjarmasin eine Apostolische Präfektur errichtet worden. Erster Apostolischer Präfekt war Mgr. J. Kusters MSF, der von niederländischen MSF-Patres und Brüdern wie auch von Franziskanerinnen aus den Niederlanden in seiner Arbeit unterstützt wurde. Zum Klerus gehörte auch ein indonesischer Priester, der bis 1959 auf Kalimantan wirkte. 1949 wurde Banjarmasin Apostolisches Vikariat; zum Apostolischen Vikar wurde J. Groen MSF (gest. 1953) ernannt. Während seiner Amtszeit wurde ein Kleines Seminar errichtet und der erste Dayak zum Priester geweiht, der sich später laisieren ließ.

Welche wichtigen kirchlich-strukturellen Veränderungen lassen sich während Ihrer Amtszeit von 1953–1983 ausmachen?

Aus organisatorischen Gründen befürwortete ich es sehr, daß 1955 in Samarinda, einem bislang zu Banjarmasin gehörenden Gebiet, ein Apostolisches Vikariat errichtet und zu dessen Apostolischen Vikar Jac. Romeijn MSF ernannt wurde. Mein Vikariat umfaßte noch immer 220.000 km^2.

1993 wurde ein weiteres Bistum, Palangka-Raya, aus Teilgebieten von Banjarmasin errichtet. Es umfaßt die gesamte Provinz von Mittel- und Zentralkalimantan mit einer Fläche von 154.000 km^2. Von den 1,5 Millionen Menschen sind etwa 37.000 katholisch.

Das nunmehr verkleinerte heutige Bistum Banjarmasin umfaßt immer noch 37.000 km^2. Die Zahl der Katholiken ist von etwa 1.500 im Jahr 1955 auf mehr als 30.000 gestiegen. Zehn Priester, zwei Brüder und 42 Schwestern arbeiten in der Seelsorge; die meisten von ihnen sind heute Indonesier.

Insgesamt arbeiten 1994 in den drei Bistümern von unserer Kongregation 24 indonesische und elf ausländische Patres sowie zwei indonesische und zwei ausländische Brüder.

Wie verlief diese Entwicklung vom niederländischen zum einheimischen Klerus?

Die zehn Patres, neun Brüder und 13 Schwestern, die zu Beginn meiner bischöflichen Amtszeit in Banjarmasin missionarisch tätig waren, kamen alle aus den Niederlanden. Die indonesische Regierung drängte seit Ende der 70er Jahre, mehr einheimische Geistliche in hohe kirchliche Ämter zu berufen. So legte ich 1983 mein Amt nieder. Am 23. Oktober 1983 wurde mit F. X. Prajasuta MSF hier erstmals ein Indonesier zum Bischof geweiht.

Auch im Bistum Samarinda dauerte es Jahrzehnte, bis ein Indonesier Bischof wurde. Bis 1975 waren dort zwar fünf Indonesier zum Priester geweiht, doch fand sich noch kein einheimischer Kandidat, der die Nachfolge von J. Romeijn 1975 antreten konnte. Zum Apostolischen Administrator wurde C. van Weegberg MSF bestellt. Als er kurze Zeit nach seiner Ernennung bei einem Flugzeugabsturz ums Leben kam, wurde M. Coomans, Provinzial der MSF, zum neuen Administrator gewählt. Nachdem er die indonesische Staatsbürgerschaft angenommen hatte, wurde er 1987 als Bischof von Samarinda eingeführt. Nach seinem Tod wurde 1993 ein gebürtiger Indonesier, Florentinus Sului MSF, Bischof von Samarinda. Im Bistum sind heute überwiegend einheimische Kräfte in der Seelsorge tätig.

Wenn wir die Entwicklung zwischen 1926, dem Beginn der MSF-Tätigkeit auf Kalimantan, bis 1994 betrachten, wird der Weg von der „Missionskirche" zur „Ortskirche" deutlich: 1926 gab es sieben ausländische Missionare; inzwischen sind es 182 indonesische und 39 ausländische Geistliche. Auch die Zahl der Katholiken ist stetig gewachsen: Um 1900 gab es auf Kalimantan zwei Millionen Einwohner, davon waren 310 katholisch. Zwischen 1907 und 1926 wurden in Ostkalimantan 280 Dayaks von Kapuzinerpatres getauft. 1940 gab es in Süd-, Ost- und Mittelkalimantan 3.124 Katholiken (davon 1.903 Einheimische); sie wurden von 19 Priestern, elf Brüdern und elf Schwestern, die alle aus den Niederlanden kamen, seelsorglich betreut.

Wie wurden die einheimischen Geistlichen bzw. Brüder ausgebildet?

1931 wurde der erste Dayak aus Ostkalimantan zum Kleinen Seminar in Pontianak in Westkalimantan geschickt. 1933/34 folgten vier weitere Dayaks, doch beendeten diese ihre Ausbildung leider nicht. 1937 wurden erneut zwei Dayaks nach Pontianak geschickt; einer der beiden, Hendrik Timang, wurde am 1. April 1951 in Banjarmasin von Mgr. J. Groen zum Priester geweiht. Er hatte sein Theologiestudium im MSF-Seminar im niederländischen Oudenbosch absolviert.

Am 12. Juli 1950 richtete Mgr. Groen in Banjarmasin ein Kleines Seminar ein, das 1954 nach Sanga-Sanga (Ostkalimantan) verlegt wurde. Nach wenigen Jahren mußte es geschlossen werden, weil zu wenig geeignetes Lehrpersonal vorhanden war.

1960 wurde das noch heute bestehende Seminar in Samarinda errichtet, in dem zur Zeit sieben Alumnen studieren. Mindestens elf indonesische Priester (darunter zwei Bischöfe), die in einem der drei MSF-Bistümer auf Kalimantan tätig sind, haben hier ihre Ausbildung erhalten.

Ich selbst habe am 17. Juli 1983, kurz vor meinem Rücktritt, in Banjarmasin ein Kleines Seminar eröffnet. Im ersten Jahr studierten dort sieben Seminaristen, heute sind es acht.

In ganz Indonesien gibt es elf Große Seminare, die in etwa einer philosophisch-theologischen Hochschule entsprechen, jedoch keines auf Kalimantan. Priesterkandidaten unserer Insel studieren daher auf Java, Sumatra oder Flores.

Schon 1949 wollten einige Dayaks MSF-Brüder werden; so wurde auf Kalimantan ein Noviziat eröffnet, das 1952 wieder geschlossen wurde. Die heute auf Kalimantan tätigen MSF-Brüder wurden auf Java oder Flores in die Spiritualität unserer Kongregation eingeführt.

Bislang sprachen wir nur über die Ausbildung von Klerikern und Brüdern der MSF. Sicher gibt es doch auch Ordensschwestern in den MSF-Bistümern auf Kalimantan?

Das tatkräftige Wirken von Ordensschwestern soll nicht unerwähnt bleiben: 1948 kamen aus Baarlo in den Niederlanden Missions- und Anbetungsschwestern von der Heiligen Familie nach Kalimantan. Sie eröffneten in der Stadt Balikpapanmaar ein Haus. Bald gab es eine Niederlassung in Tering, wo die Schwestern ein Krankenhaus und mehrere Schulen leiteten. Einige Dayak-Mädchen wollten Schwestern werden, 1954 legten zwei ihre Gelübde als Schwestern der Kongregation von Baarlo ab. 1964 errichtete die Kongregation ein Noviziat in Solo auf Java. Dort wurden bis heute 35 Schwestern ausgebildet.

Franziskanerinnen von Dongen kamen 1937 nach Banjarmasin. Sie errichteten 1960 in Pai auf Java ein Noviziat. Elf Schwestern von Kalimantan erhielten dort ihre geistliche Prägung.

Die Schwestern von St. Paul de Chartres zogen 1967 von den Philippinen nach Banjarmasin und eröffneten 1980 in Banjarbaru ein Noviziat. Hier bekamen 29 Schwestern ihre Ausbildung (davon vier aus Kalimantan).

Wie weit arbeiten Laien in der Seelsorge mit? Gibt es auch Katecheten und welche Bedeutung haben sie?

Vor dem Zweiten Weltkrieg haben Katecheten kaum eine Rolle auf Kalimantan gespielt. Diese Situation änderte sich nach der Unabhängigkeitserklärung von 1945. Die wenigen Priester waren immer mehr auf die Hilfe der Laien angewiesen. Das Bistum war sehr groß, die Transportmöglichkeiten schlecht und die katholische Bevölkerung lebte weit verstreut. Deshalb suchte jede Gemeinde nach älteren, nach Möglichkeit verheirateten Männern oder Frauen, die Religionsunterricht geben konnten. Anfänglich waren diese Katecheten wenig ausgebildet. M. Coomans, Bischof von Samarinda, befürwortete und beeinflußte die katechetische Schulung der Laien sehr. Es wurden Ausbildungskurse erarbeitet und eine Zeitschrift herausgegeben. 1985 konnte in Palangka-Raya eine Katechetenschule eröffnet werden. 1994 waren dort 26 Studenten immatrikuliert.

Derzeit arbeiten in den Bistümern von Banjarmasin, Samarinda und Palangka-Raya 299 Katecheten. Sie haben wesentlich dazu beigetragen, daß sich die katholische Kirche auf Kalimantan immer mehr zu einer Ortskirche entwickelte. Es ist kaum denkbar, daß die Kirche in der Zukunft jemals noch ohne ihre Hilfe auskommen könnte.

Wie sah damals die Arbeit der Missionare aus und was sind heute die Ziele und Schwerpunkte der Pastoral?

Sicher waren in den 40er Jahren unseres Jahrhunderts die pastoralen Aktivitäten sehr auf das „eigene Heil" ausgerichtet. Seelen mußten gerettet werden. *Da mihi animas*, das war der immer wiederholte Spruch während unserer Seminarerziehung. In tiefer Erkenntnis des Evangeliums haben die Missionare sehr richtig erkannt, daß der ganze Mensch mit Leib und Seele in die Verkündigung einbezogen werden muß. So wurde von Anfang an auch den kranken, hilfsbedürftigen oder sozial zurückgedrängten Menschen geholfen. Davon später.

Besonders vor dem Zweiten Weltkrieg hatten die Missionare Schwierigkeiten mit den indonesischen Gewohnheiten und Vorschriften (dem sogenannten *Adat*). Das gilt besonders für den religiösen Bereich. Es war nicht jedem Missionar bewußt, daß Unterschiede zwischen guten und schlechten *Adat* zu machen waren. Die mächtige Geisterwelt der Dayaks im Alltagsleben wurde vom Missionar bekämpft; dazu fühlte er sich berufen. Allmählich wurde die Strategie der Missionare gegen den *Adat* indirekter; die Bekämpfung blieb aber insbesondere dann, wenn die aus der Gewohnheit stammenden Rechte unmenschlich oder unchristlich waren. Das beließ dennoch genügend Raum für die Inkulturation des positiven *Adat*.

Ein neues Kirchenverständnis schlägt tiefe Wurzeln in unseren Ortsgemeinden: Die Gemeindemitglieder empfinden sich als Kirche, sie bilden die Kirche, sie sind auch dann richtige Gemeinde, wenn der Priester nicht bei ihnen ist, die heilige Messe nicht mit ihnen feiern kann; auch dann sind sie „Kirche Christi", wenn auch noch einfach! Für diese Kirche fühlen sie sich verantwortlich. Der Kirchenbegriff als „Reich Gottes", als *familia Dei* fängt, gleich dem kleinen Senfkorn, an zu wachsen. Das ist schon an vielen verschiedenen Stellen sichtbar und darüber bin ich froh. Es macht die Arbeit der Priester und Katecheten nicht leichter, aber das ist auch nicht schlimm. Es ist eine biblische Entwicklung, *ergo secundum intentionem Christi*.

Wie sind die Beziehungen zwischen den Missionaren und Gemeinden?

Der Priester ist sicher noch eine angesehene Person in der Gemeinde, aber er ist glücklicherweise nicht mehr überall derjenige, der alles zu bestimmen hat. Das II. Vatikanische Konzil hat wesentlich dazu beigetragen, daß sich der Einzelne als tatkräftiges Subjekt im Leben und im Wirken der Kirche Christi sieht. Dieses Selbstverständnis breitet sich mehr oder weniger schnell aus. Es ist nicht mehr ungewöhnlich, daß der Priester auf die *vox populi* hört, die Gemeinde um Rat fragt und Vorschläge, die von „unten" kommen, auch beherzigt. In fast jeder Pfarrei gibt es einen gewählten Kirchenrat, der Verantwortung in der Gemeinde und auch gegenüber dem Pfarrer übernimmt. Der Pfarrer sollte immer noch der „Stimulator" und „Animator" bleiben. Wäre er das nicht, dann ist der Gemeinderat nicht das, was er sein soll.

Wie haben Sie das Glaubensleben und die Liturgiefeiern damals erlebt? Was ist bezeichnend für die heutigen Gemeinden?

Wenn ich so zurückschaue auf die ersten Jahre meines missionarischen Lebens, dann habe ich bis in die 1960er Jahre mein Glaubensleben und die liturgischen Feiern wie früher in Europa gelebt. Auf Kalimantan wurde in der Kirche alles wie in Europa praktiziert; an Inkulturation wurde noch nicht gedacht. Die Liturgie kannte nur eine Sprache, die lateinische. Während der Andacht hatte man ab und zu den Mut, die indonesische Sprache zu benutzen. Nur im Inland wurde der Rosenkranz in Indonesisch gebetet. Damals erwuchsen daraus keine Probleme, weder für die ausländischen noch für die einheimischen Katholiken.

Dann kam das Konzil. Auch in Indonesien wurden viele Türen und Fenster der katholischen Kirche geöffnet. Im allgemeinen war die Kirche auf Kalimantan historisch nicht sehr belastet. Daher nahmen die Gläubigen die Erneuerungen ohne weiteres und mit Freude an. Die Gläubigen hörten: wir sind die Kirche! Vielleicht wurde dann unbewußt der Schluß gezogen: wenn das wahr ist, dann darf auch unsere Stimme in der Liturgie erklingen. Die lateinische Sprache wurde nicht ganz beiseite geschoben, wie dies oft im Westen geschehen ist; Latein blieb eine heilige Sprache für alle, sie blieb eine Gebetssprache, die durch das Herz verstanden wird.

Die liturgischen Feiern wurden nach dem Konzil viel lebendiger: Fast alles in indonesischer Sprache, Gesänge mit eigener Musik, Meßgewänder aus einheimischem Stoff (Batik); selbst indonesische religiöse Tänze tanzten sich in die Kirche hinein. Immer wieder war zu spüren, daß die Gläubigen für die Liturgie Verantwortung übernahmen und nicht der Pfarrer allein. Ich glaube, daß die liturgische Erneuerung in Indonesien, auch auf Kalimantan, aufbauend gewirkt hat, ohne zerstörerische Folgen. Die Volksfrömmigkeit, *pietas popularis*, über die der neue Codex spricht (can. 1234), hat durch diese liturgischen Erneuerungen nicht gelitten. Im Gegenteil, Marienfeste werden nicht vergessen, das Rosenkranzgebet bleibt sehr beliebt. Am Karfreitag zieht die ganze Gemeinde in lebendigen Bildern (*tableaux vivants*) zum Garten der Schwestern, wo der Kreuzweg gebetet wird. Eine große Bereicherung, die das II. Vatikanum gebracht hat, ist, daß heute das Wort Gottes, die Bibel, den ihm gebührenden Platz einnimmt. Regelmäßig oder auch unregelmäßig kommen die Leute in kleinen Gruppen zur Schriftlesung zusammen. Die Menschen hier sind visuell eingestellt, darum sind für sie Symbole unentbehrlich. Abendländer nennen das leicht „show".

Welche sozialen Einrichtungen wurden auf Kalimantan von der katholischen Kirche bzw. speziell von der MSF eingerichtet?

Zwischen 1907 und 1926 konnten die Kapuziner eine einzige Grundschule eröffnen. Weder die Eltern noch die Kolonial-Regierung unterstützten den Schulbesuch.

Es war eine große Leistung der MSF, daß sie zwischen 1926 und 1941 acht Grundschulen in Ostkalimantan einrichteten. In Tering wurden eine Haushaltungs- und eine Landwirtschaftsschule eröffnet. Katholische Schulen gab es außerdem in den Städten an der Küste, zum Beispiel in Balikpapan und Banjarmasin.

In Banjarmasin wurde die erste Grundschule 1933 von der chinesischen Gemeinde gebaut. Zwei Jahre später wurde sie den Brüdern von Huibergen übertragen, die sich jedoch gegen die Koeduktion wandten. Für die Mädchen wurde eine neue Schule gebaut, die 1937 von Franziskanerinnen übernommen wurde.

Der Zweite Weltkrieg hatte verheerende Folgen für den katholischen Unterricht auf Kalimantan. Die Schulgebäude wurden entweder vernichtet oder von den Japanern konfisziert. Doch schon kurz nach der japanischen Kapitulation wurden die ersten Schulen in Banjarmasin wieder eröffnet, auch im Inland begann man mit dem Aufbau des Schulwesens. In Tering wurde ein Ausbildungskurs für Lehrer organisiert. Samarinda bekam 1959 seine erste katholische Grundschule.

In Banjarmasin waren Anfang der 50er Jahre in den katholischen Schulen nur vier bis fünf Prozent der Kinder auch katholisch. Dieser Prozentsatz ist während der letzten Jahrzehnte erfreulich gestiegen. Heute gibt es in den Bistümern Banjarmasin, Samarinda und Palangka-Raya 30 katholische Grundschulen mit etwa 12.000 Kindern, von denen etwa ein Viertel katholisch sind. Auf Kalimantan gibt es 34 Internate, hauptsächlich im Inland. Dank dieser Einrichtungen haben die Kinder, die nach der Grundschule weiterlernen möchten, die Möglichkeit, in nicht allzu großer Entfernung ihrer Dörfer ein Gymnasium zu besuchen.

Auch für die medizinische Grundversorgung haben die MSF vieles in die Wege geleitet. Die Missionare hatten meistens, bevor sie nach Kalimantan kamen, einen medizinischen Grundkurs absolviert. Für die Bevölkerung wurde die medizinische Hilfe oft noch wichtiger als die geistliche Betreuung. Das Pfarrhaus im Inland Kalimantans war oft auch eine kleine Klinik. Anfang der 70er Jahre wurden in den Städten Banjarmasin und Samarinda zwei größere Krankenhäuser gebaut. Heute gibt es im Inland 14 offiziell anerkannte Polikliniken.

Daneben hat die MSF sich auch mit landwirtschaftlichen Projekten beschäftigt, die den Bauern zugute kommen. In Südkalimantan beteiligte sie sich an einem Zentrum für Landwirtschaft, in dem die Bauern über neue Methoden informiert werden und Saatgut und Geräte kaufen können. Außerdem hat die MSF mitgeholfen, Kooperationen zu gründen, die den Bauern bei dem Verkauf ihrer Produkte zur Seite stehen.

Wie war früher die Kommunikation zwischen dem Bischof und seinen Missionaren? Gab es Schwierigkeiten wegen der schlechten Postverbindungen?

Bis Dezember 1949 galt das Verbot der Kolonial-Regierung für die katholische Kirche, in Süd-Borneo zu missionieren; ausgenommen war nur die Stadt Banjarmasin. Zugleich war dem Bischof die Auflage gemacht worden, seine Residenz im Ort des Regierungssitzes zu nehmen. Daher lebte der Ordinarius in Banjarmasin, während fast alle Priester und Missionare in Ost-Borneo wirkten.

Bis 1938 mußte der Bischof von Pontianak ungefähr 5.000 km weit reisen, um seine Missionare in Ost-Borneo zu besuchen. Nach der Teilung 1938 brauchte der Apostolische Präfekt von Banjarmasin bis dorthin nur noch ungefähr 2.000 km zurückzulegen.

Vor dem Zweiten Weltkrieg gab es im Inland von Ost-Borneo keine und in Süd-Borneo nur eine richtige Straße. Entscheidend waren die Wasserwege. Das Radio war noch unbekannt bzw. unbenützt. Personentransport geschah nur per Boot, also mußte gerudert werden. Wenn der Bischof von Pontianak einen Brief an seine Missionare oberhalb der Stromschnellen in Ost-Borneo richtete, war er froh, wenn er nach zwei Monaten Antwort erhielt. Oft mußte er auch ein halbes Jahr darauf warten. Daraus wird ersichtlich, wie isoliert unsere Missionare früher gearbeitet haben. Sie lebten oft ganz allein ohne Mitbruder; sie hatten niemanden, den sie um Rat fragen oder mit dem sie eine bestimmte Sache besprechen konnten. Ab und zu kam ein Mitbruder, stets mit tagelanger Anreise. 1937 wurde dieses Problem während einer Missionar-Versammlung erörtert. Als Teillösung wurden Süd- und Ost-Borneo von Pontianak getrennt. Banjarmasin bekam einen eigenen Ordinarius. Dies war noch keine ideale Lösung; diese kam erst 1955, als das Bistum Samarinda errichtet wurde.

Heute, 1994, ist die Situation ganz anders: Besonders in den letzten 15 bis 20 Jahren hat sich vieles verändert. Die Verbindungen sind erheblich besser geworden. 1954 brauchte ein Bischof 72 Tage, um eine bestimmte Reise zu machen, sein Nachfolger heute benötigt dazu dank des Flugzeuges nur noch 45 Minuten. Da die Transportverbindungen viel schneller geworden sind, ist die Zusammenarbeit zwischen den drei Bistümern Banjarmasin, Samarinda und Papangka-Raya, deren drei Bischöfe Mitglieder der MSF sind, erheblich erleichtert worden. Eine gute Provinzleitung der MSF ist hier natürlich besonders wichtig, weil in den drei Diözesen 35 MSF-Priester und vier MSF-Brüder arbeiten.

Hatten Sie in Ihrer Missionsarbeit finanzielle Sorgen?

Wenn man von Ortskirche spricht, dann wird im allgemeinen erwartet, daß diese Kirche auch weitgehend finanziell selbständig geworden ist. Das ist in den genannten drei Diözesen nicht der Fall. Trotzdem ist zu erkennen, daß die finanzielle Lage der Diözesen sich nach dem letzten Weltkrieg verbessert hat. Früher mußte die Mission für alles allein sorgen. Die vom Ausland gewährte Hilfe war im Verhältnis zu der geldverschlingenden Riesenfläche des Gebietes (ungefähr 420.000 km^2) nicht groß; man denke an die langen Dienstreisen, die Schulen im Inland ohne oder mit zu geringer Beihilfe der Regierung, die Kranken, denen immer geholfen werden mußte. Nach dem Zweiten Weltkrieg sind die finanziellen Sorgen kleiner geworden, und das nicht allein deshalb, weil es in Europa mehr Missionswerke gibt, sondern auch weil die Gemeinden selbst aktiver wurden. Die Gläubigen erwarten nicht mehr, daß der Bischof oder Pfarrer alles bezahlt. Im Gegenteil, er kann um finanzielle Hilfe bitten und bekommt sie auch. Ab und zu mangelt es an Geld. Es mangelt aber auch an Menschen, die in Ökonomie geschult sind, die mit Kenntnis und Verantwortung das Geld verwalten können. Heute ist alles komplexer geworden, und da wird mehr gefordert, als nur Geld zu empfangen und Geld auszugeben.

Die javanische *kebatinan*-Mystik

Ihre Bedeutung für eine Neuevangelisierung

von ALOYSIUS M. SUTRISNAATMAKA in Indonesien

In dieser kurzen Darstellung sollen einige Elemente der javanischen Mystik, genannt *kebatinan*, aufgezeigt werden. Dieses Wort leitet sich von dem arabischen Wort *batin* her, das soviel bedeutet wie „geistlich", „innerer Charakter des Menschen", „in sich selbst sein" (SUBAGYA, 1976), „inneres Reich der menschlichen Erfahrung" (GEERTZ, 1960). Es steht im Gegensatz zu einer Sache, zur äußeren Erscheinung und zum äußeren Ablauf einer Handlung. Deshalb bietet die *kebatinan* eine Alternative zu einer veräußerlichten Religion, die nicht in das menschliche Ich eindringt. Die *kebatinan* zieht Menschen an, die von weltlichen Beschäftigungen in Beschlag genommen sind und keine Zeit für eine vertiefte religiöse Betätigung haben.

Das Wort *kebatinan* bedeutet auch Sekte. Diese besteht gewöhnlich aus einem Guru (Lehrer) und den sich um diesen scharenden Anhängern (*aliran kebatin*). Sie treffen sich regelmäßig jede Woche oder jeden Monat, um ihr geistliches Tun zu intensivieren und ihre Gemeinschaft zu festigen. Die javanische *kebatinan* ist nicht nur in Java weit verbreitet, sondern in abgewandelter Form in ganz Indonesien. Tatsächlich ist sie nur eine von vielen Sekten in der Welt mit einer ähnlichen Mystik, die man auch Gnosis nennen kann.

Das Phänomen der *kebatinan* ist sehr vielschichtig. Sie umfaßt zahlreiche Elemente der großen Religionen und der kulturellen Traditionen Javas mit ihren Mischformen, die sich über die Jahrhunderte hinweg entwickelt haben. Gleich zu Beginn muß jedoch betont werden, daß die javanische *kebatinan*-Mystik sich nicht nur auf geistliche Bereiche beschränkt, sondern hauptsächlich und wesentlich ein Teil der javanischen Kultur ist. Daher ist es sehr wichtig, sich im Rahmen der Neuevangelisierung auch mit der *kebatinan* zu befassen, denn Neuevangelisierung bedeutet *neuer Eifer, neue Methoden und ihre Anwendung* (JOHANNES PAUL II., 1989). Hinsichtlich dieser neuen Methoden und Ausdrucksformen benötigen wir einen neuen Ansatz.

Das Phänomen der *kebatinan* wird heute vor allem aus der Sicht der Inkulturation betrachtet. Denn es ist sehr richtig, was in dem am 19. Mai 1991 vom Päpstlichen Rat für den interreligiösen Dialog herausgegebenen Dokument *Dialog und Verkündigung*, Art. 45 gesagt wird: *Die Kultur ist umfassender als die Religion ... Das Problem ist vielschichtig, denn innerhalb derselben Kultur kann es verschiedene religiöse Traditionen geben.* Es ist außerordentlich schwer, das Phänomen der *kebatinan* zu beschreiben; in diesem Beitrag wird versucht, in vereinfachter Form Grundelemente der *kebatinan* darzulegen.

I. Allgemeine Darstellung der javanischen *kebatinan*-Mystik

Aus religiöser Sicht kann man die *kebatinan* beschreiben als die Lehre von Gott und den sich daraus herleitenden Fragen nach Sinn und Ziel des Lebens sowie den Wegen zu diesem Ziel, das gewöhnlich Vollkommenheit genannt wird.

Gott in der javanischen kebatinan-Mystik

Wenn man das Wort Gott gebraucht, muß bedacht werden, daß es in der *kebatinan* eine andere Bedeutung hat als im Christentum. Sogar innerhalb der *kebatinan* Sekten gibt es unterschiedliche Bilder von Gott (HARUN HADIWIJONO, 1983). Zudem hat sich die Vorstellung von Gott in der *kebatinan* aus einer Mischung hinduistischer, buddhistischer, islamischer und christlicher Traditionen entwickelt. Es scheint, daß diese Vermischung der Grund für ihre Vielschichtigkeit ist.

Allgemein kann man sagen, daß Gott im Herzen des Menschen immanent anwesend ist. Deshalb sollte man ständig zu ihm beten. Hieraus ergibt sich, daß das Gebet in einer Kirche, einem Tempel oder einer Moschee für die Anhänger der javanischen *kebatinan*-Mystik unwichtig ist. „Für die javanischen *abangan* [Menschen mit niederem sozialen Status] ist Gott nicht ein ferner Richter; im Gegenteil, Gott ist dem Menschen näher als irgendetwas anderes, weil der Mensch im tiefsten ein Teil des göttlichen Seins ist" (MULDER, 1978). So werden verschiedene Begriffe für Gott gebraucht: *eine Substanz, die absolute Substanz* etc. Die Bratakesawa Sekte hingegen leugnet die Möglichkeit der Gotteserkenntnis.

Für die javanische Mystik ist Gott das Prinzip der höchsten Vereinigung. Harmonie und Ordnung gründen auf diesem höchsten Prinzip des Lebens. Die *kebatinan* wird deshalb gesehen als „die Urquelle und das Prinzip der höchsten göttlichen Einheit, durch die ein sittliches Leben ermöglicht wird, das zur Vervollkommnung des Lebens führt" (SOSROSUDIGDO, 1965). Trotz einer komplizierten Vorstellung von Gott verwirklichen die Anhänger der *kebatinan* die Gebote Gottes konkret im Alltag. Dies erkennt man in ihrer Lebensphilosophie. Indem sie zum Beispiel ihre Aufgaben in dieser Welt gewissenhaft erfüllen, geben sie Gott die Ehre und nähern sich so ihrem mystischen Ziel. Der Mensch sollte seine Pflicht erfüllen und die Regeln der sozialen Ordnung beachten, um so sein *kodrat* (die Natur, den Willen Gottes) zu verwirklichen. Dies ist Dienst an der göttlichen Ordnung und Ausdruck sittlichen Verhaltens, *laku* genannt (Pfad oder Schritt, konkrete Handlung). Es ist die Einsicht in die Nichtigkeit des Menschen und seines Gehaltenseins in der Hand Gottes. Deshalb betrachtet der Mensch sein Leben nur als einen vorübergehenden Aufenthalt auf Erden. Es gleicht einem Rastplatz, an dem der Mensch einen Trunk zu sich nimmt, während er auf dem Heimweg zu seinem Schöpfer ist. Das Leben soll zur Wiedervereinigung mit Gott, dem Ursprung des Menschen, führen.

Die Achtung vor der hierarchischen staatlichen Ordnung wird als erster Schritt auf dem Weg zu Gott gesehen. Ein Ausspruch lautet: *Wer seinen älteren Bruder, seine Eltern, seinen guru (Lehrer), seinen König ehrt, der ehrt Gott.* MULDER (1978) folgert daraus, daß die in der Hierarchie höher stehende Person Gott, der Wahrheit, näher ist und deshalb geachtet werden sollte. Der sozialen Hierarchie und Leitung werden deshalb starke charismatische Eigenschaften zugeschrieben. Dies findet sich jedoch seltener im mystischen Gedankengut einfacher Menschen.

Der Mensch und der Sinn seines irdischen Lebens

Worin sieht die Mystik im allgemeinen den Sinn menschlichen Lebens? Nach GEERTZ will sie die Reise vom äußeren zum inneren Menschen beschreiben. Um zum inneren Menschen zu gelangen, soll man sich der Betrachtung, dem Gebet und anderen geistlichen Übungen sowie der Mystik widmen. Diese Übungen werden sowohl einzeln wie auch auf Wunsch in Gruppen praktiziert. Zunächst ist die Gruppe meist klein und ihre Mitglieder haben keinen engen Kontakt zueinander. Später wächst sie jedoch enger zusammen.

Zweitens kann man sagen, daß die Anhänger der *kebatinan* die gleichen Absichten und Sehnsüchte haben, wie man sie allgemein in der Gnostik findet. „Das Ziel gnostischen Bemühens ist die Befreiung des inneren Menschen von den Fesseln der Welt und seine Rückkehr in die Heimat des Lichtreiches. Zu wissen, daß wir existieren und wohin wir gehen, bedeutet Befreiung" (JONAS, 1981).

Drittens unternehmen die Anhänger der javanischen Mystik besondere Anstrengungen, um zum Sinn ihres Lebens zu gelangen. „Mystische Übungen werden daher als Vorbedingung für ein rechtes Leben auf Erden und das Erreichen einer kosmischen Ordnung angesehen" (MULDER, 1978). Das letzte Ziel des Lebens besteht darin, Erlösung zu erlangen. Dies wird durch den Begriff *gak ana apa-apa* (Leere oder nichts geschieht) ausgedrückt. „Das Ziel der javanischen Mystik ist *tentrem ing manah*, das heißt Freude, Ruhe und Stille im Herzen, dem Sitz der Gefühle, zu finden" (GEERTZ, 1960).

Wege und Übungen, um zum Sinn zu finden

Die javanische *kebatinan*-Mystik konzentriert sich darauf, ihre Anhänger für die Durchführung geistlicher Praktiken zu schulen. Denn mystisches Tun und geistliche Übungen sind Vorbedingung für ein gutes irdisches Leben und führen zum ewigen Glück im Jenseits. Die *kebatinan* wird darüber hinaus als der indonesische Weg zum Glück angesehen. In der *kebatinan*, oder welch anderen Begriff man auch verwenden mag (zum Beispiel *tassawuf*, was in der islamischen Mystik das Wissen um die Vollkommenheit bedeutet; Theosophie: das Wissen um die göttlichen Dinge), sowie in der Mystik werden geistliche Übungen praktiziert. Die *kebatinan* entwickelt die innere geistliche Wirklichkeit. In gewisser Weise wird die mystische Praxis als ein Mittel angesehen, das den Menschen nicht vom Leben weg, sondern zum Leben hin lenkt.

Ein allgemein gebräuchlicher Ausdruck für diese geistlichen Übungen ist *olah rasa* (Training des intuitiven, inneren Gefühls). Jedes Mitglied widmet sich der *olah rasa*, indem es *sujud* praktiziert. Dies ist eine etwa halbstündige ekstatische Zitterübung, bei der man eine bestimmte Körperhaltung einnimmt. Man macht *sujud*, um jeden Aspekt der persönlichen Existenz Gott zu unterwerfen, so daß die ganze Person sich dem Willen Gottes öffnet. Manchmal werden Formeln rezitiert wie: „Ich bin unfähig, irgendetwas zu tun; ich gebe nicht vor, irgendetwas zu sein." *Olah rasa* konzentriert sich auf das Herz des Menschen. Das Herz ist eine Art geistlicher Ort im Innern einer Person, an dem man das wahre Selbst und die letzte *rasa*, nämlich Gott, finden kann.

Semedi geht dem *sujud* gewöhnlich voraus. Es ist ein zeitlich begrenzter Rückzug des Bewußtseins aus der irdischen Welt. *Tapa* (Entzug von Nahrung und Schlaf, Meditation über Gott, harte Arbeit zur Erreichung eines Zieles) können den Menschen auf *sujud* vorbereiten. Die intensivste Form des *semedi* besteht darin, daß man absolut ruhig sitzt und im Innern, soweit möglich, frei von allen weltlichen Dingen wird.

Da es das Ziel aller Menschen sein sollte, *rasa* zu erfahren, sind Religion, Glaube und geistliche Übungen nur Mittel zum Zweck und nur insofern gut, als sie diese Erfahrung ermöglichen. Dies führt zu einer relativen Sicht der Religionen: die einen sind gut für diese, die anderen für jene Menschen, aber alle besitzen etwas, das jedem Menschen nützt. So gelangt man zu einer völligen Toleranz, die jedoch nicht immer voll in die Praxis umgesetzt wird.

Sujud muß man in der Haltung des *ngèsthi* praktizieren. Das bedeutet: die vier Teile der menschlichen Person (Leib, Wille, Seele und Gefühl, wobei Sinne und Emotionen mitgemeint sind) müssen zusammenfinden, und die neun Öffnungen des Leibes (zwei Ohren, zwei Augen, zwei Nasenlöcher, Mund, After und Harnröhre) müssen verschlossen werden. Der Mensch muß sich so konzentrieren, daß er nichts mehr spürt. Er hat kein Interesse mehr an sich selbst und gibt alle persönlichen Wünsche auf.

II. Einige Sekten (*alirans*) in der javanischen *kebatinan*-Mystik

Es ist nicht leicht, eine genaue Zahl der verschiedenen Sekten (*alirans*) *kebatinan* anzugeben. 1960 gab es 78 mystische Sekten. Die folgende Dekade erlebte ein erstaunliches religiöses Phänomen.

1964 gab es 300 Sekten. Im November 1971 wurden 167 von ihnen verboten, aber schon im April 1972 gab es 644 Sekten, die meisten von ihnen auf Java, nämlich 257 in Zentraljava, 70 in Yogyakarta, 83 in Westjava und 155 in Ostjava (RAHMAT SUBAGYA, 1976 und 1981). Bis 1990 erhöhte sich die Zahl, aber einige Sekten sind wegen abweichender und häretischer Ansichten verboten. Im Januar 1993 gab es vier *aliran kebatinan* in Zentraljava – nämlich die „Mafia Manusia Firman Allah" (Man of the word of 'God'), die „Manunggaling Kawula Gusti" (Union of 'God' with man), „Muhammad Ingsung" (I am Muhammad) sowie „Islam Sejati" (Autentic Moslem) – denen die Regierung die religiöse Betätigung untersagt hatte. Vor allem ihre Praktiken wurden als Abweichung von den offiziellen Religionen angesehen.

In fast allen *alirans* wird *sujud* stark praktiziert, so zum Beispiel in „Sapta Darma" (Sieben Pflichten), eine Sekte, die am 27. Dezember 1952 von Hardjosapuro at Pare, Kediri in Ostjava gegründet wurde (HADIWIJONO, 1983). In dieser Sekte wird *sujud* im eigentlichen Sinne des Wortes umgesetzt. Das bedeutet: man bückt sich, bis der Kopf den Boden berührt. Susila Budi Darma verpflichtet seine fortgeschrittenen Mitglieder, Menschen durch die Übung der mystischen Selbstaufgabe und durch Gebet zu heilen. Eine *aliran*, genannt „Paguyuban Ngèsthi Tunggal" (*Pagèstu*: eine Gemeinschaft, die nach Einheit strebt) sieht ihre Aufgabe darin, ihre Anhänger zur Erlangung ewigen Lebens bei Gott zu führen und sie in dem Bemühen zu bestärken, den Wohlstand der Gemeinschaft und des Staates zu fördern. Um Mitglied werden zu können, muß man wenigstens 17 Jahre alt sein, Religion oder Glaubensgemeinschaft spielen keine Rolle (HARUN HADIWIJONO, 1983).

Eine andere Sekte wurde 1952 von Bratakesawa gegründet. Er schrieb ein Buch mit dem Titel *Kunci Swarga* („Der Schlüssel des Himmels"), das einen Dialog zwischen einem Guru und seinem Schüler wiedergibt (ähnlich einem Katechismus). In diesem Buch gibt es Abhandlungen über Gott, über den Weg zu Gott, über die Bedeutung des Todes und über andere geheimnisvolle Dinge. Der Einfluß des Islam ist sehr deutlich zu spüren. Dies zeigt sich an den vielen Koranzitaten und an der Verwendung arabischer Fachausdrücke.

Es gibt drei Sekten, die sich auf die Vermittlung göttlichen Wissens konzentrieren. Die erste ist die „Aliran Kawruh Beja", die

„Das Wissen um das wahre Glück" vermitteln will. Sie konzentriert sich auf die Suche nach übernatürlichem Wissen zur Erlangung des Glücks. Die zweite Sekte ist „Ilmu (Ngelmu) Sejati" (Wahres Wissen), die vom Gnostizismus bestimmt wird. Ihr Ziel ist es, Gott und das Leben zu begreifen. Sie sagt, daß Gott in unserem Körper ist. Dies bedeutet nicht, daß der Mensch selbst Gott ist, sondern daß er in sein eigenes Selbst hineinsehen muß, um Gott zu finden und zu verstehen. Weiter wird gesagt, daß Gott sich in unserem Atem offenbart. Er ist zwar nicht der Atem selbst, aber er ermöglicht das Atmen – das heißt der Mensch spürt, daß er ständig das Wort *geh* ausatmet und daß die Antwort „Gott" ist, der im Menschen wohnt. „Ilmu Sejati" blickt auf das Hier und Heute (der Islam blickt in die Zukunft, auf das Leben danach) und auf die Sicherung des Wohlergehens in diesem Leben. Wenn es jetzt keinen Himmel gibt, dann wird es auch später keinen geben. Die dritte Sekte ist „Kawruh Kasunyatan", das heißt „Das Wissen um die höchste Wirklichkeit".

Neben diesen drei Gruppierungen gibt es eine, die *sujud* im wörtlichen Sinn betont. Diese *aliran* nennt sich „Sumarah", das heißt „Ergebenheit in Gottes Willen, um zur Vereinigung mit Gott zu gelangen". Sie wurde 1950 in Yogyakarta von Dr. Soerono Prodjohusodo gegründet. Die Lehre der Sumarah wurde R. Ng. Soekirnohartono 1935 offenbart. Betrachtung ist das Wichtigste bei ihren Zusammenkünften, zu denen entweder nur Mitglieder zugelassen sind oder die als öffentliche Versammlungen, zu denen jeder kommen kann, stattfinden.

Nachdem hier die Vielfalt der *aliran kebatinan* beschrieben wurde, soll nun die christliche Mystik in den Blick genommen werden, um Ähnlichkeiten und Unterschiede zwischen beiden aufzuzeigen. Dieser Vergleich bietet vielleicht eine Hilfe für eine sachgerechte Neuevangelisierung.

III. Vergleich zwischen christlicher Mystik und der javanischen *kebatinan*

PARRINDER (1977) definiert christliche Mystik so: „Allgemein gesehen geht es um ein unmittelbares Wissen von Gott, das im gegenwärtigen Leben durch persönliche religiöse Erfahrungen erlangt wird. Sie – die Mystik – ist vor allem eine Gebetshaltung. Sie führt von kurzen, seltenen göttlichen ‚Berührungen' bis zum wirklichen und dauernden Einssein mit Gott in der sogenannten ‚mystischen Ehe'." Er meint, daß sich Mystik in vielen Religionen findet und unterscheidet zwei Formen christlicher Mystik: Die erste steht im Gegensatz zur „all-kosmischen" Wahrnehmung der Wirklichkeit und betrachtet die Wirklichkeit als etwas den Kosmos und die Seele Transzendierendes. Die zweite steht im Gegensatz zu der Annahme, daß die Seele vom Göttlichen aufgesogen wird und spricht von einer Vereinigung von Liebe und Willen, wobei der Unterschied zwischen Schöpfer und Geschöpf jedoch bestehen bleibt (PARRINDER, 1976).

Das Christentum unterscheidet sich vom Judentum, vom Islam und von der javanischen *kebatinan*-Mystik durch die Lehre von Gott. Diese Lehre ist ein zentrales Element der Mystik.

Eine andere Annäherung an das Phänomen Mystik geht nicht von einer Definition aus. RAHNER und FISCHER (1981) schlagen vor, eine theologische Unterscheidung zwischen Theorie und Praxis der christlichen Mystik vorzunehmen. Die Mystik wird verstanden als „ein Sichbewußtwerden der Erfahrung der ungeschaffenen Gnade, der Offenbarung und Selbstmitteilung des dreieinigen Gottes". Alle Formen echter christlicher Mystik in Theorie und Praxis haben eine trinitarisch-theologische Struktur, die in der Schrift begründet ist.

Um das Phänomen der Mystik verständlich zu machen, stellt WELCH (1987) drei Elemente heraus: die Erfahrung Gottes, das Ergebnis dieser Erfahrung und das Zusammenwirken beider. Weiter sagt er, daß die mystische Erfahrung ein liebendes Wissen von Gott beinhaltet. Sie wird aus der persönlichen Begegnung mit dem Göttlichen geboren und vermittelt eine Wahrnehmung der Gegenwart Gottes. „Als Vorgang hat die Mystik etwas mit der Art, wie man lebt, zu tun, da sie den Menschen tiefer in die Wirklichkeit des Lebens und in die liebende Vereinigung mit dem sich in seinem Wesen offenbarenden Geheimnis einführt."

In der Bibel finden sich einige grundlegende Elemente, die sich auf die christliche Mystik beziehen. Das Evangelium lehrt die immanente Gegenwart Gottes in Jesus Christus, der das Reich Gottes verkündet und Wirklichkeit werden läßt. Jesus Christus lebt in jedem gläubigen Christen: *Das Reich Gottes ist schon zu euch gekommen* (Lk 11,20). Christus ist dort gegenwärtig, *wo zwei oder drei in seinem*

Namen versammelt sind (Mt 18,20). Er verheißt den Jüngern: *Ich bin bei euch alle Tage* (Mt 28,20) und fordert sie auf *Bleibt in mir und ich bleibe in euch* (Joh 15,4). Paulus schreibt: *Denn für mich ist Christus das Leben* (Phil 1,21); *nicht mehr ich lebe, sondern Christus lebt in mir* (Gal 2,20); *der Geist Gottes wohnt in euch* (Röm 8,9). Diese Aussagen sind das Ergebnis tiefster mystischer Erfahrungen. Sie drücken jedoch keine Identifikation mit Gott aus, wie etwa die Aussage „Wir sind Gott". Christus ist sowohl Partner der mystischen Vereinigung als auch Vorbild für die Vereinigung mit dem Vater: *Ich und der Vater sind eins* (Joh 11,30). *Wie du, Vater, in mir bist und ich in dir bin, sollen auch sie in uns eins sein* (Joh 17,21). Einerseits erhellen diese Aussagen die Vorstellung von der Beziehung Gottes zu den Menschen, wie sie auch in der *kebatinan* zu finden sind; andererseits bleibt es ein ernstes Problem, wie Gottes Gegenwart konkret erfahren werden kann. Die *kebatinan* bietet verschiedene Wege für diese konkrete Erfahrung an, wie zum Beispiel *olah rasa*, *sujud* und andere geistliche und mystische Praktiken.

Die biblischen Zitate scheinen zu belegen, daß die neutestamentliche Grundlage der christlichen Mystik im Gegensatz steht zu einer Mystik der Selbsterlösung oder zu dem arroganten Versuch des Menschen, sich in den göttlichen Bereich zu erheben. Die *kebatinan* befaßt sich mit der Stellung des Menschen auf der Erde und im Kosmos. Der Grund dafür ist die Überzeugung, daß alles Existierende wesenhaft eins ist. Sie unterscheidet sich so von islamischen und christlichen Vorstellungen, nach denen zwischen dem Bereich Gottes und dem des Menschen unterschieden wird. Hier scheint der Grund zu liegen, warum die Mitglieder der *kebatinan* verschiedenen Weltreligionen angehören können, zum Beispiel dem Islam, Christentum, Buddhismus und Hinduismus.

IV. *Kebatinan*-Mystik und Neuevangelisierung

Der Geist läßt Paulus ausrufen: *Wehe mir, wenn ich das Evangelium nicht verkünde* (1 Kor 9,16). Gerade dieser Satz wird von Papst Johannes Paul II. am Anfang seiner Enzyklika *Redemptoris missio* vom 7. Dezember 1990 zitiert. Seine missionarische Sorge veranlaßt ihn, darüber nachzudenken, warum das Evangelium verkündet werden soll. Welche wesentlichen Elemente der javanischen *kebatinan*-Mystik sind nun für die Evangelisation von Bedeutung? Welche ihrer Methoden und Wege bieten sich an?

In der Lehre der Kirche finden sich dazu einige grundlegende Hinweise. In dem Apostolischen Schreiben *Evangelii nuntiandi* von Papst Paul VI. vom 8. Dezember 1975, Art. 26, heißt es: ... *Evangelisieren besagt, zuallererst, auf einfache und direkte Weise Zeugnis davon zu geben, daß er in seinem Sohn die Welt geliebt hat; daß er in seinem menschgewordenen Wort allen Dingen das Dasein gegeben und die Menschen zum ewigen Leben berufen hat. Dieses Zeugnis von Gott wird vielleicht für viele den unbekannten Gott mitbezeichnen, den sie anbeten, ohne ihm einen Namen zu geben, oder den sie auf Grund eines verborgenen Antriebs ihres Herzens suchen, wenn sie erfahren, wie hohl alle Idole sind. Es wird aber erst zur wirklichen Evangelisierung, wenn aufgezeigt wird, daß der Schöpfer keine anonyme und ferne Macht ist: er ist der Vater: ‚Wir heißen Kinder Gottes, und wir sind es'. Also sind wir untereinander Brüder in Gott.*

Mit dieser Aussage soll betont werden, wie wichtig es ist, Zeugnis abzulegen für Gottes Liebe zu der Welt, die alle Menschen zum ewigen Leben führen will. Ein verbindendes Element zwischen Christen und Anhängern der *kebatinan* könnte sein, daß beide den Sinn des Lebens zu verwirklichen suchen. Diesem ersten Kontakt folgt eine weitere Phase, die der Evangelisierung vorausgeht. Es stellt sich jedoch die Frage, wie man Menschen mit einem anderen religiösen und kulturellen Hintergrund evangelisieren soll. In Art. 40 der oben genannten Enzyklika heißt es: ... *Auch diese Frage bleibt stets aktuell, denn die Weisen der Evangelisierung sind verschieden, je nach den unterschiedlichen Umständen der Zeit, des Ortes und der Kultur. Diese Unterschiede sind eine ganz bestimmte Herausforderung an unsere Entdeckungs- und Anpassungsfähigkeit.*

Bei der Evangelisierung sollte folgendes beachtet werden: *Erstens:* Eine Neuevangelisierung erfordert eine ernsthafte Untersuchung der besonderen religiös-kulturellen Situation, damit es nicht zu Konflikten, Zwängen und Konfrontationen kommt. Das Ergebnis dieser Untersuchung kann helfen, geeignete Methoden zu finden. Hinsichtlich der javanischen *kebatinan*-Mystik ist es wichtig, die Empfehlung von *Dialog und Verkündigung*, Art. 46 zu beachten: ... *Dennoch mag es vorkommen, daß einige Aspekte traditioneller christ-*

licher Kulturen durch lokale Kulturen anderer religiöser Traditionen herausgefordert werden. In diesen verschränkten und komplexen Beziehungen zwischen Kultur und Religion erhält der interreligiöse Dialog auf der Ebene der Kultur eine bemerkenswerte Bedeutsamkeit. Sein Ziel muß es sein, Spannungen und Konflikte und mögliche Auseinandersetzungen durch ein besseres Verständnis unter den verschiedenen religiösen Kulturen eines Gebietes abzubauen. Er kann so dazu beitragen, Kulturen von menschenunwürdigen Elementen zu reinigen, so daß er zum Motor der Umwandlung wird. Er kann auch helfen, gewisse traditionelle kulturelle Werte, die von der Moderne und einer allgemeinen, durch eine unterschiedene Internationalisierung möglicherweise noch geförderte Nivellierung bedroht sind, aufrechtzuerhalten.

Zweitens: Wir müssen die grundlegenden Aussagen des II. Vatikanischen Konzils beherzigen, besonders diejenigen, die sich auf den religiösen Dialog und seine Durchführung beziehen. In *Lumen gentium*, Art. 16 heißt es: *Wer nämlich das Evangelium Christi und seine Kirche ohne Schuld nicht kennt, Gott aber aus ehrlichem Herzen sucht, seinen im Anruf des Gewissens erkannten Willen unter dem Einfluß der Gnade in der Tat zu erfüllen trachtet, kann das ewige Heil erlangen. Die göttliche Vorsehung verweigert auch denen das zum Heil Notwendige nicht, die ohne Schuld noch nicht zur ausdrücklichen Anerkennung Gottes gekommen sind, jedoch, nicht ohne die göttliche Gnade, ein rechtes Leben zu führen sich bemühen. Was sich nämlich an Gutem und Wahrem bei ihnen findet, wird von der Kirche als Vorbereitung für die Frohbotschaft und als Gabe dessen geschätzt, der jeden Menschen erleuchtet, damit er schließlich das Leben habe.* Weiter heißt es in Art. 17: *... daß aller Same des Guten, der sich in Herz und Geist der Menschen oder in den eigenen Riten und Kulturen der Völker findet, nicht nur nicht untergehe, sondern geheilt, erhoben und vollendet werde zur Ehre Gottes, zur Beschämung des Teufels und zur Seligkeit des Menschen.*

Drittens: Es ist wichtig, den geistlichen Reichtum und die Methoden zur Erfahrung des Göttlichen in der javanischen *kebatinan* zu kennen. Die Konzilstexte *Lumen gentium*, Art. 16 und *Ad gentes*, Art. 3 helfen, eine klare Vorstellung davon zu bekommen, was „Vorbereitung auf das Evangelium" beinhaltet. Im Rahmen einer Neuevangelisierung könnte diese Phase entscheidend sein für den nächsten Schritt, nämlich das herauszustellen und zu korrigieren, was der Botschaft des Evangeliums noch nicht entspricht. Wir Missionare versuchen, einen Teil der Wahrheit aufzuspüren, entsprechend dem, was in der Konzilserklärung über das Verhältnis der Kirche zu den nichtchristlichen Religionen, in *Nostra aetate*, Art. 2 festgesetzt wird: *Die katholische Kirche lehnt nichts von alledem ab, was in diesen Religionen wahr und heilig ist. Mit aufrichtigem Ernst betrachtet sie jene Handlungs- und Lebensweisen, jene Vorschriften und Lehren, die zwar in manchem von dem abweichen, was sie selber für wahr hält und lehrt, doch nicht selten einen Strahl jener Wahrheit erkennen lassen, die alle Menschen erleuchtet.*

Es braucht seine Zeit, bis im Rahmen der Neuevangelisierung und Inkulturation die Werte des Evangeliums in eine Kultur integriert werden. Denn in beiden Fällen geht es um eine Veränderung des kulturellen Reichtums und der religiösen Tradition. Hierbei geht es nicht nur um äußere, sondern vor allem um innere Veränderungen, entsprechend den Aussagen vom 7. Dezember 1990 in der Enzyklika *Redemptoris missio* über die fortdauernde Gültigkeit des missionarischen Auftrages. Art. 52 betont: *Der Prozeß der Einfügung der Kirche in die Kulturen der Völker verlangt viel Zeit. Es handelt sich ja nicht nur um eine äußere Anpassung, denn Inkulturation ‚bedeutet die innere Umwandlung der authentischen kulturellen Werte durch deren Einfügung ins Christentum und die Verwurzelung des Christentums in den verschiedenen Kulturen.' ... Durch die Inkulturation macht die Kirche das Evangelium in den verschiedenen Kulturen lebendig und führt zugleich die Völker mit ihren Kulturen in die Gemeinschaft mit ihr ein und überträgt ihnen die eigenen Werte, indem sie aufnimmt, was in diesen Kulturen an Gutem ist, und sie von innen her erneuert.*

In gewisser Weise befaßt sich die javanische *kebatinan*-Mystik mit der Erfahrung Gottes in der Kontemplation (*sujud*). Diese Kontemplation kann durch christliche Vorstellungen bereichert werden, zum Beispiel durch den Gedanken, daß Gottes Gnade dabei mitwirkt. Die Religiosenkongregation gab im März 1980 das Dokument *Die kontemplative Dimension des religiösen Lebens* heraus. Darin wird gleich zu Beginn gesagt, daß die kontemplative Dimension wesentlich Gnade ist, die dem Gläubigen von Gott geschenkt wird. Sie befähigt den Menschen, den Vater im Geheimnis der dreifaltigen

Gemeinschaft zu erkennen (vgl. Joh 14,8; 1 Joh 1–3) und so zu den Tiefen Gottes vorzudringen (vgl. 1 Kor 2,10).

Das Dokument beschreibt die kontemplative Dimension als die theologische Antwort des Glaubens, der Hoffnung und der Liebe. Dadurch öffnet sich der Gläubige der Offenbarung und Mitteilung des lebendigen Gottes, die in Christus durch den Heiligen Geist geschehen ist. Das Dokument zitiert eine Aussage Papst Pauls VI. vom 7. Dezember 1965, in der es heißt: *Die Hinwendung des ganzen Herzens zu Gott, wie unsere Definition von Kontemplation lautet, wird zur höchsten und umfassendsten Tätigkeit des Geistes. Diese kann und muß die ungeheure Vielfalt menschlicher Tätigkeiten ordnen.*

Es ist wahr, daß nur der Heilige Geist, die Gnade Gottes, das menschliche Herz dazu bringen kann, die Frieden bringende und reinigende Gegenwart Gottes zu erfahren. Danach streben alle Menschen, die Anhänger der javanischen *kebatinan*-Mystik eingeschlossen. In Art. 1 wird gesagt: *Die kontemplative Dimension, bei der alle menschlichen Empfindungen auf Gott gelenkt werden, findet ihren Ausdruck im Hören und Nachdenken über das Wort Gottes, ... im ständigen Verlangen nach Gott und in der Suche nach dem Willen Gottes, der sich in Begebenheiten und Begegnungen mit Menschen zeigt. ... Dies bewirkt im religiösen Menschen eine Haltung der ständigen und demütigen Anbetung des in Menschen, Ereignissen und Dingen mystisch gegenwärtigen Gottes. Diese Haltung festigt die Tugend der Frömmigkeit, die eine Quelle des Friedens ist, und befähigt den Menschen, Frieden in alle Bereiche des Lebens und Apostolates hineinzutragen. Dies erreicht man durch ständige Reinigung des Herzens im Licht und unter Führung des Hl. Geistes, so daß wir Gott in allen Dingen und allen Menschen finden können und so zum ‚Lob seiner Gnade' (Eph 1,6) beitragen.*

V. Schlußfolgerung

Das Phänomen der javanischen *kebatinan* spielt eine große Rolle im religiös-kulturellen Leben der Javaner. Es lohnt sich, das dieser Mystik zugrunde liegende Gottesbild zu untersuchen, obwohl es sich von christlichen Vorstellungen unterscheidet. Der Einfluß der großen

Religionen bedingt die Vielgestaltigkeit dieser Mystik. Es ist nicht leicht, die ganze Wirklichkeit der *kebatinan* zu verstehen, da die einzelnen Sekten sich voneinander unterscheiden. Ihre Ansichten vom Menschen und dem Sinn des Lebens sowie den Wegen, diesen Sinn zu verwirklichen, sind einerseits sehr vielgestaltig, andererseits könnten ihre geistlichen Werte in die christliche Mystik integriert werden. Im Hinblick auf eine Neuevangelisierung kann gesagt werden: was gut und wahr in dieser Mystik ist, könnte eine Vorstufe für das Evangelium sein. Daher sollte versucht werden, einige neue Methoden und Wege zu finden, um sich dem Phänomen der *kebatinan* zu nähern. In diesen Bemühungen zeigt sich unsere Sorge um eine Neuevangelisierung.

Von dem Guten und Wahren in der javanischen *kebatinan*-Mystik können wir lernen. Gegenüber den Formen ihrer geistlichen Übungen müssen wir jedoch kritisch sein. Es ist richtig, daß die Neuevangelisierung darin besteht, Christus ausdrücklich zu verkünden. Aber es ist auch richtig, daß wir uns innerhalb eines multikulturellen und religiösen Kontextes um angemessene Methoden bemühen müssen. Darum halten wir es für richtig, die javanische *kebatinan*-Mystik ernsthaft zu studieren, um sie genau beschreiben und im Rahmen einer Neuevangelisierung und Inkulturation nutzen zu können. Welche Methoden und Formen sich für eine Neuevangelisierung als brauchbar erweisen, muß sich aus diesen Untersuchungen ergeben.

Es scheint verständlich, daß der Anhänger irgendeiner Religion von der *kebatinan* leicht fasziniert wird, wenn er die Gegenwart Gottes nicht in seinem Inneren erfahren hat. Die kontemplative Dimension wird immer nötiger, damit Christen sich in ihrer Religion zu Hause fühlen. Eine Neuevangelisierung auf dem Hintergrund der *kebatinan* bedeutet, das richtige Verhältnis zwischen aktiver und kontemplativer Dimension im religiösen und geistlichen Leben zu finden. Indem wir Zeugnis dafür ablegen, daß der Heilige Geist jeden Christen befähigt, das Geheimnis der trinitarischen Mitteilung zu erfahren und in die Tiefen Gottes vorzustoßen, antworten wir auf ein inneres Verlangen in jedem Menschen und bieten ihm einen Weg zur Erlösung an.

Literaturhinweise:

J.A. CUTTAT, Asiatische Gottheit – christlicher Gott. Die Spiritualität der beiden Hemisphären. Einsiedeln: Johannes Verlag, 1970.

DIALOG UND VERKÜNDIGUNG. Überlegungen und Orientierungen zum Interreligiösen Dialog und zur Verkündigung des Evangeliums Jesu Christi, 19. Mai 1991 (= Verlautbarungen des Apostolischen Stuhls 102, hg. Sekretariat der Deutschen Bischofskonferenz). Bonn 1991.

CLIFFORD GEERTZ, The Religion of Java. Illinois: The Free Press of Glencoe, 1960; dieses Standardwerk wurde von ASWAB MAHASIN unter dem Titel: Abangan, Santri, Priyayi dalam Masyarakat Jawa. Jakarta: Pustaka Jaya, 1983 übersetzt.

EVANGELII NUNTIANDI, Apostolisches Schreiben Papst Pauls VI. über die Evangelisierung in der Welt von heute, 8. Dezember 1975 (= Verlautbarungen des Apostolischen Stuhls 2, hg. Sekretariat der Deutschen Bischofskonferenz). Bonn 1976.

HERIBERT FISCHER, Mysticism. In: Karl Rahner (Hg.), Encyclopedia of Theology. A concise Sacramentum Mundi. London: Burns & Oates, [2]1981, S. 1004–1011.

HARUN HADIWIJONO, Konsepsi tentang Manusia dalam Kebatinan Jawa. Jakarta: Sinar Harapan, 1983.

JOHANNES PAUL II., To the General Assembly of the Pontifical Commission for Latin America. In: L'Osservatore Romano (engl. Ausgabe) vom 17. Dezember 1989.

H. JONAS, The gnostic religion, vgl. bei RAHMAT SUBAGYA, 1981.

NIELS MULDER, Mysticism & Everyday Life in Contemporary Java. Singapore: Singapore University Press, 1978; Übersetzung von ALOIS NUGROHO, Kebatinan dan Hidup Sehari-hari orang Jawa. Kelangsungan dan Perubahan kulturil. Jakarta: Gramedia, 1983.

GEOFFREY PARRINDER, Mysticism in the World's Religion. London: Sheldon Press, 1976.

GEOFFREY PARRINDER, Mysticism. In: The Oxford Dictionary of the Christian Church, hg. von F. L. Cross und E. A. Livingstone. Oxford 1977, S. 952.

SARWEDI SOSROSUDIGDO, Fungsi dan Arti Kebatinan un tuk Pribadi dan Revolusi. Jakarta: PN Balai Pustaka, 1965.

RAHMAT SUBAGYA, Kepercayaan Kebatinan Kerohanian Kejiwaan dan Agama. Yogyakarta: Kanisius, 1976.

RAHMAT SUBAGYA, Agama Asli Indonesia. Jakarta: PT Sinar Harapan, 1981.

REDEMPTORIS MISSIO, Enzyklika über die fortdauernde Gültigkeit des missionarischen Auftrages, 7. Dezember 1990 (= Verlautbarungen des Apostolischen Stuhls 100, hg. Sekretariat der Deutschen Bischofskonferenz). Bonn 1991.

A.M. SUTRISNAATAKA, The Slametan and the Eucharist. Towards the Inculturation of the Eucharistic Celebration in the Javanese Cultural Context. Diss. Roma: Pontificia Università Gregoriana, 1987.

JOHN WELCH O. Carm., Mysticism. In: Joseph A. Komonchak Cs. (Hg.), The New Dictionary of Theology. Dublin: Gill and Macmillan Ltd., 1987, S. 694–697.

Islamische Ehemoral in Indonesien im Lichte der heutigen katholischen Lehre

von ALOYSIUS PURWA HADIWARDOYO in Indonesien

Seit dem II. Vatikanischen Konzil zeigt die Kirche eine deutliche Offenheit gegenüber bestimmten Glaubensgemeinschaften, besonders denen, die sich zum Monotheismus bekennen. Gleich nach seiner Wahl betonte Papst Paul VI. die Notwendigkeit des Dialogs mit den Nichtchristen. Später, 1969, drückte er die Hoffnung aus, daß Christen und Moslems sich aufgrund ihrer Gemeinsamkeiten in echter Brüderlichkeit ständig näherkommen mögen. Zehn Jahre später bekräftigte Papst Johannes Paul II. die Hoffnung seines Vorgängers, als er 1979 in Ankara sagte: *Ich frage mich, ob es nicht gerade heute, nachdem Christen und Moslems in eine neue Phase der Geschichte eingetreten sind, dringend notwendig ist, die geistlichen Entwicklungen, die uns verbinden, anzuerkennen und weiterzuentwickeln.*

Ermutigt durch das II. Vatikanische Konzil und die letzten Päpste versuchen Christen auf der ganzen Welt, die Beziehungen zu ihren moslemischen Brüdern durch einen ernsthaften Dialog zu verbessern. In Indonesien hat die Regierung solche Dialoge angeregt und gefördert, indem sie verschiedene Religionen zur Mitarbeit in einem religionsübergreifenden, beratenden Gremium, genannt „Badab Musyawarah Antar Agama", einlud. Dieses Gremium sollte feindliche Gefühle gegenüber anderen religiösen Überzeugungen abbauen und religionsübergreifende Dialoge und Zusammenarbeit anregen.

Seit 1970 hat das „Departement for Religious Affairs" mehr als 25 offizielle Dialoge in Jakarta und einigen anderen indonesischen Städten organisiert und finanziert, an denen meist Vertreter der indonesischen Bischofskonferenz, der moslemischen Universitäten und Akademien, des Rates der Kirchen, des gemeinsamen Sekretariates der religiösen und mystischen Bewegungen und Journalisten teilnahmen. Die Regierung ist sich bewußt, daß die indonesische Geschichte und Kultur sehr stark durch religiöses Leben geprägt wird. Das Land hat verschiedene Religionen kommen und sich entwickeln sehen: zuerst den Hinduismus, dann Buddhismus, Islam, Konfuzianismus und schließlich das Christentum. Hinter dem Titel dieses Beitrages verbirgt sich somit ein kirchlich-pastorales Anliegen. Ich möchte betonen, wie notwendig es ist, daß Islam und katholische Kirche in Indonesien zu einem gegenseitigen Verständnis finden.

Die Tatsache, daß die Kirche und der Islam sich der Bedeutung von Ehe und Familie für die Gesellschaft bewußt sind, könnte eine gute Grundlage für einen Dialog zwischen den Anhängern beider Religionen bilden. Dieser Dialog sollte offen und vorurteilsfrei geführt werden.

Es gibt einen weiteren Grund für die Notwendigkeit eines solchen Gesprächs in Indonesien, nämlich die häufigen Mischehen zwischen Katholiken und Moslems. Sowohl die Kirche als auch der Islam fördern solche Ehen nicht, sie können diese aber auch nicht verhindern, ohne den Menschen das Recht auf die Ehe abzusprechen. Es ist zwecklos, solche Ehen strikt zu verbieten oder ihnen völlig ablehnend gegenüberzustehen. An manchen Orten ist es für Katholiken schwierig, einen passenden katholischen Partner zu finden. Die Erfahrung zeigt zudem, daß manche dieser Ehen zu einer religionsübergreifenden Annäherung führen können, besonders wenn die Katholiken den Werten des Islam offen gegenüberstehen.

I. Die Form der Eheschließung

Der Koran sagt sehr wenig über die Eheschließung. Wahrscheinlich wurde die Form der Eheschließung im frühen Islam öfters geändert. Im Koran finden sich jedoch Hinweise auf die wesentlichen, für die Gültigkeit einer Ehe notwendigen Elemente der Eheschließung.

So heißt es im Koran, daß der Mann das Recht hat, eine Ehe abzuschließen: er kann zwei, drei oder vier Frauen heiraten; er kann seine Töchter verheiraten; er kann einer Frau einen Heiratsantrag machen, sie entlassen und eine andere heiraten; er kann sich von seiner Frau scheiden lassen. Von der Zustimmung der Frau spricht der Koran nur, wenn es sich um Witwen oder Sklavinnen handelt. Der Koran sagt, daß ein Moslem sich nicht mit Gewalt die Frau eines verstorbenen Verwandten nehmen darf. Weiter heißt es, daß ein Moslem eine Sklavin heiraten kann, die gläubig ist. Er muß jedoch vorher die Zustimmung ihrer Verwandten einholen.

Aus diesen Vorschriften kann man schließen, daß zu einer islamischen Eheschließung die Zustimmung des Bräutigams und der Verwandten der Braut gehören. Die Zustimmung der Verwandten der Braut ist wichtig, wenn sie eine Sklavin ist. Die Zustimmung der Braut ist auch wichtig, wenn sie eine Witwe ist.

Moslemische Theologen in Indonesien anerkennen die Vorschriften des Korans über die Eheschließung. Die meisten von ihnen folgen der Interpretation Shafi'is und betrachten die Ehewillenserklärung durch den Vormund der Braut und die Anwesenheit von zwei Zeugen als wichtig.

Die Ehewillenserklärung des Bräutigams und des Vormundes der Braut wird als notwendig erachtet für die Gültigkeit der Ehe und soll deshalb ausdrücklich bei der Eheschließung erfolgen. Der Vormund der Braut soll seine Willenserklärung gegenüber dem Bräutigam mit folgenden Worten zum Ausdruck bringen: „Ich gebe dir meine Tochter zur Ehe." Der Bräutigam antwortet darauf: „Ich nehme dein Angebot an, sie zu heiraten." Die indonesischen Theologen schreiben vor, daß die Zustimmung beider Parteien in einem zusammenhängenden Akt erfolgen soll und nicht in zwei getrennten Akten, die durch andere Handlungen unterbrochen werden.

Die Zustimmung der Braut wird nicht von dieser selbst bei der Eheschließung ausgesprochen, sie wird allerdings für die Gültigkeit der Ehe als notwendig erachtet. Es sollte keine Ehe ohne die Zustimmung der Braut erfolgen. Gestützt auf Mohammeds Lehre sagen die Theologen, daß das Schweigen der Braut als Zustimmung anzusehen ist. Falls sie jedoch nicht zustimmen möchte, so muß sie dies ausdrücklich sagen.

Der Bräutigam und der Vormund der Braut sollen grundsätzlich bei der Eheschließung anwesend sein und die Ehewillenserklärung zum Ausdruck bringen. Nur unter besonderen Umständen können sie einen Stellvertreter benennen. Das Gesetz schreibt nicht die Anwesenheit der Braut vor. Ihre Anwesenheit ist für die Gültigkeit der Ehe nicht notwendig.

Was die Zeugen anbetrifft, so verlangen die indonesischen Theologen, daß die Eheschließung vor zwei Zeugen geschehen soll, die erwachsen, frei, moslemischen Glaubens und rechtschaffen sind. Weiter sagen die meisten Theologen, daß diese Zeugen männlichen

Geschlechts sein sollen. Nur einige wenige lehnen eine solche Interpretation ab und meinen, sich auf Hanafi berufend, daß ein Mann und zwei Frauen ebenfalls als gültige Zeugen bei einer Eheschließung fungieren können.

Der Koran äußert sich umfassend über ein wichtiges Element bei der Eheschließung, obwohl es für die Gültigkeit einer Ehe nicht wesentlich ist: das Versprechen des Bräutigams, der Braut eine Aussteuer zu geben. Der Koran schreibt vor, daß der Ehemann seiner Frau während oder nach der Eheschließungszeremonie eine Aussteuer geben soll. Nach vollzogener Ehe hat die Frau das Recht, die ganze Aussteuer für sich zu behalten. Ein anderer kann nur dann etwas davon erhalten, wenn die Frau es ihm als freiwilliges Geschenk überläßt. Die Ehe bleibt jedoch auch dann gültig, wenn der Bräutigam bei der Eheschließungszeremonie seiner Braut die Aussteuer nicht ausdrücklich verspricht.

Bei der Ehe zwischen Katholiken und Moslems kann es Probleme geben. Die Kirche verlangt, daß die Ehe vor einem Priester oder einem Diakon geschlossen wird. Eine solche Eheschließung wird jedoch von den Moslems strikt abgelehnt, denn Moslems sind verpflichtet, die Ehe vor dem eigenen *ulama* abzuschließen.

In einer Mischehe zwischen Moslems und Katholiken gibt es auch ein Problem bezüglich des Vormundes der Braut, wenn diese moslemischen Glaubens ist. Nach dem islamischen Gesetz soll der Vormund der Braut die Zustimmung zur Ehe zum Ausdruck bringen, vor allem seine eigene Zustimmung und implizit auch die der Braut. Inzwischen verlangt die Kirche, daß die Braut selbst ihre Zustimmung gibt oder – falls erforderlich – ihr Vertreter.

Das islamische Recht in Indonesien schreibt auch vor, daß die Zeugen Moslems sein sollen. Eine ähnliche Vorschrift gibt es nicht in der Kirche. Bei Mischehen zwischen Moslems und Katholiken kann der Pfarrer der islamischen Vorschrift folgen und zwei Moslems als Zeugen bestimmen.

Was die Mitgift anbelangt, so gibt es keine ernsthaften Probleme trotz der Unterschiede, die zwischen der islamischen und katholischen Lehre bestehen. In Indonesien geben Katholiken ihren Frauen gewöhnlich keine Mitgift. Sie halten das Hochzeitsfest jedoch für sehr wichtig.

II. Werte und Sinnziele der Ehe

Der Koran erwähnt einige Werte und Sinnziele der Ehe, ohne dabei zwischen wichtigeren und unwichtigeren genau zu unterscheiden. Es besteht jedoch kein Zweifel, daß die Zeugung und Erziehung von Kindern betont wird. Der Koran sagt, daß Gott alle Lebewesen als Paare, das heißt als Sexualpartner, geschaffen hat. Die Menschen wurden ebenfalls als Mann und Frau geschaffen und von Gott zu Nationen und Stämmen zusammengefügt. Dieses Schöpfungswerk offenbart und spiegelt die Weisheit Gottes und verpflichtet Mann und Frau, seinen Namen zu preisen und an seinem Schöpfungswerk mitzuwirken.

Die Ehe wird als Mitwirkung an Gottes Schöpfungswerk angesehen: in ihr wird Leben gezeugt und damit die Geschichte der Menschheit und der Schöpfung fortgeführt. Die Ehe ist eine dem Menschen übertragene Pflicht, die ihn bei der Zeugung neuen Lebens und neuer Generationen zum Mitarbeiter Gottes macht. Tatsächlich hat Gott Mann und Frau nicht nur die Pflicht, sondern auch die Fähigkeit übertragen, neues Leben zu zeugen. Gott hat ihnen das sexuelle Begehren geschenkt, welches nach Erfüllung verlangt. Der Mann wird instinktiv von der Frau und die Frau vom Mann angezogen.

Der Koran gesteht den Gläubigen zu, ihr sexuelles Begehren in der Ehe zu befriedigen. Sie sollen nicht dem instinktiven Impuls zur sexuellen Befriedigung nachgeben, sondern ihre Bedürfnisse an der von Gott geschenkten Ordnung orientieren. Zufriedenheit zu finden und die sexuellen Bedürfnisse zu befriedigen, ohne sich dabei zu versündigen, wird vom Koran als ein Sinnziel der Ehe angesehen.

Schließlich zielt die Ehe auch auf Liebe und Glück zwischen den Gatten. Der Koran betont, daß die Ehe eines von vielen Zeichen Gottes ist, das Zufriedenheit schenkt und Mann und Frau Glück bringt. Deshalb müssen Gerechtigkeit und Friede in der Familie ernsthaft angestrebt werden. Die Grundlage dafür bilden vor allem Liebe und Glück von Mann und Frau.

Das islamische Gesetz zählt verschiedene Werte und Sinnziele der Ehe auf, wie von vielen indonesischen Autoren dargelegt wird. Dabei werden fast immer genannt: Zeugung und Erziehung von Kindern, Befriedigung der Begierlichkeit, gegenseitige Liebe und

Fürsorge, Einheit der Gemeinschaft, Erfüllung des persönlichen Wunsches Mohammeds. Es ist klar, daß der Koran die Grundlage für diese Vorschriften bildet.

Die Werte und Sinnziele der Ehe, wie sie vom Islam und der katholischen Kirche gelehrt werden, ergänzen sich offensichtlich und widersprechen sich nicht. Der Unterschied liegt nur im Gewicht, das einzelnen Aspekten zugeschrieben wird. Ein Dialog zwischen Islam und katholischer Kirche ist also durchaus möglich.

Seit dem II. Vatikanischen Konzil betont die Kirche die Bedeutung der ehelichen Liebe. Ähnliches findet sich nicht im indonesischen Islam. Bei einem Dialog mit den Moslems in Indonesien dürfen die Katholiken es nicht unterlassen, diese positive Sicht der Ehe herauszustellen. Da für indonesische Moslems die Scheidung einfach ist, muß die Bedeutung der ehelichen Liebe stärker betont werden. Dies widerspricht nicht der Lehre des Korans.

Indonesische Moslems stellen gewöhnlich die verschiedenen Werte und Sinnziele der Ehe so dar, als existierten sie getrennt voneinander. Hier sind die Aussagen Papst Pauls VI. in *Humanae vitae* sehr hilfreich, die zu einem besseren Verständnis der Zusammengehörigkeit dieser Werte beitragen, besonders was die Zusammengehörigkeit von ehelicher Liebe und Weitergabe des Lebens betrifft. Die eheliche Liebe, die Seele des Ehelebens, sollte menschlich, ganzheitlich, treu, dauerhaft bis zum Tod und offen für neues Leben sein. Eine Einheit zwischen Weitergabe des Lebens und ehelicher Liebe darf keine Theorie bleiben, sondern sollte von den Eheleuten in Treue und Verantwortungsbewußtsein gelebt werden.

III. Die Einheit der Ehe

Der Koran scheint allgemein die Einehe für Moslems zu empfehlen. In dem Bericht über die Schöpfung des Menschengeschlechts heißt es, daß Gott die Menschen unter Mitwirkung eines monogamen Ehemannes geschaffen hat. Von den Eheleuten wird gesagt, daß sie die Kleider des jeweils anderen sind, sie sollen freundlich zueinander sein und in Liebe und Glück miteinander leben. Nach Gottes Plan ist die Ehe eine Einehe. Für die Frauen ist die Einehe immer geboten. Der Koran verbietet ihnen ausnahmslos, mehrere Männer zu heiraten. Nur nach einer gesetzlichen Scheidung und unter Beachtung einer bestimmten Frist können sie einen anderen Mann heiraten. Die zur Zeit Mohammeds in Arabien praktizierte Vielehe wird stark kritisiert und abgelehnt.

Der Koran scheint auch die Männer zu ermahnen, normalerweise nur eine Frau zu heiraten. Die Einehe garantiert eine bessere Sorge für die Frau, zumindest was die wirtschaftliche Sicherheit anbelangt. Der Koran meint, daß ein Mann nie in der Lage ist, mehreren Frauen gerecht zu werden, wie sehr er sich auch darum bemühen mag. Es ist daher besser, nur eine Frau zu heiraten.

Der Koran duldet jedoch die Vielehe unter besonderen Voraussetzungen. Erstens wird sie geduldet, wenn zu befürchten ist, daß eine Waise ungerecht behandelt wird. Es ist besser für einen Mann, mehrere Frauen zu heiraten als eine seiner Obhut unterstellte Waise. Die Duldung der Vielehe soll verhindern, daß ein Vormund eine seiner Sorge anvertraute Waise heiraten möchte, um sich ihr Vermögen anzueignen. Zweitens wird die Vielehe bei solchen Personen geduldet, die in der Lage sind, mehr als einer Frau gerecht zu werden.

Was die Anzahl der Ehefrauen anbetrifft, so werden die Koranvorschriften unterschiedlich interpretiert. Die meisten Gelehrten sagen, der Koran beschränke die Zahl der legitimen Frauen auf vier. Einige Juristen argumentieren, diese Zahl sei nicht als oberste Grenze, sondern als Empfehlung anzusehen. Sie sagen, der Koran empfehle die Vielehe, um das Anwachsen der Zahl der Witwen zu beschränken.

Die meisten indonesischen Moslemtheologen setzen sich entschieden für die Einehe ein, entweder aus moralischen oder aus finanziellen Gründen. Viele von ihnen versuchen zu beweisen, daß der Koran die Einehe bevorzugt. Sie sagen, die Einehe garantiere ein glücklicheres und ruhigeres Leben als die Vielehe. Sie führen dafür nicht nur theologische, sondern auch psychologische und soziologische Gründe an.

Entsprechend den Vorschriften des Korans duldet das islamische Gesetz in Indonesien die Vielehe. Dies darf nicht geändert werden, weil dieses Gesetz auf einer als unfehlbar angesehenen Grundlage beruht. Das Gesetz soll nur ergänzende Regelungen zu diesen Vorschriften geben.

Die Vielehe wird nicht als moralisch weniger gut angesehen als die Einehe, es sei denn bei Mißbräuchen. Die moslemischen Theologen verteidigen entschieden die vom Koran geduldete Vielehe, besonders gegenüber Kritik und Angriffen aus der nicht-islamischen Welt. Sie führen verschiedene Gründe an, um die positiven Werte und Vorteile der Vielehe aufzuzeigen, vorausgesetzt, daß dabei die islamischen Vorschriften beachtet werden. Sie sagen, die Vielehe böte gute Lösungen an bei gelegentlich auftretenden politischen, sozialen und wirtschaftlichen Problemen.

Sowohl der Islam als auch die Kirche bevorzugen und fördern die Einehe. Man sieht sie als ein der Vielehe vorzuziehendes Ideal an. Hier können beide Religionen ohne Schwierigkeiten zusammenarbeiten, besonders in Indonesien. Dabei sollte man sich zunächst für die Emanzipation und Gleichstellung der Frau einsetzen, denn die Vielehe wird durch die Überzeugung von der Vorrangstellung des Mannes gefördert.

Da die Vielehe von indonesischen Moslems häufig mißbraucht wird, sollten Kirche und Islam ermutigt werden, noch stärker zusammenzuarbeiten, so daß mehr und mehr Menschen sich bewußt zur Einehe entschließen. Es sollte den Menschen deutlich gemacht werden, daß die Einehe ein glücklicheres und zufriedeneres Eheleben verspricht. Die Einehe sollte nicht von außen aufgezwungen werden. Sie sollte vielmehr wegen ihrer inneren Werte und ihrer Vorteile als ideale Eheform gewählt werden.

Die Kirche in Indonesien sollte bei der Unterstützung der Einehe und der Ablehnung der Vielehe nicht nur theologisch argumentieren, sondern einsichtige und leicht verständliche Argumente gebrauchen. Theologische Argumente gegen die Vielehe werden nie von den Moslems angenommen werden, da sie an die Unfehlbarkeit des Korans glauben, der die Vielehe – zumindest als Ausnahme – duldet.

Die pastorale Sorge um die Mischehen in Indonesien muß dieses Problem besonders im Auge behalten, weil ein moslemischer Ehemann nach der Ehe mit einer Katholikin noch eine weitere Frau heiraten darf. Vor der Dispenzerteilung für eine Mischehe sollte der Pfarrer sorgfältig die weitere Entwicklung der Ehe mitbedenken, wenn der zukünftige Ehemann ein Moslem ist. Die Gefahr der Vielehe sollte der katholischen Braut deutlich gemacht werden, damit sie notwendige Vorkehrungen treffen kann, um dies zu verhindern, und sie dem Ehemann nie die Erlaubnis gibt, sich eine weitere Frau zu nehmen.

Schließlich ist ein weiterer Punkt für unsere Überlegungen wichtig: als Vertreterin einer Minderheit kann die katholische Kirche in Indonesien ihre Morallehre nicht der ganzen indonesischen Gesellschaft, in der die Moslems die Mehrheit bilden, aufzwingen. Die Kirche muß mit der Regierung und allen Moslemführern zusammenarbeiten, um die Einehe zu fördern. Besonders wichtig ist es, die nötigen Grundlagen zu legen, so daß mehr und mehr Menschen ein glückliches Ehe- und Familienleben aufbauen können. Dazu gehören unter anderem Sexualerziehung, Ehevorbereitung, Eheberatung und die Schaffung entsprechender, die Einehe fördernder und die Vielehe erschwerender Regelungen. Die indonesische Gesellschaft kann nicht durch bloße moralische und theologische Lehren verändert werden, sondern nur durch konkrete, gemeinsam durchgeführte Maßnahmen im sozialen und erzieherischen Bereich.

IV. Die Beständigkeit der Ehe

Der Koran fordert die Gläubigen auf, ihren Frauen und Männern treu zu sein. Er mahnt sie, Familienstreitigkeiten friedlich beizulegen, so daß es nicht zum Bruch der Ehe kommt. Wenn es zu einem Streit zwischen den Ehegatten kommt und die Verwandten beider einen Bruch befürchten, so müssen beide Parteien Vermittler einschalten. Da diese Vermittler die Probleme der beiden Parteien kennen, können sie vielleicht eine echte Versöhnung herbeiführen.

Der Koran duldet jedoch Trennung und Ehescheidung unter bestimmten Bedingungen und Voraussetzungen. Er anerkennt die legitime „Trennung von Bett und Tisch". In diesem Fall leben die Partner getrennt und wohnen nicht beieinander. Keinem von beiden ist es dabei gestattet, eine andere Person zu heiraten, solange der Partner noch lebt. Der Koran gibt nur dem Ehemann das Recht, sich zu einer Trennung zu entschließen. Er kann seine Frau ermahnen und ihr ein getrenntes Bett zuweisen, wenn sie untreu war oder sich ihm nicht unterordnet. Sobald sie wieder bereit ist, sich unterzuordnen, kann er sie zurückholen, und beide können wie bisher zusammenleben.

Der Koran gestattet den Ehemännern zwar, sich von ihren Frauen scheiden zu lassen, er enthält jedoch auch Vorschriften, die übereilte Handlungen verhindern und den Weg zur Versöhnung stets offenhalten sollen. Ein Ehemann, der sich von seiner Frau scheiden will, soll zunächst darüber nachdenken und eine Versöhnung anstreben. Falls dies nicht gelingt, kann er die „Verstoßung" oder die „Scheidung" erklären (*talag*). Die Frau, von der er sich scheiden lassen möchte, soll warten und sich drei Monate lang von ihm fernhalten. Während dieser Wartezeit können beide Gatten auf eine Versöhnung hinarbeiten, und der Ehemann hat das Recht, seine Frau zurückzuholen, ohne vorher das Eheversprechen zu erneuern. In dieser Zwischenzeit kann die Frau weiterhin im Haus ihres Mannes wohnen; der Ehemann ist für ihren Unterhalt verantwortlich. Wenn es zu keiner Versöhnung vor Ende der Wartezeit kommt, sollte der Ehemann seine Frau in Güte entlassen. Nun sind beide Parteien frei, jemand anderen zu heiraten. Sie können sich aber auch gegenseitig wieder heiraten, indem sie das Eheversprechen erneuern, vorausgesetzt, sie tun dies aufrichtig und ungezwungen.

Sowohl der Islam als auch die Kirche raten von Scheidung ab und betrachten diese als Ausnahme. Indem sie die Bedingungen und Grenzen für eine Scheidung darlegen, versuchen sie, diese zu erschweren. Vom katholischen Standpunkt aus sind sowohl der Islam wie auch das bürgerliche Recht Indonesiens noch immer zu großzügig bei der Gewährung einer Scheidungserlaubnis. So wird zum Beispiel die Scheidung erlaubt, wenn ein Partner eine Gefängnisstrafe antreten muß oder sich eine unheilbare Krankheit zugezogen hat. Dies entspricht nicht dem Wesen und den Ansprüchen ehelicher Liebe, die eine Treue bis zum Tod beinhalten sollte. Die Kirche kann aber nicht erwarten, daß diese Vorschriften im islamischen Gesetz geändert werden, da sie den „unfehlbaren Koran" als Grundlage haben. Die Kirche könnte jedoch die Regierung bitten, die entsprechenden Bestimmungen zu verbessern. Sie könnte die Moslems bitten, die Möglichkeit der Scheidung freiwillig einzuschränken.

Der Gefahr einer Scheidung zwischen Eheleuten verschiedenen Glaubens muß größere Aufmerksamkeit geschenkt werden. Die Möglichkeit der Scheidung besteht bei Mischehen zwischen Katholiken und Moslems besonders dann, wenn der Ehemann Moslem ist. Die Kirche sollte den Eheleuten helfen, eine friedliche und dauerhafte Ehe zu führen. Intensive Vorbereitung und häufige Beratung durch den Pfarrer sind dazu nötig, so daß die Eheleute von Beginn ihres Ehelebens an Schwierigkeiten gemeinsam zu überwinden versuchen. Falls Eheschwierigkeiten auftreten, benötigen die Eheleute die besondere Hilfe und Zuwendung des Pfarrers.

Guter Wille und Liebe sind bei Mischehen gewöhnlich vorhanden: Die Eheleute glauben, daß sie Schwierigkeiten überwinden und eine glückliche Liebes- und Ehegemeinschaft aufbauen können. Nach einiger Zeit können viele jedoch nicht mehr ihre eigenen Wünsche verwirklichen. Der moslemische Partner strebt eine Scheidung an, und der katholische Partner kann dies nicht immer verhindern. Vielfach bleiben zwei Wahlmöglichkeiten: Scheidung oder Vielehe.

Es gibt ein wirkliches Problem bezüglich der Scheidung im Islam. Die katholische Kirche kann das Problem allein nicht lösen. Die Beständigkeit der Ehe sollte von der Kirche mutig gefördert werden, allerdings in Zusammenarbeit mit der indonesischen Regierung und den moslemischen Führern.

V. Allgemeine Schlußfolgerung

Nach Darlegung der wichtigsten Aspekte der Ehe in der islamischen und katholischen Lehre möchten wir nun einige allgemeine Schlußfolgerungen über die Ehemoral im indonesischen Islam ziehen.

Zunächst ist es offensichtlich, daß die islamische Ehemoral sich in vielfacher Weise von der christlichen Ehemoral unterscheidet. Diese Unterschiede sind in den heiligen Schriften des Islams und des Christentums grundgelegt, so daß es nicht einfach ist, eine Brücke zu bauen, die beide einander näher bringt. Es ist aber auch klar, daß beide Religionen voneinander lernen können zu ihrem gegenseitigen Vorteil. Trotz der Unterschiede gibt es Gemeinsamkeiten zwischen ihnen, besonders was das Ideal der Ehe anbetrifft. Die Eheleute sollen sich um gegenseitiges Verständnis bemühen. Dadurch schaffen sie eine Basis für die Festigung und Förderung moralischer Werte und sozialer Gerechtigkeit. Insgesamt können wir feststellen, daß es in der islamischen Ehemoral unterschiedliche Vorschriften gibt, die sich an den jeweiligen Personen und Lebensumständen orientieren. Ein Ideal wird aufgewiesen, zugleich werden aber auch Abweichungen geduldet. Beides, so wird gesagt, entspricht der Anordnung Gottes. Lebensumstände und persönliche Veranlagung spielen eine große Rolle bei moralischen Überlegungen. So kann zum Beispiel die Vielehe sowohl gut als auch schlecht sein. Sie wird als gut angesehen, wenn in ihr Gerechtigkeit und Aufrichtigkeit herrschen. Ähnliche moralische Maßstäbe gelten auch bei Scheidung, Aussöhnung, Wiederheirat und Eheannullierung. Etwas ist nur dann aus sich heraus schlecht, wenn der Koran dies lehrt.

Die Tatsache, daß der Islam für verschiedene Personen und Lebensumstände unterschiedliche Moralvorschriften aufstellt, ist der wichtigste Unterschied zwischen islamischer und christlicher Moral. Auch wenn die Kirche manchmal Dispenzen gewährt, so weist sie doch darauf hin, daß Moralgesetze für alle Christen, manchmal sogar für alle Menschen verbindlich sind. Der Islam kennt manche Vorschriften, die sich auch in der Kirche finden, zugleich duldet er viele Abweichungen für solche, die diese Vorschriften nicht halten können. Diese Duldung ist ein Hauptunterschied zwischen Islam und katholischer Kirche.

Die übrigen Unterschiede leiten sich daraus ab, daß das islamische Recht mehr oder weniger starr und unveränderlich ist, während das katholische Recht nicht nur in einigen unbedeutenden Fragen, sondern auch in grundlegenden Dingen eine Entwicklung aufweist. Über Jahrhunderte hinweg haben z.B. sowohl islamische wie katholische Morallehre die Zeugung und Erziehung von Kindern als wichtigste Sinnziele der Ehe angesehen, denen alle anderen nachgeordnet sind. Während der Islam dies praktisch noch immer lehrt, sagt die Kirche, daß dadurch andere wichtige Sinnziele, wie die enge Verbindung zwischen Mann und Frau, nicht herabgemindert werden dürfen. Die islamische Lehre kennt keine echte geschichtliche Entwicklung. Sie ist starr und unveränderlich.

Die katholische Ehemoral ist in vieler Hinsicht strenger als die islamische. Dies gründet in der Überlegung, daß die Ehe eine Liebes- und Lebensgemeinschaft ist und daß eheliche Liebe menschlich, ganzheitlich, treu, dauerhaft und offen für neues Leben sein soll. Die Kirche verlangt von allen Katholiken die Beachtung der göttlichen und kirchlichen Ehegesetze. Der Islam hingegen kennt verschiedene Gesetze für verschiedene Personen und Lebensumstände; somit sind diese Gesetze duldsam und nachsichtig gegenüber Schwachen und Fehlenden. Die islamische Ehemoral kennt verschiedene moralische Ebenen oder eine graduelle Moral. Eine solche Moral erscheint menschlicher, sie setzt sich jedoch der Gefahr der Freizügigkeit aus.

Literaturhinweise:
ABDULLA SIDIK, Hukum Perkawinan Islam. Djakarta 1968.
AHMAD AZHAR BASYIR, Hukum Perkawinan Islam. Yogyakarta 1980.
ALI ALHAMIDY H. MD., Islam dan Perkawinan. Bandung 1972.
HAMKA, Kedudukan perempuan dalam Islam. Jakarta 1979.
KAMAL MUCHTAR, Asas Hukum Islam tentang, Perkawinan. Jakarta 1974.
MAWARDI A. L., Hukum Perkawinan dalam Islam. Yogyakarta 1975.
RIFAI ALI A., Percintaan suamiistri. Padang 1978.
SIDI GAZALBA, Menghadapi soalsoal Perkawinan. Jakarta 1975.
TAMAR DJAJA, Tanya Jawab Perkawinan. Bandung 1980.
ZAHRY HAMID H., Peranan Wanita Islam. Bandung 1978.

Panorama der Dayakkultur in Kalimantan

von YUVENALIS LAHAJIR in Indonesien

In diesem Beitrag sollen die Gesellschaft und Kultur der Dayak in Kalimantan nach der sogenannten „Cultural-self-reflection"-Methode kurz dargestellt und beschrieben werden. Diese von Y. BOELAARS 1984 entwickelte Methode ermöglicht ein Bewußtwerden der eigenen Identität durch Untersuchung und Beobachtung der Kultur, in der man zu Hause ist. Mit diesem Ansatz wird versucht, das derzeitige Problem der „Kultur-Solidaritäts-Bewegung" der Dayakgesellschaft aufzuzeigen und mögliche Lösungen für die Zukunft vorzuschlagen. Denn es zeigt sich immer deutlicher, daß die Dayakgesellschaft intensive Anstrengungen unternimmt, ihre eigene Kultur wiederzuentdecken und zu pflegen.

Um die Identität des Dayak-Menschen verstehen zu können, muß man die Tradition, die *Adat-Istiadat* (ein ganzes Bündel von Sitten und Gebräuchen auf religiösem, kulturellem, sittlichem und gesellschaftlichem Gebiet), das System ihrer Kulturwerte, von innen her ergründen. Diese Tradition beinhaltet hohe moralische, ethische und religiöse Werte. Möglicherweise stellt das Adat-Istiadat für die Dayaks die „Uroffenbarung" dar (SCHMIDT, 1926–1955). Im Angesicht dieser Tradition erfahren die Dayaks ein Leben, das „in Erstaunen" und gleichzeitig „in Angst" versetzt.

In den heutigen Massenmedien Kalimantans finden sich viele Artikel und Berichte, die Gesellschaft und Kultur der Dayaks kommentieren. Sie bieten die Chance durch immer häufigere Informationen dieser Art die gängigen Vorurteile, die falschen Wahrnehmungen und Konzeptionen bzgl. der Dayaks in Kalimantan zu korrigieren, die sich selbst bei Leuten, die sich für modern halten, oft finden. Sie glauben etwa, daß man immer noch überall in Kalimantan Frauen und Mädchen mit „langen Ohren" und tätowierte Dayakmänner antreffen könnte. Zum Teil sieht man darin gar einen besonderen Anreiz für den Tourismus. Hier zeigt sich ein heutiges Phänomen der Kommerzialisierung der Dayakkultur, gegen das man entschieden ankämpfen muß.

Damit die Dayaks zukünftig als Einheit beim Aufbau Kalimantans als „human capitel" mitgezählt werden können, stellen sich eine Reihe Fragen: Wo in Kalimantan leben Dayaks? Wieviele sind es und wieviele Unterstämme sind es? Warum ist es für sie so schwierig, eine sozial-kulturelle Einheit zu bilden? Wo ergeben sich Ansatzpunkte zum Aufbau einer Dayakgesellschaft? Sollte man die Dayaks auffordern, sich auf ihre traditionelle Kultur zu besinnen oder sollen sie sich auf einen modernen, auf die Zukunft ausgerichteten Lebensstil ausrichten? Ist das Problem der Schulbildung nicht das Wichtigste für die Dayaks, um so den wirtschaftlichen Lebensstandard zu heben und sich gleichzeitig gegen eine Kommerzialisierung ihrer Kultur zu schützen?

Ein Sprichwort sagt: *Bersatu kita teguh, bercerai kita runtuh* („Vereint sind wir stark, getrennt brechen wir zusammen"). Vereinigung und Einheit in der Sozialkultur stärkt den Kampfgeist eines Volksstammes. Auf der anderen Seite zerstören Trennung, Zersplitterung und Feindschaft Sein und Identität jeder Volksgruppe. Möglicherweise müßte das Motto der Dayaks zum jetzigen Zeitpunkt heißen: „Ihr Dayaks, vereinigt euch!"

I. Die einheimische Bevölkerung von Kalimantan

Die Insel Kalimantan ist ungefähr 750.000 km² groß. Ein Teil gehört zu Indonesien, ein Teil zu Malaysien und ein Teil zu Brunei-Darussalam. 553.000 km² sind indonesisch; dieser Teil ist in vier Provinzen aufgeteilt: Ost-, West-, Mittel- und Süd-Kalimantan. Die Dayakbevölkerung lebt vorwiegend in diesen vier Provinzen und ein kleinerer Teil wohnt in Ost-Malaysien (Sarawak, Sabah) sowie in Brunei-Darussalam.

Die Einwohnerzahl des indonesischen Teils Kalimantans beträgt ungefähr neun Millionen (ganz Indonesien hat 185 Millionen Einwohner). Nach Untersuchungen vom *Institut of Dayakology Research and Development* (IDRD – Pontianak, 1986) gehören etwas weniger als die Hälfte zur Dayakbevölkerung. Der Rest gehört zu anderen Volksstämmen: Malaien, Banjaresen, Kutainesen, Buginesen, Javaner, Chinesen und andere (RUFINUS, 1992). Das heißt, daß

Kalimantan im Moment zwischen vier bis fünf Millionen Dayak-Einwohner hat. Dazu kommen noch die Dayak von Sarawak, Sabah und Brunei. Die Dayakbevölkerung in Ost-Malaysien und in Brunei beläuft sich auf 40–50 Prozent der jeweiligen Gesamtbevölkerung. Zu den Volksstämmen der Dayaks in Kalimantan und dem nicht-indonesischen Teil Borneos gehören heutzutage schätzungsweise mehr als 450 Millionen Menschen (UKUR, 1992).

Die Dayaks in Kalimantan sind Nachkommen eines Volksstammes, der aus Asien, aus Yunan und Südchina emigriert ist. Man vermutet, das diese Auswanderung zwischen 3.000 und 1.500 vor Chr. stattfand (COOMANS, 1987). Was man in Kalimantan Dayakbevölkerung nennt, besteht aus verschiedenen ethnischen Untergruppen, die alle unter dem Namen *Dayak* geführt werden. Dieser Begriff *Dayak* ist kein Name, den sie sich selbst gegeben haben, sondern einer, der von Fremden stammt. Somit wird deutlich, daß von Anfang an ein Symptom von Verschwommenheit der Identität vorhanden ist, was einer Vereinigung und Einheit der Dayaks in Kalimantan im Wege steht. Selbst über Schreibweise und Bedeutung des Terminus *Dayak* sind sich bis heute die Fachleute der Dayakkultur nicht einig, eingeschlossen die lokalen und nationalen Massenmedien. So kommen folgende Formen vor: *Dayak*, *Dyak*, *Daya*, *Daya'*. Heute ist man schon fast übereingekommen, zurückzukehren zum Terminus *Dayak*.

DJUWENG kommt in seiner Sprachuntersuchung (IDRD Pontianak, 1992) zu dem Ergebnis, daß chronologisch gesehen diese Schreibweisen aufeinanderfolgen: *Dyak, Dayak, Daya'* und zuletzt *Daya*. Der Terminus *Dyak(s)* findet sich im allgemeinen in der englischsprachigen Literatur vor dem Zweiten Weltkrieg. Später verwenden englische Texte den Terminus *Dayak(s)*, während Texte in niederländischer und deutscher Sprache sowohl vor, als auch nach dem Zweiten Weltkrieg immer den Begriff *Dajak(s)* gebraucht haben. Die internationale Literatur kennt also nur zwei Schreibweisen: *Dyak(s)* und *Dayak(s)* bzw. *Dajak(s)*. In der englischsprachigen Literatur ist der Terminus *Dyak* die älteste Version.

In Indonesien kam zunächst die Dayak-Konferenz in Sanggau, Kapuas, West-Kalimantan (1956) aus historischen Gründen überein, den Terminus *Dayak* durch *Daya'* zu ersetzen. Bei den Niederländern als Kolonialherren in Indonesien war das Wort *Dajakker* gebräuchlich, was ungefähr so klingt wie Eingeborener, mit der Bedeutung von Leibeigener, niedriger, grober Mensch usw. In Anlehnung an den holländischen Ausdruck kam es unter den Malaien (der islamischen Küstenbevölkerung) zu der Benennung *Dayakkera*, was soviel wie „ein Dayak gleicht einem Affen" heißt (*kera* = Affe). Unter den Javanern entwickelte sich ein Ausdruck *dayak – dayakan*, mit einem für die Dayaks abschätzigen Sinn (ein dummer, ungebildeter Mensch). Diese Begriffe erniedrigten die Dayaks und verletzten ihr Selbstwertgefühl, so daß es bis heute noch viele gibt, die sich nicht gern als Dayaks zu erkennen geben. Der Mut, sich als Dayak zu bekennen, ist noch auf die Schicht der Intellektuellen beschränkt.

Der Ausdruck *Daya'* ist eine relativ neue Entwicklung in Indonesien und Kalimantan und wird in letzter Zeit allmählich wieder fallengelassen. Heutige Publikationen über Bevölkerung und Kultur der Dayaks neigen wieder zum Terminus *Dayak*, da dieser Begriff relativ alt und international bekannt ist und die Identität der Dayak heutzutage und in Zukunft die Anerkennung der internationalen Welt braucht. So beginnen die Dayaks im allgemeinen auch, sich mit diesem Begriff zu identifizieren, soweit er positiv verstanden wird, im Sinne von „Oberlauf des Flusses", „Stärke" oder „Kraft".

Allerdings hat das Wort *Dayak* auch unter der Dayakbevölkerung selbst keine einheitliche Bedeutung. Die Dayaks vom Stamm der Iban geben dem Terminus *Dayak* den Sinn von „Mensch". Während die Tunjung- und Benuag-Dayaks sagen, das Wort heißt „Flußoberlauf". Küstenbewohner – besonders die Zugewanderten – sprechen sie von den Dayaks als „Menschen hinter den Bergen, vom Oberstrom, vom Oberland". Daneben gibt es andere, die das Wort als Eigenschaftswort benutzen wollen, welches Charaktereigenschaften bezeichnet wie stark, kräftig, mutig, hart, zäh und ähnliche.

Bei all diesen verschiedenen, positiven wie negativen, Sichtweisen verbindet man aber im allgemeinen mit den Charakteristika der Dayakbevölkerung das Phänomen von Isoliertheit, Primitivität, Unterentwickeltheit und Ähnlichem. Dieses muß man sehen als ein Symptom von Verschwommenheit bei der Dayakbevölkerung bezüglich der Sozialkultur (DJUWENG, 1992).

Die Stämme in Kalimantan werden sehr unterschiedlich klassifiziert, da Volk und Kultur der Dayak sehr komplex sind. MAL-

LINCKRODT (1928) teilt die Dayakbevölkerung in sechs Großstammesfamilien ein, nämlich 1. Kenyah, Kayan und Bahau; 2. Ot Danum, (Ot-Danum, Ngaju, Maanyan, Dusun und Lavangan); 3. Iban; 4. Murut; 5. Kelemantan; 6. Punan (Punan, Basap, Ott, Bukat). Diese Gruppierung basiert auf der Ähnlichkeit im Adatrecht. RIWUT (1956, 1979) ist der Meinung, daß die Dayaks ursprünglich von einer ethnischen Einheit abstammen, die sich in sieben große und später in 18 Untergruppen aufspaltete und zum Schluß bis auf ungefähr 405 kleine Stämme zerfiel. VON STOHR (1959) geht vom Totenritual aus und teilt die Dayaks in sechs Gruppen auf: 1. Kenyah, Kayan, Bahau; 2. Ot Danum (Ot Danum, Ngaju, Maanyan, Lawangan); 3. Iban; 4. Murut (Dunsun, Murut, Kelabit); 5. Kelemantan; 6. Punan. HUDSON (1967) klassifiziert die Dayaks aufgrund der Sprache in Mittel-, Süd- und Ostkalimantan. Nach ihm gibt es drei große Gruppen: Barito und Mahakam, West-Barito sowie Ost-Barito. Diese drei großen (major) Gruppen werden wieder unterteilt in fünf kleine (minor) Gruppen. Aufgrund dieser „major"- und „minor"-Unterteilung finden sich elf dominante Sprachen, nämlich Tunjung, Dohoi Murung, Siang, Ba'amang Kapuas, Katingan, Taboyan Lawangan, Dusun Deyah, Dusun Malang, Dusun Witu, Paku Maanyan und Samihim. Nach dieser Untersuchung hat die Sprache, die bei der Gruppe in Ost-Barito gebräuchlich ist, starke Ähnlichkeit (wohl gleiche Sprachfamilie) mit der Sprache der Urbevölkerung von Madagaskar. SELLATO (1989) teilt die Dayaks nach den großen Flüssen von Kalimantan in acht Gruppen ein: 1. Melayu; 2. Iban; 3. die Barito-Gruppe (Ngaju, Ot Danum, Siang, Murung, Lawangan, Maanyan, Benuaq, Bentian und Tunjung); 4. die West-Gruppe oder die Bidayuh (Land-Dayaks), die die Dayak-Stämme in Sarawak und in West-Kalimantan umfaßt; 5. die Nord-Ost-Gruppe, besonders die Dayaks in Sabah, die den Stamm der Dusun oder Kadazan, die Land-Murut und einige Dayakgruppen um Brunei und das Küstengebiet von Ost-Kalimantan umfaßt (Ihre Sprache, zum Beispiel die der Murut und Lundaye, zeigt deutliche Parallelen zu den Stammessprachen in den Süd-Philippinen.); 6. die Gruppe der Kayan und Kenyah, die in Sarawak und Ost-Kalimantan wohnen (Nach mündlicher Tradition stammen die Kayan vom Apau-Kayan-Gebiet und haben sich später auf das Stromgebiet des Maahakam, des Kapuas und auf den Oberlauf vom Rejang ausgebreitet.); 7. die Punan, die die Stämme Bekatan, Punan und Bukat, die im allgemeinen noch in den Wäldern Kalimantans und Borneos herumschweifen, außer denen, die in Sabah wohnen, umfaßt; 8. die Gruppe Nord-Mitte, die die Kelabit, Lundaye, Lun Bawang, Murut Bukit, Kajang, Berawan und Melanau umfaßt. Ferner gibt es noch Untersuchungen von KENNEDY (1974), von AVE und KING (1986) und ROUSSEAU (1990).

Aufgrund obiger Darlegungen sind also die Ureinwohner von Kalimantan die Dayaks, die zwischen 3.000 und 1.500 vor Chr. und auch danach aus Asien, aus Yunan und Südchina ausgewandert sind. Ob es Beziehungen zwischen der Dayakkultur und der chinesischen Kultur gibt, wurde bislang nicht wissenschaftlich untersucht. Bei den Hunderten verschiedener Stämme der Dayaks gibt es gleichwohl eine Fülle fast identischer materieller wie religiös-ethischer Kulturelemente, wie das Adatrecht, das Totenritual, die Sprache, Lebensanschauung, Lebenseinstellung, Religion, Adat-Istiadat.

II. Charakteristik der Dayakkultur

Kultur ist „das gesamte System von Ideen, Handlungsweisen, Ergebnissen menschlichen Schaffens im Konzept des Gesellschaftslebens, welches in einem Lernprozeß Eigentum des Menschen selbst wird" (KOENTJARANINGRAT, 1990). Sie besteht also aus religiös-ethischen, sozialen und materiellen Kultursystemen. Kulturelemente sind Sprache, tradierte Kenntnisse, soziale Organisation, Erstellung und Gebrauch von Werkzeugen bzw. Techniken, Wirtschaftsformen zur Erlangung des Lebensunterhalts, Religion, Kunst, Wissenschaft und Rechtspflege. Es bleibt die Frage, inwieweit die heute lebenden Dayaks diese spezifischen Elemente in ihrem Lebensbereich geformt und ausgeprägt haben. Möglicherweise befinden sie sich in einer Kultur- bzw. Identitätskrise. Sie wird vielleicht dadurch ausgelöst, daß die Sozialkultur gerade vom Subjekt der Kultur selbst, nämlich von den Dayaks, nicht geschätzt und gepflegt wird.

Das Leben der Dayaks beruht auf ihrer festen Bindung an die absolute Realität, an das geordnete Zusammenleben und an die natürliche Umwelt. Dieses Beziehungsgeflecht drückt sich in der

Tradition, der Adat-Istiadat und im täglichen Leben aus und manifestiert sich in Verhaltensweisen und in Werken (RUFINUS, 1992). Um das Dargelegte zu konkretisieren, werden einige Charakteristika der Dayakkultur beschrieben, an erster Stelle von seiten der Materialkultur her (UKUR, 1992).

Das Langhaus

Im Prinzip besitzen alle Dayakstämme die Tradition des Langhauses. Seine Struktur und Gestalt kann bei den verschiedenen Stämmen unterschiedlich sein; doch die Funktion ist immer die gleiche, nämlich Zentrum des ganzen Lebens und aller Aktivitäten. Das Langhaus ist Mittelpunkt der Erziehung und Förderung der Jugend, der Kunst- und Kulturaktiviäten, der Adat-Gemeinschaft, des Adat-Rechts, der Adat-Rechtsprechung, der Adat-Zeremonien usw. In früheren Zeiten war es ein Schutzort der Gemeinschaft vor Angriffen wilder Tiere und vor menschlichen Feinden, denn Stammeskämpfe waren gang und gäbe (Kopfjagd).

Das Langhaus der Dayaks in Kalimantan war „Centre for Dayak creation, arts and inspiration". Es bringt zum Ausdruck, wie hoch der Wert von Solidarität in der Sozialkultur, von Gemeinsamkeit und gegenseitiger Hilfeleistung und von Kollektivität unter den Dayaks früherer Zeiten geschätzt wurde. Heute sind die Langhäuser fast ganz verschwunden, weil die Bevölkerung zum Stil des Einzelhauses übergegangen ist, den die Regierung mit der Begründung der Modernisierung und des hygienischen Lebensstils empfiehlt. Das Abreißen der Langhäuser der Dayaks scheint identisch zu sein mit dem Abbrechen der authentischen Identität der Dayaks.

Flechtarbeit

Üblicherweise sind die Flechtarbeiten – Matten und Körbe – der Dayaks aus Rotan (Rattan) gemacht. Die Schlafmatten bzw. die Matten für die Adatzeremonien werden gewöhnlich fein geflochten mit Zeichnungen oder Abbildungen, mit Motiven aus der alten Mythologie des jeweiligen Stammes, zum Beispiel Hund, Drache, Nashornvogel, Löwe usw. Die Tragkörbe mit ihren Schulterschnüren sind offenbar nur bei den Dayaks üblich.

Spezielle Waffen: Mandau und Blasrohr

Eine Waffe der Dayaks, die wahrscheinlich kein anderer Volksstamm in Indonesien besitzt, ist der *Mandau* (ein spezielles Dayakschwert). Das Besondere daran ist, daß der Knauf und die Scheide immer mit eigenen Schnitzereien des jeweiligen Stammes verziert sind, so wie es auch bei den oben genannten Matten üblich ist. – Um Jagdtiere zu töten, benutzen die Dayaks ein Blasrohr, das durch sein einzigartiges hochwirksames Gift berühmt ist.

Töpferware (Steingut)

Obwohl der Ursprung des von den Dayaks benutzen Steinguts noch nicht endgültig geklärt ist – es wird vermutet, daß es aus der chinesischen Tradition stammt – gehören seit undenklichen Zeiten die Töpferwaren, wie Wassergefäße, Krüge, Schüsseln und Töpfe, zu den Kulturelementen der Dayaks. Sie haben nicht nur einen ökonomischen, sondern auch einen sozio-religiösen Wert: Bei manchen Dayakstämmen haben sie die Funktion von Mitgift; sie symbolisieren den sozialen Status einer Familie oder einer Person und sind mitunter notwendiges Zubehör bei verschiedenen Adatzeremonien.

Trockenfeldbewirtschaftung

Das System der weiterziehenden Trockenfeldwirtschaft – darunter versteht man: abholzen, verbrennen, bebauen, ernten, weiterziehen, das abgeerntete Feld wieder zu Wald werden lassen und nach 15–20 Jahren wieder abholzen, verbrennen usw. – ist immer noch ein Kulturelement, das relativ häufig bei allen Dayakstämmen zu finden ist. Das Anlegen von Trockenfeldern gründet auf einem ganzen Bündel von speziellem traditionellem Wissen, insbesondere in Bezug zum Umweltschutz.

Diese Bodenbestellung beinhaltet für alle Dayakstämme eine Abfolge von wichtigen sozio-religiösen Ereignissen. Trockenfeldwirtschaft ist sehr an traditionelle Gewohnheiten gebunden; es ist ein Erbe der Vorfahren, das von Geschlecht zu Geschlecht weitergegeben wird. Riten und religiöse Zeremonien von unterschiedlichster Form und Gestalt begleiten den Prozeß des Feldanlegens. Dabei manifestiert sich die Beziehung zwischen der absoluten Realität, der

Menschheit und der natürlichen Umwelt und findet ihren Ausdruck und ihre Verwirklichung.

Im Zusammenhang mit internationalen Berichten und Kritiken bzgl. der Abholzung des Tropenwaldes in den Entwicklungsländern (einschließlich Indonesiens) werden heute gerade die Dayaks in Kalimantan von denjenigen, die eigene wirtschaftliche Interessen am Holz haben, und sogar von der indonesischen Regierung, als Zerstörer und Abholzer der Wälder beschimpft. Diese Anschuldigungen sind wohl haltlos, da verschiedene Untersuchungen ausreichend bewiesen haben, daß das von den Dayaks praktizierte System der Trockenfeldwirtschaft in Wirklichkeit nicht der Hauptgrund für die Zerstörung der Wälder und der Umwelt in Kalimantan sein kann (DOVE, 1988).

Die Stellung der Frau in der Gesellschaft

Die Dayakgesellschaft bekennt sich zum parentalen-geneologischen System. Väterliche und mütterliche Abstammungslinie haben gleichen Rang und Wert. Deshalb sind prinzipiell die Frauen den Männern gleichgestellt, sowohl im sozialen als auch im religiösen Leben. Die Frauen können die Position einer *Belian* (imam, Priesterin, Schamanin) übernehmen.

Durch das Adatrecht, besonders durch das Eherecht, wird die Gleichstellung der Frau verbürgt. Im Regelfall ist die Ehe der Dayaks monogam, obgleich immer wieder einmal Polygamie, insbesondere wegen Kinderlosigkeit, vorkommt (UKUR, 1992). Der ersten Frau wird normalerweise durch die Bestimmungen des Adatrechts der Vorrang eingeräumt; auch muß sie ihr Einverständnis für die zweite Eheschließung ihres Mannes geben. Nach dem Eheadatsrecht wird Ehebruch mit harten Strafen geahndet.

Tanzkunst

Tänze werden als „Zelebration des Lebens" im rituellen und zeremoniellen Kontext – das kann auch bei der Reisaussaat oder der Ernte sein – aufgeführt. Das Adatrecht verbietet sie nach einem Todesfall für eine gewisse Zeit. Am Ende des Totenrituals, das wieder Lebenssymbole aufweist, wird dann ein Fest mit möglichst prachtvollen Tänzen gefeiert. Die Dayaks kennen keine Tanzspezialisten. Ihre Tänze sind immer Volkstänze. Die Philosophie des Dayaktanzes orientiert sich auf die Feier des Lebens hin, auf ein Freiwerden von der Angst vor dem Tod, von aller persönlichen Trauer. Sie beschreiben immer das dramatische Klima eines Übergangs vom Tod zum Leben. Dayaktänze sind voll von Improvisationen je nach der persönlichen Kreativität des Tänzers oder der Tänzerin. Sie spiegeln keine feudale Kultur, sondern sind echte Volkstänze (UKUR, 1992).

Das traditionelle agrarische Leben

Bis heute bildet das traditionell agrarische Leben das Gerüst der sozial-ökonomischen Grundlage in Kalimantan. Es beeinflußt nach wie vor Lebensart und Denkweise der Dayaks. Wenn auch von der jüngeren Generation schon ziemlich viele mittlere und höhere Bildung genossen haben, sind sie dennoch stark auf das traditionell agrarische Lebensmuster hin orientiert. Ihrer Mentalität nach haben die Dayaks im allgemeinen wenig Mut, um Hindernisse und Herausforderungen zu durchbrechen. Sie haben wenig Elan für den „Struggle of Life" und wenig Lust, um etwas zu kämpfen, weil sie im allgemeinen wenig Courage haben, Beschlüsse zu fassen und Risiken auf sich zu nehmen. Die Dayaks geben lieber nach, als daß sie im Prozeß des Fortschritts mitmischen; sie kennen auch keine „ökonomischen" Erwägungen (AKIEN ALIF, 1993).

Ein unökonomisches Leben

Im allgemeinen leben die Dayaks instinktiv. Sie sind keine „Business-Menschen". Ihre Handlungsweise wird kaum von ökonomischen Aspekten beeinflußt. Die Prinzipien von Vorteil-Nachteil, von „cost and benefit", von Effektivität und Effizienz sind ihnen wenig geläufig und bedeutungslos. Sie leben gegenwartsorientiert: Der heutige Tag ist für heute, den morgigen Tag kann man später regeln. Folglich ist es unnötig, Geld für ein zukünftiges besseres Leben zu sparen. Wirtschaftliche Erwägungen haben für die Dayaks keine besondere Wichtigkeit; so ist ihr Lebensstil eher unproduktiv und auf den momentanen Verbrauch der Güter ausgerichtet. Bei dieser Lebenseinstellung ist es sehr schwierig, in wirtschaftlicher Hinsicht voranzukommen.

Lebensanschauung

Das tägliche Leben ist sehr einfach, monoton, wenig kreativ und zeigt kaum Eigeninitiative. Die Dayaks sind mehr abwartend, sich ergebend, sie nehmen das Schicksal hin, geben meist nach, hoffen auf Barmherzigkeit anderer, sie sind schlicht und offen. Sie sind oft schnell zufriedengestellt, haben wenig Schwung, um etwas zu erreichen oder zu forcieren. Die Dayaks sagen leicht: „Wie es der Obrigkeit, dem Vorgesetzten gutdünkt." „Wie die anderen es für gut finden, so ist es schon richtig." Sie neigen dazu, nicht viel zu fordern; wichtig ist, zu gehorchen und treu seine Aufgaben und Pflichten zu erfüllen. Sie nehmen an, auch wenn wenig gegeben wird; was ihr Recht ist, überlassen sie dem Geber.

Dieses einfache, arglose, offene (*lugu*) Wesen der Dayaks kann ihnen leicht zum Schaden gereichen, indem sie zum Spielball werden von Betrug, Unterdrückung und Verschlagenheit anderer. Dieses arglose Wesen hindert sie auch, sich selbst zu zwingen, voranzukommen. Wenn ein Dayak eine Machtstellung hat, will er diese lebenslang behalten. Er weigert sich, diese Führungsposition an die jüngere Generation abzugeben, weil er sie für unfähig hält. Ein Dayak, der schon in Amt und Würden ist, versucht, seinen status quo zu erhalten und betrachtet die eventuellen Fähigkeiten anderer skeptisch. Er häuft lieber Macht bei sich selber an. Daher werden in der Dayakgesellschaft nur selten Führungskräfte herangebildet.

III. Das Phänomen der Dayakkultur

Die sozial-kulturelle Transformation in der heutigen Dayakgesellschaft Kalimantans berührt verschiedene Werte der Kultur, sowohl der Gesellschaft, der Kunst im weitesten Sinne als auch der physischen Kultur. Diese genannte Transformation hat offensichtlich noch keine klare Richtung und kein Paradigma. Es wird deutlich, daß man einer Involution der Kultur in den Reihen der Dayaks nicht entkommen kann.

Ein sehr ernstes Phänomen in der Dayakgesellschaft ist, daß die Einheit und Einigung als Volk schon so weit auseinandergefallen sind; jeder Dayakstamm geht seinen gesonderten Weg, um seine Identität und seine Zukunft mitten im heutigen Modernisierungs- und Zivilisationsprozeß der Menschheit zu suchen.

Wichtige Kulturgüter gehen verloren, da man immer weniger Interesse hat, sie zu schützen und zu erhalten, ja, es wird mit ihnen Handel getrieben als Folge eines ziellosen Zivilisationsprozesses. Dies ist ein Symptom dafür, daß der Prozeß der Inkulturation und der Akkulturation ohne klare Vision verläuft. Ausländische und einheimische Kulturen anderer Volksstämme haben direkt oder indirekt positiven und negativen Einfluß auf die Dayakkultur, so war es früher und wird es auch bleiben. Der Prozeß einer unbedachten Inkulturation wird eine kleinliche Mentalität von Ethnozentrismus, Ethno-Nationalismus, von Stammesdenken und Provinzialismus erzeugen.

Es scheint fast unmöglich, daß die Dayakbevölkerung sich im sozial-kulturellen Bereich solidarisiert und eine Einheit erreicht. Es ist deutlich spürbar, daß sie heute eine wirklich ernste Desintegrierung und Fragmentarisierung ihrer Sozialkultur erlebt. Daher müßte besonders unter der jungen Generation durch weise Bildung und Förderung der Dayakkultur ein fruchtbarer Kulturtransformationsprozeß in Gang gesetzt werden.

Das sozial-kulturelle Leben in den Dörfern wie auch in den Städten zeigt verschiedene Krisensymptome. Wegen der immer besseren Kommunikationsmöglichkeiten und dem schnellen Anwachsen des Tourismus kann kein Volk, kein Volksstamm und kein Staat verhindern, daß fremde Einflüsse die eigene Kultur mitprägen. Nur der Glaube an die Souveränität der eigenen Werte, aus dem die Widerstandsfähigkeit gegenüber anderen Kulturen erwächst, ermöglicht Identitätsfindung. Eine sich jedoch eng abschottende Kultur, die nur in einem begrenzten Kreis existiert, wird mit der Zeit verschwinden.

Gegenwärtig ist die Regional-, die indonesische National- und die Dayakkultur an der Wegscheide von einer Agrargesellschaft zur Industriegesellschaft. Der Status einer traditionellen Gesellschaft, der üblicherweise in den Besonderheiten von Adat-Istiadat ins Auge fällt, bewegt sich kulturell, soziologisch und psychologisch gesehen von der straffen Orientierung auf enge Kulturwerte weg hin auf eine Orientierung zu einer Kultursolidarität, die weiter ist, die offen, demokratisch, ausgleichend und global ist.

Diese Bedingungen der traditionellen Kultur, besonders wenn sie konfrontiert wird mit der gegenwärtigen Tourismusindustrie, werden wenigstens zwei Konsequenzen nach sich ziehen: 1. Die von den Vorfahren ererbte Tradition und der damit verbundene religiöse Glaube und der agrarische Lebensstil wird verändert und den Bedürfnissen des Tourismus angepaßt. Das beinhaltet, daß Kunst nun ausgeführt wird, und sich dabei zwangsläufig verändert, um Touristen zu befriedigen. In diesem Sinne wird sie ein Element von Handel, das man intensiv auslotet, um den Wünschen der Reisenden zu entsprechen. 2. Die Dayaks werden sich immer häufiger mit Fremdkulturen auseinandersetzen müssen. Daher muß nun eine Vitalisierung bzw. Revitalisierung der Volkskultur in Angriff genommen werden. Das sozial-kulturelle Leben erneuert sich kräftiger, wenn es, quasi von unten her, wachsen kann. Daher ist es nötig, daß man eine Demokratisierung der Kultur entwickelt und fördert, indem man sie an ihre Besitzer zurückgibt.

Besorgt muß gesehen werden, daß die Dayakkultur (wie auch die Kulturen anderer Gebiete Kalimantans und Indonesiens) bedingt durch eine sehr zentralistische Entwicklung der Gesellschaft gegenwärtig wohl immer schwächer wird. Negative Folge wird der Verlust von Elan und aktiver Partizipation sein, die Gesellschaft fungiert nicht mehr als Schöpfer der Kultur, sondern wird zum Konsumenten der heutigen Weltzivilisation. Hier zeigen sich Grundelemente für das Entstehen u.a. von Konsum, Verfremdung, Involution und dominantes Beherrschen im Kulturbereich. Es gibt jedoch Experten, die 1991 auf dem IV. Kulturkongreß in Jakarta die aufgezeigte Entwicklung anders interpretieren: Sie gehen davon aus, daß Kultur vital ist und eine kreative und dynamische Kraft besitzt, um fortwährend ein sozio-kulturelles Paradigma zu suchen, das auf evolutionäre Weise aus diesem Kulturprozeß selbst erwächst. Deshalb kann in Wirklichkeit Kultur weder manipuliert noch politisiert werden.

Die Kultur – eingeschlossen die gegenwärtige der Dayaks – tendiert zu einer „Ökonomisierung der Kultur", das heißt, sie wird zu einem Handelsobjekt. Als Handelsobjekt verliert eine Kulturform ihre Spontanität und Originalität, ja selbst ihre eigene Vitalität. Sie wird nämlich einen Prozeß der Professionalisierung und Perfektionierung erleben, so daß ein Abstand zwischen Kulturträgern und Kulturzuschauern entsteht. Dies kann auch geschehen bezüglich der Lebensanschauung und der Religiösität der Menschen. Die heutige Verwirtschaftung der Kultur bedeutet eine große Macht, die alle Hoffnungen und Wünsche des Volkes beeinflußt und lenkt. Unterstützt durch die neue Technik auf elektronischem Gebiet, wie Fernsehen und anderen Medien, wird die Ökonomisierung der Kultur eine ungehemmte Macht werden, um eine globale Kommunikation zu schaffen. Eine Folge unter anderem ist die Universalisierung der Ästhetik – sowohl auf dem Gebiet der Musik, als auch von Theater und Film. Im Zusammenhang hiermit muß die Lebenskraft der Volkskultur inspiriert werden; zugleich muß man sich aber bemühen, jede Art von Manipulation und Standardisierung zu vermeiden und die kreativen Kräfte im Volke von unten wachsen und sich entwickeln lassen. Der Schlüssel für eine Transformation der Kultur ist ihre Demokratisierung, indem man das Lebensrecht der Kultur an seine Besitzer zurückgibt.

Die Dayakkultur in Kalimantan hat ihre Wurzel in der mythisch-religiösen Gedankenwelt. Dies manifestiert sich in den Elementen wie Adat-Istiadat, Sprache, Kunst, traditionelles Wissen, Lebensausstattung, soziale Organisation, Religion usw. Im Prinzip glauben alle Dayakstämme an das Dasein einer absoluten Realität, die beschützt und ihr tägliches Leben kontrolliert. Ist die Bindung an die Tradition oder an die Adat-Istiadat gefährdet, fühlen sie sich in ihrem Heil bedroht.

IV. Solidarität der Dayakkultur

Welche Bemühungen können eine Solidaritätsbewegung im Dayakvolk wecken und es auf sozialem, kulturellem, ökonomischem und politischem Gebiet fördern?

1. Das Dayakvolk muß annehmen und anerkennen, daß der Name *Dayak* eine gemeinsame Identität aller Dayaks in Kalimantan beinhaltet. In diesem Sinne muß verhindert werden, daß man sich streitet, wer der Älteste, wer der Vornehmste unter den vielen Stämmen ist. Gerade solche Auseinandersetzungen werden die Einheit und Vereinigung der Dayaks als einer Stammesfamilie, als „die Dayaks in Indonesien" schwächen.

Die Annahme des Namens *Dayak* von seiten der Dayaks ist nicht leicht, denn der Begriff wurde nicht von ihnen selbst gewählt, sondern wurde ihnen von anderen gegeben und beinhaltet Demütigung und Erniedrigung.

2. Es muß eine Institution für die Vereinigung der Dayaks in Kalimantan gebildet werden. Ob es die Form eines Kommunikationsforums, einer sozialen und wissenschaftlichen Einrichtung, einer Organisation des Gemeinwesens oder einer Stiftung oder ähnlichem trägt, hängt von jetzigen und zukünftigen relevanten und drängenden Bedürfnissen ab. Diese ins Auge gefaßte Institution muß als Ziel haben, alle Dayakstämme zu vereinigen.

In West-Kalimantan hat man bereits ein „Dayakology-Institut" gegründet, das speziell die Dayakgesellschaft in Kalimantan, insbesondere in West-Kalimantan, studiert. In Ost-Kalimantan hat sich die *Dayakgemeinschaft von Ost-Kalimantan* formiert (3. April 1993) mit dem Ziel, die Bestrebungen der Dayakbevölkerung von Ost-Kalimantan zu vereinen und weiterzuleiten. Außerdem gibt es noch viele andere Organisationen und Einrichtungen der Dayaks.

3. Die genannte Institution muß die lokale wie regionale Kommunikation in Kalimantan mit gleichgearteten Einrichtungen fördern. Auch die Zusammenarbeit mit den Nachbarstaaten – wie Ost-Malaysien (Sarawak und Sabah) und Brunei-Darussalam muß intensiviert werden. Zusätzlich ist ein Arbeits- und Informationsnetzwerk mit der internationalen Welt dringend notwendig. Es darf nicht vergessen werden, daß Europa und andere Teile der Welt die Dayaks besser kennen und schätzen, als die indonesische Gesellschaft einschließlich der Dayaks selbst.

4. Die Dayaks müssen eine Langhaus-Spiritualität rekonstruieren oder modernisieren. Denn das Langhaus bedeutete in früherer Zeit ein Symbol und eine Inspirationsquelle für eine Solidaritätsbewegung des Sozialen, der Kultur, der Ökonomie, der Politik, des Rechts, der Kunst, der Adat-Istiadat und der Religion der Dayaks. Vielleicht kann eine Langhaus-Spiritualität neue Kräfte in der Dayakbevölkerung wecken. Das Langhaus als Bauwerk kann als Mittel und Medium für Versammlungen und Beratungen der Ältesten und der Gruppen dienen. Es scheint, daß eines der Probleme der Dayaks bedingt ist durch das Verschwinden des Langhauses, das heutzutage immer mehr durch Einzelhäuser ersetzt ist. Dadurch werden Brüderlichkeit und Solidarität untereinander immer schwächer. Der Gemeinschaftsgeist muß wieder geweckt werden, obwohl die Dayaks heute in Einzelhäusern leben. Die Langhaus-Spiritualität, „gesteinigt" von der Zivilisation der modernen Gesell-

schaft, darf nicht erschlaffen. Das Aufgeben des Langhauses in Kalimantan ist identisch mit der Zerstörung der Lebenswurzeln der Dayaks.

5. Die Entwicklung der traditionellen Kunstkultur muß wieder gefördert, gepflegt und modernisiert werden. Unschätzbare Werte sind die verschiedenen Adat-Zeremonien, die Tanz-, Gesangs-, Mal-, Flecht- und Schnitzkunst und die verschiedenen Formen des Erzählens, wie Legenden, Mythologie, Volkssagen. Dies alles muß so reaktiviert werden, daß eben dadurch auch die Würde und die Selbstachtung der Dayaks gehoben wird. Erfüllt es die Dayaks nicht mit Stolz, wenn Architektur, Schnitz- und Malwerk nach ihrer charakteristischen Art heutzutage überall immer populärer werden, sowohl auf lokaler, regionaler und nationaler, ja, auf internationaler Ebene?

6. Die weiterziehende Feldwirtschaft ist die wirtschaftliche Grundlage der Dayakbevölkerung und ist gleichzeitig ein Element ihrer Kultur. Es ist wünschenswert, daß dieses System anerkannt und als Kulturelement eingeschätzt wird. Heute wird die Feldwirtschaft der Dayaks als Ursache für die Umweltzerstörung Kalimantans gesehen. Dieser Vorwurf kommt von der indonesischen Regierung, obwohl es sinnvoll wäre, diese Bodenbebauung anzuerkennen und so zu modernisieren, daß dadurch der Lebensstandard der Dayaks angehoben würde.

7. In der Tradition der Dayaks ist die Frau den Männern gleichgestellt. Diese Realität soll die Frauen anspornen, eine bedeutendere Rolle im Entwicklungsprozeß ihrer Gesellschaft zu belegen. Sie sollen sich ihrer Würde bewußt sein und sich aktiv an den verschiedenen Aufgaben des Aufbaus beteiligen.

8. In der Adat-Tradition haben Funktion und Stellung der Adat-Ältesten eine große Bedeutung. Die Ältesten übernahmen die Funktion der „regulative institution" und gleichzeitig der „operative institution". Doch die heutige Realität zeigt, daß dies alles längst Vergangenheit ist. Die Adat-Institution hat ihre Autorität und Macht verloren, ja, sie wird oft gedemütigt und sehr gering geschätzt. Dieses Phänomen stimmt sehr traurig. Folglich muß sich eine Dayak-Kultur-Bewegung darum bemühen, die Adat-Institution der Dayaks wieder herzustellen, so daß sie wie früher funktioniert.

9. Im Bemühen um eine Solidaritätsbewegung der Dayakkultur ist es nötig, Institutionen für wissenschaftliche Studien der Dayak-

kultur zu gründen. Diese haben die Aufgabe, die Gesellschaft und die Kultur der Dayaks zu untersuchen, zu studieren und Informationen darüber zu verbreiten. Solche Einrichtungen müssen die Informationen dokumentieren und ein Netzwerk von Zusammenarbeit bilden, auf lokaler, regionaler, nationaler und internationaler Ebene. Weiterhin können sich dort Gebildete, Intellektuelle und Dayak-Gelehrte der verschiedenen wissenschaftlichen Disziplinen versammeln, so daß eine interdisziplinäre Zusammenarbeit verwirklicht werden kann (Dayakology).

10. Es ist deutlich, daß man sich mehr um Dialog und Kommunikation bzgl. Kulturinformationen zwischen den Dayaks in Kalimantan (Indonesien) und der Dayakbevölkerung in Ost-Malysien (Sabah und Sarawak) bemühen muß. So kann ein Dialog entstehen, der am Ende möglicherweise eine Kulturbewegung der Dayak in Kalimantan anspornen könnte.

Dieses sind einige grundsätzliche Ideen, die vielleicht die Bewegung *Orang Dayak Bersatu* (Vereinte Dayaks) in Kalimantan unterstützen können, um eine bessere Zukunft für die Dayakbevölkerung zu erkämpfen.

V. Zusammenfassung

Beim National-Seminar der Dayakkultur, das in Pontianak vom 26. bis 28. November 1992 stattfand, sagte Professor Sutandyo Wignjosoebroto MPA: „Eine Revitalisierung der Dayakkultur wird eine Bewegung der kulturellen Solidarität hervorbringen, sowohl unter der Dayakbevölkerung selbst, als auch mit anderen Gemeinschaften." Wenn also die Dayakgesellschaft ihre Identität aufrecht erhalten will, indem sie sich um eine Bewegung der Kultursolidarität bemüht, die andererseits eine Identität einer modernen Dayakkultur entstehen läßt, so müssen folgende zwei Umstände berücksichtigt werden:

1. Die Dayakgesellschaft selbst muß sich der Identität ihrer Kultur bewußt werden. Es müssen sofort Mittel gesucht werden, um die Krisensymptome zu beheben. Abweichungen in Richtung einer künstlichen modernen Kultur müssen korrigiert werden. Die Dayakgesellschaft muß sofort den Unterschied zwischen der „super cultu-

re" und „infer culture" verringern, indem sie teilnimmt am Entwicklungsprozeß.

2. Selbstverständlich muß die Dayakgesellschaft selbst Subjekt ihrer Kulturtransformation werden. Es muß ihr Gelegenheit gegeben werden, direkten Anteil zu haben an der Beschlußfassung bzgl. der Entwicklungspolitik und auch an den Erträgen dieser Entwicklung. Man kann sagen, daß die Unterentwicklung der Dayaks als Folge einer ungerechten Entwicklungspolitik der Zentral- und der örtlichen Regierung zu deuten ist: den Dayaks wurde keine Gelegenheit und keine strategische Stellung bei der Teilhabe am Entwicklungsprozeß gegeben. In diesem Kontext schließlich hat die Solidaritätsbewegung der Dayakkultur ihre Bedeutung und Relevanz bzgl. der Sozialpolitik in Kalimantan.

Literaturhinweise:

M. J. AKIEN ALIF, Kehidupan Sosial Ekonomi Masyarakat Dayak. In: Kalimantan Review 2 (1993) Nr. 3

JAN B. X. AVE und VICTOR T. KING, Borneo. The people of weeping Forest. Tradition and Change in Borneo. Leiden: National Museum of Ethnology 1986.

BORNEO RESEARCH BULLETIN: Diese Zeitschrift wird seit 1968 vom Departement of Anthropology, College of William and Mary in Williamsburg, VA 23185 USA herausgegeben.

MICHAEL COOMANS, Manusia Daya, Dahulu, Sekarang, Masa depan (Der Dayak-Mensch). Diss. Rom 1987. Jakarta: Pt. Gramedia 1987.

STEPHANUS DJUWENG, Dayak, Dyak, Daya', Cermin Kekaburan Sebuah Identitas. In: Kalimantan Review 1 (1992) Nr. 1.

STEPHANUS DJUWENG, Rumah Panjang Sebagai Pusat Kebudayaan Dayak. In: Kalimantan Review 2 (1993) Nr. 3.

MICHAEL ROGER DOVE, Sistem Perladangan di Indonesia: Suatu Studi Kasus dari Kalimantan-Barat. Yogyakarta: Gajah Mada University Press 1988.

ALFRED BACON HUDSON, Padju Epat: The Ethnography and Social Structure of an Ma'anjan Dayak Group in Southeastern Borneo. Phil. Diss. Cornell University 1967.

KALIMANTAN REVIEW, hg. seit 1992 vom Institut of Dayakology Research and Development (IDRD) in Pontianak.

RAYMOND KENNEDY, Bibliografy in Indonesien Peoples and Cultures (= The Ithaka, Southeast Asia Studies). Yale University 1974.

VICTOR T. KING, The Maloh of West Kalimantan. Social Inequality and Social Change in Indonesian Borneo Society. Phil. Diss. University of Hull 1980.

KOENTJARANINGRAT, Pengantar Ilmu Antropologi (= cetakan ke-8). Jakarta: Rineka Cipta 1990.

KOENTJARANINGRAT, Beberapa Pokok Antropologi Sosial (= cetakan ke-7). Jakarta: Dian Rakyat 1990.

KOENTJARANINGRAT, Kebudayaan Mentalitas dan Pembangunan. Jakarta: Gramedia 1987.

Koentjaraningrat, Masalah_Masalah Pembangunan: Bunga Rampai Antropolgi Terepan. Jakarta: LP3ES 1987.

Yuvenalis Lahajir, Fenomena Marginaisasi pada Masyarakat Dayak. In: Surat Kabar Harian, „Suara Kaltim" vom 21. Juli 1992.

H. J. Mallinckrodt, Het Adatrecht von Borneo. 2 Bde. Leiden 1928.

Tjilik Riwut, Kalimantan Memanggil. Jakarta: NV. Pustaka Endang 1956, ²1958.

Tjilik Riwut, Kalimantan Membangun. Jakarta: NV. Pustaka Endang 1977, ²1979.

Jerome Rousseau, Central Borneo: Ethnic Identity and Social Life in a Stratified Society. Oxford: Clarendom Press 1990.

Albert Rufinus, Manusia Dayak: Manifestasi Perilaku dan Perbuatanny. In: Kalimantan Review 1 (1992) Nr. 1.

Wilhelm Schmidt SVD, Der Ursprung der Gottesidee. Eine historisch-kritische und positive Studie. Münster i. Westfalen 1926, mehrfach neu hg. in mehreren Bänden. Münster 1952–1955.

Bernard Sellato, Naga dan Burung Enggang, Hornbill and Dragon (= ELF Aquitaine Indonesie). Jakarta 1989.

Waldemar von Stöhr, Das Totenritual der Dayak (= Ethnologica NF 1). Köln 1959.

Fridolin Ukur, Kebudayaan Dayak. In: Kalimantan Review 1 (1992) Nr. 2.

„Oft ist Lawing schlau wie ein Zwerghirsch, aber oft erwischt es ihn doch"

Parabeln von Lawing über den Alltag der Dayaks

von Yan Zwirs (Lawing Paran) in Indonesien

1972 wurde in Samarinda auf Kalimantan ein Fortbildungskurs für Gemeindeleiter, *kehro*, veranstaltet. Dabei sollte ich über die Dayakstämme referieren und darlegen, warum diese sich so zögerlich den wirtschaftlichen und kulturell-europäischen Fortschritt zu eigen machten.

Zur Vorbereitung meines Vortrages las ich das sehr populäre und weitverbreitete Buch von Prof. Koentjaraningrat. Darin wird die Auffassung vertreten, die Menschen und insbesondere die Dayaks, die in Kalimantan zur ärmsten Volksgruppe gehören, seien selbst an ihrer Armut schuld. Sie müßten beginnen, anders zu denken und ihren Lebensstil ändern.

Ich war damals davon überzeugt, daß die Dayaks von der Natur so sehr verwöhnt seien, daß jegliche Vorsorge für die Zukunft, eine der wichtigen Motivationen des menschlichen Handelns, für sie überflüssig ist. Auf Kalimantan gibt es keine kalte Jahreszeit, die es nötig macht, Erntevorräte anzulegen. Hat zum Beispiel das Maisfeld keinen ausreichenden Ertrag gebracht, kann immer noch Maniok gepflanzt oder aus dem Wald Sago geholt werden. Sparen oder Vorräte für die fernere Zukunft anzulegen, erübrigt sich aufgrund der klimatischen Gegebenheiten. Hinzu kommt die religiöse Überzeugung, daß das Schicksal der Menschen von der allmächtigen Gottheit vorherbestimmt ist; so sind ihnen große Anstrengungen, das Leben generell zu verändern, schon an und für sich unsinnig. Da die Stammesoberhäupter der Dayaks noch dazu alle Tätigkeiten des Einzelnen regeln und kontrollieren, liegt Eigeninitiative brach. Fazit meiner Überlegungen war es daher, die Mentalität der Dayaks müsse geändert werden. Die Gemeindeleiter sollten darauf hinwirken, daß die Dayaks ihren Lebensstil zukunftsorientiert ausrichteten. Dabei müßten sie auch die Bereitschaft entwickeln, Opfer zu bringen.

Im Laufe meiner missionarischen Tätigkeit habe ich meine Anschauungen von 1972 erheblich korrigiert. Nachdem ich selbst mit den Dayaks auf dem Feld gearbeitet und ihnen bei der Goldwäsche zugeschaut hatte, nachdem ich mit ihnen unter großen Mühen in Höhlen eingedrungen bin, um Schwalbennester zu sammeln und nachdem ich ihre Erzählungen über das Duftharzsuchen und das Rattanschneiden gehört hatte, fing ich an, meine obigen Schlußfolgerungen stark zu bezweifeln.

Die Dayaks sind alles andere als faul und arbeitsscheu; ihre Tätigkeiten wie Rattanschneiden, Goldwaschen und Harzsuchen sind schwer und ermüdend. Immer mehr wurde mir bewußt, daß es andere Gründe dafür gibt, daß die Dayaks immer noch nicht zu Wohlstand und gesellschaftlichem Ansehen gekommen sind.

Ich begann, meine neue Sichtweise der Dayakstämme in Erzählungen zu fassen. In der monatlich erscheinenden Zeitschrift *Kontak*, die vom MSF-Bistum Samarinda publiziert wird, erzähle ich als *Lawing* von den Dayaks, um so für ihre Lebensgewohnheiten Verständnis zu wecken; gleichzeitig vermitteln diese Parabeln kulturelle und religiöse Wahrheiten aus dem Alten und Neuen Testament. Inspiriert werde ich von Märchen und Gleichnissen aus Rußland, Afrika und aus dem jüdischen Kulturraum. Ich erzähle so, daß sich Land und Leute von Ostkalimantan in den Geschichten wiederfinden können.

An drei Beispielen möchte ich aufzeigen, wie Situationen aus dem Lebensraum der Dayaks nacherzählt, gedeutet und für die Verkündigung der christlichen Botschaft verwertbar werden.

I. Die Erzählung vom Schwalbennest

Schon seit vielen Wochen lebte der Dayak Lawing mit seinen Freunden in einer Hütte, weit oben am Oberlauf des Flusses. Er bewachte die Höhle, die sein verstorbener Großvater vor unzähligen Jahren entdeckt hatte. Hier gab es wertvolle weiße Schwalbennester, die beim Verkauf großen Gewinn bringen würden.

Eines Tages, als er mit seinen Gefährten prüfen wollte, wie weit die Schwalbennester gediehen waren, rutschte einer seiner Helfer plötzlich aus, fiel hin und brach sich den Arm. Die Freunde

Lawings mußten den Verunglückten mit dem Boot flußabwärts ins Dorf bringen.

Nun war Lawing ganz allein. Als die Schwalbennester die richtige Größe hatten, sammelte er sie ein. Sein Boot hatten die Freunde für den Transport des Kranken mitgenommen. So bat er fremde Leute, ihn mit seiner kostbaren Fracht im Boot mitzunehmen. Er war unruhig, Sorgen quälten ihn: „Hoffentlich hält die Polizei das Boot nicht an und untersucht unsere Ladung." Er wußte, wenn er unkontrolliert durchkäme, hätte er einen guten Ertrag. „Zwar muß ich meine Fahrtkosten und die Arztrechnung für meinen verunglückten Freund bezahlen, aber es bleibt doch ein guter Gewinn, wenn ich meine 3 1/2 Kilo weiße Schwalbennester auf dem freien Markt verkaufen kann. Was aber ist, wenn ich sie oberhalb der Stromschnellen an den Mann verkaufen müßte, der das Vorkaufsrecht der Erträge aus der Höhle bei der letzten Versteigerung für ein Jahr erworben hat? Dieser Mann bezahlt nur einen sehr niedrigen Preis."

Lawing hatte Pech: Am Kopf der Krebsstromschnellen wartete die Polizei und gab Zeichen, daß das Boot anlegen solle. Ohne irgendeine Quittung, ohne irgendeinen Lohn wechselten die kostbaren weißen Schwalbennester den Besitzer. Lawing erreichte die Kreisstadt mit leeren Händen. Die wochenlangen Mühen und Anstrengungen waren umsonst. Lawing war sehr wütend: Da hatte er nun in der vom Großvater ererbten Höhle hart gearbeitet und nun war ihm der Ertrag entrissen worden. Noch dazu mußte er die Fahrtkosten und die medizinische Versorgung seines Gefährten bezahlen. Doppeltes Unglück hatte ihn erwischt, wie schon das Sprichwort sagt: „Schon hingefallen, noch dazu von der Leiter getroffen." Lawing lief mit finsterem Gesicht herum. Wozu das alles?

Er ging in eine der kleinen Trink- und Eßbuden, um zum Trost Whisky zu trinken; aber er hatte kein Geld. Ja, er sah Leute dort, die sich mit Glücksspielen amüsierten, und Polizisten beteiligten sich am verbotenen Spiel. Da konnte sich Lawing nicht mehr halten und schrie: „Den ehrlichen Ertrag meiner Hände haben die Staatsdiener mir entrissen, aber die Glücksspieler läßt man spielen und sie werden noch dazu beschützt! Wie soll denn unser Volk vorankommen?"

II. Die Erzählung vom Goldwäscher

Vater Luho war ein einfacher Mann, der Zeit seines Lebens weit oben am Oberlauf des Flusses lebte. Nun fuhr er zum erstenmal in seinem Leben den Fluß hinunter, um endlich einmal die lebenslustige Stadt zu erkunden. Oft hatten seine Freunde schon von dem quirligen Leben dort erzählt. Dort könne man so gut einkaufen, dort sei alles so viel billiger als im Inland.

So machte sich Vater Luho auf den Weg. Er fuhr den Fluß hinunter, doch nicht mit leeren Händen. In seiner Tasche hatte er ein Penicillin-Fläschchen voll Goldstaub, nicht weniger als 100 Gramm. Lange und hart hatte er gearbeitet, bis er diese Menge Goldstaub gesammelt hatte. Er hatte tiefe Löcher graben müssen, bis er den goldhaltigen Sand gefunden hatte. Dann mußte er tagelang im kalten Wasser stehen, um das Gold zu waschen. Wochenlang hatte er nur Reis mit Salz zu sich genommen, sein Gesicht zeigte noch die Strapazen des kargen Lebens. Aber all das war jetzt nicht mehr wichtig: Er hatte Erfolg gehabt und konnte nun in der Stadt die Früchte ernten.

In der Stadt angekommen, suchte er sich zuerst eine billige Unterkunft. Dann ging er in eine der Eß- und Trinkbuden, die überall an den Straßen stehen. Er trank schwarzen Kaffee. Er kam ins Gespräch mit den Leuten. Er erzählte ihnen von seinem Gold, das er am Flußoberlauf gefunden hatte und über seinen Plan, das Gold am nächsten Morgen zu verkaufen, um einkaufen zu können. Alle Anwesenden hörten den Erzählungen des aus dem Hinterland kommenden Vater Luho aufmerksam zu. Sie fragten dies und jenes und baten ihn, von seinem Goldwaschen ausführlich zu erzählen. Sie waren sehr freundlich zu ihm, bestellten für ihn Bier und gebratenes Huhn. Vater Luho genoß den Abend. Er trank mehr Bier, als ihm gut tat. „Wie sieht denn dein Gold aus?" fragte ihn einer, der ihm Bier spendiert hatte. „Ich habe noch nie so etwas gesehen." „Augenblick", sagte Luho, „ich hole es." Er ging in seine Kammer, holte das Fläschchen mit dem Gold und zeigte es dem Mann. „Kann ich es einmal von nahem beschauen?" Ohne Argwohn gab Vater Luho ihm sein Gold. In diesem Moment ging das Licht in der Bude aus. Es war stockfinster. Als nach einigen Minuten das Licht wieder anging, war Luho ganz allein. Alle waren verschwunden, auch sein Gold.

Luho war total durcheinander. Er war in die Stadt gekommen, um den Ertrag seiner ehrlichen Arbeit zu verkaufen und um einzukaufen. Jetzt mußte er sich Geld leihen, um wieder nach Hause fahren zu können. Aber er gab nicht auf. Er wollte wieder Goldwaschen. Er nahm sich fest vor: „Diesmal lasse ich mich nicht mehr von den Leuten an der Nase herumführen, und wenn ich wieder Gold habe, dann bringe ich schöne Dinge aus der Stadt in mein Dorf." Als Vater Luho in die Gegend kam, wo er Gold gefunden hatte, traute er seinen Augen kaum: Das ganze Gebiet war mit einem Stacheldrahtzaun eingezäunt. „Eintritt verboten. Staatseigentum. Konzessionsnehmer Äquator-Gold-Mine" war auf einem großen Schild zu lesen. Mit leeren Händen mußte er nun wieder nach Hause fahren. Gleich am Abend ging er zu Lawing, der im Dorf Adat-Vorsteher war. Lawing hörte Vater Luhos Berichten aufmerksam zu. Ihm fiel ein Wort aus dem Neuen Testament ein: „Weißt Du", meinte er zu Vater Luho, „Jesus hat einmal gesagt: *Ich sende Euch wie Schafe mitten unter die Wölfe. Darum seid klug wie die Schlangen und ohne Falsch wie die Tauben* (Mt 10,16)."

III. Die Erzählung vom wunderbaren Gong

Eines Tages, als Lawing das Unterholz im Walde abschlug, um ein neues Feld zu roden, stieß sein Buschmesser auf etwas Hartes: Es war kein Holz, es war kein Stein. Vorsichtig schnitt er das Unkraut ringsherum ab, um festzustellen, worauf sein Buschmesser gestoßen war. Es hatte so seltsam geklungen.

Als er genügend Gras beseitigt hatte, sah er einen bronzenen, stark grün oxidierten Gegenstand, der halb in der Erde vergraben war. Lawing holte sich eine Hacke und grub ein Loch, um den wundersamen Gegenstand aus der Erde befreien zu können. Das Erstaunen Lawings war sehr groß als er einen riesigen Gong sah. Dieser war so groß, daß Lawing Freunde rufen mußte, um ihn gemeinsam aus der Erde zu heben. Voll Verwunderung betrachteten sie die Bronzeplatte und sagten: „Dies ist ein Geschenk des Herrn an uns, ein heiliges Stück, das wir gut aufbewahren müssen." Also fertigten sie ein reich mit Schnitzwerk verziertes Gestell an, hängten den Gong auf und bauten zum Schluß noch ein Dach darüber, so daß der Gong geschützt war vor der brennenden Sonne und den Regengüssen.

An allen großen Tagen und Festen ließ man den Gong ertönen. Sein Klang war in der ganzen Gegend zu hören, auch in den weit entfernten Dörfern. Sein Widerhall war außergewöhnlich und wundersam tönend. Und jeder, der den Klang des Gonges hörte, fühlte sich glücklich und zufrieden, als ob eine heilsame Kraft im Klang des Gonges sei. Die Einsamen fühlten sich getröstet, die Kranken spürten neue Kräfte, die Armen düngten sich reich und das Herz der Reichen wurde barmherzig und großzügig.

Damals regierte ein harter böser König in jenem Land. Als er erfuhr, daß weit im Inland ein wundersamer Gong gefunden worden sei, da zog er aus seinem Schloß mit hunderten Soldaten, um den Gong zu holen und ihn in die Hauptstadt zu bringen. Er kam stark bewaffnet in das Dorf und befahl, ihm den Gong auszuhändigen. Der Dorfvorsteher Lawing und alle Anwohner baten um Erbarmen und sagten: „Dieser Gong ist ein Geschenk des Herrn für uns. Laß ihn in unserer Mitte bleiben! Er ist eine Quelle der Freude und Tröstung für uns und wir werden ihn gut versorgen!" „Nein", sagte herrisch der König, „der Gong ist zu schön für euch Leute im Inland. Er ist würdig, in die Hauptstadt gebracht zu werden, in mein Schloß." Er befahl seinen Soldaten, den Gong auf das Schiff zu bringen. Aber so sehr sich die Soldaten auch anstrengten, sie konnten den Gong nicht heben. „Seht ihr", sagte Lawing, „der Gong will nicht weg von uns." Der König hörte dies und war erbost und ärgerte sich; und noch einmal befahl er der ganzen Soldatentruppe, alle Kräfte einzusetzen. Aber die Anstrengungen waren vergebens; der Gong konnte nicht bewegt werden, und schon gar nicht an einen anderen Ort gebracht werden. Der König wurde wütend und schrie: „Holt einen großen Hammer und schlagt den Gong in Stücke; wenn er nicht in meinem Schloß tönen will, dann soll er auf ewige Zeiten nicht mehr tönen." So zerschlugen die Soldaten den Gong in tausend Stücke, die auf das Feld Lawings fielen. Die Wut des Königs war gestillt, und er fuhr mit seinen Soldaten zurück in sein Schloß.

Wenige Zeit danach ging Lawing wieder auf sein Feld, um zu jäten. Als er anfing, traf sein Buschmesser auf etwas Hartes: Es war kein Holz, es war kein Stein. Vorsichtig zog er das Unkraut mit den Händen rundherum heraus, da sah er ein feines kleines Glöckchen.

Und als Lawing weitersuchte, da fand er tausende kleine Glöckchen auf seinem Feld. Es schien, als habe sich der zerschlagene wundersame Gong in viele feine kleine Glöckchen verwandelt. Lawing sammelte sie alle auf und verteilte sie an die Leute seines Dorfes; später auch an die Menschen aus den Dörfern der Umgegend. Und die Frauen hefteten die feinen kleinen Glöckchen an die Tragkörbe für ihre Kinder. Wenn nun die Mütter mit ihren Kindern im Tragkorb herumgingen, so hörte man in der ganzen Gegend ein feines Klingen, das alle Bewohner tief im Herzen erfreute.

IV. Gott nimmt sich der Unterdrückten an

Die Erzählungen von Lawing enthalten theologische Kernaussagen. Besonders die hier letzterwähnte macht deutlich, daß Gott sich den Unterdrückten und Vernachlässigten zuwendet. Von dieser theologischen Kernaussage hat sich auch das Autorenteam des Religionsbuches für die Region Kalimantan leiten lassen. Gott wird im Alten und Neuen Testament nicht nur als der in weiter Ferne auf dem Thron seiner Allmacht Herrschende geschildert, sondern auch als menschenfreundlicher Gottvater, der sich um das Schicksal des Einzelnen sorgt, und den Schwachen und Unterdrückten zu ihrem Recht verhilft.

Beispiele aus dem Alten Testament

Die Erzählung *Vom wunderbaren Gong* hat mehrere Parallelen im Alten Testament. Der Prophet Nathan erzählt seinem König David von einem reichen Mann, der einem armen Mann sein einziges Lamm nahm, um es einem Gast als Speise vorzusetzen. Auf die Entrüstung Davids über solch eine Tat, entgegnet Nathan: *Du bist der Mann... Den Hithiter Uria hast du mit dem Schwert getötet und sein Weib zu deiner Frau gemacht. Ihn hast du ermordet durch das Schwert der Ammoniter* (2 Sam 12,9).

Auch in der Parabel von König Achab, der unbedingt Nabots Weinberg haben will (1 Könige 21) und diesen nur durch böswillige List und Tücke erhält, wird deutlich, daß Jahwe den Ungerechten und ungesetzmäßig Handelnden hart bestraft. Er schickt seinen Propheten Elias zum König und verkündet diesem das Todesurteil.

Greifbar nahe ist auch die Sorge Gottes um sein geknechtetes Volk, als er Moses berief, Israel aus dem Land der Ägypter herauszuführen (Ex 3). Jahwe hat die Schreie seines Volkes gehört und will den Leiden ein Ende bereiten. *Er steigt herab* (Ex 3,8), um sein Volk *in ein schönes und weiträumiges Land, das von Milch und Honig fließt*, zu führen.

Beispiele aus dem Neuen Testament

Jesus von Nazaret wurde mit politischer und religiöser Unterdrückung konfrontiert. Palästina, eine Kolonie Roms, hatte hohe Steuern zu zahlen. König Herodes war nur eine Figur, die der Gewalt des römischen Kaisers unterstand. Wenngleich Jesus Frieden auf Erden verkündete, so wollte er keinen „faulen Kompromißfrieden": *Denkt nicht, ich sei gekommen, Frieden auf die Erde zu bringen. Ich bin nicht gekommen, Frieden zu bringen, sondern das Schwert* (Mt 10,34). Das Schwert, das Jesus meinte, war keine Waffe, wie sie Soldaten brauchen. Zu Petrus, der am Ölberg sein Schwert zog und dem Knecht des Hohenpriesters ein Ohr abhieb, befahl Jesus: *Stecke Dein Schwert an seinen Platz! Denn alle, die das Schwert ergreifen, werden durch das Schwert umkommen* (Mt 26,51–52). Jesu Schwert war seine Sprache in Wahrhaftigkeit. Den Schriftgelehrten und Pharisäern, denen Ansehen und Stand überaus wichtig waren, warf er in seiner Strafrede (Mt 23,1–36) vor, daß sie sich nicht um *Recht, Barmherzigkeit und Treue* (Mt 23,23b), sorgten, sondern vielmehr *Werke tun, um sie den Menschen zur Schau zu stellen* (Mt 23,5). Wahrheit und Wahrhaftigkeit prägten Jesu Verhalten. Als ihn nach seiner Gefangennahme ein Diener ins Gesicht schlug, fragte Jesus: *Habe ich unrecht geredet, so bezeuge das Unrecht; wenn aber recht, was schlägst du mich?* (Joh 18,22–23).

Gewaltlos, doch mit Wort und Tat, hat sich Jesus für das Kommen des Reiches Gottes eingesetzt. Gewaltlosigkeit predigten und lebten auch Gandhi, Martin Luther King, Bischof Romero und viele andere, deren Namen wir nicht kennen. Der Tod Jesu am Kreuze ist nicht der Schlußpunkt seines Kampfes. Seine Sorge um die Menschheit und um den Einzelnen trug Jesus seinen Jüngern auf. Zur Stärkung sandte er ihnen den Heiligen Geist. Sein Auftrag *Gehet hin in alle Welt* (Mk 16,15) bezog sich auf alle Völker, nicht nur auf die Juden.

Paulus verdeutlichte dies im Römerbrief: ... *Wer an Ihn glaubt, wird nicht zuschanden werden. Es ist nämlich kein Unterschied zwischen Jude und Grieche; denn einer und derselbe ist der Herr aller, reich für alle, die ihn anrufen* (Röm 10,11–12). Auch Jesus selbst hat gesagt: *Denn wer nicht gegen uns ist, der ist für uns* (Mk 9,40). Wenn wir also für die Ausbreitung des Reiches Gottes kämpfen, dürfen wir nicht auf Religion und Stammesabkunft schauen, sondern wir müssen mit allen, die guten Willens sind, zusammenarbeiten.

Missionare von der Heiligen Familie in Goroka

Ersterfahrungen eines Missionars in Papua-Neuguinea

von Stanisław Czarny in Papua-Neuguinea

Seit 1989 arbeiten MSF-Patres in der Diözese Goroka in Papua-Neuguinea, einem Land, das für den Europäer weitgehend fremd und weit entfernt ist. Um deren Missionsarbeit etwas einschätzen zu können, seien Land und Leute, das heißt die Bevölkerung und geographischen, politischen und wirtschaftlich-sozialen Gegebenheiten Papua-Neuguineas kurz vorgestellt.

I. Land und Leute

Geographische Lage

Papua-Neuguinea liegt im Südosten Neuguineas, der zweitgrößten Insel der Welt. Während der Westen Neuguineas politisch zu Indonesien gehört (Provinz Iria Jaya), bildet Papua-Neuguinea mit verschiedenen kleineren Inseln im Osten, darunter Neubritannien, Neuirland und Bougainville seit 1975 einen eigenen Staat. Im Norden dehnt er sich fast bis zum Äquator aus. Im Süden liegt Australien, das nur durch einige Kilometer untiefes Wasser der Torres-Straße von Papua-Neuguinea getrennt ist.

Das Land mit seinen 462.840 km^2 ist etwas kleiner als Spanien und doppelt so groß wie England. Hohe Gebirgskämme (an manchen Stellen über 4.000 m), steile Abhänge, enge Täler und schnellströmende Flüsse prägen die Insel, deren Vulkane noch nicht erloschen sind und das immer noch von Erdbeben erschüttert wird. Die Durchschnittstemperaturen betragen 27 Grad; es herrscht eine hohe Luftfeuchtigkeit. Die ganzjährigen Niederschläge (in den zentralen Gebirgsregionen mehr als 6.000 mm) begünstigen eine schnell um sich greifende Erosion. Im sumpfigen Flachland bahnen sich unkontrolliert Flüsse ihren Weg. Straßenbau ist schwierig und sehr teuer, so daß die wirtschaftliche Entwicklung und der Aufbau einer guten Infrastruktur in vielen Gebieten enorm erschwert ist.

Die Bevölkerung

Die Bevölkerung Papua-Neuguineas ist ethnisch und sprachlich außerordentlich differenziert. Die Papuas gehören anthropologisch zu den Melanisiden. Besonders im Hochland leben noch heute kleinwüchsige Stämme, deren Männer durchschnittlich 140 cm und deren Frauen 130 cm groß werden. Knapp 90 Prozent der Bevölkerung wohnen im unwegsamen Bergland und in isolierten Siedlungen, etwa 11 Prozent (1971) in Städten.

Die Papuas lebten bis in die jüngste Zeit in kleinen sozialen Gemeinschaften, zu denen nicht mehr als 200 bis 300 Personen gehörten. Einzelhöfe bzw. kleinere, weitverstreute Siedlungen schlossen sich oft zu einem Verband zusammen. Sie organisierten und verwalteten sich selbst; sie verbündeten oder bekämpften sich je nach Stammes- oder politischer Interessenlage. Vor allem in den Bergregionen gab es mächtige Kriegsherren, so daß kämpferische Auseinandersetzungen zur Tagesordnung gehörten. Bürokratische Apparate, politische Gremien und Polizei, die für das ganze Land Verantwortung trugen, sowie ein überall geltendes, schriftlich fixiertes Recht waren nicht vorhanden.

Seit dem 16. September 1975 ist das frühere Kolonialgebiet Papua-Neuguinea unabhängig und eine parlamentarische Monarchie innerhalb des Britischen Commonwealth. Das Land ist in 18 Distrikte eingeteilt, die von Regierungskommissaren geleitet werden. Die Behörden sind mit strukturellen Problemen, wie schlechte Infrastruktur und rascher Zuwachs der Bevölkerung, konfrontiert. Während der letzten Jahrzehnte nahm die Bevölkerung, ähnlich wie in anderen Entwicklungsländern, rasch zu. Nach einer Schätzung aus dem Jahre 1966 lebten 2,2 Millionen Einwohner in Papua-Neuguinea; 1980 waren es drei Millionen, dies bedeutet einen jährlichen Zuwachs von 2,3 Prozent. Mitte der achtziger Jahre stieg die Zahl auf 3,3 Millionen; die Prognosen für das Jahr 2000 belaufen sich auf 4,7 Millionen. Dies bedeutet, daß sich die Bevölkerung in etwa dreißig Jahren verdoppelt haben wird. Hinzu kommt, daß über 40 Prozent der Papuas nicht älter als fünfzehn Jahre sind.

Die Sprachen

In Papua-Neuguinea gibt es 700 bis 800 unterschiedliche Stammessprachen, die größtenteils den Papuasprachen und einem kleineren Teil der austronesischen Sprachgruppe zuzuordnen sind. Manche dieser Sprachen werden von nicht mehr als 10.000, einige sogar nur von ein paar hundert Menschen gesprochen. Das am weitesten verbreitete *Engan* wird von knapp 200.000 Papuas gesprochen. Um eine babylonische Sprachverwirrung vom modernen Staat Papua-Neuguinea abzuwenden, sind drei Verkehrssprachen im Umlauf: *Police Motu*, das vor allem im südöstlichen Küstenland von rund 55.000 Menschen gebraucht wird, Englisch, das von den besser Gebildeten gesprochen wird und als Amtssprache gilt, sowie das von einer knappen halben Million benutzte und das im größten Teil des Landes verstandene *Tok Pisin* (Pidgin-English). Letztere eigenständige Sprache entstand während der Kolonialzeit unter den Arbeitern auf den Plantagen. Sie enthält englische, deutsche und einheimische Wörter. Nach wie vor suchen und finden die Einwohner Papua-Neuguineas ihre Identität in ihrer jeweiligen Stammessprache. Die politischen Kräfte, die sich um ein Erstarken des Nationalbewußtseins bemühen, sehen in der Sprachenvielfalt eine große Problematik.

Wirtschaft und soziale Lage

Die Industrie ist in Papua-Neuguinea kaum entwickelt. Bergbau, Fischfang und Forst- und Landwirtschaft sind die wesentlichen Erwerbstätigkeiten. Noch heute betreiben schätzungsweise ein Viertel der Bevölkerung ausschließlich Selbstversorgungswirtschaft und stehen außerhalb der Geldwirtschaft.

Zu den wichtigsten Agrarerzeugnissen, die lange im Wanderfeldbau mit Brandrodung gewonnen wurden, zählen Kartoffeln, Taro, Rüben und Sago; Bananen, Gemüse und Zuckerrohr bilden zu diesen Produkten eine lebenswichtige Ergänzung. Die vorhandenen Arbeitsgeräte waren primitiv. Trotz den Einflüssen der Kolonialherren haben sich die Produktionstechniken bis heute kaum verändert.

Fischfang und Jagd, vor allem aber auch die Schweinezucht, die eine religiös-kulturelle Bedeutung hatte, waren in der vorkolonialen Zeit weit verbreitet. Traditionell konzentrieren sich die Männer auf Jagd und Hausbau, während die Frauen, die innerhalb der Gesellschaft eine untergeordnete Rolle innehaben, das Land bearbeiten und für Haushalt und Kindererziehung sorgen. Diese Art Arbeitsverteilung und Rollenverständnis hat noch heute ihre Gültigkeit.

Ein führender Anthropologe hat auf Papua-Neuguinea elf unterschiedliche Gesellschaftsformen identifiziert. Die traditionellen Gemeinschaften waren durch Verwandtschaft, Heiratsbeziehungen und Abstammung geprägt. Diese Aspekte spielen auch in der modernen Gesellschaft nach wie vor eine wichtige Rolle. Erbliches Häuptlingstum ist weitgehend unbekannt. Die Führungsposition in einem Klan mußte stets durch besondere Leistungen in der Landwirtschaft, der Kriegsführung, im Tanz, der Jagd oder im Handel erworben werden. In einigen Fällen waren die Oberhäupter auch für rituelle Handlungen verantwortlich. Noch heute haben die Führer einer Gemeinschaft eine wichtige Rolle, zumal wenn es um Beziehungen innerhalb der eigenen Sippe und mit anderen Siedlungen geht.

II. Missionierung im 19. Jahrhundert

Die Melanesier waren und sind ein tiefgläubiges Volk. Sie gelten als religiös, klug und bewußt lebende Menschen. Sie wußten, was für ihre gesellschaftliche Lebensnorm gut bzw. schlecht war. Religiöse Aktivitäten bestimmen nach wie vor den Alltag.

Als christliche Missionare gleichzeitig mit den Kolonialherren ins Land kamen, brachten sie nicht nur das Evangelium mit, sondern auch ihre westliche Kultur und politische Ordnung. Dies führte dazu, daß die Papuas das Christentum mit dem westlichen Imperialismus gleichstellten. Obwohl die christliche Botschaft in vielerlei Hinsicht die melanesische Gesellschaft positiv verändert hat, wurde doch im Zuge der Missionierung zu vieles unnötig aufgegeben und vernichtet.

Im 19. Jahrhundert, dem missionarischen Jahrhundert schlechthin, bemühten sich christliche Missionare, das Evangelium auch in den Ländern des Pazifiks zu verkündigen. Einen Anfang machten Vertreter der London Mission Society, die am 5. März 1797 auf Tahiti landeten. Es folgten Methodisten (Tonga, 1826) und katholische Missionare der Picpusgesellschaft, die seit 1834 auf den Gambier

Inseln predigten. Der Konkurrenzkampf der verschiedenen christlichen Konfessionen erschwerte die Missionierung des pazifischen Raumes erheblich. Die erste Phase der Missionierung, sofern sie Polynesien betraf, war etwa 1840 beendet.

Nun richteten die Missionare ihren Blick auf Melanesien, das weitaus schwieriger zur Übernahme des christlichen Glaubens zu bewegen war. Sie fingen in den südlichen Gebieten mit ihrer Arbeit an: Die Methodisten predigten auf den Fiji-Inseln (seit 1835), die Londoner Missionsgesellschaft auf den Loyalty Inseln (seit 1841), schottische Presbyter auf Südvanuatu (den vormaligen „Neuen Hebriden", seit 1848), die Anglikaner auf Nordvanuatu (seit 1849) und die Kongregation der Marianisten auf Neu-Kaledonien (seit 1834).

Zuletzt wurden die zentralen Regionen Melanesiens (die Salomonen und Papua-Neuguinea) missioniert. Um 1900 war dort die Erstmissionierung abgeschlossen. Missionsstationen gab es seit 1855 auf den südlichen Salomonen (The Anglicans' Melanesian Mission), seit 1871 an der Südküste Papuas (The London Mission Society) und seit 1875 auf dem Bismarckarchipel (The Wesleyn Methodists). Seit 1882 missionierte auf Neubritannien die Picpusgesellschaft, die 1884 auch nach Papua ging. Die lutheranische Neudettelsauer Missionsgesellschaft ließ sich 1886 auf Huon Penisula nieder; die evangelische Rheinische Missionsgesellschaft predigte seit 1885 an der Astrolabe Bay. Australische Methodisten verkündigten das Evangelium seit 1891 auf den Papua Inseln, während im selben Jahr die anglikanische New Guinea Mission im Nordosten Papuas wirkte. Sieht man von den Picpus-Missionaren ab, begann die katholische Missionstätigkeit relativ spät. 1895 kamen Steyler Missionare in die Sepik und 1889 begannen die Marianisten auf den südlichen, ab 1899 auch auf den nördlichen Salomonen. Rund 90 Jahre später kam als weitere Kongregation die MSF nach Papua-Neuguinea: seit 1989 wirken wir MSF in der im Landesinneren gelegenen Provinz Goroka.

Das Wirken der MSF im Bistum Goroka

Ursprünglich gab es im Hochland Papua-Neuguineas die drei Bistümer Goroka, Mt. Hagen und Mendi. Da sie sehr groß waren, wurden sie 1982 unter Berücksichtigung von geographischen und kulturellen

Gegebenheiten geteilt. Vom Bistum Goroka wurde die neue Diözese Kundiawa-Chimbu ausgegliedert und von Mt. Hagen das Bistum Enga-Wabag.

Das verkleinerte Bistum Goroka zählt unter 200.000 Bewohnern etwa 18.000 Katholiken. In seinem Gebiet leben viele Christen anderer Konfessionen; offiziell erkennt das Bistum 47 verschiedene Kirchen und Sekten an, darunter Lutheraner, Baptisten und Adventisten. Die Sekten sind attraktiv und einflußreich und machen die katholische Missionsarbeit nicht leicht. Unser Bistum besteht aus neun Pfarreien; eine zehnte wird gerade in der Stadt Goroka errichtet. In den südlichen Regionen der Diözese gibt es noch keine Katholiken. Da jedoch andere christliche Kirchen bereits dort wirken, denkt die Bistumsleitung darüber nach, ob dort auch eine katholische Missionsstation errichtet werden soll.

Uns polnischen Patres der MSF sind in der Diözese fünf Pfarreien übertragen worden. Geplant ist, daß ab 1993 MSF-Patres aus Java in Indonesien in der Diözese Madang Aufgaben übernehmen.

III. „Zauberkunst" – Kulte und Glauben

Immer wieder begegnen wir einheimischen Gebräuchen und Kulten, insbesondere den Kulten *cargo* und *sanguma*, mit denen wir uns auseinandersetzen müssen. Sie sind für die synkretistischen Religionen in Ozeanien typisch und weit verbreitet.

Cargo-Kult

Der *cargo*-Kult, sein Name wird vom englischen Wort *cargo*, das heißt Ladung, Fracht, Waren, hergeleitet, entstand um die Jahrhundertwende und wurde nahezu auf allen Inseln des Stillen Ozeans, besonders in Melanesien und auf Papua-Neuguinea, heimisch. Seit dem Zweiten Weltkrieg ist er besonders lebendig; Tausende, darunter auch Katholiken, haben ihn angenommen.

Der Kult gründet auf dem Glauben, durch Verrichtung bestimmter religiös-magischer Riten zu Ehren der Geister und der Vorfahren könne man die aus Amerika und Europa kommenden kostbaren Güter (*cargo*) gewinnen und sogar materiellen Wohlstand erreichen. Die Urbewohner von Melanesien nahmen an, die Konsumgüter des

„weißen Mannes" – wie Äxte, Waffen, Munition, Flugzeuge, Geld usw. –, würden durch die Ahnen vom Himmel, dem Ort der Zufriedenheit und des Wohlstandes, bereits fertig produziert zugeschickt. Fabriken und Industriegebiete waren den Inselbewohnern fremd. Sie sahen die Weißen nie bei der Arbeit und trotzdem waren diese reich, begütert und wohlhabend. Nach wie vor ist es für die Inselbewohner unvorstellbar, der Weiße, der Missionar, könne kein Geld haben, da er doch mit *cargo* ausgestattet ist.

Wichtig wurde es daher für die Inselbewohner, die Siedler und Missionare nach dem „Schlüssel" für den Wohlstand zu fragen. Hätte man diesen, so würden die materiellen Güter von den Vorfahren der Weißen quasi automatisch geschickt. Mögliche „Schlüssel" waren die Annahme der christlichen Lehre über das himmlische Glück, die Übernahme der christlichen Kulte wie zum Beispiel der Empfang des Bußsakraments und der Eucharistie oder die Einhaltung der gepredigten Vorschriften, wie die Zehn Gebote, das Fasten und tätige Nächstenliebe. Entscheidend war die genaue Erfüllung dieser Gebote und Verbote; nur das führe zum materiellen Erfolg. So wurde im Verständnis vieler die christliche Lehre zum „Schlüssel" für das (materielle) Paradies. Heute nutzen verschiedene Sekten und Religionsgruppen dieses materiell ausgerichtete Denken. Durch kleine Geschenke (Hemden, Hosen usw.) versuchen sie, Anhänger für ihre Gruppierung zu gewinnen. Die christliche Missionsarbeit wird durch die Vorstellungen des *cargo* erheblich erschwert.

Sanguma-Kult

Neben sehr eigengeprägten anderen Kulten ist der Kult *sanguma* unter den Bewohnern der Hochregionen weit verbreitet. *Sanguma* betreibt die Austreibung eines bösen Geistes aus Frauen. Stirbt jemand, insbesondere ein Mann, dann kommen die Familie und die Dorfgemeinschaft zusammen, um die Todesursache festzustellen. Lautet das von der überwiegenden Mehrzahl gefällte Urteil *sanguma*, wird die Ehefrau bzw. im Fall der Polygamie werden alle Ehefrauen von der Großfamilie, vor allem von den Männern, verprügelt und mißhandelt, um den bösen Geist und das Gift, das im Inneren der Frauen wirkt, auszutreiben. Oft wird auch die Frau mit den Händen an einen Baum aufgehängt und ihre Füße werden ins Feuer hineingelegt. Sie wird dabei gefragt, ob sie *sanguma* habe, was aufgrund der großen Schmerzen im Regelfall bejaht wird. Bei diesen Torturen kommen manche Frauen ums Leben, die meisten erleiden Brandwunden und schwere Verletzungen. Die Dorfgemeinschaft aber ist überzeugt, den bösen Geist aus der Frau ausgetrieben und ein rechtmäßiges Urteil vollzogen zu haben.

Auch in meiner Pfarrei, in der ich seit Februar 1993 arbeite, wurde eine solche Prozedur durchgeführt. Einer Frau, die ich getauft, zur Kommunion geführt und getraut hatte, wurde nachgesagt, sie sei am Tode einer anderen Frau schuldig, sie habe *sanguma*. Sie wurde geprügelt, mißhandelt und in Brand gesteckt. Durchgeführt wurde diese Geisteraustreibung größtenteils von Christen, auch von Katholiken, die ihre alten Gebräuche nicht überwunden haben. Einer sagte mir einmal: „Pater, der Geist unserer Väter bleibt noch im Herzen und häufig ist er stärker als der christliche Glaube." Kommen sie mit solchen Vergehen zur Beichte, wollen manche vorher noch Bußwerke verrichten.

Totenkult

Die Verstorbenen haben einen besonderen Platz im Volksglauben der einheimischen Bewohner von Papua-Neuguinea. Viele der alltäglichen Ereignisse werden im Rahmen der Totenverehrung interpretiert. Im Fall eines Unglücks (zum Beispiel Krankheit bei Menschen oder Tieren) erkundigt man sich nach dem letzten Begräbnis. Es kommt vor, daß der Verstorbene erneut beerdigt wird, da bei seiner ersten Grablegung vielleicht ein ritueller Fehler vorgekommen ist. Diese wird dann in der Nacht durchgeführt, und mit dem Toten werden gleichzeitig alle Unglücke und Krankheiten begraben. Meistens werden Verstorbene im Garten oder auch beim Wohnhaus begraben, in vielen Fällen am Lieblingsplatz des Verstorbenen, zum Beispiel am Rande der Straße oder auf dem Marktplatz. Zum Zeichen der Trauer wird das Gesicht mit gelber Erdfarbe bemalt. – Auch am Karfreitag tragen alle Christen gelbe Farbe als Zeichen der tiefen Trauer über Christi Tod.

Weihwasser zum Austreiben der Geister

Dem Weihwasser, über die katholischen Missionare eingeführt und bekannt geworden, schreiben die Einwohner Papua-Neuguineas magische Kräfte zu. Sind Menschen oder auch Schweine erkrankt, erhalten sie, um schneller zu gesunden, zum Essen bzw. Futter Weihwasser oder werden mit Weihwasser eingerieben. Auch werden die Missionare gebeten, Häuser oder andere Gegenstände mit Weihwasser zu weihen. Man glaubt, damit könne der böse Geist, der *spirit nogut*, ausgetrieben werden. Woher die Überzeugung von der außergewöhnlichen Kraft des Weihwassers kommt, ist kaum zu beantworten.

IV. Trauung und Ehe

Obwohl erste Schritte zur Gleichberechtigung und Gleichwertigkeit der Frau in der sozio-kulturellen Gesellschaft Melanesiens sichtbar werden, bedeutet die Frau im allgemeinen weniger als der Mann. Landwirtschaftliche Arbeit, Kinder gebären und diese erziehen gelten nach wie vor als ihre Hauptaufgaben. Häufig wird die Frau noch als Handelsgut betrachtet, vor allen im Hochland, also im Gebiet der Diözesen Goroka, Kundiawa, Mt. Hagen, Mendii und Enga.

Ehen werden zumeist nicht aus Liebe geschlossen. Entscheidend ist, daß die Frau arbeiten kann, gebärfähig ist und durch den Ehevertrag den Eltern viel Geld einbringt. Die Eltern des Bräutigams treffen sich mit den Eltern der Braut, um den Wert des Mädchens zu ermitteln, der zwischen 2.000 bis 4.000 *kina* (2.000 bis 4.000 US-Dollar) liegt. Hat die Braut einen Schulabschluß, erhöht sich der Preis. Manchmal gibt man noch 30 bis 40 Schweine dazu.

Die feierliche Ehezeremonie wird nach alten Gebräuchen durchgeführt. Sie hat als wesentlichen Inhalt die Auszahlung des Brautgeldes, den die Eltern der Familie des Bräutigams aufzubringen haben (engl. *brideprice*). Sobald die ausgehandelte Summe den Brauteltern übergeben ist, gilt die Braut als rechtmäßige Ehefrau. Es kommt vor, daß das junge Paar zusammenlebt, ohne daß die ganze Summe bezahlt wurde; die Eltern warten dann auf die Restzahlung. Es passiert aber auch, daß die Brauteltern die Tochter solange bei sich behalten, bis der ausgehandelte Preis vollständig gezahlt wurde. Kann die vereinbarte Summe nicht aufgebracht werden, wird die angezahlte Summe zurückgegeben und die Tochter einem Mann übergeben, der zahlungskräftiger ist.

Ehen und damit Eheverträge werden meistens zwischen Paaren bzw. Familien aus derselben Provinz geschlossen. Wegen der großen Fluktuation gibt es aber auch Eheverbindungen aus verschiedenen Gegenden. Das kann jedoch Schwierigkeiten mit sich bringen. Ein Beispiel: Ein Junge, der mir in meiner Pfarrei hilft, kam einmal und beklagte sich, er würde gerne heiraten, aber seine Eltern seien dagegen, da die Braut aus einer anderen Provinz käme, ja nach Meinung der Mutter sogar aus einem feindlichen Stamm. Die Ehe kam in diesem Fall wirklich nicht zustande, obwohl mit den Eltern des Mädchens über die zu zahlende Summe bereits gesprochen worden war.

Wie stellt sich die Kirche zu diesem Komplex? Um enorme Probleme zu vermeiden, werden die traditionellen Eheschließungsriten und -gebräuche akzeptiert. Um vor der christlichen Eheschließung zu erfahren, wieweit der Ehevertrag gediehen ist, wird gefragt, ob der Brautpreis bereits gezahlt wurde oder nicht. Um kommende Schwierigkeiten zu vermeiden, hängt von der Beantwortung der Frage das weitere Vorgehen ab.

Nicht alle Ehen werden in der Kirche geschlossen. Obgleich der kirchlichen Trauung größte Bedeutung zugemessen wird, wird oft auf sie vorerst verzichtet, weil sie Polygamie ausschließt. Man wartet daher mit der kirchlichen Trauung, um gegebenenfalls eine eventuelle zweite Verbindung kirchlich schließen zu können. Dies sind pastorale Probleme, die in der Praxis kaum aufzufangen sind. Das Kennen und das Wissen um die Kultur dieses Landes ist jedoch auf jeden Fall sehr wichtig für unsere Arbeit. Ohne diese Kenntnisse ist keine erfolgreiche Missionsarbeit möglich.

V. Missionarische Praxis in Papua-Neuguinea

Das II. Vatikanische Konzil betont gerade im Dekret über die Missionstätigkeit der Kirche *Ad gentes* vom 7. Dezember 1965, wie wichtig es sei, die Kultur und die Gewohnheiten des Landes zu kennen, in dem die Missionare tätig sind. Dies sei schon an sich wertvoll und beinhalte zugleich die erste Begegnung mit den dort lebenden Menschen, denen die christliche Botschaft gebracht werden soll.

Wir sind jetzt seit vier Jahren in Papua-Neuguinea. Jedes Jahr organisiert das Melanesische Institut in Govana eine Schulung, den sogenannten *orientation course*, um vor allem uns Neuankommenden die Begegnung mit einer völlig anderen Kultur, mitunter primitiv genannt, zu erleichtern.

Die ersten Eindrücke und das Kennenlernen der Gebräuche des Volkes sind für unsere Arbeit von größter Bedeutung. Vor allem gilt es, diesen entsprechend auch zu handeln. Es bedeutet schon einen Erfolg und kleinen Sieg, wenn die Leute sagen: *Pater em i save custom bilong mipela* („Pater, Sie kennen unsere Traditionen"). Der Pater kam nicht, um die Kultur zu vernichten, er weiß um uns, er kennt sich aus! Eine Nichtbeachtung oder eine Übertretung der Sitten kann auf der anderen Seite bereits eine kleine Niederlage sein mit der Konsequenz, daß sich viele Probleme ergeben und man in die Isolation gerät.

Bis heute gibt es im Hochland den *Schweine*-Kult. Er zeigt eine besondere Hochschätzung dieses Haustieres, das mit dem Menschen Tag für Tag lebt und seinen Stall neben oder sogar in seinem Hause hat. Für gewöhnlich wird das Tier selbst in Hungersnöten nicht geschlachtet, allenfalls aus Freude über das Ende eines Krieges oder beim Kauf der Ehefrau. Es kommt durchaus vor, daß eine Frau mit einem Ferkel auf dem Arm in die Kirche kommt. Wir würden gerne dagegen angehen, aber das darf man nicht! Damit würde der andere beleidigt, seine Bräuche und Sitten litten Schaden. Die meisten Menschen in unserer Diözese haben noch nie ein Schaf gesehen. Wir nutzen nun die besondere Liebe der Leute zum Schwein und erzählen zum Beispiel das Gleichnis vom Guten Hirten als Gleichnis vom Guten Hirten, der sich um seine Schweine kümmert.

In der ersten Phase der Missionsarbeit in Papua-Neuguinea wurden manche Missionare ermordet, weil sie die Sitten und Traditionen des Landes nicht kannten und beachteten. Sie schlachteten Schweine und wurden deshalb selbst umgebracht. Heute wird das Töten eines Schweines zwar nicht mehr mit der Todesstrafe geahndet, doch immer noch mit einer hohen Geldstrafe. Für den Tod eines Schweines muß Schadensersatz geleistet werden. Würde man sich dem entziehen, wären das Auto oder sogar das Missionshaus durchaus in Gefahr.

Auch sonst ist es ratsam, den Gewohnheiten des Landes nachzukommen. Für geleistete, wenn auch nicht angeforderte Hilfe wird Geld verlangt. So säubern Jungen – vor allem nach Regengüssen –

die von Erdreich blockierten Straßen und stoppen dann jedes Auto, um Geld zu verlangen. Dabei nützt es uns nichts, daß wir Patres sind. Die beste Lösung ist noch immer die Bezahlung von 1 bis 2 *kina*. Würde man einfach weiterfahren, liefe man Gefahr, daß die Jungen das Auto mit Äxten und Steinen bewerfen oder, so sie eine Waffe haben, sogar schießen. So etwas passiert hier tagtäglich.

Wir arbeiten seit vier Jahren in Papua-Neuguinea und kennen, wenn auch nicht vollständig, die Sitten und Gebräuche des Landes. Dies läßt uns ohne größere Probleme arbeiten; wir wissen zu reagieren und zu antworten. Leider wurde schon viel durch die Einflüsse der fremden Kultur zerstört. Hier gilt nur das Geld, und der Missionar ist ein weißer Mensch, der das Geld hat (vgl. *cargo*-Kult).

Zusammenfassend sei vermerkt: Seit der Unabhängigkeit von Papua-Neuguinea 1975 hat sich im Lande materiell und kulturell vieles geändert. Sehr viel Positives wurde erreicht. Mit der modernen Zivilisation drang aber auch viel Negatives ein: Arbeitslosigkeit, wachsendes Konsumverhalten, Raub, Plünderung, Mord. In einem Land, daß grundsätzlich als christlich gilt mit einem Anteil von 30 Prozent Katholiken, ist hier die Kirche besonders gefordert. Ihre zentralen Aufgaben sind die Verkündigung des Evangeliums und Hilfeleistung für diejenigen, die der Hilfe bedürfen. Bei der Erfüllung dieser Aufgabe arbeitet die katholische Kirche mit den anderen christlichen Kirchen und Gemeinschaften zusammen. Von großer Bedeutung ist dabei das gemeinsam gegründete und geführte Melanesische Institut in Govana, das systematisch die missionarischen Erfahrungen der christlichen Kirchen sammelt, die Kultur des Landes erforscht und darstellt, Kurse und Schulungen durchführt und wertvolle Publikationen zu Moral, Ethik und Soziologie veröffentlicht. Ein weites Feld von Arbeit liegt vor uns. Wir MSF versuchen, uns den Aufgaben zu stellen.

Literaturhinweise:
MARC TURNER, Papua New Guinea, The Challange of Independence (= Penguin Books). Australien 1990.
BRIAN SCHWARZ, An Introduction to Minister in Melanesia. Govana o.J.
ENNIO MANTOVANI, An Introduction to Melanesian Religions (= The Melanesian Institute for Pastorale und Socic-Economic Service). Govana 1984.

Madagaskar. Ein Volk, das seinen Glauben singt

von Vincent de Paul Rajoma in Madagaskar

Blumen gibt es viele, aber die Rose übertrifft sie alle mit ihrem Duft und ihrer Blütenpracht. Ebenso findet man überall Völker, die singen, vor allem in Afrika, und unter all diesen heben sich die Madagassen besonders hervor. Auf Madagaskar lebt ein Volk, das sich im Gesang ausdrückt, sich inkarniert, seinen Glauben authentisch darstellt und seine Überzeugungen, seine Ideen, Gedanken und Meinungen im Lied hörbar macht. Dieser Beitrag will an einigen Beispielen dies verdeutlichen.

Geburt eines Kindes

Die Mutter oder die ältere Tochter summt ein Wiegenlied wie dieses: *Iny anie izy Ravorona, ento manaraka anao e, raha mitomany dia ento, raha magina avelao e...*; das heißt: „Hier ist es, liebes Vöglein, nimm es mit; wenn es artig ist, laß es in Ruhe, wenn es unartig ist, nimm es...."

Fest der Beschneidung

Am Vorabend des Festes, im Beisein der ganzen Familie, der Freunde und Bekannten, der Einwohner des Dorfes und der Umgebung, werden die ganze Nacht über Lieder gesungen und folkloristische Tänze aufgeführt. Bei diesem Fest handelt es sich nicht nur um die chirurgische Entfernung der Vorhaut. Vielmehr steht an erster Stelle die Einführung des Jungen in seine Familiensippe und seine Initiation als madagassischer „Mann", das heißt, ausgerüstet zu werden mit der Fähigkeit, ausdauernd zu sein und Nachkommenschaft zeugen zu können. Der Inhalt dieser Lieder dreht sich um den Wert der Männlichkeit, um die Glückseligkeit und das Glück der Nachkommenschaft. Man singt: *Lahy e lahy e lahy e... Zanaboro-mahery manatody am-bato... Mahery lehilahy e mahery e... Mahery ny anay e... mahery e...*; das heißt ungefähr: „Er ist wirklich ein Junge, ein starker und kräftiger und somit fruchtbarer Junge... es lebe der starke und tapfere Mann...".

Sportliche Veranstaltungen: Kämpfe, Morai nggy, Ringa

Diese für Madagaskar typischen Sportarten werden mit Liedern begleitet. Die „Superstars" der verschiedenen Mannschaften singen feurige und sehr anregende Weisen, um die Ehre und die Tapferkeit der Kämpfenden zu reizen und zu fördern. Beim Schall der Trommeln und der Zimbeln rufen sich die gegnerischen Chöre lauthals zu: *Mahery ny anay e – Maherye Izay mahery voanjo manga... Izay rezy tanalahy...* Das heißt: „Der unsere ist der stärkere, der unsere... Los: der Sieger ist der Held, der Verlierer ist ein Chamäleon...".

Arbeit auf dem Reisfeld

Während der von Männern und Frauen durchgeführten Feldarbeit erschallt im ganzen Tal das Echo der Lieder. Sie rufen einander zu: *Ny asa atao an-kira toa vita tsy natao.* Das heißt: „Eine Arbeit mit Singen ist keine langweilige, keine ermüdende Arbeit".

Dorffeste

Die Feiern von Hochzeit, Erfolg, Heilung oder Einweihung eines Gebäudes werden mit Liedern und Tänzen begleitet. Profi-Gruppen verteidigen ihren Namen, während die jungen Burschen und Mädchen sich spontan ihren traditionellen Liedern und Tänzen hingeben.

Unglücks- und Sterbefälle

Stirbt ein Mensch, kommen alle Bewohner des Dorfes sowie aus der Umgegend zu den Angehörigen des Verstorbenen und halten Totenwachen. Dabei singen sie meditative-moralische Lieder, die das Herz durchdringen. War der Tote ein Christ, singen alle *Zafindraony*, das sind biblische Texte, wie zum Beispiel Wunder- und Gleichniserzählungen aus den Evangelien. War er Heide, werden folkloristische Lieder und Tänze aufgeführt, um den Tod selbst zu verhöhnen. Verschiedene Stämme geben sich sexuellen Freiheiten und Orgien hin, um sich über den Tod lustig zu machen. Dadurch will man sagen: Auch wenn der Tod zuschlägt, das Leben geht weiter durch Zeugung neuen Lebens. Wenn Tote umgebettet werden, darf niemand weinen. Alle Mitglieder der Familie des Ahnen müssen Hymnen an das Überleben singen.

Meßfeiern und kultische Versammlungen

In Andachten und in der Eucharistiefeier haben Psalmen oder Responsorien eine ganz große Bedeutung. Sie werden von einem Solisten oder einem Chor angestimmt und aus voller Kehle von der ganzen Gemeinde wiederholt. Für einen Madagassen ist eine liturgische Feier nur schön, fromm und überzeugend, wenn sie durch improvisierte Mehrstimmigkeit der Lieder hervorgehoben wird. Der einstimmige Gesang sagt dem Madagassen nicht sehr zu. Sogar dem schönen gregorianischen Gesang von früher, Missa de Angelis, Credo I, II, III usw. fügten die Madagassen improvisierte Partituren zu, zur großen Enttäuschung der wahren Musiker mit feinem Gehör. Die Frage, die sich der Madagasse nach einer kirchlichen Feier stellt: *Masaka ve sa tsy masaka na manta?* – „War es gebacken oder nicht?". Das heißt: War die Feier durch lebendige Gesänge mit Teilnahme der ganzen Gemeinde hervorgehoben? Wenn ja, dann antwortet der Teilnehmer spontan: *tena Masaka* – „Ja". Wenn sie es aber leider nicht war, auch wenn deren Ablauf in sich fehlerfrei war, dann antwortet man: „In gewissem Sinne ja; aber, um alles zu sagen, es war *manta*, das heißt die Gesänge waren nicht optimal." Was die Leute von einer Zeremonie behalten, ist das *Masaka* oder das *Manta*. Anders ausgedrückt: eine lebendige gute Zeremonie geschieht unter Mitwirkung aller. Die liturgische Struktur des Gottesdienstes bzw. auch eine noch so gute Predigt des Vorstehers haben geringere Bedeutung. In der von Papst Johannes Paul II. beabsichtigten „neuen Evangelisierung" muß dem Rechnung getragen werden, wenigstens hier in Madagaskar. Kurz, alle glücklichen und unglücklichen Ereignisse im Leben eines Madagassen werden in Liedern ausgedrückt und gelebt. Die Madagassen singen und lieben es zu singen. Sie sind ein Volk, das seinen Glauben singt.

Aus all dem, was über die Wichtigkeit des Gesanges in den verschiedenen Umständen des Lebens, glückliche wie unglückliche, profane wie religiöse, gesagt wurde, geht hervor, daß der Gesang ein sehr effizienter Faktor ist in der Ausbreitung der Frohen Botschaft in Madagaskar. Bei den Betsileos – ein Stamm aus Mitte-Süden, dem ich angehöre – hat der Glaube nach und nach Wurzeln gefaßt dank der *Hira Zafindraony*. Dies sind Gesänge, die aus der Heiligen Schrift sowohl aus dem Alten wie auch Neuen Testament kommen, oder Lieder über das Leben von Heiligen. So gibt es, um nur einige zu nennen, *Zafindraony* über die Schöpfungsgeschichte, die Erzählung von Kain und Abel, die Zehn Gebote, Ester und andere mehr. *Zafindraony* aus dem Neuen Testament erzählen die Hochzeit von Kana, die Auferweckung von Lazarus, die Seligpreisungen und vieles mehr. Es gibt *Zafindraony* über das Leben der Heiligen Bernadette, über die Erscheinung der Muttergottes in La Salette usw. Die Leute, sowohl Kinder, Jugendliche wie Erwachsene, lernen diese Lieder auswendig, familiarisieren sich damit und singen sie zu jeder Gelegenheit. Die Lieder sind ebenso brauchbare und scharfsinnige Mittel, die christliche Moral, die Zivilisation und die Höflichkeit zu vermitteln. PIERRE COLIN schrieb in seinem Buch *Aspects de l'âme malgache*: „Die *hira gasy*, was ich 'madagassische folkloristische Lieder und Tänze' übersetzen möchte, bleiben eine der Hauptbeschäftigungen der Hochplateaux, sowie zu gleicher Zeit oft eine 'Schule der natürlichen Moral'. Es gibt auf diesem Gebiet professionelle Gruppen von Männern, Frauen und Kindern. Meistens nehmen sie als Thema ihrer Lieder und Tänze historische Gegebenheiten von hier oder von anderswo; mehr noch, sie verschmähen es nicht, ihr Repertoire mit biblischen Themen anzureichern."

Während meiner zwanzigjährigen Tätigkeit als Pastoralbeauftragter und meiner zehnjährigen Arbeit als Begleiter von Jugendlichen konnte ich persönlich die Effizienz der moralischen und bürgerlichen Erziehung durch den Gesang feststellen. Im Gesang sind das Angenehme und das Nützliche vereint und verbinden sich harmonisch miteinander. Natürlich, mit „Effizienz" will ich nicht sagen, daß durch den Gesang alle gut und brav sind; und doch lassen sich verschiedene durch das Hören, Summen oder Pfeifen eines schönen lebendigen Liedes, das mitreißt oder eine moralische Tugend besingt, interpellieren und passen etwas besser auf als die anderen...

Die Gesänge tragen zur „Entente cordiale" zwischen den Sängerinnen und Sängern bei. Wenn ein Dorf ein religiöses oder ein profanes Fest vorbereitet, macht die Person, die ein Lied weiß oder ein Lied komponiert hat, einen Aufruf an alle freiwilligen Mitsänger: Christen oder Heiden, Jugendliche, Kinder und Alte. Am Tag der Probe werden die Lieder auswendig gelernt und die Singstimmen verteilt. Auch wenn die Proben bis weit in die Nacht hinein dauern, werden sie treu besucht. Wenn die Sänger sehr zahlreich sind, verteilen sie sich auf mehrere Gruppen und führen regelrechte Wettstreite aus, ohne daß es jedoch zu unguten Rivalitäten kommt.

Die Lieder nehmen bei den Madagassen einen sehr großen Stellenwert ein, deshalb sollte man sie in der heutigen Pastoral nicht vernachlässigen. Die Verantwortlichen der bischöflichen Kommission für die Liturgie in Madagaskar sind sich dessen bewußt und machen lobenswerte Anstrengungen auf diesem Gebiet. In seinem sehr aufschlußreichen Artikel *L'Eglise catholique de Madagascar: Esquisse* schreibt BRUNO HUBSCH: „Auf dem Gebiet der Inkulturation war die Erneuerung der liturgischen Gesänge im Rahmen des täglichen Offiziums ein voller Erfolg. Der Gesang ist ein wesentliches Element der nationalen Kultur und das liturgische Leben wurde dadurch verwandelt."

Madagaskar, ein Volk, das seinen Glauben singt. Der Gesang bietet daher ein wichtiges Gut für eine Neuevangelisierung.

Paläontologische Forschungen in Madagaskar

– mit Randglossen –

von OTTO APPERT in der Schweiz

Eigentlich hatte ich vor, als normaler Missionar nach Madagaskar zu gehen. Dabei war von Anfang an klar, daß ich in einem für mich ganz neuen und exotischen Land die Augen aufmachen und die Ohren spitzen würde. Allerdings hatte ich kaum Hoffnung für Paläobotanik, einem Teilgebiet der Paläontologie, die mich schon während der Philosophiestudien in der Schweiz interessierte, Zeit zu finden.

Vor meiner Abreise auf die viertgrößte Insel der Welt hatte ich mit dem Direktor des *Laboratoire de Paléobotanique* in Paris (der inzwischen Mitglied der *Académie Française* geworden ist) gesprochen. Wie niemand sonst mußte er wissen, was dieses Land für sein Fach zu bieten hatte. Seine Information lautete: „Madagaskar ist für die Wissenschaft der Paläobotanik leider komplett steril."

I. Anfänge auf Madagaskar

In meinem ersten Jahr auf Madagaskar, nach dem Einführungskurs in die madagassische Sprache, kamen wie gewohnt alle MSF-Missionare der Diözese Morombe in Ankazoabo-Süd zu Exerzitien zusammen. Von der Veranda des oberen Stockes aus sah ich einen Berg, eine Seltenheit im Gebiet von Morombe. Daher fragte ich im Anschluß an die Exerzitien, es war ein freier Tag vorgesehen, wer Lust habe, mit mir den Berg Manamana zu besteigen. Ich hoffte, neben der Aussicht auf die den meisten von uns noch unbekannte Gegend interessante Pflanzen oder Mineralien zu finden. Am Morgen des freien Tages hatten wir für die Entdeckungsreise „einen Jeep voll" Interessenten. Auf schlechter, staubiger Piste und zuletzt durch hohes Steppengras fuhren wir so weit als möglich, bis zum letzten schattenspendenden Baum. Wir stiegen aus, jeder mit einem gewöhnlichen Schreinerhammer versehen, und gingen durch das braune dürre Gras Richtung Manamana-Kulm. Kaum 20 Minuten auf der Strecke – einen Pfad gab es nicht – hielt P. Schnellmann ein Stück Gestein sorgsam auf der flachen Hand. Zu meinem Erstaunen war sofort klar zu erkennen, daß er den ersten fossilen Farn von Madagaskar gefunden hatte, der aus sehr alten Schichten stammen mußte; daß diese etwa 150 Millionen Jahre alt waren, ergab sich erst später. Und daß Jahre danach selbst die russischen Paläontologen in kyrillischer Schrift *Manamana* schreiben würden, weil inzwischen der Berg so bekannt war, konnte ich noch nicht ahnen. Unsere Gruppe begann wie wild an den Steinen zu klopfen, die im dürren Steppengras des Hanges herumlagen oder als Felskanten aus dem roten Laterit lugten. Es wurde an diesem Tag mehr Gestein zerschlagen als nötig und gut gewesen wäre. Vor lauter Begeisterung über das Gefundene vergaßen wir, den Berg zu besteigen. Ich bin der einzige dieser Gruppe, der später einmal die Aussicht von der Höhe des Manamana genoß.

Einige Wochen vor diesem ereignisreichen Tag hatte mich der Provinzial der Schweizer Provinz bei seinem Besuch in der Madagaskarmission gebeten, auch Naturwissenschaften als Teil meiner Missionsaufgabe zu betrachten. Ich war damit einverstanden und bat, den Auftrag schriftlich zu fassen. Bischof Mgr. Zimmermann und Provinzial P. Pfister schrieben mir daraufhin am 13. August 1960, es bestehe der Wunsch, *daß sich P. Appert in der Mission neben der Seelsorge auch der Naturwissenschaft widme...*, denn die wissenschaftliche Betätigung in der Mission sei im Sinne der Kirche und entspräche den alten Ordenstraditionen. Naturwissenschaftliche Forschung verhelfe der Kirche von heute zur Hochachtung jener akademischen Kreise, die ihr fernständen, und sei daher Mittel der Seelsorge.

Noch hatte ich wenig Ahnung, was ich in den Naturwissenschaften unternehmen sollte, was besonders interessant und wertvoll sein könnte. Ich war noch fast neu im Land und wußte nicht, wie sich Forschen mit der alltäglichen Missionsarbeit harmonieren ließe. Das Fossilstück auf der Hand von P. Schnellmann wies mir den Weg, aus dem sich weitere Arbeitsbereiche, vor allem in Zoologie und Botanik, ergaben. Das Problem, mehrere Aufgaben nebeneinander zu haben, von denen jede mehr als nur einen Mann zu erfordern schien, begleitete mich in Madagaskar fast während eines Vierteljahrhunderts.

II. Pastorale und naturwissenschaftliche Missionstätigkeit

Zuerst galt es, mich in die Existenz eines Missionars einzuleben. Besondere Aufmerksamkeit schenkte ich der Frage nach der Inkulturation der christlichen Botschaft. Auf meinem ersten Missionsposten war es Brauch, allabendlich Katechismus zu geben. Mindestens jede zweite Woche war ich an der Reihe. Vieles in den madagassischen Katechismen war erstaunlich gut, vieles war jedoch zu europäisch. Als ich erstmals Erwachsene auf die Taufe vorzubereiten hatte, machte mich das Problem noch unruhiger. Mir schien, es gehe nicht nur darum, das Evangelium den Menschen verständlich zu vermitteln, sondern auch darum, daß ich mich hineindenke in das, was sie denken und leben, d.h. von ihrem Blickwinkel aus zu sehen, welche Botschaft das Christentum vermittelt. Ich war erstaunt: Vieles aus dem Leben und den Gebräuchen der sogenannten Heiden bot sich geradezu an als Brücke für die christliche Lehre. Heute, nach dreißig Jahren und wieder in mitteleuropäischer Umgebung, habe ich oft fast Heimweh nach diesen Übergängen zwischen zwei Ufern. Die Brücken in Europa sind nicht immer leichter zu finden oder zu begehen. Damals verfaßte ich einen kleinen Katechismus oder eher einen Essay zur pastoralen Vorbereitung einiger Sakramente in von der lokalen Sakalavensprache gefärbtem Madagassisch. In der Schweiz wurde der Beitrag im Handsatz gedruckt; dabei ging dem Setzer bald der Buchstabe „*a*" aus, da soviele „*a*" in einem deutschen Text nie nötig sind. – Dieser Essay war keine große Leistung; doch wären viele Leute in Madagaskar heute noch dankbar, könnten sie auf einer aus ihrem gegenwärtigen Lebensweg geschlagenen Brücke (für Fußgänger!) zur Frohen Botschaft gehen. Leider hatte ich weder die Zeit noch die Möglichkeit, die Texte weiter auszubauen.

Für meine naturwissenschaftlichen Studien fuhr ich in den ersten sechs Jahren meiner Madagaskarzeit meist einmal jährlich nach Ankazoabo, eine Tagesreise auf stellenweise fast halsbrecherischem Weg. Von dort aus ging die Fahrt weiter zu der Stelle, wo wir früher am Manamana Steine geklopft hatten. Für die Grabungen – es ging nun tiefer in den Boden und in die Felsen – setzte ich je etwa eine Woche Arbeitszeit an. Der alte Landrover wurde unter dem gleichen schattenspendenden Feigenbaum geparkt wie damals der

Jeep. Ich übernachtete auf ausgebreiteten leeren Zementsäcken unter einem Baum, an dessen Ästen ein Moskitonetz aufgehängt worden war. Am frühen Morgen diente der Landrover als Altar für die hl. Messe. Dann hob der Meßdienerbub kleine Gräben für die Küche aus und fungierte als Koch, Pickelträger und „Grabungsassistent". Wasser hatte ich im Kanister, zum Essen gab es Reis mit Bohnen, Konserven oder ein im abgelegenen Dörfchen gekauftes Hühnchen.

Während des Jahres gab es gelegentlich Möglichkeiten, die gefundenen Fossilien zu präparieren und zu fotografieren. Elektrisches Licht war nicht vorhanden. Das Fotografieren in der Sonne brachte mir einen Augenschaden, zum Glück nicht auf Dauer. Ich konstruierte dann eine Einrichtung, um in natürlichem Schatten Spezialaufnahmen machen zu können. In Europa wurde ich später mehrfach nach meinen modernen Apparaturen gefragt, die so hervorragende Aufnahmen zustande brächten. Ich antwortete jeweils, ich hätte eben die Zivilisationsstufe der Elektrizität noch nicht erreicht.

III. Wissenschaftliche Auswertung der Funde

Nach sieben Jahren in Madagaskar war der erste Urlaub fällig. Ein Teil der Fossilien konnte per Schiff nach Europa transportiert werden. Über fünf Jahre widmete ich mich in der Schweiz der wissenschaftlichen Bearbeitung der Funde aus Madagaskar. Bald trat das Problem der Finanzierung auf. Die *Schweizerische Akademie der Wissenschaften* zeigte Interesse für meine Arbeiten, und der *Schweizerische Nationalfonds zur Förderung der wissenschaftlichen Forschung* erklärte sich bereit, mir ein Forschungsstipendium zu gewähren. Ich war beeindruckt, daß Universitätsprofessoren, meist Nichtkatholiken, mir „armem katholischen Missionar" gegenüber so offen waren. Arm war ich in zweifacher Hinsicht: Ich hatte den normalen MSF-Weg hinter mir, ein Philosophie- und Theologiestudium. Später wurde ich zwar von den Oberen gebeten, Naturwissenschaften als Teil meiner Missionsaufgabe zu betrachten, aber eine entsprechende Ausbildung wurde mir nicht gewährt; arm war ich auch, weil ich kein Geld hatte, um die von der Kongregation gewünschte Arbeit auszuführen.

Gelegentlich arbeitete ich am *Laboratoire de Paléobotanique* in Paris. Dort amtierte noch immer derselbe Direktor, der mir vor Jahren gesagt hatte, Madagaskar sei für die Paläobotanik ein hoffnungsloser Fall. Eines Tages schlug er mir vor, ich solle bei ihm über die Paläobotanik Madagaskars promovieren. Ich stimmte zu. In den letzten Wochen vor dem Rigorosum ging manches schief. Die vielen Papiere, die ich nach Paris sandte, kamen dort nie an. Dann mußte ich wegen Bilharziose ins Baseler Spital. Über den Missionsprokurator wurden erneut hundert Seiten Fotokopien meiner Arbeit hergestellt und nach Paris gesandt. Vom Krankenhaus telefonierte ich mit Frankreich und fädelte alles einigermaßen ein. Endlich konnte ich nach Paris reisen. Mir blieben zweieinhalb Tage Zeit zur Vorbereitung der *soutenance*. Meine These *Les Ptéridophytes du Jurassique supérieur du massif Manamana au sudouest de Madagascar* verteidigte ich an der *Université Pierre et Marie Curie* im gleichen Saal, in dem dieses Forscherehepaar gearbeitet hatte. Es war ein eigenartiges Gefühl, vor einer Jury von Fachleuten über ein Gebiet zu referieren, das ich offiziell nie studiert hatte, noch dazu in fremder Sprache. Ergebnis: *Doctorat ès science, très honorable*. Dies war also ein Nebenprodukt meiner paläobotanischen Forschungen über die Ablagerungen aus der Zeit vor etwa 150 Millionen Jahren im Bereich des heutigen Madagaskars.

Die Fossilien, Zeugen alter Zeiten, erwiesen sich als neu für das Land. Zwei Gattungen und fünf Arten waren für die Welt Erstfunde. Es ergaben sich zahlreiche neue Erkenntnisse zur Evolution der Pflanzen, zu Beziehungen zwischen den Kontinenten. So konnte ich z.B. nachweisen, daß eine bestimmte Farngattung, die heute noch in einem kleinen äquatorialen Bereich auf Borneo, Sumatra und Malakka wächst, vor 150 Millionen Jahren in Madagaskar beheimatet war. Damit geriet ich allerdings in Widerspruch zu den Evolutionstheorien dieser Gattung. Wenige Jahre später bestätigte jedoch ein Professor der englischen Universität Reading, der als der hervorragendste Fachmann der Welt in Paläobotanik galt, in einer Publikation die Richtigkeit meiner Ergebnisse.

Meine Forschungsergebnisse sollten publiziert werden; dafür waren weit über hunderttausend Schweizer Franken veranschlagt. Gedacht war an eine Veröffentlichung in den *Schweizerischen Paläontologischen Abhandlungen*. Ein Professor der Universität X, der Einfluß auf die Drucklegung hatte, erkundigte sich bei mir nach der vorgesehenen Anzahl der großformatigen Fototafeln. Meine Antwort „neunzig" kommentierte er: „Sie spinnen ja komplett, das wird Ihnen kein Mensch in Europa bezahlen." Ich bat ihn daraufhin, in das Seminar nach Werthenstein zu kommen und sich die Fotographien anzusehen. Als wir bei der Durchsicht der Tafeln etwa bei der Hälfte angekommen waren, meinte ich: „Es handelt sich immerhin um eine der wertvollsten fossilen Floren der Südhemisphäre." Der Professor: „Ja, sagen wir, von der anderen auch." Nach Durchsicht der neunzig Tafeln kam er zu dem Schluß: „Für die Publikation einer der schönsten Floren der Welt muß Geld gefunden werden." Es wurde gefunden. Die 1973 erfolgte Veröffentlichung über Madagaskar wurde die aufwendigste und teuerste in diesem Fachbereich in der Schweiz.

Eine Sonderheit des Inhalts sei erwähnt: Mit dem bereits genannten Professor in England diskutierte ich über die Möglichkeit, Mikropräparate von Epidermen der Farnblätter anzufertigen, die vor Millionen von Jahren gelebt hatten. Er meinte, dies sei trotz wiederholter Versuche unmöglich. Es gelang mir jedoch mit einer neuen Methode. So fotografierte ich z.B. Atemöffnungen (Stomata) von dreißigtausendstel Millimeter Durchmesser, die aus der Zeit vor 150 Millionen Jahren stammten. Im alten Seminar Werthenstein lagen bald auf meinem kleinen Zimmer mehr solcher Mikropräparate als in allen Instituten und Universitäten der Welt zusammen. Ich weiß heute noch nicht, ob dies mehr den feinen Abdrücken von Manamana zu verdanken war oder meiner Phantasie und Geduld.

Vier Jahre nach meiner ersten Publikation konnte ich *Die Glossopterisflora der Sakoa in Südwest-Madagaskar* in der *Palaeontographica* (Stuttgart 1977) veröffentlichen. Der Beitrag enthielt die Forschungsergebnisse über die vor etwa 280 Millionen Jahren in Madagaskar verbreitete Flora. „Madagaskar" zu schreiben, ist nicht ganz korrekt; die heutige Insel hing damals noch mit Afrika, Südamerika, der Antarktis, Australien und Indien zusammen und bildete mit diesen Gebieten das Gondwanaland. Dies erklärt, daß manche Pflanzenarten in Madagaskar, in Brasilien, Argentinien, Australien, auf dem Südpol usw. einander ähnlich sind.

In Sedimentschichten Südmadagaskars, die vor fast 300 Millionen Jahren abgelagert wurden, konnte ich ein Insekt finden, eigentlich nur einen Flügel, das älteste Fossil dieser Tiergruppe für Madagaskar. Es wurde von dem französischen Zoologen R. Paulian als *Appertia besairiei* in den *Comptes Rendus de l'Académie des Sciences de Paris* beschrieben. Ein kleines Detail am Rande: für diese neue Gattung und Art wurde der Name eines „Atheisten" mit dem eines „katholischen Missionars", d.h. des Finders, kombiniert.

Gegenwärtig widme ich mich der Auswertung der Fossilfunde, die ich im letzten Jahrzehnt machen konnte, näherhin dem Studium der Flora, die vor etwa 130 Millionen Jahren in Madagaskar lebte. Was da durch die Grabungen in der Umgebung von Manja (wie Ankazoabo in der Diözese Morombe) ans Tageslicht kam, ist sehr reichhaltig und hochinteressant, aber wissenschaftlich äußerst schwierig zu bearbeiten. Oft wollen mich fast Mut und Energie verlassen, daran weiterzuforschen. Die Arbeit dauert Jahre. Noch dazu kann ich in der Schweiz, von geringen Ausnahmen abgesehen, eigentlich mit niemandem eventuell auftretende wissenschaftliche Probleme erörtern. An Schweizer Universitäten arbeitet keiner im gleichen Fachbereich, und selbst in Europa gibt es kaum jemanden, der paläontologischer Experte für die Südhalbkugel wäre. Denke ich jedoch daran, unter welch schwierigen Bedingungen die Grabungen bei Manja vor sich gingen (a) und welchen wissenschaftlichen Wert (b) das „Ausgegrabene" hat, weiß ich, daß ich weitermachen muß.

a: Die Arbeitsbedingungen

Die Fundstellen befanden sich auf einer beinahe kahlen, nur mit Steppengras bewachsenen Hügelkuppe, wo es fast keinen Schatten gab. Meist mußte ich ein Tuch ausspannen, um ein wenig vor der sengenden Tropensonne geschützt zu sein. Oft war es so heiß, daß sich selbst im Schatten das Trinkwasser auf über 35° erwärmte. Ich habe mich manchmal gefragt, ob ich meiner Gesundheit nicht zuviel zumutete. Und die vielen Insekten (*Sii*, ganz kleine Bienen), die auf der Haut krabbeln! Nur wer diese Viecher kennt, weiß um die entsetzliche Plage! Den Jeep mußte ich jeweils unten in der Ebene lassen und dann eine Stunde und mehr aufsteigen. Ein oder zwei Arbeiter kamen mit mir. Einige Liter Trinkwasser, Brot, Konserven, Pickel, Schaufel, Hammer, Meißel... Während des ganzen Tages blieb der Jeep dort unten unbewacht stehen. Rundherum war das Steppengras wegzuschneiden, damit im Falle eines Buschfeuers das Auto nicht in Flammen aufging. Von Tarnung des „Parkplatzes" blieb so nicht mehr viel übrig. Doch auch zur Zeit, da die Räuberbanden, vor allem die Ochsendiebe, besonders aktiv waren, geschah dem allein gelassenen Fahrzeug nie etwas. Die Leute in der Gegend wußten, wem der grüne Jeep gehörte.

Ich staune heute, daß ich pro Jahr durchschnittlich nur zehn Tage im Gelände arbeiten und dennoch eine der für das entsprechende Zeitalter wertvollsten Floren der Welt bergen konnte.

Zuhause auf der Missionsstation galt es, die Fossilien zu präparieren und das Wichtigste zu fotografieren. Es war nicht leicht, dafür als *Curé* etwas Zeit zu erobern. Makro- und Mikrofotografie erfordern viel Konzentration. Doch wenn ich einmal bei passenden Lichtverhältnissen und nicht allzu staubiger Luft auf dem oberen Stock des Hauses ans Fotografieren ging und „bei der Sache" sein sollte, hatte gewiß jemand ein Anliegen und rief von unten herauf: „Mompera!" Die Stiege hinunter... dafür bin ich als Seelsorger ja da. Ein „Mehrzweckberuf" hat eben seinen Preis!

Nachdem ich unerwartet die fossile Flora von Manja entdeckt hatte, war eine staatliche Autorisation für die Grabungen nötig. Ich erbat sie beim zuständigen Direktor in der Hauptstadt. Es war „die hohe Zeit" der Revolution. Meine Bitte wurde abschlägig beschieden, da die Kulturgüter der Nation geschützt werden müßten. „Gut, einverstanden", erwiderte ich, „doch in der Natur geht in der Regenzeit mehr zugrunde als ich mit meiner Arbeit wegholen kann." Der nichtkatholische Direktor entgegnete: „Wenn Ihnen der Hl. Vater etwas befiehlt, müssen Sie auch gehorchen." Eine offizielle Erlaubnis erhielt ich nicht. Nun, ich hatte auch ohne Paläontologie mehr als genug Arbeit.

Später hat man mich von staatlicher Seite aufgefordert, die Forschungsarbeit wieder aufzunehmen. Von der Universität in der Hauptstadt Antananarivo kam dazu der Wunsch, daß ich einen Lehrauftrag in Paläobotanik übernähme. Es wäre nicht ganz unmöglich gewesen, als Pfarrer von Manja zu diesem Zweck gelegentlich nach Antananarivo zu fliegen. Aus meiner Sicht war bei den damaligen politischen Umständen jedoch eine sinnvolle Arbeit nicht möglich; daher lehnte ich ab. – Heute habe ich immer noch einen Forschungsvertrag mit dem zuständigen Ministerium und sende ihm alljährlich einen Rapport.

b: Wissenschaftliche Bedeutung

Es war ganz unerwartet, daß ich in Madagaskar eine Flora aus der frühen Kreidezeit (vor ca. 130 Millionen Jahren) entdecken konnte. Fast alles stellt für das Land Erstnachweise dar, abgesehen von etwa zwei Arten, die ich schon früher gefunden hatte. Vieles ist ganz neu für die Welt, und es ergeben sich zahlreiche Erkenntnisse zur Paläogeographie, Paläobiologie, Evolution etc. der Pflanzen, die nicht in wenigen Sätzen dargestellt werden können. Besonders bemerkenswert sind die Beziehungen, die sich erstmals für diese Erdepoche zwischen Madagaskar und Indien sowie zu Australien, weniger zu Südamerika, zeigen. Auch zur Frage der Kontinentalverschiebungen bieten sich interessante Hinweise. Von Vertretern der eigentlichen Blütenpflanzen (Angiospermen) konnte ich einige Funde machen, die zu den ältesten der Welt und den wertvollsten in dieser Flora gehören.

Es ist notwendig, eine enorm breite und weitverstreute Literatur aus allen Kontinenten zu berücksichtigen. Es müssen Publikationen, oft schwer zu finden, aus Argentinien wie aus der Mandschurei, aus Südafrika wie aus Rußland, aus Australien wie aus Kanada etc. konsultiert werden. Und die Sprachen...! Und die Korrespondenz mit Wissenschaftlern aller Erdteile...! So interessant die Arbeit sein mag, die Grenzen von Talent und Energie spüre ich sehr. Die Paläontologie ist das Arbeitsgebiet, das mich von den Naturwissenschaften am stärksten in Anspruch nahm. Doch beschäftigten mich auch andere Bereiche.

IV. Ornithologische und botanische Beobachtungen

Unter Naturforschern gilt Madagaskar als eines der interessantesten Länder der Welt, in seiner Eigenart fast ein Kontinent für sich. Schon Commerson schrieb 1771: *Darf ich euch kundtun, daß Madagaskar das Gelobte Land der Naturforscher ist? Die Natur scheint sich dort in ein privates Sanktuarium zurückgezogen zu haben, allwo sie ungestört an Modellen arbeiten konnte, welche sie in eben derselben Weise an anderen Orten nie gebrauchst. Dort treten euch an jeder Ecke bizzarre und gar erstaunliche Formen entgegen.* Auch wenn seither viel der Zerstörung anheimfiel, gibt es noch genug zu erkunden.

Da ich mich schon früher in der Schweiz der Ornithologie zuwandte, hatte ich auch in Madagaskar, soweit sich Gelegenheit bot, „Auge und Ohr" für diese *Scientia amabilis*. (Ornithologie gilt übrigens als die fortgeschrittenste Wissenschaft in der modernen Zoologie.) Hier bot sich eine Fülle von Schönheit und viel Wertvolles für die Wissenschaft. Wie ich jetzt zu meinem eigenen Erstaunen sehe, verfaßte ich über 20 Forschungsbeiträge, die vor allem in Berlin, Paris und in der Schweiz erschienen. Es ließ sich manches von „systematischen Einheiten" klären, von denen vorher noch fast nichts bekannt war. Auch über den Zug (Migration) der Vögel ergab sich Interessantes. So konnte ich z.B. nachweisen, daß der Goldregenpfeifer, der in Nordsibirien brütet, gelegentlich nach Madagaskar kommt, um hier zu übersommern. Welch phantastische Flugleistung! Auch den Kampfläufer und den Bruchwasserläufer, beide aus dem Norden Eurasiens, konnte ich zum ersten Mal als „Sommergäste" in Madagaskar nachweisen. Unerwarteterweise entdeckte ich ferner den Pazifiksturmtaucher auf entlegenen Meeresinselchen, *au large de Morombe*, erstmals für diesen südwestlichen Bereich des Indischen Ozeans.

Die Botanik ließ ich, nicht wegen Interesselosigkeit, sondern aus Mangel an Zeit, fast beiseite. Doch konnte ich neue Arten entdecken, den *Croton appertii* (beschrieben in *Adansonia*, Paris 1976) und die *Appertiella hexandra*, eine für die Welt neue Pflanzengattung, deren Beschreibung von Botanikern der Universität Zürich und der *Vrije Universiteit Brussel* 1982 veröffentlicht wurde. Beide Arten sind bis jetzt noch nirgendwo sonst auf der Welt gefunden worden außer in der Gegend von Manja, „meiner" Missionsstation.

V. Spannung Mission – Naturwissenschaften

Nach dem oben erwähnten Brief des Provinzials und unseres Bischofs war in mir die Spannung, wann und wie ich mich der „Normal-Mission", und wann und wie ich mich der „indirekten Mission", das heißt den Wissenschaften, widmen sollte.

Eines Tages kam ich in Werthenstein mit Mgr. Przyklenk MSF (damals Bischof in Brasilien) ins Gespräch. Ich erzählte ihm, ich sei der *Curé* (Pfarrer) von Manja, einer „Kleinstadt" in Madagaskar. Obgleich er die pastorale Tätigkeit hoch einschätzte, meinte er dennoch, ich sollte die Naturwissenschaft als Hauptaufgabe übernehmen, da für die alltägliche Seelsorgsarbeit leichter jemand zu finden wäre. Meine wissenschaftliche Arbeit hätte für Kirche und Mission größere Bedeutung. Trotzdem blieb Mission mein eigentliches Arbeitsfeld. Andere Aufgaben kamen hinzu. Während der sechs Jahre als „geografisch fernliegender" Vice des Provinzials gab es manch zusätzliche Anforderungen, so z.B. die Suche nach Möglichkeiten, das erste Noviziat der MSF in Madagaskar zu eröffnen. Zum Glück hatte ich als langjähriger Offizial der Diözese Morombe nicht besonders viel zu tun.

Die Spannung wurde mir manchmal sehr bewußt. Ein Beispiel zur Verdeutlichung: Ich war gerade von einer Versammlung des Müttervereins zurückgekommen und ging auf mein Zimmer. Da lag auf meinem Bett ein Brief von Professor K. aus Wladiwostock (Rußland), adressiert an Professor A. Ich dachte, was hat der Professor in Rußland wohl für eine Ahnung, wen er da mit Professor anspricht, in welchen Verhältnissen dieser lebt, und was können sich die einfachen Frauen des Müttervereins, meist Analphabeten, unter Arbeit in der Wissenschaft vorstellen, für die ich auch noch da sein sollte. – Ein anderes Beispiel: innerhalb eines Monats hatte ich in Leningrad als Paläontologe, in Moskau als Zoologe und in Rom als Teilnehmer der Zusammenkunft für die Provinzial-Stellvertreter der MSF zu fungieren. Spannungen zwischen verschiedenen Welten...! Komische Gefühle erfaßten mich stets, wenn ich von der Mission in Madagaskar zurückkam und mich die Wissenschaftler in Europa und anderswo wie selbstverständlich als Kollegen ansahen, so als hätte ich wie sie mein ganzes Leben der Wissenschaft gewidmet.

Derzeit ist die Naturwissenschaft zu meiner Hauptaufgabe geworden. Aber es bleiben die Spannungen, wenn auch in anderer Weise. Die heutigen Anforderungen in meiner Wissenschaft sind in Tiefe und Breite so groß, daß sie für einen einzelnen Menschen fast nicht mehr zu bewältigen sind. Anläßlich des letzten internationalen Kongresses der Paläobotanik (Paris 1992) sagte man mir mehrmals, eine solche Arbeit (wie sie jetzt mein Anteil ist), sei für einen Einzelnen heutzutage schwerlich mehr realisierbar. Doch mein Leben ist nun einmal so verlaufen, daß ich nicht zu einem wissenschaftlichen Institut gehöre. Diese Situation bringt aber auch Vorteile, z.B. Unabhängigkeit und homogene Publikationen.

VI. Die „öffentliche Komponente"

Durch die Veröffentlichungen ergibt sich, daß man international mehr oder weniger bekannt wird. An Fachkongressen sollte man mindestens gelegentlich teilnehmen, um Kontakt mit Kollegen zu bekommen oder zu erhalten und von den neuesten Fortschritten der Wissenschaft zu hören. Einladungen zu internationalen Kongressen ergehen gewöhnlich an Fachleute allgemein. Wer etwas Gutes zu bieten hat und dazu bereit ist, wird seinen Vortrag halten – sofern er von der Kongreßleitung akzeptiert wird. Als hauptberuflicher Missionar konnte ich mangels Zeit und Finanzen an den in den letzten Jahren stattfindenden Weltkongressen für Botanik in Berlin, für Ornithologie in Neuseeland, für Paläobotanik in Australien und für Botanik in Tokyo (1993) nicht teilnehmen. Normalerweise werden Reisen zu solchen Veranstaltungen (auch bei einfacher Teilnahme, ohne einen Vortrag zu präsentieren) von den Fachinstituten für ihre Delegierten finanziert. Als Mitglied einer Missionskongregation gibt es für mich kaum solche Möglichkeiten. Immerhin hielt ich auf persönliche Einladung der Veranstalter hin Vorträge auf dem Weltkongreß für Ornithologie in Moskau 1982, auf dem folgenden dieser Art in Ottawa/Kanada 1986 (die Flugreise dorthin wurde mir geschenkt), beim Symposium *Paleofloristic und paleoclimatic changes in the Cretaceous und Tertiary* (International Geological Correlation Programme, IUGS UNESCO) in Prag 1989 sowie auf dem Internationalen Gondwana-Symposium in Antananarivo, der Hauptstadt Madagaskars. Dazu eine Anekdote: An diesem Symposium nahm auch ein Professor und Kommunist aus China teil. Jeden Morgen wurde er von der chinesischen Botschaft der Hauptstadt im Mercedes zum Symposium gefahren. Da er kein Madagassisch und kaum Französisch verstand, nahm ich mich seiner gelegentlich etwas an. Beim Abschiedsempfang im größten Saal der Hauptstadt gab man dem chinesischen Professor zuvorderst in der Mitte Platz. (Zwischen dem sozialistischen Madagaskar jener Zeit und dem kommunistischen China waren die Beziehungen besonders freundlich.) Rechts neben ihm ließen die Organisatoren einen Platz frei, für mich, seinen Freund. So kamen ein kommunistischer Professor und ein katholischer Missionar zusammen.

Weiterhin hielt ich Vorträge über Madagaskar an den Universitäten in Bielefeld, Münster/Westfalen, Wien und an einigen in der Schweiz. Bei dem IV. Panafrikanischen Ornithologenkongreß übernahm ich die Leitung der Exkursionen in Südwest-Madagaskar, an dem Forscher aus allen Kontinenten teilnahmen. Einige Zeit danach erhielt ich von der Deutschen Ornithologen-Gesellschaft aus Berlin einen eingeschriebenen Brief mit der Mitteilung, ich sei aufgrund meiner ornithologischen Studien über Madagaskar zum *Korrespondierenden Mitglied* ernannt worden. Ich wußte nicht recht, was das war, sah dann aber später, daß es weltweit nur gut 30 *Korrespondierende Mitglieder* gibt, meist verdiente Berufszoologen – ich war als Missionar eine Ausnahme. Als zündender Funke hatte ein bekannter Zoologe agiert, der an der Exkursion in Südwest-Madagaskar teilgenommen hatte und von dieser so begeistert war, daß er mich im Vorstand der „DOG" zum *Korrespondierenden Mitglied* vorschlug.

Viele Angebote mußte ich aus Geld- und Zeitmangel ablehnen: So hatte man mich z.B. gebeten, Vorträge an einer Universität in den USA, auf Fachkongressen in Pretoria (Südafrika), in Rio de Janeiro und auf den Seychellen zu halten. Auch ersuchte man mich, eine Festschrift für ein Jubiläum des *Birbal Sahni Institute of Palaobotany* im indischen Lucknow (es ist das größte Institut der Welt in diesem Fachbereich) zu erstellen. Immerhin hörte ich gelegentlich Echos von solchen Veranstaltungen, z.B. daß Leute am Weltkongreß für Botanik in Berlin über meine Madagaskar-Arbeiten diskutierten oder daß am Internationalen Paläobotanik-Kongreß in Melbourne (Australien) die Frage auftauchte, warum ich nicht gekommen sei. Wer dachte wohl an die Gründe?

Mein Weg im Bereich der Naturwissenschaften führte mich nach Leningrad, Stockholm, Warschau, Krakau, Paris, Frankfurt, London, Johannesburg, Jerusalem, Lucknow und Calcutta; meine gut zehn Wochen in Rom hingegen dienten nicht der Naturwissenschaft, sondern dem „Aggiornamento" der MSF-Konstitutionen.

Die Einladung für die kirchlich organisierte *Rencontre des chercheurs* in Atseranana (Diego Suarez), Madagaskar, konnte ich annehmen, da sie geographisch immerhin etwas näher zu meiner Missionsstation lag, wenngleich die Insel so groß ist wie Frankreich und die Benelux-Länder zusammen. Bei dieser Gelegenheit produzierte ich eine Fernsehsendung von 45 Minuten über die Vergangenheit (Paläontologie), Gegenwart (Umweltschutz etc.) und Zukunft des Landes. Auch übernahm ich auf Einladung des Priesterseminars in der Hauptstadt Antananarivo während einer Woche eine einstündige Philosophievorlesung zu ähnlichen Themenkomplexen wie in der Fernsehsendung.

Die Aufnahme in das *Neue Schweizer Lexikon* (1991) schenkte meinem Arbeiten wohl mehr Aufmerksamkeit als verdient. Als *Membre correspondant de l'Académie Malgache* und als *Chevalier de l'Ordre National* ergibt sich eine gewisse Präsenz eines Missionars in seiner „zweiten Heimat". Von solchen Titeln spüre ich allerdings wenig, viel dagegen von der täglichen Kleinarbeit, wo Ergebnisse fern zu sein scheinen. Als Einzelarbeiter kommt man sich in der Wissenschaft ziemlich verloren vor. Und das Problem der verschiedenen Sprachen in der Literaturarbeit und Korrespondenz! Für eine realistische Sicht der Dinge dürfen auch nicht die akuten oder länger dauernden Wirkungen von Tropenkrankheiten wie Malaria und Bilharziose vergessen werden!

Abschließend nenne ich die von mir entdeckten neuen Gattungen und Arten. Beschrieben wurden von anderen Autoren die für die Welt neue Pflanzengattung *Appertiella* (Zürich/Brüssel), die ebenfalls neue Pflanzenart *Croton appertii* (Paris), die neue Vogelart *Phyllastrephus apperti* (London), die fossile ca. 280 Millionen Jahre alte Insektengattung *Appertia* (Paris). In meinen Arbeiten publizierte ich zwei für die Welt neue Gattungen und fünf Arten aus der Zeit vor etwa 150 Millionen Jahren und zwei neue Gattungen und sechs neue Arten aus der Zeit vor etwa 280 Millionen Jahren. Wenn mir die Möglichkeit geschenkt ist, noch einige Jahre zu arbeiten, hätte ich noch über 20 für die Welt neue Arten aus der erdgeschichtlichen Periode vor etwa 130 Millionen Jahren zu beschreiben. Das Ziel der gegenwärtigen Arbeiten ist aber nicht in erster Linie, neue Arten aufzudecken, sondern vorrangig Fragenkomplexe wie den Verlauf der Evolution der Pflanzen über Jahrmillionen hinweg, die Beziehungen der Floren der Welt untereinander und Zusammenhänge und Verschiebungen der Kontinente weiter zu klären. (Ob wir daran denken, daß unsere Existenz als Menschen total von den Pflanzen abhängig ist?)

Mut und Energie wollen mich als Einzelarbeiter in der Wissenschaft oft fast verlassen. Aber was ich bis heute nicht verlernt habe: das Staunen über die Großartigkeit der Schöpfung.

In das Thema meines Beitrages bringt vielleicht am ehesten Licht, was der *Head of the Department of Mesophytic Evolutionary Botany* anläßlich meines Vortrages am *Birbal Sahni Institute of Palaeobotany* (Indien) kurz und bündig den Versammelten sagte: „Ich stelle Ihnen Herrn A. nicht vor im Bereich der Naturwissenschaften. Wir kennen ihn ja alle. Was Sie aber wohl nicht wissen: er ist ein christlicher Priester, der seine Arbeit zur Ehre des Schöpfers tut." Der Sprecher war ein Hindu.

* * *

Anhang: Von Otto Appert in Madagaskar gefundene neue Gattungen und Arten

I. Pflanzen

A. Fossil
Aa Permo-Karbon der Sakoa (ca. 280 Mio Jahre)
1. Sphenophyllum sakoense APPERT
   Skoarota nov. gen. APPERT
2. Sakoarota polyangiata APPERT
   Elatra nov. gen. APPERT
3. Elatra bella APPERT
4. Taeniopteris punctifera APPERT
5. Cordaicarpus madagascariensis APPERT
6. Dolianitia madagascariensis APPERT

Publikation: OTTO APPERT, Die Glossopterisflora der Sakoa in Südwest-Madagaskar (= Palaeontographica 162, Abt. B.). Stuttgart: Schweizerbart 1977, S. 1–50, Taf. 1–40.

Ab Oberer Jura, Manamana (ca. 150 Mio Jahre)
    Mohriopsis nov. gen. APPERT
1. Mohriopsis plastica APPERT
2. Matonia mesozoica APPERT
    Culcitites nov. gen. APPERT
3. Culcitites madagascariensis APPERT
4. Coniopteris manamanensis APPERT
5. Cladophlebis ankazoaboensis APPERT
(6. Piazopteis lorchi nom nov. APPERT)

Publikation: OTTO APPERT, Die Pteridophyten aus dem Oberen Jura des Manamana in Südwest-Madagaskar (= Schweizerische Palaeontologische Abhandlungen 94). Basel: Birkhäuser Verlag 1973, S. 1–62, Taf. 1–90.

B. Rezent
    Croton appertii LEANDRI

Publikation: J. LEANDRI, Croton appertii, Euphorbiacée nouvelle du Sud-ouest de Madagascar. In: Andasonia, ser. 2, 15 (3) (1973) S. 331–332.

II. Tiere

A. Fossil
    Appertia nov. gen. PAULIAN
    appertia besairiei PAULIAN

Publikation: R. PAULIAN, Découverte d'une faune entomologique permienne à Madagascar. In: Comptes Rendus de l'Académie des Sciences de Paris 260 (1965) S. 4028–4030 (Groupe 9).

B. Rezent
    Phyllastrephus appertii COLSTON

Publikation: P. R. COLSTON, A new bulbul from southwestern Madagascar. In: Ibis (London) 114 (1972) S. 89–92.

„Das Leben ist Schatten und Nebel, geht vorüber und ist dahin" – oder Wenn Qohelet und Ohabòlana sich treffen

von OTTO RICKENBACHER in der Schweiz

Qohelet ist das biblische „Buch des Predigers" und mit *Ohabòlana* bezeichnet man in Madagaskar einen „kurzer Erfahrungsspruch in kunstvoller Form". „Wie Qohelet die falsche Erfolgsgläubigkeit... zerschlagen muß, so zerschlägt er ... auch die ungesunde Romantik einer Flucht in die Vergangenheit und zwingt den Menschen, zu seinem Heute zu stehen", bemerkt treffend WALTHER ZIMMERLI in seinem Qohelet-Kommentar. Mir scheint, die madagassische Weisheitslehre verfolge mindestens im Sektor der *Ohabòlana* genau dies: den Menschen zu lehren, zu seinem Heute zu stehen. In diesem Sinn mögen die folgenden Texte gelesen und verstanden werden. Die madagassischen Texte lesen sich oft wie die konkreteren Beispiele zu den allgemeineren Qohelettexten. Das Schönste am Ganzen ist vielleicht hier wie dort das illusionslose Ja zum Heute. Man ist nicht blind, man ist nicht Utopist. Man ist nicht verzweifelt, man ist nicht Pessimist. Man ist beinahe Realist. Es ist ein manchmal gelungener Versuch des Menschen, zu seinem Heute zu stehen.

Es werden hier dreißig meditative Verse aus dem Qohelet mit vierzig meditativen madagassischen Sprichwörtern zusammengestellt. Dabei stehen erst immer der oder die Bibeltexte, dann folgen die madagassischen Parallelen. Es ist dies nur eine kleine, doch wohl repräsentative Auswahl, ein „Florilegium" also. Und ein Blumenstrauß soll ja nicht zu groß sein, sonst paßt er in keine Vase mehr hinein! Man kann entweder die Texte in der vorliegenden Reihenfolge (Teil I) lesen und überdenken. Sie entspricht der fortlaufenden Stellenauswahl des biblischen Buches Qohelet. Die dazupassenden madagassischen Sprichwörter sind in keinem Fall biblische Exegese zu Qohelet; auch wird hier keine authentische Auslegung von *Ohabòlana* gegeben. Es ist nur ein Schnuppern da und dort. Doch warum sollte Schnuppern nur den Hasen erlaubt sein? – Oder man kann auch im erstaunlich umfangreichen Wortverzeichnis (Teil II) blättern und auswählen, wonach man suchen will.

I. Texte

Qo 1.2b: Alles ist vergänglicher Hauch.
(1) Das Leben ist Schatten und Nebel, geht vorüber und ist dahin.
(2) Dampf im Kochtopf ist das Leben, man hebt den Deckel, da ist er (es) dahin.

* * *

Qo 1,3: Welchen bleibenden Gewinn hat die Menschheit von all' ihrer Mühe, womit sie sich abmüht unter der Sonne?
(3) Die Betsimisaraka haben ein Krokodil erschlagen, doch die Sakalaven schmücken sich jetzt mit dessen Zähnen.
Betsimisaraka und Sakalaven sind zwei verschiedene Stämme.

* * *

Qo 1,4: Eine Generation tritt ab, eine Generation tritt auf, die Erde bleibt ewig bestehen.
(4) Die Erde ist die Hauptfrau Zanahàry's; sie nimmt sich der Lebenden an, sie nimmt die Toten auf.
Zanahàry ist der Schöpfergott. So die semantische Deutung. Etymologisch müßte man eher vom Lichtgott, vom Sonnengott sprechen. Im Hochland redet man von Andriamànitra. Der Gottesname Andriamànitra bedeutet Le Seigneur parfumé, der „Herr mit dem feinen Duft". In der Bibel bezeichnet man mit Andriamànitra Gott. Zanahàry wird als Gottesname in Bibelübersetzungen nur mit Zögern gebraucht, wenn schon, dann für Jahwe.

* * *

Qo 1,9: Was war, ist wieder, was geschah, geschieht nur wieder. Nichts Neues gibt es unter der Sonne.
(5) Die unter dem Himmel wohnen, ändern ihr Verhalten nicht.

* * *

Qo 1,11: Kein Andenken bleibt vom Früheren.
(6) An den vergangenen Winter denkt man nicht zurück.

* * *

Qo 2,4: Ich machte groß mein Werk, erbaute mir Gebäude... (2,11) und siehe: Alles vergänglicher Hauch.
(7) Ein Haus in Tananarive: Wer's zuerst vollendet, den reut es auch zuerst.
Andere bauen bald etwas Schöneres, Solideres.

Qo 2,13–14: Da sah ich, daß es einen bleibenden Gewinn der Weisheit gegenüber der Torheit gibt, wie der bleibende Gewinn des Lichtes gegenüber dem Dunkel. Der Weise hat Augen im Kopf, der Tor tappt im Dunkel.
(8) Wer weise ist, wird als Beispiel geschätzt; wer dumm ist, der wird vom Ruß geschwärzt.
(9) Wer weise ist, wird Gemahl der Erde; wer dumm ist, den zermahlt die Erde.

Man hat ein Wortspiel: *fianàrana* = Lehre, Beispiel und *feno àrina* = voll Ruß. Der Dumme versteht es nicht, ein richtiges Feuer für die Küche zu entfachen.
Im Text spielt man mit dem Beamten-Titel *vàdin-tàny* „Gemahl der Erde" und *avàdiky ny tàny* „von der Erde umgedreht, zermalmt, zermahlen werden".

* * *

Qo 3,4: (Es gibt) eine Zeit zum Weinen und eine Zeit zum Lachen, eine Zeit zur Trauerklage und eine Zeit zum Tanz.
(10) Die Ehe: Da tanzt man am Anfang, weint aber am Schluß.

Hochzeitstanz oder Todestrauer?

* * *

Qo 4,2: Siehe da: Die Tränen der Bedrückten: Keinen Helfer bekamen sie, und aus der Hand ihrer mächtigen Bedrücker hat niemand sie befreit.
(11) Die Fische im Itasy-See: Die Großen fressen die Kleinen.
(12) Die Herrensöhne mästen sich, die Gerechten müssen leiden.

Letzteres ist ein Sprichwort aus der Region der Betsimisaraka im Osten.

* * *

Qo 4,9–10: Besser zwei als einer. ... fällt einer hin, so hilft ihm der andere auf.
(13) Zwei Brüder durchqueren ein Steppengebiet: Du bist meine Hoffnung, ich bin deine Hoffnung.

* * *

Qo 4,17: Nimm deinen Fuß in acht, wenn du zum Hause Gottes gehst. Denn herkommen, um zu hören, ist besser als das Opferbringen der Toren. Diese verstehen ja nichts und tun Böses.
(14) Er hat nicht bloß Hörner, um seinen Kopf zu verteidigen, sondern auch Ohren, um zu hören.

Das Bild betrifft den Ochsen, den Stier.

Qo 5,1–2: Übereile dich nicht mit deinem Munde, und dein Herz eile nicht, ein Wort herauszubringen vor Gott. Denn Gott (ist) im Himmel, doch du auf der Erde, darum sollen deine Worte nur wenige sein. Denn... (es kommt) die Stimme des Toren bei vielen Worten.
(15) Im Weißreis sind immer Körner in Hülsen, im Ochsenkopf ist immer eine Zunge, in vielen Worten sind immer Fehler.

* * *

Qo 5,3: Wenn du gelobst, ein Gelübde vor Gott, dann säume nicht, es zu erfüllen.
(16) Mach nicht einfach Worte, denn Zanahàry hört.
Zu Zanahàry siehe bei Nr. 4.

* * *

Qo 5,8: Ein bleibender Gewinn bei alldem ist: Ein König für das bebaute Gebiet.
(17) Lange Gräser bedecken Land und Königreich, wenn ein unfähiger König regiert.
Die Reisfelder werden nicht bestellt.

* * *

Qo 5,13: Es geht der erwähnte Reichtum zugrunde...
(18) Dem Tautropfen ist der Reichtum gleich, leicht entschwindet er.

* * *

Qo 6,2: (Da ist) ein Mensch, dem Gott Reichtum... gab, den Gott aber nicht ermächtigte, davon zu kosten.
(19) Wie das Wasser ist der Reichtum. Nicht wer viel Kraft zum Schöpfen hat, erhält viel, sondern der mit dem guten Großkrug.
(20) Träne Zanahàry's ist der Reichtum, auf wen sie (er) fällt, der hat davon.
Der Krug muß groß sein, damit er viel faßt. Solide soll er sein, damit er nicht zerbricht.

* * *

Qo 6,7: Alles Mühen des Menschen ist für seinen Mund.
(21) Die Zunge des Ochsen frißt das Gras nur für den eigenen Fetthöcker ab.
Die madagassischen Stiere und Kühe haben Fetthöcker, die in der nahrungsreichen Periode anwachsen und im Notfall eine Hilfe zum Überleben bilden.

* * *

Qo 6,9: Besser das Schauen der Augen, als das Schweifen der Gier.
(22) Man sieht das Perlhuhn mit dem schönen Gefieder, und man vergißt das treue Haushuhn.

Unter anderem denkt man hier an Familientreue, an Ehetreue auch.

(23) Die Hoffnung, die bleibt trügerisch; nur das Vollbrachte ist wirklich da (wörtl.: wird gesehen).

Dieses Proverb ist Wappenspruch von Ambalavao, wo MSF tätig sind.

* * *

Qo 7,1: Guter Name geht über gutes Salböl.

Im Hebräischen Text hat man ein Wortspiel zwischen *schem* (Name) und *schèmen* (Öl, Salböl, Parfum).

(24) Der Name ist wie ein Erdnußfeld: wer sich nur ein kleines (Feld) absteckt, handelt nicht gut.

Wer sich nur ein kleines Feld absteckt, handelt schlecht. Wenn man schon wählen kann, soll man sich einen bedeutenden Namen geben. Man steckt sich schließlich auch nicht ein zu kleines Pflanzfeld ab. – Dazu eine Beobachtung vom 12. Februar 1993: Morgens um 6 Uhr rollte ein kleines altes und zerbeultes Auto am Taxibrousse-Platz von Fianarantsoa an. An der Seitentüre rechts aber war zu lesen: King of the Road, „König der Straße".

* * *

Qo 7,20: (Denn) es gibt keinen gerechten Menschen auf der Welt, der (nur) recht handelt und sich nicht verfehlt.

(25) Man soll sich entschuldigen, denn man macht Fehler: Man geht über Land und gleitet aus. Man hat den Himmel über dem Kopf und wird (regen)naß. Man lebt mit Verwandten zusammen und verfehlt sich gegen sie.

Dieses Proverb könnte Platz finden im Bußakt zu Beginn der Eucharistiefeier. Bereits gebraucht wird es in der Segensformel am Schluß von Laudes oder Vesper und zwar so:

„Es behüte uns
daß wir nicht ausgleiten, wenn wir über Land gehen,
daß wir nicht naß werden, wenn wir den Himmel über uns haben,
die Liebe Gottes des Vaters, die Klarheit Christi, die Kraft des Heiligen Geistes."

Es fällt auf, daß die Liturgie-Equipe im Segensgebet den Aufbau des Sprichworts sorgfältig gewahrt hat. Hier wie dort ist das Beispiel vom Ausgleiten auf der Erde und vom Naßwerden durch den himmlischen Regen in die Mitte des Textes genommen.

* * *

Qo 7,29b: Gott hat die Menschen recht gemacht, sie aber versuchen es mit zahlreichen Kniffen.

(26) Die Menschen sind wie die Aale im Wasser: Sie haben viele gebogene (krumme) Wege.

*(27) Andriamànitra trifft kein Verschulden, Zanahàry hat keine
Schuld, nur die Wege der Menschen, die sind oft krumm.*

* * *

Qo 8,3–4: Geh weg von seinem (des Königs) Antlitz..., denn was er
nur will, das vermag er zu tun...

*(28) Der König ist wie der Himmel, man kann ihn nicht mit dem
Klafter-Maß messen; wie die Sonne ist er, man kann da nicht mit
der Spanne messen.*

*(29) Der König ist wie ein Feuer: Ist man zu weit weg, friert man, ist
man zu nah, verbrennt man sich.*

* * *

Qo 8,8: ... Keiner hat Macht über den Tag des Todes.

(30) Die Sterbenden bitten nicht um Erlaubnis.

* * *

Qo 9,9: Schau das Leben mit der Frau, die du lieb hast, alle Tage...

(31) Wenn man eine Frau hat, schaut man sie auch an.

Was hier mit „Frau" übersetzt wurde, lautet im madagassischen Text *Vlady*. *Vlady* ist der Ehepartner oder die Partnerin. Von der Frau her gesehen, müßte man übersetzen: „Wenn man einen Mann hat...".

* * *

Qo 10,1: Tote Fliegen machen stinken, verderben das Öl des Salben-
mischers.

(32) Eine stinkende Krabbe im Korb: die eine macht, daß alle stinken.

* * *

Qo 10,5–7: ... Der Tor ist an höchste Stelle gesetzt. Ältere und Vorneh-
me aber erhalten niedrige Positionen. Ich habe Knechte auf Pferden
gesehen, während Fürsten wie Knechte zu Fuß einhergingen.

*(33) Die Menschen sind wie kochender Reis im Topf, bald oben und
bald unten.*

* * *

Qo 10,20a: Selbst nicht in deinem Denken sollst du den König
schmähen, und selbst in deiner innersten Kammer schmähe nicht
den Reichen.

(34) Sprich keine Schmähungen gegen die Herren aus.

Der madagassische Text weist auf ein Problem von heute hin. Nach außen wird der Ältere, der Obere oder Vorgesetzte immer geehrt und er „hat immer Recht". Andererseits lebt man auch im Lande Zanahàry's (siehe zu Nr. 4) im Heute des 20. Jahrhunderts.

* * *

Qo 10,20b: Denn ein Vogel des Himmels kann den Laut mitnehmen, und ein Flügelbesitzer die Sache anzeigen.
(35) Fliegende Vögel tragen die Worte fort.
(36) Ein Wort ist wie ein Ei: wenn es ausschlüpft, hat es Flügel.

Das Umfeld des Bibeltextes ist in Qo 10,20a gegeben. Siehe dort.

* * *

Qo 12,12c: Vieles Grübeln ermattet das Fleisch (= den Menschen).
(37) Ein Perlhuhn, das müde ist, überfliegt die Höhen nicht mehr.
(38) Mit dem Lernen mach es wie mit dem Brennholz: Nimm, was du brauchen kannst, laß sein, was du nicht erfassest.

* * *

Qo 12,14: Alles Tun bringt Gott ins Gericht, alles Verborgene, ob gut oder schlecht.
(39) Meine nicht, das sei ein stilles Tal, denn Andriamànitra (ist) über dem Haupt (des Menschen).
(40) Nichts gibt es, was Zanahàry nicht wüßte; doch weil er es so will, neigt er sich hinab.

Für Andriamànitra und Zanahàry siehe bei Nr. 4. Je nach Text wird Zanahàry auch gerne mit „Schöpfergott" übersetzt. Unsere beiden letzten Sprichwörter lassen Fragen offen. Einerseits sind Zweifel da, ob hier nicht christlicher Einfluß vorliegt. Andererseits hat die wohl schönste madagassische Proverbiensammlung (*Ohabolan'ny Ntaolo* von BAKOLY DOMENICHINI-RAMIARAMANANA) den letztgenannten Text unter dem Schema: Le Président Eternel, Croyancens. Und so gesehen ist der Text dann jedenfalls wieder uralt.

II. Index zu den madagassischen Sprüchen

Es folgen die hauptsächlichsten Ausdrücke mit ihren Nummern:

Aal	26	aufnehmen	4
abfressen	21	ausgleiten	25
abstecken	24	ausschlüpfen (Kücken)	36
Alle	33	aussprechen (sagen)	31
ändern	5		
Andriamànitra	27, 39	bald ... bald	30
Anfang	10	bedecken	14
annehmen (sich...)	4	Beispiel	8
anschauen	31	Betsimisàraka	3

bitten um Erlaubnis	31	gebogen (krummer Weg)	26
bleiben	23	Gefieder	22
brauchen	38	gehen (über Land)	25
Brennholz	38	Gemahl der Erde	9
Bruder	13	Gerechte(r)	12
		gleich sein	18
dahin sein	1, 2	gleiten (ausgleiten)	25
Dampf	2	Gras	17, 21
Deckel	2	Große(r)	11
denken: siehe meinen	39	Großkrug	19
dumm	8, 9	gut (adj.)	19
durchqueren	13	gut handeln	24
Ehe	10	handeln	24
Ei	36	Haupt (= Kopf)	39
eigen (= für sich selber)	21	Hauptfrau	4
ein (e)	32	Haus	7
entschuldigen	25	Haushuhn	22
entschwinden	18	heben	2
Erde	4, 9	herabsteigen	40
Erdnußfeld	24	Herr	34
erfassen	38	Herrensöhne	12
erhalten (recervoir)	19	Himmel	5, 25, 28
Erlebnis	30	Hoffnung	13, 23
erschlagen	3	Höhe(n)	37
		hören	14, 16
fallen	20	Horn	14
Fehler (machen)	15, 25	Huhn cfr. Haus- u. Perlhuhn	
Fetthöcker	21		
Feuer	29	Itasy-See	11
Fisch	11		
fliegend	35	Klafter-Maß	28
fliegen über	37	Klein (adj.)	24
Flügel	36	Klein (subst.)	11
forttragen	35	kochen	33
Frau als Ehepartnerin	31	Kochtopf (Topf in 33)	2, 33
Frau als Hauptfrau	4	König	17, 18, 29
fressen (u. siehe abfressen)	11	Königreich	17
frieren	29	Kopf (cfr. Haupt [39])	14, 25

Korb	32	regieren	17
Korn in Hülsen	15	Reichtum	18, 19, 20
Krabbe	32	Reis (cfr. Weißreis 15)	33
Kraft	19	reuen	7
Krokodil	3	Ruß	8
Krug (Großkrug)	19		
		Sakalaven	3
Land	17, 25	Schatten	1
lang	17	schätzen (lieben)	8
lassen	38	Schluß	10
Leben	1, 2	Schmähung	34
Lebende	4	schmücken (sich...)	3
leiden	12	schön	22
leicht	18	schöpfen (Wasser)	19
Lernen	38	schwärzen	8
		See (Itasy-See)	11
mästen (sich...)	12	sehen (cfr. ansehen)	22
meinen (denken)	39	Sonne	28
Mensch	26, 33	Spanne	28
messen	28	Steppengebiet	13
müde	37	Sterbende(r)	30
		still	39
nach	29	stinken	32
Name	24	stinkend	32
naß (vom Regen)	25		
Nebel	1	Tal	39
nehmen	38	Tananarive	7
nichts mehr	37	tanzen	10
Nichts	40	Tautropfen	18
		Topf (Kochtopf)	33
oben	33	Tote(r)	4
Ochs	21	Träne	20
Ochsenkopf	15	treu	22
Ohren	14	trügerisch	23
Perlhuhn	22, 37	überfliegen	37
		unfähig	17
Regen (regennaß)	25	unten	33

verbrennen (sich...)	29	Weißreis	15
verfehlen (sich...)	25	weit weg	29
Vergangenes	6	Winter	6
vergessen	22	wirklich (wörtl.: gesehen)	23
Verhalten	5	wissen (kennen)	40
verteidigen	14	wohnen	5
Verwandter	25	wollen	40
viel (adj.)	15, 19, 26	Wort	18, 19, 35, 36
Vogel	35		
Vollbrachtes	23	Zähne (vom Krokodil)	3
vollenden	7	Zanahàry	4, 16, 20, 27, 40
vorübergehen	1	zermahlen	9
		zuerst	7
Wasser	19, 25	Zunge	15, 21
weg (weit weg)	29	zurückdenken	6
Weg (krummer Weg)	26	zusammenleben mit	25
weinen	10	zwei	13
weise	8, 9		

Amharische Grammatik

von Josef Hartmann in Norwegen

Bald nach meiner Priesterweihe 1954 erhielt ich vom Generalsuperior Gustav Dehrenbach (gest. 1966) den Auftrag, mich auf eine missionarisch-schulische Tätigkeit in Äthiopien vorzubereiten. Den Anstoß, daß die deutsche Provinz der MSF in diesem ostafrikanischen Land ein neues Arbeitsfeld übernahm, hatte kurz zuvor der französische Kurienkardinal und langjährige Sekretär der Kongregation für die orientalische Kirche und der Protektor unserer Kongregation, Kardinal Eugène Tisserant (gest. 1972) gegeben. Auf seine Anregung geht auch zurück, daß ich in Rom orientalische Theologie, die amharische Sprache (= Amts- und Schulsprache Äthiopiens), Englisch (= die Sprache der Sekundarschulen und der Universität in Äthiopien) und Ge'ez (= die Kirchensprache Äthiopiens) studierte.

Mein Aufenthalt in Äthiopien währte lediglich bis 1971. Dann nötigten äußere Umstände die Kongregation, das von Anfang an schwierige Gesamtunternehmen aufzugeben. Die Jahre von 1972 bis 1977 boten mir die Gelegenheit, als wissenschaftlicher Assistent an der Universität Hamburg eine amharische Grammatik zu schreiben. Mein Studium und meine elf Jahre in dem ostafrikanischen Land hatten mich dazu vorbereitet.

Amharisch belegte ich an der Università Statale di Roma bei Professor Lanfranco Ricci. Der Einstieg ins Amharische ist ausgesprochen schwierig. Zusammen mit einigen anderen semitischen Sprachen Äthiopiens hat Amharisch ein eigenes Schriftsystem mit etwa 300 syllabischen Schriftzeichen. Diese Schrift ist weder phonetisch noch phonemisch adäquat, d.h. sie bezeichnet weder die Gemination der Konsonanten (diese hat im Amharischen phonemischen Charakter) noch unterscheidet sie Vokalhaltigkeit und Vokallosigkeit (y oder $_e$). Diese beiden Phänomene machen die Aussprache bei jedem Wort zur Frage. Das bringt mit sich, daß für den Lernenden entweder die äthiopische Schrift mit zwei Zusatzzeichen zu versehen ist oder zu Anfang des Studiums eine phonemische Umschrift verwendet werden muß.

Für einen Deutschen war die amharische Sprache lange Zeit nur über Italienisch oder Französisch erlernbar, denn es existierten lediglich in diesen beiden Sprachen Grammatiken und Wörterbücher. Erst 1964 erschien als neuer Amharischkurs *Amharic Basic Course I-II* von SERGE OBOLENSKY, DEBEBOW ZELELIE und MULUGETA ANDUALEM in Washington, in dem alle äthiopischen Wörter und Texte sowohl in äthiopischer Schrift als auch in einer phonetischen Schrift dargestellt werden. Es ist das einzige Lehrbuch, das es einem linguistisch geschulten Autodidakten erlaubt, die Sprache ohne besondere Professorenhilfe zu erlernen.

Schon früh faßte ich den Entschluß, meine 1980 erschiene amharische Grammatik zu verfassen. Ausschlaggebend dafür waren folgende Gründe:

1. Amharisch ist die wichtigste Verkehrssprache Äthiopiens und gehört mit dem Ge'ez (Altäthiopisch), mit Argobba, Gafat, Gurage, Harari, Tigrina und Tigre zur semitischen Sprachfamilie Äthiopiens. Die beiden anderen Sprachfamilien des Landes sind die kuschitische, zu der vor allem Oromo [Galla] und Somali gehören, und die nilotische, die neben anderen Idiomen Barea, Gumuz, Berta und Anuak umfaßt.

2. Die Anzahl brauchbarer Grammatiken ist gering. 1698 veröffentlichte HIOB LUDOLF seine *Grammatica linguae Amharicae*. Die letzte bedeutende amharische Grammatik im deutschen Sprachraum wurde von FRANZ PRAETORIUS 1878/79 publiziert. Neben dieser Grammatik gibt es nur drei weitere, die heute noch greifbar sind: die von IGNAZIO GUIDI, MARCEL COHEN und C. H. DAWKINS. Die Grammatik von PRAETORIUS war bahnbrechend für die Erforschung der amharischen Sprache. Sowohl GUIDI wie COHEN erkennen sie als eine grundlegende Leistung an. Seit Erscheinen der Grammatiken von GUIDI und COHEN, sie reflektieren gegenüber PRÄTORIUS den modernen Wissensstand, hat es im Bereich der allgemeinen Linguistik, aber auch der äthiopischen Philologie erneut erhebliche Fortschritte gegeben. Allein das rechtfertigte schon die Erarbeitung einer neuen amharischen Grammatik, ja machte es nachgerade notwendig.

In der von mir herausgegebenen Grammatik geht die Beschreibung der sprachlichen Phänomene von den kleinsten linguistischen Einheiten aus und schreitet systematisch zu den jeweils nächstgrößeren Einheiten fort: vom Phonem zum Morphem (Phonologie), vom Morphem zum Syntagma (Morphologie) und vom Syntagma zum Satz und zum Satzgefüge (Syntax). Wenn hier die kleineren vor den größeren linguistischen Einheiten behandelt werden, so bedeutet das nicht, daß der Weg der Forschung vom Teil zum Ganzen (vom Wort zum Satz) ging, sondern meint lediglich die Methode der Darstellung. Die Einteilung der Wörter in Wortklassen geschah nicht aufgrund einer traditionell vorgegebenen Klassifizierung, sondern richtete sich nach den verschiedenen syntaktischen Strukturen, in denen sie vorkommen.

Im Bereich der Morphologie ist das Amharische durch einen Vergleich mit anderen semitischen Sprachen durchaus diachronisch erklärbar. Die Syntax bietet dem Lernenden allerdings etliche Schwierigkeiten, da sich die syntaktischen Strukturen dieser Sprache sowohl von denen der semitischen als auch der indogermanischen Sprachen in einem erheblichen Ausmaß unterscheiden.

Hierfür sei ein Beispielsatz aus dem Exerzitienbüchlein von JOSEPH SCHRYVERS CSSR: *Message de Jesus à son prêtre* herangezogen, das Ende der 30er Jahre herauskam und von ABBA GEBRE MIKAEL MEKONNEN 1967 unter dem Titel:

የኢየሱስ ፡ መልእክት ፡ ለካህኑ ።

(*Yä - Iyäsus mäl' k t lä-kah nu*) ins Amharische übersetzt wurde.

አንተን ፡ ልክ ፡ ከኔ ፡ ጋር ፡ ትክክል ፡ ለማድረግ ፡ ሲል ፡ እባቴ ፡ ላንተ ፡ የወሰናቸው ፡ ፈተናዎች ፡ ሁሉ ፡ ተሰ ብስበው ፡ ባንድ ፡ ቀን ፡ አይመድቁብህም ።

(*'antän l kk käne gar t k kk l lämadräg sil, 'abbate lantä yäwässänaccäw fätänawocc hullu täsäbs bäw band qän 'aywädqubb h m*). Übersetzt man diesen Text Wort für Wort, so lautet er: „Dich genau mit mir zusammen gleich-zum-Stellen, während der sagt, Vater mein dir die bestimmt-hat-er-sie Prüfungen, alle gesammelt an einem Tag nicht fallen auf dich." Gemeint ist: „Die Prüfungen, die mein Vater für dich bestimmt hat, um dich mir gleichzustellen, kommen nicht alle auf einmal an einem Tag." Dieses Beispiel zeigt, daß im Amharischen die Stellung der Gliedsätze innerhalb eines Satzgefüges, die Stellung der Satzglieder und die der Satzgliedteile innerhalb eines Satzes so verschieden von den uns bekannten Sprachen ist, daß man bei einer wörtlichen Übersetzung der amharischen Wortstellung kaum noch einen Sinn in dem Satzgefüge erkennen kann. Über diese Art von Wortstellung, die es übrigens auch im Türkischen und Finnischen gibt, sagte Professor Lanfranco Ricci an der Università Statale di Roma: „Tutte specialsazioni debbono precedere."

Eine weitere Herausforderung für den Lernenden ist, eine richtige Vorstellung von der Bedeutung gewisser grammatikalischer Formen zu bekommen. Diese lassen sich mit der in den indogermanischen Sprachen üblichen grammatikalischen Terminologie nicht hinreichend definieren. Quid pro quo? Was steht für was? Das ist die entscheidende Frage. Ich denke hier besonders an die grammatikalischen Morpheme, die mit dem Numerus und der Determination des Nomens zu tun haben. Nomen ist dabei ein Oberbegriff für das nomen substantivum, das nomen adjectivum und das Pronomen.

Was den Numerus angeht, so wird in den meisten Grammatiken gesagt, Amharisch hätte eine Singular- und eine Pluralform. Aber, so heißt es dann, sie gebrauchen oft den Singular, wo eigentlich der Plural stehen müßte. In ähnlicher Weise kann man über den unbestimmten Artikel lesen, die Äthiopier hätten einen unbestimmten Artikel, gebrauchten ihn aber fast nie. Auch heißt es, im Amharischen gäbe es ein maskulines und ein feminines Genus und die Femininformen würden auch für kleine Jungen gebraucht. Zu solch eigenartigen und meiner Meinung nach unzulänglichen Feststellungen kommt man deswegen, weil versucht wird, mit den grammatischen Termini der indogermanischen Sprachen die grammatischen Strukturen des Amharischen zu beschreiben. So geht man beispielsweise davon aus, daß das Amharische den Numerus des Nomens genauso differenziert wie die Indoeuropäer, nämlich in einen Singular und einen Plural (eventuell noch einen Dual), dabei aber nicht konsequent ist und manchmal den Singular gebraucht, wo eigentlich der Plural gebraucht werden müßte. Eine solche Aussage ebenso wie die oben erwähnten Aussagen bezüglich des Genus und der Indetermination des Nomens erscheinen mir vom Inhalt her nicht akzeptabel, weil damit indirekt behauptet wird, die Amharen würden ihre eigene Sprache verkehrt sprechen. Da eine solche Konklusion nicht akzeptabel ist, müssen eine oder mehrere Prämissen falsch sein. Es kann also nicht richtig sein zu behaupten, das Amharische kenne nur einen Singular und Plural, es kann ebenfalls nicht stimmen, das Maskulinum und Femininum seien eine adäquate Bezeichnung der Genusformen des Nomens und schließlich ist unkorrekt zu meinen, das Amharische habe einen unbestimmten Artikel.

Meine langjährige Erfahrung brachte mich zu dem Schluß, daß der Numerus des Nomens im Amharischen folgendermaßen differenziert ist: unbestimmter Numerus (unbestimmte Anzahl bzw. numerisch unbestimmter Plural) = Lexem + y; bestimmter Numerus im Singular (numerisch bestimmte Einzahl) = 'and + Lexem und im Plural (numerisch bestimmte Mehrzahl) = Lexem + occ.

Bezüglich des unbestimmten Artikels 'and (= ein) im Amharischen wäre zu bemerken, daß dieses Wort, wie eben erklärt, nicht als unbestimmter Artikel, sondern als Singularisator fungiert: 'and + Lexem = Einzahl.

Was das Genus der Nomina anbelangt, wäre es zutreffender, nicht von einem Maskulinum und Femininum zu sprechen, sondern von einem Augmentativum und Diminutivum, wobei das Augmentativum für Männer und ältere Jungen und das Diminutivum für Frauen und Kinder (einschließlich kleiner Jungen) gebraucht wird.

Die größte Herausforderung beim Erlernen des Amharischen ist die enorme Komplexität der Verbformen: vom Grundstamm eines Verbs kann es bis zu 20 abgeleitete Stämme geben. Das übertrifft noch die Komplexität des hebräischen und des arabischen Verbs, das 13 bzw. 15 abgeleitete Verbstämme kennt. Die drei durch innere Stammerweiterung abgeleiteten Verbstämme drücken verschiedene Aktionsarten des Verbs aus, die mit Präfixen erweiterten Verbalstämme bringen zehn verschiedene Verbalgenera zum Ausdruck. Sie werden mit dem Terminus Diathesen (Handlungsrichtungen) bezeichnet. Diese sind: Aktiv, Passiv, Reflexiv, direktes Kausativ, indirektes Kausativ, Reziprok-bilateral, Reziprok-multilateral, Kausativ-bilaterales Reziprok, Kausativ-multilaterales Reziprok, Kausativ-Reflexiv.

Diese Vielfalt des amharischen Verbs soll einen Äthiopisten einmal zu der Äußerung veranlaßt haben: „Amharic was invented by the devil"; mein Kommentar dazu: „Vielleicht ist es besser, den Teufel der Theologie zu überlassen." Es bleibt jedoch die Tatsache, daß das Amharische eine sehr komplexe Grammatik hat. Der bekannte Äthiopist Edward Ullendorff von der Universität Oxford sagte bei einer Gastvorlesung Mitte der 70er Jahre an der Universität Hamburg: „I have been learning Amharic for 30 years and I still don't know it." Das war starkes understatement, wahr allerdings ist, daß wohl keiner das Amharisch so leicht in den Griff bekommen kann wie eine europäische Sprache. Dazu fehlen auch die Voraussetzungen, denn die Existenz einer systematischen Grammatik ist nicht die einzige Vorbedingung für das Erlernen einer Fremdsprache. Notwendig ist auch ein gutes Wörterbuch mit spezifischen grammatikalischen Angaben. In allen bis jetzt existierenden amharischen Lexika sind die grammatikalischen Hinweise unzulänglich bis mangelhaft. Dazu kommt, daß es bis heute für Amharisch keine festgelegte Orthographie gibt. Im Extremfall kann es für den Anlaut eines Wortes zehn verschiedene Schreibweisen geben. Dazu kommt, daß jedes Wörterbuch eine andere alphabetische Reihenfolge einhält. Das kann dazu führen, daß selbst ein versierter Äthiopist oft bis zu 30 Minuten benötigt, um eine seltener gebrauchte Sprachwurzel zu finden, d.h. wenn er sie überhaupt findet, denn die vorhandenen Lexika sind alle mehr oder weniger unvollständig.

Literaturhinweise:
MARCEL COHEN, Traité de langue amarique. Paris 1936.
C. H. DAWKINS, The Fundamentals of Amharic. Addis Abeba 1960, ²1969.
IGNAZIO GUIDI, Grammatica della lingua amarica. Napoli ³1924.
JOSEF HARTMANN, Amharische Grammatik (= Äthiopistische Forschungen 3). Wiesbaden: Steiner 1980.
FRANZ PRAETORIUS, Die Amharische Sprache. Halle a.d.S. 1878–1879, ND Hildesheim-New York 1970.

III. Region Amerika

Die Rückkehr der Indianer zu ihren alten religiösen Traditionen

Reservatsbesuche bei den Chippewa, Cheyenne und Sioux im Sommer 1994: Neun Szenen aus einem Reisetagebuch

von WERNER ARENS und HANS-MARTIN BRAUN in Deutschland

Im Sommer 1994 sind wir durch 10 Reservate des Mittleren Westens und Westens der USA gefahren, um – wie im Vorjahr – Material zu sammeln zu gesellschaftlichen, wirtschaftlichen, kulturellen und religiösen Aspekten des indianischen Lebens der Gegenwart, Material, das Eingang finden soll in ein Buch über die Geschichte, Kultur und Religion der nordamerikanischen Indianer. Die folgenden Texte sind Szenen aus einem Tagebuch, das wir während unserer Reise geführt haben. Sie wollen deshalb keine wissenschaftliche Studie über die Religionen und religiösen Praktiken der Indianer sein, stellen vielmehr leicht kommentierte Gesprächs- und Erlebnisprotokolle dar.

I

Eine indianische Hochzeit

Noch im Stehen berichtete Larry Aitken (Bay-Sha-Goo-Gaa-Boo, „Der-Alleine-Steht"), indem er ein Standfoto seiner Familie in die Hand nahm, von seiner Trauung mit Polly, einer Winnebago-Indianerin aus Nebraska. Bei dieser Trauung waren 400 Gäste zugegen, darunter etwa 120 Weiße. Die Besonderheit dieser Trauung bestand darin, daß sie nach traditionellem indianischen Ritus vollzogen wurde. Larry betonte, daß diese Art von Trauung mit allen Stammesritualen der Leech-Lake-Chippewa und in der entsprechenden Stammeskleidung nach dreißig Jahren die erste gewesen sei, die man wieder als die öffentliche Trauungsfeier des Stammes bezeichnen könnte.

Bei der Zeremonie, so sagte er, sprach der Medizinmann Jimmie Jackson zunächst zu den Angehörigen der Braut, dann zu denen des

Bräutigams und schließlich zur gesamten Hochzeitsgesellschaft. Er machte dabei jeder dieser Gruppen klar, welchen Beitrag sie zum Gelingen dieser Ehe leisten könne und müsse. Beeindruckend war für uns zu erfahren, daß bei der geschilderten Trauungszeremonie Braut und Bräutigam auf den Medizinmann zutanzten und dann von ihm getraut wurden, indem er die Friedenspfeife mit beiden Händen erhob und sie dann beide auf ewige Treue einschwor. Teil dieser Trauungszeremonie war der Tanz der drei obengenannten Gruppen, in dessen Mitte sich das Paar befand, um ihm damit symbolisch die Unterstützung der Stammesgesellschaft zuzusichern.

Wir erfuhren, daß diese Art von Trauung den gleichen verpflichtenden Charakter hat wie etwa eine christliche Trauung. Die Ehe ist auf Dauer angelegt, so daß bei Übertretung des Eheversprechens Abbitte zu leisten ist und die Angehörigen des Mannes oder der Frau, vor allem die *elders*, d.h. die Alten des Stammes, zu Rate gezogen und um Hilfe gebeten werden müssen.

In diesen Zusammenhang paßte Larrys Bemerkung, daß er seine beiden fünf- und zweijährigen Töchter – und natürlich auch seine Frau – nur ungern daheim zurücklasse; er erwähnte nämlich, daß er eine Einladung zu einer Vortragsreise nach Deutschland erhalten habe, die er mit Rücksicht auf seine Familie jedoch ausschlug. „Kinder brauchen die Nähe ihrer Eltern", sagte er. „Bis zu ihrem zwölften Lebensjahr sollte man sie ständig in der Obhut von Vater oder Mutter lassen. Sie müssen sich wirklich geborgen fühlen." Er bezeichnete sich ausdrücklich als *family man*; zuerst komme die Familie, dann alles andere.

Tabak und Friedenspfeife

Voller Stolz und Freude hatte Larry uns über seine Trauung berichtet, denn sie war nach traditionellem Ritus vollzogen worden, hatte also seine Verbundenheit mit den Traditionen des Stammes öffentlich zum Ausdruck gebracht. Das war ihm wichtig gewesen. Als er uns nämlich dann seinen Werdegang beschrieb, wurde klar, welchen Stellenwert für ihn der bekannteste Verfechter indianischer Traditionen unter den Chippewa, nämlich der Medizinmann Jimmie Jackson, besaß. Larry betonte: „Ich war mehr als zehn Jahre lang zunächst Jimmies Helfer, und dann habe ich für ihn die Friedenspfeife getragen. Eigentlich ist das eine falsche Formulierung; denn nicht ich habe die Pfeife getragen, sondern die Pfeife hat mich getragen." Dieser Trägerdienst ist ein zeremoniell-rituelles Amt, das Larry innehatte als Vorbereitung auf den Dienst als Medizinmann. Die Pfeife ist also entgegen weißer Annahme kein lebloses Objekt, etwa nur ein totes Instrument im rituellen Vollzug. Im Gegenteil, sie ist ein lebendiges Wesen; denn wenn sie zerbricht, muß sie wie ein Mensch beigesetzt werden.

Die Friedenspfeife stellt nach der Vorstellung fast aller Indianer die Verbindung zwischen Mensch und Geisterwelt, Mensch und Kosmos, Mensch und Schöpfung/Schöpfer her. Deshalb raucht Larry, wie wir von anderer Seite erfuhren, auch jeden Morgen diese Pfeife und bläst den Rauch in die vier Himmelsrichtungen, um auf diese Weise die Geister des gesamten Universums anzusprechen, zu verehren, vielleicht auch um Hilfe anzurufen. In unserem Band *Der Gesang des Schwarzen Bären* findet sich ein Gedicht von Simon Ortiz mit dem Titel *beim rauchen meiner gebete* (ARENS/BRAUN, S. 71). In diesem Gedicht stellt das Ein- und Ausatmen des Pfeifenrauchs etwas Ähnliches dar wie der Vorgang des Betens bei den Christen. Dieser Vorgang wird nämlich gemäß einer Definition für Gebet mit dem Atmen der Seele gleichgesetzt.

Welche Bedeutung der Tabak in der indianischen Tradition hat, wird aus folgendem deutlich. Larry erwähnte nämlich, als er uns von seiner Familie erzählte, wie wichtig das Danksagen im Alltag des Indianers sei. Bereits seinen kleinen Töchtern bringe er bei, am Abend und auch am Morgen den Satz zu sprechen: *Mi qwitch, gitsche Manitou* (Dank Dir, Großer Geist) und dabei Tabak auszustreuen. Diesen Tabak werfen Larrys Töchter in eine kleine Schale und reiben sich danach die Hände. Diese kleine Schale ist aus Birkenrinde hergestellt, wie wir auf Larrys Schreibtisch im Büro sehen konnten. Dort nämlich stand eine solche Schale, von einem Tuch verdeckt, die er uns anläßlich seiner Ausführungen über den Gebrauch des Tabaks zeigte.

Jimmie Jackson pflegte zu sagen: „Man darf nicht vergessen, immer wieder den Tabak zu benutzen. Man muß ihn immer bei sich tragen, und jedes Mal, wenn man ihn ausstreut, bringt man ein Opfer dar. Der Tabak ist das Verbindungsglied zu den Geistern, sie empfangen ihn, und sie werden hören, was du zu sagen hast oder um was du bittest." (AITKEN/HALLER, S. 58) Das Tabakopfer ist also die Danksagung für die Gaben und Begabungen, die der Indianer von seinem Schöpfer zur Lebensbewältigung erhalten hat.

Diese Zeremonie des Tabakstreuens ist ein Beleg dafür, daß der Tabak rituellen Zwecken dient, jedenfalls nach den alten indianischen Bräuchen. Uns war klar, daß ein in den alten Traditionen aufgewachsener Indianer eigentlich nicht rauchen sollte, wie es der weiße Mann tut: aus Gewohnheit oder weil es ihm zur Sucht geworden ist, d.h. ohne rituellen Zusammenhang. Und ein rauchender Indianer, den wir trafen, entschuldigte sich auch mit den Worten, daß er hier einem kleinen Laster fröne.

"Religion":
Die vier Ordnungen des Himmels und die vier Ordnungen der Erde

Unser Gespräch war unversehens bei Fragen der Religion gelandet. Wir wollten daher wissen, ob die Chippewa ein Wort für ‚Religion' besäßen. Larrys Antwort war: „Das Chippewa-Wort für Religion heißt ‚das gute Leben'. Das bedeutet: Wer sich in die Schöpfungsordnung einfügt, der führt ein glückliches, ein ‚gutes' Leben."

Diese Schöpfungsordnung besteht, so Larry, aus den vier Ordnungen des Himmels und den vier Ordnungen der Erde. Die vier Ordnungen des Himmels umfassen den Großen Geist (Manitou), die Sternenwelt (die Milchstraße), die Sonne und den Mond. Die vier Ordnungen der Erde sind die Oberfläche der Erde (der Boden), die Pflanzen, die Tiere und der Mensch. Die ersten drei Ordnungen der Erde können, so betonte Larry, ohne die vierte, d.h. ohne den Menschen, auskommen; der Mensch aber ist auf die ersten drei voll und ganz angewiesen. Dies anzuerkennen bedeutet Demut; sie ist, wie Larry sagte, die zentrale Tugend im indianischen Wertsystem. „Für euch," sagte Larry, und damit meinte er die Europäer und weißen Amerikaner, „für euch ist die Erde, ist das Land etwas, was man besitzt. Für uns sind Erde, Land, Natur und ihre Gaben etwas, was man nicht besitzt, sondern nutzt." Demut ist also die Annahme des eigenen Standortes innerhalb der vorgegebenen Ordnung. „Zum Zeichen des Dankes für das, was wir empfangen haben," sagte Larry, „bin ich jedes Jahr mit Jimmie an den See gegangen, in den Wald, auf die Felder, und wir haben gemeinsam dem See, dem Wald, den Feldern und den Pflanzen und Tieren Dank gesagt und dabei immer wieder Tabak ausgestreut und aus der Pfeife Rauch in alle Himmelsrichtungen geblasen."

Aus diesem Eingebundensein des Menschen in die Ordnungen der Schöpfung hat laut Larry der große Medizinmann Jimmie Jackson eine weitere Definition des Begriffes ‚Religion' abgeleitet, wenn er sagt: „Alles, was lebt, steht in Beziehung zueinander, ist mit allem anderen eingebettet in die Ordnungen der Schöpfung. Es gibt keine Über-, keine Unterordnung: Alles ist einander geschwisterlich verbunden."

Spiritualität

„Überall auf der Welt," sagte Larry, „schlagen sich Menschen die Köpfe ein, weil sie sich Spielregeln geschaffen haben, die nur auf den eigenen Vorteil zielen. Was wir in dieser Situation brauchen ist jene Spiritualität, die nur einen Zweck gelten läßt: den gemeinsamen." Wir fragten ihn, was er damit meine, und Larry antwortete: „Ich will euch ein Beispiel geben: Wenn wir als Indianer die Macht hätten, einen einzelnen Menschen eintausend Fuß hochzuheben, dann würden wir lieber *eintausend* Menschen *einen* Fuß hochheben. Wir würden also nicht den eigenen, sondern den gemeinsamen Nutzen suchen. Wenn wir alle diesen gemeinsamen Nutzen suchten, dann würden wir alle auf einem gemeinsamen spirituellen Weg wandern, ohne uns gegenseitig geistig oder physisch auszurotten. Wir würden Brüder und Schwestern sein." Und er fügte hinzu: „Das Thema des 21. Jahrhunderts ist Geschwisterlichkeit: Brüder und Schwestern zu sein untereinander und mit der Schöpfung, und zwar zum gegenseitigen Nutzen."

Wir warfen ein, dies alles klinge sehr pragmatisch und könne, wenn wir es recht bedächten, auch von unseren Grünen so gesagt werden. „Ich bin froh, daß das so ist. Denn Spiritualität ist mehr, als man bei euch unter Religion versteht. Jedem von uns wurde ein einziger, unverwechselbarer Geist gegeben, der mit einem mächtigen geistigen Wesen verbunden ist, mit Gott, dem Großen Geist. Die Dakota nennen ihn Wakan Tanka, wir Chippewa Gishay munido. Sie alle bedeuten „Gott", und sie verweisen auf den Großen Geist, den Schöpfer von allem, was existiert." Bezieht sich Spiritualität dann, so wollten wir wissen, nur auf den Menschen? „Nein," sagte er, „der Schöpfer gab jedem und allem von uns hier auf der Erde seinen unverwechselbaren Geist – ihr würdet vielleicht Seele sagen statt Geist –; und da diese Geister einen gemeinsamen Ursprung haben, haben sie auch ein gemeinsames Ziel; und all diese Geister fühlen sich glücklich, weil sie miteinander verbunden sind. Dies ist Spiritualität, dies ist Teilhabe an dem einen Schöpfergeist."

Bei unserem Gespräch war uns aufgefallen, daß Larry immer wieder auf die Emotionen des Menschen zu sprechen kam, und er erwähnte, daß er selbst die große Spannweite menschlicher Existenzmöglichkeiten vom kleinsten Diener bis zum Präsidenten des Leech Lake Tribal College durchmessen habe. Was Larry uns offenbar sagen wollte, war dies: Wenn man die Ordnungen des Himmels und die Ordnungen der Erde und seinen Platz in ihnen versteht und akzeptiert, dann besitzt man die Freiheit, alle Lebenssituationen und Gefühle wie etwa Freude und Leid, Liebe und Not gelassen hinzunehmen.

Theorie und Praxis

Larry hatte uns mit seinem „Vortrag" so überwältigt, daß wir erst im Rückblick den Wunsch verspürten, nachzufragen und kritische Anmerkungen zu machen. So wies Larry zum Beispiel darauf hin, daß die christliche Religion mit dem Gebot der Gottes- und Nächstenliebe im wesentlichen Ideal geblieben sei, während die traditionelle indianische Weltanschauung in das Leben des einzelnen eingreife und sein gesamtes Handeln bestimme. Wir waren davon überzeugt, daß Larry zwar selbst mit seiner Familie, seinen Gesinnungsfreunden und dem von ihm geistig geführten Chippewa College den Weg zurück zu den *old ways* zu gehen versucht und vielleicht persönlich auch diese „alten Wege" im Alltag verwirklicht. Ein Blick auf die Reservatsgesellschaft, wie wir sie erlebten, machte jedoch klar, daß der *American Way of Life* mit Fernseh- und Konsumanreizen ein starkes Hindernis auf dem Wege zurück zu den alten Traditionen darstellt. Wir hätten gerne gefragt, wie die traditionelle indianische Weltanschauung mit Arbeitslosigkeit, Glücksspiel, Alkoholismus und Drogenkonsum fertigwerde. Wie sich später zeigte, konnten uns die Sioux darauf zumindest eine Teilantwort geben.

II

Die Schwitzhütte

Gi-Niew, Larrys Mitarbeiter, war vier Stunden lang unser Führer und Begleiter durch Teile des Reservats. Sein „weißer" Name lautet John Morrow; die Bedeutung seines Stammesnamens ist: Goldener Adler, Kriegsadler.

Wir besuchten mit John, der für die Öffentlichkeitsarbeit am College zuständig ist, einige Einrichtungen im Reservat, zunächst das Forstamt, die Fischereiabteilung und schließlich den indianischen Garten.

Etwa 300 Meter von diesem sogenannten indianischen Garten entfernt liegt am Waldesrand eine Sweat Lodge. Diese Schwitzhütte durften wir ausgiebig inspizieren und fotografieren. Das Schwitzhüttenritual, so erklärte John, sei von Larry Aitken wieder zum Leben erweckt worden; Larry habe diese Hütte auch erbaut; dort würden er und Larry und andere dem Ritus der Sweat Lodge einige Male im Jahr nachgehen.

Eine Schwitzhütte der Chippewa besitzt vier Ein- und Ausgänge, sie weisen in die vier Himmelsrichtungen. Als John uns diese erklärte, wies er darauf hin, daß jeder Ein- und Ausgang seinen bestimmten Namen hat: Drei von ihnen heißen: die Bärentüre, die Wolfstüre und die Schildkrötentüre. Die vierte konnte er nicht mehr genau erinnern. Er wies diesen Tieren auch bestimmte Kräfte zu: dem Bären die Medizin, dem Wolf Macht und Kraft.

In der Mitte der Hütte befindet sich eine Vertiefung für die heißen Steine, für die *grandfathers*, die „Großväter", wie sie auch genannt werden. In einer Vertiefung außerhalb der Lodge werden sie zunächst aufgeheizt und dann stark erhitzt in die Hütte gebracht, um dort unter Aufsicht eines Führers (John sprach wiederholt vom *leader*) mit Wasser übergossen zu werden. Dadurch wird das Innere der Lodge, wie es der Ritus vorschreibt, auf eine für die Teilnehmer gerade noch erträgliche Temperatur gebracht. Vor dem Schwitzbad werden Zedernholzzweige – genauer gesagt: die Spitzen der Zweige – auf den Boden der Sweat Lodge gestreut und später dann auch auf die heißen Steine gelegt, damit der reinigende Duft des Zedernharzes die Hütte erfüllt. Neben den Zedernzweigen werden auch Kräuter und andere Pflanzen verwendet, deren reinigende und heilende Wirkung man schätzt und sich so zunutze macht. Das Schwitzhüttenritual dient also einmal der Reinigung des menschlichen Körpers und zum anderen der Heilung des Menschen. Hier gilt es zu betonen, daß der ganze Mensch mit Leib *und* Seele von diesem Ritus erfaßt wird, wie es dem ganzheitlichen Weltbild entspricht, von dem Larry immer wieder gesprochen hatte.

Der rituelle Vorgang in der Lodge bedarf der ständigen Kontrolle durch den *leader*. Er muß vor allem auf das Atmen der Männer achten, auf die Art und Weise, wie sie schnaufen, um einer Gefährdung durch übergroße Hitze vorzubeugen. John fügte hinzu, er habe sich einmal in der Lodge gehörig verbrannt. Neben dieser kontrollierenden Aufgabe hat der *leader* eine weitere wichtige Funktion: Der Reinigungs- und Heilungsvorgang wird nämlich von Geistern begleitet. Mit ihnen muß der Leader sich auseinandersetzen, und zwar im Interesse aller dort versammelten Männer.

John erwähnte in Zusammenhang mit der Vorbereitung des Feuers und der Erhitzung der Steine den Hüter des Feuers, den *fire keeper*. Dieser Mann hat eine wichtige Funktion im rituellen Ablauf, wie leicht ersichtlich ist. Er hat dafür zu sorgen, daß die „Großväter" in der richtigen Weise für ihren Einsatz in der Schwitzhütte vorbereitet werden, um so den Reinigungs- und Heilungsvorgang nicht zu gefährden.

„Steine sind lebendige Wesen, nicht tote Materie. Wenn wir sie ‚Großväter' nennen, wollen wir dies zum Ausdruck bringen." John fügte hinzu, daß diese Bezeichnung auch die Beziehung des Menschen zur ersten Ordnung der Erde, nämlich dem mineralischen Teil der Schöpfung, zum Ausdruck bringe. Um diese Nähe zwischen Mensch und Natur zu betonen, erwähnte er den bei den Chippewa gängigen Gruß, der da lautet: *Win-Ne-Bu-Jou.* Dieser Gruß wird nicht nur im gesellschaftlichen Zusammenhang benutzt, wie es bei uns mit Grußformeln üblich ist, sondern es werden auch Pflanzen, Tiere und vor allem die Steine in der Schwitzhütte mit ihm bedacht.

Der Medizinmann und die Heilkraft der Steine

Die Steine in der Schwitzhütte erinnerten John an eine Geschichte aus den 20er Jahren, die heute noch im Stamm erzählt wird: Ein

Indianer ging wegen starker Leibschmerzen zum Arzt, um sich untersuchen zu lassen. Dieser schickte ihn ins Krankenhaus, wo man seine Bauchhöhle öffnete und feststellte, daß er Krebs hatte. Da der Krebs schon zu weit fortgeschritten war, um ihn noch operieren zu können, schloß man den Bauch wieder und schickte den Mann zum Sterben heim.

Enttäuscht von den Künsten der weißen Ärzte, begab sich dieser zum Medizinmann, seinem Stammesdoktor. Der beobachtete ihn eine Weile und bat sich dann einige Tage aus, um ein Heilmittel zu suchen. In der Zwischenzeit solle der Patient sich schonen. Der Medizinmann begab sich in die Berge und kam nach einigen Tagen mit einem Stein zurück. Diesen band er dem Patienten auf den Bauch. Nach drei Tagen, so berichtete John, wurde der Stein entfernt, und es zeigten sich bereits erste Zeichen der Besserung. Der Kranke konnte wieder essen und erholte sich zusehends. Froh über die plötzliche Heilung begab er sich noch einmal zu dem Krankenhaus, in dem er operiert worden war, um den dortigen Ärzten zu zeigen, wozu sein Medizinmann fähig war. Er wurde untersucht, und die Ärzte stellten überrascht fest, daß der Krebs verschwunden war. Da sie sich die plötzliche Heilung nicht erklären konnten, fragten sie den Mann, was in der Zwischenzeit mit ihm geschehen sei. Er erzählte ihnen, daß der Medizinmann seines Stammes ihm einen Stein auf den Leib gebunden habe und es ihm bereits nach drei Tagen besser gegangen sei. Man untersuchte den Stein und fand heraus, daß er stark mit Uranerz versetzt war. Der Medizinmann hatte, wollte uns John damit sagen, zum ersten Mal die moderne Strahlentherapie angewandt.

Als John uns diese Geschichte erzählte, fiel uns wieder ein, mit welch verblüffender Selbstverständlichkeit Larry vom Leben in den Steinen gesprochen hatte. Mit der gleichen Selbstverständlichkeit spricht die Irokesin Gail Tremblay (vgl. ARENS/BRAUN, S. 207) in einem ihrer Gedichte von ‚singenden' Steinen:

... sogar die Steine singen,
wenn auch ihre Lieder unendlich viel
langsamer sind als jene, die wir von
Bäumen lernen.

III

Tradition und Moderne: Ann Le Voy

Ann Le Voy ist zuständig für die *enrollments*, d.h. für die Frage, wer zum Stamm der White-Earth-Chippewa gerechnet wird bzw. wer sich als Stammesmitglied einschreiben darf. Im Gegensatz zu Larry Aitken erwies sich Ann Le Voy als eine sehr nüchtern denkende und handelnde Frau. Sie schätzt zwar die Stammestraditionen, doch hat sie das nicht daran gehindert, ihren Kindern jenes Rüstzeug mitzugeben, das sie instand setzt, sich in der modernen amerikanischen Gesellschaft zu behaupten. Man kann Ann also mit Fug und Recht als moderne Indianerin bezeichnen.

Daß sie sich zugleich auch für die „alten Wege" einsetzt, geht aus den drei Grundsätzen hervor, die sie uns als „Großvaters Regeln" vortrug und die sie ihren Kindern zu vermitteln versuchte: 1. „Brauche nicht mehr, als du benötigst. 2. „Laß alles in besserem Zustand zurück." 3. „Als erstes am Morgen: Sprich ein Dankgebet!"

Wir erwähnten unseren Besuch bei Larry Aitken im Leech-Lake-Reservat. Ann sagte darauf, sie kenne Larry seit ihrer Jugendzeit, weil sie fast als Nachbarn im gleichen Ort aufgewachsen seien. Sie hätten sich gegenseitig in ihren Familien als Babysitter vertreten. Allerdings könne sie Larrys Idealismus, der ihrer Meinung nach auch einen Schuß Romantik enthalte, nicht ganz billigen, sie stehe ihm eher skeptisch gegenüber. Sie war der Auffassung, daß sich die indianische Jugend auch in der modernen Welt zurechtfinden müsse, wolle sie eine Zukunftsperspektive haben; deshalb auch die College- und Universitätsausbildung ihrer Kinder.

Wir fanden es durchaus bemerkenswert, daß Ann erwähnte, sie sei zwar katholisch getauft, dann aber in protestantischen Schulen und Colleges erzogen worden und habe schließlich einen Katholiken geheiratet. Sie berichtete uns über ihre Kinder, besonders über ihren Ältesten, der sich trotz seiner akademischen Ausbildung im Augenblick irgendwo unten am Mississippi seinen Lebensunterhalt als Pokerspieler verdiene. Dies erzählte sie ohne Kommentar und ohne Kritik, vielmehr mit Verständnis, so schien uns, weil sie wohl die Auffassung teilt, daß jeder seinen eigenen Weg finden und gehen muß.

Im Gespräch unterstrich Ann auch die Tatsache, daß sie sehr bodenständig sei und nur höchst selten auf Reisen gehe. Sie sei mit ihrem Zuhause völlig glücklich und brauche keinen Ortswechsel, um etwa Langeweile vorzubeugen oder neue Eindrücke zu sammeln. Ihr Zuhause gebe ihr alles, was sie brauche. So wie Larry sich selbst als *family man* bezeichnete, so müßte man Ann daher wohl eine *family woman* nennen.

Zum Schluß kam Ann auf ein Problem zu sprechen, das praktisch allen modernen indianischen Gesellschaften auf den Nägeln brennt, ohne daß bisher eine Lösung gefunden worden wäre. Während nämlich traditionellerweise die Jugend von den Männern des Stammes in die alten Riten und die „alten Wege" eingewiesen wurde, habe die wirtschaftliche Situation mit ihrer Arbeitslosigkeit teilweise dazu geführt, daß nun die Frauen diese Aufgabe übernehmen müßten. Aber nicht nur die Arbeitslosigkeit, sondern auch der Alkoholismus sei zu einem großen Problem geworden, so daß die Männer im Stamm auch nicht mehr die Autorität besäßen, die ihnen traditionell zukam. Frauen müßten also nun, obwohl sie mit der Schwitzhütte und den rituellen Tänzen zum Teil, wenn nicht überhaupt, unvertraut seien, diese Traditionen weiterreichen. Dies schaffe zwischen den Geschlechtern Spannungen, die es vormals nicht gegeben habe.

IV

Vorbereitungen zum Sonnentanz der Cheyenne

Gegen vier Uhr verließen wir Steve Smalls Büro in der Stammesverwaltung der Northern Cheyenne in Lame Deer und machten uns auf die Suche nach dem Platz, auf dem der Sonnentanz, die zentrale religiöse Zeremonie der Prärie-Indianer, stattfinden sollte. Sie hatte 80 Jahre nur im Geheimen stattfinden können, weil die Indianerpolitik der amerikanischen Regierung auf uneingeschränkter Assimilation bestand; erst seit jüngster Zeit, nämlich seit dem Gesetz zur Freien Religionsausübung aus dem Jahr 1978, ist ihnen die Rückkehr zu den alten Zeremonien und Traditionen wieder erlaubt.

„Acht Meilen in diese Richtung," hatte uns am Vortage der Sonnentanzpriester gesagt, als wir ihn fragten, wo der Sonnentanzplatz sei, und mit der Hand in eine bestimmte Richtung gezeigt und dabei unser Orientierungsvermögen nicht wenig überfordert.

Durch Nachfragen hatten wir aber inzwischen herausgefunden, daß der Platz ungefähr auf halbem Wege nach Busby liegen müsse, also fuhren wir in diese Richtung und wurden schon von weitem durch Staubfahnen, die sich in der Landschaft bewegten, auf ihn aufmerksam gemacht.

In einer weiten, muldenförmigen, in der Ferne nach Norden und Osten von bizarren Bergen umgebenen Ebene, etwa eine Meile abseits der Straße, waren die Cheyenne dabei, Vorbereitungen für den Sonnentanz zu treffen. Sie hatten mondsichelförmig um einen Platz herum Tipis und mannshohe Hauszelte aufgeschlagen, die ihnen nachts als Unterkunft dienen würden. Vor den Zelten standen Sommerhäuser, d.h. überdachte, doch nach allen Seiten offene und sehr geräumige Unterstände, die auch früher schon von den Stämmen der Plains benutzt worden waren, wenn es für den Aufenthalt und die Arbeit im Tipi zu warm wurde. Auf der dem Platz abgewandten Seite standen die Autos der einzelnen Familien, zumeist Pickups (Pritschenwagen), auf denen Zelte, Matratzen, Stühle, Tische und die notwendige Kochausrüstung – wenigstens aber ein Grill – herangeschafft worden waren.

Als wir über einen staubigen Feldweg auf den Platz zufuhren, spielten die Kinder auf den Pickups, ohne sich jedoch um uns, die einzigen Weißen unter lauter Indianern, zu kümmern. Wir stellten den Wagen ab und gingen am Rande des Platzes entlang auf ein besonders großes Sommerhaus zu. Vor diesem Sommerhaus, etwa 30 Meter in den freien Platz hinein, war eine Gruppe Cheyenne damit beschäftigt, ein weiteres Tipi aufzuschlagen. Es war größer als die anderen, seine Stangen standen schon, nur die Plane mußte noch herumgelegt werden. Dies war weit schwieriger, als es den Anschein hatte. Ein ums andere Mal nahmen die Männer eine Stange, an deren oberen Ende diese Plane befestigt war, legten sie zu den bereits stehenden Stangen und versuchten, die Plane um das Tipigerüst herumzulegen und dann mit etwa 20 cm langen Holzpflöcken auf der gegenüberliegenden Seite zu verschließen. Immer wieder aber schob der Wind die Plane an den Stangen nach oben und machte so ihre Mühen zunichte.

Wir müssen gestehen, daß wir zwar genau sahen, was vor sich ging, es dennoch aber nicht verstanden. Der Wind war böig, kam von Osten, warum also dann unbedingt versuchen, die Öffnung nach

Osten zu legen? Die Antwort ist natürlich einfach: Die Öffnung dieses Tipis hatte einfach im Osten zu liegen, was uns später klar wurde, als man uns erklärte, welche Bewandtnis es mit diesem Tipi hatte. Ein kräftiger, nicht sehr großer Mann – er sah eigentlich aus wie ein Catcher – sprach uns an und begrüßte uns „Hallo, wie geht's?", wollte aber natürlich wissen, warum wir hergekommen waren. Wir berichteten ihm von unserem vortägigen Treffen mit dem Stammesrat, bei dem uns der Sonnentanzpriester eingeladen hatte, bei den Vorbereitungen zum Sonnentanz und den ersten Tänzen am Abend dabeizusein. Diese Erklärung schien ihn zufriedenzustellen; er fragte dann, wo wir herkämen und was unser Interesse sei. Dann kümmerte er sich wieder um seine eigentlichen Aufgaben. Kurz darauf kam der älteste der Männer, die um das aufzuschlagende Tipi herumstanden, auf uns zu und begrüßte uns beide, indem er unsere Hand in seine beiden Hände nahm und mit einem Willkommenslächeln kräftig schüttelte. Er sagte dabei kein Wort, doch uns war klar, daß wir damit nicht länger den Status von Fremden hatten.

Unter dem Sommerhaus saßen mehrere ältere Männer und Frauen auf Bänken und unterhielten sich. Wir standen vor der Wahl, uns zu ihnen zu setzen, zuzuschauen, was sich tat, und vielleicht ab und zu ein Wort mit ihnen zu wechseln, d.h. langsam und ohne Hast „an diese Gemeinschaft heranzutasten". Oder wir konnten versuchen herauszufinden, wann die eigentlichen Tänze beginnen würden, um dann später wiederzukommen und die Zwischenzeit für ein paar andere Dinge zu nutzen, die wir noch erledigen wollten. Wir entschlossen uns zu letzterem, bekamen aber, was den Beginn der Tänze anging, nur eine vage Auskunft. Die eigentlichen Sonnentänze würden erst am Freitag, d.h. am nächsten Tag, beginnen, doch noch am Abend würden die jungen Männer tanzen, eine Art Vorbereitungstanz; wann genau dies jedoch sein würde, wußte niemand zu sagen.

Gegen 8 Uhr abends waren wir wieder auf dem Sonnentanzplatz. Es stießen immer noch Neuankömmlinge dazu; andere fuhren wieder weg, um weitere Dinge zu holen, die sie während der kommenden drei Tage brauchen würden; die Kinder spielten immer noch auf den Pickups, und die Männer waren immer noch dabei, das große Tipi zu errichten. Von überall wehte der Geruch gebratenen Fleisches zu uns herüber; es war die Zeit des Abendessens, und die meisten Familien saßen unter ihren Sommerhäusern beisammen, aßen, unterhielten sich und waren ganz privat.

Der Bau des Sonnentanztipis

Wir schritten den ganzen Platz ab, bis wir am südöstlichen Ende, wo keine Zelte und Tipis mehr standen, zu einem Stapel Holz kamen, Baumstämme unterschiedlicher Länge und Stärke und frisches Grün, ein Stapel, von dem wir nicht wußten, welchem Zweck er diente. Wir kehrten um und gingen direkt auf die Gruppe der Tipibauer zu. Dort fragten wir einen der in der Nähe Stehenden, warum es so schwierig sei, dieses Tipi zu errichten, und ob es ein besonderes sei, weil es nicht im Kreis der anderen stehe. Er verwies uns an einen anderen Mann mit der Bemerkung: „Ich bin hier nicht zuständig. Der Mann dort drüben ist der Mann mit der Blaupause", was so viel heißen sollte wie: Hier ist der Fachmann zuständig, meine Aufgaben sind andere; wendet euch also an ihn.

Dies taten wir. Der Fachmann bzw. „der Mann mit der Blaupause" war einer der jüngeren Männer, und es oblag ihm, den Bau des Tipis zu überwachen und dafür zu sorgen, daß alles in der richtigen zeremoniellen Ordnung geschah. Denn das Tipi war tatsächlich ein besonderes: Es war das Tipi des Sonnentanzpriesters, und als zeremonielles Tipi mußte es natürlich seine Öffnung nach Osten haben, mußte es in genau festgelegter Weise errichtet werden. Wir fragten, warum er und seine Männer die Plane wieder abgenommen hätten; wir hätten sie, als wir kamen, nämlich oben gesehen, und sie aufzuziehen und zu befestigen sei doch wirklich mehr als schwierig gewesen. „Sie lag falsch herum," antwortete er. „Jedes Tipi hat oben eine Öffnung, einen Rauchabzug, der durch zwei Laschen der Plane gebildet wird. Dieser Abzug muß verstellbar sein, sonst geschieht es immer wieder, daß der Wind den Rauch im Tipi festhält anstatt ihn mit sich hinauszuziehen." Diese Laschen, gleichsam die Ohren des Tipis, haben je eine hütchenförmige Abnaht, in die eine Stange gesteckt wird, mit deren Hilfe dann die Rauchabzugsöffnung verstellt werden kann. Diese Abnaht nun hatte innen gelegen und war daher für die Stangen unerreichbar gewesen.

Wir fragten ihn natürlich auch, welchem Zweck der Stapel Holz „dort in der Ecke" diene, und er sagte uns, es sei das Holz für das eigentliche Sonnentanzzelt, das sie noch bauen müßten. Das letztjährige Zelt hätten wir sicher gesehen, als wir ankamen. Und tatsächlich, das hatten wir. Es war gleichsam ein Zeltgerüst gewesen, das wir gesehen hatten: sechseckiger Grundriß, in jeder Ecke ein senkrechter Pfahl, in gut zwei Meter Höhe Querbalken, die die Pfähle miteinander verbanden, und eine Art Sparren, die schräg nach oben zum Mittelpfahl hinliefen, so daß das Ganze wie das Gerüst eines Hauses aussah. Oben am Mittelpfahl hatte sich – inzwischen natürlich vertrocknetes – frisches Grün befunden. Dieses Sonnentanzzelt wurde nach dem Sonnentanz nicht abgerissen, sondern blieb stehen, bis es die Natur wieder zu sich nahm.

Während der „Mann mit der Blaupause" uns dies alles noch erklärte, war die Plane erneut um das Tipi gelegt und befestigt worden, die Stangen wurden in die abgenähten Hütchen gesteckt, und das Tipi stand so, wie es die „Blaupause" vorsah. Dies war für den Sonnentanzpriester – es war der Mann, der uns am Nachmittag als erster begegnet war – das Signal: Er ging zu jedem einzelnen der Männer, die bei der Errichtung des Tipis geholfen hatten, wartete, bis sie vor ihm knieten, und blies dann aus einem winzigen Gegenstand, den wir nicht sehen konnten, vielleicht einer Knochenpfeife, jedem einzelnen in die schalenförmig nach oben geöffneten Hände. Dieser nahm dann das, was ihm der Priester in die Hände geblasen hatte, und rieb seinen Kopf und seinen Oberkörper damit ein, so als wasche oder öle er ihn. Und alle am Zeltbau beteiligten Männer unterzogen sich diesem Ritual.

Als nächstes wurde in dem Tipi ein Loch ausgehoben, Holz hineingetragen und ein Feuer entzündet. Das Holz war übrigens von einem vielleicht 15- oder 16jährigen Cheyenne zerhackt worden, den diese Tätigkeit, wie wir erfuhren, auf größere Aufgaben vorbereiten werde. Um zu verhindern, daß das Feuer ausbrechen konnte, wurde um die Feuerstelle herum noch alles Gras und Kraut entfernt. Dann erst war das Tipi für den Sonnentanzpriester und Medizinmann endgültig bereitet.

Zeitvorstellungen

Wir hatten dies alles natürlich fasziniert beobachtet, und unser beider Reaktion, ohne daß wir hätten darüber nachdenken müssen, war

Verwunderung und Erstaunen. Es hatte mehr als vier Stunden gedauert, um das Tipi des Sonnentanzpriesters zu errichten. Doch nirgendwo hatte es Aufregung gegeben, niemandem schien dies lang vorgekommen zu sein. Man nahm den kräftigen Ostwind hin als etwas, mit dem man irgendwann schon zurechtkommen würde; man nahm das Mißgeschick mit den Tipilaschen hin – ohne dem Mann mit der Blaupause Vorwürfe zu machen oder auch nur hämisch zu lächeln –, weil es jedem – auch uns – hätte so ergehen können, wenn man nur einmal im Jahr etwas so Kompliziertes macht, zumal der Plan ja nur im Kopf existierte, es eine wirkliche Blaupause also gar nicht gab. Man nahm hin, daß es keine feste Zeit gab etwa für den Beginn der Tänze. Vielleicht ist sogar der Ausdruck „man nahm es hin" falsch, denn man wußte natürlich genau, daß das Tipi errichtet werden würde, daß die Sonnentänze tatsächlich stattfinden würden. Das „Daß" war wichtig, nicht, wie in unserer europäisch-amerikanischen Welt, die Uhrzeit, die das „Daß" oft nebensächlich erscheinen läßt.

Uns fiel Lillian Kings Kritik wieder ein, daß der weiße Mann für alles, was er tue, einen Zeitplan brauche. Lillian hatte recht. Zeit war für die Cheyenne – zumindest an diesem Tag der Vorbereitung auf den Sonnentanz – etwas ganz anderes gewesen als die vom Ablauf der Uhr bestimmte Zeit. Zeit wurde hier bestimmt durch etwas, das wir mit ihr gar nicht mehr in Verbindung brachten: durch das Abendessen etwa, durch die Anreise, das Aufschlagen der eigenen Tipis oder Zelte, durch die Errichtung des Sonnentanzzeltes, des Sonnenpriestertipis, später durch den zweitägigen Tanz, die am dritten Tage folgende Selbstkasteiung am Sonnenpfahl und schließlich durch die Abreise als dem Ende des Rituals. Diese Ereignisse strukturierten die Zeit. Wann das alles jeweils genau stattfand, war nicht einmal von sekundärem Interesse. Daß es stattfand, war das Entscheidende. Daß wir am Nachmittag nicht hatten bleiben wollen, lag an unserem anderen Zeitverständnis, das die Dinge nicht geschehen läßt, sondern ihren Ablauf vorbestimmt.

Wir hatten bei diesen Vorbereitungen auf den Sonnentanz einen Blick in die sonst eher verborgene Welt indianischen Denkens und indianischer Rituale geworfen. Man hatte uns zwar das Odium des Fremden genommen, aber dennoch waren wir innerlich Fremde geblieben. Wenn wir nicht als Eindringlinge gelten wollten, dann mußten wir nun unser Zelt aufschlagen, unser Abendessen zu uns nehmen und alles sich entwickeln lassen, wie es sich halt entwickeln würde. Doch wir hatten kein Zelt, hatten nichts zu essen, hatten ‚keine Zeit', und so machten wir uns, als es bereits fast dunkel war, auf den Heimweg nach Hardin, um am nächsten Tag mit dem Besuch des Buffalo-Bill-Museums in Cody aus der lebendigen in die konservierte Welt der Indianer einzutreten.

V

Clay und der Sonnentanz

In White Clay, Nebraska, unmittelbar außerhalb des Pine-Ridge-Sioux-Reservates in Süddakota begegneten wir auf der Straße einem jungen Mann, der uns seinen Namen nicht genannt hatte. So nannten wir ihn unter uns Clay, da wir ihm in White Clay zum ersten Mal begegnet waren. Dieser junge Mann erzählte uns, daß er nach dem Tode seines Vaters einen sicheren Arbeitsplatz in Chicago aufgegeben habe, um ins Reservat zurückzukehren. Er nannte keinen Grund für diesen uns eigentlich unverständlichen Entschluß; daher erzählten wir bei unserem nachfolgenden Treffen Gerald Big Crow, dem für Wirtschaftsfragen der Pine-Ridge-Sioux zuständigen Mitglied des Stammesrates, von dieser Begegnung und fragten ihn, ob er eine Erklärung für Clays Verhalten habe. Gerald sagte: „Für viele junge Männer ist der Tod eines nahen Verwandten, besonders der Tod der Eltern oder Großeltern, ein schwerer Schock. Sie kommen nicht darüber hinweg. So tun sie etwas, was Außenstehende für unsinnig halten: Sie verlassen das Reservat, gehen in die Fremde; oder sie kommen aus der Fremde zurück, geben alles auf, was sie dort besitzen, selbst wenn sie im Reservat nichts erwartet."

Clay war also ins Reservat zurückgekehrt, obwohl er wußte, daß er dort keine Arbeit finden würde. Was er hier zu Hause im Pine-Ridge-Reservat jedoch hatte, waren vier Pferde. Um sie schien sein ganzes Denken zu kreisen. [...]

Ehe wir uns von Clay verabschiedeten, um zu unserer Verabredung mit Gerald Big Crow zu gehen, kamen wir auf das Powwow zu sprechen, das am Wochenende stattgefunden hatte, und auf den Sonnentanz. Clay öffnete sein Hemd und zeigte uns zwei Narben, die sich rechts und links etwa 10 cm unterhalb des Schlüsselbeins befanden. Sie waren verschorft, konnten also noch nicht sehr alt sein. Vor 14 Tagen habe er, so erzählte uns Clay, an einem Sonnentanz teilgenommen, vier Tage nichts gegessen und nichts getrunken, nur getanzt und dann das *piercing* praktiziert. Das heißt, er hatte an der rituellen Selbstkasteiung teilgenommen, die mit dem Sonnentanzfest einhergeht und an dessen letzten Tag stattfindet. Der Tänzer durchsticht bei diesem Ritual mit einem spitzen Holzpflock den Brustmuskel oberhalb der Warzen auf eine solche Weise, daß rechts und links von der Durchstichstelle je ein Pflockende hervorsteht; von diesen Enden ausgehend werden dann Lederschnüre an den Sonnentanzpfahl oder die Sonnenlodge gebunden. Halb stehend, halb hängend stemmt sich der Tänzer dann immer wieder nach hinten, wobei die Schnüre sich straff spannen und an den Pflöcken zerren. Dies tut er so lange, bis der Muskel reißt.

Das Ziel dieser uns sehr grausam erscheinenden rituellen Praxis sind Visionen, d.h. im eigentlichen Sinne religiöse Erfahrungen. Darüber begann Clay zu reden und sagte, als die Holzsplinte ausrissen, habe er ein Höchstmaß an Glücksgefühl erlebt; doch er besann sich dann und sagte nur noch: „Besser nicht!" Seine religiösen Erfahrungen waren ihm so heilig, daß er sie nicht mit Außenstehenden, mit im Grunde Fremden wie uns teilen wollte. Über seine körperlichen Erfahrungen während des viertägigen Rituals aber sprach er durchaus. Das mehrtägige Fasten und Dürsten sei für seinen Körper das Schmerzvollste gewesen; Tanz, Hunger und Durst hätten ihn in Trance versetzt, so daß er das *piercing* kaum noch wahrgenommen habe. Das Zerreißen der Muskulatur sei etwas Wundervolles gewesen. Er machte uns mehrmals den Laut vor, den dieses Reißen gemacht hatte, und sagte: „Es brachte eine große Erleichterung, dieses Reißen."

V I

Wounded Knee und unsere Beschimpfung

Unser Besuch galt der Erinnerungsstätte auf der Anhöhe, wo am 29. Dezember 1890 ein Lager der Sioux unter Chief Big Foot von der Armee überfallen und mit Sicherheit 150, vermutlich aber über 200 Männer, Kinder und Frauen unter dem Vorwand niedergemacht wurden, sie entwaffnen zu müssen. Auf dieser Anhöhe erinnert heute ein großer obeliskartiger Stein voller Namen an die indianischen Opfer dieses Massakers, der letzten Auseinandersetzung zwischen amerikanischer Armee und Indianern. Ganz am Anfang dieser Liste steht der Name Big Foot, des Häuptlings der Minneconjou-Sioux, der gehofft hatte, der Geistertanz werde seinem Volk die alte Welt mit Büffeljagd und Sonnentanz wiederbringen, aber ohne den weißen Mann. Neben dieser Stätte befindet sich die katholische Herz-Jesu-Kirche, die bei der Besetzung von Wounded Knee durch militante Indianer im Jahre 1973 eine wichtige Rolle gespielt hat. Die Gedenkstätte selber liegt mitten in einem kleinen Friedhof, auf dem einige der Nachfahren der im Winter 1890 Ermordeten beigesetzt sind. Sie ist von einem etwa brusthohen Maschendrahtzaun umgeben, in den lauter Salbeibüschel und Blumen gesteckt sind. Vor dem Gedenkstein befanden sich verschiedene Früchte in Schalen und auch wieder mehrere dicke Salbeibündel. An die Besetzung von 1973 erinnert eine am Boden liegende Grabplatte, in die der Name einer der beiden indianischen Toten dieser Aktion eingemeißelt ist. Wie die indianischen Besucher so machten auch wir dort Fotos.

Als wir uns der Kirche näherten, stellten wir fest, daß ein jüngerer Indianer mit einer Pfeife, einer Friedenspfeife, auf traditionelle Weise Rauch in die vier Himmelsrichtungen und in die Richtungen „oben" und „unten", Himmel und Erde, blies und dabei Gebete sprach. Als er bemerkte, daß fotografiert wurde, versteckte er die Pfeife in einem Plastikbeutel.

Wir gingen zu diesem jungen Mann, um uns mit ihm zu unterhalten. Unsere Unterhaltung hatte kaum begonnen, als wir von einem weiteren jungen Indianer rüde darauf hingewiesen wurden, daß dies hier sein Land sei, das Land der Sioux, und daß sich die Weißen mit ihren verdammten Fotoapparaten verdammt noch mal verziehen sollten.

„Dies ist ein Ort, um den Toten Ehrfurcht und Respekt zu bezeugen." Das war sein Leitmotiv. Wir Weißen aus allen Teilen des Globus würden diesen heiligen Ort entweihen durch unser Fotografieren und durch unser Umherlaufen. Was wir eigentlich hier oben zu suchen hätten, wollte er wissen.

Es fehlte nicht viel, und er wäre handgreiflich geworden. Ihm zu sagen, wir hätten nur das getan, was die indianischen Besucher hier oben auch getan hätten, nämlich reichlich Fotos gemacht, war vielleicht etwas töricht, und es war auch tatsächlich nicht dasselbe. Daß uns der Stammesrat gebeten habe, doch nach hier zu kommen, uns alles anzusehen und Fotos zu machen, wenn wir möchten, erboste ihn noch mehr. Der Stammesrat habe gar nichts zu sagen, ihm schon gar nicht, die seien auch nicht viel besser als die Weißen. Der junge Mann war emotional sehr aufgebracht und wirkte in seinem Zorn auch ganz überzeugend. Trotzdem kam alles so plötzlich, daß uns gar keine Zeit blieb, nach Motiven zu forschen. Er verwünschte uns noch einmal und verließ dann den Friedhof und ging zu einem Pickup, der vor der Kirche parkte. Beim Wagen standen zwei junge Weiße, mit denen er offenbar nicht in Streit geriet. Das veranlaßte uns zu der Annahme, bei dem Ganzen könne es sich um eine Mutprobe gehandelt haben.

Wie dem auch sei, das Pine-Ridge-Reservat hatte uns gezeigt, daß Weiße hier nicht sehr willkommen waren und daß man aus seiner Abneigung gegenüber Weißen auch keinen Hehl machte. In anderen Reservaten mögen die Empfindungen vieler Indianer ähnlich gewesen sein, sie äußerten sie nur nicht so deutlich. Es half uns auch nicht, daß man uns als Europäer, d.h. als Nicht-Amerikaner erkannte. Wir waren Weiße, und das war entscheidend. Vermutlich ist es für die Selbstfindung vieler Indianer wichtig, ihrer Abneigung und ihrem Haß deutlich Ausdruck geben zu können und dadurch zu lernen, mit ihnen umzugehen. Es wäre also schön, wenn es sich um keine Mutprobe gehandelt hätte.

Der andere junge Indianer, der Mann mit der Friedenspfeife und mit langem schwarzen Haar und eher europäischen Gesichtszügen, entschuldigte sich für den Gefühlsausbruch seines Stammesgenossen, bemerkte aber ebenfalls, daß dies ein Ort sei, wo man den Toten Ehre erweise. Er wies darauf hin, daß er dies durch das Rauchen der Friedenspfeife und durch sein Gebet getan habe, doch sobald fotografierende Touristen aufgetaucht seien, habe er die Pfeife verbergen müssen, denn die Pfeife bei einer sakralen Handlung zu fotografieren, bedeute, sie zu entweihen.

Darauf fragte er uns, ob wir Salbei mit zum Friedhof gebracht hätten. Wir verneinten. Ob wir denn nicht gesehen hätten, daß der Zaun um die Gedenkstätte und der Platz vor dem Gedenkstein voller Salbei gewesen seien? Und dann erklärte er uns, daß Salbei eine heilige Pflanze sei, welche die Besucher dieses Friedhofs mitbrächten, um sie etwa am Zaun anzubringen und so den Toten ihren Respekt zu erweisen. Und dann griff er in seine Plastiktüte, ohne dabei die Pfeife sichtbar werden zu lassen, zog zwei Salbeizweige hervor und gab sie uns mit den Worten: „Dieses Salbeiopfer wird euch guttun!" Der Respekt, den man den Toten entgegenbrachte, war zugleich auch Selbstrespekt. Als wir den Friedhof verließen, bedankte er sich für unser Tun.

Betroffen und nachdenklich fuhren wir nach Pine Ridge zurück zu unserer Verabredung mit Gerald. Es war schon richtig, wir hatten uns tatsächlich wie Touristen benommen und alles aufgenommen, was uns vor die Kamera kam. Sonst war es bei all unseren Reservatsbesuchen ständige Praxis gewesen, Indianer nicht zu fotografieren, weil Fotografieren entehrt und zum Objekt macht. Hier nun hatten wir nur „Gegenstände" vor uns, was unsere sonst unterdrückte Fotografierlust voll zum Ausbruch kommen ließ.

VII

Das Problem des Alkoholismus und Tonys „Alternative Schule"

Eines der bedrängendsten Probleme ist auch hier im Rosebud-Reservat der Alkoholismus. Er läßt sich nicht nur, so Tony Iron Shell, der Wirtschaftsfachmann des Stammes, mit der hohen Arbeitslosigkeit, die bei den Rosebud-Sioux 86% beträgt, erklären. Weitere ganz wesentliche Ursachen seien der Zusammenbruch des Familien- und Wertesystems und der damit einhergehende Verlust der Identität; ferner die sozialen Probleme, die durch weiße Erziehung, durch Missionierung seitens der Kirchen, im Grunde durch Assimilierungsprogramme jedweder Art geschaffen worden seien.

Um dieser Probleme und der mit ihnen einhergehenden Alkoholsucht Herr zu werden, hat Tony ein Programm entworfen, das er „Alternative Schule" nennt. Dieses Programm will holistisch, d.h. ganzheitlich heilen, indem es zu den Wurzeln des Stammes und der indianischen Kultur zurückkehrt und dann die Geschichte, insbesondere die Geschichte der indianisch-weißen Begegnung aufarbeitet, welche die jetzigen Probleme verursacht hat. In einer ersten Phase sieht das Programm vor, daß der Hilfesuchende mit der mündlich überlieferten Ursprungsgeschichte des Stammes bekannt und vertraut wird. Darunter versteht Tony die Schöpfungs- und Ursprungsmythen, in denen das Verhältnis des Menschen zum Universum, zu den überirdischen Mächten, zu Mutter Erde, zu anderen Menschen, Pflanzen und Tieren dargestellt wird; dazu gehört zudem die Wiederbelebung der mündlich tradierten Geschichte, der Sprache, der Spiritualität, der Religion und der Zeremonien. In einer zweiten Phase wird sich das Curriculum mit den sozialen Gegebenheiten vor der Ankunft des weißen Mannes und mit den Folgen der weiß-indianischen „Kulturbegegnung" auseinandersetzen: mit der indianischen Landbasis vor Abschluß der ersten Verträge, mit der nomadischen, ganz auf den Büffel gestützten Lebens- und Wirtschaftsweise der Sioux und anderer Plains-Indianer und mit dem Vertrag von 1851. Dieser Vertrag läutete das Ende des freien nomadischen Lebens in den nördlichen Prärien ein, indem er die Grenzen der Jagdgebiete für jeden der dort lebenden Stämme festschrieb. Ferner soll über die Zeit der Kriege, über den Vertrag von 1868 und vor allem über die Geistertanzperiode der 80er Jahre unterrichtet werden. Am Abschluß des historischen Teils steht die Reservatsgeschichte dieses Jahrhunderts. Mittels dieses Programmes möchte Tony die über drei Generationen hin eingeübte Passivität und Apathie aufbrechen und das selbstzerstörerische, dysfunktionale Verhalten vieler Stammesgenossen zu heilen versuchen. Zum Abschluß sagte Tony: „Heilen durch Bewußtmachen, Heilen durch Aufarbeiten, das ist unsere Devise."

VIII

„Wir haben geweint und geklagt"

„Uns geht es um die Wiederbelebung unserer indianischen Weltanschauung." Doch dann bemerkte Albert White Hat: „Die meisten Indianer, die man heute auf der Straße trifft, fürchten sich davor, die Lakota-Philosophie zu praktizieren. Sie ist etwas Neues oder sie ist etwas Altes, das jeder neu für sich entdecken muß. Das gilt auch für uns hier im Rosebud-Reservat an der Sinte-Gleska-Universität. Für die Leute auf der Straße jedoch ist diese Philosophie immer noch etwas Böses." Auf unsere Frage, warum dies so sei, antwortete er:

„Der weiße Mann hat uns dies immer wieder eingebleut, und wenn es sein mußte, mit dem Stock: Das indianische Denken, die indianische Religion und Weltanschauung sind böse, sind Sünde, sind vom Teufel! Und wir haben ihm geglaubt. Doch das ändert sich nun."

Merkwürdig klang Alberts Aussage: „Wir kennen unsere Religion selber nicht." Er meinte wohl, daß nach den Generationen weißen Einflusses die Indianer selbst ihre alten Traditionen, damit auch ihre Religion, wieder neu kennenlernen und erobern müssen. Es wäre also falsch anzunehmen, daß die Indianer selbst jetzt schon alles über ihre Geschichte und Kultur wüßten. Beide, Geschichte und Kultur, waren zwar in der mündlichen Tradition lebendig, aber: „Der reguläre Stoffplan der Schule hat keine Zeit für die indianische Weltsicht, für die indianische Philosophie. Letzten Endes bestimmen die Finanzmittel des BIA über unser Curriculum, unsere Sprache, unsere Religion." Alberts Ideal wäre es, wenn all diese Dinge zu Hause in den Familien gelehrt würden.

„In den letzten 20 Jahren haben wir viel geweint und viel geklagt." Albert fügte dann allerdings hinzu: „Die nächsten 20 Jahre werden jedoch unter einem anderen Stern stehen: Sie werden erfüllt sein vom Aufblühen und Erstarken unserer Religion und Kultur."

IX

Namensgebung und Erziehung

„Die Geburt eines Kindes ist etwas ganz Besonderes," sagte Darlene Renville Pipe-Boy und fuhr fort: „Die Tatsache, daß man ein Kind bekommt, ist nicht einfach nur eine physische Angelegenheit. Schwangerschaft und Geburt sind kulturell herausgehobene Zeiten im Leben einer Frau. Mein Sohn hat bei der Geburt, weil er uns ein so vollkommenes Geschöpf zu sein schien, den Namen ‚Hukschila' erhalten, ‚Junge'. Das Leben ist etwas ganz Besonderes. Daß wir leben, ist etwas Besonderes. Wakan, der Große Geist, ..." Dieser Satz wurde von ihr nicht zu Ende gesprochen, sie zeigte statt dessen mit dem Finger nach oben, als hätte sie sagen wollen: ‚Wakan, der Große Geist, hat uns das Leben geschenkt.' „Nichts geschieht nur so, nichts geschieht zufällig." Das ist Darlenes Überzeugung, die sich ganz und gar mit der indianischen Philosophie deckt.

Darlene führte aus, daß die indianische Namensgebung manchmal bei der Geburt, oft aber erst zwischen dem 6. und 12. Monat danach erfolge; sie ist ein Teil all der mit der Geburt zusammenhängenden Vorgänge. „Es kommen dann die Eltern, Großeltern, Onkel und Tanten zusammen, und einer von ihnen, der besonderen Respekt bei allen genießt, spricht zum neugeborenen Kind und überlegt zusammen mit den Eltern, welchen Namen es tragen soll. Eine besondere Rolle bei der Namensgebung spielen Träume, spielen Anregungen, die jemand im Traum empfangen hat."

Wenn das Baby weint, geht man anders mit ihm um, als das bei uns der Fall ist. „Die Verwandten sprechen immer wieder mit dem Kind und sagen: ‚Du mußt nicht weinen, um Aufmerksamkeit auf dich zu lenken. Wir alle kümmern uns um dich. Wir alle sorgen für dich.'" Besonders wichtig sei, daß das Kind diese Aufmerksamkeit, die man ihm schenke, auch wirklich spüre: „Wir hauchen und blasen es deshalb auch immer wieder an, um ihm das Gefühl zu geben, umhegt und umsorgt zu sein."

In der Kindererziehung wird diese Sicherheit, umsorgt und umhegt zu sein, dem Kind immer wieder vermittelt. „Man hat uns unterwiesen, man hat uns gesagt, was wir zu tun haben, doch wurden wir nie geschlagen." Diese Erziehungspraxis hatte sich vor allem auf den Zügen durch die Prärien bewährt; die Kinder lernten, wie man sich auf der Jagd verhält, wie man durch Feindesland zieht, wie man Pferde stiehlt und wie man miteinander im Lager umgeht. Sie lernten alles durch Unterweisung und durch das Beispiel der Älteren. Kinder zu schlagen, hätte den ganzen Stamm in Gefahr bringen können, denn ihr Weinen wäre weithin hörbar gewesen.

Wir blieben beim Thema Erziehung und fragten Darlene, ob auch heute noch das alte Wiegenbrett, das „cradle board", als Erziehungsinstrument in Gebrauch sei, worauf sie antwortete: Natürlich hätten sich die östlichen Dakota hier im Reservat der Sisseton-Whapeton-Sioux stärker assimiliert als die Siouxstämme weiter im Westen. Das habe in diesem Falle z.B. dazu geführt, daß die Wiegenbrettmethode als altmodisch bezeichnet werde. Wer sie heute noch anwende, werde belächelt. Darlenes salomonischer Kommentar lautete: „Jeder sollte das tun, was er für richtig hält." Wichtiger als die Frage nach den Erziehungsmitteln sei die Frage nach den Erziehungszielen: „Stolz, Identität und Selbstwertgefühl." Wie man diese Ziele verwirkliche, dazu gebe es verschiedene Wege.

Zwischen 1890 und 1970 waren kulturelle Äußerungen der Indianer, zumal indianische Zeremonien, in der Öffentlichkeit verboten. Darlene nannte das ironisch „ein Versehen" des weißen Mannes. „Unsere Kinder kennen die Zeremonien nicht mehr aus eigener Anschauung. Die Folge ist, daß all unsere Zeremonien neu gelehrt und neu gelernt werden müssen. Unsere Kinder müssen wieder neu in die indianische Welt hineinwachsen."

Scheinbar außerhalb des Zusammenhangs fragte Darlene uns dann, was wohl der höchste Wert im menschlichen Leben sei und gab sich selbst die Antwort: „Gesundheit ist für uns am wichtigsten." Das heißt, Gesundheit im Leben, Gesundheit und Leben sind für sie die höchsten Werte. Als weitere Werte erwähnte sie Respekt, Ehre, Demut, und fügte, um deutlich zu machen, daß die Werte an sich wichtiger sind als die Instanzen ihrer Vermittlung, hinzu: „Zeremonien sind zweitrangig." Zusammenfassend sagte sie dann noch einmal: „Leben und Demut, sie sind das wirklich Wichtige." Sie meinte damit vermutlich das Gleiche, was wir schon aus Larry Aitkens Mund bei den Chippewa gehört hatten, daß nämlich jegliches Leben ein Geschenk ist und nicht Verdienst des Menschen und daß diese Einsicht eigentlich zur Demut führen müßte.

Wir selbst verließen Darlenes Büro gegen 11.45 Uhr. Sie war bereits gegangen, weil sie zu einer wichtigen Verabredung in den Süden des Reservates fahren mußte. Ehe sie ging, hatte sie noch gesagt, daß ihr die Kommunikation mit Menschen besonders wichtig sei, und hinzugefügt: „Die Menschen werden nie aufhören, mich in Erstaunen zu versetzen."

Literaturhinweise:
LARRY P. AITKEN & EDWIN W. HALLER, Two Cultures Meet. Pathways for American Indians to Medicine Duluth, MN: Univ. of Minnesota-Duluth 1990.
WERNER ARENS UND HANS-MARTIN BRAUN (Hgg. und Übers.), Der Gesang des Schwarzen Bären. Lieder und Gedichte der Indianer. München: C.H.Beck 1992, 1994.
ELK BLACK & JOHN G. NEIHARDT, Black Elk Speaks. 1932; Lincoln, NE: Univ. of Nebraska Pr. 1961 u.ö.
HENRY W. BOWDEN, The American Indian and Christian Missions. Studies in Cultural Conflict. Chicago, IL: Univ. of Chicago Pr. 1981.
JOSEPH EPES BROWN, The Spiritual Legacy of the American Indian, 1982; New York, NY: Crossroad 1991.

JOSEPH EPES BROWN (Hg.), The Sacred Pipe. Black Elk's Account of the Seven Rites of the Oglala Sioux. Norman, OK : Univ. of Oklahoma Pr. 1953 u.ö.

MIRCEA ELIADE, Das Heilige und das Profane. Vom Wesen des Religiösen. Frankfurt a.M.: Insel-Verlag ²1985.

SAM D. GILL, Native American Religions. An Introduction. Belmont, CA: Wadsworth 1982.

ÅKE HULTKRANTZ, The Religion of the American Indians (= Hermeneutics: Studies in the History of Religion 7). Berkeley, CA: Univ. of California Pr. 1979.

T.C. MCLUHAN (Komp.), Touch the Earth. A Self-Portrait of Indian Existence. New York, NY: Touchstone Books, Simon & Schuster 1971.

WERNER MÜLLER, Indianische Welterfahrung. Stuttgart: Klett 1976, Neuaufl. Frankfurt a. M.: Klett-Cotta 1981.

WILLIAM K. POWERS, Yuwipi. Vision and Experience in Oglala Ritual. Lincoln, NE: Univ. of Nebraska Pr. 1982.

WILLIAM STOLZMAN SJ, The Pipe and Christ. A Christian-Sioux Dialogue. Chamberlain, SD: Tipi Pr., 1986 u.ö.

DENNIS TEDLOCK & BARBARA TEDLOCK (Hgg.), Teachings from the American Earth. Indian Religion and Philosophy. New York, NY: Liveright 1975, TB 1992.

PATRICK J. TWOHY SJ, Finding a Way Home. Indian and Catholic Spiritual Paths of the Plateau Tribes. Spokane, WA: University Pr. 1983 u.ö.

RUTH M. UNDERHILL, Red Man's Religion. Beliefs and Practices of the Indians North of Mexico. Chicago, IL: Univ. of Chicago Pr. 1965.

RON ZEILINGER, Sacred Ground. Reflections on Lakota Spirituality and the Gospel. Chamberlain, SD: Tipi Pr. 1986.

Die heutigen Aymara von Chile

von Juan van Kessel in Chile

Einleitung

Die ursprünglichen Gemeinschaften der chilenischen Aymara-Bevölkerung befinden sich in Tarapacá und Antofagasta, heute das erste und zweite Verwaltungsgebiet Chiles. In den letzten 130 Jahren ist ein großer Teil der Andenbevölkerung zu den Seehäfen des Nordens und in die Bergwerkszentren abgewandert, wo er sich mit Zuwanderungsgruppen aus den übrigen Teilen Chiles und des Auslands vermischte (Larraín, 1977; Grebe, 1986). Die kulturell ursprünglicheren Aymara finden wir heutzutage in ihren kleinen Dörfern und traditionellen Bauernhöfen der Kordilleren und Vor-Kordilleren. Die in ihren Heimatdörfern Verbliebenen betreiben grundsätzlich Acker- und Gartenbau auf bewässerten Terrassen von Bergschluchten und in Oasen sowie extensive Viehhaltung von Schafen und Lamas. Die Hirten nutzen die sorgfältig gepflegten natürlichen Weiden der Hoch-Kordilleren. Das Viehfutter wird von ihnen also weder gesondert angebaut noch zusätzlich angereichert.

Die Technologie in Landwirtschaft und Viehzucht ist zwar dürftig und in Vergessenheit geraten, aber grundsätzlich noch die gleiche wie die ihrer Vorfahren. Nicht, daß es an Modernisierungsversuchen der Regierung oder am Interesse der Landwirte und Viehzüchter fehle. Diese Technologie hat sich vielmehr als die an die besondere Ökologie der Umwelt in den Anden am besten angepaßte und kulturell und sozial geeignetste erwiesen. Außer den Arbeiten in Landwirtschaft und Viehzucht entwickeln die Aymara nach Möglichkeit zeitweilig und gelegentlich (eine alte ökonomische Regel) zahlreiche herkömmliche und moderne wirtschaftliche Aktivitäten, um die Einnahmequellen zu vermehren und Risiken zu vermindern. Darunter fallen Textilgewerbe, Transport, Handel sowie Berg- und Bauarbeiten. Angehörige der Hirtenbevölkerung über Dreißig sind in der Mehrheit zweisprachig (Aymara, Spanisch). Ein sehr kleiner Prozentsatz ist einsprachig Aymara und gehört eher der älteren Generation an. In den Vor-Kordilleren versteht eine Minderzahl der Landwirte Aymara. Wenn man bei der Volkszählung das Kriterium der Aymara-Sprache anlegte, ergäbe sich eine Bevölkerungszahl von nur 8.500 Einwohnern mit stark fallender Tendenz. Legt man jedoch das Kriterium der Selbstvalidierung hinsichtlich der Abstammung zugrunde, erreicht die Aymara-Bevölkerung eine Einwohnerzahl von mehr als 28.000, wobei die Mehrheit davon in Städten wohnt.

I. Die Geographie der *marka* – die Aymara-Ortschaft

Es geht die Rede, daß die alten Teppiche und Tragetücher, die sog. *llijllas*, in ihrer Symbolsprache die Landkarte der natürlichen Umgebung darstellen und daß sie die Sichtweise wiedergeben, die der Aymara vom Sinn seiner Umweltgestaltung hat. Anhand dieser Kostbarkeiten können wir tatsächlich beurteilen, wie das Bild aussieht, das sich der Aymara von seiner jeweiligen Umweltgestaltung macht, von seiner Umwelt mit ihren Bergen, Pampas, Wassern sowie ihrer Flora und Fauna. Auf der Grundlage dieser seiner Sicht der ökologischen Verhältnisse organisiert der Aymara sein Umfeld und seinen Ursprung, das also, was wir hier als „symbolische Geographie" bezeichnen, oder, wenn man will, die mythologische Landkarte der aymarischen Räumlichkeit. Im folgenden Absatz werden wir uns mit deren Hauptcharakteristika beschäftigen.

Wir sprechen über die Aymara, die in den höchstgelegenen bewohnbaren Gegenden der Kordilleren des Norte Grande und an dessen westlichen Abhängen leben. In diesem Gebiet können wir innerhalb des Aymara-Volkes bis heute mehrere verschiedene ethnische Gruppen unterscheiden, die ihr religiöses und soziales Zentrum auf chilenischem Boden haben (VAN KESSEL, 1992–a). Früher hatte jede dieser ethnischen Gruppen Zugang zu und die Kontrolle über ihren eigenen geographischen Raum, der von der pazifischen Küste bis zu der bolivianischen Hochebene und den östlichen subtropischen Tälern reichen konnte. Dabei handelte es sich nicht notwendigerweise um ein abgeschlossenes und zusammenhängendes Gebiet. Die alten Gemeindebücher dieser Gegend deuten darauf hin, daß ein solches Gebiet eher ein Archipel insulärer Bewirtschaftungen darstellte, das alle ökologischen Ebenen von der Küste bis in die Hoch-

Kordilleren und die Täler im Osten umfaßte. Jede ethnische Gruppe verfügte über ihre Hauptortschaft oder *marka*, ihren Zentralort, der gleichzeitig sozialer, politischer und religiöser Mittelpunkt war, und jede ethnische Gruppe hatte ihre mehr oder weniger auffällige, festgelegte Variante der Aymara-Sprache. Drei Dialekte unterscheiden sich auch heute noch. Wenn wir das Gebiet von Norden nach Süden aufteilen, findet sich der erste in der Region von Cariquima, der zweite um Isluga und der dritte in der Gegend, die sich von Parinacota nach Norden erstreckt. Die koordinierte Organisation und Ausnutzung dieses Raums war die wichtigste Pioniertat der Aymara, die es ihnen erlaubte, ihre Wirtschaft zu entwickeln und ein sowohl wirksames als auch ausdifferenziertes Kultursystem zu entwickeln, das bis zur Konquista keinerlei Anzeichen von Verfall aufwies.

In der Gegenwart beobachten wir Überreste dieser räumlichen Anordnung: die linguistischen Unterschiede, der Fortbestand der *marka* mit ihrer Rechtsgültigkeit als Kirchspiel, der Schutzherr, die wirtschaftlichen Aktivitäten unterschiedlichster Art, die Schutzfeste mit ihren geladenen Gästen aus anderen ökologischen Schichten und die Varianten im System des Produktionsrituals. Dennoch ist die strukturelle Einheit des Archipels wegen der kolonialen und postkolonialen Fremdverwaltung, die einheimische wirtschaftspolitische Ansätze übergeht, allmählich verlorengegangen. Die von der ursprünglichen *marka* abhängigen bewohnten Zentren haben sich unabhängig gemacht und politische Funktionen und organisatorische Vorbilder der früheren Priestermark nachgeahmt. Dabei wurden architektonische Prinzipien der spanischen Kolonialstadt übernommen (CONTRERAS, 1974).

Ein Beispiel für eine alte noch heute existierende *marka*, ist Isluga, die Hauptortschaft des Volksstammes gleichen Namens, die einige bewohnte Gegenden auf der bolivianischen Hochebene einschließt und schon sehr lange Beziehungen mit den Landwirten der Bergschlucht von Camiña unterhält. Sein Bauplan ahmt die Struktur des alten Territoriums mit seinen beiden *sayas* und den vier *ayllus* nach (MARTÍNEZ, 1975). Die Sozialstrukturen des Volksstammes werden erneut lebendig und kommen zum Ausdruck in den Patronatsfesten, die von den beiden *kurakas* und ihren Ehefrauen geleitet werden.

Cariquima ist ein Beispiel für eine *marka*, die architektonisch von der kolonialen und postkolonialen Geschichte auf den Kopf gestellt wurde. Im übrigen hält es aber an seiner Sprachvariante des Aymara und an seinen Austauschbeziehungen mit den Landwirten der Zone von Chiapa und Sibaya fest. Die Patronatsfeste wecken die Erinnerung an die traditionellen Strukturen von *arajsaya* und *manqhasaya*, wobei deren Bevölkerungsgruppen bzw. *ayllus* aus ihrer Umgebung aufgeteilt werden in *arriba* (oben) bzw. *arajsaya*; dazu gehören z.B. die Städte Chulluncane, Huaytane, Chijo, Panavinto. Zu *abajo* (unten) bzw. *manqhasaya* zählen die Orte: Ancovinto, Quebe, Ancuaque und Villablanca. Die Bevölkerung identifiziert sich in Riten und Bräuchen mit ihrem Schutzvulkan, dem Mama Guanape. Das gleiche gilt für Isluga mit dem Vulkan des gleichen Namens. Im Gegensatz zu der früheren Funktion der vorkolumbianischen Priesterstadt steht, außer der eher spanischen Architektur von Cariquima, das Erscheinen eines expandierenden Zentrums des Missionarswesens. Es breitet sich im gesamten ländlichen Gebiet der Provinz von Iquique aus und bricht die Einheit des alten Zentralkults. Andere sagen, es gestalte den Kult des Volksstammes abwechslungsreicher. Der religiöse Gegensatz macht der *marka* ihre Eigenschaft als Priesterstadt streitig und erlaubt jetzt schon nicht mehr den Gemeinschaftskult des Volksstamms in seiner Gesamtheit (GUERRERO & VAN KESSEL, 1987; B. GUERRERO, 1989).

Cultane ist das Beispiel für eine abgetrennte bewohnte Gegend oder *ayllu*. Zu Cariquima gehörend, weist es die alte Struktur der *marka* mit einem streng an den Kolonialstil angelehnten architektonischen Plan auf (CONTRERAS, 1974). Sein öffentlicher Kult ist detailliert beschrieben (VAN KESSEL, 1992–b). Cultane, das als heiliger Ort angesehen wird, versammelt bei seinem Patronatsfest alle Hirten aus der Gegend. Dazu gehören die Viehgroßfarm Colchan und der Bezirk von Lirima mit vier Großfarmen sowie die Landwirte von Sibaya, Limicaziña, Coscaya und Poroma.

II. Das vierteilige Gebiet

Die vier Teile der *marka* sind eigentlich nur das Spiegelbild einer doppelten Zweiteilung, Zweiteilung sowohl für das Gebiet als auch für die zugehörige Volksgruppe. Zum ersten Teil gehören die von *arajsaya* (der obere Teil), zum zweiten die *manqhasaya* (der untere Teil).

Zufolge dieser Teilung zerfällt das gesamte Gebiet bzw. der Archipel in zwei parallele Streifen. Sie erstrecken sich von der Küste zur Sierra und bis zur bolivianischen Hochebene. Eine weitere Zweiteilung kreuzt die erste und teilt die *ayllus* und die von der Volksgruppe ökologisch genutzten Inseln in die Zone der Hirten, die sich in den Hoch-Kordilleren befinden und die der Landwirte, die in den Vor-Kordilleren liegt. Eher gering ist aber die Überlegenheit von *arajsaya* (und die des ersten *kuraka*) über *manqhasaya* (und über den zweiten). Sie läßt sich mit der des Mannes in der Aymara-Ehe vergleichen, der des Gesichts über sein Doppel, sein Spiegelbild, oder der von rechter Hand bzw. rechtem Fuß über das linke Gegenstück. Vorausgesetzt ist dabei, daß beide gleichermaßen nötig sind. Diese Vergleiche beziehen sich auf die Idee des *yanantín* (PLATT, 1980): zwei ähnliche Teile, die ein Ganzes bilden, bei dem beide gleich notwendig sind, um eine Totalität darzustellen. Ohne sein Pendant ist jeder Teil nutzlos, sei es zum Laufen, Arbeiten oder zur Fortpflanzung.

Schon wirksamer in der Andentradition ist die Überlegenheit des *ayllu* der Hirten über jenes der Landwirte, da die *kurakas* sich immer aus den ersteren rekrutieren, sich die *marka* immer im Hirtengebiet befindet und die Patronatsfeste mit dem größten Ansehen und Zulauf traditionellerweise auch immer dort gefeiert werden.

In dem Gebiet von Isluga ist das Gemeinschaftsbewußtsein, darin mitvertreten auch dasjenige der Großhirten und Großbauern, schon nicht mehr so lebendig wie in dem von Cariquima. Hier könnte man von einem umgeformten Schema sprechen, derart, daß die Gemeinschaftsidee so dargestellt werden könnte, wie es MARTÍNEZ (1975, 1976) und PROVOSTE (1976) tun: die 21 Viehgroßfarmen der Hirten gruppieren sich in vier Viertel, *ayllus* genannt, und zwei *sayas*. Der Ort Isluga selbst, die *marka*, wiederholt diese Viertel und *sayas* in seinem Grundriß. Die Ordnung von Isluga sieht nicht mehr vor, daß darin die Bauern noch öffentlich vertreten sind.

III. Die mythologische Landkarte der *marka*

Ein typisches Aymara-Dorf vereinigt in sich eine große Anzahl von Verehrungsereignissen und Orientierungspunkten. Sie alle zusammen bilden eine mythologische Landkarte. Diese Kraftorte haben große symbolische Bedeutung und geben sowohl dem traditionellen Kult als auch den sozialen und wirtschaftlichen Aktivitäten der Menschen die Richtung. Diese Landkarte ist zum Teil auf die Zentren eines *aka* (Das-von-uns) konzentriert: das Dorf, sein Tempel, sein Schutzberg oder auch die *pachamama*, die eben dort alles Leben des *ayllu* gebar. Gleichzeitig ist sie richtungsorientiert nach Osten, von wo das Licht der aufgehenden Sonne, das Wasser des fruchtbaren Regens und andere lebenswichtige Elemente, wie der Kokastrauch, viele Heilpflanzen, traditionelle Kultgegenstände und Musikinstrumente kommen.

Die Umkreisungen, rituellen Prozessionen und Rundgänge haben eine vorgeschriebene Richtung, die gegen den Uhrzeigersinn, aber mit der Richtung der Sonne (in der südlichen Hemisphäre) läuft. Die entgegengesetzte Richtung nach links verwendet man rituell am „schwarzen Tisch" und bei Sterberitualen; sie drückt Ablehnung, Verteidigung gegen eine Gefahr und Vergeltung eines Übels aus. Die gleiche Bedeutung haben die Gesten und Ritualhandlungen mit der rechten bzw. diejenigen mit der linken Hand respektive. Die am häufigsten benutzten Ausdrücke der Richtungsorientierung sind: „nach oben" oder „vorwärts" (nach Osten) und „nach unten" oder „zurück" (nach Westen). Erstere implizieren Leben, Fruchtbarkeit, Licht, Feuchtigkeit des Regens oder „die von oben"; letztere haben mit Tod, Ende, Sterilität, Dürre (der Wüste) und Feuchtigkeit vom Meer oder „von unten" zu tun. In der Sicht der Welt sind beide Bedeutungsgebiete im gespannten und fruchtbaren Gleichgewicht, das sein Zentrum im *aka* der Aymara-Behausung hat. Sie, die Aymara-Behausung, muß rituell und empirisch bewacht und geführt werden. Von hier geht die Weltsicht und die des Raums mit ihren ökologischen Implikationen und den Prinzipien der Land- und Viehwirtschaft der Aymara aus, die als das Wissen davon, wie man Leben schafft, definiert ist (VAN KESSEL & CONDORI, 1992; GRILLO & RENGIFO, 1988). *Ayllu* bedeutet beides: die menschliche Gemeinschaft und ihr Land. Es ist so, daß in der Sichtweise der Aymara die Ortschaft und die Wohnung bzw. Lebensweise auf dem Land ihrerseits nicht in sich vollständig sind, sondern eine eigene Einheit mit dem umliegenden Land oder Gebiet bilden. Die wichtigsten Zentralpunkte der mythologischen Landkarte des Aymara-Dorfes sind folgende.

Der Dorfplatz, der in der kolonialistischen Auffassung zentral gelegen ist, befindet sich auf einer Seite des Wohnviertels in der Mitte zwischen dem Dorf und dem Tempel. Er ist genau wie der Friedhof außerhalb des Dorfes auf der westlichen Seite, wohin die Verstorbenen der gültigen Mythologie und dem Ritual zufolge aufbrechen. Die Tempeltür öffnet sich nach Osten, um am Morgen das Sonnenlicht einzulassen. Vor der Tempeltür und der aufgehenden Sonne entgegenblickend, wird an dieser Stelle am frühen Morgen des Vortages der Patronatsfeste dem Herrn, der in der aufgehenden Sonne anwesend ist, das *huilancha* (das Blutopfer) dargebracht. Der Tempel wird genau wie das Wohnhaus als ein Lebewesen angesehen, oder besser gesagt, als ein lebendiges Paar. Mit viel Respekt und Ehrerbietung wird von *la Iglesia T'alla*, der Gebieterin Kirche und von *el Torre Mallku*, dem Gebieter Turm, gesprochen. Tempel und Turm sind so von einer Mauer umgeben, daß ein ritueller Raum entsteht, dem große Achtung entgegengebracht wird, und der in der Kolonialzeit für den Friedhof reserviert war. Gegenüber der Tempeltür hat die Hecke (zugleich Zaubergehege, ähnlich einem Heiligen Hain) ein bogenförmiges Tor, durch das der Bereich „der Religion" mit dem Dorfplatz verbunden ist. Jede religiöse Handlung und jedes Ritual, das außerhalb dieses Bereiches stattfindet, heißt „Brauch" und hat für die Aymara die Qualität eines bodenständigen Kultes. Das Begriff „Brauch" soll diese Tatsache tarnen.

Der Platz ist auch geheiligt. Rituell nennt man ihn *cabildo* und er verkörpert die Einheit der Schutzgeister des Ortes, die *achachilas* heißen. Sie werden in regelmäßigen Abständen kultisch geehrt, genau wie die „Herrscherin Kirche" und der „Herrscher Turm". Der Platz hat vier Ecken, die *altare* heißen, obwohl an den betreffenden Stellen in vielen Fällen keinerlei Bauwerk zu sehen ist. Dort halten sich die Heiligen auf, die zur Prozession herauskommen, um die Ortschaft mit ihren vier Wohnvierteln, das Land (bestehend aus vier *ayllus*) mit dem Vieh, den kleinen Farmen und den Bebauungen zu segnen. Zwei dieser *altare* gehören zu *arajsaya* und zwei zu *manqhasaya*. Die *altare* sind geachtete Orte und werden in regelmäßigen Abständen kultisch gewürdigt.

Vom Tempel gehen verschiedene rituelle Wege aus, die zum Friedhof und zu den Kalvarienbergen führen. Letztere sind kleine Tempel, die sich auf den nahegelegenen Anhöhen befinden. Es gibt im allgemeinen vier solcher Anbetungsstätten. Manchmal liegt besagte Schädelstätte im Tal selbst, wie in Cultane, wo der „Kalvarienberg der Jungfrau Candelaria" an einem feuchten Ort liegt, der die Fruchtbarkeit der „Heiligen Erde", *pachamama*, symbolisiert. Die Geister der Schutzhügel sind Wesen, die mit den heiligen Schutzherren vergleichbar sind oder mit ihnen identifiziert und von der Gemeinschaft gefeiert werden. Es handelt sich dabei um zwei männliche Heilige und zwei Jungfrauen oder weibliche Heilige. Die Tempelchen oder Kalvarienberge der Heiligen schauen nach Osten und sind von einer rechteckigen Mauer umgeben, die auch einen einzigen Zugang auf der östlichen Seite hat und so einen Ort des Gemeinschaftskultes und des rituellen Zusammenlebens einschließt. Vor der Eingangstür liegt der Platz der *huilancha*, der Blutopfer, für „den Heiligen". Vom Tempel geht auch ein ritueller Weg nach Westen, der zum Friedhof mit der Hecke und dem einzigen Zugang führt.

Der Wohnkomplex der Aymara-*marka* teilt sich in zwei Hälften und vier Wohnviertel oder Sektoren auf. Sie repräsentieren die beiden *sayas* und die vier Haupt-*ayllus*. Man beachte, daß das Wort *ayllu* zweierlei meint: einerseits eine bewohnte, von der *marka* abhängige Gegend (*ayllu menor* – Neben-*ayllu*) und andererseits gleichzeitig eine der vier Gruppen von bewohnten Gegenden (*ayllus mayores* – Haupt-*ayllus*), die zusammen und gemeinsam mit der *marka* eine einheitliche Volksgruppe bilden. Zur Zeit der Feste und auch in Zeiten gesteigerter gesellschaftlicher Betriebsamkeit bewohnt jede Familie, die an Feiern teilnimmt, ihr Haus, das sich in dem Wohnviertel befindet, das ihr aufgrund ihres Heimat-*ayllu* angemessen erscheint. Dieses Haus ist nur während der Festtagsperioden der *marka* bewohnt, die im Sommer zwischen dem 24. November und dem 5. Februar liegen.

Da jedes entsprechend qualifizierte Mitglied der Gemeinschaft einmal im Leben die Pflichten des Standartenträgers, des Verwalters und des *kuraka*, wo dessen Rang noch existiert, zu übernehmen hat, muß bzw. sollte sein Haus die für eine solche Funktion erforderlichen Bedingungen erfüllen. Deshalb heißt dieses Haus *kamana*. Das Wohnhaus, in dem die Familie das Jahr über wohnt, heißt *uta* und befindet sich dort, wo von der Familie bewirtschaftete Felder oder kleine Viehfarmen sind. Ein dritter Wohnungstyp, die *paskana*, liegt auf dem Land. Die Besitzer bewohnen sie zeitweise: die Hirten, wenn sie im Winter ihr Vieh auf niedriger gelegenen Weiden haben, und die Landwirte bewohnen sie zu Zeiten intensiver Tätigkeit auf den entlegenen Viehfarmen, oder dann, wenn sie ihre Pflanzungen einige Wochen vor der Ernte im Auge behalten wollen. Die *paskana* trägt rustikale Züge und ist aus nicht dauerhaftem Material hergestellt.

Die Berggeister, genannt *achachilas*, *mallkus* oder „Flieger", stehen miteinander im Austausch. So haben nicht nur die Kalvarienberge miteinander Kontakt, sondern sie unterhalten auch in ihrer Gesamtheit Beziehungen zu den hohen schneebedeckten Gipfeln der Gegend. Diese stehen ihrerseits in Kontakt mit anderen, noch angeseheneren Gipfeln, nämlich dem Gipfel des Tata Jachura im Osten von Chiapa und dem des Tata Sabaya auf bolivianischem Boden, und zwar im Osten von Isluga. Die Geister sind männlich und weiblich. Sie sind sehr mächtig und verlangen den Menschen Respekt ab, zu gegebener Zeit auch Opfergaben. Es gibt eine reiche Mythologie, die sie nicht nur in Beziehung zueinander setzt, sondern auch jedem einen persönlichen Charakter und eine eigene Geschichte gibt (PODESTÁ et al., 1989). Gemeinsam halten sie am 30. November, dem Festtag des Hl. Andreas, ihre Ratssitzung ab, auf der die Aufgaben der Klimaverwaltung der Reihe nach verteilt werden, der Klimaverwaltung hinsichtlich der Winde, des Frosts, des Hagels, des Regens und des Schnees.

IV. Die mythologische Landkarte der Pampa

Das Land mit seinen kleinen Farmen und Moorböden, seinen Gewässern und seinen felsigen Teilen ist in keiner Weise ein weißer Fleck auf der heiligen Landkarte des Dorfes. Sie ist voll von Landmarken mit Leben und Charakter, die alle in irgendeiner Art am Kult und gesellschaftlichen Leben des Dorfes beteiligt sind. Das Land hat in der Sicht der Aymara überhaupt die Qualität und den Rang des lebendigen Körpers, und zwar als die Heilige Mutter Erde, *pachamama*, Erzeugerin allen Lebens wie Flora, Fauna und menschlicher Gemeinschaft. Allgemein sind die Gewässer das Blut der Mutter Erde, die Flüsse ihre Venen und die Felsen ihre Knochen. Das

Gebiet ist nicht nur quantitativer Raum mit Naturschätzen, sondern eine organische Gesamtheit, in der alle Elemente leben: Lagunen, Quellen, Flüsse, Berge, Felsen, Steine, Vegetation, wilde und zahme Tiere. Alles hat hier seinen Ort, sein Heim, seinen Ursprung, seinen Lebensunterhalt und sein Schicksal. Jede geographische Landmarke hat Namen, Funktion, Charakter und Persönlichkeit im lebendigen Ganzen. Darunter gibt es viele gute und unheilvolle „Kraftorte". Alle verdienen Achtung, einige auch Verehrung und Opfer. Verehrung verdienen die *uywiris*, also Geister, die die Lebensquelle für die Gemeinschaft sind (MARTÍNEZ, 1976) und die sogenannten „Ernsten". Letztere sind gefährliche Geister, die auf einem Wasserfall sitzen und die rituelle Musik inspirieren (VAN KESSEL, 1992–b). Die Flüsse, Quellen und Lagunen, wo das Vieh vorzugsweise weidet, sind Kraftorte, weil sie die Stellen des mythologischen Ursprungs des Volks sind, wo die *pachamama* es gebar. Diese Orte erzeugen den Stamm immer wieder neu. Die archäologischen Plätze verdienen Respekt, weil dort die Stammesgeister lebendig und aktiv bleiben. Grotten, *chullpas*, Grabstätten, *pukaras* und Bildzeichen haben alle ihre starken Geister, die Respekt für diese Orte fordern. Diese Geister der „Stammväter", die *abuelos*, bestrafen mit Krankheiten oder anderen Mißgeschicken denjenigen, der bewußt oder unbewußt ihre Ruhe stört. Felsige Gegenden, schwer zugängliche Gipfel, genannt *piru partes*, verdienen auch Respekt, weil sie die Häuser des Windes und anderer klimatischer Phänomene sind. An diesen Orten weiden und versorgen die Geister ihr Vieh: ihre Anden-Kamelziegen und die Lamas sowie die Vicunjas, eine besondere Art des Lama, und die Guanakos, die wilden Lamas. Ihre Katze ist der Puma, ihr Hund der Fuchs und ihr Huhn ist der Kondor.

Die Kraftorte geben der mythologischen Landkarte des Gemeinschaftsgebiets Gestalt, die für den Kult, das gesellschaftliche und wirtschaftliche Leben, für die Technologie in Ackerbau und Viehzucht der Aymara höchst bedeutsam ist.

Die *marka* bildet als Zentrum des Raumes der Aymara eine Lebenseinheit mit der Umgebung, dem Land; und weiter draußen mit seiner wilden Peripherie, genannt *sallqa*. Land und *sallqa* formen im Idealfall zwei konzentrische Ringe um das Dorf.

Abseits von *ayllu* (der menschlichen Gemeinschaft) und *sallqa* (die Gemeinschaft der wilden Flora und Fauna) steht die Gemeinschaft der *huacas*: Panchamama, Berge, Kraftorte, Gestirne und personifizierte Erscheinungen. Die drei Gemeinschaften, – die der Menschen, die von *sallqa* und die von *huacas* – kommen im kleinen Landgut zusammen. Dieses ist der wahre Mittelpunkt des bodenständigen Kults. Die drei Gemeinschaften halten einander am Leben: sie ziehen sich gegenseitig groß, indem sie einander tatsächlich ernähren, und zwar mit Weiden, Anbauprodukten und Fleisch oder symbolisch mit Mahlzeiten, Ausräucherungen und Opfern. Sie verständigen sich bei der Arbeit und beim Kult, der das Produktionsritual ist. Der Kult, umfaßt eine Wachstumsperiode vom Anfang des Aymara-Jahres (August) bis zu seinem Ende und der Winterruhepause (GRILLO, 1989, 1990). Dieses dreiteilige Schema der Organisation des Raumes, das für die Aymara-Ortschaft Gültigkeit hat, wiederholt sich auf der Ebene der Familien: um das Haus herum befinden sich die kleinen Landgüter, die Moorböden und das Weideland – weiter draußen die *sallqa*.

Die Gesamtheit der drei Teile, also das Wohngebiet, die landwirtschaftlich genutzte Umwelt und die der Wildnis vorbehaltene Peripherie bilden den *akapacha*, eben unsere Welt. Der *akapacha* befindet sich seinerseits zwischen der oberen und der unteren Welt. Die obere Welt, genannt *arajpacha*, umfaßt Sonne, Mond, Milchstraße, den Morgenstern und andere Sterne, die in der Aymara-Technologie große Bedeutung für Landwirtschaft und Viehzucht haben; weiter draußen gehört dazu auch der Himmel mit den Scharen von Heiligen, Engeln, Jungfrauen und Gott selbst. Die untere oder innere Welt heißt *manqhapacha*. Dazu gehören die Minengeister, die den Gesteinsschatz bewachen und verwalten, sowie die Teufel und die Verdammten. *Arajpacha* wird mit Rechtlichkeit assoziiert: alles ist gut, heilig und gerecht. Es ist die Welt des Lichts, die von der Sonne und von Gott beherrscht wird. *Manqhapacha* dagegen wird als Gebiet des Unheilbringenden, des Schlechten, der Dunkelheit, der Rebellion gegen Gott und als Gebiet der Hexerei angesehen. *Arajpacha* und *manqhapacha* stehen ausgeglichen im Gegensatz und halten den *akapacha* am Punkt ihres Zusammentreffens in tätiger Funktion. Mit *tiku* wird der Punkt des gerechten Zusammenspiels und Austauschs bezeichnet, an dem das gespannte, fruchtbare Gleichgewicht herrscht.

V. Die Sozialgliederung

Der Sicht und Gliederung des Raumes entspricht die soziale und wirtschaftliche Strukturierung des Aymara-Dorfes – ein Aufbau, der nicht die einfache Erinnerung an die für ideal gehaltenen Formen ist oder daran, wie die Gemeinschaft sein sollte, sondern teilweise und weiterhin Gültigkeit hat. Die Sicht des Raums wurde allmählich aufgrund von aus Europa eingeführten technischen und ideologischen Elementen uminterpretiert. Stärker wirksam aber war die Auferlegung organisatorischer Prinzipien seitens der kirchlichen und staatlichen Verwaltung. Die Aymara haben diese Gegensätze in das gesellschaftliche, wirtschaftliche und liturgische Gewebe der Gemeinschaft eingebaut.

Auf der symbolischen Ebene hält sich die primäre Zweiteilung der Gemeinschaft in *arajsaya* und *manqhasaya*. Auf der symbolischen und realen – sagen wir: der sozio-ökonomischen – Ebene besteht die sekundäre Zweiteilung in die zur Landwirtschaft und andererseits zum Weideland gehörigen Sektoren stärker fort, obwohl sie dort, wo es bis zur Kolonialzeit ein Höchstmaß an sozialer und wirtschaftlicher Integration gab, nunmehr deutlich dahin tendieren, einander entgegengesetzt und voneinander unabhängig zu werden.

Besonders in den Bezirken der Hoch-Kordilleren finden wir noch das staatsgrenzenüberschreitende Zugehörigkeitsgefühl zu der Volksgruppe vor, die mit der alten Priesterstadt identifiziert wird.

Wirtschaftliche Austauschbeziehungen von Erzeugnissen und Arbeit, sei es über Tauschhandel oder vermittels des Geldes, gibt es weiterhin zwischen den oberen und unteren Teilen, also den zur Viehzucht und Landwirtschaft gehörigen Sektoren der alten Volksgruppe. Das Gleiche gilt für den rituellen Austausch und für Ehen, die vorzugsweise zwischen Partnern aus jeweils einem der Sektoren geschlossen werden, was aber nicht zwingend ist.

Die Wirtschafts- und Sozialbeziehungen mit der letzten ökologischen Ebene, der Küste, waren zu vorkolumbianischen Zeiten das dritte Fundament der Sozialgliederung der Aymara. Diese Beziehungen haben sich ihrem Wesen nach grundlegend geändert und an Bedeutung gewonnen. Heutzutage hat die Küste für die Aymara die Rolle der Stadt, des Marktes und des chilenischen Verwaltungszentrums, des Fortschritts und der „Modernität". Sei diese, wie sie wolle, sicher ist, daß für sie die Winde der kulturellen Veränderung von dieser ökologischen Ebene herwehen. Es ist auch gewiß, daß die wirtschaftliche und kulturelle Bedeutung der Küste für die Aymara-Gemeinschaft seit der Salpeterzeit (1860 – 1930) allmählich und seit 1950 noch viel schneller zugenommen hat (VAN KESSEL, 1985–a, 1990–a). Aber der Einfluß der Küste synthetisiert sich nicht nur im Prozeß der beschleunigten kulturellen Beeinflussung, sondern auch in einer Gegenströmung im Sinne einer Rückkehrbewegung zu den ethnischen Ursprüngen als sekundäre ideologische Reaktion auf die erste. Will man den Aymara-Raum vom Blickpunkt des Anden-Emigranten illustrieren, der in die städtische Gesellschaft aufgenommen ist, so ist zu sagen, daß dieser Aymara vier Ebenen wachsender Modernität und zunehmenden Prestiges im alten Gebiet seiner Volksgruppe wahrnimmt: 1. die Aymara von Bolivien, 2. die Hirten der chilenischen Hoch-Kordilleren, 3. die Landwirte der Vor-Kordilleren und 4. die Kinder der in die Küstenstädte zugewanderten Aymara.

Im Gegensatz zu dieser Rangordnung wachsenden Ansehens fügen sich diese vier Ebenen in eine entgegengesetzte Hierarchie wachsender ethnischer Ursprünglichkeit ein. Diese Gegen-Hierarchie von Werten und Prestige überwiegt in den wichtigen Abschnitten des liturgischen Jahres der Aymara, bei den Festen und Bräuchen, wo die abgewanderten Brüder die „Unwissenden" im Vergleich zu den Hirten sind, unter denen besonders die aus Bolivien „diejenigen sind, die wissen".

VI. Amtsträger und Beamte

In den Gemeinschaften der Kordilleren halten sich die Feste und Bräuche mit größter Kraft und Ursprünglichkeit. Gleichzeitig haben die religiösen und kulturellen Führer dieser Gemeinschaften mehr Ansehen und Autorität behalten als die der Vor-Kordilleren. Die Amtsträger der Aymara bekleiden ihr Amt für eine begrenzte Zeit von einem, zwei oder drei Jahren. Die Aufgaben sind mühsam und verlangen Opferbereitschaft. Sie werden als uneigennütziger Dienst an der Gemeinschaft betrachtet, obgleich diese ihre gute

Erfüllung zu schätzen weiß und sie mit gesellschaftlichem Ansehen entlohnt. Man ist das ganze Jahr über im Amt, aber dessen Ausübung gipfelt in den Patronatsfesten. Alle Amtsträger handeln gemeinsam mit ihren Ehefrauen. Amtsträger sind: die zwei Paare von *kurakas*, eines aus *arajsaya* und ein anderes aus *manqhasaya*, die vier Verwalterpaare, eins für jeden heiligen Schutzpatron, und die vier Ausrufer-, bzw. Standartenträger-Paare, die das Dorf zu den Patronatsfesten anleiten. Die Verwalter haben auch die kleine Farm ihres Heiligen in ihrer Obhut, aus deren Erzeugnissen sie die Kosten für seinen Kult decken. Auf dem Agrarsektor muß man diesen Amtsträgern noch den – oder die zwei – Wasserbürgermeister hinzufügen, die für die Unterhaltung des Bewässerungssystems und die im Winter stattfindenden Reinigungsfeste der Kanäle verantwortlich sind. Die Karnevalsfeste und Mai-Prozessionen, die bei den Bauern mit größerer Begeisterung gefeiert werden, müssen auch von einem Standartenträger-Paar angeführt werden. Ledige dürfen keine Amtspflichten übernehmen. Der Verwalter und der jeweilige Standartenträger müssen die Kosten für die Musikkapellen, für deren Verpflegung und deren Unterkunft während des Festes tragen. Diese Kapellen begleiten sie bei allen Festbesuchen und rituellen Sitzungen.

Beamte der Aymara mit Ansehen und moralischer Autorität sind: der Baumeister, der mit dem Wohl der Kirche und der Unterhaltung des Tempels betraut ist, der Kantor, der dort, wo es ihn gibt, den katholischen Gottesdienst bei Abwesenheit des Priesters leitet, der Küster, der als rechte Hand des Priesters oder des Kantors handelt oder einfach beide nötigenfalls vertritt, und der Glöckner (Der-den-Turm-Mallku-zum-Sprechen-bringt). Diese Beamten sind nur zu den katholischen Festen und ohne ihre Ehefrauen tätig. Sie können ledig, müssen Männer sein und bekleiden die Ämter nicht rotierend, sondern dauerhaft.

Abgesehen vom katholischen Glaubenskult, der „Religion" heißt, gibt es den einheimischen Anden-Kult mit seinen Riten, die „Bräuche" genannt werden. Dies sind grundsätzlich die Produktionsriten, die sogenannten Passage-Riten, die den Lebensverlauf (den ersten Haarschnitt, die Heirat und den Tod) begleiten und die Riten der Gesundheit (gleichermaßen für Personen, Vieh, Pflanzungen, das kleine Landgut und die Felder). Das Familienoberhaupt, der Viehhirte und der Landgutbesitzer sind die Hauptverantwortlichen für die Bräuche. Wenn ein problematischer Fall die Fähigkeiten oder Erfahrung übersteigt, ruft man als letzte Instanz den *yatiri*. Dieser Weise kann auf Verschiedenes spezialisiert sein: Das Koka-Lesen zum Zweck der Vorhersage, der Diagnose oder des Rats, die Kräuterheilkunde, die Geburtshilfe, die Knochenheilkunde. Andere sind Experten im Kult der Heiligen Erde und der Berge. Sie kennen die Riten der „Messe" oder des Opfertisches und die *huilancha*, also das Blutopfer. Der *yatiri* sieht die Heilung der Kranken, des Viehs und der „kranken" Landgüter nicht einfach als Gesundheitstechnik an, sondern als Behebung der geistigen oder ethischen Unordnung, die zum Übel oder zu einem Unfall geführt hat. Daher haben seine Gesundheitsrituale den Anspruch, das verlorene geistige Gleichgewicht ins Lot zu bringen. Ein Teil des Geheimnisses, das sich hinter der Wirkung verbirgt, liegt darin, daß die Rituale psychotherapeutische Funktion haben. Der *yatiri* ist auch außerhalb seiner Gemeinschaft tätig, wenn er um seine Dienste gebeten wird. Häufig arbeitet er auch in der Stadt unter Zugewanderten und Nicht-Aymara (VAN KESSEL, 1985-b).

Der *laki* wird oft mit dem Hexer verwechselt. Er ist ein *yatiri*, der auf die Heilung derjenigen Kranken spezialisiert ist, die Opfer eines von einem Feind verursachten Übels sind. Die Heilung dieser Kranken verlangt gefährliche Geheimtechniken, bei denen das Übel an den zurückgeht, der es verursacht hat, um so das Opfer zu befreien (RÖSING, 1990).

Das Familienoberhaupt bzw. der Besitzer eines kleinen Landgutes oder einer Viehherde kann und soll zu gegebener Zeit die regelmäßigen Kulte im familiären Rahmen durchführen, sei es den „Tribut an die Erde" oder das Blumenfest für das Vieh. Außerdem gehören dazu der Bau, die Einweihung oder die rituelle Reinigung eines Hauses bzw. eines Geheges, eine *huilancha* im familiären Rahmen, eine Räucherung oder ein Trankopfer.

Als Teil der Sozialstruktur der Aymara-Gemeinschaft insgesamt muß die Gruppe der in die Stadt Abgewanderten erwähnt werden. Viele Einzelgemeinschaften haben in den Städten wie Arica, Iquique, Calama und sogar in Santiago ein oder verschiedene organisierte „Zentren der Söhne der Gemeinschaft" mit einer in der Mitgliedervollversammlung gewählten Leitung. Diese Zentren sind ein

Stützpunkt für das Gemeinschaftsmitglied, das Besorgungen oder Formalitäten in der Stadt zu erledigen hat. Andererseits wirken sie finanziell, mit Material oder persönlichem Arbeitseinsatz an der Aufrechterhaltung und Entwicklung der Gemeinschaft mit. Sie organisieren zu den Patronatsfesten die Jahreswallfahrten in ihre Heimatdörfer und die Mitglieder werden mit Standartenträger-Aufgaben betraut. Gerade in diesen Zentren, die sich selbst als Avantgarde des Aymara-Volkes betrachten, läßt sich das oben erwähnte Phänomen der Wiederentdeckung ethnischer Herkunft beobachten, obgleich die kulturelle Verwestlichung ihrer Mitglieder weiter fortgeschritten sein mag, als das bei ihren Brüdern unter den Hirten und Landwirten der Fall ist (GONZÁLEZ, 1987).

VII. Die Wirtschaft

Trotz der vielfältigen wirtschaftlichen Aktivitäten, die strenggenommen nicht zum Agrarbereich gehören, ist die ökonomische Grundlage der Aymara immer die kleine Farm (in den Vor-Kordilleren) und das Vieh (in den Kordilleren) (CORFO, 1982; GUNDERMANN, 1986; R. GUERRERO, 1986). Die Wirtschaft der Aymara-Gemeinschaft zeichnet sich heute, wie in der präkolumbianischen Zeit durch die koordinierte maximale Ausnutzung der verschiedenen Einnahmequellen aus.

Das Kolonialsystem bremste und verbot den bis dahin gewohnten Zugriff auf die für Spanier und Kreolen so abgelegenen wie begehrten Einnahmequellen. Außerdem erschwerte das chilenische Regime die althergebrachten Beziehungen, die zwischen den Volksgruppen über die chilenisch-bolivianische Grenze hinweg bestanden, und brach sie schließlich ab. Trotzdem wußten die Andenbewohner – geleitet von ihrer besonderen Auffassung des Wirtschaftsraumes – ihr Gebiet wieder auf den neuesten Stand zu bringen, indem sie neue Formen ökonomischen Austauschs und sozialer Beziehungen entwickelten:
- Schmuggel von eingesalzenem Fisch, Dörrfleisch (charquecillo), und Salpetermist (guano blanco) in der Kolonialzeit; heutzutage Schmuggel mit einer Unzahl von Werkzeugen und Gebrauchsgegenständen;

– die Bezahlung in Naturalien oder mit Geld an Arbeiter, die auf ihrer Wanderschaft in den an der Küste gelegenen Gutshöfen Halt machen;
– Ankäufe und Dienstleistungen verschiedener Art über städtische und zugewanderte Verwandte;
– Handel, Gemeinde- und Familiendienste, die sich verbinden lassen mit der Berufstätigkeit bei Karawanen und Lastkraftwagen-Transporten.

So ist allerdings verständlich, daß der Wirtschaftsraum der chilenischen Aymara jetzt in Kreisen von oben nach unten in abnehmender Intensität folgendes umfaßt:
1. die chilenische Hochebene und die Kordilleren, sowie die hochgelegenen Täler der Primera Región de Tarapacá, also der Raum der Hirten unter den Aymara;
2. die angrenzenden Vor-Kordilleren, also der Raum der Aymara-Landwirte;
3. die niedriggelegenen Täler des äußersten Nordens und die urbanen sowie zu Minen gehörigen Ballungsräume des Norte Grande de Chile als Raum der städtischen Verwandten;
4. die angrenzende bolivianische Hochebene als Raum der Verwandten in Bolivien;
5. Santiago, La Paz, Tacna, Oruro und andere weit entfernte Ballungszentren sind schließlich der Raum der Abgewanderten.

Die Wirtschaft der Aymara gründet trotz der erfahrenen tiefgreifenden Veränderungen weiterhin auf ihrem Agrarbereich, einer Kombination aus der Bewirtschaftung von bewässerten Terrassen in Schluchten und subtropischen Oasen, sowie auf extensivem Weiden von Anden-Kamelen bzw. Lamas und in geringerem Anteil von Schafen auf Moorböden und des weiteren auf Ländereien der Hoch-Kordilleren mit natürlicher Bewässerung. Verlorengegangen sind die traditionellen Ressourcen der Küste mit Fischfang und -jagd, weißem Guano und Kalkablagerungen sowie die der Pampa des Tamarugal mit ihren unterirdischen Wasserläufen, ihrem Land, das für Farmen in Senken geeignet ist; verlorengegangen sind auch die Wälder für die Versorgung mit Brennholz und Viehfutter. Andererseits kamen städtische Einnahmequellen hinzu. Seit zwei Jahrzehnten erreicht der Tauschhandel als Verteilungssystem noch nicht einmal fünf Prozent bei der Agrarproduktion und 15 Prozent bei den

Erzeugnissen aus der Viehzucht. Jagd und Fischerei sind als Wirtschaftszweige der Aymara praktisch verschwunden. Die Jagd hat sich nur bei den Hirten in geringem Umfang gehalten, die dadurch ihre Nahrungsquellen gelegentlich mit dem Fleisch von Enten, Rebhühnern sowie mit eßbaren Eiern der größeren Federvieharten aufstocken. Auch der Transport auf Lamarücken, der bis in die Anfangsjahre der Salpeterzeit wirtschaftlich so bedeutend war, ist verschwunden. Damals beschäftigte das Unternehmen Hunderte von Aymara-Lamatreibern, denen es Tausende von Eseln übergab, um das Transportsystem zu „modernisieren" (VAN KESSEL, 1985-a). Gegenwärtig sind aymaraische Kraftfahrer bei Handels- und Minenunternehmen für den Personen- und Gütertransport sehr begehrt. Viele Aymara arbeiten vorübergehend in den Bergwerken der Region und andere bieten ihre Arbeitskraft in der Saison bei Bauarbeiten an Gebäuden und am Verkehrsnetz an, um finanzielle Einkünfte zu erzielen, damit sie sich die städtischen Gebrauchsartikel leisten können.

Als Reisende von Alters her pflegen die Aymara im allgemeinen auf ihren Fahrten manche Handelsware mitzunehmen, mit deren Verkaufserlös sie dann eine andere anschaffen. Viele Transporteure und ihre Beifahrer haben so ein beachtliches Nebeneinkommen aus Gelegenheitshandel und manchmal sogar aus Schmuggel. Ein alter Wirtschaftszweig der Hirten sind Textilien. Obgleich ein Großteil der von Anden-Kamelen bzw. Lamas stammenden Fasern heutzutage unbearbeitet verkauft wird, gibt es viele Hochanden-Gemeinschaften, in denen die Frauen als Hauptverantwortliche für die Tierhaltung den Faden spinnen, färben und die Kleidungsstücke nach althergebrachten Entwürfen und Techniken weben. Bei der Herstellung fließen aber auch neue, am Hausgebrauch und am Markt orientierte Elemente mit ein. Trotzdem geht die Handarbeit bei Geweben und Flechtwerk allmählich zurück, weil viele junge Aymara-Leute es für schicker und preisgünstiger halten, Kleidungsstücke und Schnüre und Bänder aus der städtischen Produktion zu verwenden.

Silberarbeiten und Keramik sind selten, obwohl diese Produkte besonders bei Festen und Ritualen noch im Gebrauch sind. Dieses Handwerk ist seit Mitte des Jahrhunderts am Verschwinden.

Die Aymara bauen ihre Behausungen, Terrassen, Viehställe und Bewässerungssysteme hinter dem Rücken der Geldwirtschaft mit

Naturressourcen vor Ort und unter Anwendung der alten Systeme, wo Arbeit als *ayni* (Viehhüten), *faenas* (harte Knochenarbeit) oder *minka* geleistet wird, je nachdem, ob es sich um Bauarbeiten für Privat- oder Gemeindenutzung handelt. Ein interessantes Beispiel dafür ist die Bewässerungswirtschaft in Chiapa (MARTÍNEZ, 1987). Bei den Weiden gibt es verschiedene Formen der Arbeitsorganisation: kollektive Formen, als *ayni* geleistete Arbeit, als Verpachtung oder Mischformen davon. Arbeiten, die mit der Aufrechterhaltung der Infrastruktur zu tun haben, wie die Kanalreinigung, pflegen gemeinschaftlich gemacht zu werden. Alte Kennzeichen der Aymara-Wirtschaft sind die Verantwortung im Umgang mit den Naturressourcen und die Rücksicht bei der Ausbeutung und kollektiven Nutzung, besonders was Weiden, Gewässer, Stroh, Holz und Brennholz, Töpferei und Steinmetzarbeiten betrifft.

Von den Hirtengemeinschaften wird minimaler Anbau des Chinarindenbaums für den Hausgebrauch betrieben (LANINO, 1977–a; 1977–b) und neuerdings auch Knoblauch für den Markt angebaut. Andere Kulturpflanzen, die bis vor wenigen Jahrzehnten noch eine Rolle spielten, einschließlich der Kartoffel, sind im Begriff, aus den Anpflanzungen der Gemeinschaften in dem Maße zu verschwinden, wie der Zugang zum städtischen Markt erleichtert wird. Auf den bewässerten Terrassen der bäuerlichen Gemeinschaften werden außer Viehfutter angebaut: Mais, Tomaten, Knoblauch, Oregano, Weizen, Gerste, Mohrrüben, Zwiebeln und andere Gemüse. Die Obstproduktion in den tiefgelegenen Tälern von Poroma und Parca, darunter Birnen, Quitten, Kaktusfeigen und Granatäpfel, war vor allem für den Tauschhandel mit der Hochebene bestimmt, bis die Büros der Salpeter-Unternehmen anfingen, sich ihrer zu bemächtigen. Seither bekommen die Hirten ihre Früchte auch nur noch gegen Geldzahlung. Kaufleute erwerben Knoblauch und Oregano für den Export. Viele Bauern sind abgewandert und haben ihre kleinen Farmen an Hirten der Hoch-Kordilleren verpachtet, die sich so mit Nahrungsmitteln versorgen, die sie vorher über den traditionellen Tauschhandel zwischen den *ayllus* der Hirten und denen der Bauern bezogen. Das in den bäuerlichen Gemeinschaften produzierte Gemüse ist vornehmlich für den städtischen Markt der Region bestimmt, wo die in die Ballungsräume abgewanderten Verwandten nicht nur den Transport, sondern auch den Einzelhandel übernehmen.

VIII. Die Technologie

Die Technologie, auf die sich diese Wirtschaft stützt, ist in vielerlei Hinsicht für die Anden urwüchsig, obgleich der Verlust der alten Methoden in der Landwirtschaft seit der Salpeterzeit offenkundig ist. Die Viehzucht mit ihrer Veterinärskunst und dem Umgang mit den Naturweiden entwickelt sich grundsätzlich unter Zuhilfenahme der herkömmlichen Technologie. Die Humanmedizin, die Diätetik und die Anwendung der Heilgetränke aus der Region sind bei den Bauern weiterhin die Grundlage der für die Anden typischen Verfahrensweisen. Bei der Kenntnis der geeigneten Ressourcen vor Ort in deren verschiedenen Anwendungen für Bauten, die den Anforderungen von Umwelt und Klima gewachsen sein müssen, bietet die für die Anden typische Technologie der Aymara mehr Vorteile als die modernen Verfahren, weshalb man auch die urtümlichen Anden-Technologien weiterhin verwendet. Der Einsatz von Stein, Wolle und Leder ist beispielhaft für diese Technologie.

Die Verwendung von Stein, selbst außerhalb der Baukunst, ist höchst abwechslungsreich. Er wird für Mörser und Wasser- oder Handmühlen verschiedener Größen mit unterschiedlichen Verwendungszwecken benutzt. Für die Hirten ist er das übliche Steinschleudergeschoß. In der Landwirtschaft halten sich bestimmte Steinwerkzeuge für den Anbau und für das Jäten von mit Trockengestrüpp bedeckten Gebieten. Die *kalapurka* ist eine Suppe, die von innen gekocht wird, indem man einen Brocken Vulkangestein hineinwirft, der im Topf aufgeheizt wird, bis er glüht. Mit einem geschliffenen Stein schneidet und kratzt man gelegentlich Leder, Fasern und Fleisch ab. Der *puytuku* ist der sogenannte Anden-Kühlschrank aus Steinen, der Fleisch, Käse und Milch ausgezeichnet gegen Verderben schützt und sie so frisch hält. In der Landwirtschaft der hohen Lagen, wo der Nachtfrost Probleme mit sich bringt, bietet der Stein besondere Vorteile, da er die Sonnenwärme tagsüber speichert und so die Pflanzungen nachts schützt. Seine Verwendungsmöglichkeiten im Haushalt sind vielfältig und sehr praktisch. Steine braucht man auch für die überlieferten Spiele, wie z.B. *la palama*, die während der kultischen Feierlichkeiten um Trauertage stattfinden. Viele Mythen sind Ausdruck der für die Anden typischen Auffassung, daß der Stein ein Lebewesen ist, und die gleiche respektvolle Behandlung wie Pflanzen und Tiere verdient (ALVAREZ, 1987; GALDAMES, 1987).

Die Verwendung der Schafwolle und die Anden-Kamelhaarfaser für Haushaltszwecke ist beinahe so vielfältig wie die des Steins. Gegerbte Felle dienen als Sitze und Matratzen. Auch Luxusfertigungen wie Bettbezüge und Bettvorleger, die den Touristen zum Kauf angeboten werden, stellt man aus Leder her. Mit der einfachen Wolle und der von schlechter Qualität werden Kissen, Matratzen und Puppen ausgestopft. Versponnene Wolle, ob von Hand, mit Spindel oder mit einer Krempelmaschine, sei es mit Spinnrocken oder mit wasserbetriebenem Spinnrad, wird in Flechtwerk und Gewebe verwendet. Dieses Flechtwerk sind Steinschleudern, Schnüre und Schlingen (Lassos usw.), Werkzeuge also, die besonders bei Viehhirten gebräuchlich sind. Die beiden letzteren finden besonders beim Weidegang Anwendung. Bei vielen Ritualen, die als „symbolische Techniken" gelten, kommen verschiedene Roh-Wollarten je nach Ursprung und Natur- oder Färbeton zum Einsatz, wie auch Fäden (seien sie nun in S- oder Z-Form versponnen) oder sogenannte *caitos*, die aus zwei Fäden bestehen. Wir erwähnen hier auch verschiedene Arten von Zierstücken aus Wolle, für den Blütenzauber und das Blutopfer. In vielen Schattierungen wird je nach Gewebe und Bestimmungszweck fein-grober und mehr oder weniger gedrehter Faden gesponnen. Am häufigsten werden Stoffe für Decken, Ponchos und *chuses* (auf dem horizontalen Andenwebstuhl) hergestellt, aber auch Flanell und Kammgarn (auf einem zwei- oder vierpedaligen Webstuhl, der für die Anden entwickelt wurde und dessen Vorläufer aus der spanischen Kolonialzeit stammt). Erwähnt seien weiterhin Kleidungsstücke wie *aksu*, *anaku*, Schärpe, *llijlla* und Poncho sowie Zierstücke für rituelle Zwecke, als da seien *chuspa* und *incuña*. Schließlich fallen darunter auch Beutel, Taschen und Säcke für die Lagerung von Saatgut oder Lebensmitteln. All diese Stücke werden auf unterschiedlichen Modellen des Anden-Webstuhls hergestellt. Fischerei- und Jagdnetze werden, wenn auch nur ausnahmsweise, von Hand gewebt. Es gibt zwei Teppicharten. Die ältere wird nach der Kelim-Technik hergestellt, die modernere nach der Noppentechnik (durch Knoten).

Die Verwendung des Leders bei den Hirten ist abwechslungs- und einfallsreich: in Matratzen, Bezügen für Türen und Bänke, in

Werkzeug und Gegenständen zum Selbstschutz, in Flechtwerk wie Tauen bei Bauarbeiten, Säcken, Satteltaschen und Sandalen.

Die von den Aymara praktizierten Methoden sind mehr als ein Komplex von Wissen, Fertigkeiten und vereinzelten Techniken. Es handelt sich um ein echtes technologisches System und es ist deshalb verschieden vom westlichen, chinesischen oder von anderen Systemen. Dieses System hat allmählich seit den Anfängen der Tiahuanaku-Kultur mit der Zähmung von Anden-Kamelen bzw. Lamas und der Kultivierung von Nährpflanzen Gestalt angenommen und sich entwickelt. Seine Grundlage ist eine eigene Sicht der natürlichen Umgebung und ihrer Ressourcen, um bestimmte wirtschaftliche Ziele zu erreichen, sowie nicht-materielle Werte und dem Andenmenschen eigene technische und ethische Prinzipien zu verwirklichen. Insgesamt gaben sie dem technologischen System die Definition und bestimmten seine Entwicklung. Auch wenn später viele Techniken des Westens übernommen wurden und wenn es durch jahrelange wirtschaftliche und kulturelle Unterdrückung zersetzt wurde, bleibt es als solches ein System sui generis, das besonders an seiner symbolischen Dimension erkennbar ist. Tatsächlich verfügt die Aymara-Technologie über eine symbolische Dimension, die in der wissenschaftlichen Technologie des Westens außer Acht gelassen wird, nämlich die symbolische Seite oder Ebene, die im Bewußtsein der Aymara eine unverzichtbare Ergänzung der empirisch-experimentellen darstellt. Beide Dimensionen sind gleichermaßen notwendig, um mit größter Sicherheit ein optimales Arbeitsergebnis zu erreichen. Daher entwickeln die Aymara bei allen technisch-wirtschaftlichen Aktivitäten ein Produktionsritual, das einmal kaum wahrnehmbar, einmal komplex und feierlich sein mag (VAN KESSEL, 1990–b).

Die Funktionalität des Produktionsrituals erklärt sich aus der hohen Sensibilität der Aymara für die nicht-materiellen Werte des Daseins. Ohne jemals die wirtschaftlichen Werte zu unterschätzen, verstehen sie es, trotz der schwierigen ökonomischen Bedingungen Prioritäten in der Werte-Hierarchie zu setzen. Sie sind besonders sensibel gegenüber den Werten, die das Geheimnis des Lebens, des menschlichen Wesens und der Natur sowie das von Gut und Böse, Leiden und Glück betreffen. Außerdem haben sie eine ausgeprägte Wahrnehmung für das Mysterium der Beziehungen, die zwischen dem eigenen Dasein und der natürlichen Umgebung bestehen.

Gerade diese Sensibilität und die Wertung des Geheimnisses des Daseins haben ihr Produktionsritual geschaffen (VAN KESSEL & CONDORI, 1992).

IX. Die traditionelle Kleidung

Nur die Aymara der Hoch-Kordilleren verwenden die traditionelle Kleidung, besonders häufig bei Festen, aber immer weniger bei gewöhnlichen Alltagsaktivitäten. Unter den Aymara der Vor-Kordilleren und den Abgewanderten gehören diese Kleidungsstücke schon zur Folklore und Nostalgie.

Die Garderobe der Frau besteht aus einem schwarzen oder dunklen *aksu* mit einem schmalen bunten Saum. In der Taille wird er mit einer farbenfrohen, reich dekorierten Schärpe zusammengebunden, die ein gewebtes Kunstwerk ist. An der Brust, auf Schulterhöhe, schließen zwei handgearbeitete Silberbroschen, genannt *tupus*, das Kleidungsstück. Das breite Brustteil des *aksu* bietet Raum für die Aufbewahrung von Wertobjekten oder privaten Gegenständen. Ein viellagiger Kragen, der mit weißen oder lachsfarbenen Kunstperlen, den *wallka*, besetzt ist, ziert Hals und Brust. Handgearbeitete Ohrringe aus Silber sind der Ohrschmuck. Das Haar wird zu zwei großen Zöpfen gebunden, die an den Enden von einem schwarzen Wollgeflecht mit Perlen gehalten werden, die *tulpa*. Die *wallka* verwendet man gleichzeitig, um schädliche Kräfte abzuhalten oder sich vor ihnen zu schützen. Kopf und Rücken sind bis zur Taille von einem Umhang bedeckt, der am unteren Saum mit einem bunten Streifen abschließt. All diese Kleidungsstücke werden zu Hause gewebt und zeigen die Kunst und Geschicklichkeit der Trägerin. Sie sind auch der Stolz des Ehemannes. An den Mustern erkennt man sofort den Heimatort der Frau. Die *llijlla* ist ein quadratisches Gewebe, in dem die Frauen ihr Baby und ihr persönliches Gepäck während Fußmärschen, aber auch bei der Haus- und Landarbeit auf dem Rücken tragen. Die naturfarbene Wolle, aus der die *llijlla* ist, hat ein Muster aus parallelen, gefärbten Streifen, die auch den Ursprungsort der Frau zu erkennen geben. Die Symbolik und Ästhetik der Aymara-Textilien kommt in den Schärpen, *llijllas*, und Beuteln der Gegend am stärksten zum Ausdruck (CERECEDA, 1978; MEDVINSKY, 1977).

Die Männer tragen dunkle Hosen aus grobem Flanell, die mit einer breiten Schärpe zusammengebunden sind. Diese stützt gleichzeitig die Taille und dient als Aufbewahrungsort für kleine Wertgegenstände und Geld. Der Kopf ist mit *chullo* und Hut doppelt bedeckt. Der Poncho ist einfarbig im Naturton der Wolle, sei er grau, kaffeebraun oder lamafarben und mit einigen wenigen vertikalen gefärbten Längsstreifen geschmückt. Auf der Brust hängt die *chuspa* oder der Kokabeutel aus einem feinen zartgemusterten Gewebe. Ein Schal aus Lammwolle hält den Hals warm. Unterwegs oder auf dem Land pflegen die Männer ein *kepe* bei sich zu tragen, das mit der *llijlla* der Frauen vergleichbar ist, und worin auch persönliches Gepäck mitgenommen werden kann. Die Hirten tragen Lasso und Schleuder über der Brust gekreuzt, wenn sie aufs Land gehen oder an den rituellen Bräuchen des Weidegangs teilnehmen. Beide sind Flechtwerk aus Wolle verschiedener Naturfarbtöne: schwarz, weiß, grau und kaffeebraun. Besonders die Schleudern sind Stücke von rituellem Wert. Sie drücken die Eleganz, die Feinheit und die Symbolik der Aymara-Andentextilkunst aus. Die Muster sind so alt wie abwechslungsreich und raffiniert. Bis heute wird beinahe die Gesamtheit der von D'HARCOURT (1962) verzeichneten Typen verwendet.

Wenn ein Mann einen würdevollen Auftrag ausführt, trägt er einen lamafarbenen Schal, der nach Möglichkeit aus echter Vikunjawolle besteht, die sehr selten und wertvoll ist. Der Feldherrnstab, genannt *Santo Rey*, ist ein weiteres Zeichen der Obergewalt. Männer und Frauen tragen Sandalen. Strümpfe sind kein Bestandteil der traditionellen Kleidung. Trotzdem haben viele Hirten in den Wintermonaten wollene Strickstrümpfe ohne Fuß- oder Knieteil an, um sich gegen den beißenden Wind und die große Kälte zu schützen, die dort herrschen.

X. Die Wohnungen

Uta, das Wohnhaus besteht aus verschiedenen Zimmern, die alle als selbständige Einheiten gebaut wurden: Küche, Schlafzimmer und Speisekammer. Die einfachste Form des Hauses ist ein einziges rechteckiges Zimmer mit einem Satteldach. Die Tür befindet sich in der Mitte der langen Seite und schaut nach Osten, um am Morgen die ersten Sonnenstrahlen zu empfangen. Das Haus ist wegen der Kälte nicht mit Fenstern versehen. Die Bauten sind aus Luftziegln auf einem Steinfundament, wobei kein anderes Bindemittel als mit Tau gemischter Lehm verwendet wird. Die Balken, die das Dach tragen, sind aus Kenjua-Holz, das vom typischen Kordilleren-Baum stammt. Das Holz ist so hart, daß man es nicht nageln kann, so daß die Balken mit eingeweichten Lederstreifen zusammengebunden werden, die beim Trocknen eingehen und die Stücke an ihrem Platz fixieren. Auf die Balken werden Platten aus Lehm und Stroh gelegt, dann folgt eine Schicht aus minderwertigem Stroh und schließlich die obere Schicht aus mit Lehm gemischtem wildem Stroh, mit der das Dach Regen- und Schneefällen, Winden und Frost standhält und gleichzeitig gegen die erbarmungslose Kordilleren-Sonne Schutz und Erfrischung bietet. Wo die Lagen wilden Strohs zusammenlaufen, und zwar in der Mitte des obersten Balkens, befindet sich ein Lehmhügel mit einem Holzkreuz obendrauf, der das Dach versiegelt. Der Wind kann so das Stroh nicht ablösen, weil ihm der Zutritt versperrt ist. Das Kreuz schützt gegen alles Übel wie ein symbolischer Blitzableiter. Zwei Wollblumen, die „Ohrringe" heißen, schmücken das Innere des Dachs, eine auf der Höhe der Tür und die andere auf der gegenüberliegenden Seite. Das ist so, weil das Haus als Person betrachtet wird: Die Herrin Haus bekommt Räucherweihungen, Trankopfer und sie wird geschmückt, um die Achtung und Liebe der Bewohner auszudrücken. Das Haus schützt, zieht groß, gibt dem Leben den Ursprung und ist wie eine Mutter, wie ein Teil der Mutter Erde und die Gebärmutter des neuen Lebens. Das vorherrschende Baumaterial ist Erde, will sagen, Teil der *pachamama*.

An der Ostmauer befindet sich außen eine Steinbank aus Luftziegeln, auf der man windgeschützt sitzen kann, da die Winde aus dem Westen zu wehen pflegen. Die Außenmauern können mit Lehmstuck versehen sein.

Das Innere ist einfach. Der Boden ist aus festgestampfter Erde. Eine Kochfeuerstelle befindet sich auf dem Boden, etwas außerhalb der Mitte. Die einfachsten Behausungen haben keinen Kamin, so daß sich das Haus mit Rauch und Ruß füllt. An den kurzen Mauern stehen die Betten, die breite Bänke aus Luft-Backsteinen sind. Sie können hohl sein und den Meerschweinchen Schutz bieten, die dort leben und sich von den Küchenabfällen ernähren. Die Betten sind mit Leder und Wolle folgendermaßen bedeckt: eine Matratze, dann Decken und Ponchos, um sich in der Nacht zuzudecken. Die Kopfteile mit Kissen bestehen aus Taschen, die mit Abfällen aus Wolle gefüllt sind. Diese Kissen befinden sich an beiden Bettenden; dazwischen haben mindestens vier bis sechs Kinder Platz. Das zweite Bett, das sich auf der anderen Seite des Zimmers befindet, belegen die Eltern, gegebenenfalls mit dem Baby auf der Brust. Mit Ponchos oder Leder bedeckte Steinbänke stehen auch im Innern des Zimmers und zwar parallel an den langen Wänden. Das Geschirr und das traditionelle Arbeitsgerät besteht aus einigen großen Wasserkrügen, Töpfen verschiedener Größe und tiefen Tellern, die alle aus Ton sind, sowie Messern, Schöpfkellen und Eßlöffeln. Eine große Menge Kleidungsstücke, wie Ponchos und Flechtwerk, sind an Wollschnüren über den Betten an den kurzen Wänden aufgehängt. Einige Eßwaren hängen, in Wollbeuteln aufbewahrt, an Nägeln an der Wand. Man mag eine Kerze oder kleine Wertgegenstände in irgendeiner Wandnische wahrnehmen. Ein Kuppelofen zum Brotbacken oder zum Braten von Fleisch während der Festtage kann sich im äußeren Hof befinden, wo auch das Küchenbrennholz aufbewahrt wird.

Das oben beschriebene einfachste Haus wird oft durch zwei an das erste Zimmer der Reihe nach angebaute Räume erweitert. Dabei handelt es sich um Speisekammer und Küche, wo man ißt und sich in Augenblicken der Ruhe in der Abenddämmerung unterhält. Das dritte Zimmer wird dann als Schlafzimmer reserviert, obwohl die Betten in der Küche auch weiterhin in Benutzung bleiben. Wenn sich die Familie vergrößert und die Söhne Familien gründen, die in der ersten Zeit das Haus mitbewohnen, kann ein zweites oder drittes Schlafzimmer hinzukommen. Allerdings geschieht das nun in L- oder U-Form, so daß ein halboffener Hof entsteht, der gegen Wind geschützt und von der Morgensonne aufgewärmt wird. Durch eine Mauer mit einer Eingangstür ist es möglich, diesen Hof derart zu schließen, daß er für die Unterbringung von Kleintieren während der Nacht besser geeignet ist und mehr Abgeschiedenheit bietet.

Die Speisekammer hat keine Fenster, aber die Schlafzimmer können welche haben, obwohl man sie gewöhnlich mit Brettern geschlossen hält. Der Grund dafür ist, daß man ein Schlafzimmer auf diese Art für Besuch zu den Festtagen in ein Eßzimmer verwandeln kann.

Folgende moderne Elemente beginnen aufzutauchen: Zinkdächer, obwohl sie nicht gut schützen, Feldbetten sowie Kochherde aus Lehm mit Eisenbackblech und einem Kamin. Die Tongefäße werden nach und nach durch Blechbüchsen für Wasservorräte, Aluminiumtöpfe und Steingutteller ersetzt. Holzkisten und Kartons zur Aufbewahrung von Kleidung und anderem Zubehör werden im Hausinnern zusätzlich verwendet.

Das *kamana* unterscheidet sich durch seine geräumigeren Abmessungen. Das *paskana* pflegt aus einem einzigen Raum zu bestehen. Dagegen hat die *uta* meist mehrere Räume. In dem Gebiet, das sich von Isluga bis Lirima erstreckt, befinden sich noch Rundhäuschen, die im allgemeinen unbewohnt sind und Zeugnisse der in der Vergangenheit dort stärker vertretenen Chipayas sind.

XI. Die Musik

Musik und Tanz sind nicht einfach Unterhaltung, sondern wesentlicher Bestandteil des Rituals und der religiösen Feste. Bei den Patronatsfesten finden wir vielfältige Musikzusammenstellungen unterschiedlicher Art vertreten. Die älteste und angesehenste von ihnen besteht aus *lichiguayos* – 60 bis 70 cm langen Flöten. Die Musiker spielen ihre schlichte pentatonische Musik, während sie in zwei Reihen oder im Kreis tanzen. Jeder von ihnen spielt dabei gleichzeitig *lichiguayo* und Handtrommel. Bei diesen Festen werden sodann die *lakitas* hochgeschätzt, und sie spielen in Paaren aus *ira* und *arka* wohlabgestimmte Hirtenflötentänze. Mit Paukenschlägen begleitet wird das musikalische Schauspiel in doppelter Reihe dargeboten. Bei diesen Patronatsfesten gibt es dann schließlich noch eine Kapelle für Blechmusik.

Beim Blumenfest und bei der *quillpa*, der zeremoniellen Viehbrandmarkung, erklingt nur die Mandoline bzw. Pandora. Dabei handelt es sich um ein sechzehnsaitiges Instrument, eine Art Gitarre, hergestellt am jeweiligen Ort seines Gebrauchs. Die Pandora begleitet die Lobgesänge auf Vieh und Hirten sowie die Tänze, die im Viehgehege und im Hof des Hirten ausgeführt werden, wobei Getrampel der Anden-Kamel-, d.h. Lamaherde nachgeahmt wird.

Zum Karneval ist der *pinguillo* oder die *kena* zu hören, die den Tanz und die dazugehörigen Gesänge begleitet. Auch eine Gruppe von *tarka*-Spielern, die *tarqueada*, kann auftreten. Sie tanzt dann zu ihrer eigenen Musik. Jedoch sind andere als die zuletzt genannten Musikinstrumente bei den Karnevalsfesten nicht zu hören. Die Blumen- und Karnevalstänze werden von Gruppen ausgeführt, die sich im Kreis bewegen. Die Männer müssen ausnahmslos irgendein Instrument spielen können, sei es auch nur die große Trommel. Die Frauen spielen nicht, sondern singen und tanzen.

Alle Musikinstrumente, außer der Blechmusik, werden vor Ort verfertigt. Sehr gefragt und gut bezahlt außerhalb der genannten Patronatsfeste sind die Blechmusiker, und sie treten bei den Festen der Heiligtümer von La Tirana, Las Peñas und Ayquina auf, wo ihrer Hunderte bei den großen Pilgerfahrten anzutreffen sind. Mit ihrer Musik begleiten sie die religiösen Tänze, die von den dort zusammenkommenden Mestizen aus der Stadt aufgeführt werden.

XII. Die Produktionsrituale

Die Produktionsrituale sind so untrennbar mit der Aymara-Technologie verbunden, daß sie geradezu als deren Überlieferung in Form von Symbolen erscheinen. Diese Rituale haben eine vielfältige wirtschaftliche und kulturelle Funktion, aber sie garantieren vor allem den gemeinschaftlichen Charakter der Technologie und Wirtschaft. Sie sichern aber zudem auch die verantwortliche Teilnahme jedes Gemeinschaftsmitglieds am Produktionsprozeß und fügen dem System der kulturellen, ethischen und religiösen Werte wirtschaftliche Werte hinzu, die ihm untergeordnet werden. Alle wirtschaftlichen Aktivitäten werden von einem Herstellungsritual *(ritual productivo)* begleitet, auch wenn es nur der Bau eines Hauses, eines Viehgeheges, einer Terrasse, einer Kanaleröffnung, ein Reisebeginn, ein Tag auf dem kleinen Landgut zur Aussaat, zur Aufhäufelung, zur Unkrautjätung oder zur Bewässerung sei. Die großen Zeremonien, mit denen man um ein günstiges Jahr in Ackerbau und Viehzucht bittet und für ein produktives dankt, sind: der Jahresanfang, der Karneval, die Maiumzüge, das Fest der Kanalreinigung, der „Anruf des Regens", die Viehbrandmarkung und das Blumenfest.

Das landwirtschaftliche Jahr (1. August) kann mit der Opferung eines grauen Lamas beginnen. Das ist die Farbe des ungefrorenen Regens. Die Zeremonie schließt aber wenigstens einen Tisch mit Opfergaben für die *pachamama* und die Berge ein. In einem besonderen Ritual erinnert man sich an die verstorbenen Ahnen, ihre Ratschläge und Arbeitsweisen. Den Vorsitz bei der Zeremonie führen der *inca* und die *coya* – zwei Steinfiguren, die Kleidungsstücke mit Rangabzeichen anhaben und auch ihren Teller mit Essen, ihre Koka und ihre Trinksprüche erhalten. Mittels Interpretation meteorologischer Hinweise (aus mehreren Jahrzehnten) und des Koka-Lesens versucht man das Klima des kommenden Jahres mittel- und langfristig vorherzusagen: mit gutem Regen oder Frösten und Hagel, trocken oder mit launischen Regenfällen, die Schaden anrichten, mit für ihre Zeit zu frühen oder verspäteten Regenfällen. Tanzend und singend wird auch ein lebendiges Bild der erhofften Ernte entworfen. Es ist, als ob in symbolischen Formen der ersehnte Segen vorweggenommen würde, um ihm so zur Verwirklichung zu verhelfen und ihn zu garantieren.

Die Karnevalsfeste leiten die Erntezeit ein. Sie sind eine frohe Dankesfeier und gleichzeitig eine erste bilanzierende Hochrechnung in ritualisierter Form. Die Bauern danken der *pachamama* für die Rekordfrüchte unter Kartoffeln und Maiskolben, die sie mit Stolz ausstellen. Es ist ein Freudenfest, das von einer allegorischen Figur angeführt wird, nämlich dem „Karnevalonkel", der auf einem Esel ins Dorf kommt und sich am Ende der Feier zurückzieht. Es gibt improvisierte Gesänge mit Rundtänzen und voller Anspielungen.

Die Maiprozessionen werden vom 3. Mai an gefeiert und sind ein Dankesfest für das bereits Geerntete. Die Schutzkreuze befinden sich während des Jahres auf den Bergen. Sie sind die Nachfolger der *mallkus* – die Schutzgeister der Berge – und werden in einer Prozession heruntergeholt, frisch in grün angemalt, d.h. in der Farbe des Lebens und der Vegetation, wieder mit einem neuen Umhang wie Menschen angezogen und mit Blumen und Früchten geschmückt. So führen die Kreuze, die laut Überlieferung die *mallkus* sind, während einer Woche den Vorsitz über die Ehrerbietungen und das große Fest des achten Tages, an dem sie mit Musik an ihren Platz auf dem Berg zurückbegleitet werden. Im *pachallampe*, einer anderen Variante der Ernteezeremonie, wird das landwirtschaftliche Jahr rituell bilanziert. Genau wie andere Produktionsriten, die als bodenständig angesehen werden, hat das *pachallampe* rituelle Elemente des Westens aufgenommen (ALVAREZ, 1987).

Die Reinigungszeremonien der Kanäle finden während der Winterruhepause statt, und zwar etwa zur Zeit des Fests des Hl. Jakobus (25. Juli). Es handelt sich um einen Kult, der an das lebensspendende Wasser gerichtet ist und an die Mutter Erde. Dieser Kult vollzieht sich als Reinigungsarbeit, und diese wird von zwei Volksgruppen ausgeführt, den *arajsaya* und *manqhasaya*, wobei zwischen der Reinigungsarbeit als solcher und dem damit verbundenen Ritual ein so enger Zusammenhang besteht, daß das Reinigungsritual die Sozialstruktur der Gemeinschaft in ihrer Gesamtheit sowohl widerspiegelt als auch verstärkt (LAGOSEA, 1988).

Wenn im November oder in den ersten Januartagen der Regen ausbleibt, werden manchmal groß angelegte Zeremonien organisiert und veranstaltet, bei denen inständiges Bitten und Fasten eine besondere Rolle spielen. Bei diesen Zeremonien kommt in symbolischer Form auch die Hoffnung auf Windwechsel zum Ausdruck, und es wird dabei die Absicht erkennbar, das im Ungleichgewicht befindliche Klima wieder gerade zu richten.

Auf seiten der Hirten steht das große Herstellungsritual in Verbindung zu den *quillpa* (der Viehbrandmarkung) und des Blumenfests. Dabei werden die zur Herde gehörigen Tiere mit bunten Wollblumen geschmückt. Bei diesem Fruchtbarkeitsfest werden die Deckhengste symbolisch verheiratet. Das Fest wird von einem Blutopfer an die *pachamama* begleitet: das Blut ist für sie, für „die Orte", also die weidenreichsten Teile und für die durch die *mallkus* personifizierten Berge. Man ißt das Fleisch bei einem rituellen Festmahl und verbrennt die Knochen als Opfergaben oder vergräbt sie rituell in der Hoffnung, daß sie die Geburt des Neuen bewirken, wie der Same, den man in die Erde setzt. Dem Ehrentisch steht symbolisch ein einbalsamierter Puma oder Bergkater vor, der den Titel des *awatiri* – des Herdenhirten – mit allem Zubehör trägt. Ihm werden die entsprechenden Würdigungen zuteil. Im übrigen sind es die Viehbesitzer, von denen die religiösen und sozialen Zeremonien des Festes geleitet werden, das „zu Ehren der Herde" und „zu ihrem Wohlergehen" abgehalten wird. Ein Teil dieses Fests, und zwar ist dies der 24. Dezember zur Mitternacht, besteht in der Anfertigung von Anden-

Kamelen, d.h. Lamas aus Ton. Man hofft, daß im kommenden Jahr die Tiere mit den gleichen Merkmalen und in derselben Fülle bzw. Menge geboren werden, die in diesen Votivdarstellungen ausgedrückt sind. Nach Trankopfern, heiteren Beschwörungsformeln und acht Tage langer Verehrung bewahrt man sie sorgfältig im Haus des Hirten oder im Tempel auf. Die Zeremonie am Heiligabend heißt „Geburt machen".

Die Patronatsfeste, die Kar- und Osterwoche und Allerseelen (1. und 2. November) werden mit vielfältigen Zeremonien, Gesuchen und Segnungen der Saat, Räucherungen, Opfergaben und *challas* für das Gedeihen der Ländereien, des Viehbestands und der Farm durchgeführt (VAN KESSEL, 1992-b).

XIII. Phasenspezifische Rituale (Passage-Riten)

Die Aymara würden ihre Agrartechnologie als „Wissen, wie man das Leben schafft" definieren. Ein wesentlicher Bestandteil dieses Wissens bezieht sich auf das Produktionsritual, das für sie die traditionellen empirischen Techniken begleitet. Das menschliche Leben selbst, das in der Intimsphäre des Hauses – der *Gebärmutter der pachamama* – erzeugt wird, verlangt ebensoviel oder gar mehr Sorgfalt und Wissen. In kritischen Zeiten, wie Schwangerschaft, Geburt, Entwöhnung und erstem Haarschnitt, Heirat, Krankheit und Ableben verfügen die Aymara über alte religiöse Bräuche und empirisch erprobte Techniken aus dem Hausgebrauch, die psychologische, wirtschaftliche und soziale Hilfe einschließen, und auch Diätetiken, echte und symbolische Homöopathie, Gebete, Amulette, Räucherungen und Opfergaben an die Orts- und Haus-Gottheiten.

Bei einer Geburt sind üblicherweise der Geburtshelfer oder die Hebamme und die Mutter der Gebärenden anwesend. Traditionellerweise wird das Kind in Hockstellung auf dem Boden geboren, denn die Erde ist die universelle Mutter, die als erste das neugeborene Wesen empfängt. Die Plazenta wird mit Asche an einem vom Haus abgelegenen Ort vergraben und die abgeschnittene Nabelschnur wird als ein wertvolles „Heilmittel" und „Geheimnis" aufbewahrt. Der Geburtshelfer „wirft das Wasser" auf das (noch leblose) neugeborene Wesen. Dieser vorkoloniale Brauch wurde als Nottaufe uminterpretiert. Der erste Haarschnitt findet nach der Entwöhnung statt, wenn das Kind ein Jahr ist oder etwas darüber. Es bekommt dann seinen ersten Paten. Für die katholische Taufe, bei der andere angesehene Personen Paten stehen, sind gewöhnlich Patronatsfeste eine passende Gelegenheit. Die Taufe hat eher öffentlichen Charakter, und bei den Paten handelt es sich nach Möglichkeit um ein Ehepaar aus einer anderen Gemeinschaft, wodurch die Paten allmählich ein ständig wachsendes Netz sozialer Beziehungen knüpfen.

Die Heirat wird in Etappen vollzogen und beginnt auf einem Patronatsfest oder im Karneval mit Schmeicheleien und Flirt. Es ist häufig der Fall, daß die Braut, wenn sie schwanger wird, in das Haus ihrer Schwiegereltern zieht, vorausgesetzt, es besteht ein Einvernehmen zwischen diesen und den Brauteltern. Ein Schritt bei der Heimgründung ist auch die Eintragung des geborenen Kindes beim Standesamt und dann, obwohl das Jahre später sein kann, die standesamtliche Trauung. Wenn das neue Heim mit der Geburt des ersten oder auch des zweiten Kindes komplett ist, helfen beide Familien beim Bau eines eigenen Hauses nahe dem Elternhaus des Bräutigams. Die Einweihung des neuen Hauses ist ein rituelles Fest, das nahezu die Bedeutung der Hochzeit und der feierlichen Weihung insbesondere des Ehepaares hat. Alle am Hausbau Beteiligten – Männer, Frauen und Kinder – nehmen am Fest teil. Die Braut verläßt ihre eigene Gemeinschaft und wird Teil derjenigen des Bräutigams. Von der Sitte ist geboten, daß das Paar durch die Kirche getraut worden ist, bevor es zum ersten Mal das Standartenträger-Amt bei Festen übernimmt. Dieser abschließende Höhepunkt bei der Heimgründung kann nach fünf bis zehn Jahren erfolgen.

Im Fall einer ernsten Krankheit nimmt man die Dienste des *yatiri*, des Heilers, in Anspruch, der daraufhin beginnt, das Übel in einer einfachen religiösen Zeremonie zu diagnostizieren und seine Ursache zu bestimmen. Dazu benutzt er Koka und Alkohol. Das Koka-Lesen und das persönliche Gespräch sind eine Art Mischung aus Befragung, Rat und Trost. Je nach Fall und Besonderheiten des *yatiri* kann er veranlassen, daß der *pachamama* eine Zeremonie dargebracht wird, die *salud misa*: Ein Tisch mit Opfergaben wird der *pachamama* dargebracht, und diese soll dafür die Gesundheit wiederherstellen. Dabei ist es das Ziel, irgendein gestörtes moralisches oder rituelles Gleichgewicht wieder ins Lot zu bringen. Die erste Sorge ist, die geistige Wurzel des Übels zu erkennen und zu beseitigen. Anders gibt es keine dauerhafte Besserung, welche Krankheit es auch sei. Die *salud misa* ist für den Kranken und seine Verwandten ein aufrüttelndes Ritual und hat psychologische und ethische Auswirkungen. Sie ist eine echte „symbolische Medizin" (RÖSING, 1989), die in den Augen der Aymara genauso nötig ist wie die Herstellungsrituale und die symbolische Technologie es insgesamt sind. Über diese rituelle Handlung hinaus berät der *yatiri* auch in Fragen der entsprechenden Folgetherapie und kann Krankheiten, die nur im Krankenhaus behandelt werden, von solchen unterscheiden, bei denen das zu Hause geschieht; unterscheiden kann er aber auch diejenigen Krankheiten, die der Klinikarzt „nicht kennt", z.B. Schrecken, Einschüchterung und Behexung.

Das letzte, nämlich das Leichenritual, ist das umfangreichste und komplexeste. Je nach ihrem Alter und ihren moralischen Umständen im Leben werden verschiedene Arten von Toten unterschieden: die Verdammten, die Engelchen, die *moritos*, das sind tote ungetaufte Kinder, die Großväter, darunter werden die hochgestellten Persönlichkeiten der Familie verstanden, die *gentiles*, die vorkolumbianischen heidnischen Ureinwohner und Stammväter, und die Seelen, Geisterchen, das heißt die Leute im allgemeinen. Ihr Sterberitual wird wie folgt beschrieben (VAN KESSEL, 1992–b).

Ein wichtiger Bestandteil des Sterberituals ist eine Totenwache, nachdem der Leichnam gewaschen und angekleidet ist. Diese Totenwache wird begleitet von beziehungsreichen Anspielungen, die zugleich symbolische Ausdruckskraft haben und sehr unterhaltend sind. Es folgt das von einer Bläserkapelle begleitete Begräbnis. Ihm wohnt die gesamte Gemeinschaft bei. Dann kommt das Gemeinschaftsessen im Haus des Verstorbenen. Der Verstorbene hat im Sarg eine Garnitur frischer Kleidungsstücke dabei, damit er nach einer langen Reise Gelegenheit hat, sich umzukleiden und in guter Aufmachung vor dem Herrn zu erscheinen. Am achten Tag wäscht man die Kleidung des Toten und führt nachts eine erneute Totenwache durch. Dabei liegt das gesamte Eigentum des Toten auf einem Tisch, der mit einem schwarzen Tuch sowie mit Blumen, Kerzen und Wasser bedeckt ist. Am achten Tag findet auch die Verabschiedung, nämlich die *paigasa*, statt, die von einer angesehenen Persönlichkeit gespielt wird. Dieser Stellvertreter des Toten trägt vom frühen Morgen an dessen Poncho und Hut. Das Spiel ist: die Vorbereitung der langen Reise des Toten und die Abschiedsnahme. Mit Hilfe der Verwandten des Toten belädt das Doppel des Toten ein männliches Lama mit dem gesamten persönlichen Eigentum des Verstorbenen. Er hat Dörrfleisch und *tostado* in den Satteltaschen dabei, Koka im Beutel des Verstorbenen, dessen Musikinstrumente im Vierecktuch und führt den Hund des Toten an der Leine. Außer Kleidung werden, sozusagen im Gepäck, mitgeführt die Webstühle und Arbeitswerkzeuge, Familienangehörige und Gemeindemitglieder. Sie alle bringen ihn auf den Weg Richtung Sonnenuntergang, nach Westen, wo im Landschaftsbild schon bald eine Anhöhe erscheint; dort angekommen, schlachten sie das Lama, ohne das Skelett auseinanderzunehmen. Nachdem das gebratene Fleisch gegessen ist, kocht man die Haut des Lama, richtet es auf und belädt es erneut mit den Sachen des Toten, der mittels seines Doppels immer als zentrale Person handelt. Den Rest des Tages verbringt man mit einem besonderen Spiel, nämlich dem *palama*. In der Abenddämmerung verabschiedet sich der bzw. die Verstorbene, indem er seiner Ehefrau bzw. seinem Ehemann und den Kindern Rat gibt. Diese kehren nach Hause zurück, ohne hinter sich zu blicken, während das Lama, der Hund und alles Eigentum des Toten bei Einbruch der Dunkelheit auf einem großen Scheiterhaufen verbrennen, der etwas weiter im Westen errichtet wurde. Der Tote reist in diesem Moment „an die Küste, um das große Wasser (*cocha*) zu überqueren".

An den ersten drei Allerseelenfesten (1. November) und den ersten Jahrestagen des Todestags gilt den *muertos nuevos*, also den kürzlich Verstorbenen, die besondere Aufmerksamkeit. Man feiert sie mit Reden im Haus und am Grab des Verstorbenen, man feiert sie mit dem *Palama*-Spiel, mit Essen und Totenwache, auch mit seinen ihm dargebotenen Lieblingsspeisen und mit musikalischen Darbietungen und Zeremonien anläßlich der Besuche an seinem Grab.

XIV. Die „religiösen" Riten

Wenn die Aymara „Religion" von „Bräuchen" unterscheiden, wie wir gesehen haben, dann geben sie zu verstehen, daß sie sich des bodenständigen Substrats und der späteren, christlichen Schicht bewußt sind, die gemeinsam heute ihre Weltsicht und das religiöse System bilden. Dieses System bildet heute unzweifelhaft in ihrem Empfinden ein integriertes Ganzes, das den Ausdruck Liturgie verdient (VAN DEN BERG, 1990).

Durch die Ausrottungskampagnen gegen die Aymara im 16. und 17. Jahrhundert wegen Götzenanbetung erlitt ihre Religion tiefe Verletzungen. Wunden, die in den folgenden Jahrhunderten der „toleranten und rückständigen ländlichen Pfarrei" vernarbten (VAN KESSEL, 1989). Andere Rituale und Mythologien spanischen Ursprungs hat der synkretistische Katholizismus der Aymara als Vehikel in seine eigenständig gewachsenen Kulturformen eingebaut. Sie alle zusammen bilden jetzt ein einheitliches Gewebe. Es würde zu weit führen, dieses auseinanderzudividieren, um zwischen einheimischen und westlichen Elementen zu unterscheiden. Schon der Versuch eines solchen Auseinanderdividierens käme einer Art Vivisektion gleich, denn die wirkliche Bedeutung des lebendigen religiösen Phänomens würde dadurch geleugnet und beseitigt.

Der aymaraische Synkretismus kommt besonders zum Ausdruck in den Patronatsfesten, in der Feier der Kar- und Osterwoche und in den Totenfeiern. Alle finden im Tempel oder auf dem Friedhof in Form gemeinschaftlich gefeierter Feste statt und stehen unter der Leitung des katholischen Priesters oder seines Stellvertreters. Teil der Religion sind außerdem für die Aymara auch die von der katholischen Kirche in den Gemeinschaften erteilten Sakramente, also die Taufe und Firmung, die Beichte und die Eucharistie, die Ehe und die Krankensalbung. Sie alle sind Teil der „Religion" des Aymara, wobei er nur deren drei als notwendig empfindet für die Erfüllung der phasengebundenen „Bräuche" (Passage-Riten), nämlich Taufe, Ehe und Krankensalbung.

Die Patronatsfeste werden am Festtag des Schutzheiligen des Kirchspiels oder des Tempels gefeiert. In den Dörfern der Vor-Kordilleren fallen diese Feste in die landwirtschaftliche Winterruhepause. Die wichtigsten Feiertage sind das Fest des Hl. Antonius (13. Juni), des Hl. Johannes des Täufers (24. Juni), der Apostelfürsten St. Peter und Paul (29. und 30. Juni), des Hl. Jakobus (26. Juli), der Aufnahme Mariä in den Himmel (15. August) und des Hl. Nikolaus von Tolentino (6. September). In den Hirtendörfern feiert man die Patronatsfeste im Sommer zwischen dem 24. November, an dem im Gebiet von Cariquima das Johannifest stattfindet, und dem 2. Februar, also Mariä Lichtmeß, das in Cultane und zahlreichen anderen Dörfern begangen wird. Wenn zufällig ein Dorf in den Kordilleren einen Winterheiligen haben sollte, feiert man ihn einfach sechs Monate später. Es gibt ein System von Besuchen, bei dem die Landwirte ihren Heiligen in einer Wallfahrt zu dem Heiligen der Hirten bringen; denn Bauern und Hirten stehen hergebrachterweise miteinander im Austausch. So besucht der Hl. Johannes der Täufer von Chiapa den von Cariquima, aber nicht umgekehrt. Die Heiligen der Kordilleren steigen nämlich nicht zu denen der Vor-Kordilleren herab, um ihnen Besuche abzustatten. Sie stehen eben höher in der Hierarchie. Trotzdem nehmen die Hirten in massivem Aufgebot und mit ihren Musikgruppen an den Patronatsfesten der Landwirte teil, mit denen sie Kontakte pflegen.

Die Patronatsfeste beginnen am Vor-Vortag nachts mit einem umfangreichen Ritual, das in vielem an seine vorkolumbianischen Ursprünge erinnert. Bald folgen die Vesper, die Festtagsfeier und die Abschlußzeremonien.

Die Zeremonien des Vor-Vortages umfassen die Opfergaben und aufeinanderfolgende Huldigungen aller Schutzgeister der Gemeinschaft: Tempel und Turm, Heilige, Domkapitel des Heiligen Platzes, Kalvarienberg, *mallkus*, Nachtwächter und *uywiris* (also die Geister, welche die Lebensquelle für die Gemeinschaft sind). Man ehrt das Sitzungshaus, d.h. die *kamana*, den Tisch der Würdenträger und den ihrer Ehefrauen mit Verbeugungen und Trankopfern. Die Gründer der Gemeinschaft und die Vorfahren werden geehrt und zwischen Würdenträgern und Gemeindemitgliedern gibt es Willkommenskundgebungen. Wesentlicher Bestandteil ist auch die Segnung der Instrumente des Nachtwächters, seine Taufe mit Alkohol, genannt „Heilung", und seine Amtseinweihung. Bei Ankündigung des Tagesanbruchs begeben sich die Würdenträger mit ihrem musizierenden Gefolge zur Schädelstätte des jeweiligen Heiligen, um Buße zu tun, die „Reliquie" (einen Ritualtrunk des Heiligen) entgegenzunehmen und ein Blutopfer darzubringen. So dämmert der Tag der Vesper.

Am Nachmittag dieses Tages findet der „Eintritt des Wachses" statt, was die Schmückung des Tempels in einer gemeinschaftlichen Zeremonie ist, und bei Einbruch der Dunkelheit der nächtliche Kult,

Vesper genannt. Dieser nächtliche Kult wird vom Priester oder seinem Stellvertreter geleitet und ihm folgt eine feierliche Sitzung auf dem Platz mit Musik und Tanz. Es gibt auch zwei Lagerfeuer, um die Heilige Erde zu wärmen, die gebären wird, und Musikrunden um Tempel, Turm und Platz. Diese Zusammenkunft endet um Mitternacht. Es folgen der Tanz und die Zeremonien in der *kamana* bis zum Tagesanbruch.

Im Morgengrauen des Haupttages serviert man den Würdenträgern und Gemeindemitgliedern ein sehr kräftiges Frühstück, die *kalapurka*. Sie bereiten sich auf die „Jubelmesse" vor, der die Prozession mit den Heiligen folgt. Sobald diese endet, überreicht der Ausrufer des Fests, der *pasiri*, dem Kandidaten für das nächste Jahr, dem *katuriri*, sein Würdensymbol: die Standarte, vorausgesetzt, daß die Gemeinschaft zustimmt. Später wiederholt man die feierliche Zusammenkunft auf dem Platz, der ein gemeinsames Essen folgt.

Am folgenden Tag begeben sich die Leute früh zum Friedhof, wo mit Opfergaben eine musikalische Ehrung der Vorfahren stattfindet. Es folgt ein Fußballspiel, welches das alte *tinku* oder die rituelle Schlacht ersetzt und anschließend der Trödelmarkt auf dem Kalvarienberg. In diesem ausdrucksvollen Spiel drückt man die Erwartungen und Hoffnungen aus, die jeder einzelne auf der Schaubühne seines Gewissens hegt, mit dem Ziel, so den Segen des Heiligen für die Vorhaben zu erhalten. Die sogenannte *cacharpaya* ist die ritualisierte Abreise des Besuchs aus den befreundeten Dörfern. Man kehrt so zurück, wie man gekommen ist, nämlich in einer musikalischen Prozession (VAN KESSEL, 1992–b).

Die Kar-und Osterwoche wird in den Vor-Kordilleren, besonders in den alten Gemeinden, mit größerem liturgischem Aufwand gefeiert. Sie beginnt am Gründonnerstag mit einer Feier, die das letzte Abendmahl in Szene setzt. Am Karfreitag erinnert man mit Bußen an den Tod des gekreuzigten Jesus. Die Feier wird am Mittag mit zwei gleichzeitigen Prozessionen eröffnet: Die Männer begleiten das Kreuz, die Frauen die Sänfte der Schmerzensreichen Gottesmutter. Das Zusammentreffen der beiden Prozessionen und Bilder reproduziert die biblische Darstellung des Kreuzwegs. Das Jesusbild in Lebensgröße trägt man zum Tempel, wo man sich an seinen Tod erinnert. Bei Anbruch der Dunkelheit folgt die „Abnahme vom Kreuz". Die anschließende Totenwache bei der Kristallurne gilt

Jesus. Nach Mitternacht findet die Begräbnisprozession statt, bei der die Urne durch das Dorf getragen wird, um sie schließlich in einer Kapelle beizusetzen. Am frühen Morgen des Ostersonntags wird ein Blutopfer dargebracht, in Gestalt eines weißen Lammes. Dem folgt die „Jubelmesse". Diese Feier der Osterwoche nach spanischer Art trifft man in voller Ausprägung nur in den wichtigsten Orten des Gebiets wie Codpa, Belén, Pica Parca und wenigen anderen an.

Das Totenfest wird mit Speisen und Gebeten, Musik und Spielen als Hausbesuch am 1. November für die Seelen aller Vorfahren und am 2. November für die „Engelchen" gefeiert. Nach dem Mittag wird das Fest an die Gräber auf dem Friedhof verlegt, wo man die Seelen mit Musik, Kerzen, Blumen, Wasser, Koka, reinem Alkohol, Getränken und „einem neuen Hut" verabschiedet (einer neuen Blumenkrone, die ans Kreuz gehängt wird). Der Küster pflegt zu beten, die entsprechenden Gebete zu singen und das Grab mit Weihwasser zu benetzen. Diese Zeremonie nennt man „Responsorium" (VAN KESSEL, 1992–b).

Schlußfolgerung

Gegenwärtig unterliegen die weiter oben beschriebenen Regeln der chilenischen Aymara Veränderungen, die sich nicht in erster Linie von innen aus der Gesellschaft ereignen (wie es notwendigerweise eben wegen der Historizität der kulturellen Erscheinungen geschieht), sondern aufgrund des äußeren Modernisierungsdrucks. Dieser exogene Veränderungsprozeß entwickelt sich mit großer Schnelligkeit, so daß sich die Frage nach den Überlebensperspektiven der Aymara-Kultur in Chile aufdrängt.

Da ist zunächst der Auszug von sehr vielen chilenischen Aymara in die Stadt und der kulturelle Integrationsprozeß in die städtische Gesellschaft. Dics geschieht im Moment größeren Drucks in Richtung auf kulturelle Veränderung und des endgültigen Niedergangs der Sozialstrukturen der Anden-Gemeinschaft, sowie im Augenblick einer nie zuvor in Chile dagewesenen Flut von anthropologischen Untersuchungen (ARRIAZA, 1990), die sich seit 1973 dem „Aymara-Volk auf dem Weg der Ausrottung" widmen. Trotzdem muß man auf unerwartete Anfänge erneuten Aymara-Identitätsbewußtseins sowohl in der Stadt als auch auf dem Land hinweisen. Gleichzeitig halfen zahlreiche inländische und ausländische nichtstaatliche Organisationen wirkungsvoll bei der „Entwicklung der Anden-Gemeinschaft" und machten den Hilfsprogrammen der Militärregierung Konkurrenz. Für die Aymara stellte sich die Situation neu dar. Ihre ethnische Identität erschien nun nicht mehr so geächtet und war möglicherweise von Vorteil. Andererseits schien die Gefahr des Identitätsverlusts und die Angst davor eine Renaissance-Bewegung bei den Aymara zu wecken. Beweis dafür sind die neuen sozialen, kulturellen, wirtschaftlichen und politischen Organisationen der Aymara, die in Stadt und Land ins Leben gerufen wurden. Weitere Anzeichen dafür sind die Teilnahme der Aymara am Vorbereitungsprozeß einer neuen einheimischen Gesetzgebung in Chile. Dieser Vorbereitungsprozeß wurde 1989 eingeleitet. Zu den Anzeichen für eine solche Renaissance-Bewegung bei den Aymara gehören auch öffentliche Debatten über Probleme in der Gesetzgebung bezüglich des Wassers, der Ausfuhr von Anden-Kamelen (Lamas) und des staatlichen Bildungssystems. Bei Unterredungen mit Behörden und in öffentlichen Ansprachen verwenden die neuen sozialen Anführer der Aymara nun eine andere Argumentation, die eine betont ethnische Identifizierung mit sich selbst und Aspekte einschließt, die auf ihre Aymara-Identität gegründet sind. All das würde die Hypothese des Soziologen EUGENIO ROOSENS (1986) rechtfertigen, der ein Theoretiker der heutigen Phänomene der Wiederentdeckung der ethnischen Herkunft (Re-Ethnifizierung) ist und sagt: „Solange die Ethnizität dabei hilft, eine günstigere wirtschaftliche oder soziale Stellung in der nationalen Gesellschaft zu erlangen, mobilisieren die Aymara den Gedanken und das Argument ihrer ethnischen Identität, um ihre Position zu verbessern." ROOSENS zeigt, wie die Ethnizität unter Verwendung von Instrumenten wie bereits folklorisierter Tradition aufgebaut wird, um mehr Hilfsmittel für Entwicklung und Modernisierung zu erlangen, und stellt abschließend fest: „Ethnische Gruppen profilieren sich zunehmend und betonen ihre kulturelle Identität, gleichgültig, ob sie sich mittlerweile reichlich abgenutzt hat." (ROOSENS 1986, S. 180).

Begräbnis oder Wiedergeburt? Man könnte argumentieren, daß die Aymara-Gemeinschaft und ihre sozialen Strukturen aufgrund der Regierungspolitik und der Wirkung der Außen-Gesellschaft endgültig zerschlagen worden ist. Trotzdem stehen wir nicht der abgeschlossenen Einebnung oder der einfachen, reinen Chilenisierung gegenüber, sondern einer Vielfalt von Quellen eines Phänomens der Wiederentdeckung ethnischer Herkunft der Aymara von Chile.

Literaturhinweise:

LUIS ALVAREZ MIRANDA, El mito del Pusiri Collo y la fiesta del Pachallampe. Aculturación andino-hispana en el poblado de Socoroma. In: Revista Dialogo Andino Nr. 6. Arica/Chile: Universidad de Tarapacá 1987, S. 80–90.

PATRICIO ARRIAZA, Bibliografía básica para el estudio de los Aymaras en Chile. Iquique/Chile: Crear 1990.

HANS VAN DEN BERG, La tierra no da así no más. Los ritos agrícolas en la religión de los aymara-christianos (= Latin America studies Nr. 51). Amsterdam: Cedla 1990.

VERÓNICA CERECEDA, Sémiologie des tissus andins. Los talegas d'Isluga. In: Annales Economies Societés Civilisations Nr. 5–6. Paris: Armand Collin 1978, S. 117–199.

CARLOS CONTRERAS, Arquitectura y elementos constructivos entre los pastores de Pampa Lirima (Provincia de Tarapacá). In: Revista Norte Grande Nr. 1. Santiago: Universidad Católica de Chile 1974, S. 25–33.

CORFO, Información básica sobre la ganaderia de la l y ll Región de Chile. Corporación de Fomento a la Producción. Santiago 1982.

RAOUL D'HARCOURT, Textiles of ancient Peru and their techniques. Seattle, London: Univ. of Washington Press 1962.

LUIS A. GALDAMES ROSAS, Vitalidad de la piedra y petrificación de la vida: notas sobre mentalidad andina. In: Revista Dialogo Andino Nr. 6. Arica/Chile: Universidad de Tarapacá 1987, S. 128–143.

JULIÁN GONZÁLEZ REYES, Los hijos de la desintegración cultural: jóvenes emigrados aymaras (= Cis Nr. 23). Iquique/Chile: Ciren 1987.

MARÍA ESTER GREBE, Migración, identidad y cultura aymara: puntos de vista del actor. In: Revista Chungará Nr. 16–17. Arica/Chile: Universidad de Tarapacá 1986, S. 205–223.

EDUARDO GRILLO FERNÁNDEZ, Cosmovisión andina y cosmología occidental moderna. In: PPEA-PRATEC, Manejo campesino de semillas en los Andes. Lima/Perú: Ppea-Pratec 1989, S. 17–38.

EDUARDO GRILLO FERNÁNDEZ, Visión Andina del paisaje. In: PRATEC-PPEA-PNUMA: Sociedad y Naturaleza en los Andes. Lima/Perú: Pratec 1990, S. 135–167.

EDUARDO GRILLO FERNÁNDEZ und GRIMALDO RENGIFO VÁSQUEZ, Agricultura y cultura en el Perú. In: PRATEC: Agricultura andina y saber campesino. Lima/Perú: Pratec 1988, S. 13–50.

RAÚL GUERRERO, Los camélidos sudamericanos y su significación para el hombre de la puna. In: Revista Dialogo Andino Nr. 5. Arica/Chile: Universidad de Tarapacá 1986, S. 7–90.

BERNARDO GUERRERO, Las campanas del dolor. Violencia y conflicto en los andes chilenos. Iquique/Chile: Ciren 1989.

BERNARDO GUERRERO und JUAN VAN KESSEL, Sanidad y salvación en el Altiplano chileno. Del yatiri al pastor (= Cis Nr. 21). Iquique/Chile: Ciren 1987.

HANS GUNDERMANN, Comunidades ganaderas, mercado y diferenciación interna en el altiplano chileno. In: Revista Chungará Nr. 16–17. Arica/Chile: Universidad de Tarapacá 1986, S. 233–250.

Juan van Kessel, Los Aymaras contemporáneos de Chile (1879–1985): su historia social (= Cis Nr. 16). Iquique/Chile: Ciren 1985 (zit. van Kessel, 1985–a).

Juan van Kessel, Medicina andina (= Cis Nr. 13). Iquique/Chile: Ciren 1985 (zit. van Kessel, 1985–b).

Juan van Kessel, Tecnología Aymara. Un enfoque cultural. In: Revista Hombre y Desierto Nr. 2. Chile: Universidad de Antofagasta, 1988, S. 41–57.

Juan van Kessel, La Iglesia Católica entre los Aymaras de Tarapacá. Santiago: Rehue 1989.

Juan van Kessel, Los Aymaras bajo el régimen militar de Pinochet (1973–1990) (= Cis Nr. 29). Iquique/Chile: Ciren 1990 (zit. van Kessel, 1990–a).

Juan van Kessel, Tecnología aymara. Un enfoque cultural. In: Javier Medina (Hrsg.), Tecnología andina. Una introducción. La Paz: Hisbol 1990, S. 143–226 (zit. van Kessel, 1990–b).

Juan van Kessel, Holocausto al progreso. Los aymaras de Tarapacá. La Paz: Hisbol 1992 (zit. van Kessel, 1992–a).

Juan van Kessel, Cuando arde el tiempo sagrado. Mitos y ritos de Tarapacá. La Paz: Hisbol 1992 (zit. van Kessel, 1992–b).

Juan van Kessel und Dionisio Condori Cruz, Criar la vida. Trabajo y tecnología en el mundo andino. Santiago: Vivarium 1992.

Reinaldo Lagos Carrizo et. al., La limpia de canales y acequias de Santiago de Río Grande. In: Revista Chungará Nr. 21. Arica/Chile: Universidad de Tarapacá 1988, S. 43–78.

Italo Lanino, Antecedentes de las explotaciones agrícolas en Isluga, Altiplano de la Provincia de Tarapacá. Iquique/Chile: Centro Isluga de Investigaciones Andinas, Universidad del Norte, 1977 (zit. Lanino, 1977–a).

Italo Lanino, La Quinoa, cultivo del Altiplano chileno. Iquique/Chile: Centro Isluga de Investigaciones Andinas, Universidad del Norte, 1977 (zit. Lanino, 1977–b).

Horacio Larraín, Análisis de las causas de despoblamiento en las comunidades indígenas del Norte de Chile, con especial referencia a la hoyas hidrográficas de la quebrada de Aroma y Tarapacá. In: Revista Norte Grande Nr. 1. Santiago: Pontifica Universidad Católica de Chile 1974, S. 124–154.

Gabriel Martínez Soto-Aguilar, Introducción a Isluga. Iquique/Chile: Universidad de Chile 1975.

Gabriel Martínez Soto-Aguilar, El sistema de los Uywiris en Isluga. In: Homenaje al Dr. Gustavo Le Paige SJ. Antofagasta/Chile: Universidad del Norte 1976, S. 255–329.

Gabriel Martínez Soto-Aguilar, Para una etnografía del riego en Chiapa: medidas y calendario. In: Revista Chungara Nr. 18. Arica/Chile: Universidad de Tarapacá 1987, S. 163–179.

Dina Medvinsky Lipschutz, Las Fajas de Isluga (Diss. masch.). Santiago 1977.

Tristan Platt, Espejos y maíz: El concepto de yanantin entre los Macha de Bolivia. In: E. Mayer und R. Bolton (Hg.), Parentesco y matrimonio en los Andes. Lima/Perú: Pucp 1980, S. 139–182.

Juan Podestá, Rusio Flores und Julián Amaro, UYBIRMALLCO. Cerros que nos dan la vida. Iquique/Chile: Ciren 1989.

Patricia Provoste, Antecedentes de la estructura socioeconómica de Isluga. Iquique/Chile: Universidad del Norte 1976.

EUGEEN ROOSENS, Micronationalisme. Een antropologie van het etnisch reveil. Lovaina: Acco 1986.
INA RÖSING, Die Verbannung der Trauer (= Mundo Ankari I). Nördlingen: Greno 1987.
INA RÖSING, Dreifaltigkeit und Orte der Kraft. Die weiße Heilung (= Mundo Ankari II). Nördlingen: Greno 1988.
INA RÖSING, Abwehr und Verderben. Die schwarze Heilung (= Mundo Ankari III). Frankfurt: Zweitausendeins 1990.
INA RÖSING, Die Schließung des Kreises. Von der schwarzen Heilung über Grau zum Weiß (= Mundo Ankari IV). Frankfurt: Zweitausendeins 1991.

Aldea Mis Amigos

Eine Familie für Straßenkinder

von GASPAR HANDGRAAF in Chile

Der Autor möchte nicht nur einen Bericht, sondern auch ein Lebenszeugnis von seiner Pastoralarbeit für die „Straßenkinder" geben. Dies kann für viele interessant sein, deren Lebensweg zu einer Option für eine bestimmte Pastoral führte, die zum „Lebenswerk" wurde: Eine Berufung innerhalb einer Berufung.

Einleitung

Wenn ich in die Vergangenheit zurückblicke, erinnere ich mich an verschiedene Erfahrungen, die meine weiteren Schritte bestimmen sollten. In den Jahren der Vorbereitung an der Missionsschule in Kaatsheuvel, Holland, hatte ich einige, im Hinblick auf meine Zukunft prägende Erlebnisse. Es war in den Sommerferien, die wir für gewöhnlich bei unseren Familien verbrachten. Auf den Vorschlag meiner Mutter hin, die nichts so sehr fürchtete wie den Müßiggang ihres Seminaristen-Sohnes, widmete ich einen Großteil meiner Zeit den Aktivitäten eines nahe gelegenen Kindergartens, der sich in der Nachkriegszeit in den Ferien der zahlreichen armen Kinder annahm. Ich organisierte für die Kinder Spiele, sportliche Wettkämpfe, Museumsbesuche und Ausflüge. Allmählich begann ich mich für diese Kinder mit einer problematischen Kindheit zu interessieren. Es erfüllte mich mit tiefer Zufriedenheit, ihnen Gutes tun zu können und mich nützlich fühlen zu dürfen. Voller Rührung erinnere ich mich an die Gesichter dieser Kinder, die so glücklich waren, daß jemand sich um sie kümmerte, seine Zeit mit ihnen verbrachte und an ihren Spielen und „Entdeckungsreisen" teilnahm. Als der entscheidende Moment kam, den jeder Berufene erlebt, hat mir dies sehr geholfen, mich für ein meinem Nächsten gewidmetes Leben der Hingabe zu entscheiden und den wichtigen und definitiven Entschluß zu fassen, den eingeschlagenen Weg, nämlich Geistlicher und Missionar zu werden, fortzusetzen.

Als sich in den darauffolgenden Jahren des Scholastikats die Gelegenheit bot, einen Teil der Ferien der Jugendarbeit zu widmen, stellte ich mich, da ich kein Geld hatte, um wegzufahren, stets für diese Arbeit zur Verfügung. Ich war sehr glücklich, als mir am Ende meiner Ausbildungszeit die Möglichkeit gegeben wurde, einen Pädagogikkurs zu besuchen.

1960 kam ich nach Chile, wo ich mich schon nach kurzer Zeit heimisch fühlte. Meine erste Stelle war die eines Kaplans in einem kleinen Dorf auf dem Land: Yerbas Buenas. Auf Wunsch des Pfarrers, Pater Antonio van Geffen MSF (gest. 1980), widmete ich mich vorrangig der Katechese und dem Religionsunterricht in den kleinen, einfachen Schulen auf dem Land. Meine ersten Schüler brachten mir, ihrem Lehrer, die spanische Sprache bei!

Später wurde ich in den Norden Chiles versetzt, in die Hafenstadt Tocopilla. Der Pfarrer, Pater Antonio Ligthart MSF, übertrug mir die Jugend- und Kinderpastoral. Ich durfte Mitbegründer der Pfarrschule *La Sagrada Familia* sein, an der ich als Lehrer für Religion und Werken tätig war. Darüber hinaus gab ich Kindern von Fischern und Minenarbeitern in drei verschiedenen staatlichen Schulen Religionsunterricht. 1966 wurde ich dann aufgrund meiner Erfahrung in der Jugendpastoral als Lehrkraft an das Seminar unserer Kongregation berufen, das kurze Zeit vorher in Pudahuel, in der Nähe der Hauptstadt Santiago, eröffnet worden war.

Die erste Etappe unseres Seminars endete abrupt im Jahre 1974, dem Jahr tiefgreifender politischer Veränderungen, die wir in Chile erlebten. Da wir keine Seminaristen mehr hatten, konnte ich meine Zeit vollständig der Jugendpastoral widmen, wobei ich eines unserer eigentlich für den Unterricht bestimmten Häuser nutzte. Eine meiner Aufgaben bestand darin, eine Gruppe von Jugendlichen zu betreuen und Kindern aus einem Kinderheim, das in der Nähe unseres ehemaligen Seminarhauses in Pudahuel für Kinder aus ungeregelten Verhältnissen errichtet worden war, Religionsunterricht zu geben. Dies war meine erste Begegnung mit einer Welt, um die ich mich fortan vorrangig kümmern würde. Bald merkte ich, daß die Betreuung dieser Kinder, Jungen zwischen 5 und 18 Jahren, nicht so optimal war, wie man hätte erwarten können. Diese Kinder aus ungeregelten Verhältnissen befanden sich erneut in einer Ausnahmesituation. Die Atmosphäre war deprimierend. Es gab keinerlei

Aktivitäten, der Umgang miteinander war zu unpersönlich, und es fehlte an Lebensfreude. Neben der Katechese und der Feier der Erstkommunion begannen wir, weitere Aktivitäten zu organisieren, wie Spiele, Diavorführungen und Ausflüge. Ich erinnere mich, daß ich ihnen auch einen Fernseher besorgen konnte.

1. Andere Heime

Damals legte mir mein Mitbruder und Ratgeber Enrique Bentvelzen (gest. 1981) nahe, mich noch intensiver dieser Art der Pastoral zu widmen. Er schlug mir sogar vor, die Verpflichtung zu übernehmen, in einem bestimmten Kinderheim in der Hauptstadt sonntags die Eucharistie zu feiern, was ich, ohne lange zu zögern, akzeptierte. So fand ich ein pastorales Tätigkeitsfeld, das meine Erwartungen erfüllte.

Damals lernte ich über meine Aufgaben in der Jugendpastoral auch einen Ordensbruder von der Kongregation der Brüder vom Heiligsten Herzen Jesu kennen, die in Chile mehrere Erziehungsprojekte leiten. Dieser Bruder erzählte mir von seinem Vorhaben, sich verlassener Jugendlicher anzunehmen, so wie es in der Gründungszeit seiner Kongregation üblich gewesen war. Wir waren von der gleichen Sorge erfüllt und wollten damals unsere Kenntnisse über die Betreuung von Kindern aus ungeregelten Verhältnissen vertiefen.

So besuchten wir zahlreiche Einrichtungen und fanden in fast allen Häusern eine ähnliche Situation wie in Pudahuel vor. Es war für uns beide sehr bestürzend. Wir waren vor allem über die unzulängliche Betreuung der Kinder von seiten des Personals enttäuscht, das seine Arbeit – wie Beamte – nur rein routinemäßig erledigte. Eine Atmosphäre, in der sich die Kinder hätten aufgehoben und motiviert fühlen können, wie normale Menschen aufzuwachsen, fehlte völlig. Diese Heime ähnelten eher Gefängnissen oder Lagern, wo es – aus gutem Grund – häufig zu Fluchtversuchen kam. Es herrschten eine aggressive Atmosphäre und ein Klima der Gewalt. In einem Heim beobachteten wir erstaunt, daß viele Kinder sechs Zoll lange Nägel mit sich herumtrugen, um sich – wie sie sagten – gegen nächtliche Angriffe zu schützen. Bettnässer mußten auf dem Boden auf Stroh schlafen. Noch 1990 wurde von dem *Colegio de Asistentes Sociales*, einer Berufsvereinigung von Sozialarbeitern, die in diesen Einrichtungen arbeiten, ein Dokument veröffentlicht, in dem gegenüber dem Justizministerium schwere Mängel bei der Betreuung der Kinder in diesen „Auffang"-Heimen angeklagt werden. (Tageszeitung *La Epoca*, 21. Juni 1990). Dieses Dokument beschreibt dieselbe Wirklichkeit, mit der auch wir konfrontiert wurden, und erhebt dieselben Vorwürfe wie wir.

Es werden körperliche Mißhandlungen und die Existenz von „Isolationszimmern" erwähnt. In einigen Einrichtungen werden auch straffällig gewordene Jugendliche zusammen mit den Kindern untergebracht, und zwar nur deshalb, weil sie ebenfalls allein gelassen wurden. Die Letztgenannten verlassen die Heime oft mit krimineller Erfahrung. In demselben Dokument wird außerdem auf die schlechte Ernährung und die mangelnde Hygiene bei der Essenszubereitung hingewiesen. In einigen Fällen müssen die Kinder mit den Händen essen, weil kein entsprechendes Tischgeschirr zur Verfügung steht. Sie müssen auf engstem Raum schlafen und sich die Betten teilen, was entsprechende unzüchtige Handlungen nach sich zieht. Sie frieren in den Winternächten, da in den Fenstern oft die Scheiben fehlen. Die Kleidung ist „Gemeingut", was einerseits dazu führt, daß sie keinen Sinn für Eigentum entwickeln, und andererseits die Übertragung von Infektionen fördert. Viele Kinder laufen barfuß. Sie müssen sich ohne Seife und mit kaltem Wasser waschen. Die Latrinen haben keine Türen. Es treten häufig Krankheiten auf, wie z.B. Krätze, Läusebefall und Eiterflechte.

Die Schule wird nur unregelmäßig besucht, und den Kindern wird auch kein Arbeitsmaterial für die Schule zur Verfügung gestellt. Sie werden häufig zu Arbeiten herangezogen, für die eigentlich das eingestellte Personal zuständig ist. Bestürzend sind auch die in den Heimen üblichen körperlichen Züchtigungen. Es gibt sogenannte „Behandlungs"-Zimmer: Räume von zwei mal drei Metern mit Betonwänden. In einem Fall mußte ein Kind fünf Tage nackt darin verbringen. Als Strafen greift man auf Prozeduren wie kalte Wassergüsse, Hofgänge in spärlicher Bekleidung oder Essensentzug (Brot oder Nachspeise) zurück. Das Personal ist kaum auf die Erziehungsarbeit vorbereitet. Bei Kontrollen durch Vorgesetzte werden fehlende Mittel beschafft und „frisierte" Verwaltungsbücher vorgelegt...

All dies stellte für uns eine entmenschlichte Welt und einen „Zustand der Sünde" dar, der unbedingt der Evangelisierung bedurfte. In dieser Welt der Kinder aus ungeregelten Verhältnissen standen wir jungen Menschen Auge in Auge gegenüber, *die schon vor ihrer Geburt mit Armut geschlagen sind, die in den Möglichkeiten ihrer Selbstverwirklichung durch irreparable geistige und körperliche Schäden behindert werden und die in unseren Städten, oftmals ausgebeutet, als Produkt der Armut und des moralischen Zerfalls der Familie ein Vagabundendasein fristen*, so wie es in dem Dokument der III. Generalversammlung des Lateinamerikanischen Episkopates in Puebla (Nr. 32) formuliert wird.

Wir waren beide tief betroffen und beschlossen, uns zu bemühen, etwas an der Situation dieser Kinder zu ändern, in deren Zügen *wir das Leidensantlitz Christi, unseres Herrn, erkennen sollten, der uns fragend und fordernd anspricht* (Puebla, Nr. 31). Gleiches taten in unserer Provinz in Chile auch unsere Mitbrüder Adrián Hamel (gest. 1984) und Juan van der Aalsvoort, und zwar für Kinder in Gefängnissen und für behinderte Kinder.

II. Unsere Initiative

1979 war das Internationale Jahr des Kindes unter der Schirmherrschaft der UNESCO. In Chile nahm man dies zum Anlaß, die Betreuung von Minderjährigen aus ungeregelten Verhältnissen auf staatlicher Ebene neu zu ordnen. Viele Heime, die bislang von staatlichen Einrichtungen verwaltet wurden, wurden privaten Institutionen anvertraut in der Hoffnung, daß man auf diese Weise eine angemessenere Betreuung erreichen könnte. Zusammen mit einem Ehepaar, das bereits Erfahrung mit dieser Arbeit hatte, stellten wir uns bei Behörden der Regierung vor und boten uns an, ein bereits bestehendes Heim zu übernehmen. Wir bekamen ein Kinderheim zugeteilt, das den Ruf hatte, der „Stachel" aller Einrichtungen dieser Art in Santiago zu sein. Das Heim war in einer ehemaligen Residenz des abgesetzten Präsidenten untergebracht. Eine echte Herausforderung, der wir uns aber voller Zuversicht stellten.

Damals lernte ich auch die Bewegung *Encuentro Matrimonial* kennen, in der ich mich immer mehr als Gruppengeistlicher engagierte –

bis zum heutigen Tage. Damals überzeugte ich mich von der Notwendigkeit, in der Ehe- und Familienpastoral apostolisch tätig zu werden.

In das neue Heim mit dem Namen *Aldea de Hermanos* konnten wir mehrere Ehepaare als Erzieher integrieren, die zusammen mit ihren Familien auf dem gleichen Gelände lebten. Wir glaubten, daß die Heimkinder in guten Händen wären, wenn wir den Ehepaaren ihre Erziehung und Betreuung anvertrauen würden. Mit der Zeit wurden auch mehrere Brüder vom Heiligsten Herzen Jesu in das Projekt integriert; aufgrund ihrer reichen pädagogischen Erfahrung und ihrer Berufung, sich dieser Kinder voll und ganz anzunehmen, leisteten sie einen großen Beitrag zur positiven Entwicklung dieses Heims.

In den ersten Jahren funktionierte dieses Heim wirklich sehr gut. Viele erinnern sich gerne an jene Zeit, in der wir wie eine große Familie zusammenlebten. Aber im Laufe der Jahre mußten wir erkennen, daß unser Traum von einer Gemeinschaft von Brüdern, die sowohl die Arbeiten als auch die Verantwortung und die Mittel wie im Evangelium miteinander teilen würden, nicht in Erfüllung ging. Die Leitung der Stiftung blieb in den Händen von Ehepaaren, die sich verpflichtet fühlten, vorrangig die Zukunft und die Ausbildung ihrer eigenen Kinder zu sichern. Deshalb versuchten sie, Zulagen zu bekommen, um ihre Situation zu verbessern, was die Stiftung jedoch nicht gewähren konnte. (Als wir uns für eine persönlichere Betreuung der Kinder entschieden, mußten wir die zur Verfügung stehenden Mittel unter mehr Personal aufteilen, weshalb wir keine Löhne zahlen konnten, die den Erwartungen aller entsprachen.) Die Folge war ein unverhältnismäßiges Interesse daran, durch geschäftliche Unternehmungen, die zunehmend die für die Kinder bestimmten Mittel beanspruchten, zusätzliche Einkünfte zu erzielen. Es kam der Moment (1988), wo wir Ordensgeistliche beschlossen, uns zurückzuziehen, weil das Projekt nicht mehr unseren Zielen entsprach, da es mehr oder weniger zu einem Aufzucht- bzw. Handelsunternehmen mit Schweinen, Hühnern und Eiern geworden war.

III. Die Aktualität: Das „Aldea Mis Amigos"

Dies bedeutete aber nicht, daß wir unser Vorhaben aufgaben, verlassenen Kindern zu helfen. Zusammen mit einer Gruppe von Laien,

Freunde von uns, die das gleiche Anliegen hatten, riefen wir Ordensgeistliche eine neue Stiftung ins Leben, die sich der „Straßenkinder" annehmen sollte. Bei dieser Initiative wurden wir von dem *Servicio Nacional de Menores (SENAME),* der staatlichen Fürsorge für Minderjährige, unterstützt, die zum Justizministerium gehört und sich in Chile um alle Angelegenheiten bezüglich der Kinder aus ungeregelten Verhältnissen kümmert. Diese staatliche Einrichtung organisiert Betreuungsprogramme, überwacht die Aktivitäten der Heime und bewilligt staatliche Zuschüsse. Der *SENAME* ermutigte uns, unsere Pläne in die Tat umzusetzen, da ein großer Bedarf an guten Heimen bestand; denn viele private Einrichtungen waren in die gleichen Fehler verfallen, die auch wir erlebt hatten, und zwar zum Schaden der Kinder.

So konnten wir im März 1989 die Arbeit in dem heutigen Heim in Peñaflor, ungefähr 30 Kilometer von der Hauptstadt Santiago entfernt, aufnehmen. Wir gaben dem Heim den Namen *Aldea Mis Amigos.* Wir wollten, daß unsere Kinder auf die Frage, wo sie lebten, antworteten: „Ich wohne bei *Meinen Freunden".* In der Tat stellte dieser Name für uns sowohl eine Herausforderung als auch ein Programm dar: Es galt eine Umgebung zu schaffen, in der sich alle von allen in Freundschaft und Liebe aufgenommen fühlten. Dies fehlt diesen „verlassenen Kindern" am meisten. Der Name *Aldea* (dt.: Dorf) weist darauf hin, daß das Heim eine Fläche von fast zwei Hektar einnimmt und aus mehreren Gebäudekomplexen besteht, die durch Straßen voneinander getrennt sind. Es verfügt über mehrere Wohngebäude, einen Speisesaal, eine Küche, eine Wäscherei, eine Krankenstation, Waschräume, ein Wohnhaus für die Ordensgeistlichen und eine wunderschöne Kapelle. Dieser ganze Komplex ist nicht weit vom Stadtzentrum und den staatlichen Schulen, die die Kinder besuchen, entfernt.

Die Aufnahme

Die Aufnahme eines Kindes wird wie bei allen Kinderheimen in Chile von dem Jugendgericht bestimmt. Es entspräche nicht der Wahrheit, wenn wir behaupten würden, daß wir die Kinder einfach von der Straße holen oder unter den Brücken suchen dürften. In Chile gibt es Instanzen (Polizei), die recht erfolgreich das Problem des Vagabundentums angehen und die Kinder in speziellen Zentren in Gewahrsam halten, von wo aus man versucht, sie entsprechend ihrer jeweiligen Charakteristika in Heimen wie dem unsrigen unterzubringen. Wenn sie eine Straftat begangen haben, werden sie in sogenannte Rehabilitationsanstalten eingewiesen. In anderen Fällen werden sie in Heime, die – wie unser Heim – der Prävention und dem Schutz dienen, geschickt. So haben wir in unserem Haus mehrere Kinder, die einmal „Straßenkinder" gewesen sind. Ohne solche Häuser würden viele Kinder wirklich „auf der Straße" leben.

Um aufgenommen zu werden, müssen sie mindestens fünf Jahre alt sein. Allerdings ist diese Bestimmung flexibel anzuwenden, da oft mehrere Brüder, die wir auf keinen Fall trennen möchten, zusammen aufgenommen werden. Zur Zeit haben zwei Drittel unserer Jungen einen oder mehrere Brüder in demselben Heim. Wir befürworten deshalb dieses frühe Aufnahmealter, da es uns ermöglicht, unerwünschten Verhaltensweisen vorzubeugen und ein Umfeld zu schaffen, in dem die Gruppe selbst positiv zur Erziehung aller beiträgt. Die Kinder werden bis zu einem Alter von höchstens zwölf Jahren aufgenommen; in diesem Alter kann man auf die Entwicklung und den Erziehungsprozeß des Kindes noch positiv Einfluß nehmen. Die Entlassung erfolgt, wenn die ursprünglichen familiären Probleme nicht mehr vorhanden sind oder wenn der Jugendliche – häufig im Alter von 21 Jahren – selbständig wird. Wenn im Heim ein Platz frei wird, entscheidet unser Direktor und Mitbruder über die Aufnahme eines neuen Bewerbers. (Wir haben stets eine lange Warteliste von Bewerbern.) Bei dieser Aufgabe wird er von unserer diplomierten Sozialarbeiterin unterstützt, die darüber hinaus den Kontakt zu den Familien der Kinder aufrechterhält und ihre eventuelle Entlassung vorbereitet.

In unserem Heim leben zur Zeit 120 Jungen, die auf fünf Gruppen verschiedener Altersstufen von jeweils ungefähr 25 Personen verteilt sind. Jede Gruppe verfügt über ein eigenes Wohnhaus. Sie werden außer von den vier Ordensgeistlichen, zu denen auch der Autor dieser Zeilen gehört, von einer Gruppe von 15 Erziehern, den sogenannten „Onkeln" betreut, überwiegend junge Leute, unverheiratete oder auch verheiratete, die außerhalb des Heimes leben. Sie alle zeigen, daß sie sich wirklich zu diesem Werk berufen fühlen und sich stark für die Kirche engagieren. Darüber hinaus verfügen sie über eine entsprechende Berufsausbildung und über die notwendige Erfahrung. Auch unser Hilfspersonal teilt voll und ganz die Verantwortung, die wir für das Wohl dieser Kinder tragen.

Herkunft der Kinder: Die Stadtviertel

Die Kinder stammen fast alle aus Vierteln am Rande der Hauptstadt Santiago; Elendsviertel, in denen – von der Armut gekennzeichnet – einfache Familien leben, denen jegliche Mittel fehlen, um ein menschenwürdiges Leben führen zu können. Nach von der UNICEF am 30. September 1991 veröffentlichten Zahlen lebten 1990 in Chile 5.506.517 Menschen in Armut; das sind ungefähr 39,9 Prozent der Bevölkerung. Von den insgesamt 4.763.259 Kindern in Chile zwischen 0 und 18 Jahren sind 51,1 Prozent von der Armut betroffen. Bezüglich der Situation der Kinder in Santiago selbst kann man wohl von einem ähnlich hohen Prozentsatz ausgehen.

Wir bekommen diese Armut ständig zu spüren, wenn wir zusammen mit unserer Sozialarbeiterin die Verwandten der Kinder besuchen, die verstreut in den 22 Gemeinden von Santiago leben, vor allem aber in den Gemeinden, wo hauptsächlich Arme wohnen. Der Anblick, den diese ziemlich großen Siedlungen bieten, ist entmutigend. In der Regenzeit bestehen die häufig ungepflasterten Straßen fast nur noch aus Wasserlachen und -löchern. Die Häuser sind in einem erbärmlichen Zustand. Auffällig sind vor allem die fehlenden Vorgärten, die vielen herumstreunenden Hunde, die „illegal" angezapften Stromleitungen, die untätigen Menschen und die zahlreichen Kinder, die auf den Straßen umherlaufen, spielen....

Wir sind hier in den Stadtvierteln außerhalb des Zentrums; auch abseits jener Stadtviertel, in denen die wohlhabenderen Familien leben, die oft keine Ahnung von der Existenz und der Wirklichkeit dieser Siedlungen haben. Hier wird man wirklich mit der Welt konfrontiert, die die Soziologen als die Welt der am Rande der offiziellen Gesellschaft lebenden Menschen bezeichnen. Hier stoßen wir auf die „überflüssigen Massen", von denen vor kurzem in dem Dokument der IV. Generalkonferenz der lateinamerikanischen Bischöfe in Santo Domingo (Nr. 179) die Rede war. Viele Bewohner dieser Siedlungen kommen ursprünglich vom Land, haben aber den Kontakt zu den Sitten und Gebräuchen des gesellschaftlichen

Zusammenlebens auf dem Land und zu ihren religiösen Traditionen verloren. Sie sind nicht darauf vorbereitet, Probleme und Krisen zu bewältigen. Ihre Lebensbedingungen sind äußerst prekär: ärmliche Behausungen, Mobilitätsprobleme, Arbeitslosigkeit, kinderreiche Familien, fehlende medizinische Versorgung, mangelhafte Ernährung, schlechte hygienische Verhältnisse, keine Schulen und kein vernünftiges Freizeitangebot für die Jugendlichen, Promiskuität in erschreckendem Ausmaße und eine hohe Kriminalität.

In dieser Welt am Rande der Gesellschaft errichten die Menschen ihre eigene Gesellschaft mit einer Kultur für sich. Diese neue Kultur impliziert einen Moralkodex, der nicht mit dem offiziellen Recht oder dem Kirchenrecht vergleichbar ist... Es gibt zwar unter ihnen auch Gläubige, aber ihr Wissen über das Evangelium und die ethischen Normen der Kirche ist sehr gering. Die Kirche liegt außerhalb ihres Blickfeldes. Unter den Menschen dieser Siedlungen ist der Glaube an die Existenz einer unsichtbaren Welt voller Geister und geheimer Kräfte, guter sowie böser, stark verbreitet; die Vorstellung von einer unsichtbaren Wirklichkeit, der sie verschiedene Namen geben: Gott, Jungfrau Maria, Teufel, Seelen, Heilige etc. Der chilenische Theologe RONALDO MUÑOZ erkennt gewisse Werte des Volksglaubens an und weist darauf hin, daß „wir häufig über ein falsches Vertrauen in einen Gott oder wundertätige Heilige und ein magisches Denken schockiert sind, von dem die Volksfrömmigkeit so oft geprägt ist. Wir sind schockiert und schmerzlich berührt von ihrer Passivität und Resignation gegenüber ihrer mißlichen Lage und der Ungerechtigkeit, die sie oft einem grausamen, strafenden, willkürlichen und unerbittlichen ‚Gott' zur Last legen." Diese religiösen Vorstellungen und ihre bäuerliche Tradition machen sie zu Menschen mit einer Kultur, die stark vom Schicksalsglauben, der Passivität und einer „rezeptiven Haltung" geprägt ist. Sie sind immer „Knechte" gewesen, die darauf warteten, daß andere die Arbeiten organisierten, weshalb sie in Krisensituationen kaum Initiativen ergreifen oder kreativ werden. Sie sind sehr von den Massenmedien abhängig, eine übermächtige Form der Flucht, die jegliches Vertrauen in die eigenen Möglichkeiten, Krisen zu überwinden, zerstört. Sie treiben Personenkult: Sänger und Sportler dienen als Lebensvorbilder. Viele erlangen nie menschliche Reife; sie sind wie fröhliche und verspielte Kinder, was sie sympathisch macht, aber auch Grund zur Besorgnis gibt, da sie bei dem Unmittelbaren, Leichten und Spielerischen bleiben. Sie sind weder darauf vorbereitet noch fühlen sich dafür verantwortlich, Krisensituationen in der Ehe oder der Familie zu bewältigen.

Die Eltern der uns anvertrauten Kinder

Bei unseren Besuchen „vor Ort" stellen wir immer wieder fest, daß sich die Familien, aus denen unsere Kinder stammen, in einer Notlage bzw. Krise befinden. Nach Ansicht der Soziologen sind „die niedrigen Einkünfte oft der Grund dafür, daß der Vater nicht in der Lage ist, die Rollen zu erfüllen, die die Gesellschaft ihm zuweist, d.h. Ernährer und Oberhaupt der Familie zu sein." Sie fügen hinzu, daß „dies in ihm Frustration und Schuldgefühle gegenüber seiner Familie, seiner Ehefrau oder Lebensgefährtin hervorruft." Er wird von ihr sexuell zurückgewiesen, wodurch er bei seinesgleichen an Ansehen verliert. Angesichts dieser „Herabwürdigung" sucht er häufig Zuflucht im Alkohol. Die Trunkenheit verstärkt noch seine Ausgrenzung aus der Familie. So wird er häufig gewalttätig, um seine Autorität zu wahren, bestraft die Kinder unverhältnismäßig hart und tut seiner Frau Gewalt an. Da er außerstande ist, den Konflikt zu lösen, und das Gefühl bestehenbleibt, gegenüber seiner Familie an Ansehen zu verlieren und gedemütigt zu werden, verläßt er schließlich seine Familie und sucht Zuflucht in einer neuen „Liebe".

Die Mütter unserer Kinder sind von der gleichen Notlage bzw. Krise geprägt, Folge der gesellschaftlichen Randstellung, in der sich die Familie befindet. Wir können mit eigenen Augen sehen, was die Soziologen im folgenden beschreiben: „Viele Frauen gingen eine Partnerschaft bzw. Ehe ein, weil sie aus Unwissenheit schwanger wurden. Im allgemeinen leben sie schon früh, fast noch als Jugendliche (im Durchschnitt mit 17 Jahren), zusammen. Sie kommen ihrerseits aus von der Armut und dem Elend geprägten Familien und gehen oft deshalb eine Ehe oder Partnerschaft ein, weil sie ihrer Familie und ihrer Einsamkeit entkommen wollen, ohne konkrete Zukunftspläne zu haben, oder weil sie Kinder bekommen." Sie sind schon im Jugendalter Mutter geworden, und viele haben bereits mehrere Kinder. Wir haben in unserem Heim Kinder, die von ihren Müttern einfach vergessen werden, weil sie noch so viele andere Kinder haben.

„Nach den Erwartungen ihrer Kultur sind ihre Aufgaben ganz auf den häuslichen Bereich beschränkt: sie putzt, kümmert sich um die Erziehung und die Gesundheit der Kinder, umsorgt ihren Ehemann und bereitet das Essen zu. Bei diesen Aufgaben kann sie nicht auf die Unterstützung des Vaters zählen, da dies nach den geltenden Normen seiner Gesellschaftsschicht nicht seiner Rolle entspricht. Die Frau kann all diese Aufgaben kaum erfüllen, da sie oft das Haus verlassen muß, um etwas zum Essen zu besorgen, oder weil sie außer Haus arbeitet. Um ihre Kinder ernähren zu können, greifen die Frauen oft auf alles Mögliche zurück, um Geld zu verdienen. Sie betreiben Straßenhandel, und die Kinder müssen in Bussen oder an Straßenkreuzungen Süßigkeiten verkaufen. Manchmal machen sie auch Tauschgeschäfte mit Hausrat. Die zweifellos entwürdigendste Art, etwas Geld zu verdienen, manchmal sogar mit Einverständnis des Familienoberhauptes, ist die Prostitution; dies gilt auch für die Töchter. Es fällt einem nicht schwer, sich vorzustellen, welche Folgen dies hat: emotionale Frustrationen und psychische Wunden, die später nur schwer zu heilen sind. Auch Eifersucht, Untreue, familiäre Konflikte und eine schlechte Partnerbeziehung machen ein harmonisches Familienleben, das heranwachsenden Kindern eine gewisse Lebensqualität bietet, unmöglich. Wir erleben relativ häufig, daß Mütter, die sich außerstande sehen, ihre Kinder zu ernähren, sich dazu entschließen, ihre Familie, d.h. ihre Kinder und ihren Mann zu verlassen."

Charakteristische Merkmale der Familie

Unsere Kinder kommen aus solchen Familien. In Wirklichkeit sind es verlassene Kinder, denn ihre Familien sind zerrüttet und vom Zerfall bedroht; sie haben schwere seelische Erschütterungen erlebt, denn den Eltern ist es nicht gelungen, eine Beziehung gegenseitiger Liebe aufzubauen, wie sie – in unserer Vorstellung – das Evangelium vorschlägt, indem es uns das Vorbild der Liebe Christi vor Augen führt, eine Liebe, die auch in mißlichen Lagen ihre Gültigkeit behält. Die Wirklichkeit dieser Familien weicht sehr von diesem Vorbild ab.

Hören wir noch einmal die Soziologen: „In den unteren Volksschichten wird erst dann beschlossen zu heiraten, wenn die Frau ein Kind erwartet. Normalerweise sind die wirtschaftlichen Verhältnisse des Ehemanns zu diesem Zeitpunkt nicht gesichert, und das Paar ist zu Beginn seines gemeinsamen Lebens auf die Hilfe seiner Familien angewiesen, bei denen es als ‚Verwandte' lebt. Für viele ist es aufgrund der beengten Wohnverhältnisse und der fehlenden Privatsphäre eine Zeit voller Konflikte, vor allem wenn noch Kinder hinzukommen." Viele unserer Kinder haben immer als „Verwandte" zu Hause oder an einem fremden Ort gelebt; 42 von ihnen sind Kinder aus einer „Partnerschaft" und 20 sind von unverheirateten Müttern. Kein Kind hat je das erlebt, was wir als eine normale Familie bezeichnen.

Wie erleben unsere Kinder wohl die Partnerbeziehung ihrer Eltern? Das einzige, was viele Frauen von ihrem Ehemann erwarten ist, wie sie sagen, daß er sie „nicht schlecht behandelt". Das heißt, sie erwarten, daß er für ihren Lebensunterhalt sorgt, nicht gewalttätig wird und „friedlich" bleibt. Nicht immer verlangen sie von ihm, auf den häufigen Genuß von Alkohol zu verzichten oder nicht fremdzugehen. Die Frauen ertragen viel aus Angst vor noch größerer Einsamkeit und weil sie glauben, weder mit den Kindern noch ohne die Kinder alleine leben zu können. Wenn der Ehemann sie nicht schlecht behandelt, geht die Ehe gut... Viel mehr kann man wohl nicht erwarten (?).

Dennoch gibt es viele Symptome für eine sich anbahnende Trennung. Jeder Partner lebt sein eigenes Leben, als ob er unverheiratet wäre. Lange bevor man endgültig auseinandergeht, hat auf der geistigen Ebene schon eine Trennung stattgefunden. In vielen Fällen ist die Kommunikation zwischen den Partnern nur sehr oberflächlich, und es fehlt echte Vertrautheit. Sie sprechen kaum miteinander. Die emotionalen Bindungen des Paares entsprechen nicht denen eines Ehepaares, sondern denen von Kindern, wenn sie noch sehr klein sind. Die vorherrschende, vom Machismo geprägte Kultur macht aus dem Mann häufig einen kalten und gleichgültigen Menschen, der den größten Teil seiner Zeit außer Haus verbringt, sowohl um zu arbeiten als auch um sich zu vergnügen. Die eheliche Verbindung hat oft den Charakter eines Vertragsverhältnisses wirtschaftlicher Art: verkauft werden die Arbeitskraft des Mannes und die Hausarbeit der Frau. Auf diese Weise möchte man nichts weiter als die materiellen und biologischen Bedürfnisse befriedigen, die der Mann und die Frau aus dem einfachen Volk getrennt nicht befriedigen könnten. Aufgrund wirtschaftlicher Probleme, die Spannungen und Gewalt sowie Irritationen hervorrufen, gelingt es vielen Paaren nicht, eine zufriedenstellende Beziehung aufzubauen. Es gibt auch interne Faktoren, wie z.B. das Fehlen von elterlichen Vorbildern, die den Wert der Kommunikation, der Hingabe und des Dialogs sowie dessen spezifische Sprache vermittelt hätten. Dies muß unsere Kinder negativ beeinflußt haben, denn jedes Kind fühlt sich geborgen und empfindet Freude, wenn es merkt, daß seine Eltern sich wirklich lieben.

IV. Ziel unseres Werkes

Angesichts all dieser Mißstände hat sich unser Werk zum Ziel gesetzt, den Kindern eine alternative Familie zu bieten, in der ihre falsche Vorstellung von Familie und viele Antiwerte, die ihnen vermittelt worden sind, korrigiert werden und in der sie doch noch eine glückliche Kindheit erleben dürfen, durch die sie lernen, emotionale Beziehungen zu knüpfen. Eine Ersatzfamilie, in der sie dazu angeregt werden, ihre eigene Identität zu entdecken und Verantwortung zu übernehmen, vor allem für ihre eigene Erziehung und Entwicklung. Diese Aufgaben haben alle Familien solange, bis das Kind die entsprechende emotionale Reife erlangt, um selbst dauerhafte und beständige Beziehungen selbstloser Liebe aufbauen zu können, auch wenn dies schwerfällt. Durch den Kontakt mit uns sollen die Kinder vor allem den Teufelskreis dieser instabilen Familien durchbrechen, insofern, als unsere Kinder nicht die Verhaltensweisen ihrer Eltern wiederholen sollen, die ihrerseits auch nur Opfer zerrütteter Familienverhältnisse waren.

Charakteristische Eigenschaften der Kinder

Im folgenden werden einige charakteristische Eigenschaften unserer Kinder beschrieben, die zum Teil auf die oben erwähnten Mißstände zurückzuführen sind.

Auffällig ist ihre Suche nach „Sicherheit und Geborgenheit"; denn sie haben stets das Gegenteil erfahren: die Furcht, verlassen zu werden. Welches Trauma wird wohl eines unserer Kinder erlitten haben, dessen Mutter mehrere Selbstmordversuche unternahm, von denen der letzte erfolgreich war? Nur wenige Tage, nachdem wir die Leitung eines neuen Heimes übernommen hatten, bestätigten uns die Heimkinder, die nach dem Wechsel der Verwaltung geblieben waren, daß sie sich nun „sicher und geborgen" fühlten, was in ihren Kommentaren über die von uns eingeführten Änderungen zum Ausdruck kam. Offensichtlich haben sie viele Ängste. Es kommt niemandem in den Sinn, nachts ohne Begleitung den Schlafsaal zu verlassen und sich in die Dunkelheit zu wagen. Ist es die Angst, erneut verlassen zu werden? Wir versuchen, sie von diesen Befürchtungen und Ängsten zu befreien, indem wir ein Klima des Vertrauens und der Zuneigung schaffen und eine persönlichere Betreuung anstreben. Wir haben festgestellt, daß eine feste Disziplin, wie wir sie in unserem Heim haben und die sicherlich nicht erdrückend ist, von den Kindern geschätzt wird, da sie ihnen Orientierung bietet und ihnen das ersehnte Gefühl der „Sicherheit und Geborgenheit" gibt. Das Schwimmbad, über das unser Heim verfügt, ist kein Luxus, denn es dient dazu, ihnen zumindest eine Angst zu nehmen: die vor dem Wasser...!

Wir stellen bei den Kindern auch eine geringe *Selbstachtung* fest. Sicherlich eine Folge ihrer Situation: sie sind verlassen worden; aus irgendeinem Grund sind ihre Eltern nicht bei ihnen geblieben. Dies ruft Minderwertigkeits- und Schuldgefühle hervor. Mehr als andere Kinder brauchen sie Anreize, um Selbstachtung zu gewinnen; so werden ihnen verantwortungsvolle Aufgaben übertragen, ihre guten Eigenschaften hervorgehoben und Talente und Fähigkeiten gefördert. Wir geben ihnen auch Gelegenheit, Sport zu treiben, zu musizieren und sich mit handwerklichen Arbeiten zu beschäftigen. Wir haben eine diplomierte Lehrerin eingestellt, die die Kinder pädagogisch betreut, um ihre schulischen Leistungen zu verbessern.

Ziel unserer seelsorglichen Betreuung ist es, sie anzuleiten, den Wert und Sinn ihres Lebens zu entdecken. Wir vermeiden jegliche Art von Mitleid, wozu wir auch unsere Besucher anhalten. Jeder Geburtstag wird mit etwas Besonderem gefeiert. Damit möchten wir den Schaden wiedergutmachen, der durch die Erfahrung, verlassen worden zu sein, entstanden ist. Wir können uns wohl kaum vorstellen, was in dem Kind vorging, das zu uns kam, nachdem man es verlassen in der Straße aufgefunden hatte, und in dessen Erkennungsbogen kein Name, sondern nur N.N. stand, was soviel bedeutete wie:

keine Identität haben. Wir mußten ihm einen Vor- und Zunamen geben und sein Geburtsdatum bestimmen...

Als Folge der negativen Aspekte ihrer Vergangenheit stellen wir bei den Kindern auch *emotionale Frustrationen* fest. Viele Kinder haben Schwierigkeiten, emotionale Bande zu knüpfen, da sie auf ihrem bisherigen Lebensweg kein Vorbild hierfür hatten. Am Anfang reagieren sie voller Mißtrauen, da ihre ersten Erfahrungen mit Erwachsenen aufgrund der Konflikte in ihren Familien eher bestürzend und verwirrend waren. Später gelingt es vielen, ihre Gefühle auszudrücken, aber es scheint, daß sie nach wie vor glauben, sich immer wieder der Zuneigung der Erwachsenen, denen sie begegnen, versichern zu müssen. Auch besteht bei ihnen immer die latente Gefahr, daß sie als Ersatz für familiäre Zuwendung einen Ausgleich im Müßiggang, im Drogenkonsum und im Alkoholgenuß suchen. Einige Kinder haben sich angewöhnt, Lösungsmittel zu inhalieren, um den Hunger zu unterdrücken und um der Kälte sowie der harten Wirklichkeit ihrer Umwelt zu „entfliehen".

Die emotionalen Frustrationen führen bei ihnen zu einer inneren Unausgeglichenheit, die oft Ursache für ihre mangelnde Konzentrationsfähigkeit ist, wodurch ihre schulischen Leistungen beeinträchtigt werden. Unsere Kinder sind meistens keine brillanten Schüler und viele weisen einen Bildungsrückstand auf, was zum Teil auch Folge ihres Fernbleibens vom Unterricht ist.

Wir versuchen, dieser Realität entsprechend zu begegnen, indem wir in unserem Haus für eine Atmosphäre der Freundschaft und des Interesses am Wohl jedes Einzelnen sorgen. Aus gutem Grund haben wir für unsere Stiftung den Namen *Mis Amigos* (Meine Freunde) gewählt; er soll unser Anliegen bekräftigen, nämlich den Heimkindern zu versichern, daß sie dort echte Freunde finden, die sich um sie kümmern und sie nie verlassen werden. Es werden die Freundschaft zwischen den Kindern und ihre Beziehung zu den Erwachsenen gefördert. Wenn wir jemanden bestrafen müssen, so tun wir dies nach dem Prinzip: „Ich habe mich zwar über dich geärgert, aber ich liebe dich sehr." Wir versuchen auch, ihre Bereitschaft zum Kampf als Mittel, sich durchzusetzen, zu relativieren und die Bevorzugung einzelner zu vermeiden.

Wir erkennen die Wichtigkeit der Präsenz von Frauen in unserem Heim für Jungen an, in dem glücklicherweise viele der Erzieher und

Hilfskräfte Frauen sind. Außerdem werden in allen Schulen, die unsere Kinder besuchen, Mädchen und Jungen in Koedukation unterrichtet, was den normalen Umgang mit dem „anderen Geschlecht" fördert.

In religiösen Dingen stellen wir bei den Kindern eine bemerkenswerte Neugier fest. Sie haben eine Vorliebe für religiöse Symbole, die sie entweder bei sich tragen oder mit denen sie ihre Schlafsäle schmücken. Vor allem vor Erreichen des Jugendalters zeigen sie großes Interesse an der christlichen Initiation und der katechetischen Vorbereitung auf die Sakramente. Sie nehmen gerne an dem gemeinsamen Gebet teil.

In unserer Katechese, einer Aufgabe, die alle unsere Erzieher mit uns teilen, versuchen wir immer, von der Realität unserer Kinder auszugehen. Unter Berücksichtigung dessen, daß der Wert, den die Kinder am meisten zu schätzen wissen, die Freundschaft ist, beschreiben wir ihnen die Person Jesu vor allem als den „Freund, der einen nie im Stich läßt". Sie preisen Jesus, der sie nie verlassen wird, sondern jedem einzelnen begegnen möchte. Davon ausgehend versuchen wir, ihre Vorstellung von Gott zu revidieren, der offensichtlich mit dem verzerrten Bild vom eigenen Vater (und Mutter) in Verbindung gebracht wird. Die Auffassung von einem Gott, der kalt und unerbittlich ist und sogar Fatalismus und Passivität begünstigt, muß korrigiert werden. An seine Stelle setzen wir die Gestalt, die Jesus „Gütigen Vater" und „Vater unser" nennt und die sich in der Liebe widerspiegelt, mit der die Kinder von den Erwachsenen des Heimes aufgenommen werden.

Mit dieser Liebe des Vaters wird die menschliche Liebe in Verbindung gesetzt. Auch hier müssen falsche Vorstellungen korrigiert werden. Es ist notwendig, das Bild der Kinder von Ehe und Sexualität zurechtzurücken, die für sie aufgrund schlechter Erfahrungen oft konfuse und bestürzende Welten sind. Wir bemühen uns sehr, die Ehe als eine Beziehung darzustellen, in der Liebe, Zärtlichkeit, ein ständiger Meinungs- und Gedankenaustausch sowie eine Sexualität überwiegen, die kein Zeitvertreib oder biologische Notwendigkeit, sondern ein Instrument wahrer Liebe ist.

In unserem Heim versuchen wir ein Umfeld zu schaffen, in dem eine Öffnung gegenüber den Werten des Evangeliums gefördert wird; in dieser Atmosphäre wächst eine Gemeinschaft von Jugendlichen gleichen Glaubens heran, in der alle aufgefordert sind, ihren Glauben ohne die Angst, lächerlich gemacht oder in Frage gestellt zu werden, zum Ausdruck zu bringen. Wir hoffen, einen Raum bieten zu können, in dem niemand sich wegen seiner Einstellung, seiner Suche nach Gott und dem Sinn des Lebens von den übrigen der Gruppe ausgeschlossen fühlt, denn der Jugendliche fürchtet nichts so sehr, wie nicht mehr zur Gruppe zu gehören, die ihm ermöglicht, seine Identität zu finden, und ihm zeigt, wie er sich verhalten sollte. Innerhalb der Gruppen Gleichaltriger findet eben auch ein Erziehungsprozeß statt. Wir hoffen, daß die Jugendlichen in unserem Heim, eher als in dem Heim, aus dem sie ursprünglich kommen, oder in der Schule, die sie besuchen, ein Umfeld finden, das sie in ihren Überzeugungen bestärkt und bestätigt.

Weitere Herausforderungen

Unser Heim ist ein Internat bzw. eine Anstalt. Wir wissen, daß dies keine Ideallösung ist. Eine Familie ist durch nichts zu ersetzen. Es besteht die Gefahr der sogenannten Institutionalisierung des Kindes. Das Kind lernt nicht, auf eigenen Füßen zu stehen, da alles für es organisiert wird. Außerdem betrachtet es sich nur als eines unter vielen, wodurch sein Selbstwertgefühl gemindert wird. So gut ein Kinderheim auch sein mag (und wir hoffen, daß unser Heim gut ist), müssen, damit sich die Kinder wohl fühlen, andere Formen der Aufnahme und Betreuung vorgezogen werden, z.B. kleinere Gruppen, die eher der Größe einer normalen Familie entsprechen. Daher fördern wir die Möglichkeit, daß Kinder in solchen familienähnlichen Gruppen leben („Familienunterbringung"). Außerdem arbeiten wir eng mit Einrichtungen zusammen, die die Adoption von Kindern sowohl im Inland als auch von seiten ausländischer Ehepaare vermitteln. Voll Freude erinnern wir uns an einige unserer Kinder, die heute in Ländern wie Kanada, Frankreich, USA, Australien und Italien leben. Diese Lösung ist aber nicht bei allen Kindern möglich, denn die Landesgesetze schützen in jedem Fall die Rechte der Angehörigen, wenn sie gegen die nicht mehr rückgängig zu machende Adoption wären.

In vielen Fällen beschränken wir uns darauf, soweit wie möglich durch gegenseitige Besuche den Kontakt zum familiären Kern zu fördern. Darüber hinaus messen wir der sogenannten „affektiven Adoption" große Bedeutung bei. Hierfür bemühen wir uns, Kontakte zu ausgewählten Ehepaaren zu knüpfen und aufrechtzuerhalten, die sich verpflichten, einmal im Monat ein Kind ein Wochenende lang zu sich einzuladen, damit es an ihrem Familienleben teilhaben kann. Auf diese Weise möchten wir den Kindern die Gelegenheit geben zu erfahren, was eine intakte Familie ist, wie sie sie selbst nie kennengelernt haben. Wir wissen aus Erfahrung, daß oft Freundschaftsbande geknüpft werden, die über Jahre bestehenbleiben, sogar über die Jahre hinaus, die sie im Heim sind. So haben fast alle Kinder „Paten", denen sie herzlich verbunden bleiben.

V. Ein missionarisches Werk

Unsere pastorale Sorge gilt auch den Familien unserer Kinder. Bei unseren Besuchen bei ihnen zu Hause, bei ihren Besuchen bei uns sowie bei gemeinsamen regelmäßigen Treffen nutzen wir die Gelegenheit, um Kontakte untereinander zu knüpfen. Dies ermöglicht uns, sowohl auf persönlicher als auch auf Gruppenebene religiöse Themen sowie Themen bezüglich der Erziehung, der Partnerbeziehung und der Ehe und Familie anzuschneiden. Schon oft konnten wir dazu beitragen, die Einheit der Familie wiederherzustellen, ihnen ihre Selbstachtung zurückzugeben, verlorene geistige Werte wiederzuentdecken sowie die Wiederaufnahme des Kindes in seine Familie vorzubereiten und durchzuführen, was nach wie vor ein wichtiges Ziel unserer Arbeit ist.

So ist unser Heim ein missionarisches Werk für die, die „noch fern sind". Bei einem Werk wie diesem kann der Missionar nicht sagen: „Das genügt". Immer wieder sind Kreativität und Unternehmungsgeist gefordert, um den Dienst am Nächsten zu verbessern, damit er sowohl in geistiger als auch materieller Hinsicht ein Leben in Fülle führen kann. Daher müssen auch die materiellen Bedürfnisse berücksichtigt und dafür gesorgt werden, daß die notwendigen Mittel zur Verfügung stehen und somit jeder das Allernotwendigste zum Leben und Aufwachsen hat. Glücklicherweise erhalten wir einen staatlichen Zuschuß, der aber nicht ausreicht, um alle Kosten für Lebensmittel, Gehälter und andere Posten zu decken. Wir organisieren ständig die verschiedensten Aktivitäten, um im Inland und im Ausland Mittel zu beschaffen. „Die Hand aufzuhalten" zum Wohle anderer ist Teil der Missionarsarbeit! ...

Auch Mädchen
Missionarisches Schaffen beinhaltet auch, in die Zukunft zu schauen und eine mögliche Ausweitung der Arbeit zu planen, da für denjenigen, der voller Liebe um sich blickt und aufmerksam zuhört, immer neue Dringlichkeiten auftauchen, die wie „Zeichen der Zeit" sind. Zu den Zeichen, die unsere Aufmerksamkeit erregen, gehört auch die Situation der Schwestern unserer Jungen, die sich in einer ähnlichen Lage wie diese befinden. Daher ist es zur Zeit unser Traum, auch ein Heim für sie zu gründen. Wir hatten dieses Projekt bisher zurückgestellt, da die Betreuung der Jungen eine dringendere Aufgabe war, denn im allgemeinen läßt man den Mädchen in der Familie selbst mehr Schutz angedeihen. Dennoch zeigt uns die Erfahrung, daß auch sie physischen und moralischen Gefahren ausgesetzt sind, so beobachten wir bei ihnen viele Fälle früher Schwangerschaften, ihr Fernbleiben vom Unterricht und andere Frustrationen.

Unter Berücksichtigung der chilenischen Kultur und Idiosynkrasie sowie der verbreiteten Vorstellung von Sexualität mußten wir von der Möglichkeit eines gemischten Heimes Abstand nehmen und entschieden uns für ein gesondertes Heim. Allerdings soll die geringe Entfernung zwischen den beiden Heimen einen normalen und bereichernden Kontakt zwischen den beiden Gemeinschaften ermöglichen; so wollen wir gemeinsam Veranstaltungen organisieren, wie gemeinschaftliche Feiern, Feste und Freizeitaktivitäten.

Hinsichtlich der pädagogischen Leitung des neuen Heims können wir auf eine Gruppe von Ordensschwestern, Erzieherinnen, zählen, die bereits begeistert ihren Wunsch zu erkennen gaben, sich diesem Werk zu widmen. Zur Zeit wird letzte Hand an die Ausgestaltung eines Gebäudes angelegt, das wir mit Hilfe unserer Freunde erwerben konnten und in dem die Mädchen unseres neuen Heimes eine ausgezeichnete Aufnahme finden werden.

Die „Mystik" des Werkes
Es wäre falsche Bescheidenheit, nicht zu erwähnen, daß unser Heim nach Ansicht der Behörden zu den erfolgreichsten Kinderheimen

zählt. Viele „glauben" an unser Werk. Dies versichern uns auch unsere Besucher, die eine einladende Atmosphäre, erzieherische Verantwortung, eine befreiende Disziplin und eine „Mystik" vorfinden, die all diese Charakteristika zusammenfaßt und die unseren Kindern ermöglicht, einige Jahre ihres Lebens ohne große Sorgen in einem Klima der Geborgenheit und Wärme zu genießen. Auch unsere Heimabgänger, zu denen wir soweit wie möglich Kontakt halten, bestätigen uns dies, wenn sie bei ihren Besuchen von ihren guten Erinnerungen sprechen und von ihren Erfolgen im Leben berichten.

Wir versuchen, diese „Mystik" aufrechtzuerhalten, da unser Werk vor allem ein apostolisches Werk ist und sein soll; ein Werk, in dem eine vom Gebet geprägte Atmosphäre unerläßlich ist, was durch die heilige Eucharistie, die wir Ordensleute täglich feiern, das gemeinsame Gebet im Speise- und Schlafsaal und die Sonntagsmesse, an der die ganze Gemeinschaft der Kinder und Onkel teilnimmt, erhalten werden soll.

Eine Familienpastoral

Wir glauben, daß unser Werk eine Form der Familienpastoral ist, die dem besonderen Charisma unserer Kongregation von der Heiligen Familie entspricht. Ich persönlich als Missionar stehe einem weiten pastoralen Tätigkeitsfeld gegenüber, wo man mit beiden Händen „Evangelisierungsarbeit leisten" kann. Sie besteht darin, Kindern, denen es in den ersten Jahren ihres Lebens sehr schlecht ging, eine glückliche Kindheit zu verschaffen, die Einheit von Familien wiederherzustellen und die Schäden wiedergutzumachen, die in jenen Familien entstanden sind, die unter falschen bzw. schlechten Voraussetzungen gegründet worden waren. Diese Arbeit bedeutet, Wirklichkeit werden zu lassen, was das Evangelium uns nahelegt, nämlich sich des *geringsten meiner Brüder* anzunehmen. Sie bedeutet, „Wunder" zu bewirken, ähnlich der Wunder, von denen die Evangelien berichten ...

Es handelt sich um eine pastorale Tätigkeit, bei der der Missionar wirklich Vater vieler Kinder ist und für viele Menschen ein Leben voller Lebensqualität schafft und fördert. Wie bei jeder apostolischen und missionarischen Tätigkeit möchte er das Evangelium des

Herrn verkünden, der allen, die ihm folgen, verheißt, daß sie *das Leben haben und es in Fülle haben*.

Auch dies möchte das *Aldea Mis Amigos* (A.M.A.) sein: eine Familie für Straßenkinder, die diesen die Möglichkeit gibt, den Sinn ihres Lebens zu entdecken und ein Leben in Fülle zu führen, denn, wenn ein Mensch ein Leben in Fülle hat, geschieht dies zur größeren Ehre Gottes.

Literaturhinweise:

JOSEPH COMBLIN, Pastoral de las masas latinoamericanas. Santiago de Chile 1964.
SEGUNDO GALILEO, Religiosidad popular y pastoral. Madrid 1979.
DAGMAR RACZYNSKI und CLAUDIA SERRANO, Vivir la pobreza, testimonios de mujeres. Santiago de Chile 1986.
NIÑOS (= Fachzeitschrift des Servicio Nacional de Menores). Santiago de Chile, September 1991.

Familienkatechese im Stadtrandgebiet von Buenos Aires

Erfahrungsbericht eines Großstadtseelsorgers

von JOSÉ MARIA AGUIRRE in Argentinien

I. Die Pfarrei San José Obrero in José C. Paz

José C. Paz ist eine „Schlafstadt" von rund 200.000 Einwohnern und liegt etwa 35 km von Buenos Aires entfernt. Die Infrastruktur weist noch erhebliche Schwächen auf. Es fehlt an genügend Trinkwasser und an Kanalisation. Die Straßen sind weithin ohne Asphalt, so daß sie im Sommer sehr staubig sind und bei Regen voller Schlamm. Die Häuser sind zumeist einstöckig und erfüllen an Raum und Qualität kaum das Mindestmaß. Die meisten Einwohner kommen aus dem Landesinneren oder aus den anliegenden Grenzländern. Ein hoher Prozentsatz der Bewohner des Stadtzentrums sind europäische (Italiener, Spanier, Portugiesen) oder japanische Einwanderer. Vor allem in den *Barrios* ist die Bevölkerung sehr jung, es gibt nur wenige Familien ohne Kinder und nur wenige ohne Großeltern. In den meisten *Barrios* ist die Hälfte der Bewohner jünger als 20 Jahre alt. Ein Großteil der Bevölkerung muß weite Strecken zum Arbeitsplatz zurücklegen. In vielen Fällen beträgt der Weg drei bis vier Stunden.

In José C. Paz betreuen die MSF die Großpfarrei „San José Obrero" (St. Josef der Arbeiter). Die Pfarrei umfaßt 30 Stadtteile, *Barrios* genannt, mit etwa 80.000 Einwohnern. Außer der Hauptkirche betreut unsere Pfarrei noch 14 Kapellen. Vom Pfarrsitz bis zur entferntest liegenden Kapelle sind es 9 km. In jeder der Kapellen wird ein Mindestmaß an Seelsorge, Verkündigung und Liturgie angeboten: Katechese, Sonntagseucharistie und Spendung der Sakramente. Je nach der besonderen Beschaffenheit der Kapellen werden noch weitere Aufgaben erfüllt: Gebets- und Liturgiegruppen, Krankenseelsorge, Gruppen für besondere Aufgaben und für die Instandhaltung der Gemeindeeinrichtungen. In einigen Fällen werden auch Sozialdienste angeboten, z.B. Kinderhorte und Kleiderkammern.

Die Pfarrei hat eine dreifach gestufte, von mehr als 2.000 Schülern besuchte Gemeinschaftsschule mit Kindergarten, Primar- und Sekundarstufe, eine Berufsschule und eine Schule für weiterbildende Kurse mit mehr als 1.000 Schülern. Im Pfarrhaus sind wir eine Gemeinschaft von drei MSF und betreuen die Hauptpfarrei und vier Kapellen. Die anderen Kapellen werden von Ordensleuten betreut, die in der Nähe Ausbildungszentren haben, Franziskaner, Redemptoristen, Vinzentiner, Salesianer und auch Mitglieder der Fokolare-Bewegung. Außer den drei MSF-Patres ist noch ein Franziskaner voll in der Seelsorge eingesetzt. Die anderen Geistlichen kommen nur an Samstagen und Sonntagen zu den Kapellen. Dennoch bilden alle Priester und Ordensleute, die in der Pfarrei tätig sind, ein Seelsorgerteam. Zwischen ihnen herrscht ein sehr gutes brüderliches Klima. Im Laufe der Jahre stieg vor allem die Zahl der in der Seelsorge und Verkündigung mitarbeitenden Laien. Heute ruhen auf ihnen die Hauptlast und die Verantwortung für das, was am Pfarrort und in den Kapellen geschieht. Ohne ihre selbstlose und freiwillige Mitwirkung wäre es nicht möglich, die zahlreichen Aufgaben zu erfüllen. Augenblicklich sind es mehr als 400 Personen, die für die Seelsorge Verantwortung tragen und allein oder in Gruppen ihre Kraft für die Durchführung und Koordinierung der diversen Dienstleistungen einsetzen.

II. Die Familienkatechese

Was ist unter Familienkatechese zu verstehen?

Familienkatechese versteht sich als umfassende Vorbereitung der Kinder auf die Erstkommunion. Sie richtet sich jedoch nicht nur an die Kinder, sondern in Form von Gemeindekatechese an die gesamte Familie, insbesondere an die Eltern, die als Erstempfänger gelten. Familienkatechese ist also Erwachsenenkatechese, die über die Eltern die Kinder erreichen will. Ihre Methode orientiert sich an den Aufgaben der Eltern, insbesondere an ihrer Verantwortung für die Erziehung ihrer Kinder. Erziehung ist ein Recht und eine Pflicht der Eltern, von der sie sich nicht lösen dürfen. Die Familienkatechese will den Eltern die Mindestvoraussetzung schaffen, die erforderlich ist, um das erfüllen zu können, was sie bei der Taufe ihrer Kinder versprochen haben, d.h. das Wachsen des Glaubens in ihren Kindern anzuregen und zu begleiten. Die Familienkatechese konzentriert sich auf die besonderen Phasen dieser Glaubenserziehung, nämlich auf die Zeit der Vorbereitung auf den Empfang der Sakramente der Wiederversöhnung (Beichte) und der Erstkommunion.

Gründe, die zur Familienkatechese führten

Die Beweggründe, die zur Familienkatechese führten, waren verschiedenartig. Einmal waren es die Mängel der traditionellen Katechese der Vorbereitung auf die Erstkommunion. Das II. Vatikanische Konzil hatte den Anstoß gegeben, anstelle einer Katechese der auswendig gelernten und oft nicht verstandenen Fragen und Antworten eine Katechese zu erarbeiten, die der Auffassungsgabe des Kindes gerecht wurde. Die Bibel wurde in die Katechese einbezogen; die Erklärungen waren so gehalten, daß Kinder sie verstehen konnten; besonderer Wert wurde auf die aktive Teilnahme der Kinder am Verlauf der Katechese gelegt; audiovisuelle Medien wurden einbezogen. Trotz all dieser Bemühungen zeigte sich in unserer konkreten Lage sehr deutlich, daß diese Katechese nicht zu einem tiefen, überzeugten und von der Gemeinschaft mitgetragenen Glauben führte. Ein Großteil der Kinder blieb nach der Erstkommunion der Kirche fern. Lediglich die Hälfte nahm noch an der Vorbereitung auf die Firmung, der wenig sozial-kulturelles Prestige beigemessen wurde, teil. Die Firmung selbst wurde, anstatt öffentliches Bekenntnis des Glaubens in und mit der Gemeinde zu sein, der Zeitpunkt, an dem sich die meisten aus dem Gemeindeleben verabschiedeten. Was die Eltern betrifft, so war festzustellen, daß kaum ein Interesse an der Katechese ihrer Kinder bestand und daß nur sehr wenige die Vorbereitung auf die Beichte und die Erstkommunion begleiteten. Diese fehlende Anteilnahme der Familie erweckte in den Kindern den Eindruck, zwischen dem, was in der Katechese zu christlichem Glauben und Leben gelehrt wurde und dem, was in der Familie gelebte Wirklichkeit war, bestände ein großer Unterschied. In den Familien wurde die Erstkommunion ohne Bindung an den Glauben und die kirchliche Gemeinschaft zu einem lediglich sozialen Ereignis oder zu einer Art Gewissensberuhigung für die Eltern, die meinten, ihrer Pflicht vor Gott nachgekommen zu sein, wenn sie den Kindern den Sakramentenempfang ermöglichten. Ein weiterer Grund für die Einführung der Familienkatechese war die Erkenntnis, daß die Familie selbst der eigentliche Ort der Weitergabe des Glaubens ist. Diese Glaubensweitergabe sollte Teil der Weitergabe der Wertenormen sein. Es wurde immer deutlicher, daß in unserer säkularisierten Welt Sakramentalisierung ohne entsprechende Evangelisierung wenig nützt. Wir stehen in einer Welt, die es dem gläubigen Katholiken schwer macht, seinen Glauben und seine religiösen Überzeugungen gegen die Angriffe einer bloßen Diesseitsbetontheit und gegen die vielen Sekten und Gruppen evangelischer Bekehrungseiferer zu verteidigen. Die Dokumente und Verlautbarungen der Kirche ermutigen uns, an katechetischen Methoden zu arbeiten, die es ermöglichen, den Eltern bei der Aufgabe der Glaubenserziehung ihrer Kinder zu helfen. In *Lumen gentium* (Art. 11) heißt es: *In der Familie, einer Art „Hauskirche", sollen die Eltern durch Wort und Beispiel für ihre Kinder die ersten Glaubensboten sein.* Den Begriff der Hauskirche erläuterte Papst Paul VI. in dem Apostolischen Schreiben über die *Evangelisierung in der Welt von heute* vom 8. Dezember 1975, wenn er schreibt: *„Hauskirche", das bedeutet, in jeder christlichen Familie müßten sich die verschiedenen Aspekte der Gesamtkirche wiederfinden. Außerdem muß die Familie wie die Kirche ein Raum sein, wo das Evangelium ins Leben übersetzt wird und wo daher dieses Evangelium aufleuchtet. Im Schoß einer Familie, die sich dieser Sendung bewußt ist, verkünden alle Familienmitglieder das Evangelium, und es wird ihnen verkündet. Die Eltern vermitteln nicht nur ihren Kindern das Evangelium, sie können dieses gleiche Evangelium von ihnen empfangen, und zwar als tief gelebtes Evangelium. Eine solche Familie wirkt auch verkündend auf zahlreiche weitere Familien und das Milieu, zu dem sie gehört* (*Evangelii nuntiandi* 71). Nach *Catechesi tradendae* (Nr. 68) heißt es, die Familienkatechese gehe voran, begleite und bereichere jede andere Art von Katechese: *Niemals werden sich die christlichen Eltern genügend anstrengen, um sich vorzubereiten für diesen Dienst als Katecheten ihrer Kinder und diesen Dienst mit unermüdlichem Eifer ausüben.*

Der zweite Nationalkongreß für Katechese in Rosario räumte der Familienkatechese erste Priorität ein. Auch aus unserer Pfarrei nahmen viele Katecheten an diesem Kongreß teil. In Antwort auf einen Aufruf von Papst Johannes Paul II. rief uns die argentinische Bischofskonferenz auf, im Rahmen der neuen Evangelisierung vor allem die Familienkatechese aufzugreifen, ihr vor allem den Vorrang zu geben, da sie

a) für die Eltern eine konkrete Hilfe sei bei der Aufgabe, in Verantwortung die ersten Glaubenserzieher ihrer Kinder zu sein;
b) sie die Möglichkeit böte, alle Familienmitglieder zur Glaubensreife zu führen, und
c) durch sie der Zwiespalt zwischen dem, was die Katecheseempfänger in der Katechese erhielten und dem, was in der Familie gelebt würde, überwunden werden kann und damit erst eine Nachfolge Christi und eine echte Zugehörigkeit zur Kirche ermöglicht wird, und schließlich
d) die Familie erst durch die Familienkatechese sich bewußt als „Hauskirche" und „Basis der Pfarr- und Bistumsgemeinschaft" verstehen lerne (*Juntos para una evangelizacion permanente*).

Ziele der Familienkatechese

Hauptziel der Familienkatechese ist der Aufbau einer christlichen Gemeinde von der Evangelisierung der Familie her. Die Familienkatechese richtet sich mit ihren Anforderungen an die Erwachsenen. Sie zielt zunächst auf die Eltern und will durch sie die gesamte Familie erreichen. Familienkatechese ist „Verkündigung der Frohen Botschaft", d.h. Verkündigung des Wortes Gottes und Aufruf zur Bekehrung und zu einem erneuerten Glaubensleben. Die Familienkatechese ist missionarisch, sie sucht alle zu erreichen und bietet auch den Fernstehenden die Möglichkeit einer Begegnung mit Christus und der Teilnahme an der christlichen Gemeinschaft, und zwar als Erwachsener und jemand, der sich der Gemeinde gegenüber verpflichtet weiß. Im ersten Jahr der Familienkatechese ist es Ziel, die Person Jesu Christi und seine Kernbotschaft bekanntzumachen. Dabei ist die Bekehrung des einzelnen und die Bindung an Jesus angestrebt. Das Jahr schließt mit der Feier des Bußsakramentes. Das zweite Jahr hat zum Ziel, die Kirche und die Sakramente der Kirche bekanntzumachen und anzuregen, sich aktiv und gewissenhaft am Gemeindeleben zu beteiligen. Dieses zweite Jahr schließt mit der Feier der Erstkommunion.

Methodischer Ablauf der Familienkatechese

An die Eltern wird die Bedingung gestellt, sich als Eltern eines Kindes zu wissen, das am Anfang seines Glaubenslebens steht. Wenn Großeltern, Onkel oder Tanten sich der Kinder annehmen oder die Kinder bei ihnen aufwachsen, können auch sie in die Familienkatechese einbezogen werden. Von den Eltern wird erwartet, daß sie wöchentlich an den Treffen der Elterngruppen mit den Gruppenleitern teilnehmen und zuhause ihrem Kind wöchentlich den Inhalt des Arbeitspapiers vermitteln, das bei den Elterntreffen bearbeitet und ihnen mitgegeben wird. Da die Familienkatechese auf Evangelisierung hinzielt, wird von den Eltern weder verlangt, daß sie getauft sind noch daß sie die Sakramente der Kommunion oder der Ehe empfangen haben. Es wird auch nicht gefordert, daß sich die Eltern schon vor Beginn der Familienkatechese aktiv am Glaubens- und Gemeindeleben beteiligten. Schließlich wird auch nicht erwartet, daß sie lesen oder schreiben können. Die erarbeitete Methode der Familienkatechese erlaubt es, daß die Eltern ohne diese Vorbedingungen die Katecheten ihrer Kinder sein können.

Zu Beginn eines jeden Jahres bilden sich Gruppen zwischen 6 und 14 Familien aus denjenigen, die sich für die Familienkatechese eingeschrieben haben. Jede Gruppe spricht mit den Gruppenleitern den Termin der Treffen ab. Auch einigt sie sich über den Ort der Zusammenkünfte. Diese können in einem Pfarraum, in einer Kapelle, im Haus der Gruppenleiter oder in der Wohnung irgendeiner Familie sein.

Das wöchentliche Treffen der Eltern dauert für gewöhnlich zwei Stunden und wird von einem Gruppenleiterteam, normalerweise ein Elternpaar, ausgearbeitet. Bei jedem Treffen wird ein neues Thema behandelt. Die wesentlichen Elemente des Treffens sind folgende: Vorstellung des Themas, Austausch der persönlichen Glaubenserfahrung, Gedankenaustausch über das für sich Empfundene, gemeinsames Gebet. Das gegenseitige Sichmitteilen aller Teilnehmer gehört zu jedem Treffen. Die Gruppenleiter brauchen weder Reden zu halten noch müssen sie Experten sein. Sie sollen sich in die Gruppe einbringen und durch sie im Glauben wachsen. Das Glaubensklima soll die Teilnehmer evangelisieren: die Kraft, die aus dem Wort Gottes erwächst und die Begegnung mit dem lebendigen Gott im Gebet. Bereits nach wenigen Treffen entstehen geschwisterliche Bindungen und machen das Mitarbeiten leichter und flüssiger.

Die Eltern legen in der Woche eine Zeit fest, in der sie mit der ganzen Familie oder wenigstens mit dem Kind, das sich auf die Erstkommunion vorbereitet, Glaubensgedanken austauschen. Sie teilen mit, was sie bei den Elterntreffen erfahren haben, und zwar in einer Art, die dem Auffassungsvermögen des Kindes entspricht. Für das Kind liegt ein Arbeitspapier vor, das es nach dem Gespräch mit den Eltern ergänzen soll. Im zweiten Jahr der Familienkatechese enthält das Arbeitspapier auch zwei Seiten, die ausschließlich für das Ehepaar vorgesehen sind.

Einmal in der Woche treffen sich alle Kinder der Gruppe mit einem Gruppenleiter. Sie besprechen dann untereinander das, was ihnen zuvor daheim von den Eltern gesagt wurde, um das Gehörte zu vertiefen und all das zu klären, was sie bisher noch nicht verstanden haben. Zu jedem Treffen gehören das Gebet und eine kleine Feier, die Bezug hat zum bearbeiteten Thema.

Jede Woche, in einzelnen Fällen auch alle zwei Wochen, treffen sich die Gruppenleiter mit den Gesprächsleitern der Familienkatechese. Gesprächsleiter sind diejenigen, die koordinieren und den gesamten Verlauf der Katechese beleben. Bei diesen Treffen teilen die Gruppenleiter ihre Erfahrungen aus der Begegnung mit den Eltern mit: Schwierigkeiten, auftretende Fragen und Zweifel, aber auch die Erfahrung von Gottes Kraft und Wirken. Sie bereiten das nächste Elterntreffen vor, gehen das Arbeitspapier durch, stellen Lieder und ergänzende Texte zusammen, hören das Wort der Heiligen Schrift und beten gemeinsam. Ähnlich wie die Gruppenleiter treffen sich einmal in der Woche die Helfer, d.h. diejenigen, die in der Kindergruppe arbeiten. Ihre Gespräche und Überlegungen konzentrieren sich vornehmlich auf die Arbeit mit den Kindern. Die lebendigen Kontakte der Helfer mit den Gruppenleitern ermöglichen diesen, Erfahrungen zu sammeln und sich ein Bild von dem zu machen, was für Kinder geeignet ist und was bei den Treffen der Eltern vor allem beachtet werden muß. Dabei läßt sich rasch feststellen, wo besondere Schwierigkeiten auftreten und wo es am nötigen Einsatz mangelt.

Religiöse Feiern

In der Familienkatechese nehmen die religiösen Feiern, an denen die Familien aller Gruppen beteiligt sind, einen besonderen Platz ein. Die Feiern finden für gewöhnlich in der Kirche statt. Das fördert den Integrierungsprozeß der verschiedenen Gruppen, die sich ja normalerweise wöchentlich im Hause irgendeiner Familie treffen. Auch tragen die religiösen Feiern dazu bei, ein neues Gesicht der Kirche zu entdecken, das vielen bisher unbekannt war, nämlich das Gesicht einer fröhlichen Gemeinschaft. Zugleich helfen diese Feiern, wichtige Aspekte des christlichen Lebens aufzuzeigen. Zu Beginn der Familienkatechese im ersten Jahr wird feierlich die Arbeitsmappe überreicht, die dann im Verlauf des Jahres durch Arbeitspapiere vervollständigt wird. Es ist die Feier der Übergabe des „Wortes Gottes". Weitere Feiern sind die Übergabe des Arbeitspapiers über die Taufe sowie über das Sakrament der Wiederversöhnung (Beichte). Im zweiten Jahr werden dann feierlich die Arbeitspapiere zu den Themen Gemeinschaft, Ehe und Erstkommunion übergeben. Bei diesen Feiern empfangen diejenigen das Sakrament, das sie bis dahin noch nicht empfangen haben. Die anderen erneuern das Verlangen nach dem Sakrament und nach seiner Gnade.

Das erste Jahr schließt mit der Feier des Bußsakramentes, das die Kinder und häufig auch zum ersten Mal ihre Eltern empfangen. Für nicht wenige andere Eltern ist es eine Gelegenheit, erstmals wieder nach vielen Jahren zum Sakrament der Beichte zu gehen. Das zweite Jahr schließt mit der Feier der Erstkommunion. Eine große Gruppe von Eltern empfängt mit ihren Kindern gemeinsam die Erstkommunion. Neben diesen sakramentalen Feiern gibt es auch andere Feiern, z.B. „Jesus, das Licht der Welt", die Überreichung des Vaterunser oder die Übergabe des Glaubensbekenntnisses (Credo). Diese Feiern verteilen sich alle auf das erste Jahr. Im zweiten Jahr gibt es dann Feiern zu den Themen Kirche, Brot und Messe. Mitunter schließt sich an diese religiösen Feiern in der Kirche eine Agape an, d.h. ein geschwisterlicher Austausch der Gaben, die die einzelnen Familien mitgebracht haben. Das stärkt das Zusammenwachsen der Familien und Gruppen.

III. Die Anfänge und die Praxis der Familienkatechese in unserer Pfarrei

In unserer Pfarrei begannen wir 1987 mit der Familienkatechese, und zwar als Test in drei Kapellen. 1988 machten bereits die Hauptpfarrei und weitere drei Kapellen mit. Auch in der Pfarrschule wurde mit der Familienkatechese begonnen und 1989 auch in den restlichen Kapellen der Pfarrei. In unserer Diözese waren wir die ersten, die diese Art Familienkatechese praktizierten. Heute hat sich diese Methode auf weitere Pfarreien ausgedehnt. In diesem Jahr [1993] waren es etwa 500 Familien, die in der Hauptpfarrei an der Familienkatechese teilnahmen. In den Kapellen ist die Beteiligung unterschiedlich, je abhängig von der Bevölkerung des Stadtteils und der Geschichte und dem Werden der Gemeinde. Im Durchschnitt nehmen 100 Familien in jeder Kapelle an der Familienkatechese teil. Das erfordert große pastorale Anstrengungen bei der Ausbildung und bei der Begleitung der Gruppenleiter und Helfer und bedingt einen großen Aufwand an Personen und Zeit. Im Vergleich mit der früheren Katechese, die ein Treffen der Katecheten mit den Kindern lediglich für jedes Thema vorsah und bestenfalls einmal wöchentlich stattfand, sieht die Familienkatechese jede Woche ein Treffen der Eltern, ein Treffen in jeder Familie, ein Treffen der Kinder, ein Treffen der Gruppenleiter und Helfer und außerdem des öfteren ein Treffen des Priesters mit den jeweiligen Gruppenleitern vor. Für jedes dieser Treffen ist ein Arbeitspapier entwickelt worden.

Ergebnisse der Familienkatechese

Diese Form der pastoralen Betreuung hat sich in unserer Gemeinde als sehr fruchtbar erwiesen. Hoch ist die Zahl derjenigen, die zu Gott und der Kirche zurückfinden. Viele Personen entdecken in der Familienkatechese den lebendigen Gott und spüren, was es heißt, Christ zu sein. Viele auch entdecken, daß sie Kirche sind und daß es für sie persönlich gilt, ihren Lebensstil zu ändern. Durch die Familienkatechese erreicht der Prozeß der Evangelisierung die ganze Familie. Es ist festzustellen, daß sich häufig das Leben in der Familie ändert, daß der Dialog beginnt und daß der Respekt füreinander wächst. Viele Familien lassen sich durch die Familienkatechese gewinnen, Gott einen Platz in ihrem Leben einzuräumen, z.B. dadurch, daß das Wort Gottes gelesen wird, daß man in der Familie betet, daß die großen Feste wie Weihnachten, Ostern und Pfingsten gelebt und in bisher nicht gekannter Weise erlebt werden. Die Familienkatechese wirkt sich auch positiv auf das Gemeindeleben aus. Wir können feststellen, daß die Zahl der aktiven Gemeindemitglieder wächst und viele derjenigen, die sich an der Familienkatechese beteiligt hatten, jetzt sonntäglich die Eucharistiefeier besuchen. Das Gesicht der Gemeinde ist im Wandel begriffen. Bei den Gottesdienstfeiern mehrt sich die Zahl der Erwachsenen, denen anzuspüren ist, daß sie zur Gemeinschaft dazugehören. Weiter bewirkt die Familienkatechese, daß die Zahl derjenigen wächst, die sich in die pastorale Verantwortung einbeziehen lassen. Der größte Teil unserer Gruppenleiter erwuchs aus der Familienkatechese. Einmal in Gang gebracht, sorgt die Familienkatechese selbst dafür, daß immer alle benötigten Gruppenleiter und Helfer da sind. Aus der Erfahrung der Begegnung mit Gott und dem Bewußtsein, Kirche zu sein, fühlen sich viele berufen, Dienste zu tun in Bereichen wie Liturgie, Gebetsgruppen, Soziales usw., Bereiche, denen sie vorher eher fernstanden. Eine nicht zu unterschätzende Bedeutung der Familienkatechese liegt auch darin, daß Kirche wieder als Missionskirche verstanden wird. Diejenigen, die durch die Familienkatechese zu einem lebendigen Christsein geweckt wurden, begeistern wiederum andere, sich der Gemeinde anzuschließen und mitzuhelfen, daß bei Angehörigen und Nachbarn die Vorurteile gegen die Kirche ausgeräumt werden. 50 Treffen im Verlaufe von zwei Jahren, in denen ernsthaft christliche Themen und kirchliche Angelegenheiten gemeinschaftlich besprochen und behandelt werden, Themen, die die Menschen angehen, bei denen sich jeder mitteilen kann, Begegnungen, bei denen jeder respektiert wird, das sind Erfahrungen, die kaum einer jemals zuvor in seinem Leben so gemacht hatte. Viele entdecken in der Familienkatechese ihre eigene Würde, lernen sich anders einschätzen und beginnen, auf neue und andere Weise dem anderen zu begegnen. Es ist immer wieder festzustellen, daß Personen, die zu Beginn der Familienkatechese eher reserviert waren, spüren und erleben und es auch zum Ausdruck bringen, wie sehr sich ihre menschlichen Fähigkeiten und ihre pastorale Begeisterung entfalten und entwickeln konnten. Natürlich ist das nicht so bei allen, die an der Familienkatechese teilnehmen. Es darf nicht übersehen werden, daß in unserer Gemeinde 80 Prozent der Bevölkerung katholisch ist, aber kaum mehr als 3 oder 4 Prozent sonntags an der Eucharistiefeier teilnehmen. Persönliche Schicksale und Umwelteinflüsse hindern oft Eltern und Kinder, sich intensiv in das Gemeindeleben einbeziehen zu lassen. Auch ist es schwer, die Väter zu bewegen, an den Treffen der Eltern in der Familienkatechese teilzunehmen. Es bleibt uns noch ein weiter Weg bei der Evangelisierung.

IV. Ein Blick in die Zukunft

Entwicklungsprognose für die Familienkatechese

Sechs Jahre Erfahrungen in der Familienkatechese lehrten uns, daß bisher lediglich erste Schritte getan wurden und daß noch vieles geleistet werden muß zur Weiterentwicklung dieser pastoralen Einrichtung. Das bezieht sich zum einen auf die Heranbildung von Gruppenleitern und Helfern. Für diese besitzt unsere Pfarrei seit 1991 eine schulische Einrichtung, jedoch lediglich mit einem monatlichen Treffen. Um Gruppenleiter mit einer vertieften Glaubenserfahrung und guter Ausbildung zu bekommen, ist es jedoch erforderlich, daß wir ihnen mehr Ausbildungszeiten einräumen und mit großer Kreativität an diese Aufgabe herangehen. Zum anderen sind noch große Anstrengungen zu unternehmen, um auch die Väter für die Mitarbeit an der Familienkatechese zu gewinnen. Ohne sie verliert die Katechese einen großen Teil ihrer Verkündigungskraft für die Familie.

Auf dem Weg zu einer Gemeinde von Gemeinschaften

Eine Herausforderung ist die Frage, was wir den Familien anbieten können, wenn sie die Familienkatechese beendet haben. Noch fehlen Strukturen für den Erhalt und die Vertiefung jener Erfahrungen, die in der Familienkatechese gemacht wurden. In unserer Gemeinde arbeiten wir an dem Programm einer Gemeinde von Gemeinschaften. Wir suchen nach Möglichkeiten, allen die Teilnahme am Gemeindeleben in Kleingruppen anzubieten, Gruppen, die wir *Gru-*

pos de la Palabra (Bibelgruppen) nennen, ähnlich den Gruppen der Familienkatechese. Diese Gruppen oder kleinen Gemeinschaften sollen sich wöchentlich treffen ähnlich der Begegnung der Eltern in der Familienkatechese. Ziel ist die Vertiefung einer gemeinsamen Glaubenserfahrung. Bei jedem Treffen, das rund zwei Stunden dauert, sind Erfahrensaustausch, das Lesen des Wortes Gottes und das Gebet zentrale Punkte. Die Motive zur Teilnahme an diesen Gruppen sind die Erfahrungen eines gelebten Glaubens in der Gruppe der Familienkatechese und der Wunsch, im Glauben weiter zu wachsen. Die Eltern stehen jetzt nicht mehr unter einem sozialen oder religiösen Druck, so wie es bei der Erstkommunion der Kinder war.

Mission 1995

Ende 1992 faßten wir den Entschluß, 1995 in unserem gesamten Pfarrgebiet eine Mission durchzuführen. Dabei werden wir die 18.000 Familien besuchen und in jedem Stadtteil zwei Wochen lang religiöse Kundgebungen veranstalten. Mit einer Vielzahl kleiner Gemeinschaften können wir alle Stadtteile der Pfarrei erreichen. Angestrebt ist, eine Kirche aufzubauen, die eine treue und gemeinschaftsbezogene Künderin der Frohen Botschaft ist. Zwei Jahre sollen der Vorbereitung dienen, in denen alle Geistlichen der Pfarrei am Projekt einer gemeinsamen Pastoral arbeiten. Die Hauptlast der Mission werden Laien tragen, deren missionarisches Bewußtsein immer wieder vertieft werden muß. Es ist daran gedacht, im Anschluß an die Mission eine schulische Einrichtung für die Aufgaben der Kapellen und Gemeinschaften der Pfarrei ins Leben zu rufen. Sie soll der Heranbildung von Gruppenleitern und Mitarbeitern dienen und der Förderung all derjenigen, die sich im Gemeindeleben einbringen, z.B. in der Katechese, der Liturgie, Musik, der Leitung von Bibelgruppen, bei missionarischen Aufgaben, in der Krankenseelsorge oder in der Sozialarbeit. An der Mission 1995 werden um die 1.000 Laien aktiv mitwirken aus allen Vereinen und Gruppierungen und dazu alle für die Pastoral Verantwortlichen. Nach den in der Familienkatechese gemachten Erfahrungen halte ich es für möglich, eine Mission von solch großem Ausmaß durchzuführen. Viele Familien, die sich an der Familienkatechese beteiligt haben, stellen ihre Wohnungen zur Verfügung für die vielen Treffen der kleinen Gemeinschaften. Es lohnt sich, alle Mühe aufzuwenden, um zu erreichen, daß eine lebendige Kirche entsteht.

Die Familienkatechese ist ein wesentlicher Bestandteil der Familienseelsorge. Sie ermöglicht es uns, einen beträchtlichen Prozentsatz der Familien unserer Pfarrei kennenzulernen und uns ihnen zu nähern. Immerhin sind es fast 1.000 Familien, die sich jährlich der Familienkatechese anschließen, Familien, die dann zwei Jahre an den Elterntreffen, Familientreffen und den Feiern der Familienkatechese teilnehmen. Das schafft ein weites Arbeitsfeld, auf dem viel getan werden kann, um in den Familien die Beziehungen zu Gott und der Kirche und damit auch die eigenen Lebensgewohnheiten zu ändern.

In nicht wenigen Fällen entwickelt sich durch die Familienkatechese in den Familien ein solch kräftiger missionarischer Antrieb, daß sich sogar die Hoffnung nährt, aus diesen vom Evangelium geprägten Familien Priester- und Ordensberufe zu erhalten.

Seelsorgliche Erfahrungen und Versuche im Norden von Minas Gerais

von José Antonio Rocha Lima in Brasilien

Art und Weise unseres Handelns hängen von unserer Einstellung ab und unsere innere Haltung bestimmt das seelsorgliche Fühlen und Denken. Hier, im Norden von Minas Gerais, ist das pastorale Wirken anspruchsvoll und oftmals zermürbend. Die Entfernungen sind groß, die Straßen schlecht, Seelsorgshelfer sind rar und dazu überlastet.

Die Menschen in Nordminas sind gastfreundlich und leichtlebig. Ihre Lebensphilosophie ist religiös geprägt: Leiden und Freuden, Naturkatastrophen, sozial-ökonomische Situationen, Niederlagen und Siege, all das wird religiös erklärt und gelebt. Dieser Volkskatholizismus hat viel mit Fatalismus und Konformismus zu tun. Die religiöse Begründung all dessen verdeckt fast immer die tatsächliche Wirklichkeit und verhindert daher eine sorgfältige und tiefe Analyse. Ein praktisches Beispiel: Von vielen wird das menschliche Elend als Wille Gottes erklärt: „Gott will es so", „das ist mein Schicksal", wird klaglos gesagt. Berücksichtigt man bei diesem konformistischen Katholizismus noch die seit Jahrhunderten festgefügte politische und ökonomische Abhängigkeit der Bevölkerung, ist es leichter zu verstehen, weshalb anspruchsvolle Bewegungen, die eine andere Lebensgrundhaltung voraussetzen – wie etwa die Arbeiterseelsorge oder die Bewegung um gerechte Landverteilung – sich nur unter erheblichen Schwierigkeiten durchzusetzen vermögen. Es hat nicht an pastoralen Versuchen gefehlt, wenngleich diese noch schwach und vereinzelt waren, das fatalistische Weltbild der Menschen zu ändern. Zudem gingen von den Bistümern große Anstrengungen und vielfältige Anstöße aus für die Ausbildung von Laienführern, für eine effektive Familienpastoral, für die Jugendseelsorge und die Versorgung bedürftiger Kinder, für die Errichtung von Kleinbetrieben und Produktionsgenossenschaften, für die Arbeit unter den Indianern und unter anderen unterdrückten Bevölkerungsgruppen, für die Errichtung von Sozialwohnungen und für vieles andere mehr.

Bei allem guten Willen und und bei allen Anstrengungen, die die vielen Initiativen auszeichnet, bleibt es jedoch dabei, daß sie vorwiegend Hilfestellung anbieten, ohne sich in die notwendige Identifizierung mit den Menschen zu begeben.

I. Geschichtliche Aspekte

Die portugiesischen Kolonisatoren drangen von der Mündung des São Francisco-Stromes her in das Landesinnere von Minas Gerais ein und gründeten dort erste Siedlungen. Später kamen von São Paulo her die sogenannten *bandeirantes*, Ausbeutungsexpeditionen, die Indianer als Sklaven fingen und nach Edelsteinen und Edelmetallen suchten. In der Frühen Neuzeit wurden die sehr zerstreut lebenden Christen nur gelegentlich und gewissermaßen planlos pastoral betreut. Es sind nur einige wenige Namen von Priestern überliefert, die es wagten, in dieses Gebiet vorzudringen; sie waren Abenteurer und Glaubensboten zugleich.

Dann folgte die Zeit der *desobrigas*. Der Pfarrer und seine Begleiter bereisten von ihrem Pfarrsitz aus das Innere der Pfarrei und gingen bis in weit entlegene Orte. Noch heute gibt es im Bistum Januária Gemeinden, die bis zu 180 km vom Pfarrsitz entfernt liegen. Solche *desobrigas* dauerten Wochen: Straßen gab es nicht, Transportmittel waren das Pferd, der Maulesel oder der Kahn.

Diese Pastoralbesuche fanden meistens in Verbindung mit Festen des Ortsheiligen oder des Kirchenpatrons einer bestimmten Gemeinde statt. War die Festzeit mit Novenen, Festbaum, Prozession und feierlicher Messe vorbei, nahm das normale, alltägliche Leben wieder seinen Lauf, bis zur Wiederholung der Festzeit im darauffolgenden Jahr. Es war ein Katholizismus der Feste, der Folklore, der Gelegenheit ohne Verpflichtungen.

Wie in anderen Gegenden Brasiliens herrscht auch in Nordminas ein starker Synkretismus. Einst war die Religion des Weißen den Indianern und Negern aufgezwungen worden. Die Evangelisierung geschah ohne Achtung vor dem anderen und seinen Kulturen. Besonders die Neger synkretisierten, um kulturell und religiös überleben zu können: Die Heiligenbilder und Namenspatrone der Weißen wurden übernommen, aber sie beinhalteten den alten, überlieferten Glauben. Heilige, wie Benedikt, Ephigenie und andere sind bis heute in vielen Negergruppen sehr beliebt.

Die Kolonialherren bauten für die Neger eigene Kirchen und richteten für sie eine spezielle Bruderschaft ein, wie zum Beispiel die Bruderschaft „Unserer Lieben Frau vom Rosenkranz". Auf diese Weise wurden die Rassentrennung und die soziale Schichtung des Kolonialsystems legalisiert und sanktioniert. Es gab keine spezifisch geprägten Neger- oder Indianerkirchen, sondern nur europäisch beeinflußte Kolonialkirchen.

Der Synkretismus lebt außerhalb der offiziellen Religion, in den *terreiros*, den Höfen von Cadomble, in spiritistischen Zirkeln und in Ausdrucksformen, die von der offiziellen katholischen Liturgie nicht anerkannt werden. Im Volk gibt es ungezählte abergläubische Praktiken und Handlungen. Die Praxis des katholischen Lebens besteht zumeist aus Bittgesuchen an die Heiligen, um in den Bitternissen des Lebens deren Hilfe und Stärke zu erhalten.

Nach dem II. Vatikanischen Konzil wurden große Anstrengungen gemacht, in den rasch wachsenden Pfarreien auch den Wortgottesdienst einzuführen. Weitere neuere Seelsorgsformen und kirchliche Bewegungen entstanden. Daneben erhielten Sekten und Pfingstkirchler großen Zulauf. All das bedeutete eine enorme Herausforderung für die Seelsorgsarbeit.

II. Sozial-ökonomisch-politische Zusammenhänge

Der Norden des Staates Minas Gerais ist immer noch rückständig und hat mit schwierigen Lebensbedingungen zu kämpfen. Kommt ein Nordminasbewohner in die 900 km entfernte Hauptstadt Belo Horizonte, fällt er durch sein Aussehen und seine singende und schleppende Sprache auf. Manche halten ihn für einen Bewohner aus anderen Staaten, etwa aus Bahia.

Nordminas ist eine trockene Region mit zahlreichen Problemen: wachsendes Elend, schlechte Versorgung der Kranken, Entwurzelung vieler Menschen durch das rücksichtslose Vorgehen der Großgrundbesitzer, Zerstörung der Umwelt durch Anwendung von Giften in der Landwirtschaft, Verbrennung großer Waldflächen zur

Herstellung von Holzkohle, Alkoholismus, Prostitution, Drogenhandel, Verfall der Familien, Slumsbildungen, selbst in kleinen Städten, politische Machenschaften durch Stimmenkauf, politische Verfolgung, Parteibuchwirtschaft sowie Korruption in der Verwaltung.

Krankheiten treten immer häufiger auf; die ärztliche Versorgung ist unzureichend. Selbst wenn ein Patient schwer krank ist oder in Todesgefahr schwebt, muß er oft wochenlang auf die Behandlung warten. Dagegen waren die Bedingungen für die ökonomischen und politischen Eliten nie so günstig wie heute. Ihre Machtstellung ist sicherer denn je. Es herrschen Paternalismus und wirtschaftliche Abhängigkeit.

Eine Region ohne Wirtschaftskraft kann keine großen politischen Forderungen stellen bzw. durchsetzen. Außer in Wahlzeiten ist sie für die Politiker nicht beachtenswert und bedeutungslos. So gibt es kein Arbeitsbeschaffungsprogramm und es werden keine Anstrengungen unternommen, die Bevölkerung an das Land, an Grund und Boden, zu binden. Die Jugendlichen haben keine hoffnungsvollen Perspektiven; sie sind entmutigt und geben auf. Viele Eltern holen ihre Kinder aus der Grundschule, damit sie als billige Arbeitskräfte mithelfen, das Familieneinkommen aufzubessern.

Das Fernsehen propagiert Gewalt, zeigt Pornographie und fördert das Konsumverhalten, das sich nur die obersten Schichten leisten können. Die hiesigen Leute werden durch die Medien zu Käufen angeregt, zu denen sie finanziell überhaupt nicht in der Lage sind. Das Gefühl, versagt zu haben, wächst dadurch.

III. Pastorale Herausforderung und Praxis

Das wachsende Elend, das die Familien und die Gemeinden zerstört, ist die größte Herausforderung an die Pastoral. Wie lassen sich Werte und Prinzipien verkünden, die eigentlich an besser situierten Familien ausgerichtet sind? Wie läßt sich die Heranbildung und die Ausbildung von Gemeindeleitern verwirklichen, wenn zuviele Personen auf der Suche nach Arbeit und besseren Lebensbedingungen immer wieder in andere Gegenden überwechseln?

Die Familie ist zum Hauptproblem aller geworden, die in pastoralen Bereichen arbeiten. Sie bleibt eine Existenzfrage, selbst für die

Seelsorger, solange es nicht gelingt, dieses Problem durch eigenes Handeln zu lösen. Ein schwerwiegendes Handicap für unsere Arbeit ist unsere theologische Sprache. Wir wissen nicht, wie wir zu der großen Legion der Entrechteten und Mißbegünstigten wirklich reden sollen. Solange die seelsorgliche Sprechweise nicht den elenden Lebenssituationen dieser Menschen entspricht, bleibt sie deren Verstehen und Vorstellungen fremd. Sie muß damit ins Leere fallen. Heute ist es mehr denn je erforderlich, daß unsere Worte die Kraft des christlichen Glaubens und die damit verbundene Hoffnung verkünden. Es ist notwendig, alle Kräfte des Widerstandes zu bündeln, die aus dem Glauben erwachsen, damit Gleichgültigkeit, Teilnahmslosigkeit, Entmutigung vom Volke genommen und es in seinem Kampf für das Leben gestärkt wird.

Die mit großen finanziellen Mitteln aus dem Ausland unterstützten Sekten haben im Norden von Minas Gerais ein fruchtbares Terrain. Sie geben vor, Lösungen für viele Probleme zu bieten, die eigentlich ein Handeln des Staates verlangen. Sie versprechen Heilung von verschiedensten Krankheiten sowie ein glückliches Leben und verteilen Lebensmittel und Medikamente, an diejenigen, die in die Sekte eintreten. Sie versuchen denjenigen Sinn und Sicherheit zu geben, die im Chaos leben und die spüren, daß ihre Welt der Werte zerfällt. Die Sekten gehen aggressiv vor. Ihr Erfolg zwingt uns aber auch zu tiefen Fragen: Haben wir den Katholiken, die zu ihnen übergelaufen sind, genügend Werte der Hoffnung vermittelt? Sind wir in der Lage auf deren Hoffen und Wünschen auf ein besseres Leben einzugehen? Können wir befriedigende Antworten geben? Bieten wir ihnen ein besseres Wertebild? Das Vordringen der modernen Zivilisation, der säkularisierten Mentalität und des religiösen Pluralismus hat viele frühere Wertvorstellungen zerstört, insbesondere bei der Jugend.

Es muß noch einmal das in Nordminas bestehende Herrschaftssystem erwähnt werden. Auf den alten Farmen gab es den Señor, den Herrn, der über Sklaven und andere Untergebene verfügte. Einige von ihnen waren sogenannte *coroneis* (Oberste), politische Chefs, die eine ganze Gegend tyrannisierten, zugrunde richteten, die auswiesen oder töteten. Dieser paternalistische Coronelismus ist in unserer Gegend noch deutlich zu spüren. Im Norden von Minas ist bis heute derjenige politisch erfolgreich, der es fertigbringt, ein weites Netz von Abhängigkeiten um sich zu bilden. Er verfügt über *cabos eleitorais*, das sind Stimmenfänger, die für ihn arbeiten und die ihn verteidigen. Das ganze System ist auf der Glorifizierung seines Namens aufgebaut: in seinem Namen werden Begünstigungen gewährt, Lebensmittel verteilt, T-Shirts mit seinem Namen werden getragen und Gedenktafeln mit seinem Namen rühmen seine Werke.

Eine Seelsorge, die den Kampf für die Würde der menschlichen Person und für die Befreiung des Menschen aufnehmen will, muß diesem System entgegentreten. Das entmutigt oft die Seelsorger und sie ziehen sich zurück, wenn sie sich der gesamten Situation bewußt werden. Hält der Seelsorger durch, wird er mit Unsicherheiten und Bedrohungen leben müssen. Sie betreffen sowohl seine Ehre als auch sein Leben. Äußerst verwundbar wird er, wenn seine Aktivitäten nicht die Unterstützung der Diözese oder einer Kongregation finden. Viele Führungskräfte aus religiösen Bewegungen geben auf oder arbeiten in nichtkirchlichen Gewerkschaften und politischen Parteien. Die Ursachen dafür sind vielfältig. Sicher ist, daß verschiedene Utopien und Angebote der christlichen Botschaft heute viel kritischer und skeptischer betrachtet werden als noch vor einigen Jahren. Ein praktisches Beispiel: Es wurde viel geredet von einer Agrarreform und viele haben sich dafür eingesetzt; trotzdem scheint sie heute weiter entfernt denn je.

Deutlich ist dagegen an vielen Orten die Zunahme der sogenannten charismatischen Erneuerung oder anderer ähnlicher Bewegungen mit einer Theologie, die dem Gläubigen Belohnung zusagt. Bei all diesen Strömungen werden die großen sozialen Herausforderungen außer Acht gelassen.

Als MSF sind wir davon überzeugt, daß wir uns den seelsorglichen Herausforderungen unserer Gegend stellen müssen und einen speziellen Beitrag zu leisten haben. Ausgehend vom besonderen Charisma unserer Kongregation, haben wir ein Programm entwickelt, mit dem wir bei unserer Arbeit mit Ehepartnern in den Randgebieten folgendes zu erreichen suchen:

* Bessere Kenntnis der christlichen Lehre und des katholischen Bekenntnisses;
* Heranführung an einen persönlichen Glauben; Hilfestellung anbieten zur Wahrnehmung der größeren Zusammenhänge, die in das Leben und Handeln der Familien eingreifen;

* Missionarisches Fühlen und Handeln, d.h. Ehepaare helfen Ehepaaren;
* Wachsende Beteiligung im kirchlichen Gemeindeleben durch Annahme von seelsorglichen und sozialen Aufgaben und Teilnahme an den Bewegungen und Kampagnen zur Verbesserung der Lebensbedingungen.

Wenn dieser Beitrag mehr bei einer Beschreibung der sozialen und kirchlichen Zustände und bei der Feststellung der großen Herausforderungen blieb, ohne die wichtigen pastoralen Versuche aufzuzeigen, dann glauben wir damit, unsere augenblickliche Lage am besten zu vermitteln. Wir möchten die Seelsorge erneuern, aus der Routine herauskommen, Alternativen finden und auch die neuen Methoden, von denen die Lateinamerikanische Bischofskonferenz in Santo Domingo spricht und um die sie bittet. Bis wir all das aber gefunden haben, liegt vor uns noch ein weiter Weg.

Die schwarze Segeltuchstadt

Neue Wege der Kirche in Brasilien?

von IRIO LUIZ CONTI und ROQUE JOÃO BIEGER in Brasilien

Das II. Vatikanische Konzil stellt für die Kirche Lateinamerikas, vor allem für die Brasiliens, ein großes Geschenk des Heiligen Geistes dar. Das Konzil half der Kirche, zu einem neuen Bewußtsein zu gelangen und wahrzunehmen, wie dringlich eine Neubesinnung ihrer kirchlichen Praxis war. Von der Kraft des Geistes Gottes getrieben, fand die Kirche den Mut, sich mit den Armen einzulassen und sich für die zu entscheiden, die am Rande stehen, das heißt für diejenigen, die auch in der Befreiungsbotschaft Jesu Christi die Bevorzugten sind.

Während der letzten drei Jahrzehnte fanden drei Versammlungen des lateinamerikanischen Episkopats sowie viele Kongresse und Treffen auf nationaler, regionaler, diözesaner und lokaler Ebene statt. All das trug dazu bei, daß die Kirche ihr Wirken in diesem Teil der Welt neu festigen konnte. Die lateinamerikanische Kirche wurde sich ihrer besonderen Sendung auf ihrem Kontinent bewußt, einem Kontinent, der von weit verbreiteter Armut und jeder Art von Unterdrückung gekennzeichnet ist. Hier muß sie ihren Sendungsauftrag verwirklichen, indem sie die Armen als wichtige Subjekte ihrer prophetischen und befreienden Botschaft und Tätigkeit annimmt.

In dem Maße, in dem die Armen als Bevorzugte Gottes und der Kirche gesehen und anerkannt werden, werden sie sich als Gestalter ihrer Geschichte fühlen, ihr Leben einrichten und Organe schaffen, die für sie Vertretungsaufgaben übernehmen. Von der Kirche unterstützt, entstehen Volksbewegungen, die gleichsam wie Kampfwerkzeuge daran gehen, eine Gesellschaft aufzubauen, in der alle Platz und Stimme haben. Es sind gerade die Armen, die die Kirche und in ihr die südbrasilianische Provinz der Missionare von der Heiligen Familie daran erinnern, daß sie eine prophetische und missionarische Sendung zu verwirklichen haben.

I. Das neue Gesicht der Kirche

1968 fand im kolumbianischen Medellin die erste Versammlung der lateinamerikanischen Bischöfe statt, die sich zur Aufgabe gestellt hatte, die Beschlüsse des II. Vatikanischen Konzils auf dem Kontinent zu verwirklichen. Es war weise, daß die in Medellin anwesenden Bischöfe ihr besonderes Ohr dem lauten Geschrei der Armen schenkten. Der im Aufkommen begriffene nationale und internationale Kapitalismus hatte viele Menschen in Not und Elend gedrängt. Das verlangte von der Kirche Lateinamerikas eine Option, das bedeutet eine besondere Zuneigung, zu den Armen. Die Bejahung und Annahme dieser Vorliebe hatte eine völlige Neubesinnung der missionarischen Tätigkeit der Kirche zur Folge. Die Achse der Tätigkeit verschob sich. Es wurde begonnen, als Armer inmitten der Armen zu wirken. Jene gesellschaftliche Schicht, die als Opfer der Ausbeutung keinen Platz in den politischen, wirtschaftlichen und kirchlichen Systemen bekommen hatte, wurde nun als das bevorzugte Subjekt der befreienden Sendung der Kirche angenommen, beginnend mit einer gründlichen Neudeutung des Wirkens Jesu in den Evangelien.

Die Option für die Armen begann, als in Lateinamerika und vor allem in Brasilien Militärdiktaturen herrschten. Sie begünstigten eine Minderheit von städtischen und ländlichen Unternehmern, die unter dem Vorwand wirtschaftlichen Fortschritt schaffen zu wollen, sich rasch auf Kosten der Armen bereicherte. Die Armen wurden gewaltsam vom Fortschritt der Gesellschaft ausgeschlossen und der Frucht ihrer Arbeit beraubt. Das mit kirchlicher Unterstützung erfolgte konsequente evangelisierende Wirken für die Armen führte zu vielen Verfolgungen, Verhaftungen, Folterungen und Mordanschlägen, die die prophetischen christlichen *Leader* erdulden mußten. Die Leiter ihrerseits widersetzten sich den Formen der Unterdrückung, die zum Tod der Armen führten.

Zehn Jahre nach der Option der Kirche Lateinamerikas für die Armen fand 1978 im mexikanischen Puebla die nächste Versammlung der Bischöfe Lateinamerikas statt. Beim Rückblick auf die Evangelisierung des Kontinents wurde festgestellt, daß trotz des Einsatzes der Kirche im Kampf gegen die Armut und die Benachteiligung der Armen sich deren Ausschluß aus der Gesellschaft noch beschleunigt hatte. Eine kleine Gruppe von Reichen bereicherte sich immer mehr auf Kosten der Armen, die immer ärmer und immer zahlreicher wurden. Es offenbarte sich das wahre Gesicht der „Sozialsünde": das Staatswesen war auf sündhafter und menschlicher Ungleichheit begründet; es erzeugte Tod anstatt das Leben zu ermöglichen und zu fördern.

Die immer weiter fortschreitende allgemeine Verarmung bewog die lateinamerikanische Bischofskonferenz sich, wie schon 1968 in Medellin, ganz eindeutig für die Armen zu entscheiden. Wiederum stellte sich die Kirche auf die Seite der Armen und bejahte und unterstützte ihre Anliegen. Vieles trug dazu bei, daß sich die Armen organisieren und ihren eigenen Platz immer mehr behaupten konnten: Gemeinsam wurde das Wort Gottes gelesen; es erwies sich als befreiendes Werkzeug. In Wortgottesdiensten und Eucharistiefeiern wurden die Anliegen der Gemeinden eingebracht und die Frohmachende Botschaft einbezogen. Im Religionsunterricht wurde der Umwandlungsprozeß der Gesellschaft zur Sprache gebracht. Die Schaffung von besonderen Seelsorgeeinheiten, wie etwa die Pastoralkommission für den Boden (CPT), die Pastoralkommission für die Arbeiter (CPO) und der einheimische missionarische Rat (CIMI) unterstützten das Wirken der Armen. Aus dem jetzt wirklichen und auch emotional nahen Verhältnis der Kirche zu den Armen erwuchs eine neue Art und Weise, Theologie zu betreiben: In der sogenannten „Befreiungstheologie" wird das Wirken Gottes von der Geschichte der Armen her betrachtet und interpretiert. Aus der neuen theologischen Denkrichtung entwickelten sich folgerichtig die kirchlichen Basisgemeinschaften (CEBs). Auch in deren Gesicht und Handeln zeigte sich jetzt Kirche.

II. Die Kirche und die religiösen Volksbewegungen

In den 60er Jahren machten verschiedene Volksbewegungen in Brasilien ihre Ansprüche geltend. Unter ihnen gewann besondere Bedeutung die „Bewegung der Ackerbauern ohne Boden (MASTER)", die sich vor allem im Süden und im Nordosten des Landes formierte und Grund und Boden forderte.

Sowohl die städtischen wie auch die ländlichen Bewegungen wurden so einflußreich, daß sie die Bundes- und Regionalregierungen dazu brachten, Gesetze zu verabschieden, die für eine Neuregelung des Grundeigentums erforderlich waren. Am 31. März 1964 griff das Militär der äußersten Rechten ein und wies der brasilianischen Regierung die Richtung. Die Volksbewegungen wurden unbarmherzig unterdrückt, das Militär nahm die Macht für sich allein in Anspruch. Es folgten 20 Jahre Diktatur mit hartem Vorgehen gegen alle Bewegungen, die sich gegen das Regime wehrten.

In dieser Zeit spielte die Kirche mit ihrer sozial ausgerichteten Seelsorge eine wichtige Rolle. Sie stellte praktisch den einzigen demokratischen Ort dar. Sie brandmarkte die von der Militärregierung verübten Ungerechtigkeiten und stand den Volksbewegungen, die ihre Rechte forderten, mit Rat und Tat zur Seite. Sie half bei der Bewußtseinsbildung und bei der Formierung christlicher Gemeinschaften. Die Gotteshäuser blieben Orte des Gottesdienstes; viele andere kirchliche Räume dagegen wurden die bevorzugten und oft einzigen Orte, an denen die Menschen Bildung und moralische Unterstützung erhielten, die es ihnen ermöglichte, sich auf demokratischen Wegen den Härten des Militärregimes zu widersetzen und neue Formen und Modelle für die sozialen Strukturen in Volk und Gesellschaft zu entwickeln.

Mit dem Ende der Militärregierung zu Beginn der 80er Jahre bildeten sich verschiedene politische Volksparteien: Das Spektrum reichte von echten Gewerkschaften bis hin zu den Volksbewegungen, deren *Leaderships* zumeist aus der Arbeit der Kirche kamen, näherhin aus der Arbeit im Sinne von CPT, CPO und JOC (katholische Arbeiterjugend). Mit der politischen Öffnung wuchsen in wenigen Jahren die Bildungs- und Informationszentren für die verschiedenen Wünsche und Aufgaben in Politik, Kirche und Gesellschaft. 1987 stellte die südbrasilianische Provinz der MSF, offen für die Anliegen des Volkes, diesen Volksbewegungen und Gewerkschaften einen Teil ihres Scholastikats St. Josef in Passo Fundo, damals Sitz des Philosophischen Instituts P. Berthier, zur Verfügung. Es entstand dort das „Zentrum für Volksbildung", eine Einrichtung öffentlichen Rechts. Hier wurden Leiter ausgebildet, die in den Gewerkschaften und den religiös geprägten Volksbewegungen tätig waren. Es war ein gut genutzter Raum, den die MSF-Provinz für den Dienst an den

Armen geschaffen hatte. Die Kirche, die entscheidend zur Gründung und zur Festigung jener Gewerkschaften beigetragen hatte, die sich aus religiösen Volksbewegungen entwickelt hatten und nicht selten mit jenen identifiziert wurden, ist heute herausgefordert, diesen Bewegungen Eigenständigkeit zuzuerkennen. Sie sind nämlich jetzt rund zehn Jahre alt, besitzen eine strukturierte Organisation und genügend Führungskräfte, um ihr Wirken selbst zu bestimmen. Es bleibt Aufgabe der Kirche, diese weiterhin zu unterstützen, ohne dabei deren Eigenständigkeit zu verletzen.

III. Mit kleinem Eigentum lebt man gut

Die rasche Modernisierung Brasiliens ist nicht ohne Auswirkung auf den Bereich der Landwirtschaft geblieben. Einerseits entstand eine Agrarindustrie, die vollständig auf Technik ausgerichtet ist und serienmäßig produziert. Andererseits gab es weiterhin kleine landwirtschaftliche Betriebe mit wenig Bodeneigentum, die kaum technische Mittel nutzen konnten und die immer mehr von der politischen Agrarplanung ausgeschlossen wurden. Die Überbetonung der als dynamisch und effektiv propagierten Agrarindustrie auf Kosten der kleinen Landwirtschaftsbetriebe führte dazu, das letztere wegen des Mangels an Modernisierung vom Verschwinden bedroht sind. In den entwickelten Ländern unterstützt man Kleinbauern mit Subventionen und schafft solche Strukturen, die die Vermarktung der Agrarprodukte erleichtern. Es werden ihnen technische, finanzielle, fürsorgliche und räumliche Beihilfen gewährt. Die Wichtigkeit der Lebensmittelproduktion für den Inlandsmarkt und den Unterhalt der Bevölkerung wird anerkannt und proklamiert. In Brasilien hingegen werden Großgrundbesitz und Agrarindustrie vom Staat gefördert. Ihre wirtschaftlichen Erfolge gründen auf gewährten Vorteilen, Privilegien und Subventionen. Die wenigen Sektoren der Wirtschaft sind mehr auf den Auslands- denn auf den Inlandmarkt ausgerichtet. Das führte dazu, daß die Erträge des Großgrundbesitzes zwar hoch, doch der Gesamtproduktion und der Versorgung der Brasilianer wenig dienlich sind. In den letzten 20 Jahren brachte der Ausbau der Agrarindustrie in Brasilien mit sich, daß mehr als 30 Millionen Menschen von ihrem Land vertrieben wurden.

Anders ist es mit dem Kleingrundbesitz. Er produziert nicht nur auf den bebauten Flächen; er benötigt auch eine große Anzahl von Helfern aus dem Volk. Damit verhindert er die Landflucht und schafft menschliche Lebensbedingungen in den eigenen Gebieten. In den fünf Staaten Brasiliens erzeugen die Landbesitzer mit weniger als 50 ha Land 78 % Mais, 84 % Bohnen, 48 % Soja, 93 % Tabak, 70 % Schweine, 88 % Hühner und 54 % Milch. In Gesamt-Brasilien verfügen 90 % aller Wirtschaftsbetriebe über weniger als 1.000 ha und belegen 21 % der Gesamtfläche. Der Gesamtproduktion steuern sie lediglich 37 % Reis, 77 % Bohnen, 86 % Manjoc, 64 % Mais, 30 % Soja, 49 % Kaffee, 17 % Zuckerrohr und 17 % Geflügel und Kleintier bei. 47 % betreiben Viehzucht und 49 % Pflanzenzucht. Diese Vergleichszahlen belegen, wie dringend notwendig neue Entwicklungsmuster geschaffen werden müssen und wie notwendig es ist, dem Kleingrundbesitz den Vorrang einzuräumen.

IV. Der Kampf um den Boden und die Agrarreform

In Brasilien ist eine Agrarreform aus wirtschaftlichen, politischen und gesellschaftlichen Gründen unbedingt notwendig. Sie könnte Millionen von Brasilianern ihre Bürgerrechte, Selbständigkeit, Wohnmöglichkeit, Gesundheit und Erziehung geben. Ihre baldige Durchführung ist dringend geboten, um der Gewalttätigkeit im Land ein Ende zu setzen und um Brot auf den Tisch des Volkes zu bringen. Um die Wichtigkeit und Bedeutung der Agrarreform für Brasilien zu verstehen, seien einige Grundüberlegungen angestellt.

Zu Beginn der Diktatur von Castelo Branco wurde 1964 ein Gesetz bezüglich des Bodenstatuts verabschiedet. Es war ein Angebot der Bürgerschicht an die Industrie, um die Modernisierung Brasiliens zu beschleunigen. Das Bodenstatut war kein eigentliches Agrargesetz, sondern vielmehr ein Programm für eine Landentwicklung, die mit öffentlichen Mitteln und Vergünstigungen lediglich die Mächtigen unterstützte. Die großen Privatunternehmen wuchsen immer mehr und beschleunigten und verschärften den Ausschluß der Armen.

In Brasilien hungern derzeit 53 Millionen Menschen, 32 Millionen leben in Not und Elend. Die ausländischen Privatunternehmer besitzen 36 Millionen ha Land, das entspricht 97 % des Ackerlandes der Nation. Fünf Millionen Landarbeiter besitzen keinen gültigen Arbeitsvertrag. 40 % der im Ackerbau Tätigen können weder lesen noch schreiben. Von 1964 bis 1993 wurden 1670 Personen im Streit um den Boden ermordet. In den letzten vier Jahren kamen 245 Leiter von Arbeitergruppen ums Leben. Eine Verbesserung der Gesamtsituation wird nur erreicht, wenn mit einer Agrarreform auch ein gesellschaftlicher Strukturwandel einhergeht. Es genügt nicht, daß vom Boden Besitz ergriffen wird, vielmehr müssen gesellschaftliche und politische Veränderungen in Gang gebracht werden, die so geschaffen sind, daß am Ende den Bauern der Boden auch als Eigentum übertragen wird. Es müssen wirtschaftliche Entwicklungsmuster für die Produktion sowie für eine individuelle wie auch für eine gemeinschaftliche Produktionsweise erarbeitet werden. Mit einer veränderten Struktur des Eigentumsrechts und des landwirtschaftlichen Monopols auf dem Agrarmarkt muß eine tiefe Ehrfurcht gegenüber der Natur und der Mutter Erde wachsen. Dann wird die Agrarreform die Menschen an das Land und an ihre eigene Region binden. Das wiederum verhindert, daß die Vorstädte übervölkert werden.

Es geht also um einen Kampf, der sowohl vom Stadt- als auch vom Landmenschen geführt werden muß. Menschen, die arbeiten wollen und die vom Ertrag ihrer Arbeit leben müssen, sollen Besitz an Grund und Boden haben. Dadurch verändern sich auch die Bedingungen der Stadtarbeiter; ihnen werden ausreichende Lebensmittel zur Verfügung stehen. Die Geschichte hat gezeigt, daß eine Agrarreform viel Organisation und viel Engagement nach sich zieht, ein Einsatz, an dem die Arbeiter in erster Linie beteiligt sind.

V. Träume und Wünsche der Arbeiter

In der allgemeinen Proklamierung der Menschenrechte heißt es, jeder habe das Recht, für seine eigenen Rechte zu kämpfen. Seit vielen Jahren verkündet die Kirche nachhaltig das Recht aller Völker auf ein Leben in Gerechtigkeit und Würde. So ermutigt und unterstützt von den Leitern der Gewerkschaften und der Pastoralkommissionen, schlossen sich einzelne Arbeiter in Gruppen zusammen, um zu studieren, zu überlegen und zu beten. Dabei besannen sie sich auf ihre Herkunft und dachten kritisch über ihre Lebenssituation nach. Viele von ihnen waren bereits von ihrem Land vertrieben worden, trotz des Rechtes auf ein kleines Stück Boden für Arbeit und Wohnung. Es waren kleine Eigentümer, Kinder von Landwirten, Pächter, Halbbauern, Landangestellte und auch andere. Sie stammten aus den verschiedensten Orten, träumten aber gemeinsam von einer besseren Zukunft für sich und ihre Familien und von einer Gesellschaft, die das weitere Umsichgreifen der *Favelas* verhindern würde.

Die Bewegung der Landarbeiter ohne Boden (MST)

Bei der Suche nach einer Lösung der Agrarprobleme entstand 1980 eine neue Form des Widerstandes auf dem Land: „Die Bewegung der Agrararbeiter ohne Boden (MST)". Sie breitete sich bald überall auf dem Lande aus, so daß heute in 19 brasilianischen Staaten diese Organisation zu finden ist. Sie besitzt einen nationalen Vertreter und eine nationale Geschäftsstelle, gleiches auch auf Regional- und Lokalebene. Alle fünf Jahre findet eine nationale Versammlung statt, auf der Ziele und Methoden der Arbeit festgelegt werden. Auch gibt es jährlich Lokalversammlungen, auf denen Fragen der Regional- und Lokalpolitik behandelt werden.

Die Strategie: Zelte auf dem Feld

Frustriert vom langen Warten und der Nichtbeachtung aller Versprechen von seiten der Regierungsinstanzen, die keinen politischen Willen zur Durchführung der Agrarreform haben, beginnen die in der MST-Bewegung vereinigten Familien „ohne Boden", auf brachliegendem Land des Staates oder der Großgrundbesitzer Zelte aufzuschlagen. Diese Landbesetzung erfordert politischen Willen, sozialpolitische, wirtschaftliche und religiöse Kenntnisse, viel Glauben und die Hoffnung, im Widerstand nicht nachzulassen. Die Besetzung von Land spornt die MST-Bewegung an und verdeutlicht, daß wirklich Kräfte zugunsten einer Agrarreform vorhanden sind. Je stabiler das Zeltlager wird, desto mehr befaßt sich mit seinen Zeltbewohnern die

MST-Bewegung. Für gewöhnlich handelt es sich bei den Besetzern um Familien, die entwurzelt wurden, weil sie wegen des Baus von Staudämmen durch die Regierung oder durch das Vorgehen und die Politik der Großgrundbesitzer aus ihrem kleinen Eigentum vertrieben wurden.

Das Zeltlager: Die schwarze Segeltuchstadt

So ein Zeltlager ist eine wahre Segeltuchstadt. Mitunter wird sie von bis zu zweitausend Bauernfamilien aus verschiedenen Orten der Region bewohnt. Sie alle treffen zur gleichen Zeit ein. Die Familien stellen sofort ihre Zelte auf, normalerweise eines neben das andere. Die ausgewählten Plätze liegen zumeist in der Nähe von Wasserquellen oder Flüssen, leicht zugänglich und erreichbar. Die Zelte sind Aufbauten aus Holz- und Bambusstangen mit schwarzen Segeltüchern, die vor dem Regen schützen sollen. Eingerichtet sind sie eher zufällig. Wie vorhanden werden Betten, Schüsselbrett, Backofen und Küchenherd aufgestellt, Trennwände fehlen oft. Die Familien bringen zumeist all ihre Habe mit und glauben daran, den Boden in Besitz nehmen zu können, was aber nicht so leicht und nicht immer zu verwirklichen ist.

Mit der Aufstellung der Zelte beginnen die Sorge und das Bemühen um Ausbildung, vor allem gilt es, die verschiedenen Vorstellungen und Meinungen in eine gemeinsame Richtung zu bringen. Deshalb wird umgehend eine zentral gelegene Gemeindehütte eingerichtet, in der Studienkurse, Bildungstreffen, religiöse Veranstaltungen und Vollversammlungen stattfinden können. Der Glaube und die gemeinsame Überlegung bilden die Grundvoraussetzung für das Zusammenleben und gewähren, daß man den ständigen Drohungen, und allen Gefahren und Krisen standhalten kann. Unter den Zeltbewohnern befinden sich oft Lehrer als Gruppenführer, die viel dazu beitragen, durch Kurse für Erwachsene und Kinder die Allgemeinbildung zu heben. Kinder leiden besonders unter den oft mangelhaften und von der Witterung abhängigen Gesundheits-, Nahrungs- und Hygieneproblemen. Trotzdem spielen sie, wachsen frei von Unrat und Kampf auf und erhalten gemeinsam mit den Erwachsenen Anleitung zur Bewältigung ihrer Aufgaben.

Die Organisation der MST-Zeltlager

Ein solches Zeltlager ist keineswegs eine Ansammlung unorganisierter Menschen, die nicht wissen, was sie wollen. Es handelt sich vielmehr um eine von Bauern sehr gut organisierte Segeltuchstadt. Ihr Ziel ist es, das Ärgernis publik zu machen, daß wenigen Menschen fast der gesamte Grund- und Bodenbesitz gehört. Sie wollen eine wirkliche Agrarreform in Gang setzen. Es beginnt immer damit, daß Gruppen sich sammeln, um die Besetzung von brachliegendem Land zu planen und vorzubereiten. Im Zeltlager werden systematisch immer wieder verwandte oder aus benachbarten Orten stammende Familien zusammengebracht, um das Lagerleben zu erörtern. Es gibt Gruppen, die sich um die Erziehung, um die Bildung, um die Religion, um die Hygiene, um die Nahrung, um die Sicherheit und um die Veranstaltungen kümmern. Eine Generalleitung und eine Ausführungskommission sorgen für die Durchführung der Beschlüsse der Generalversammlungen, koordinieren die Gesamttätigkeit der MST-Bewegung und vertreten diese auch nach außen hin. Alle Gruppen versuchen, ihre Aufgaben gemeinschaftlich, ehrlich und demokratisch durchzuführen. Um das zu erreichen, findet unter Beteiligung aller eine allgemeine Einführungs- und Lehrzeit statt. Dadurch wird das Lager zu einer Erziehungsschule, in die alle positiv eingebracht sind.

Im Besitz von Boden und Land bleiben die Bauern weiterhin Mitglieder der MST-Bewegung und schließen sich in den sogenannten *Addentados-Genossenschaften* (diejenigen also, die rechtlich den Boden erhalten haben) zusammen, um die Produktion insgesamt in Bewegung zu bringen und zu regeln. In den fünf Staaten Südbrasiliens sind in den letzten 13 Jahren dank dieser Bewegungen 315 *Assentamentos* (Familiengruppen, die rechtlich ihren Boden erhalten haben) entstanden, was ungefähr 13.000 *Assentados-Familien* gleichkommt. Die meisten von ihnen sind in Produktionsgesellschaften und in Genossenschaften vereinigt. Die Gruppen wohnen am gleichen Ort, um das dort erworbene Land zu sichern und zu festigen.

VI. Die Sendung der MSF

In unseren Konstitutionen steht, daß *das besondere Ziel unserer missionarischen Ordensgemeinschaft das Apostolat unter all denen in der*

Ferne, die der Herr, unser Gott, herbeirufen wird, ist. Wir sind eingeladen, Missionare zu sein, *vornehmlich dort, wo die Kirche noch nicht oder nicht mehr lebensfähig ist* (Konst. Nr. 2). Im Generaldirektorium heißt es, es ist *unsere missionarische Aufgabe, die Botschaft Christi weiterzugeben, der gesandt wurde, den Armen eine gute Botschaft zu bringen, den Gefangenen Entlassung zu verkünden und den Blinden das Augenlicht zu geben, um so die Zerschlagenen in Freiheit zu setzen* (DG, Nr. 1; Lk 4, 18). Zum Bestreben, unser Charisma in der Dritten Welt zu verwirklichen, sagte Itacir Brassiani MSF, „jene in der Ferne" könnten mit denen verglichen werden, „die finanziell arm und beraubt, politisch und gesellschaftlich unterdrückt, kulturell ausgebootet und von den politischen und wirtschaftlichen Systemen vergessen und ausgeschlossen" sind. „Es handelt sich um jene, die Gott in seinem Reich des Lebens mit Barmherzigkeit und Gnade zu sich ruft. Es spielt keine Rolle, ob sie innerhalb oder außerhalb der nationalen Grenzen wohnen. Der Inhalt des Reiches Gottes bildet den Rahmen und die politischen, religiösen und gesellschaftlichen Grenzen" (BRASSIANI, 1991).

Mit Hilfe des Heiligen Geistes und sensibel für die Zeichen der Zeit will die südbrasilianische Provinz ihr Charisma leben und verwirklichen, und zwar in der Realität des lateinamerikanischen Volkes. Dementsprechend setzte und beschloß das Provinzkapitel 1992 folgende Prioritäten:
* Es gilt eine Spiritualität, die durch echte Nachfolge, Sendung und Brüderlichkeit gekennzeichnet ist, zu leben und zu vertiefen;
* das Evangelium muß mit Blick auf die Basisgemeinden (CEBs) verkündet werden;
* es sollen Personen freigestellt und Strukturen geschaffen werden, die verfügbar sind für den Dienst an den Volksbewegungen und bei der Volksseelsorge;
* unser missionarischer Elan soll sich in einem Missionsprojekt *ad gentes* kundtun.

Diese Neudeutung unseres Charismas und die Aufstellung dieser Prioritäten sollen unser missionarisches Tun kennzeichnen und überall dort, wo wir stehen, unser Tun herausfordern. Dabei ist es wichtig, daß dieses Wirken seine Formung im Bereich der Armen findet. Es gilt, den pastoralen Auftrag der Missionare zu überdenken, damit der Plan Gottes im organisierten politischen Willen der

Armen anerkannt, kundgetan und realisiert wird. Die Armen sind nämlich die bevorzugten Vermittler des Wirkens Gottes in der Geschichte.

Die Option der lateinamerikanischen Kirche für die Armen findet tiefen Ausdruck in den Prioritäten unserer Provinz, die inmitten der Spannungen und Widersprüche dieser Welt ihren eigenen Weg in der Nachfolge Christi sucht. Sich auf den Weg der „Imitatio Christi" begeben, heißt, neue Wege zu beschreiten, die wenn auch nicht immer eindeutig, so doch die Gewißheit in sich tragen, daß nach den Stürmen und Unsicherheiten Perioden des Lichts folgen werden; Perioden, die imstande sind, menschliche, geschwisterliche, echte Lebensformen zu gestalten. Seit den 80er Jahren übernimmt unsere Provinz weitgehend Aufgaben, die mit den Armen zu tun haben. Diese Präferenz ist nicht die einzige und auch nicht die von allen übernommene, doch sie ist eine von der Mehrheit getragene und unsere Sendung als Missionare bestimmende. Heute wendet unsere Provinz ihre Aufmerksamkeit den Missionaren in den verschiedenen Sparten und den verschiedenen missionarischen Frontgebieten Brasiliens zu. Wir betonen die Bedeutung, die den Gemeinschaften zukommt, die unter den Armen leben und arbeiten. Es sind Ordensleute aus allen Regionen und gesellschaftlichen Schichten und mit einem abgeschlossenen Studiengang. Sie konzentrieren sich auf missionarische Aufgaben. Daneben gibt es Ordensleute, die für besondere Aufgaben bestimmt sind, wie die Jugendseelsorge und die Begleitung der Menschen, die Land suchen.

Missionarische Tätigkeit muß sich in zwei Richtungen auswirken: ins Innere der Kirche und des Ordenslebens durch eine neue Art des Seins und des Lebens und ins Innere der Volksbewegungen und der Seelsorgegruppen und Gemeinschaften der Armen, mit denen es sich zu solidarisieren gilt, denn das gibt ihnen bei ihrem Ringen um Befreiung Kraft und Stärke.

* * *

Bezüglich des Beitrages der Ordensleute im Kampf um den Boden in Brasilien, das heißt über Sinn und Nutzen dieser Tätigkeit, haben wir eine Umfrage vorgenommen, deren exemplarische Antworten abschließend aufgezeigt werden:

Was bedeutet für die Kirche und für die Armen die Anwesenheit von Seelsorgern aus Orden in den von Landarbeitern besetzten Zeltstädten?

„Die Anwesenheit von Ordensleuten in den Zeltstädten ist ein Gebot des Evangeliums. Dort trifft man die Armen, von denen Jesus gesagt hat, daß man sich um sie sorgen soll. Sie besitzen alle Eigenschaften, die Christus beim Jüngsten Gericht aufzählen wird (Mt 25). Wenn wir sie annehmen, werden wir selig sein, wenn wir sie auf die Seite schieben, werden wir verworfen sein. Von der wohlhabenden Gesellschaft werden die Zeltbewohner als Landstreicher, Abenteurer und Eindringlinge bezeichnet. Wenn die Kirche nicht dort anwesend ist, wo Leid, Hunger und Not herrschen, dann wird Christus ihr sagen: *Was ihr nicht getan habt einem von diesen Geringsten, das habt ihr auch mir nicht getan* (Mt 25, 44)."

Mgr. José Gones, Bischof der Diözese Chapacó SC meinte: „In den besetzten Gebieten begegnen den Bauern große Schwierigkeiten und daher müssen sie begleitet werden. Die Erfahrung zeigt, wie nötig und dringend dann die Anwesenheit von Seelsorgern ist. Es ist so, als ob Gott anwesend wäre, der den Bauern Mut, Kraft, Trost und Hoffnung gibt. Die Bauern sind gewöhnt, gegen Not und Armut alleine anzukämpfen. Es ist daher dringend erforderlich, daß sie in den Zeltlagern die Werte der Solidarität, der Teilung und der Gemeinschaft kennenlernen. Nur so vermögen sie den erforderlich langen Weg zu gehen und erhalten die Grundvoraussetzungen fürs Überleben. Dabei übernehmen die Ordensleute als Seelsorger eine entscheidende Rolle. Von ihnen wird eine intensive Vorbereitung auf diese Sendung verlangt. Guter Wille allein genügt nicht. Sie haben die Aufgabe, die Anwesenheit Gottes im Leben zu verkünden, dürfen aber dabei die Probleme und die Laster des Individualismus und des Egoismus, die allen Menschen anhaften, nicht übersehen. Sie müssen die Gestalter einer neuen, geschwisterlichen und solidarischen Gesellschaft sein. Sie müssen das Ganze im Auge behalten, sie dürfen sich nicht selbst von Egoismen, in die die Mehrheit der Familien unserer Gesellschaft verstrickt sind, fesseln lassen."

Dianilson Marcon, Regionalleiter der MST-Bewegung, RS antwortete: „Die Seelsorger leisten einen wesentlichen Beitrag, weil sie helfen, im Glauben auszuharren und das geistliche Leben zu pflegen. Auch tragen sie dazu bei, das Leben in den Zeltlagern und in den besetzten Gebieten zu organisieren. Sie helfen, indem sie Geschichte und Bibel in Bezug setzen und Gegenwart und Zukunft neu gestalten."

Agenor Bicaldo, ebenfalls ein Regionalleiter der MST-Bewegung, SC sagte: „Die Anwesenheit ermutigt uns und zeigt uns, daß wir im Kampf nicht allein sind. Die MST-Bewegung ist stolz auf die Mitglieder, die keine Mühe scheuen, um mit den Land- und Stadtarbeitern den Großgrundbesitz zu erkämpfen und uns somit im Kampf um den Boden helfen und uns beistehen, den Glauben zu bewahren und ein Leben aus dem Geiste zu führen."

Mit der Kirche Brasiliens ist unsere südbrasilianische MSF-Provinz ständig auf der Suche nach neuen Wegen, nach neuen Lebensformen als Ordensleute und Kirche. Die wahre Kirche ist jene, die das Evangelium lebt und die sich auf die Seite der Armen und ihrer Anliegen stellt. Als Getaufte sind wir alle zur Communio berufen, zur Teilhabe am kirchlichen Leben und zur Verwirklichung des Reiches Gottes.

Literaturhinweise:
ITACIR BRASSIANI MSF, Apontamentos sobre nosso Carisma. Santo Angelo 1991.
Boletins do „Deser: Conjuntura Agricola". 1993.
Constituic AO dos Missionarios da Sagrada Familia. 1985.
SÉRGIO GORGEN, Uma Foice longe da Terra. Vozes, São Paulo 1992.
SÉRGIO GORGEN, O Massacre de Fazenda Santa Elvira. Vozes, São Paulo 1990.
„IBGE" (Instituto Brasileiro de Geografia e Estatistica). 1991.
Luta e sonho na Terra. Relatório dos Conflitos no Campo. Brasil 1992.
„CPT" (Comissao Pastoral da Terra). Loyola, São Paulo 1993.
JOSÉ DE SOUZA MARTINS, Sonhos e Desejos dos Lavradores. Loyola, SP 1992.
PEDRO TIERRA, Carta a um Sindicalista. São Paulo 1991.

Kirchenmodelle in Brasilien (1889–1993)

von VICENTE LAURINDO DE ARAÚJO in Brasilien

Geschichtlicher Hintergrund

Als im letzten Viertel des 19. Jahrhunderts Jean Berthier in Frankreich und in den Niederlanden die Gründung der MSF plante und in die Tat umsetzte, erfuhr die Kirche Brasiliens die tiefgehendste Umformung seit ihrer Einrichtung im Zuge der Kolonialisierung. Gemeint ist der Prozeß der sogenannten Romanisierung der brasilianischen Kirche. Mit der Entdeckung Brasiliens durch Portugal und der Inbesitznahme als Kolonie war das katholische Glaubensbekenntnis, gesetzlich verordnet und gestützt auf das königliche Patronatsrecht, die offizielle Religion des Landes. Eine solche von Kolonisatoren eingepflanzte Kirche scheint eher Instrument für die Kolonialabsichten Portugals und der Festigung der Eroberung gewesen zu sein, als prophetische Mission der Verkündigung des Reiches Gottes, so wie sie in den MSF-Konstitutionen (Nr. 2) und im Generaldirektorium (Nr. 01–02) gefordert und beschrieben wird. Da die Kirche Brasiliens seit ihren Anfängen nach portugiesischem Vorbild strukturiert und organisiert war, schien sie zudem eher ein Apparat des kolonialistischen Staates zu sein, statt Gemeinde von der Art, wie sie in der Apostelgeschichte (2, 42) beschrieben wird, Gemeinde nämlich, die in unbeirrbarer Treue zu Jesus Christus steht und Orientierung findet unter dem Papst, dem sichtbaren Repräsentanten des höchsten Hirten. Die sogenannte kolonialistische Periode der brasilianischen Kirche dauerte bis 1822. Dann mündete sie ein in die Kirche des brasilianischen Kaiserreiches (1822–1889). Wie zuvor dem portugiesischen König war von 1829 an dem brasilianischen Kaiser vom Papst das Patronatsrecht zugesprochen worden.

Eine wesentliche Veränderung der brasilianischen Kirche setzte mit der Proklamation der Republik im Jahre 1889 ein. Kraft des republikanischen Dekretes 119a wurden 1891 in Brasilien Kirche und Staat getrennt. Das bedeutete aber nicht die faktische Trennung beider Institutionen, die so lange Zeit eine Symbiose gebildet und im gesamten Brasilien Geltung hatten.

Nachdem sich die ersten Irritationen durch die Trennung gelegt hatten – besonders schmerzlich war der Verlust der Privilegien, die die katholische Kirche als offizielle Staatsreligion bis 1891 genoß –, besann sich der Episkopat und erkannte, daß die Aufhebung des Patronatsregimes einem Schutz ein Ende gemacht hatte, der lange Zeit wie eine Klammer um die Kirche gelegen hatte.

Die Trennung von Kirche und Staat fiel in jene Zeit, die, begünstigt durch den *Syllabus* Pius' IX. und die Politik Kaiser Pedros II., von dem Bestreben geprägt war, die Einflüsse des liberalen Klerus zurückzudrängen. Der *Syllabus* mit seinen Verurteilungen erschien 1864. Kaiser Pedro II. erließ 1855 per Gesetz, daß Ordenskongregationen neue Novizen aufnehmen sollten. Beide Verlautbarungen spielten dem zu, was unter „Romanisierungsprozeß" der lateinamerikanischen Kirche zu verstehen ist, nämlich die Ausschaltung der reformorientierten Kräfte in Klerus und Hierarchie. Volksreligiöse Äußerungen und Bewegungen galten als Abweichungen von der Doktrin, als religiöse Unwissenheit oder als Fanatismus. Ein wichtiges Instrument der Zentralisierungsbestrebungen Pius' IX. war die Bildung und Formung des einheimischen Klerus im 1858/59 gegründeten römischen *Collegio Pio latino americano* in Rom. Die hier ausgebildete klerikale Elite sollte sich besonders hervorheben durch hohe Moral, apostolischen Eifer, bedingungslosen Gehorsam, Abstand von der Welt, Rechtgläubigkeit und Ablehnung der modernen und liberalen Strömungen. Nach dem römischen Seminar als Modell waren auch die Seminarien in den Ländern des lateinamerikanischen Kontinents ausgerichtet. Die Seminare trugen viel dazu bei, daß der Abstand zwischen der Sprache des Klerus und dem Verständnis des Volkes immer größer wurde. Das Volk wurde kaum mehr geschätzt als zur Zeit der Sklaverei, die formell 1888 durch das von Prinzessin Isabel unterzeichnete Goldene Gesetz abgeschafft worden war. Es hieß: Das Volk ist katholisch, es empfängt die Sakramente, ist aber weder methodisch noch inhaltlich so mit dem Evangelium bekannt gemacht, daß es dessen Sinn verstehen kann. Das führte dazu, daß die christliche Botschaft und die Lehre der Kirche viele nur unzulänglich kannten und die am Rande stehenden Massen davon kaum berührt wurden.

In jener Zeit kamen erste sogenannte messianische Bewegungen auf, wie etwa von Antonio Conselheiro aus Canudos im Innern von Bahia (1893–1897), oder die von Pater Cícero aus Juazeiro im Süden von Ceará (1889–1934) oder auch der sogenannte Contestado im südbrasilianischen Santa Catarina (1912–1917). Die hierarchische Kirche reagierte auf diese Phänomene nicht mit eingehender Beschäftigung, sondern mit Ablehnung. Die Führer der Bewegungen galten als Fanatiker und ihre Anhänger als unwissende dumme Masse.

Als offizielles Programm der Kirche zur Hebung der religiösen Unwissenheit des Volkes entwickelte sich jene Form der katechetischen Seelsorge, die Mgr. Macedo Costa, Erzbischof von Bahia und Primas von Brasilien, in seinem 1890 erschienen Buch *Pontos para a História da Igreja no Brasil* verfocht. Das macht die „Pastorale Collectiva" der Brasilianischen Bischofskonferenz von 1915 deutlich. Als besonderer Förderer einer Pastoral zur Bekämpfung der Unwissenheit des Volkes ist Mgr. Sebastiao Leme da Silveira Cintra (1882–1942), seit 1916 Erzbischof von Olinda-Recife und von 1922 bis zu seinem Tode als Kardinal von Rio de Janeiro eine der bedeutendsten Figuren des brasilianischen Episkopats, anzusehen. Im Hirtenbrief von 1916 nennt er die religiöse Unwissenheit das besondere Übel des brasilianischen Volkes. In ihr sieht er eine wesentliche Ursache dafür, daß die katholische Kirche, obwohl die größte Glaubenseinheit im Lande, bei vielen völlig unwirksam bleibt.

Als 1930 die Erste Republik in eine schwere Krise geriet und der liberal-republikanische Staat die Gefahr eines politischen Machtverlustes dadurch auffangen wollte, daß er sich statt wie bisher auf die alten ländlichen Oligarchien auf die zahlenmäßig geringe, aber einflußreiche städtisch-industrielle Bourgeoisie stützte, hatte die Kirche jene Verluste, die sie in Folge der republikanischen Verfassung von 1891 hatte hinnehmen müssen, fast ausgeglichen.

Da begann mit Getúlio Vargas, der sich 1930 als Anführer einer Revolution an die Macht katapultiert hatte, die sogenannte „Neue Republik". Vargas regierte zunächst mit und für die Elite, stellte sich jedoch dann über sie, gab sich volksfreundlich als „Vater der Armen", betrieb ein autoritäres Regierungssystem auf korporativer Basis und entwickelte immer deutlicher Züge einer persönlichen Diktatur. Zur gleichen Zeit stieg Kardinal Sebastiao Leme zur führenden Gestalt der brasilianischen Hierarchie auf. Eine institutionelle Verhandlungsorganisation der Kirche mit dem Staat gab es noch nicht. Da war er es, der wirksam und fähig die kirchlichen Interessen dem Staate gegenüber vertrat. So war es ihm möglich, in die Verfassung von 1934 eine Anzahl Änderungswünsche einzubringen. Vargas, der um den Einfluß der Kirche wußte und diesen für seine eigenen politischen Ziele zu nutzen trachtete, kam auch sonst sehr pragmatisch den Wünschen und Interessen der Kirche entgegen.

Das änderte sich mit dem Tode von Dom Leme im Jahre 1942, zugleich das Jahr des Eintritts von Brasilien in den Zweiten Weltkrieg und des Endes der Ära Vargas. Die Lücke, die der Tod von Kardinal Leme hinterließ, konnte vorerst nicht geschlossen werden. Da eine Organisation des brasilianischen Episkopats weiterhin fehlte, blieb die Kirche in der Dekade von 1942–1952 führungslos. Es waren zugleich die Jahre einer rasanten politisch-ökonomischen Veränderung. Das sogenannte „Modell der Ersetzung der Importe", das in der wirtschaftlichen Krise von 1930 das bis dahin geltende „Modell der Exporte" abzulösen begonnen hatte, ging seiner Vollendung entgegen und begann zu greifen. Eine euphorisch gesehene Phase der nationalen Entwicklung bahnte sich an. Gleichzeitig verlor die katholische Kirche in Brasilien ihre bisherige religiöse Monopolstellung. Der aufkommende Pluralismus und der Enthusiasmus für eine moderne Industrie („in fünf Jahren fünfzig Jahre wachsen") entmystifizierten die vor allem von Kardinal Leme verfochtene und propagierte Vorstellung von der katholischen Nation Brasilien. Zugleich jedoch begann jener Samen zu keimen, den der Kardinal mit der Aktivierung des Laienstandes durch die „Katholische Aktion" und ihren Unterorganisationen (JUC und ACO usw.) gelegt hatte.

Im Geiste dieser laienapostolischen Bewegung wuchs Mgr. Helder P. Camara auf. Inspiriert von diesem Geiste entwickelte er das neue Konzept einer aktiven Kirche. Mit Unterstützung des Apostolischen Nuntius D. Armando Lombardi und gefördert von Kardinalstaatssekretär Kardinal Montini (dem späteren Papst Paul VI.) gründete Dom Helder Camara im Jahre 1952 die „Conferencia Nationale dos Bispos do Brasil" (C.N.B.B.) (Brasilianische Bischofskonferenz). Er wurde deren erster Generalsekretär und hielt das Amt bis 1962 inne.

Mit der Gründung der C.N.B.B. gewann die Kirche Brasiliens neue Gestalt. Sie wuchs zusammen und war zu einheitlichen Aktionen fähig. Das II. Vatikanische Konzil (1962–1965) förderte dies und gab ihm weiteres Gewicht. Ähnlich dem C.N.B.B. wurde 1955 in Rio de Janeiro der „Consello Episcopale Latino-Americano" (C.E.L.A.M.) (Lateinamerikanische Bischofskonferenz) gegründet. Die herausragende Bedeutung des C.E.L.A.M. spiegelt sich in den Dokumenten der Lateinamerikanischen Bischofskonferenzen von Medellin 1968 (Kolumbien), Puebla 1979 (Mexiko) und San Domingo 1992 wider. Diese Lateinamerikanischen Bischofskonferenzen sowie die Bischofskonferenzen der einzelnen Länder zeugen von der Lebendigkeit der Kirche. Sie entwickelten bedeutsame Pastoralpläne und Richtlinien und gaben wesentliche Impulse, neue Perspektiven und innovatorische Anstöße für zukunftsorientierte Aktivitäten.

Der Reformgeist des II. Vatikanischen Konzils brachte die Neubesinnung auf wesentliche Aufgaben der ursprünglichen Kirche: Formung einer Gemeinschaft von Brüdern und Schwestern, die in die sozio-politischen Prozesse einbezogen sind und Erlösung des ganzen Menschen und aller Menschen. Diese neue Bewegung bezog die Realitäten des menschlichen Lebens mit ein und entwickelte in den Jahren von 1968 bis 1973 als neue Form theologischer Reflexion über die Erfahrung des Menschen und über die gegebene Gemeinschaft die Theologie der Befreiung (Teologia da Libertação). Diese bildet das theoretische Gerüst und gibt den pastoralen Erfahrungen der Kirche die systematische Form. Seitdem bemüht sich die Kirche um die Verbindung mit der Basis, wo sich gleichsam als „ecclesiae genesis" sogenannte kirchliche Basisgemeinschaften herausbildeten oder, wie Leonardo Boff schrieb: „Uma Igreja que se faz povo", das heißt „eine Kirche, die Volk wird".

Dabei lief nicht alles gradlinig und friedlich. Als das sog. „kirchlich-gemeinschaftlich-teilnehmende Modell" immer breiteren Raum gewann, geriet „die Kirche, die Volk wird," in Konfrontation mit dem „kirchlich-institutionell-hierarchisch-zentralistischen Modell", das in Brasilien seit der Zeit der Kolonialisierung besteht und nach wie vor zentralisierend und in die Vertikale wirkt. Das Aufeinanderprallen der beiden Konzepte von Kirche schuf Sorge und Bestürzung. Es standen sich gegenüber eine „pneumatisch-charismatisch-teilnehmende" und eine „institutionell-hierarchisch-vertikale" Kirche. Meines Erachtens lenkt diese Auseinandersetzung von wesentlichen Problemen der lateinamerikanischen Kirche und speziell der Brasiliens ab. Viel wichtiger ist es, zu erkennen, daß die Kirche Brasiliens seit den Zeiten der Entdeckung von den weltlichen Mächten für ihre eigenen staatlichen Interessen benutzt wird. Ungerechte politisch-ökonomische Strukturen ziehen Millionen lateinamerikanischer Menschen ins Elend. Das wiederum hat Auswirkungen auf die religiöse und christliche Praxis. Die eigentlichen Feinde des Volkes müssen demaskiert werden. Es darf keine Zeit mehr verloren werden. Mit der Evangelisation muß sofort begonnen werden.

Überlegungen zu gegenläufigen kirchlichen Modellen

Die Missionsenzyklika *Sancta Dei civitas*, die Papst Leo XIII. am 3. Dezember 1880 veröffentlichte, erwuchs aus der Ekklesiologie des *Syllabus* (1864) und des I. Vatikanischen Konzils (1869/1870). Sie richtete sich gegen die liberalen und modernen Ideen der neuen Zeit, war am tridentinischen Modell orientiert und betonte einen starken päpstlichen Zentralismus. Ultramontanismus und Romanisierung sind Bezeichnungen für dieses Kirchenverständnis. Dieses Konzept schlägt sich auch in der Enzyklika *Immortale Dei*, die Leo XIII. am 1. November 1885 veröffentlichte, nieder. Der Papst erklärt: *Wenngleich nun diese kirchliche Gesellschaft ebenso aus Menschen besteht wie die politische, so ist sie doch wegen des Zieles, das ihr gesetzt ist, und wegen der Mittel, durch welche sie dieses zu erreichen sucht, eine übernatürliche und geistliche und eben darum von der bürgerlichen Gesellschaft durchaus verschieden. Da sie aber durch Gottes gnädigen Ratschluß in sich und durch sich alles besitzt, was zu ihrem Bestand und ihrer Wirksamkeit erfordert wird, so ist sie nach ihrem Wesen und Recht – und dies ist von höchster Wichtigkeit – eine vollkommene Gesellschaft. Wie das Ziel, das die Kirche anstrebt, weitaus das erhabenste ist, so ist auch die ihr innewohnende Gewalt hervorragend über jede andere; sie ist weder geringer als die bürgerliche Gewalt, noch dieser in irgendwelcher Weise untergeben.* Deutlich ist hier erkennbar, daß Kirche als *societas perfecta* verstanden und dementsprechend strukturiert gesehen wird.

Die genannten Enzykliken prägten die Entscheidungen unseres Stifters nicht nur in bezug auf die Gründung von seiner Missionskongregation, sondern auch in bezug auf die speziellen Ausrichtungen, die er seiner Gründung gab. Die Enzyklika *Sancta Dei civitas* von 1880 hält fest: *Die Kirche, diese heilige Gottesstaat, nicht umschlossen von den Grenzen der Länder, hat von ihrem Gründer, die Macht empfangen, von Tag zu Tag mehr auszubreiten, ‚den Raum ihrer Hütte und die Felle ihrer Zelte'.* Den kirchlichen Geist jener Zeit bringen besonders die sich anschließenden Ausführungen zum Ausdruck, in denen es heißt: *... Denn in erster Reihe kommen jene, welche das Wort Gottes verkündigen; so hat es Christus durch Wort und Tat gelehrt.* Die Enzyklika fährt mit dem Pauluswort fort: *Wie sollen sie dem glauben, von dem sie nicht gehört haben? Wie sollen sie hören, wenn niemand verkündet?...* (Röm 10,14–17). Als Freudenboten der Mission sind jene beauftragt, die für diese Aufgabe geweiht worden sind. Dieser Abschnitt übte größten Einfluß auf die Missionskongregationen aus: Mission wurde verstanden als *Zu denen in der Ferne gehen.*

Unsere Kongregation entschied 1991, nach Amazonia zu gehen. In der Enzyklika des Papstes heißt es weiter: *Laßt uns die Schwierigkeiten vergessen und die Hindernisse, die aus den Widerständen erwachsen.* Der Papst meinte damals jene Widersprüche, die vom modernen Liberalismus dem Ultramontanismus entgegengesetzt wurden. Wir könnten es heute in Brasilien verstehen als Widerspruch der ultramontan-romanisierten Gruppierungen gegen die liberalen Innovatoren. Gemeint ist damit jene Konfrontation zwischen dem „romanisierten Christentum" und dem volksnahen laienhaften Katholizismus der messianischen Bewegungen, die von der Hierarchie als Fanatismus eingestuft wurde.

Weiter gibt es zwei basisorientierte kirchliche Modelle, die sich dialektisch gegenüberstehen und zugleich ergänzen. Seit der Ankunft der MSF 1911 in Brasilien, beeinflußten beide deren Tätigkeit bis heute. Beide Modelle wollen im Glauben unterweisen. Das eine operiert in kirchlich-institutionellem-zentralisierendem-hierarchischem Sinn und das andere in einem pneumatologisch-teilnehmenden-kirchlich-gemeinschaftlichem oder prophetisch-befreiendem Sinn. Beide verfolgen das Ziel, das Evangelium zu verkünden, jene Frohe Botschaft also, die jeden rettet, das heißt sowohl denjenigen, der sie bekannt macht und verkündet, als auch diejenigen, denen sie gebracht wird. Das Gesagte sei eine Erinnerung daran, daß die Feinde des Volkes das Schilfmeer nicht durchwandern konnten, wohl aber das Volk, das dann auch mit erhobenem Haupte den Jordan überschritt und in die versprochene Heimat gelangte.

Befreiungstheologie und Seelsorge der MSF in Lateinamerika

von EUCLIDES BENEDETTI in Brasilien

I. Die Hermeneutik, die der kirchlichen Praxis Lateinamerikas zugrundeliegt

Seit Lateinamerika in das Interesse der Geschichte rückte, wurde es nie aus sich selbst heraus betrachtet, sondern stets vom Standpunkt jener aus, die über es sprachen. Es galt als „entdeckt" und existierte daher historisch gesehen erst ab 1492. Diese Negation zieht sich durch alle geschichtlichen Epochen nach seiner „Entdeckung". Man spricht von diesem Kontinent so, als bestehe er aus Abhängigen und Unmündigen, aus ungebildeten Frauen und Männern. Seine einheimischen Kulturen wurden zerstört und entstellt. Die Bewertung Lateinamerikas erfolgte nicht durch seine eigene Bevölkerung, seine eigene Kultur und aufgrund seiner eigenen Werte, sondern stets vom Standpunkt europäischer Kulturen aus und von einer Religion her, die sich an die von ihr verfaßten Gesetze klammert und streng autoritär ist. Die Bedürfnisse Lateinamerikas werden von ausländischen Interessen her geschaffen und befriedigt.

Durch die wirtschaftliche Ausbeutung im Verlaufe der verschiedenen Zyklen seiner Geschichte sind Armut, Elend und Abhängigkeit entstanden. Das Sich-Bewußt-Werden der vielen Mechanismen, die Lateinamerika abhängig machten und immer noch beherrschen, rief Reaktionen hervor und man begann, von Befreiung zu sprechen. Angesichts der vorgegebenen Realität schienen die ersten Anfänge einer Befreiung unmöglich, einer Befreiung, die aus solcher Wirklichkeit perverser Folgeerscheinungen hervorbrechen sollte. Wie läßt sich diese Reaktion verstehen? Wie oft haben wir sagen hören, der Heilige Geist wehe, wo er will.

Die Parabel vom unterdrückten Volk von BENJAMÍN GONZÁLES BUELTA SJ in seinem Buch *Hinabsteigen zur Begegnung mit Gott*, einer Veröffentlichung der CRB (= Conferência dos Religiosos do Brasil 1992), kann das einleuchtend erklären:

„In ländlichen Gebieten der Dominikanischen Republik wächst ein Kraut, das die Bauern ‚junquillo' (Narzisse) nennen. Jeder Zweig dieses Strauchs hat ein halbes Dutzend länglicher Blätter. Die Wurzeln verbreiten sich unter der Bodenoberfläche in alle Richtungen, so daß, wenn man eine dieser Pflanzen ausreißt, es nur wenige Tage dauert, bis eine andere an anderer Stelle neu hervorsprießt. Es ist unmöglich, sie auszutilgen. Eines Tages sah ich, wie im Garten eines Privathauses eine Schicht Asphalt aufgebracht wurde, um mit den Narzissen ein für alle Mal fertig zu werden. Einige Tage später streckten ein paar ganz kleine Blätter vorsichtig ihre grünen Spitzen durch die Risse des schwarzen Asphalts. – Wenn wir inmitten dieser Strukturen leben, die hart wie Asphalt Frauen und Männer bedrücken, dann finden wir darin nicht nur einen Hauch des Todes, sondern auch ein ganzes Netzwerk von Leben, Widerstand, Organisation und Solidarität, die die Unterdrückung nicht auszumerzen vermag."

Das ist es, was in Lateinamerika geschah. Ein neues Licht ist dem Kontinent aufgegangen, auf den so oft Asphalt geschüttet wurde mit dem Versuch, die Hoffnung zu ersticken.

Geschichte ist die Zeit, in der langsam Fakten wachsen und werden, um dann, wenn sie reif sind, im Bewußtsein aufzubrechen und das Leben eines ganzen Volkes oder wenigstens der großen Mehrheit zu verändern. Oder, wo Fakten und Praxis ein neues Bewußtsein schaffen. Das Bewußtsein der Befreiung Lateinamerikas war etwas, was sich zunächst fast unbemerkt herausbildete, in den 60er Jahren jedoch wurden die Zeichen für ein neues historisches Wachsen und Werden von sensibleren Menschen wahrgenommen, die die Geschichte sehr aufmerksam verfolgten, dieses Werden durch ihren Beitrag durchsichtiger machten und ihm schneller ans Licht verhalfen. Mit der Zeit wurde es immer wichtiger, sowohl in der politischen Praxis als auch im theologischen Gedankengut.

Es entsteht eine neue Optik, aus der heraus sowohl die Gegenwart als auch die Vergangenheit neu interpretiert wird. Wir erleben einen hermeneutischen Wandel aller politischen, sozialen, philosophischen, religiösen und anderen Inhalte, die damit eine neue Dimension erhalten. Man beginnt von Befreiungskatechese zu sprechen, von Befreiungspädagogik, von Befreiungsphilosophie. Ohne Zweifel wird die Befreiung zu dieser Zeit als Tatsache im Bewußtsein der Menschen Lateinamerikas explosionsartig wahrgenommen. Gleichzeitig kommt auch die Befreiungstheologie auf, die weder glaubt, sie sei die einzige noch die wichtigste Version der Verarbeitung des Themas Befreiung, sondern die nur in sehr expliziter Art und Weise die theologische Diskussion mit der Praxis der historischen, täglichen Befreiung verbindet. Der lateinamerikanische Mensch engagiert sich nun im Befreiungsprozeß wie einer der größten theoretischen Befreiungstheologen, GUSTAVO GUTIÉRREZ, es beschreibt: „Es handelt sich darum, das Werden der Menschheit im Verlaufe der Geschichte als einen Prozeß der Emanzipation des Menschen zu sehen, der sich an einer qualitativ anderen Gesellschaft orientiert hat, der nun aber, als Mensch frei von aller Sklaverei, seine eigenen Geschicke bestimmt und den neuen evangelischen Menschen suchen und finden kann." (GUSTAVO GUTIÉRREZ, Teologia de la Liberatión, S. 121).

Mit der Zeit wird die Befreiungstheologie zu etwas, das nicht nur einige Akademiker interessiert, sondern die Kirche und das Volk Gottes mit einschließt. Sie beschäftigt sich mit den historischen Ereignissen der Menschen und wird zu einem kirchlichen Faktum.

Die Befreiungstheologie wird nicht als Teil der Theologie gesehen wie einige sie interpretieren, sondern sie stellt sich dar „als eine umfassende Art, in der die Kirche selbst die Aufgabe der Glaubenerkenntnis praxisnah artikuliert" (LEONARDO BOFF, Teologia do Cativeiro e da Libertação, S. 27). Hier ist auch besonders hervorzuheben, daß die Befreiungstheologie eine sehr eigene Methodik hat, die hin und wieder als die Theologie an sich verstanden wird oder als das wahre Werden der Theologie. LEONARDO BOFF fährt fort: „Diese Methode wurde durch die in Medellin offiziell propagierte Enzyklika ‚Gaudium et Spes' eingeführt und in jeder Art lateinamerikanischen Gedankenguts zum Paradigma wie eine Art Ritual, das aus folgenden Teilen besteht: Analyse der Realität, theologisches Überdenken und Ansätze seelsorgerischen Handelns."

Bei dieser Methode gibt es nichts Vorgegebenes, man geht nicht von theologischen Voraussetzungen aus, sondern von historischen Herausforderungen, von den konkreten Realitäten, die ein theologisches Verarbeiten anregen und ein auf Veränderung angelegtes seelsorgerisches Handeln erfordern.

Befreiungstheologie entsteht also nicht aufgrund von Überlegungen an großen Universitäten, sondern aus einer Glaubenserfahrung heraus, aus der Erfahrung des gerechten und befreienden Gottes da, wo das unterdrückte Volk der Elendsviertel, der Fabriken, der Plantagen kämpft und leidet. Die Grundfrage dieser Theologie ist die Befreiung. Befreiungstheologie ohne den Armen mitzudenken, der der Befreiung bedarf, ist ein Nachdenken ohne Gegenstand. Je mehr man daher durch die lebendige und konkrete Erfahrung der Armut hindurchgeht, umso besser kann man die Befreiungstheologie verstehen und umso bessere Voraussetzungen hat man, sie in die Tat umzusetzen. Deswegen betont die Befreiungstheologie sehr die politische Dimension des Glaubens, ohne sie deswegen zu verabsolutieren. Sie nimmt die historische Verantwortung der ganzen Befreiung des Menschen sehr ernst. Für die Menschen in Lateinamerika ist der historische Augenblick gekommen, in dem der Glaube eine soziale Funktion zu erfüllen hat, nämlich entscheidend beim Aufbau einer neuen Gesellschaft mitzuwirken. In diesem Sinne lehnt sie sich ausdrücklich an die Soziallehre der Kirche seit *Rerum novarum* an.

II. Das Werden und Wachsen einer Pastoraltheologie, die von der Wirklichkeit Lateinamerikas ausgeht und sich im Lichte des Wortes Gottes herausgebildet hat

Aus den verschiedenen Ländern des Kontinents steigt ein Schrei auf, dessen Vielstimmigkeit und Nachdruck ständig zunimmt. Es ist der Schrei eines Volkes, das leidet und Gerechtigkeit, Freiheit und Achtung vor den Grundrechten des Menschen und der Völker fordert (PUEBLA, Nr. 87).

Diese Feststellung von Puebla wiederholt die Worte von Medellin zehn Jahre früher und fügt hinzu: *Wohl mag dieser Schrei damals stumm gewesen sein. Jetzt ist er klar vernehmlich, seine Stärke wächst, er ist heftig und zuweilen sogar drohend* (PUEBLA, Nr. 89).

Als Antwort auf diesen Schrei, diese Realität, das alte Elendsproblem, entstand die Befreiungstheologie oder, besser gesagt, als Antwort auf den Gegensatz zwischen christlichem Glauben und Unterdrückung der lateinamerikanischen Bevölkerungsmehrheit. Diese neue Standortbestimmung, die seit den 60er Jahren immer deutlicher wird, nennt man eine Änderung des sozialen Standpunktes. Die konfliktreiche Wirklichkeit hat die Kirche zu einer Definition herausgefordert, ihre Wahl zugunsten der Armen zu treffen, denn der Gott der Bibel ist ein Gott, der sich für die seinerzeit existierenden Armen in Kanaan und Ägypten entschieden hat, und später ist es Jesus selbst, der seine Entscheidung zugunsten der Armen im judäisch-römischen Palästina traf. Die Entscheidung, die die Kirche also heute trifft, ist eine Entscheidung, die mit ihrem Glauben, ihrer Mission in Einklang steht. Dies ist die Grundbedingung, Kirche Jesu Christi sein zu können, der sich für die Welt der Unterdrückten entschieden hat.

Diese Entscheidung bedeutet auch, daß der Arme, der sich seiner Armut bewußt wurde und sich organisiert hat, zugleich Objekt und Betreiber seiner eigenen Befreiung wird. Nach dieser Entscheidung sind die Armen für die Kirche Lateinamerikas der neue „Gegenstand" der Verkündigung und der Seelsorge, weil sie theologisch gesehen, das bevorzugte Sakrament der Offenbarung Gottes sind. Gott hat von nun an ein wirkliches Gesicht, das Gesicht seiner Armen, das Gesicht der unterdrückten Kulturen. Wenn wir es beim Verständnis dieser neuen Realität schwer haben, ergeht es uns ähnlich wie Philippus, der zu Jesus sagte: *Herr, zeig uns den Vater; das genügt uns.* Jesus antwortete ihm: *Schon so lange bin ich bei euch, und du hast mich nicht erkannt, Philippus!* (Joh 14, 8–9). Der unsichtbare Gott hat uns den richtigen Weg für unsere Sehnsucht gewiesen, ihn kennenzulernen, mit ihm zusammenzusein und ihm zu dienen.

Damit verband sich eine große Hinwendung zu den Elenden und Ausgeschlossenen. Wenn diese Hinwendung auch noch keine sichtbareren Resultate in der Befreiung gezeigt hat, hat sie doch wenigstens jedem Ordensangehörigen die Vergeblichkeit seines Bemühens angesichts des realen Elends und der Unterdrückung des Volkes bewußt gemacht. Zweifelsohne hat diese Hinwendung eine Reihe von Veränderungen im seelsorgerischen Handeln ermöglicht und den Ordensleuten größere Glaubwürdigkeit verliehen, sobald sie sich in ihrer Arbeit den an den Rand der Gesellschaft Gedrängten zuwandten. Eine andere Methodik bei der Ausbildung künftiger Glaubensboten wurde eingeleitet. Es gab Vorschläge zu einem realistischeren Überdenken der geistlichen Gelübde, die mehr als früher als Verbindung (zu den Armen) gesehen wurden.

Aufgrund dieses Verständnisses ist die Verkündung des Evangeliums eine Arbeit, die dem Menschen zwar das Überirdische aufzeigt, ihn aber gleichzeitig von Problemen wie Hunger, mangelnder Gesundheit, fehlendem Grund und Boden, Arbeitslosigkeit, Wohnungsmangel, Unterdrückung, Ungerechtigkeit, Diskriminierung und Dezimierung der Indianer etc. befreien muß. Der Mensch ist das große Medium der Liebe und des Dienstes an Gott. Um aber hier konkreter zu werden und jedes einzelne Problem, das den Menschen bedrückt, direkter angehen und bekämpfen zu können, kam man zu den verschiedenen praktischen Ausprägungen der Seelsorge, wie der Bodenseelsorge, Gesundheitsseelsorge, Seelsorge für den Schwarzen, Arbeiterseelsorge, Indianerseelsorge und den verschiedenen Volksbewegungen.

Das Entstehen solch neuen Bewußtseins schafft einen tiefen Bruch mit dem herrschenden System und löst viele Konflikte aus, die zum Teil noch keine Lösung gefunden haben. Die Hinwendung der Kirche zum Evangelium hat verschiedene Ausdrucksformen: prophetische Worte, neue kirchliche Praktiken, insbesondere jene neue Art von Kirche, die in den kirchlichen Basisgemeinden (Comunidades Eclesiais de Base) zum Ausdruck kommt. Diese kirchlichen Erscheinungsformen haben auch einen neuen Laien, neue Ordensangehörige und neue Priester hervorgebracht. Sie alle sind wesentlich engagierter und fühlen sich der Gemeinschaft, dem historischen Befreiungprozeß des Volkes verpflichtet. Es herrscht ein Klima größerer Gleichheit und Mitverantwortung in dieser jetzt mehr dienenden Kirche.

In dieser neuen Kirche wird das Zeugnis wichtig und die Voraussetzung, um Glaubwürdigkeit zu gewinnen und für die überbrachte Botschaft zu begeistern. Außerdem müssen die großen Themen der Kirche bei der Verkündigung deutlich gemacht werden.

Die Tendenz zur Ökumene tritt immer stärker hervor. Das Miteinander mit den evangelischen Christen wird einfach, durchsichtig und natürlich, wenn Gottes Wort nicht als Ursache zur Trennung sondern als einigendes Band verstanden wird, wenn der Kult der verschiedenen Religionen als wichtiges Element der Glaubensfeier und des christlichen Lebens der Gemeinde anerkannt und geachtet wird, wenn der Kampf zur Verteidigung und Förderung des Lebens den verschiedenen beteiligten Religionen gemeinsam ist.

Das Echo auf diese Option war sehr positiv. Bischöfe, Priester und andere in der Seelsorge Tätige kamen ihrer Gemeinde sehr viel näher. Was das Volk tut, wird nicht mehr nach den Kriterien und Begriffen der Amtsträger bewertet und aufgezwungen, was ihnen besser erscheint oder zur „Befreiung" der Armen dienen kann, sondern diese mußten in all den Jahren lernen, vor allem Hörer und Diener des Befreiungsprozesses zu werden, der nicht echt sein konnte, wenn er nicht befreiend wirkte und vom Volk selbst weitergetragen würde. Und die Kirche, die sich lange Jahrhunderte hindurch stets dadurch ausgezeichnet hatte, daß sie mit der Geschichte nicht Schritt halten konnte, ist nun vorgeprescht und steht in vorderster Front bei Veränderungen und wichtigen Volksbewegungen, die das Rückgrat des sozialen und politischen Gewebes bilden – und dies, ohne daß sie dabei ihre Identität als Kirche verlöre.

Die Armen ihrerseits entdecken in diesem neuen Zusammenhang ihre eigene Kraft und beginnen, seelsorgerische Funktionen zu übernehmen, und nehmen an wichtigen Entscheidungen der kirchlichen Gemeinden teil. Es wird deutlich, daß eine neue Zeit in der Seelsorge anbricht, daß es Zeit ist, altes dogmatisches Denken ins Archiv zu verbannen, Sektierertum zu überwinden und neue Räume, neue Horizonte zu eröffnen.

Die Einbindung der Kultur in den Glauben wird zur großen Herausforderung. Für die lateinamerikanische Wirklichkeit mit ihrem übergroßen Reichtum und der Vielfalt ihrer Kulturen ist die Einbindung der Kultur die Voraussetzung für eine konkrete und wirksame Verkündigung des Evangeliums. Die Achtung vor den Werten dieser Kulturen stellte sich allen in der Seelsorge Tätigen als dringend dar. Sie treten denen, denen sie das Evangelium bringen wollen, nicht mehr wie jemand gegenüber, der die alleinige Wahrheit verkündet, wie der Herr über diese Verkündigung, während Indianer, Schwarze oder Angehörige irgendeiner anderen Kultur Unwissende sind und vor dem Evangelium keinen Wert besitzen. Aus diesem neuen Verständnis heraus ersteht ein neuer Empfänger und ein neuer Überbringer des Evangeliums. Dies ist eine relativ neue Herausforderung, die viele Spannungen heraufbeschworen hat, die aber langsam die Hoffnung auf einen echten Prozeß in einem Christentum mit neuem kulturellen Gesicht, mit lateinamerikanischem Gesicht, aufkeimen läßt. Es bleibt zu hoffen, daß die Bemühungen der römischen Kirche um Einbindung der lateinamerikanischen Kirche in die Kirchendisziplin im Rahmen einer Restauration den Weg der Einbindung dieser Kulturen, der in vollem Gange ist, nicht stören möge.

All diese Initiativen, die der Kirche neue Züge verleihen, bringen auch neues geistiges Leben hervor, das mit dem Volk mehr verwachsen und verwoben ist und die ganze Vitalität der Seele unseres Volkes zeigt. Es ist ein geistiges Leben, das das Wirken Gottes in der Geschichte interpretiert und deswegen das Volk zwingt, auf die Zeichen der Zeit zu achten. Es ist ein geistiges Leben in tiefer Nähe zu Gott, eine Nähe zu Gott in der Zwiesprache mit IHM, das aber gleichzeitig aus dem Dialog mit den unterdrückten Kulturen und Volksgruppen erwächst.

Um diesen ersten Teil abzuschließen und bevor ich zur konkreten Beschreibung der Seelsorge der MSF komme, möchte ich die historische Deutung darstellen, die das Wort Gottes hier erfährt, ohne die man seine Bedeutung für das Projekt zur Befreiung des Volkes nicht verstehen kann.

Da die Wurzel für die Entscheidung zugunsten der Armen im Geheimnis Gottes selbst liegt, der die Liebe und die Befreiung ist, und da sein Wort dieses Geheimnis enthüllt, ist das Interesse an Gottes Wort sehr groß, macht aber eine neue Lesart notwendig, eine Lesart aus der Sicht des Armen. Wenn Gott inmitten des Volkes der Armen selbst lebendig ist, wenn er in diesem Volk Geschichte wird, muß man verstehen, wie er vorgeht, wie er seinen Willen, seinen Plan mitteilt.

Das arme Volk, das an Gott glaubt, benutzt viel die Bibel, die damit zum großen Maßstab für seine Überlegungen und zum großen Mittel wird, um Verbindung zu Gott zu finden. In der Bibel erfährt das unterdrückte Volk von Erfahrungen und Wegen zur Befreiung anderer Völker, vor allem des hebräischen Volkes, stützt seine eigene Erfahrung darauf und benutzt die Bibel zum Vergleich mit seinem eigenen Leben. Die Erfahrung mit dem Gott der Bibel ließ das Volk Tatsachen in Gegenwart und Vergangenheit neu sehen, verstehen und interpretieren. Dadurch war es imstande, die derzeitige Situation zu überwinden, darin neue Zeichen der Gegenwart Gottes zu erkennen, in den gewalttätigen Brüchen der Gegenwart die Kontinuität aus der Vergangenheit und eine Tür zur Zukunft zu entdecken. Das Volk wurde sich bewußt, daß die globale Sicht der Bibel ihm half, weder das Gedächtnis noch die eigene Identität zu verlieren, sondern sich an den großen Plan Gottes zu halten, der auf der Suche nach Verwirklichung die Zeiten durchmißt.

Damit wird die Bibel in der Tat zum Wort Gottes, wird zum historischen Wort, das alles Interesse auf sich zieht, weil sie sich nicht mit der Zeit abnützt, sondern stets neu und aktuell bleibt. Sie ist die feste, nahrhafte Speise auf dem Weg des Volkes. Sie ist die Quelle, aus der der Arme seinen Traum trinkt.

Deswegen sucht die Befreiungstheologie im Rahmen ihrer Methodik, nach der Analyse der Wirklichkeit, das Wort Gottes als Quelle der Eingebung für die verwandelnde Tat, die sie sich vorgenommen hat.

Es ist unglaublich, welche Fähigkeit die Armen haben, die biblische Botschaft beim Verlesen eines Textes aufzunehmen, sie in ihre Wirklichkeit umzusetzen, in ihren Kampf um Befreiung. Das ist vielleicht eines der deutlichsten Zeichen des Wirkens des Heiligen Geistes in der Geschichte unseres leidenden Volkes von Lateinamerika.

III. Das Betätigungsfeld der MSF in Lateinamerika und ihre seelsorgerische Tätigkeit

In diesen neuen, hier vorgelegten Zusammenhang müssen wir das Vorgehen der MSF bei der Seelsorge in Lateinamerika stellen. Im Bewußtsein dieser neuen Zeit haben die Missionare begonnen, anders vorzugehen, jeder nach seiner Fähigkeit und nach seinem Verständnis. In diesen Prozeß, den die Kirche durchlebt, in seine theologische Verarbeitung und seelsorgerische Praxis sind die MSF eng miteingebunden und, wie zu erwarten war, haben sie auf vielfältige Weise reagiert.

Die Seelsorge der Missionare wendet sich sowohl den ländlichen Gebieten als auch der Stadt zu, aber die größte Sorge ist heute zweifellos die städtische Seelsorge. Wie kann man die städtischen Ballungsgebiete erreichen, insbesondere die Peripherien, die, wie der Name selbst sagt, „draußen" sind, am Rande? Diese Ballungsgebiete wachsen schwindelerregend in dem Maße, in dem sich der Exodus der ländlichen Gebiete fortsetzt. Es ist kaum mehr Raum vorhanden, um wenigstens ein Gemeinschaftszentrum, eine Kinderkrippe oder eine Schule zu bauen. Nach den von der CNBB (Conferência Nacional dos Bispos do Brasil, Campanha da Fraternidade 1993: *Wohnraum und Brüderlichkeit*) veröffentlichten Daten fehlen allein in Brasilien 12 Millionen Wohneinheiten, um die Bevölkerung unterzubringen, die keinen Wohnraum hat, ohne dabei den großen Bevölkerungsteil mitzuzählen, der in den Slums, in zusammengezimmerten elenden Behausungen wohnt. Es sind Hütten in schlechtestem Zustand, die aus Abfällen der Bauwirtschaft, Kartons und Plastikplanen zusammengebaut wurden; ohne vorherigen Bebauungsplan, ohne Straßenzüge, ohne Elektrizität, ohne irgendwelche Wasserinstallationen. Es ist klar, daß dieses Elend das politisch-religiöse Bewußtsein schwer belastet, vor allem, wenn man weiß, daß es für diese Lage eine Ursache gibt und daß sie bekämpft werden muß.

Was wir hier darlegen wollen, bevor wir von großen Evangelisierungserfolgen sprechen, sind die täglichen Sorgen und kleinen Versuche zur Verkündung eines befreienden Evangeliums. Es sind kleine Initiativen, die auf soziale Veränderung abzielen, die den Versuch der MSF zeigen, eine Antwort auf die großen Herausforderungen zu geben, indem sie die beiden Realitäten, Glaube und Politik, diese wichtigsten Dimensionen des christlichen Lebens, vereinen. Es ist dies ein Bemühen im Zeichen des Neuen, des Risikos, des Mißtrauens, das aber von der Hoffnung getragen wird, dies sei der richtige Weg, dies der neue Samen, der Frucht tragen wird. Die einzige Gewißheit, die bei aller getanen Arbeit aufscheint, ist die Gewißheit, daß wir den Willen des Vaters suchen und sein Volk auf den Weg des Glaubens und der Befreiung führen wollen.

Wenn wir mehr Raum hätten, könnte man bereits sehr viel getane Arbeit beschreiben und mitteilen. Da der Raum fehlt, werden wir ganz allgemein die wichtigsten Arbeiten charakterisieren, die jedoch einen Einblick in die Befreiungsseelsorge geben.

Die hier beschriebene Seelsorgeerfahrung bezieht sich mehr auf den Bereich der Ordensprovinz Süd-Brasilien, denn diese kennen wir am besten, sie ist aber sicher Ausdruck der gesamten seelsorgerischen Arbeit der MSF Lateinamerikas.

Seit die Notwendigkeit einer Befreiungsseelsorge erkannt wurde, tat man den ersten Schritt auf die Wirklichkeit zu, denn diese Wirklichkeit war von da an Ausgangspunkt jeder Art Seelsorge mit dem Anspruch, die vorhandene in eine gleichere, gerechtere und brüderlichere Wirklichkeit zu verwandeln. Aus diesem Verständnis heraus begann man mit der Methode „Sehen – Verstehen – Handeln", die später erweitert wurde zu „Sehen – Verstehen – Handeln – Bewerten – Gottesdienst feiern".

Bei dem Versuch, von der Wirklichkeit auszugehen, um von da aus starten zu können, mußte man sie zunächst kennen, und sofort begriff man, wie komplex die Arbeit war, denn die Realität, von der man ausgehen mußte, war es ebenso, insbesondere die Realität der Stadt. Um in der Stadt Seelsorge betreiben zu können, mußte man zunächst einmal die Logik des Stadtlebens begreifen. Man kann sich leicht die Widerstände vorstellen, auf die dieser neue Vorschlag bei den Seelsorgern, den MSF, stieß, die sich im Modell der ländlichen Kirche, mit dem Spenden der Sakramente und vorgefertigten Formeln sicher fühlten und nicht um die soziale Umformung kümmerten. Dieses Modell zu durchbrechen, durch die Zeit geheiligte Formeln zu verlassen, die jedoch neuen Bedürfnissen nicht mehr entsprachen, der unbekannten Welt der Gesellschaft, von der man sich entfernt hatte oder die man noch nie gekannt hatte, ins Angesicht zu schauen, war eine riesige Herausforderung.

Aber, von Gott und vom Glauben zu sprechen, das Wort Gottes zu deuten, Gottesdienst aus der Lebenserfahrung heraus zu feiern, erwies sich als Notwendigkeit. Deswegen mußte man diese Erfahrung suchen, mußte man den geographischen Standort und vor allem den sozialen Standort verlassen.

Nach dem II. Vatikanischen Konzil, nach Medellin und Puebla, nach der ganzen theologischen Verarbeitung durch die Bischofs- und Ordenskonferenzen, die durch die jeweilige Provinzkoordinierung bis in die Gemeinden hineingetragen worden war, nach der neuen Exegese, nach der Deutung des Wortes Gottes aus dem Blickwinkel der Unterdrückten heraus, nach dem Hinhören auf den ohrenbetäubenden Schrei der Armen Lateinamerikas konnte man nicht länger Widerstand leisten, sich nicht mehr aus einem Sicherheitsdenken heraus an die Vergangenheit klammern, oder vielleicht auch nur, um irgendeiner Fraktion in der Hierarchie zu gefallen, die keine Veränderungen innerhalb der Kirche wünschte. In dieser unruhigen Zeit entstanden kleine Initiativen, das Evangelium zu predigen, eine neue Seelsorge, eine neue andere Art des Gottesdienstfeierns. Natürlich war die neue Theologie und die neue seelsorgerische Praxis nicht allen Mitgliedern der Ordensprovinz genehm, und auch heute noch gibt es viele, die diesem neuen Modell der Kirche, das da entstanden ist, Widerstand entgegensetzen. Indessen stürzte sich eine gute Anzahl unserer Mitglieder, die davon überzeugt waren, daß dies der Weg sei, den die kirchlichen Orden und die Kirche selbst gehen müßten, mit Leib und Seele in diese Veränderung, in die Suche nach neuen Formen sowohl für ihre seelsorgerische Arbeit in den Kirchengemeinden als auch für die Ausbildung künftiger Ordensleute und Priester.

Die Pfarreien in Gemeindezusammenschlüsse zu verwandeln, Personen und Strukturen in den Dienst der neuen Verkündung des Evangeliums zu stellen, theologisch-seelsorgerlichen Beistand zur Heranbildung von Führungskräften anzubieten, waren die drei Projekte, die das 17. Provinzialkapitel 1992 verabschiedete. Sie sind der klare Ausdruck eines neuen Kirchenmodells und einer neuen Seelsorge. Die Anregung zu dieser Veränderung kam aus der Befreiungstheologie, aus der neuen Wirklichkeit, die ihr zugrundeliegt, aber auch aus den Unterlagen der Ordensprovinz und der Kongregation selbst, die zutiefst anregend sind und auf die wir stolz sind, weil sie im Sinne der neuen Konzeption der Verkündung des Evangeliums und der Seelsorge so aktuell sind.

* *In unserer Seelsorge wollen wir der Verkündung des Evangeliums Vorrang geben. Bemühen wir uns vor allem, echte Basisgemeinden aufzubauen...* (DP 005).
* *Bei unserer seelsorgerischen Arbeit legen wir größten Wert auf Ausbildung und Fortbildung von Führungskräften und engagieren uns mehr in den verschiedenen Diensten innerhalb und außerhalb der Pfarrei* (DP 007).
* *Beim Aufbau des Reiches Gottes in allen Dimensionen des Menschenlebens wollen wir in dem Bewußtsein handeln, daß wir Teile des Planes Gottes für den Menschen und die Welt sind* (DP 004 und DG 01). Etwas Ähnliches finden wir im Dokument 04, 05, 06; C 52.

Die ersten Sorgen, die im Zusammenhang mit den Pfarreien auftauchen, beziehen sich auf ihre Struktur und Bürokratie. Die Pfarreien sind so strukturiert, daß ihre Verwaltung Ausbildung, Zeit und große Investitionen erfordert. Der komplexe Aufbau der städtischen Gesellschaft führt zu einem quantitativen Wachstum der Bürokratie, die hauptsächlich auf dem Papier handelt, weswegen das Abstrakte das Übergewicht über dem Konkreten hat; damit geht der direkte Kontakt zu den Menschen verloren, und die Pfarrei „fesselt" ihre Gläubigen nicht mehr, sondern verliert sie einfach durch Entfremdung oder weil sie zu Sekten übergehen, die sich mehr der individuellen Arbeit widmen als die katholische Kirche. Und selbst die, die sie in ihren Reihen halten kann, sind wenig engagiert, fühlen sich wenig eingebunden und verpflichtet. Wie jeder weiß, macht die Stadt einsam, trennt den einzelnen von seinen geographischen Wurzeln, von Familie, Kultur und, wenn die Pfarrei diesem Umstand zu wenig Aufmerksamkeit schenkt, läßt sie zu, daß ihre Gläubigen im christlichen und kirchlichen Zusammenleben an den Rand gedrängt werden, woraus der Protest gegen die Institution erwächst, weil sie zu weit weg ist und ihren Gläubigen gegenüber weder affektive Verbindung noch größere Verpflichtung an den Tag legt.

Die katholische Kirche mit ihrer institutionalisierten Bürokratie und ihren bürokratischen Anforderungen hat mit der Zeit ihre Gläubigen selbst in die Flucht geschlagen. Deswegen mußte dringend auf eine Veränderung in der Pfarrseelsorge hingearbeitet werden. Angesichts dieser Situation reagierten die MSF und leiteten in den Pfarreien, in denen sie tätig waren, einen Veränderungsprozeß im Lebenswandel und Seelsorgeverhalten ein. In erster Linie müssen wir die Bewußtseinsbildung bei Pfarrern und Pfarrvikaren selbst hervorheben, soweit sie für den Dialog mit verschiedenen sozialen Gruppen offen sind und am Verarbeitungsprozeß teilnehmen, der vom II. Vatikanischen Konzil, von Medellin, von Puebla, der Bischofs- und der Ordenskonferenz, vom Appell der Befreiungstheologie und der neuen seelsorgerischen Praxis, die die Kirche entwickelte, angestoßen und vorgelegt wurden; soweit Fortbildungskurse wahrgenommen werden und ein kritisches Bewußtsein entsteht, das einsieht, daß die Art der Verkündung des Evangeliums durch die Kirche mehr mit den Zielen und der Ideologie des „Systems" zu tun hatte als mit dem eigentlichen Projekt der Botschaft vom Reiche Gottes in seiner kohärenten Aussage zugunsten von Gerechtigkeit, Solidarität und Beziehungen unter Gleichen. Die Selbstkritik, die

die MSF üben, läßt das Bedürfnis nach einem Umwandlungsprozeß verspüren, der sie mehr zu Hirten ihrer Gläubigen macht; weniger selbstsicher, sondern menschlicher, freundschaftlicher, demokratischer und weniger autoritär. Von diesem Augenblick an kann man einen Lebenswandel feststellen, der sich eher mit der Entscheidung zum Ordensleben vereinbaren läßt.

An zweiter Stelle gibt es Veränderungen innerhalb der Pfarrei. Sie hört auf, um ihre eigenen Strukturen zu kreisen und wird zu einer freieren, weniger bürokratischen, mehr dezentralisierten Gemeinde. Die Mutterkirche der Pfarrei hat nicht mehr so viele Privilegien, so daß die Peripherie, die Siedlungen und Stadtteile besser versorgt werden können, und es entstehen echte Gemeinden mit eigenen Führungskräften und einem ziemlich eigenständigen kirchlichen Leben. Investitionen sind mehr auf die Seelsorge abgestimmt und gehen nicht so häufig in materielle Bauwerke, wie dies Tradition war. Man bemüht sich um Bewußtseinsbildung des Volkes Gottes, das zu verstehen beginnt, daß ohne Organisation Gemeinschaft und Mitarbeit der Gemeinde keine hohen Gedankenflüge zu verwirklichen sind. Um dorthin zu kommen, bilden sich Betrachtungsgruppen und Bibelkreise, die sich regelmäßig treffen, um über das Wort Gottes nachzudenken, ihre Probleme zu besprechen und gemeinsam zu entdecken, welche Entscheidungen getroffen und welche Positionen eingenommen werden müssen. In diesem Geist werden Laien von der Pfarrei für Seelsorge und Volksbewegungen freigestellt und bezahlt.

Liturgie und Gottesdienstfeiern beginnen die Strenge des römischen Formalismus, der theologischen Ausdrucksweise, die dem Publikum oft unbegreiflich ist, zu verlieren, es schwindet die Furcht vor liturgischen Regeln und es wird mit einem enormen Reichtum an Riten und Symbolen voller Bedeutung gefeiert, die die Botschaft deutlicher hinüberbringen als reine Worte. Die Feier des Gottesdienstes insgesamt, hauptsächlich aber ihre Sprache bekommt einen volksnaheren Charakter mit mehr politischem und sozialem Inhalt. Das Element des Feierns ist bei jeder kirchlichen Begegnung viel mehr gegenwärtig, es handelt sich dabei aber nicht nur um die Eucharistie, die gefeiert oder feierlich begangen wird, sondern um alle Sakramente einschließlich des Wortes Gottes und der wichtigen Ereignisse im Leben der Menschen. Ohne Zweifel gibt es mehr Frei-

heit in der Gestaltung des Gottesdienstes und gleichzeitig mehr Reife, die den Feiern den Sinn des Wesentlichen verleihen. Die Gottesdienstfeiern kreisen nunmehr um die Botschaft des Evangeliums.
Der „Rosenkranz", der in den Gemeinden ohne den Priester gebetet wurde, wird durch eine kultische Handlung ersetzt, die von den Liturgieteams besser vorbereitet ist und bei dem die von den jeweiligen Bischöfen mit einem besonderen Dienst beauftragten Helfer die Leitung übernehmen.

In einigen Diözesen gibt es auch Helfer, die eine Missio für Heiraten und Taufen haben, was große Veränderungen bei gottesdienstlichen Feiern bringt. Zum Beispiel wird eine Eheschließung, die vormals immer am Sitz der Pfarrei in der Mutterkirche gefeiert wurde – oftmals nur unter Anwesenheit der Brautleute und der Zeugen – nunmehr in der Gemeinde selbst unter großer Beteiligung gefeiert und in einer wesentlich festlicheren und zu Herzen gehenderen Form.

Viele MSF unternehmen nach individueller Beratung mit der Kirche sehr positive Initiativen in der Katechese. Die neue Katechese führt der Gemeinde wieder die Quelle der Glaubenserziehung vor Augen. Der Glaube hat damit bessere Voraussetzungen zum Wachsen und Reifen. Es gibt neue Techniken und neue menschlichere Methoden, die das Gefühl mehr ansprechen, dem einzelnen mehr Aufmerksamkeit schenken und die Menschen der Kirche näherbringen. Es gibt wunderbare Initiativen in der Familienkatechese, wo die Eltern selbst katechetische Unterweisung erhalten und dann versuchen, das Erlernte ihren Kindern zu übermitteln. In einigen Diözesen legt man großen Wert auf die Kontinuität des Katecheseprozesses, und es werden nur junge Leute gefirmt, die auch bereit sind, die Katechese weiterzutragen, indem sie in Jugendgruppen mitarbeiten.

Im Einklang mit der Kirche Lateinamerikas, die in Puebla ihre grundsätzliche Entscheidung zugunsten der Jugend getroffen hat, widmen die MSF der Jugendseelsorge besondere Aufmerksamkeit. Sie erkennen und akzeptieren die Jugend als die erneuernde Kraft in der Kirche, soweit sie die jungen Leute versteht und sie im Sinne eines stärkeren Engagements für das Leben und die Gemeinde zu motivieren weiß. Deswegen hat auch die Provinz Südbrasilien Lourival Bergmann freigestellt, der als Assistent bei der Regionalkommission der Jugendseelsorge in Rio Grande do Sul wirkt, sowie Enoques Martins, der in der Jugendseelsorge in Goiânia, Staat Goiás, arbeitet.

Die Seelsorgeausschüsse sind eine weitere Neuheit, die sich in den Pfarreien herausbildet. Sie haben eine enorm wichtige Rolle bei der gedanklichen Verarbeitung und Organisation der neuen Seelsorge, die sich in den kirchlichen Gemeinden entwickelt. Diese Seelsorgeausschüsse setzen sich aus den Priestern zusammen, die in der Pfarrei arbeiten, aus den freigestellten Seelsorgern und aus Vertretern des Verwaltungsrats jeder der Seelsorgeabteilungen, der Bewegungen und der in der Pfarrei aktiven Gruppen. Ihre Repräsentativität ist also sehr groß, daher werden auch ihre Entscheidungen in der Gemeinde ernstgenommen.

In unserer Zeit, in der die theologische Aufarbeitung im Sinne der Befreiung fortschreitet, hat man, wie bereits oben erwähnt, eine neue Art entdeckt, das Evangelium zu verbreiten; es bilden sich neue Seelsorgeformen, die den verschiedenen Bedürfnissen unseres Volkes entsprechen wie zum Beispiel die Gesundheitsseelsorge, die Helfer ausbildet, die in der Gesundheitsvorsorge arbeiten, die Gemeinden unterweisen, die den Gläubigen zeigen, wie die ihnen zu Gebote stehenden Mittel eingesetzt werden müssen. Die Gesundheitsseelsorge hat in fast allen Pfarreien eine organisatorische Form. Da viele Arme keine Möglichkeit haben, sich höherentwickelte medizinische Heilmittel zu beschaffen, versucht sie eine Betreuung in der Gemeinde durch gut ausgebildete, gewissenhafte Personen, die über eine bestimmte, reichhaltige Ausstattung an aus Kräutern hergestellten Medikamenten verfügen, die erwiesenermaßen gegen viele Krankheiten höchst wirksam sind.

Es herrscht eine neue Begeisterung durch die Möglichkeit, sich kirchliche Basisgemeinden vorzustellen, in denen die Armen Platz und Freiheit zur Meinungsäußerung und zum Handeln haben. Die fallweise Einrichtung von Gruppen wird ermöglicht, die sich aufgrund ihrer eigenen Grundbedürfnisse und der Hoffnung auf bessere Lebensbedingungen formieren.

Die am weitesten in der Bewußtseinsbildung fortgeschrittenen MSF wissen, daß, falls es eine Veränderung geben soll, sie nur über die Organisation der Volkskräfte erfolgen kann, deshalb widmen sie sich diesen Gruppen in starkem Maße und beteiligen sich intensiv an ihnen. Das reicht von einer einfachen Anwesenheit bis zur Wahrnehmung von Führungsaufgaben auf einflußreichen Posten innerhalb dieser Bewegungen. Zum Beispiel hat die Provinz Südbrasilien mit der Verabschiedung des Projekts: *Menschen und Strukturen im Dienst der Volksbewegungen* die Nutzung von leerstehenden Räumen erleichtert wie den des Escolasticado São José de Passo Fundo, in Rio Grande do Sul, die teilweise von der CEAP (Centro de Educação e Assessoramento Popular, das ist das Zentrum für Volksbildung und Volksberatung) bewirtschaftet wird, die jährlich von Hunderten von Menschen besucht wird, die dort eine Ausbildung erhalten und sich auf die Leitung von Gruppen, Vereinen und Gewerkschaften vorbereiten.

Die Provinz Südbrasilien, die direkt in einer der wichtigsten Volksbewegungen präsent sein will, der Bewegung der „Landlosen Bauern", die für die Ansiedlung von Menschen in ländlichen Gebieten kämpft, für eine Landwirtschaftsreform, die ihnen Land garantiert und für eine Landwirtschaftspolitik zugunsten des Kleinbauern, hat momentan, das heißt 1993, zwei ihrer jungen hochbefähigten Mitglieder für diese Arbeit freigestellt, nämlich Irio L. Conti, der als Generalsekretär in der Kommission für Landseelsorge in Rio Grande do Sul arbeitet und Roque Bieger, der in der Kommission für Landseelsorge in Santa Catarina tätig ist. Wie rechtfertigen wir nun die Freistellung dieser beiden Mitglieder zugunsten dieser Bewegung? Ausgehend von der Befreiungstheologie verstehen wir, was Bruder Irio Conti selbst sagt:

„Das menschliche Leben ist ein heiliger Wert, der mehr gelten muß als Privilegien für Viehweiden und Wirtschaftsinteressen. Indessen wird dieses Leben in unserer Realität von den Mächtigen, die sich zu ‚Herren der Welt' aufschwingen wollen, zermalmt. Der Kampf zur Rettung der Menschenwürde, der Aufbau einer demokratischen und pluralistischen Gesellschaft können in der brasilianischen Realität notwendigerweise nur über eine tiefgreifende Landwirtschaftsreform kommen, denn Brasilien ist ein Land mit extremen Widersprüchen. Auf der einen Seite sehen wir eine kleine Elite, die den Großteil der politischen und wirtschaftlichen Macht auf sich konzentriert und sich darin ergeht, die Erträge, die sie durch die armen Arbeiter erwirtschaften ließ, zu genießen und zu vergeuden. Auf der anderen Seite haben wir die große Mehrheit der arbeitenden Bevölkerung, die hilfsbedürftig und schutzlos ist, aber klug genug, um zu verhindern, daß man ihr die letzten Lebensmöglichkeiten nimmt. Wenn wir in die Geschichte zurückblicken, angefangen beim Volk der Hebräer, das in Ägypten als Sklaven diente, bis zu den heutigen sozialen Gruppen war der Kampf um Land mehr oder minder immer ein Kampf zur Verteidigung des Lebens und der Verwirklichung messianischer Verheißungen." (IRIO CONTI, in: Zeitschrift Clamor 1992, Nr. 2, S. 13).

Daraus leiten wir die Berechtigung ab, diese Mitglieder unserer Gemeinschaft für Arbeiten freizusetzen, die nach traditioneller Betrachtungsweise keine typischen Aufgaben der Kirche oder eines Ordens wären. Diese und viele andere Beispiele von Aufgaben, die das Betätigungsfeld der MSF in der Seelsorge nach der Befreiungstheologie darstellen, sind hier zu nennen, wie z.B. das Projekt Indubrás, das von Cláudio da Silva Forrati koordiniert wird und den Namen *Vida Nova* (Neues Leben) trägt. 1988 hat die Pfarrei Santo Antônio da Vila Pippi de Santo Ãngelo, in Rio Grande do Sul, mit ausländischer Hilfe 19 Hektar Land bei der Kleinstadt Indubrás für das Projekt *Vida Nova* gekauft. Heute wird diese ganze Fläche von 80 Familien bewirtschaftet. Wie Cláudio da Silva Forrati selbst sagt, kann man dort brüderliches Teilen der Güter erleben, was das Zeichen für die Ankunft des Reiches Gottes inmitten seines Volkes ist.

In den 80er Jahren, als der große Kampf gegen den Bau der Stauseen im Süden Brasiliens begann, weil damit das Leben von Tausenden kleiner Bauern bedroht worden wäre, die ihr von den Wassern der Stauseen überflutetes Land hätten verlassen müssen, waren viele Patres der MSF und andere Priester an diesem wichtigen Kampf beteiligt, und es gelang ihnen, durch die Mobilisierung des Volkes zu verhindern, daß verschiedene Stauseen gebaut wurden.

Zahlreiche andere kleine Gemeinschaftsprojekte in den Bereichen Wohnung, Gesundheit, Familienbetreuung bestehen in den Pfarreien, in denen wir seelsorgerisch wirken. Es sind Projekte, die die neue Tendenz der lateinamerikanischen Seelsorge zeigen, Versuche, bei denen man sich von den auftauchenden Schwierigkeiten nicht ins Bockshorn jagen läßt. Jeder kennt und fühlt die Herausforderung in seiner eigenen Umgebung, setzt seine Kreativität ein und versucht, seine eigene Erfahrung zu machen.

Itacir Brassiani, der vor kurzem den Magister für Theologie in der Stadt Belo Horizonte im Staate Minas Gerais erworben hat, erzählt uns von dieser seiner Erfahrung: „Ich verließ die anregende Arbeit in der Gemeindeseelsorge der Siedlungen der Pfarrei ‚Heilige Familie' von Santo Ângelo und ging auf Wunsch des Provinzialausschusses nach Belo Horizonte, um zwei Jahre lang zu studieren. Ich merkte sofort, daß der Zeit- und Energieaufwand für Bücher nach Exil schmeckte und Bußfarben trug. Bücher wehren sich nicht und stören nicht, aber sie können die Versuchung aufkommen lassen, sich vom brodelnden Leben der Menschen zu entfernen, vom Kampf derer abzukoppeln, die überleben wollen. Und der Kampf und das Leben sind der Ort, an dem sich das Heil Jesu Christi vollzieht. Was das Heil in die Tat umsetzt, sind nicht Ideen, Ansprachen oder Bücher, sondern die Kraft des Geistes, der die Menschen zur Liebe und zur Solidarität bewegt.

Deswegen ging ich auf die Suche nach etwas, was dieses Exil in Heimat verwandeln könnte und diese Bußzeit in eine Zeit der Gnade und Versöhnung. Irgendeine seelsorgerische Tätigkeit, die mir festen Boden unter den Füßen gäbe, von dem aus das Studium der Theologie einen Dialog mit dem Leben beginnen könnte. Durch Zufall und die Gnade Gottes fand ich die ‚Leidenden der Straße'. ‚Die Leidenden der Straße' gehören zu den 35 Millionen Menschen in der brasilianischen Bevölkerung, die man die überschüssige Masse nennt, die vom Leben ausgeschlossen ist. Es sind unsere Brüder, die nach den Worten einiger Politiker und Wirtschaftler, keine Lücke hinterlassen würden, wenn sie verschwänden. Die entscheidende Frage, die sofort beim Kontakt mit diesen Brüdern aufkommt, ist: Was kann man für sie tun? Diese Frage ist vermischt mit beklemmendem Unvermögen und einem biblischen Mitleiden, das man fühlt. Bei ihnen zu sein ist das Erste und manchmal das einzig Mögliche. Solidarität und Anwesenheit sind der erste Schritt. Ermunterung und Organisation folgen. Sie zu respektieren, damit sie sich selbst als Menschen und Gottes Kinder respektieren, das ist das Ziel. Oft erinnern wir uns an das Wort des Petrus an den Kranken an der Pforte zum Tempel: ‚Silber und Gold besitze ich nicht. Doch was ich habe, das gebe ich Dir: Im Namen Jesu Christi, des Nazoräers, geh umher.' (Apg 3, 6).

Wie dieser Gelähmte schaut uns dieses Volk auf der Straße an und erwartet etwas von uns. Und es erhält, was wir sind und was wir vom Vater erhalten: die Gnade der aktiven Solidarität.

Die Arbeit mit den Papiersammlern kann bereits ein Ergebnis aufweisen. Das wichtigste Ergebnis ist die Bildung eines Verbandes der Sammler von Papier und wiederverwertbarem Material von Belo Horizonte. Mit diesem Instrument, das nun schon ein Jahr lang besteht, kämpfen die Papiersammler weiter, z.B. um folgendes: Erlangung eines Platzes für das gesammelte Material; Gründung einer Mikrogenossenschaft, um den gesammelten Müll wiederzuverwerten; öffentliche Anerkennung als Beruf; gewachsenes politisches Bewußtsein usw., ohne hier irgendeine religiöse Dimension zu nennen.

Diese Männer und Frauen, mit denen wir arbeiten, sind weniger gefährliche Marginalisierte als vielmehr Opfer der Gesellschaft, die deren Krankheiten an ihrem Leibe tragen. Aber die ‚Lumpensammler' sind auch Menschen. Sie sind weniger ‚unvollständige und unorganisiserte Familien' sondern eher echte menschliche Gruppen. Weniger Empfänger unserer Almosen als vielmehr die lebendige Stimme Gottes, die die Strukturen unserer Gesellschaft und unserer Kirchen verurteilt und uns den Abgrund zeigt, der die Reichen von den Armen trennt, aber auch den Weg, den wir gehen müssen, um Kirche Jesu Christi zu sein.

Aufgrund dieser pastoralen Erfahrung verwandelte sich mein ‚Exil' in eine Zeit der Gnade und Bekehrung. Der ‚brennende Dornbusch' des Leidens dieser Menschen hat mich gerufen, meine Sandalen auszuziehen und den heiligen Boden zu betreten, der von Schmerz und Hoffnung getränkt ist" (vgl. Ex 3, 1–6). (ITACIR BRASSIANI, in: Zeitschrift Clamor, 1991, Nr. 1, S. 55–59).

So haben also auch die MSF Lateinamerikas angefangen, die Grenzen des eng umrissenen Feldes des Ordens- und Kirchenlebens zu überschreiten und sich an den großen Konflikten, an denen sich das Schicksal des menschlichen Lebens entscheidet, zu beteiligen und mitzuwirken.

Schließlich müssen wir noch wenigstens teilweise die seelsorgerische Tätigkeit auf dem Gebiet der Bildung beleuchten. Angesichts der großen Veränderungen und Herausforderungen, brauchen die MSF eine immer bessere Ausbildung; daher wurde die Seelsorge für Berufene und ihre Ausbildung zu einem der ersten Bereiche, die primär tiefgreifende Änderungen erfuhren.

Der Plan für die Berufepastoral enthält heute einen neuen Vorschlag, der sich in die Gesamtseelsorge der Pfarrgemeinde einfügt.

Es ist schon einige Zeit her, da gab es Leute, die Berufe gewinnen wollten, indem sie Heiligenbildchen verteilend durch die Schulen gingen und die Namen derer aufnotierten, die Priester oder Ordensbruder/-schwester werden wollten. In dieser Zeit waren die großen Seminare gefüllt, aber die Beständigkeit der Kandidaten ließ sehr zu wünschen übrig.

In den 60er Jahren wurde ein Missionarsteam zusammengestellt, das Missionen in den Pfarreien veranstaltete und Priester- und Ordensberufe wecken sollte. In dieser Zeit wurde die Berufung als etwas rein Subjektives gesehen und die erste Sorge galt der persönlichen Verwirklichung. Deswegen waren die Menschen, die sich dieser Aufgabe annahmen, immer Leute, die stets fröhlich ihre Selbstverwirklichung und ihr Glück zur Schau stellten.

Danach ging man zu einem Team über, das Berufe fördern sollte und sich insbesondere mit der sozialen Dimension der Berufenen befaßte, da man jede biblische Berufung in ihrer Beziehung zum Volk sah. In dieser Zeit wurde die Arbeit mit der Jugend in den Gemeinden, Gruppen und Privatschulen intensiviert. Es gab seinerzeit Paare in der Berufenenarbeit, die die Arbeit der Provinzialteams fortsetzten. Man versuchte dabei, die Kandidaten besser auszusuchen, mit dem festen Vorsatz, die erste Schulstufe (in den Seminaren) abzuschaffen.

Im nächsten Schritt wurde die Arbeit von einem Diözesanteam der Berufepastorale betreut, an der einige dafür freigestellte Mitglieder unserer Provinz teilnahmen, und versuchten, dabei auch den Pfarrer und den Pfarrvikar einzubinden. Die Berufepastorale wurde integrierender Bestandteil der allgemeinen Pfarrseelsorge. Man versuchte, alle seelsorgerliche Tätigkeit auf Berufungen auszurichten und für zahlreiche Ämter, die es in der Kirche bereits gab, Führungskräfte zur Belebung der Gemeinden zu finden. Wenn sich Berufungen zum Ordensleben oder zum Priesteramt zeigten, wurden diese mit besonderer Aufmerksamkeit begleitet, sowohl in der Familie als auch in der Gemeinde. Und wenn diese Berufenen die Möglichkeit hatten, zu Hause zur Schule zu gehen, wurden sie erst nach der zweiten Schulstufe in eine Gruppenausbildung der Ordensprovinz einberufen.

Der Bildungsplan baute auf einer demokratischen Beteiligungsmethodik auf und hatte die beklemmende Aufgabe, gleichzeitig

Männer der Mystik und der Politik auszubilden, die unseren Kulturen das Evangelium bringen könnten. Als Grundzüge der Ausbildung galten: Studium, Seelsorge, geistliches Leben, Zusammenleben, Arbeit und Freizeit.

Da der geographische und soziale Standort verlagert werden mußte, hat man sich nach reiflicher Überlegung zu einer Ausbildung inmitten des Volkes entschlossen. Die Studenten gingen zusammen mit ihren Ausbildern in ihren Wirkungskreis, bildeten kleine Gruppen und wohnten in sehr einfachen Wohnungen, die denen der übrigen Ansiedlung ähnlich waren.

In der festen Überzeugung, daß dies die neue Art Ausbildung ist, hat man einen neuen Bildungsprozeß eingeleitet, bei dem die Studenten die Hauptträger sind. Eine der Grundnormen dieses Vorgehens ist Transparenz in jeder Hinsicht, auch im wirtschaftlichen Bereich. Die Entscheidungen werden gemeinschaftlich getroffen, nach Anhörung der Gemeinde. Der Unterhalt selbst ist Frucht der eigenen Arbeit, denn die Studenten haben ihren Arbeitsplatz und sind in die Arbeitswelt eingegliedert. Sie werden so nicht zu einer Belastung für die anderen und fühlen sich viel mehr verantwortlich für Wohnung, für konkrete Dinge, für das Leben und das Wohlergehen der Gruppe selbst.

Um die philosophisch-theologische Ausbildung besser leisten zu können, wurden eigene Institute gegründet. Trotz der großen Schwierigkeiten wurde 1982 ein internes oder Privatinstitut für Philosophie gegründet, das den Namen Instituto de Filosofia Padre Berthier erhielt, das heute ca. 90 Studenten hat und unter der Leitung von João Inácio Kolling MSF steht. Mit demselben Ziel wurde in den Diözesen Santo Ângelo und Cruz Alta das Instituto Missioneiro de Teologia (Theologisches Missionsinstitut) gegründet, in dem die Mehrheit unserer Studenten Theologie studiert.

Schlußbetrachtung

Auch wenn wir dieser Arbeit einen positiven und optimistischen Touch gegeben haben und die Erneuerungsbewegung Lateinamerikas in den letzten Jahren, die dem Wirken des Heiligen Geistes zugeschrieben wird, der mehr denn je in der Geschichte wirkt, anerkennen wollen, müssen wir doch die Krise sehen, in der wir heute leben, die die gesamte Gesellschaft umfaßt, insbesondere die Christen und folglich auch die MSF in Lateinamerika. Die Krise des christlichen Selbstverständnisses macht sich auf zwei Ebenen bemerkbar:

* Auf *existentieller* Ebene: In dem Maße, in dem die moderne Zeit die absoluten Wahrheiten niederreißt und religiöse Bezüge, die auf den letzten Ursprung und Sinn des Lebens hinweisen, verschwinden, leidet Lateinamerika auch unter der existentiellen Krise, einer Sinn- und Wertkrise.

* Auf *sozialer* Ebene: Die Verkündung des Evangeliums stößt nicht nur auf Schwierigkeiten in existentieller, persönlicher Hinsicht, sondern sie trifft auch, da sie sich die Befreiung des Menschen in sozialer Hinsicht als ihre Aufgabe zum Ziel gesetzt hat, auf diesem Gebiet auf die größten Schwierigkeiten, weil sich die sozialen Beziehungen zwischen den Menschen immer mehr verschlechtern: die Mechanismen, die Gewalt hervorbringen, mehren sich, die Ungleichgewichte und Ungerechtigkeiten wachsen und die Hoffnungen werden immer illusorischer. Die missionarische Ankündigung des Reiches Jesu Christi konnte in letzter Zeit sogar viele Menschen gewinnen, aber die Ergebnisse, die sich in Gesten der Solidarität und Gerechtigkeit den Armen gegenüber manifestieren, sind gering.

Außer den existentiellen und sozialen Schwierigkeiten leiden die Missionare unter ihrer kulturellen Entwurzelung durch die Kirche und das Ordensleben, das sie aus Berufung akzeptiert haben. Konkret gesagt: Es gibt unzählige Fälle, in denen Ordensleute, selbst wenn sie vom Lande kommen und eine bestimmte Kultur haben, wohldefinierte und typische Züge einer bestimmten Region aufweisen, sie doch gerade, weil sie Ordensleute sind und weil sie sich für die Bedürfnisse der Kirche zur Verfügung gestellt haben, die nicht immer viel kulturelle Sensibilität bewies und sehr oft einem traditionellen Modell des Ordensmannes und Priesters nachhängt, leicht in eine kulturelle Umgebung versetzt werden, die ihrer eigenen Bildungsstruktur völlig fremd ist.

All dies und dazu die affektiven Probleme haben das Ordensleben in Lateinamerika, auch das Leben der MSF, sehr beeinträchtigt. Es gibt nicht wenige, die aufgrund der oben beschriebenen Krise, angesichts des Scheiterns ihrer Hoffnungen und Pläne, angesichts der Anpassungsschwierigkeiten neuen Kulturen gegenüber, sich in der christlichen Kultur mit ihrem Übergewicht, ihrem Anspruch auf höhere Einsicht und ihrer mangelnden Flexibilität eingeigelt haben, um sich nicht in ihrer traditionellen Sicherheit beeinträchtigen zu lassen. Es gibt nicht wenige, die auf die allerverschiedensten Kompensationen ausgewichen sind oder beschlossen haben, endgültig aufzugeben, und sich ausschließlich mit sich selbst beschäftigen.

Deswegen darf die Geschichte unserer Provinz keinesfalls außerhalb dieses großen Krisenumfeldes gesehen werden, sondern sie steckt tief in dieser Situation drin; es ist eine Geschichte der Zusammenstöße, Erfolge und frustrierten Versuche, der Einbindung in Kulturen und Verkündigung des Evangeliums bei diesen Kulturen sowie der Verteidigung einer vermeintlich höheren christlichen Kultur, an die sich andere Kulturen anzupassen haben.

Unabhängig von dieser ganzen Krisensituation, die die Verkündung des Evangeliums und ihre Träger, die MSF in Lateinamerika, betraf und betrifft, waren diese der Überzeugung und haben genügend Motivation gefunden, um unzählige Initiativen auf den verschiedensten Gebieten der Seelsorge und der Volksbewegungen in die Wege zu leiten.

Zur Spiritualität der MSF in Lateinamerika

von ITACIR BRASSIANI in Brasilien

Über Spiritualität und über die Beziehung zwischen Mensch und Gott sprechen, ist das gleiche Thema wie: die Begegnung von Geist und Geschichte im Tun der Menschen. Spiritualität ist die konkrete Form, mit der jeder Mann und jede Frau, jede Gemeinschaft und jedes Volk auf das göttliche Geheimnis eingeht, so wie es sich in der Vergangenheit offenbart hat und in der Gegenwart verstanden wird. Sie ist die geschichtliche Begegnung mit Gott und die menschliche Antwort auf seine Absicht.

So betrachtet ist es folgerichtig und angebracht, von einer „lateinamerikanischen christlichen Spiritualität" zu sprechen: d.h. einer Form, Christ zu sein, die erwächst aus der Begegnung des Geistes Jesu Christi mit den Männern und Frauen Lateinamerikas in ihrer sozial-ökonomischen Situation und Kultur, mit ihrem Ringen und ihren Optionen. Daher ist es wichtig hervorzuheben, daß Spiritualitäten immer abhängig sind vom sozial-geschichtlichen und sozial-kulturellen Geschehen, in welches die Christen zur bestimmten Zeit, am bestimmten Ort einbezogen sind (SEGUNDO GALILEA, 1984).

In dieser Reflexion, die mit der Feier unseres 100jährigen Ordensjubiläums zusammenfällt, will ich mich mit der Spiritualität der lateinamerikanischen christlichen Gemeinschaften näher beschäftigen, um ihre Grundlagen zu durchleuchten, das Charakteristische herauszustellen und den innersten Kern aufzudecken. Ich schlage vor, daß wir von diesem Gesichtspunkt aus die Spiritualität der Heiligen Familie zu vertiefen suchen, so wie sie von bedeutsamen Gruppen der Missionare der Heiligen Familie in diesem Kontinent erstrebt und gelebt wird.

Darüber hinaus möchte ich darauf hinweisen, daß diese Spiritualität, die hier aufkeimt in diesem Land der Schmerzen und der Hoffnung, obwohl sie abhängig ist von Zeit (Ende des 20. Jahrhunderts) und Ort (Lateinamerikanischer Kontinent, Dritte Welt) einen wichtigen und unleugbaren Beitrag zu leisten hat für die gesamte Christenheit, für andere Zeiten und Orte. Was wir hier leben, überschreitet unsere eigenen Grenzen und trägt dazu bei, das Wesen des eigenen Lebens in der Nachfolge Christi neu zu bestimmen.

I. Christliche Spiritualität in Lateinamerika

Die Heilige Schrift bezeugt in reichem Maße, daß christliche Spiritualität immer eng mit den geschichtlichen Ereignissen und Bewegungen verbunden ist. Aber erst in der heutigen Zeit haben wir – mit Hilfe der Methode des kritischen Denkens – dieses Prinzip definitiv bestätigt.

Auf diesem theoretischen Prinzip baue ich die Struktur des ersten Teiles meiner Reflexion auf:
– eine zusammenfassende Beschreibung der tatsächlichen Situation der lateinamerikanischen Völker und der Forderungen, die sich von dieser Realität her für den Christen ergeben;
– Notwendigkeit und Wesen einer auf diesem Boden inkarnierten christlichen Spiritualität und
– die formenden Grundzüge dieser Spiritualität und ihre grundlegenden/wesentlichen Inhalte.

Die aktuelle historische Realität in Lateinamerika

Bei der Emmaus-Erscheinung (Lk 24, 23–35) nähert sich Jesu den Jüngern auf ihrem Weg und fragt sie: *Was sind das für Reden, die ihr da miteinander führt, und warum seid ihr traurig?* Und sie erzählen dem Fremden auf der Straße von ihrem Leid und ihren Enttäuschungen. Das heißt für uns: um die Auferstehung zu bezeugen, müssen wir zuerst aufmerksam die Wirklichkeit von Leid und Erwartungen, in der wir leben, betrachten. Die Spiritualität hängt weitgehend von dieser Realität ab.

Wer in Lateinamerika lebt oder es besucht, kann nicht umhin, diese endlose Kette des Leidens zu erkennen, das unser Volk bedrückt. Die lateinamerikanischen Bischöfe haben die Situation angeprangert als *unmenschliche Armut*, die eine *äußerst zerstörende und demütigende Geißel ist* und sich auswirkt in Kindersterblichkeit, Wohnungsnot, kargem Lohn, Arbeitslosigkeit, Gesundheitsproblemen, Unterernährung usw. (Puebla 29). Diese Situation steht im Widerspruch zum Evangelium (Puebla 1159), ist ein Gegensatz zu christlichem Sein und ihm ein Ärgernis (Puebla 28).

Von diesem Volk – christlichen Männern und Frauen – steigt ein Schreien zum Himmel empor, das immer eindringlicher wird: Es ist die Klage eines Volkes, das leidet und nach Gerechtigkeit ruft, nach Freiheit und Achtung der fundamentalen Menschen- und Völkerrechte (Puebla 87). Es ist ein Rufen, das immer deutlicher, stärker und ungestümer wird. Wir sind aufgefordert, in diesem Schreien und in den Gesichtern dieser Menschen die Stimme und das Antlitz des leidenden Christus zu erkennen, des Herrn, der uns fragt und uns herausfordert (Puebla 31; St. Domingo 178). Wie könnten wir singen die Lieder des Herrn, fern, auf „fremder Erde"?

Aber gerade aus dieser Klage entspringt Hoffnung. Die Klage sucht aufmerksame Hörer und solidarische Hände. Der unermeßliche Zug der Unterdrückten und Verworfenen macht sich auf den Weg, tritt ein in den Kampf um Leben und Würde, ein neuer Exodus geschieht. Unzählig sind die Zeugen, manche tragen das Siegel des Martyriums, die Männer und Frauen, welche die Wege des Lebens eröffnen mit ihren Körpern, die gezeichnet sind mit den Wunden Christi. Inmitten von Leid und Ruinen erlebt man hier auch die Zeit der Gnade: eine besondere Zeit des Erbarmens Gottes und eines neuen spirituellen Weges. Das Neue besteht nicht im Elend und in der Unterdrückung, sondern darin, daß ein Volk beginnt, sich davon zu befreien durch die Kraft, die aus dem Glauben an einen befreienden Gott erwächst. Es ist eine Zeit der Solidarität, des Gebetes, des Martyriums und der Hoffnung.

Die Realität, wie man sie auf diesem Kontinent erlebt, ist bestimmt von Engpässen, Herausforderungen, neuen Wegen und Perspektiven, Leiden und Hoffnungen. Und inmitten von all dem keimt eine neue Spiritualität. Es ist eine Spiritualität des Volkes: gemeinsam, kirchlich, gezeichnet durch den Glauben eines armen und glaubenden Volkes. GUSTAVO GUTIÉRREZ, einer der ersten, der diese Spiritualität systematisch erforscht hat, schrieb 1987: „Die in Lateinamerika aufkommende Spiritualität erwächst aus der Kirche der Armen, einer kirchlichen Gemeinde, die ihre Solidarität mit den Ärmsten der Welt verwirklichen will." Vor allem stellt dieser Weg des Geistes jene Spiritualität in Frage, die sich versteht als eine Sache, die sich auf wenige bezieht (Zustand der Vollkommenheit) oder die sich auf einzelne Menschen konzentriert (Weg der Innerlichkeit).

Offensichtlich ist das, was in Lateinmerika aufbricht, sehr neu und äußerst hart; aber es provoziert einen Einbruch und regt an, die Situation zu hinterfragen. Dieser Weg des Volkes, das seine Befreiung übernimmt, wird allmählich immer breiter und tiefer, wird gleichsam zu einem Brunnenschacht, der nach und nach ausgefüllt wird durch ihren Glauben, ihre Hoffnung und Solidarität, ihre Freuden und Tränen, ihr Blut. Weil dieser Brunnen christlichen Lebens existiert, kann eine neue Spiritualität wachsen; weil solch ein Leben Verheißungen enthält, kann eine neue Spiritualität aufbrechen; und es besteht eine neue Spiritualität, weil viele aus diesem Brunnen trinken (GUSTAVO GUTIÉRREZ, 1987).

Grundlagen und Voraussetzungen

Die in Lateinamerika aufkommende christliche Spiritualität erwächst aus dem Prozeß der Befreiung, sie wird getragen von den Armen und den ihnen Nahestehenden und gestärkt aus dem selben Brunnen. Sie bezieht sich auf das geschichtliche Wirken der Jünger Jesu. Geistliches Leben ist historisches Leben, Teilnahme am Prozeß, Geschichte zu wirken, der in einem Aufbruch ihrer Opfer oder ihrer Gegner beginnt. Dieses Engagement ermöglicht indessen nicht nur Spiritualität, sondern ist bereits „spirituelles Leben", Gabe des Geistes. „Sich für die Befreiung entscheiden, das ist bereits ein Werk des Geistes", ganz genauso wie „sich die Freiheit erhalten mit allem, was dazu nötig ist an Stärke, Hoffnung und einer Gesinnung, die Leben schenken will" (JON SOBRINO, 1992).

Gleichbedeutend mit all dem können wir sagen, daß die Spiritualität tatsächlich bereits im Ursprung des Befreiungsprozesses enthalten war und daß die nachfolgende Geschichte nur noch bewiesen hat, wie notwendig und wichtig sie ist (vgl. JON SOBRINO, 1992). In diesem Prozeß erweist sich die Spiritualität als notwendig, sowohl um das geschichtliche Tun, also die Verteidigung des Lebens, zu motivieren und zu stützen, als auch um Abweichungen von diesem Prozeß zu korrigieren, der immer schöpferisch ist und darum positive und negative Möglichkeiten umfaßt. Außerdem besteht die Überzeugung, daß der Heilige Geist in stets neuen Worten zu uns spricht und herausfordert; dafür brauchen wir ein offenes Ohr. Und die Spiritualität gewährleistet diese Offenheit.

Die lateinamerikanische christliche Spiritualität betont einige Voraussetzungen, die in allen geistlichen Bewegungen zu finden sind (vgl. JON SOBRINO, 1992). Die erste dieser Voraussetzungen ist die *Ehrlichkeit gegenüber der Realität*. Es geht um eine Haltung der Aufrichtigkeit und Wahrhaftigkeit gegenüber der Realität, die man annimmt, so wie sie ist, unverbrämt und ohne eigennützige Beschönigung. Für Lateinamerika passen zu diesem Verständnis von Realität nicht solch allgemeine und abstrakte Konzepte wie „der moderne Mensch" oder „die Menschheit". Der wirkliche Mensch und die historische Wirklichkeit, das ist hier auf diesem Kontinent die unermeßliche Mehrzahl der Menschen, die unterworfen sind der Armut, der Unterdrückung und dem langsamen Sterben. Die geschichtliche Wirklichkeit ist ein Prozeß von Beherrschung und Enteignung, vielfach erlitten von ethnischen und kulturellen Minderheiten und der verarmten Mehrheit. Ehrlich und realistisch sein, bedeutet daher ein geschichtliches Ja, jedoch ein ethisches Nein zu sagen.

Die zweite Voraussetzung einer jeden christlichen Spiritualität ist die *Treue zur Wirklichkeit*. Das bedeutet ein Ja aufrechtzuhalten zum Leben, seiner Dynamik und seinen Ordnungen, aber zugleich ein Nein zum Tod und seinen Ketten von Ungerechtigkeiten. Und dies alles trotz aller Widerstände, Strafmaßnahmen, Unterdrückungen und scheinbar anhaltenden Unwirksamkeit. Diese Treue zur Wirklichkeit umfaßt auch die Überzeugung, daß es die Treue ist (das Leid, das Kreuz) und nicht der Erfolg, die Gottes Willen und sein Reich vermittelt. Hier können wir hinweisen auf das Beispiel vom Gottesknecht, von Isaias, von Christus dem Gekreuzigten.

Dritte Voraussetzung ist, der *höheren Wirklichkeit zu entsprechen* und zu ihr hingeführt zu werden. Die Schöpfung und die Geschichte leben mehr von der Hoffnung als von der Verneinung: Sie warten sehnsüchtig und mit Seufzen auf die Befreiung und Herrlichkeit der Kinder Gottes (vgl. Röm 8). Und die Art, diesem „Mehr" an Sinn, Kraft und Leben in der Realität zu entsprechen, sind Liebe und Hoffnung: Durch diese Tugenden (Kräfte) werden wir der Realität gerecht und stehen treu und loyal zu ihr.

Obwohl diese Voraussetzungen der Spiritualität ziemlich formal und allgemein scheinen, war es wichtig, sie zu erklären, besonders wie man sie in Lateinamerika betont; denn sie beeinflussen beträchtlich die Perspektiven und charakteristischen Züge der Spiritualität, die in Lateinamerika aufkommt.

Neuentdeckung und Nachfolge Jesu

GUSTAVO GUTIÉRREZ stellt die Dimensionen christlicher Spiritualität deutlich heraus: Begegnung mit Christus – Leben im Geist – Weg zum Vater. Er weist darauf hin, daß aus diesem globalen Prozeß letztlich die Nachfolge Jesu Christi und die Begegnung mit ihm im Armen erwächst. Hierin liegt wirklich der Unterschied zwischen der christlichen Spiritualität Lateinamerikas und anderen Spiritualitäten. Und was den Unterschied ausmacht, sind nicht die umfassenden Aspekte, sondern die Neuausrichtung der fundamentalen Prinzipien christlichen Lebens, die sich aus einer grundlegend neuen Anschauungsweise ergeben.

Die Begegnung mit Jesus ist der Ausgangspunkt für die Nachfolge oder der erste Schritt zur Spiritualität. Historisch vollzieht sich in Lateinamerika diese Begegnung mit der „leidenden Gestalt Christi": *in entstellten, enttäuschten, erniedrigten, angsterfüllten, leidenden, alternden und müden Gesichtern* (St. Domingo 178). Es sind die Gesichter von Kindern, Jugendlichen, Indios, Afro-Amerikanern, Bauern, Arbeitern, Arbeitslosen, Emigranten, Randgruppen, Alten (Puebla 32-40). Auch erkennen wir dies Antlitz in Hungernden und Frauen. Wahrhaftig, diese Begegnung ist eine überraschende Neuentdeckung von etwas, das verschwiegen wurde, weil es bedrohte und herausforderte. Einige Züge aus dem Antlitz Jesu Christi, dem man in Lateinamerika wiederbegegnet ist:

Jesus, der uns nahe ist: Er nähert sich den Armen und diese Nähe wird zum absoluten Kriterium seines Handelns. Er ist Fleisch geworden unter den Armen, in einem Stall geboren. Er hatte Mitleid mit ihrem Leid und ihrer Last; er stellte sich auf die Seite der Unterdrückten und verteidigte die Würde der Entwürdigten. Er identifiziert sich mit den Notleidenden. Diese Nähe Jesu, die er am stärksten ausdrückt in seinem Schrei der Verlassenheit am Kreuz, löst uns die menschliche Brüderlichkeit wieder ein, verleiht den Verheißungen Gottes Glaubwürdigkeit und wird zur Frohen Botschaft und Wahrheit.

Jesus in der Geschichte der Gegenwart: Jesus wird nicht nur als Ereignis der Vergangenheit verstanden oder als ethisches Vorbild, das man nachahmt. Jesus wandert heute mit dem Volk Gottes, so wie er mit den Emmaus-Jüngern gewandert ist, auf dem Weg, der hinführt von Niedergeschlagenheit und Enttäuschung zu solidarischer Anteilnahme. In bevorzugter Weise ist er bei den Armen und Bedrängten und bei denen, die mit ihnen solidarisch sind. Er ist mitten unter uns.

Jesus, der uns befreit: Weil Jesus ganz nahe ist, schenkt er eine Kraft (der Heilige Geist ist Kraft und Dynamik), die den Menschen umwandelt, die Würde und Initiative wiederherstellt. Darüber hinaus veränderte Jesus Christus durch sein sozialgeschichtliches Wirken, die Realität, so daß er damit sogar das echte Bild Gottes deutlich werden ließ: Er glaubt und bezeugt einen lebendigen Gott, der allen seinen Kindern das Leben in Fülle schenken will.

Jesus ist frohe Botschaft: Jesus bringt eine gute Nachricht für die Armen: Gott der Vater erkennt die Bestrebungen der Armen an und bestätigt, daß das Ringen dieser Letzten auf der sozialen Skala gerecht ist. Die Worte und Taten Jesu – von der Krippe bis zum Kreuz – sind der vielgestaltige Ausdruck dieser Frohen Botschaft.

So ist die Spiritualität wesentlich „Wirken des Heiligen Geistes", geschenkt und gefordert durch Erkennen und Nachfolge Jesu. Dies ist der Weg, Partner Gottes zu werden. Diese Spiritualität bedeutet im Kern, im Leben nicht nur um sich selbst zu kreisen, um die eigene Gruppe, die eigene Kirche, sondern sich an den Armen dieser Welt zu orientieren, denjenigen, die wahrhaftig ihr eigenes Person- und Gruppen-Ich in den Hintergrund stellen.

Jesus nachfolgen bedeutet daher, sein Jünger werden, bei ihm sein, an seiner Sendung und an seinem Schicksal teilnehmen; oder wie LEONARDO BOFF sagt: „Sein Werk fortsetzen, seinem Ideal folgen; seine Vollkommenheit erreichen." Mit andern Worten: Ihn als Herrn anerkennen und das eigene Leben an ihm orientieren; seinen Plan annehmen; seine Art, das Evangelium zu verkünden, fortführen in Mitleid und Nähe zu den Armen; seine Prophetie, Solidarität und Selbstentäußerung übernehmen; an seiner Gemeinschaft, dem Sakrament seines befreienden Wirkens teilnehmen; in der Kraft und Dynamik seines Geistes leben, der da ist Geist des Lebens, der Gerechtigkeit, des Rechts für die Bedrängten; der seufzt und wartet auf die Erlösung der Menschheit und uns lehrt, Gott als Vater anzurufen.

Zentrale Grundlagen der Spiritualität: Frei sein zur Liebe

Jede geistliche Bewegung ist ein geistiger Weg. Deshalb eröffnet die Spiritualität Wege; sie hat keine starren Leitfäden. Sie ist bestimmt von Freiheit. Jesus selbst ist Vorbild für Freiheit als definitive Grundidee und als Zeichen eines Lebens, das sich gänzlich einsetzt für den Dienst am Nächsten.

Dieser Weg kennt besonders bedeutende Abschnitte, in denen Prinzipien und Charakteristiken deutlich werden. Und so kann man in dieser in Lateinamerika entstehenden Spiritualität, die auf die Nachfolge Christi gründet und als Pilgerweg verstanden wird, einige Kernpunkte und grundlegende Inhalte erkennen: Umkehr, freies Geschenk, Gemeinschaft und geistliche Kindheit. Werfen wir kurz einen Blick auf diese Kernpunkte.

Umkehr ist das erste Charakteristikum der christlichen Spiritualität in Lateinamerika. Sie ist Ausgangspunkt für alle anderen geistlichen Strömungen. Sie bewirkt einen Bruch mit allen Zwängen, die Leben begrenzen und den Menschen durch Einzel- oder Gruppeninteressen versklaven. Voraussetzungen für diesen Umwandlungsprozeß sind:
– die Erkenntnis von Sünde in der Welt und im persönlichen Leben;
– ein Bruch mit allem, was mit dieser Sünde zu tun hat, Änderung aller negativen Beziehungen;
– die Entscheidung für ein Leben der Gemeinschaft und Solidarität mit dem Nächsten.

Die „Zeit der Solidarität", die man in Lateinamerika erlebt, lehrt uns, die Bedeutung von Umkehr neu zu definieren; Umkehr erweist sich in Solidarität mit den Armen, und Solidarität erfordert Umkehr. Es ist ein folgerichtiger und beharrlicher Weg, der auch uns erkennen läßt, daß die Sorge um Leib und Leben der Armen wesentlich zur christlichen Spiritualität gehört. Umkehr bedeutet daher, daß christliche Solidarität Vorrang besitzt im Verhältnis zu allem und jedem Gesetz oder Ritus.

Ein zweiter Wesenszug christlicher Spiritualität ist das *freie Geschenk*, die unentgeltliche Gabe. Sie ist ein Merkmal jeder Spiritualität, die sich christlich nennt, aber hier auf diesem Kontinent, wo geschichtliche Effizienz so dringend ist, bekommt die unentgeltliche

Gabe neue Züge und neue Betonung. Sie ist keine Ausflucht vor unserem Unvermögen, auf den Gang der Geschichte Einfluß zu nehmen; auch nicht ein „Alibi" vor der Notwendigkeit, organisiert und vernünftig zu handeln; sondern das „Klima" oder „der Geist", wovon alles Ringen durchdrungen ist. Am Anfang allen geschichtlichen Wirkens steht das freie Geschenk der Liebe Gottes. Von dieser Gabe Gottes fühlen wir uns zur Verantwortung gerufen, eine Welt aufzubauen, die dem Wunsche Gottes entspricht. Das persönliche Gebet – verstanden als Freundschaft und Gespräch mit Gott – wird getragen von diesem freien Schenken. Es ist wie eine zweifache Bewegung: unvoreingenommene und echte Begegnung mit den Geschwistern setzt die Erfahrung der frei geschenkten Liebe Gottes voraus, und echte und uneigennützige Begegnung mit den Armen ist Weg und Voraussetzung für eine wahrhaftige Begegnung mit Gott. Das freie Geschenk des Herrn fordert wirksame Verpflichtung, und die historische Tat verlangt Kontemplation. GUSTAVO GUTIÉRREZ sagt dazu: „Der Versuch, bedingungslos zu schenken, ist nicht Flucht, sondern hier erlebt man die Realität, die unser Bemühen um größere Effizienz mit sich bringt."

Obwohl es erstaunlich klingen mag, nenne ich die *Freude* als drittes Kennzeichen dieser Spiritualität. In diesem Kontinent des Leidens, der Unterdrückung, des frühen Sterbens und des Martyriums erscheint uns nicht das Leid ein Hindernis für die Freude zu sein, sondern die Traurigkeit. In unseren christlichen Gemeinschaften – beim gemeinsamen Arbeiten oder Teilen, bei Feierlichkeiten oder wenn wir den „Mächtigen die Stirn bieten" – herrscht echte Freude, obwohl dies nicht leicht zu erklären ist. Sie kommt weder aus Resignation noch oberflächlicher Zufriedenheit, sondern kommt aus der Überzeugung, daß Leid allmählich überwunden wird. Das überrascht noch mehr, weil wir wissen, daß für bestimmte Gruppen von Christen das Martyrium durchaus eine sehr reale Möglichkeit ist. Hier erscheint Freude als Ergebnis der Hoffnung, daß der Tod nicht das letzte Wort über die Geschichte ist. Diese Freude ist immer ein wenig nüchtern und bedroht, doch ist sie offen, ohne Nebenabsichten, und verschwendet nicht die Güter, die von andern produziert wurden. Sie ist eine unschuldige Freude, die keine Opfer hinterläßt. Sie gründet in der Sicherheit, daß solidarische Liebe im Heute schon der Anfang des erwarteten Gottesreiches, der verkündeten Auferstehung ist.

Kindsein im Geiste: Die auf dem Kontinent verbreitete Armut und das Mühen um vollständige Befreiung stimulierten die Christen, über die materielle Armut und ihre Beziehung zur geistigen Armut zu reflektieren. Daraus folgt die Überzeugung, daß Solidarität mit den Armen und gegen die Armut der schnellste und sicherste Weg ist, um zu Gleichmut gegenüber den Gütern und Treue zum Herrn zu gelangen. Dies heißt in der Theologie der Spiritualität „Kindsein im Geiste" oder „Armut im Geiste". Dies ist der vierte Wesenszug lateinamerikanischer Spiritualität. Treue zum Heiligen Geist und zu unserem Volk lassen erkennen, daß es Illusion oder sogar Beleidigung ist, sich den Gütern dieser Welt gegenüber gleichgültig zu verhalten, ohne wirksame und liebevolle Solidarität mit jenen zu pflegen, die *in der Finsternis des Todes sind* (Konst. 5). Eine solche solidarische Haltung erfordert zum andern große Bescheidenheit. „Geistliche Kindheit" nennen wir diese Haltung grundsätzlicher Offenheit gegenüber dem Willen Gottes, der uns erneuern will, uns aber manchmal wie ein Skandal erscheint, und eine radikale Verfügbarkeit, die dem eigen ist, der alles von Gott erwartet. Sie ist das Verhalten derer, die die Gabe der göttlichen Kindheit annehmen und dieser Gabe durch ihren Einsatz für geschwisterliche Beziehungen unter den Menschen entsprechen. Wir erkennen, daß geistliche Kindheit Vorbedingung ist, um sich – im Sinne der Verpflichtung durch das Evangelium – zum Wohl der Verarmten und ins Abseits Gedrängten einsetzen zu können.

Einheit: Gemeinschaft gehört als Wesenszug zur Nachfolge Christi und ist nicht nur Möglichkeit oder Folge. Dies ist eine Entdeckung und tiefe Überzeugung der Christen dieses Kontinents und zugleich Grundzug der Spiritualität, die auf diesem Boden wächst. Indessen entspringt Einheit hier aus der Erfahrung tiefer Einsamkeit, die sich ergibt aus der Verpflichtung zum Kampf für das Wohl des Lebens der „Letzten". Diese Einsamkeit wird erfahren im Verlassensein von den eigenen Glaubensbrüdern, in fürchterlicher Armut ohne Ende, in der Bedrängnis durch die Mächte des Todes. In dieser Sicht erscheint Gemeinschaft als Erfordernis, erwachsen aus Angst, sehr leidvollen Momenten, äußerster, tiefer Einsamkeit. In solchen Zuständen begegnen wir uns selbst und Gott von Angesicht zu Angesicht, ohne Schleier oder Verstellung. In solcher Erfahrung bricht neues Vertrauen auf zu Gott und zur kirchlichen

Gemeinschaft. Inmitten des „Hell und Dunkel" der Einsamkeit erfährt man Einheit. „Das Erlebnis der Einsamkeit hungert nach Einheit" (GUSTAVO GUTIÉRREZ, 1987). Von dieser Erfahrung her empfängt und verkündet man das Reich Gottes, pflegt und feiert man das Geheimnis von Tod und Auferstehung Jesu. Hier ist die tiefe kirchliche Dimension der christlichen Spiritualität in Lateinamerika.

Dies ist eine kurz zusammengefaßte, ziemlich provisorische Beschreibung der Grundzüge der Spiritualität, die vielversprechende und bedeutsame Gruppen und christliche Gemeinden beseelt, hier auf diesem Kontinent, der von Sünde und zugleich von der befreienden Gnade Gottes gekennzeichnet ist. Am Schluß des ersten Teiles der Reflexion zitiere ich noch einmal ein anregendes und abschließendes Wort von GUSTAVO GUTIÉRREZ (1987): „Spiritualität ist ein gemeinschaftliches Abenteuer. Sie ist Schritt eines Volkes, das in der Nachfolge Jesu Christi einen eigenen Weg geht durch die Einsamkeit und Bedrohungen der Wüste. Sie ist eine geistliche Erfahrung, der Brunnen, aus dem wir alle trinken müssen, oder – wer weiß es – in Lateinamerika heute unser Kelch, die Verheißung der Auferstehung."

II. Zur hiesigen Spiritualität der MSF

Im ersten Teil dieser Arbeit versuchte ich, die Grundzüge und Kernpunkte der lateinamerikanischen Spiritualität darzustellen. Diese Spiritualität geht aus von der Sünde der Welt (tiefe Entfremdung und Verzerrung der menschlichen Wünsche und der Zwecke der Einrichtungen); sie ist ein geistlicher Weg der Nachfolge Jesu Christi in seiner Gemeinde (Rückkehr zum Wort Gottes); sie ist ein vom ganzen Volk übernommenes Werk (kollektive und volkstümliche Spiritualität) und sie erkennt ihre thematischen Zentralpunkte in der Umkehr, im freien Geschenk, in der Freude, Demut und Einheit (frei, um zu lieben).

Im zweiten Teil beabsichtige ich – zwar noch etwas allgemein – die Form unserer Spiritualität als MSF auf demselben Boden, im selben Gesichtskreis zu umreißen. Als Quellen unserer Spiritualität lege ich zugrunde: das lebendige Wort Gottes, die kirchliche Realität, in die wir einbezogen sind, die lebendige Tradition der christlichen Gemeinden und das Erbe von Jean Berthier. In diesem Sinn sind das Leben und die Spiritualität der Christen in Lateinamerika für uns nichts Fremdes, sondern integrierte Bestandteile unserer spezifischen Spiritualität. Ich bin mir noch nicht ganz im klaren, ob die Spiritualität der MSF im Raum des lateinamerikanischen Christentums nicht mehr als nur regionale und zeitliche Tragweite besitzt. Sie erschließt und betont grundlegende und universale Aspekte unserer Art, Gott zu antworten, Aspekte, die vorher vergessen oder gering geschätzt waren.

In Nr. 5 unserer Konstitutionen finde ich die inspirierenden Leitgedanken unserer Spiritualität der MSF zusammengefaßt. Die Heilige Familie von Nazaret ist das Vorbild unserer Spiritualität und zwar in vier richtungsweisenden Wesenszügen:
– Atmosphäre schaffen für das Heranwachsen und Reifen von Missionaren nach dem Lebensstil Jesu Christi (Missio);
– einen Weg gemeinsamen Suchens nach Gottes Willen gehen (Jünger sein);
– sich einzubringen suchen inmitten der Bevölkerung im Sinne von Gastfreundschaft und menschlicher Offenheit (Incarnatio);
– das Erlebnis der geschwisterlichen Liebe (Communio).

Der Weg in der Nachfolge

Vor allem sind wir in die *besondere Nachfolge* Jesu Christi berufen (Konst. 1). Hier hat das Substantiv *Nachfolge* chronologische und theologische Priorität gegenüber dem Adjektiv *besondere*. Christ sein – die Grundbedingung für jedes Ordensleben – heißt Nachfolge Jesu im Sinne der Apostel. Das christliche Leben ist ein Weg (vgl. Apg 9, 2), und Jesus auf diesem Weg zu folgen, heißt Jünger und Schüler des Meisters sein: mit ihm sein, in seine Gemeinschaft eintreten und an seiner Aufgabe und seinem Schicksal teilnehmen (vgl. Mk 3, 13–14; 10, 38–39). Tatsächlich hat für die Christen die Jüngerschaft theologische Priorität gegenüber dem Apostolat. Obwohl wir die Nachfolge Jesu erlernen können, wenn wir an seiner Mission teilnehmen, können wir nicht etwas verkünden und bezeugen, das wir nicht spüren, hören und erfahren (vgl. Joh 1, 1–4). In der Heiligen Familie – dem inspirierenden Vorbild unserer Spiritualität – erkennen wir das „gemeinsame Hinhören auf Gottes Willen". Es ist Voraussetzung für Zeugnis und Verkündigung.

Diese Nachfolge ist ein „gemeinsames Suchen" und bestimmt so unser Handeln und unser Leben. Dies setzt Verfügbarkeit voraus, um aufeinander zu hören (Konst. 25). Schließlich geht es um Jüngerschaft, die sich im Tun verwirklicht; denn das gemeinsame Suchen nach Gottes Willen führt uns dazu, „seine Gaben weiterzuschenken". Der Missionsauftrag erfordert Sensibilität, um das fragende und auffordernde Antlitz Jesu zu erkennen in den entstellten Gesichtern der Armen und an den Rand Gedrängten, zu denen wir gesandt sind (Puebla 31–39; St. Domingo 178). Schließlich ist dieses gemeinsame Suchen nach dem Willen Gottes ein in Geschichte und Gesellschaft eingebundenes Suchen, das seinen Anfang nimmt in der solidarischen und geistlichen Verbundenheit mit den „Letzten" oder mit „all denen in der Fremde".

Nur derjenige sucht, der nichts hat, der nicht satt und eingerichtet ist. Nur derjenige ist Jünger, der sich selbst nicht als Eigentümer der Wahrheit betrachtet. Jünger sein heißt folglich, Pilger Gottes werden in einer Haltung steter, tiefer und ständiger Offenheit für den Plan des Vaters, der sich uns in schöpferischer und immer überraschender Weise kundtut, an dem wir aber manchmal Anstoß nehmen. Es geht auch darum, sehr aufmerksam zu achten auf die Zeichen der Zeit, das Leben der Kirche, die Heilige Schrift und unsere Konstitutionen – aber immer im Licht von Freude, Trauer, Hoffnung und Angst der Menschen; denn darin erkennen wir den Willen Gottes (vgl. Konst. 24).

Zwei bedeutsame geistige Gestalten kommen uns dabei in den Sinn: der Jünger und der Pilger. Gott kennen und seinen Willen erfüllen, bedeutet, ihn auf einer endlosen Reise immer von neuem zu suchen. Aber Pilger auf der Suche nach dem Willen Gottes sein, bedeutet auch, niemals ankommen, obwohl man in der ständigen Gegenwart Gottes wandert. Man soll *jeden Morgen das Ohr öffnen* (vgl. Is 50, 4), auf den Herrn hören und das Bessere wählen. Die Bibel zeigt uns verschiedene Vorbilder für den Pilger Gottes. Abraham bricht auf, ohne zu wissen wohin; er lebt als Fremder und wartet auf die neue Stadt; er bleibt im innigen Gespräch mit Gott und begrüßt nur von weitem die Erfüllung der Verheißungen. Moses wollte nicht Sohn des Pharaos genannt werden und nahm den Stand seines Volkes an; er verließ sein Haus, um seine Gefährten zu führen, wanderte mit ihnen durch die Wüste und sprach mit Gott als seinem Freunde (vgl. Ex 33, 11); er trat Problemen entgegen und blieb stark, *als sähe er das Unsichtbare* (Hebr 11, 27).

Der Pilger ist Mensch des Glaubens; sein Glaube erweist sich auf dem Weg, drückt sich aus im Gebet und Gespräch und führt hin zu geistiger Unterscheidung. Glauben heißt, ständig sich einbringen und verfügbar sein, mehr um anzunehmen und zu lernen als zu lehren und zu erobern. Pilger im Glauben ist auch einer, der unablässig seinen Schatz sucht, demütig und beständig, ohne vorzugeben, daß er schon alles weiß, alles gefunden, alles verwirklicht hat. Die Heilige Schrift warnt uns immer wieder davor, zu denken, die Wege Gottes hätten keine Geheimnisse oder Überraschungen mehr; jene, die so dachten, endeten damit, den eigenen Gott zu töten und sich die Menschen zu unterwerfen.

Für die MSF enthält dieses Jünger- oder Pilger-Gottes-Sein eine zweifache Dimension: meditieren über die Gegenwart und das Handeln Gottes in Jesus, Maria und Josef – und wie Jesus Christus, der Urheber und Vollender des Glaubens, Gott suchen und seinen Willen verwirklichen (vgl. Heb 12, 2). In dieser Perspektive ist die Heilige Familie nicht nur Zeichen der Gaben Gottes an die Menschen, sondern auch Möglichkeit zur Begegnung mit Gott, „in ihr fand die Antwort des Menschen auf Gottes Geschenk ihren klarsten Ausdruck". Betrachten wir nun im einzelnen diese Haltung, stets Gott und seinen Willen zu suchen, wie sie in der Heiligen Familie deutlich wird.

Durch die Gottesmutter erfahren wir von Gottes Geheimnis, das Fleisch annimmt und sich offenbart, um den Armen das Leben zurückzugeben. Bei der Menschwerdung hörte Maria, führte Dialog und stimmte zu (vgl. Lk 1, 26–38). Beim Besuch bei Elisabeth sah Maria in sich selbst dieses befreiende Handeln Gottes zum Wohl der Armen und feierte diese gute Nachricht (vgl. Lk 1, 39–56). Bei der Geburt Jesu betrachtete und bewahrte Maria alles in ihrem Herzen (vgl. Lk 2, 20–21). Bei der Darstellung Jesu im Tempel hörte Maria mit Aufmerksamkeit und Furcht die Worte von Hanna und Simeon (vgl. Lk 2, 22–38). Nach dem Fest in Jerusalem suchte Maria sehnsüchtig Jesus und dachte nach über den Sinn seiner Reden (vgl. Lk 2, 41–50). Beim Kreuz stand Maria schweigend und solidarisch und versuchte den Willen Gottes zu erfassen (vgl. Joh 19, 25–28). Im

Abendmahlssaal suchte Maria – zusammen mit den andern Jüngern –, die Wege des Geistes zu verstehen und öffnete sich seinem Wirken (vgl. Apg 1, 12).

Die wenigen Aussagen des Evangeliums über Josef zeigen uns ein leuchtendes Beispiel eines Suchenden und eines Pilgers, der das Leben Jesu schützte. Während der Verlobungszeit suchte Josef, inmitten des Unvorhergesehenen und des Zweifels, den Willen Gottes zu erkennen (vgl. Mt 1, 13–17). Auf der Flucht nach Ägypten und der Rückkehr nach Israel (vgl. Mt 2, 13–16.19–23) strebte er eifrig danach, den Willen Gottes zu erfüllen.

Jesus von Nazaret ist das Vorbild des Pilgers Gottes und deshalb unser sicherster Weg zu ihm. Seine Speise ist es, den Willen des Vaters zu tun und sein Werk zu Ende zu führen (vgl. Joh 4, 34). Das bedeutet aber nicht, daß er den Willen Gottes im voraus kannte. In seiner Taufe erkennt er diesen Willen als Erfüllung aller Gerechtigkeit (Mt 3, 13–17). In den Versuchungen anerkennt er den Willen des Vaters in Treue zum Bund (vgl. Mt 4, 1–14). In Gethsemani begegnet er dem Gott, der ihn bis ans Ende treu finden will (vgl. Lk 22, 39–46). Am Kreuz, zwischen Vertrauen und Verzweiflung, anerkennt er den Gott des Lebens durch den dunklen Korridor des Sterbens (vgl. Mk 15, 34).

Es ist bedeutsam, daß weder Jesus noch Maria und Josef die Geheimnisse Gottes vollkommen durchschauten. Gott ist unfaßbar und läßt sich nicht gefangenhalten in den Netzen unserer Vorstellungen und Erfahrungen, die immer begrenzt sind. Wir kennen ihn soweit, wie wir seinen Willen erfüllen und seinen Schritten folgen. In dieser Perspektive ist das Gebet eine Art von Kritik und „discernimento" für unser Handeln. So sehen wir die ehelose Keuschheit als Lauterkeit des Herzens. Die Armut macht uns frei, Gott allzeit zu suchen als unseren einzigen Schatz. Und der Gehorsam drückt sich aus im Suchen und Erfüllen des befreienden Willens Gottes.

Der Beruf zum Apostolat

Auf dem Wege Jesu gibt es keinen Beruf ohne Sendung; keine Jüngerschaft ohne Apostolat. Jesus wählte die Zwölf, *die er bei sich haben wollte* und *die er zur Verkündigung aussenden wollte* (Mk 3, 14). Der Weg in der Nachfolge Jesu erreicht seinen Höhepunkt in der missionarischen Reife. Wer allzeit bei Jesus ist, kann vom Herrn Zeugnis geben an allen Orten und zu allen Zeiten (vgl. Apg 1, 8; Joh 20, 19–22). Unsere Konstitutionen erklären in Nr. 1, daß *wir eine apostolische Ordensgemeinschaft sind* und daß wir bereit sind, *den Missionsauftrag der Kirche zu erfüllen*. Also antworten wir auf Gottes Ruf durch missionarisches Engagement, und das Apostolat unter *all denen in der Ferne* gehört zu unserem Charisma (Konst. 2). Unter *all denen in der Ferne* verstehen wir jene, die in sozialer Hinsicht die Letzten sind und die Jesus in seinem Erlösungswillen an den ersten Platz stellt: die materiell Armen und Ausgebeuteten, die sozial am Rand Stehenden, die kulturell verachtet sind, die ethnisch Verfolgten. In einem Wort: „die Opfer von allen bösen Verstrickungen".

Unsere Konstitutionen erwähnen Jesus als *Missionar* des Vaters, der kam, um das Licht des Evangeliums unter jenen zu verbreiten, die *in Finsternis sitzen und im Schatten des Todes* (Konst. 5); oder um *den Armen eine gute Nachricht zu bringen, den Gefangenen Entlassung zu verkünden und den Blinden das Augenlicht zu schenken und die Zerschlagenen in Freiheit zu setzen* (DG 01). Die Verkündigung der Frohen Botschaft an die Armen und Unterdrückten, die *in Finsternis sitzen und im Schatten des Todes* (Konst. 5), hat absolute Priorität, das ist konkreter und universaler Inhalt des Auftrags Jesu und auch der MSF. In Lateinamerika nennt man dies – nach echt kirchlicher Tradition – die „vorzugsweise Option für die Armen".

Darin besteht unsere Aufgabe: Solidarisch unter den Letzten zu sein und ihnen die Frohe Botschaft Gottes zu verkündigen; wie Jesus, der Missionar des Vaters, evangelisieren, denn wir haben einen Vater erfahren, der in tiefer, unterschiedsloser Weise liebt, aber seine Bevorzugung der Armen nicht verheimlicht. Jesus selbst ist diese Frohe Botschaft Gottes, der ganz nahe sein will, um zu befreien. Jean Berthier schreibt: *Die Armen, Kranken, Tauben und Verlassenen sind die Bevorzugten des wahren Jüngers Jesu Christi. Den anderen fehlt Hilfe in ihren Bedürfnissen nicht.*

Vom Apostel Paulus wissen wir, daß Evangelisieren für uns nicht Ehre, sondern Aufgabe ist, die uns aufgetragen wurde. Wir verkünden nicht irgendein Evangelium. Wir legen Wert darauf, Jesus als den Gekreuzigten zu verkünden, der Kraft und Weisheit Gottes ist in der Schwäche der Armen. Was die Welt und die Systeme der Macht mißachten und als niedrig einschätzen, das erwählte Gott und verlieh ihm Wert. Er wählte, was schwach ist, um die Starken zuschanden zu machen (1 Kor 1, 18). Dies ist Frohe Botschaft, die wir auf unseren Lippen und in unseren Herzen tragen. Jenen, die aus diesem Glauben leben, ermöglicht Gott, Kraft aus der eigenen Schwäche zu schöpfen (Hebr 11, 34). Wie Paulus wollen auch wir auf die andern zugehen, ohne den Glanz und die betörende Macht der Reichen. Als er sich frei fühlte, wurde Paulus Diener aller: Jude mit den Juden, ohne Gesetz mit jenen, die ohne Gesetz leben müssen, schwach mit den Schwachen: *Allen ist er alles geworden* (1 Kor 9, 22), aber nie reich mit den Reichen!

Für uns heißt Evangelisieren: Sein wie Jeremia. Die Worte Gottes auf unseren Lippen haben (Jer 1, 9), Mund Gottes sein, um seine Verheißung zu verkünden und diejenigen anzuklagen, die sich ihr entgegensetzen; die Sache Gottes verteidigen, nämlich das Leben der Armen. Evangelisieren heißt also: die Gerechtigkeit ganz erfüllen, indem wir uns in eine Reihe mit den Sündern und Abgelehnten stellen (Mt 3, 15); es heißt, die Versprengten, die in der Ferne sind, zusammenzurufen (Is 43, 1ff) und Bindeglied unter dem Volk zu sein (Is 42, 1ff); es heißt auch: uns selbst als lebendiges und heiliges Opfer Gott darzubringen, als authentischen Gottesdienst, ohne uns den Strukturen dieser Welt anzugleichen.

Die lateinamerikanischen Bischöfe rufen alle katholischen Christen auf, so daß es auch bei den MSF nicht überhört werden kann: *Wir bekräftigen die Notwendigkeit der Umkehr der ganzen Kirche zu einer ‚Optio preferentialis pro pauperibus'* (Puebla, 1134). In Santo Domingo sagen dieselben Bischöfe, daß die *Optio*, dem Evangelium gemäß, stetig und unwiderruflich ist (DSD, 178), inspirierend für alle Werke der Evangelisierung. Wahrhaftig, diese solidarische *Option* steht nicht zur Wahl, denn *der Dienst an den Armen ist der bevorzugte Maßstab unserer Entscheidung für Christus* (Puebla 1145).

Für die Missionare, die sich von der Heiligen Familie von Nazaret inspirieren lassen, erhält die Mission wichtige Wesenszüge: Sie ist gemeinschaftliche Verkündigung und Zeugnis dafür, daß Gott als Mensch den Geringsten nahesteht. Diese Nähe Gottes ist bestimmt von der Demut desjenigen, der Gott und seinen Willen inständig sucht und der sich selbst nie als Lehrer ansieht, ist solidarische Annäherung an die „Letzten", da wo sie sind, an ihr Ringen und Streben.

In dieser Aufgabe, *Apostel unter denen in der Ferne* zu sein, erhält auch die Weihe an Gott durch die Gelübde neue Betonung. Das Gelübde der Armut ist Solidarität mit der Sache der Unterdrückten, indem wir unsere Strukturen einsetzen, um ihnen zu dienen. Der Gehorsam ist Verfügbarkeit für die Mission an jenen Orten, wo Not und Entbehrung am größten sind. Die ehelose Keuschheit ist Teilnahme am Schicksal von Leid und Einsamkeit der Verarmten, ist Reinheit des Herzens, die deren Kulturen nicht vergewaltigt.

Das Streben nach der brüderlichen Gemeinschaft

Nachfolge Jesu Christi bedeutet Teilnahme an seiner Gemeinschaft. Jesus selbst berief seine Jünger einzeln, um eine Gemeinschaft des Lebens zu gründen (Lk 8, 1–3). Nach seinem Tod und seiner Auferstehung wird diese Gemeinschaft Kirche genannt, die sein Gedächtnis durch die Zeiten aufrechterhält; sie ist in der Geschichte sein lebendiger Leib; sie soll die Geschwisterlichkeit und die Gotteskindschaft in der Menschheit verwirklichen. Diese Gemeinschaft von Geschwistern ist Erbe der Mission Jesu und seines Geistes. Wenn dies für die Christen im allgemeinen gilt, dann umso mehr für jene, deren inspirierendes Vorbild für ihre Spiritualität die Heilige Familie ist. Wir sind aufgerufen, eine Gemeinschaft der Liebe und der gegenseitigen Achtung, des Glaubens, Gebetes und missionarischen Dienstes zu sein (vgl. Konst. 31–52). Als besonders bedeutsam erkennen wir in der Heiligen Familie von Nazaret *das gemeinsame Hinhören auf Gottes Willen, die Einheit in Gott* und die Aufgabe, *alle Menschen in die eine Familie des Vaters zu führen* (Konst. 5).

Vor allem wird uns nahegelegt, *echte menschliche Gemeinschaften* zu bilden (DG 21). Der Stifter hilft uns, in der Heiligen Familie von Nazaret *ein Vorbild der Einheit zu sehen, des gegenseitigen Verstehens und der Selbstentäußerung zum Wohl der anderen* (Konst. 32). Die persönliche Einheit mit Gott wird für uns lebendiger Anruf und Kraft zu brüderlicher Liebe, menschlicher Offenheit und Gastfreundschaft (Konst. 5). Diese brüderliche Gemeinschaft schützt die Persönlichkeit des einzelnen, läßt sie reifen und schafft ein Klima, wo sich wahre Freiheit entwickeln kann, das heißt der freie Dienst an den Mitmenschen.

Das brüderliche Leben entwickelt sich nicht nur in menschlichen und ethischen Dimensionen: Es „orientiert das Herz zu Gott", das heißt es begünstigt in uns eine Offenheit des Herzens, die uns fähig macht, Gott aufzunehmen, der zu uns kommt als Partner, Bruder und Pilger. Die Einheit der Brüder verlegt das Zentrum der Interessen weg von uns selbst in die Richtung des Anderen. Dies ist Bedingung für die Annahme Gottes. Deshalb mündet dieses brüderliche Leben in die Einheit, in Glauben und Gebet. Es ist die Gemeinschaft, in der wir die Bedingungen schaffen für die ständige Revision des Lebens und die Umkehr, wobei wir unser Leben im Lichte des Gotteswortes beurteilen und gestalten.

Unser brüderliches Leben verwirklicht sich auch durch die Aufgabe der Verkündigung des Evangeliums an die Armen. Wir sind Gemeinschaft im Dienst des Evangeliums für die Armen. Wir sind Gemeinschaft im Dienst des Evangeliums (Konst. 48–52). Unser Leben, Gebet und Dienst sind ein ungeteiltes Ganzes, unser ganzes Sein und Wirken stehen im Dienst der Frohen Botschaft. Die Erfahrung der brüderlichen Einheit in Christus ist keine Grenze, sondern *Quelle apostolischer Inspiration* (Konst. 34). Normalerweise wächst die Einheit mit Gott und mit den Brüdern nur, wenn wir die Einsamkeit und das Leid der Armen und Besitzlosen erfahren, die im Ringen um Überleben und Würde stehen.

Bedingung für ein brüderliches Leben ist Einheit mit Gott und Teilnahme an seinem Neuen und Ewigen Bund. Aber dieser Bund Gottes, besiegelt in Jesus Christus und in der Eucharistie gefeiert, hat als historische Partner die „Letzten" und „Verlassenen". In dieser Weise kann unsere brüderliche Einheit – damit sie den christlichen Charakter bewahrt – nicht diejenigen ausschließen, die ohne Stimme und Chance sind, denn sie haben im Plan Gottes den ersten Platz. Von der Mission her gestaltet sich deshalb das brüderliche Leben inmitten der Armen und in ständigem Hinhören auf den Willen des Vaters.

Oben sagte ich, daß Einheit das dritte spezifische Merkmal unserer Spiritualität sei. Unter diesem Aspekt erhalten die evangelischen Räte neue Dimensionen. Das Gehorsamsgelübde ist Ausdruck des gemeinsamen Suchens nach dem Willen Gottes und Annahme der Beschlüsse und Prioritäten, die von der Gemeinschaft bestimmt worden sind. Die ehelose Keuschheit bringt die effektive, affektive und reife Liebe zum Ausdruck – im eigenen Haus und in der Mission. Und die Armut wird verstanden als Teilen unserer zeitlichen Güter und als Mitwirkung bei der Arbeit zum Lebensunterhalt.

Ein Nächster werden

Auf den ersten Seiten des Lukasevangeliums haben wir eine plastische Beschreibung der „Torheit Gottes", der alle Protokolle zerbricht und kommt, um mit Männern und Frauen in ihrer eigenen Sprache Dialog zu führen. Gott kommt, um unter uns zu wohnen, aber von einem Stall aus tritt er in unsere Welt und Kultur ein: er nahm Fleisch an mit all seinen Schwächen und Mängeln. *Fürchtet euch nicht, denn ich verkündige euch große Freude, die dem ganzen Volk zuteil werden soll: Heute ist euch in der Stadt Davids der Retter geboren; er ist der Messias, der Herr. Und das soll euch als Zeichen dienen: ihr werdet ein Kind finden, das in Windeln gewickelt, in einer Krippe liegt* (Lk 2, 10–12). Dies ist ein ganz deutliches Zeichen und ein Aufruf, unter den Armen zu leben und zu wirken. Gott kommt in die Welt, indem er ein armes, wehrloses und lernendes Kind wird. Er fängt an, die Sprache der „Verlassenen" und „Nicht-Angenommenen" zu stammeln und nimmt an deren Leben teil. Durch die Peripherie tritt er in die Geschichte ein, indem er am Schicksal der „Letzten", deren in der Ferne, teilnimmt. Durch die Hintertür tritt er in die Welt ein, wo er den Geruch des Stalles zu spüren bekommt.

Die Menschwerdung des Gottessohnes ist gleichzeitig Inkulturation und Solidarität mit den Armen. Es war in der „dunklen" und aufbauenden Stille der Heiligen Familie, unter den bescheidenen Familien von Nazaret, wo die *Antwort des Menschen auf Gottes Geschenk* ihren klarsten Ausdruck gefunden hat (Konst. 5). Hier hat die Frohe Botschaft Gottes sich vereint mit dem Leben und Schicksal der Menschen; ist gastfreundliche Aufnahme der Fernstehenden und solidarisches Suchen der erwarteten Befreiung geworden. Dieses „verborgene Leben" in Nazaret war missionarisch und erlösend, so daß es auch unsere Spiritualität inspirieren und kennzeichnen muß. Wir müssen lernen, in das menschliche und mystische Klima des Hauses von Nazaret und der Schreinerei von Josef einzudringen. Hier finden wir die Heilige Familie, wie sie für das Überleben arbeitet, mit den Nachbarn zusammenlebt, teilnimmt an der Synagoge und sehnsüchtige Hoffnung auf die Ankunft des gerechten und armen Messias pflegt. Auch hier lernen wir, „unsere Antwort auf das Geheimnis Gottes" zu geben.

Es beeindruckt mich, daß dieses so offenkundige und grundlegende Merkmal der Heiligen Familie so lange Zeit vergessen worden ist. Die Heilige Familie teilt die von Gott erhaltenen Gaben mit, nicht von oben her, von außen oder aus der Ferne, sondern durch wirkliche Nähe zum Volk. Auch das ist Teil des *Geheimnisses der Entäußerung* des Herrn (Konst. 12). So macht uns das Gelübde der Armut *frei für den Dienst*, und Christus fordert uns auf zu evangelischer und solidarischer Option für die Armen und Unterdrückten, Rechtlosen und Alleingelassenen. Diese Option bedeutet, *daß viele mit den Armen und einige wie die Armen leben* (DG 014).

Solidarität ist diese Dynamik, die uns in geographischer und kultureller Weise den Armen näherbringt; wir wohnen, leben und feiern mit ihnen, wir fügen uns ein in ihre Lebensweise und nehmen teil an ihrem Ringen. Das ist keine lateinamerikanische „Mode": es ist das Evangelium Jesu Christi und apostolisches Zeugnis.

Schon Moses wies uns diese Dimension der Spiritualität. *Lieber wollte er sich* – nach seinem Aufenthalt im Palast des Pharao – *zusammen mit dem Volk Gottes mißhandeln lassen, als flüchtigen Genuß der Sünde zu haben* (Heb 11, 25). Er traf die Wahl zugunsten seiner Landsleute und stellte sich in ihre Mitte: er wohnte mit ihnen, übernahm ihre Sache und sprach ihre Sprache; verließ Madian und wohnte mit den Leuten in ihrem Lager. Er ertrug die Verbannung wegen der Sünden seines Volkes. Das ging über bloßes Mitleid hinaus, denn er teilte das Schicksal des Volkes und auch dessen Risiko. Als das Volk sich von Jahwe abwandte und Götzen anbetete, trat Moses bei Gott für sein Volk ein, damit Er es nicht verstoße: *Doch jetzt nimm ihre Sünde von ihnen! Wenn nicht, dann streich mich aus dem Buch, das du angelegt hast* (Ex 32, 32). Er starb, ohne in das verheißene Land einzutreten, und nahm Anteil am Schicksal des sündigen Volkes, mit dem er sich identifizierte (vgl. Dt 1, 34–38; 3, 23–27; 34, 1–6). Ist das nicht ein beredtes Zeugnis von Solidarität?

Paulus war Apostel und gleichzeitig Arbeiter; er verkündete Jesus und übte gleichzeitig seinen Beruf als Zeltmacher aus. Dadurch wuchs er in das Leben der Arbeiter hinein, ohne daß er sich in den Häusern der Reichen der Gemeinschaft als Gast einlogieren mußte. Paulus prägte das Christentum in theologisch-religiöser Hinsicht und löste es aus den einschränkenden Grenzen des Judentums: Er inkulturierte den Glauben bei den Heiden, als er ihre Kultur übernahm und mit ihnen lebte – so weit es möglich war. *Allen ist er alles geworden* (1 Kor 9, 22). Er nahm die letzte Stelle ein und machte sich, wie er es nannte, zum Abschaum der Welt. Wieder ein Zeugnis von Solidarität.

Solidarität bedeutet, bei den Armen der Erde zu sein und mit ihnen zu fühlen. In Isaias 40–55 finden wir die Gestalt des Gottesknechtes. Sein Auftrag ist, Recht und Gerechtigkeit bis an die Grenzen der Erde zu verbreiten. Deshalb wird er abgelehnt und findet sich schließlich unter den Letzten, mißachtet, ignoriert und gedemütigt. Seine solidarische Option für die Schwachen macht ihn zu einem von ihnen. Weil er eins ist mit ihnen, wird er ausgeschaltet. Ein andres Beispiel von Solidarität.

Solidarität ist ein Erfordernis der Pastoral, aber nicht nur das. Es ist auch ein Weg des Geistes. Wir solidarisieren uns, damit Gespräch im Sinne der Evangelisierung wirksamer wird, damit wir die Realität der Armen besser kennenlernen, aber wir tun es besonders, um zum Wohl der Armen in christlicher Liebe mitten unter ihnen zu leben. Nicht nur sie gewinnen dadurch, auch wir gewinnen Freude, Geschwisterlichkeit, Vaterschaft und Mutterschaft. Dadurch treten wir in die Dynamik der Entäußerung ein, um zu lieben (Konst. 12), indem wir so gesinnt sind, wie es dem Leben in Christus Jesus entspricht (Phil 2, 5–10).

Hier erhalten auch die Gelübde einen neuen Sinn. Die Armut wird gelebt als Besitzen in Bescheidenheit; es bedeutet einen einfachen Lebensstil, Teilnahme an der allgemeinen Arbeitswelt, Teilen des Wesentlichen. Der Gehorsam besteht in der Haltung der Offenheit, um von den Kulturen und Bedürfnissen der Umwelt immer wieder zu lernen, in Geduld und Achtung der Entscheidungen des Volkes. Die ehelose Keuschheit ermöglicht das Leben und Fühlen mit dem Volk, die Teilnahme an ihren Freuden und Leiden.

Schlußwort

Ich versuchte, die Grundzüge der Spiritualität der MSF systematisch darzustellen, wobei ich sie in vier Hauptpunkte zusammenfaßte: Der Weg der Jüngerschaft (Oratio) – Die Berufung zum Apostolat (Missio) – Das Suchen nach brüderlicher Einheit (Communio) und – Nächster sein (Incarnatio). Ich bin mir bewußt, daß keins von diesen vier Elementen allein unsere Spiritualität ganz charakterisiert. Was den Unterschied zu anderen Modellen von Spiritualität ausmacht, ist die fruchtbare Integration dieser vier Punkte.

So kann man zusammenfassend sagen, daß unsere Spiritualität sich zeigt:

* in einer stets aufmerksamen Nachfolge angesichts des außergewöhnlichen und schöpferischen Einbruchs von Gottes Willen, in gemeinsamer geistlicher Unterscheidung dieses göttlichen Anrufs, im missionarischen Dienst zum Wohl derer in der Ferne;
* in einem missionarischen Apostolat, das gekennzeichnet ist von der Option für die Armen, vom stetigen Hinhören auf den Willen Gottes, von bescheidener und gastfreundlicher Solidarität mit dem Volk, von einem intensiven Gemeinschaftsleben;
* in einem Weg der Annäherung an das Volk, indem man sich harmonisch integriert, im Gemeinschaftsleben, im Hinhören und Unterscheiden der göttlichen Absichten; im samaritanischen Dienst an den Verarmten;
* in einem brüderlichen und gemeinschaftlichen Leben, das bestimmt ist durch Herzlichkeit, Gastfreundschaft, Dienst an den Notleidenden; durch die bescheidene, anonyme und betende Einordnung in Volksmengen.

Diese vier Punkte entsprechen in Wahrheit vier menschlich-christlichen Modellen: Jünger, Apostel, Bruder, Nächster. Unsere Spiritualität ist eine kreative Synthese dieser vier Modelle: der Pilger, der auch Bruder, Apostel und Nächster ist; der lernende Apostel, der Partner und Nächster ist; der Bruder, der Pilger, Missionar und Nächster ist; der Nächste, der Bruder, Pilger und Zeuge ist.

Literaturhinweise:
SEGUNDO GALILEA, O Caminho da Espiritualidade. Visão atual da Renovação Christã. São Paulo: Paulinas 1984, S. 5–55.
GUSTAVO GUTIÉRREZ, Beber no próprio poço. Itinerário es piritual de um povo. 4 ed. Petrópolis: Vozes 1987.
JON SOBRINO, Espiritualidade de libertação. Estrutura e conteúdos. São Paulo: Loyola 1992.

Die Familie zur Zeit Jesu

von Andrew Spatafora aus Kanada

Verbunden mit den Ergebnissen des Studiums der Geschichte der Antike und der Archäologie vermitteln Einzelheiten des Neuen Testamentes viel über die Welt, in der Jesus von Nazaret lebte. Hier sei ein kurzer Blick auf die Familie zur Zeit Jesu geworfen.

Das Neue Testament verwendet für den Begriff Familie zwei Begriffe: *patria* (Geschlecht) und *oikos* (Haus). Familie im Sinne von Geschlecht richtet sich auf die Abstammung, auf die Genealogie hin. So stammt Jesus aus dem Geschlecht, von der *patria*, Davids. In diesem Sinne kann auch das „Vaterland" als Familie betrachtet werden. Das Wort *oikos* dagegen bedeutet Familie im engeren Sinn. Gemeint ist die kleinste Gemeinschaft in Kultur, Recht und Wirtschaft; sie bezieht dabei aber auch die Verwandtschaft mit ein. Zu dieser Familie gehören die verheirateten Söhne und deren Kinder, das Gesinde, die Sklaven und alle Angestellten. Sie alle stehen unter einem Familienoberhaupt, zumeist dem Vater.

Eine solche Patriarchalfamilie bildet zur Zeit Jesu in Palästina den Grundstein der Gesellschaft. Um etwas zu gelten, mußte die eigene Abstammung nachgewiesen werden können. Jemand war bekannt als Sohn seines Vaters und als Zugehöriger eines Geschlechtes, das seinen Namen von einem Stammvater ableitete. So war Jesus als Sohn des Zimmermanns Josef aus Nazaret (Mt 13, 44–55; Lk 4, 22; Joh 1, 45; 6, 42) und als Zugehöriger des Geschlechts Davids bekannt.

Mt 1, 1 stellt Jesus als Sohn Davids und als Sohn Abrahams dar. Für Matthäus war es wichtig, die gesamte Genealogie Jesu nachzuweisen. Von Abraham bis David, von David bis zum Exil von Babylon und von dort bis Josef weist er jeweils 14 Geschlechter nach. Ebenfalls eine lange Geschlechterreihe bringt Lk 3, 23–28. Hier wird der Stammbaum bis Adam zurückverfolgt.

In der Umwelt Jesu trug die Familie die Verantwortung für alle ihre Mitglieder. Das Alte Testament nennt dazu viele Vorschriften. Wollte zum Beispiel jemand väterliche Güter veräußern, war es

Pflicht des nächsten Verwandten, diese Güter zu erwerben, damit sie nicht in fremde Hände kamen. Oder hatte eine Witwe keine Kinder, war der Ehemann der nächsten Verwandten verpflichtet, sie ebenfalls zur Frau zu nehmen und mit ihr Nachkommen zu zeugen.

Dieses Verantwortungsbewußtsein einer Familie zeigt sich zum Beispiel bei Jesus, als die Angehörigen kamen, um ihn zu holen, weil sie meinten, er sei von Sinnen (Mk 3, 20–21).

Damals war die Einehe die Regel. Es konnte aber durchaus vorkommen, daß jemand auch mehrere Frauen besaß. Herodes Antipa hatte eine zweite Frau, lebte aber mit ihr erst zusammen, nachdem er die Tochter von Arete, dem König der Nabatäer, verstoßen hatte (Mt 14, 3; Mk 6, 17–18).

Die Verheiratung der Kinder wurde von den Eltern vorbereitet, gelenkt und gesteuert. Eine Ehe begann mit der Verlobung. Von diesem Zeitpunkt an galten die Verlobten als verheiratet. Ein Verlöbnis zu brechen wurde als Ehebruch angesehen, eine verlobte Frau, die Beziehungen zu einem anderen Mann aufnahm, galt als Ehebrecherin.

Dennoch lebten die Verlobten noch nicht zusammen. Die *Mishna Ketubah* (5, 2 und 57b), eine spätjüdische Schrift des Mittelalters, legte die Zeitdauer der Verlobung auf einen Monat für eine Witwe und auf ein Jahr für eine Jungfrau fest.

Das Heiratsalter war von den Rabbinern für Mädchen auf 12 und für Knaben auf 13 Jahre festgelegt. Im Talmud wird die Mahnung ausgesprochen, der gerechte Mann solle verheiratet sein, wenn er 20 Jahre alt wird. Der Verlobung folgte die Feier der Eheschließung. Dieses Fest konnte mehrere Tage dauern. Es begann damit, daß der Bräutigam, begleitet von seinen Freunden, sich zum Hause der Braut begab, um diese abzuholen. Hier wartete die festlich geschmückte und mit einem Schleier verhüllte Braut auf den Bräutigam. Dieser nahm ihr den Schleier vom Gesicht und führte sie dann in sein Haus bzw. in das Haus seiner Eltern. Das Gleichnis von den zehn Jungfrauen mit den Lampen (Mt 25, 1–12) lehnt sich an diesen Hochzeitsbrauch an. Das Bild der Hochzeit gebraucht auch die Geheime Offenbarung, wenn sie vom Bräutigam spricht, der die geschmückte Braut abholt, um sie zum himmlischen Hochzeitsmahl zu führen (Off 21, 2). Dem Abholen folgte das Hochzeitsmahl. Ein solches Hochzeitsmahl wird beschrieben, als Jesu bei der Hochzeit zu Kana mit der Verwandlung des Wassers in den Wein (Joh 2, 1–11) sein erstes Wunder wirkt. Mehrere Gleichnisse Jesu Christi haben das Hochzeitsmahl zum Thema (Mt 22, 2–14; Lk 1, 7–14). Als endgültig geschlossen galt eine Ehe, wenn sie vollzogen wurde.

Eine Ehescheidung, so wie sie im mosaischen Gesetz vorgesehen war, galt auch zur Zeit Jesu als erlaubt. Doch stritten sich die Schriftgelehrten über die Gründe, die eine Ehescheidung rechtfertigten. Die Mishna läßt zwei Richtungen erkennen: die eine vertrat den Standpunkt, ein Mann könne eine Frau aus jedwedem ihm mißfallendem Umstand entlassen, die andere dagegen behauptete, eine Ehescheidung sei nur im Falle von Ehebruch erlaubt. Eine Frau hatte kein Recht, die Ehe aufzulösen, sie konnte jedoch unter gewissen Umständen den Mann zu einer Ehescheidung zwingen. Nach Mt 19, 1–12 und Mk 10, 2–12 benutzten die Pharisäer das Thema Ehescheidung, um Jesus eine Falle zu stellen. Jesus griff das Problem auf und gab ihm mit der Aussage: *Was Gott verbunden hat, das darf der Mensch nicht trennen*, eine neue Ebene.

In der Familie im Sinne von *oikos* (Haus) war der Ehemann das Familienoberhaupt. Er besaß die Rechtsgewalt über alle und war für das Wohl seiner Angehörigen verantwortlich. So war es Josef, der Maria in sein Haus aufnahm, sie nach Betlehem begleitete, mit ihr nach Ägypten floh und mit ihr nach Palästina zurückkehrte, um sich in Nazaret niederzulassen (Lk 2, 1–5; Mt 2, 13–23). Der Vater hatte auch das Recht, den Kindern den Namen zu geben. In Lk 1, 62 wenden sich die Verwandten und Freunde an Zacharias, um zu erfahren, welchen Namen sein Sohn haben solle; nach Mt 1, 25 erhält Jesus den Namen von Josef.

Das Leben innerhalb der Familie war klar geregelt, die Erziehung streng. Im Hebräerbrief werden die Leiden eines Gläubigen verglichen mit der Zucht, die der Vater den Kindern auferlegt (Hebr 12, 5–11). Der Apostel Paulus gemahnt im Kolosserbrief (3, 21) die Väter, die eigenen Kinder nicht zu unterdrücken.

Die Frau war dem Mann untergeordnet, der sie rechtlich vertrat. Sie trug die Sorge um die Familie und um das Haus. Bei Lukas (10, 38–41) stellt Martha diese Frau dar, die sich ihrem Haushalt widmet und die sich um die Gäste bemüht. Wenn Paulus schreibt: *Ordnet euch euren Männern unter wie dem Herrn; denn der Mann ist das Haupt der Frau, wie auch Christus das Haupt der Kirche ist* (Eph 5,

22–23; Kol 3, 18), dann spiegelt er die zeitgenössische Familiensituation und erhöht sie zugleich in christlicher Botschaft. Wie ungewöhnlich es war, daß sich ein Mann mit einer unbekannten Frau unterhielt, zeigt die Situation am Brunnen in Samaria. Verwundert fragt die Frau: *Wie kannst du als Jude eine Samariterin um Wasser bitten?* (Joh 4, 9) und die zurückkehrenden Jünger sind erstaunt, daß Jesus überhaupt mit der Frau redete (Joh 4, 27).

Die wichtigste Aufgabe der Frau war es, Mutter zu werden. Unfruchtbarkeit wurde als Fluch angesehen. Sie galt, ebenso wie die Jungfräulichkeit, als Zeichen der Armut. Wie sehr eine Frau unter Kinderlosigkeit leiden konnte, verdeutlicht Elisabeth. Als sie in ihrem hohen Alter mit Johannes schwanger wurde, rief sie aus: *Der Herr hat mir geholfen; er hat in diesen Tagen gnädig auf mich geschaut und mich von der Schande befreit, mit der ich in den Augen der Menschen beladen war* (Lk 1, 24–25).

Die Geburt eines männlichen Kindes, insbesondere die des Erstgeborenen, war stets Grund zu großer Freude. Das Kind wurde beschnitten, erhielt seinen Namen und als Erstgeborener galt er als dem Herrn dargebracht, wofür die Eltern nach dem Gesetz des Moses am sogenannten Tage der Reinigung im Tempel zu Jerusalem Gott als Opfer ein paar Turteltauben oder zwei junge Tauben darbrachten. In eine solche normal-jüdische Familie wurde Jesus hineingeboren; die Heilige Familie war und lebte nicht anders als die einfachsten Familien ihrer Zeit und ihres Landes, ausgenommen lediglich dadurch, daß sie sich radikal und ohne Vorbehalte dem Willen des himmlischen Vaters unterwarf.

Literaturhinweise:

DAVID NOEL FREEDMAN, Anchor Bible Dictionary, hg. von Astrid Beck et. al. Vol. II. New York 1992, S. 769.

SEBASTIAN BARTINA SJ, La Sagrada familia en el Antigo Testamento. In: Actas del Primer Congreso Sobre la Sagrada Familia. Barcelona 1992, S. 112–113.

PAT ALEXANDER, The Lion Encyclopedia of the Bible, hg. von John W. Drane et. al. (= New Review Edition). GB-Tring 1986, S. 161–178.

IV. Region Europa

Familienorientierungs- und Eheberatungszentren in Spanien

von Isaias Laso Martín in Spanien

Soziologen und Anthropologen bestätigen übereinstimmend, daß die Familie in allen Zivilisationen anzutreffen ist. Die Geschichte kennt diverse Familientypen in den verschiedenen Kulturen, sie spricht auch von einer Entwicklung der Familie, niemals aber von deren Verschwinden. Eine hier versuchte Momentaufnahme richtet sich auf die Familie in der westlichen Zivilisation, in der verschiedene Familientypen anzutreffen sind, näherhin beleuchtet dieser Beitrag die Familie in Spanien.

Der französische Soziologe Louis Roussel (1980) beschreibt unter anderen den Typ der traditionellen Familie, entsprechend dem Modell der Ehe als Institution. Es ist hauptsächlich dadurch gekennzeichnet, daß die Unauflöslichkeit der Ehegemeinschaft das Überleben der Einzelpersonen und die soziale Ordnung garantiert, die Aufteilung der Arbeit nach Geschlecht und Alter erfolgt und die Autorität eines Familienoberhauptes allgemein anerkannt ist. Diese sogenannte Kernfamilie wird geprägt vom Ehebündnis und der engen ehelichen Vereinigung. Ein solcher Ehebund mißt dem wachsenden Zufriedensein in der Familie mehr Gewicht zu als dem finanziellen Bereich. Eine solche Familie ist dann glücklich, wenn Leben und das überkommene Erbe an die nächste Generation weitergegeben werden kann.

Ein anderes von Roussel nachgezeichnetes Familienmodell betont die gegenseitige Zuneigung der Ehepartner; Riten und Zeremonien rücken an die zweite Stelle. Mann und Frau schließen eine Liebesehe; gemeinsam mit ihren Kindern bilden sie die Familie, gemeinsam übernehmen die Eheleute die Autorität und die Sorge für den Unterhalt aller Angehörigen. Das Rollenverständnis der Frau wandelt sich in einer solchen Gemeinschaft und beeinflußt damit auch die Gesellschaft.

Ein weiteres Lebensmodell beruht nach Roussel auf Kameradschaft. Es stellt eine klare Alternative zur Ehe dar; die streng private

Beziehung kennt keine juristische Festschreibung. In dieser sogenannten „wilden Ehe" leben die Partner in einer gemeinsamen Wohnung, sie sind entweder kinderlos oder betrachten sich als zwei Einzelerzieher. Ob es sich bei diesem Lebensgefüge noch um eine Alternative zur Kernfamilie handelt, bleibt unklar.

Heute ist oft die Rede von einer Krise der Familie, die sich in einem Umwandlungsprozeß zu einem neuen Familientyp, von vielen schon als „postnukleare" Familie bezeichnet, befindet. ANDREW CHERLIN und FRANK FURSTENBERG (1982) vermuteten, daß zur Jahrtausendwende drei Familientypen vorherrschend sind: die herkömmliche Kernfamilie mit Kindern, die kinderlose Familie und die in zweiter Ehe Wiederverheirateten.

I. Die heutige spanische Familie

Der geschilderte Entwicklungsprozeß ist an den Familien Spaniens nicht vorübergegangen; die Koexistenz verschiedener Familientypen ist Realität. Im Vergleich zu früheren Zeiten ist heute eine deutliche Veränderung des Familienbildes erkennbar. Sie wird sichtbar im Status der Familienmitglieder, in den Beziehungen untereinander, in neuen Verhaltensformen, in der Akzeptanz der Ehescheidung sowie in der bürgerlichen Gesetzgebung. Neue soziale Denkweisen ermöglichten es, daß sich neben der traditionellen Familie andere Modelle des Zusammenlebens etablieren konnten. Sie sind zahlenmäßig zwar noch seltener als in anderen westlichen Ländern, doch ist dies lediglich ein Verzögerungsphänomen.

Der Veränderungsprozeß der spanischen Familien beruht auf mehreren Faktoren: Zu nennen sind einmal der demokratische Wandel in unserem Land, der sich während der 60er und zu Beginn der 70er Jahre vollzog. Hinzu kam die kontinuierliche Abwanderung der Menschen aus ländlichen Gebieten in Industriezonen bzw. in andere europäische Länder. Dadurch verschwand die dörfliche Großfamilie mit ihren Charakteristika fast ganz und gab den Weg für die sogenannte Kernfamilie frei, die für Industrieregionen typisch ist. Sie besteht aus den Ehepartnern und deren Kindern, lebt in mehr oder weniger stabilem sozialen Umfeld und ist stärker als die traditionelle Familie abhängig von sozialen Bedingungen wie Erziehung, religiöse

Unterweisung, Gesundheitswesen und persönliche Freiheit. Sie sieht ihre Aufgabe darin, den Bedürfnissen der einzelnen Familienangehörigen gerecht zu werden und für diese eine Art Schutzzone zu bilden, die Sicherheit und Liebe inmitten der Entwurzelung und des Verlustes von Persönlichkeit, der Animosität und der Individualisierung in einem Stadtleben voll Eile, Hetze und Vermassung vermittelt. Problematisch wird die Situation, wenn den einzelnen Familienmitgliedern zu wenig Raum für die Selbstverwirklichung, die persönliche Freiheit und Unabhängigkeit sowie die Darstellung der eigenen Persönlichkeit gewährt wird.

Auch der Geburtenrückgang, der nicht zuletzt darauf zurückgeführt werden kann, daß die Kleinfamilie modern wurde, veränderte das Familienleben. Seit dem Bürgerkrieg verringerte sich die Durchschnittsfamilie von 4,22 Mitgliedern im Jahre 1940 auf 3,51 im Jahr 1981, da einerseits (ehelose) Verwandte nicht mehr wie früher üblich in die Familie einbezogen und zum anderen in den 80er Jahren durchschnittlich nur noch 1,7 Kinder pro Familie gezählt wurden.

Deutlich wird auch eine Mentalitätsverschiebung bezüglich der Brautzeit. Die Zeitspanne des Verlobtseins als sexual enthaltsame Vorbereitungszeit auf die spätere Ehe ist bei vielen Jugendlichen verpönt und kaum noch gesellschaftsfähig. Voreheliche sexuelle Beziehungen werden von der Jugend mehr und mehr akzeptiert und die Möglichkeiten des vorehelichen Zusammenlebens werden immer größer. Trotzdem ergab eine Umfrage von CIRES, daß 77% der befragten Jugendlichen der Meinung sind, Ehe sei nicht aus der Mode und noch Ende 1990 meinten 90%, eine intakte Familie sei das, wofür sie am ehesten ihr Leben opfern würden.

Für die zunehmenden Veränderungen in der Familie ist auch die angestrebte Gleichstellung von Mann und Frau in der Gesellschaft mitverantwortlich. Sie beeinflußte am nachhaltigsten die Beziehungen zwischen den Eheleuten. Ein weiterer beachtenswerter Wandel vollzog sich in der Vater-Sohn-Beziehung. Nach den starken Konflikten, vor allem in den 60er und 70er Jahren, setzte hier in den letzten zwanzig Jahren ein positiver Umschwung ein. Deutlich erkennbar ist eine wachsende innere Demokratisierung der Familie. Auch in Spanien ist die Liberalisierung der Paarbeziehungen, die Relativierung von Formalitäten und Ritualen, die steigende Anzahl von Zivilehen, der Rückgang der kirchlich geschlossenen Ehe von 95,9% im Jahre

1980 auf 84,2% im Jahre 1986, der Geburtenrückgang, das Anwachsen der Ehescheidungen und die steigende Zahl der Alleinlebenden Wirklichkeit geworden. Dieser sozialen Realität muß die Familienkatechese Rechnung tragen. Dabei darf sie die Schwierigkeiten nicht übersehen, mit denen die heutige Familie, in Spanien noch vorwiegend die Kernfamilie, fertig werden muß: Ehekonflikte, Abbruch der ehelichen Beziehungen, Schwierigkeiten im familiären, schulischen und sozialen Bereich, psychische und physische sexuelle Probleme, Familienplanung, wirtschaftliche Zustände, äußere Einflüsse wie Arbeitslosigkeit, Wohnungsmangel, Mobilität und auch Außenseitertum. Diese Konfliktherde müssen in den Eheberatungs- und Familienorientierungszentren eingehend erörtert werden. Dabei dürfen die Fortschritte der Humanwissenschaften, wie Anthropologie, Soziologie, Psychologie und Pädagogik, nicht unbeachtet bleiben und müssen für die Familienberatung eingesetzt werden.

II. Geschichte der Familienberatung

Über die ersten Einrichtungen von Familienberatungsstätten bestehen unterschiedliche Ansichten. Manches spricht dafür, daß diese Institutionen 1928 in den USA und fast gleichzeitig in Finnland entstanden seien; es wird auch die Meinung vertreten, daß in den 20er Jahren solche Einrichtungen in Deutschland vorhanden gewesen seien. 1942 wurde in den *USA* die „American Association of Maridge Counselors" gegründet. Diese Vereinigung mit Sitz in New York errichtete in öffentlicher, kirchlicher oder privater Trägerschaft an vielen Orten Eheberatungsstellen. Derzeit wird sie von mehr als 2.000 Mitgliedern getragen.

Auch in Europa, insbesondere in Großbritannien und in Skandinavien, wurden nach dem Ersten Weltkrieg Eheberatungsstellen eingerichtet. In *England* entstand 1938 die „National Marriage Guindance Council" (N.M.G.C.), zu der gegenwärtig mehr als 500 Zentren mit etwa 1750 Beratern gehören. Die katholische Kirche in England verfügte bald ebenfalls über katholische Eheberatungszentren, die 1946 von Kardinal Griffin ins Leben gerufen worden waren. Dieses „Catholic Marriage Advisory Council of Great Britain" zählt heute etwa 120 Zentren und rund 1.000 Mitarbeiter.

Weit verbreitet sind diese Familienberatungsstellen in *Norwegen, Schweden* und *Finnland.* Dort errichtete die lutherische Kirche eigene Stellen, die „Church Family Counselling Centre". Auch in *Frankreich* wurden solche Institutionen in den 50er Jahren eingerichtet, die sich als „Association Française des Centres de Consultation Conjugale" (A.F.C.C.C.) zusammenschlossen. Sie sind heute sehr zahlreich. In *Deutschland* gibt es ebenfalls in vielen Orten Ehe- und Familienberatungsstellen. Bekannt sind die Landesverbände von „Pro Familia". Aber auch die katholische Kirche leitet Beratungsstellen, die offen sind für alle Eheprobleme und wertvolle, vor allem prophylaktische Hilfen anbieten. *Italien* ist eines der Pionierländer auf dem Gebiet der von der Kirche geförderten Eheberatungsstellen. Besonders erwähnenswert ist die 1943 in Mailand gegründete „La Casa". Zur Zeit gibt es mehr als 200 private Familienberatungseinrichtungen, die sich 1978 in der „Confederación Nacional de C.O.F" unter christlicher Zielsetzung zusammenschlossen. Die staatlichen Einrichtungen dieser Art entstanden in Italien erst später: Am 29. Juli 1975 wurden sie durch das Gesetz 405 etabliert. Besonders erwähnenswerte sind UCIPEM und CEMP, die Anlaufstellen für Konfliktberatung vor und während der Ehe sind.

Heute gibt es in Europa fast überall solche Institutionen. Der Europarat in Straßburg veröffentlichte 1974 das Dokument: *Bericht über Eheorientierung und Familienberater.* Darin werden Leitlinien für die Einrichtung von Familienorientierungszentren dargelegt.

III. Geschichte der Familienorientierungszentren in Spanien

In Spanien stehen die Institutionen noch am Anfang ihrer Entwicklung und Ausbreitung. Ein erster Schritt für ihre Verwirklichung war das Dekret vom 27. August 1977: *Über die Ausbildung von Familienberatern und Familienhelfern.* Diese sollten dazu beitragen, den sozialen Bereich der Familien abzustecken und im Kultusministerium Strukturen für eine Allgemeine Familienabteilung zu schaffen. Am 1. September 1978 erschien das Dekret Nr. 2275 *Über die Einrichtung von Familienorientierungszentren,* die dem Ministerium für Kultur, Gesundheit und Sozialversicherung unterstellt werden sollten. Seit 1968 hatte das Ministerium für Gesundheit und Ernährung einen Generalplan für die öffentlichen Zentren, in denen deren Dienstleistungen festgelegt wurden, erarbeitet. Neben diesen staatlichen Zentren entstanden seit 1977 auch kirchliche Familienberatungsstellen, deren finanzielle Träger größtenteils die Bistümer waren.

Auf dem internationalen Kongreß der Familienorganisationen, der 1954 in Paris stattfand, wurde festgelegt, daß sich die Beratungsstellen der Familienprobleme annehmen und ein ausgeglichenes Familienleben fördern sollten. Dieses Ziel, den Familien Hilfe anzubieten, setzen sich auch in Spanien die Familienorientierungszentren. Sie verfügen über speziell ausgebildete Mitarbeiter, wie Ärzte, Pädagogen, Psychologen, Psychiater, Juristen, Sexualforscher, Moraltheologen und andere Experten, die in der Lage sind, die Probleme einer Familie in ihrer ganzen Tragweite zu erfassen und darauf Antworten zu geben. Hinzu kommen besonders ausgebildete Familienhelfer, die fähig sein müssen, die an sie herangetragenen Probleme einfühlsam und fachgerecht zu erörtern und zu behandeln.

Die staatlichen Zentren

Durch das bereits genannte Dekret 2275 von 1978 ordnete das Ministerium die Errichtung von 19 Familienorientierungszentren in den verschiedenen Gebieten Spaniens an. 1983 gab es bereits 193 Institutionen, zu denen noch 37 von INSALUD geschaffene Zentren hinzukamen. Ein Generalplan von 1986 umschrieb die wichtigsten Funktionen dieser Einrichtungen: an erster Stelle steht die Information. Es wird Auskunft gegeben über Verhütungsmethoden, und zwar diese ohne jede Ausnahme, das heißt auch, es wird Auskunft über irreversible Methoden wie Sterilisation und legale Abtreibung gegeben. Im Verlauf der Jahre wuchs die Zahl der von INSALUD eingerichteten Zentren. Die Zeitschrift *Guía de Centros Públicos de Planificatión Familiar* gibt genaue Auskunft über alle diese Beratungsstellen und deren Leistungen: Information über Verhütungsmethoden, eingeschlossen die Hinweise auf chirurgische Abteilungen für Sterilisation und Abtreibung, Sexualaufklärung, Beratung bei Unfruchtbarkeit und während der Schwangerschaft, Auskünfte über Unterleibs- oder Brustkrebs sowie über Geschlechtskrankheiten. Das Angebot der öffentlichen Zentren halten wir für zu begrenzt, weil es unter Familienorientierung lediglich Familienplanung versteht und nicht offen ist für die vielen anderen Belange der Menschen, insbesondere für die innerfamiliären Beziehungen.

Die privaten Zentren

Die wenigen in unserem Lande funktionierenden privaten C.O.F. sind fast alle von der Kirche ins Leben gerufen worden. Die Spanische Bischofskonferenz begrüßte im Juli 1979 zwar solche Institutionen, doch blieb der gewünschte Erfolg bisher noch aus. Nach einem Treffen mit Delegierten der Familienpastoral der Diözese Madrid und dem Koordinator der Familienorientierungszentren bekam ich die Möglichkeit zur Einsichtnahme jener Dokumente, die sich mit der Art und Weise der Arbeit dieser Zentren, ihrer Struktur, ihrer Ziele, ihrer Dynamik, ihres Personals und ihrer Probleme befassen. Aus menschlicher und christlicher Sicht heraus will C.O.F. jenen Menschen Hilfe und Unterstützung bieten, die sich in kritischen Situationen befinden. Ziel ist es dabei, solche Bedingungen und Möglichkeiten zu schaffen, daß sich die Konfliktsituation verbessern kann und gegebenenfalls überwunden wird.

Diese kirchlichen Einrichtungen sollen für alle offen sein, gleich welcher sozialen Herkunft, politischen Einstellung oder religiösen Auffassung sie seien. Das Angebot gilt allen, die danach verlangen. Hilfe, Orientierung und Therapie werden angeboten, vorbeugende Maßnahmen, Vorträge über familienbezogene Themen, Informationsgespräche, Kulturwochen usw. Zumeist sind es freiwillige Mitarbeiter, die ihre Kräfte diesen Orientierungszentren zur Verfügung stellen. Die Arbeitsteams setzen sich zusammen aus Familienhelfern, Gynäkologen, Psychologen, Psychiatern, Soziologen, Advokaten, Pädagogen und Moraltheologen. Nicht alle Zentren können sich ein solch komplettes und professionelles Team leisten, aber es ist genügend Personal vorhanden, um immer wieder eine Antwort auf anstehende Fragen zu finden. Besonders häufig stehen juristische Fragen an. Dem folgen Fragen über Ehescheidungen, jugendliche Anpassungsschwierigkeiten, Drogen, Sex, Alkohol, Ehevorbereitungszeit, Verhütungsmittel, Spielleidenschaft. Weitere Themen sind Vergewaltigung, Homosexualität, schulische Schwierigkeiten, alleinerziehende

Mütter, sexuelle Abarten, Schwierigkeiten in der Familie, in der Gesellschaft und in der Arbeitswelt. Häufig leiden die zwischenmenschlichen Beziehungen. Zumeist sind es Arbeiter oder Angehörige der unteren Mittelklasse, die in den katholischen Familienorientierungszentren um Hilfe nachsuchen.

Als Beauftragter für Familienpastoral in der spanischen Provinz ist es mir ein Anliegen, die Mitarbeit in diesen Familienorientierungszentren besonders zu entwickeln und zu fördern. Sollten wir nicht jetzt schon beginnen, unsere Ausbildung auf diese Arbeitsgebiete auszurichten? Ist doch Familienpastoral einer der wesentlichen Aufgabenbereiche, die uns von unserem Stifter gegeben wurde.

Literaturhinweise:
LOUIS ROUSSEL, Mariages et divorces. Contribution à un analyse systematique des modèles matriomiaux. In: Population 1980, noviembre-diciembre, S. 1025–1040.
ANDREW CHERLIN und FRANK FURSTENBERG, The shape of the American Familiy in the year 2000. TAP 22, Washington D.C. 1982.

Volksmission und Familienpredigt gestern und heute in Polen

von Marian Twardawa in Polen

In seinem Dekret über die Missionstätigkeit der Kirche *Ad gentes,* Art. 35, stellte das II. Vatikanische Konzil mit Nachdruck fest, die gesamte Kirche sei missionarisch und das Werk der Evangelisation sei eine Grundpflicht des Gottesvolkes. Im seinem Apostolischen Schreiben *Evangelii nuntiandi* vom 8. Dezember 1975 bekräftigte Papst Paul VI. in Art. 14, *daß die Aufgabe, allen Menschen die Frohbotschaft zu verkünden, die wesentliche Sendung der Kirche ist. ... Evangelisieren ist in der Tat die Gnade und die eigentliche Berufung der Kirche, ihre tiefste Identität.* Erstrangige Pflicht der Kirche ist also die Verkündigung des Evangeliums, eine Pflicht, die erwachsen ist aus dem stets neuen Sendungsauftrag der göttlichen Personen. Die Frohbotschaft vom hereingebrochenen Reich Gottes war die zentrale Lehre Jesu Christi. Die Weitergabe dieser Lehre machte er zur wichtigsten Aufgabe seiner Kirche. Deren Sendung ist es, das Heil zu verkünden (Misje po Soborze Watykańskim II, 1981). Das Evangelium ist *Gottes Kraft für die Erlösung jedes einzelnen Menschen, der es im Glauben annimmt* (Röm 1, 16; Eph 1, 13). Gott selbst wirkt im Evangelium. Er ist die Quelle aller Kraft, die das Fundament jeder Evangelisation bildet.

Bezüglich dieser Aufgabe der Kirche gab das II. Vatikanische Konzil dadurch besondere Denkanstöße, daß es das Leben der Kirche und ihre pastorale Tätigkeit besonders ins Rampenlicht rückte. Das führte zu der erneuten Erkenntnis, daß sich Kirche vor allem in zwei Grundgemeinschaften verwirklicht: in der Pfarrkirche und in der Familie. Für beide tragen nicht nur die Bischöfe und der Klerus die Verantwortung, sondern auch die Laien.

Die Teilhabe am priesterlichen, prophetischen und königlichen Amt Christi, ist die theologische Grundlage des Laienapostolates, da durch die Taufe alle Gläubigen Christus einverleibt und zum Volk Gottes gemacht worden sind (vgl. *Lumen gentium*, Art. 31 und *Apostolicam actuositatem*, Art. 2 und 10). Die Laien sollen ihr apostolisches Wirken *in Gemeinschaft mit der Kirche und ihren Hirten* ausüben (*Evangelii nuntiandi*, Art. 60). Heute kommt dem Laienapostolat besondere Bedeutung zu, da die Kirche sich oft in einer solchen äußeren Situation befindet, daß es lediglich Laien möglich ist, wirksam Zeugnis von den evangelischen Wahrheiten abzulegen (Kongregacja Wychowania Katolickiego, 1983).

Beim Apostolat der Laien nimmt die Familie eine besondere Stellung ein. Der Konzilstext *Lumen gentium* nennt sie in Art. 11 *Hauskirche*. In Art. 71 heißt es: *Das bedeutet, in jeder christlichen Familie müßten sich die verschiedenen Aspekte der Gesamtkirche wiederfinden. Außerdem muß die Familie wie die Kirche ein Raum sein, wo das Evangelium ins Leben übersetzt wird und wo daher dieses Evangelium aufleuchtet.* Durch die christliche Familie lebt die Kirche und erfüllt die ihr von Christus aufgetragene Mission. Die Familie ist also nicht nur zentraler Gegenstand der Evangelisation der Kirche, sie ist zugleich auch unentbehrliches und durch nichts zu ersetzendes Subjekt dieser Evangelisierung. Um dieser Aufgabe gewachsen zu sein, muß sich die Familie ihrer Sendung in der Kirche und ihrer angemessenen Beteiligung am kirchlichen Auftrag bewußt sein. In seinem Apostolischen Schreiben *Familiaris consortio* vom 22. November 1981 schrieb Johannes Paul II.: *Zu den grundlegenden Aufgaben der christlichen Familie gehört ihr kirchlicher Auftrag: Sie ist zum Dienst am Aufbau des Reiches Gottes in der Geschichte berufen, indem sie am Leben und an der Sendung der Kirche teilnimmt* (Art. 49).

Der Aufruf Johannes Pauls II. zur Neuevangelisierung, mit der er sich an die gesamte Kirche wandte, ist Anstoß, der seit Jahrhunderten praktizierten Volksmission unsere besondere Aufmerksamkeit zu schenken. Unter solcher Volksmission ist eine kirchliche Volksseelsorge verstanden, die von sogenannten Missionaren in einer bestimmten Gemeinde auf begrenzte Zeit ausgeübt wird mit dem Ziel, Impulse zur Erneuerung und zur Hebung des religiös-sittlichen Lebens zu geben. Solche Volksmissionen hielt bereits Alfons Maria von Liguori (1696–1787), der sich seinerseits auf die geistigen Übungen des heiligen Ignatius von Loyola stützte. Der Begriff *missio interna* wurde in päpstlichen Dokumenten erstmals im Auftrag Papst Klemens XI. am 16. März 1703 in einem Schreiben der Bischofs- und Religiosenkongregation verwandt.

I. Die Volksmission in Polen

Im Gebiete Polens wurden die ersten Volksmissionen von Jesuiten in der Mitte des 17. Jahrhunderts durchgeführt. Es war eine außerordentliche Seelsorge, die anstrebte, auch solche zu erreichen, die der Kirche ferne standen oder die anderer Konfession waren. Sie spielte eine wichtige Rolle bei der Rekatholisierung jener Gebiete, die sich der Reformation angeschlossen hatten. Neben den Jesuiten stellten sich die Kapuziner, Franziskaner und die neugegründeten Orden der Lazaristen, später der Redemptoristen und Oblaten und auch andere Gemeinschaften den besonderen Aufgaben und pastoralen Anforderungen der Volksmission.

Heute bildet die Volksmission in Polen einen wichtigen Bestandteil der gesamt-seelsorglichen Tätigkeit und erreicht viele Gläubige. Wie weit sie verbreitet ist, zeigte sich eindrucksvoll anläßlich der großen Novene bei der 1000-Jahrfeier der Christianisierung Polens und der großen Wallfahrt zum Gnadenbild der Muttergottes von Tschenstochau. Bei der katechetischen Unterweisung und bei der Evangelisation kommt der Volksmission in Polen große Bedeutung zu (LECH, 1985).

Auch in Polen kann nicht übersehen werden, daß die Säkularisierungstendenzen der Gegenwart die Menschen nicht mehr zur Kirche hinführen, sondern sie eher von ihr abhalten. Daher ist es wichtig, daß Missionare und Seelsorger nicht mehr – so wie früher – lediglich in der Kirche auf die Menschen warten. Das neue Modell der Gemeindemission richtet sich an alle Einwohner, also auch an die Nichtkatholiken und die Nichtgläubigen, des zu missionierenden Gebietes. Es gilt nach Methoden zu suchen, die es möglich machen, alle Menschen der betreffenden Gemeinde auch zu erreichen. Da oft Schwellenangst nichtkatholische Menschen abhält, zur Kirche zu kommen, müssen Orte für die Missionstreffen gesucht und gefunden werden, die außerhalb der kirchlichen Räume liegen. Die neue Volksmission sollte also zum Ziel haben, eine *ad gentes*-Mission zu sein, die sich an alle Menschen richtet, und sie sollte aufhören, lediglich eine *missio interna* für kirchlich gebundene katholische Gläubige zu sein.

Infolgedessen muß die gesamte Missionstätigkeit einem Wandel unterworfen werden. Das gilt besonders für Form und Inhalt der

Predigten. Waren diese traditionellerweise eher darauf ausgerichtet, dem Gläubigen die Schwere der Sünden bewußtzumachen und ihn zu einer Generalbeichte zu bewegen, so hat die heutige Predigt zum eigentlichen Ziel, zu einem echten christlichen Leben zu motivieren. Die traditionelle Missionspredigt am Abend, zu der die ganze Pfarrei eingeladen war, schilderte die Verwerflichkeit der Sünde und zeigte ihre Folgen mit Tod, Gericht und Hölle an. Die Standespredigten am Morgen gaben katechetische Unterweisungen, Sakramentenlehre und erörterten die christlichen Grundpflichten des einzelnen Standes (SIWEK, 1993).

Die Ansprachen bei der heutigen Gemeindemission sind auf eine grundlegende Lebensumorientierung ausgerichtet. Das ist ein langwieriger Prozeß, bei dem der Empfang des Bußsakramentes – früher das unmittelbare Ziel jeder Missionstätigkeit – zwar nicht außer Acht gelassen werden soll, doch lediglich einen bestimmten Aspekt bildet.

Der Begriff „Bekehrung" subsumiert bei der polnischen Volksmission drei Aspekte:

* Bis zum Beginn des 20. Jahrhunderts war Ziel der „Bekehrung", die erneute Hinwendung zu einem moralischen, nach christlichen Geboten ausgerichteten Leben zu unterstützen. Der katholische Glaube wurde vorausgesetzt.
* Seit der Mitte des 20. Jahrhunderts war Ziel der „Bekehrung", eine intensive Beschäftigung mit dem Glauben, der neu verankert werden sollte, zu fördern. Die fortwährende Dechristianisierung der Gesellschaft und die pluralistischen Weltanschauungen führten auch bei den noch praktizierenden Katholiken zum Glaubensschwund. Volksmission wollte dem begegnen und die Menschen zu einer bewußten christlichen Haltung in der heutigen Welt bringen.
* Heute hat die Gemeindemission das Ziel der „Bekehrung" zur Gemeinschaft. Sie geht davon aus, daß der Glaube in der Gemeinschaft angenommen, übertragen und gefestigt wird. Sie geht weg vom Individualismus und zielt auf die Ebene der Gemeinschaft (SIWEK, 1992). Die missionarische Tätigkeit richtet sich daher nicht nur an den einzelnen Katholiken, sondern an die Pfarrgemeinde als Ganzes. Pfarrgemeinde wird hier verstanden als eine Gemeinschaft von Gruppen, die eine apostolische

Gemeinschaft bilden sollen, in der die einzelnen Mitglieder nicht ausschließlich passiv bleiben dürfen.

Gegenwärtig ist es Ziel der Gemeindemission, das Mysterium der Kirche im missionierten Milieu sichtbar werden zu lassen. Um dies zu erreichen, muß vor allem der Glaube der Missionsteilnehmer geweckt und belebt werden bei gleichzeitiger pastoraler Begleitung zur ganzheitlichen Bekehrung, so daß eine Umwandlung des gesamten geistlichen Lebens erfolgt. Solch eine christliche Neuausrichtung führt zur Liebe Gottes, die sich in Nächstenliebe niederschlägt und konkretisiert. Der Mensch, der durch den Heiligen Geist die Botschaft Gottes annimmt, stirbt für die Sünde und wird für ein Leben in Gerechtigkeit und Wahrheit wiedergeboren, indem er eine innere Gemeinschaft der Liebe mit Gott und den Nächsten schließt. Menschen, die auf diese Weise zum Glauben kommen, sind gleichzeitig Zeugen der göttlichen Wirklichkeit und beschenken sich gegenseitig mit den erhaltenen Gaben. Im Entstehen solch einer Gemeinschaft von Diensten und Charismen verwirklicht sich das Geheimnis der Kirche, die zugleich Zeichen für die Gegenwart Gottes unter den Menschen ist und zur apostolischen Tätigkeit im vorhandenen Umfeld inspiriert. Ziel der Gemeindemission muß also die Gründung einer dynamischen Gemeinschaft der Liebe sein, die sich um das Wort Gottes und die Eucharistie versammelt.

Erstrangiges Subjekt der Volksmission ist Gottvater, der im Heiligen Geist durch seinen Sohn wirkt. Der vom Vater geschickte Sohn erfüllt, gestärkt durch den Heiligen Geist, unermüdlich den göttlichen Plan des Heiles; dabei ist die Gemeindemission eine der möglichen Realisierungsformen. Zweitwertiges Subjekt der missionarischen Tätigkeit sind dagegen die einzelnen Menschen, durch die Christus sein Werk vollbringt. Zu ihnen gehören an erster Stelle Missionare, denen von den kirchlichen Behörden entsprechende Vollmachten erteilt wurden. Es wäre sinnvoll, wenn diesen Missionierungsgruppen nicht nur Priester und Katecheten, sondern auch Fachleute aus diversen Bereichen der Wissenschaft, wie z.B. Soziologen, Ärzte und Psychologen, angehören würden. Das Wichtigste dabei ist, daß sich die gesamte Gruppe durch echte Frömmigkeit, religiösen Eifer und Aufopferung auszeichnet, und daß alle Mitglieder der Gruppe von ihrer göttlichen Berufung überzeugt sind, das einmalige und unwiederholbare Werk zu erfüllen.

Bei der Gemeindemission sollten alle Methoden und Mittel eingesetzt werden, die die Erlösung des Menschen bewirken können. Das beste Mittel ist die Predigt, die immer wesentlicher Bestandteil der Mission sein wird. Das II. Vatikanische Konzil lehrt in seinem Dekret über Dienst und Leben der Priester, *Optatam totius*, Art. 4: *Durch das Heilswort wird ja der Glaube, durch den sich die Gemeinschaft der Gläubigen bildet und heranwächst, im Herzen der Nichtgläubigen geweckt und im Herzen der Gläubigen genährt...* An die Predigten müssen jedoch besondere Forderungen gestellt werden. Sie sollen einen biblischen, nicht moralisierenden Charakter aufweisen, sie müssen liturgiebezogen und der Gegenwart angepaßt sein (ZBIGNIEW, 1992). Im Rahmen der Gemeindemission spielt neben den Predigten auch das Bußsakrament und die Eucharistiefeier, die die Menschen mit Gott und miteinander vereint, eine wichtige Rolle (ŚWIERZAWSKI, 1982). Daraus folgt, daß ein tiefes Erleben der Heiligen Messe Wesen und Ziel der missionarischen Tätigkeit nachdrücklich unterstützt.

Außer der Predigt, den Sakramenten der Buße und der Eucharistie, die fundamentale Bestandteile der Volksmission sind, können auch sekundäre Mittel, wie besondere Andachtsübungen (Vesper, Anbetung, Buß- und Bibelandacht, Kreuzweg, Prozession, Rosenkranz, Litanei und Marienandacht), eingesetzt werden. Zu ihnen gehören auch von Gläubigen abgelegte Zeugnisse, Vorträge verschiedener Art, Treffen und Diskussionskreise, in denen Themen behandelt werden, die im Interessenbereich der Teilnehmer liegen und mit Fragen des Glaubens und der Bekehrung zusammenhängen. Alle genannten Angebote sollen den Missionsteilnehmern zu einer persönlichen Begegnung mit Christus verhelfen und zur Erbauung der Kirche beitragen.

In der polnischen Seelsorge haben neben der Volksmission auch die Einkehrtage besondere Wichtigkeit für die Neuevangelisierung. Sie finden in fast allen Pfarrgemeinden und seelsorglichen Zentren in der Advents- und Fastenzeit sowie anläßlich der Gemeindekirmessen statt; sie richten sich an alle Pfarrmitglieder (SIWEK, 1985). Die adventlichen Besinnungstage sprechen meistens Menschen an, die eine engere Bindung zur Kirche haben. Deshalb wird ihnen eine eher formative und den Glauben vertiefende Bedeutung zugeschrieben. In der Fastenzeit versammeln die Einkehrtage dagegen nicht nur die eifrigen Gläubigen, sondern auch Menschen, die auf der Suche nach Gott sind und Antwort auf viele ihrer Fragen und Zweifel erwarten. Diese Einkehrtage müssen also eine besondere Aufforderung zur Bekehrung sein und daher oft auf einfache Themen zurückgreifen, die die Menschen zum Glauben bringen. Der Sinn solcher Einkehrtage ist nicht umstritten, da sie das religiöse Leben der Gläubigen erneuern und vertiefen (SIMON, 1985), eine große und öffentliche Manifestation des Glaubens darstellen und zur Integration der Pfarrgemeinde beitragen. Außerdem beinhalten sie eine enorme Evangelisationskraft. Die allgemeinen Gemeindeeinkehrtage sind also als eine bestimmte Seelsorgeaktion zu verstehen, bei der es um die Aufrechterhaltung, Erweiterung und Vertiefung des religiösen Lebens geht, das durch die Volksmission erneuert oder belebt wird.

Überdies werden Einkehrtage für verschiedene Gruppen von Gläubigen veranstaltet. So finden außer den Gemeindeeinkehrtagen auch Standeseinkehrtage für Kinder (OSZAJCA, 1985), Jugendliche, Studenten (KISIEL, 1985 und NIEBOJ, 1993), Eltern und für die einzelnen Berufsgruppen statt. Diese Besinnungstage sollen den Glauben der Teilnehmer wecken und vertiefen, ihr Sakramentenleben auffrischen und eine engere Bindung zur Kirche aufbauen.

II. Jean Berthier als Volksmissionar

Die Missionare der Heiligen Familie wirken nicht nur in den sogenannten Missionsländern, sie sind auch im Bereich der Volksmission bzw. der Einkehrtage tätig. Der Ordensgründer Jean Berthier (1840–1908) wirkte selbst über 35 Jahre in der Volksmission und gestaltete zahlreiche Besinnungstage (BOCIAN, 1993). Die von Berthier verfaßten Anregungen für Prediger, posthum in *Le Prêtre* 1913 erschienen, enthalten ein Predigerdirektorium, Verhaltensanweisungen für die Kanzel und den Beichtstuhl, Programme für Mission und Einkehrtage, Erläuterungen zu verschiedenen Andachten sowie Missionspraktiken, Formulierung für Vermeldungen während der Mission, Konferenzen, Predigten im Rahmen der Mission und Einkehrtage und Standespredigten.

Ziel und Aufgaben der Volksmission waren für J. Berthier: Bekehrung der Sünder, Vertiefung und Festigung des Glaubens bei eifrigen Katholiken, Neubelebung bzw. Weckung des Glaubens bei gleichgültigen Christen und schließlich das Angebot der Hilfe bei Fernstehenden. Die Volksmission dauerte damals in der Regel zwei bis drei Wochen und war den örtlichen Verhältnissen angepaßt. An den ersten Tagen besuchten die Missionare die Familien, um auch die Widerstrebenden zur Teilnahme zu bewegen. Die zweite wichtige Etappe der Mission stellten Standespredigten für Kinder dar, in denen die grundlegenden Glaubenswahrheiten leicht verständlich dargelegt wurden. Nach dieser Einführung begann die eigentliche Mission: Alle Bemühungen der Seelsorger waren darauf gerichtet, die Gläubigen für eine gute Missionsgeneralbeichte vorzubereiten. Diesem Ziel dienten hauptsächlich Predigten, die die Menschen an die Hauptprinzipien des Glaubens erinnern sollten. Am Abend wurden gewöhnlich aufwühlende Predigten über die letzten und ewigen Dinge (Tod, Gottes Gericht, Himmel, Hölle) gehalten, die mit einem Bittgebet und Reue- und Leiderweckung für begangene Sünden endeten. Damit sollten hartgesottene Sünder aufgerüttelt werden. Hinzu kamen gut vorbereitete liturgische Feiern, wie Kindersegnung, Weihe der ganzen Pfarrgemeinde an die Gottesmutter, Errichtung eines Missionskreuzes oder feierliche Segnung eines Heiligenbildes bzw. einer Heiligenfigur. Anschließend gingen die Gläubigen singend und betend in einer Prozession durch den Ort. In die Kirche zurückgekehrt, beschloß eine Predigt die Andacht. Nach der Generalkommunion der Männer, die die Krönung einer jeden Mission war, wurden die Feierlichkeiten abgeschlossen. Die Schlußpredigt ermutigte zum Ausharren im Guten, und erinnerte an die Worte der Mutter Gottes von La Salette. Danach verabschiedete sich der Missionar von den Gläubigen und dem Pfarrer im Namen seiner Ordensbrüder, dankte für die Aufmerksamkeit und den Eifer, und bat zugleich, die Gnadenzeit nicht zu vergessen.

Wichtig für einen guten Verlauf dieser geistlichen Übungen waren die Missionsvermeldungen, die einer der Missionare von der Kanzel verlas. Dabei mußte an alles gedacht werden. Über Hinweise, Ermunterungen und Suggestionen galt es, den gesamten Missionsverlauf zu organisieren, die Gläubigen anzuleiten und nach Möglichkeit eine aktiv-geistige Haltung zu fördern.

J. Berthier legte als Volksmissionar großen Wert auf die Familienbesuche. Besonders kümmerte er sich dabei um die Kinder und die

Männer. Er hielt es für einen erheblichen Fehler, diese beiden Stände zu vernachlässigen. Die Kinder gewann er als Verbündete für die Bekehrung der Älteren und für Männer veranstaltete er während jeder Mission besondere Andachten und Standespredigten. Hoch schätzte er den Einfluß einer wahrhaft frommen Mutter auf das Familienleben, aber er war sich auch dessen bewußt, daß sie wenig bewirken konnte, wenn der Ehegatte auf einem falschen Weg war.

In den Missionspredigten bemühte sich J. Berthier, die katechetischen Grundwahrheiten auf möglichst zugängliche Weise darzulegen, Richtlinien für den Alltag zu geben und alles zu vermitteln, was zur Erlangung des ewigen Heils notwendig war. Obwohl er das Lehren der grundlegenden Glaubenswahrheiten als Hauptaufgabe betrachtete, vernachlässigte er niemals die Vorbereitung der Hauptmissionspredigten, in denen er sich meisterhaft an die Herzen und Gewissen der Zuhörer wandte und die er mit einem Gebet und einer Aufforderung zu einer aufrichtigen Reue über begangene Sünden abschloß. In Predigten behandelte er den Themenkomplex Buße mit gleichem Eifer wie die Zusage der göttlichen Barmherzigkeit für den reuigen Sünder. Er nutzte jede Gelegenheit, um in seiner Verkündigung auf die Wichtigkeit der Missionsgeneralbeichte hinzuweisen und gab diesbezüglich konkrete Unterweisung. Er wußte nämlich, daß die Volksmission für die Menschen, die ein über Jahre mit zahlreichen Schulden und Sünden belastetes Gewissen hatten, eine einzigartige Gelegenheit bot, die Gnade Gottes neu zu erfahren und sich mit Gott zu versöhnen. Diesen Sündern brachte er im Beichtstuhl viel Verständnis und Geduld entgegen und zeigte sich ihnen gegenüber als ein gütiger Vater.

J. Berthier bediente sich in seinen Missionspredigten einer einfachen und verständlichen Sprache, oft benutzte er dabei bildhafte Wörter und volkstümliche Redewendungen. Er achtete darauf, daß seine Betrachtungen und Ausführungen nicht allzu lang wurden. Mit Beispielen aus dem Alltag verdeutlichte er die darzulegende theologische Wahrheit und weckte und förderte dadurch die Aufmerksamkeit und Spannung der Gläubigen. Sehr gelungen waren seine in Dialogform gehaltenen Konferenzen. Seine Predigten waren lebensnah und anschaulich, seine Worte klar und einfach und voller Liebe; sie besaßen eine enorme Kraft und stützten sich auf ein gründliches theologisches Wissen.

Nach Berthier sollte ein Volksmissionar nach Vollkommenheit streben, damit er in Wort und Tat stark ist. Er sollte von der Gnade Gottes erfüllt sein, um so ein gutes Werkzeug in Gottes Hand zu sein. Um dies zu erreichen, sollte ein Missionar viel Zeit der Kontemplation widmen, denn sie ist die Quelle jeglicher Inspiration und gibt Anregungen zur Arbeit. Berthier betonte außerdem, daß der Missionar auf sein Äußeres achten, seine Weiterbildung nicht vernachlässigen und sich fachmännisch auf seine Tätigkeit vorbereiten solle. Er ermutigt den Missionar zum häufigen Beichthören, denn im Beichtstuhl würde das gefestigt, was von der Kanzel gesagt worden sei. Der Altar, die Kanzel und der Beichtstuhl sind – so Jean Berthier – die Stellen, wo sich während der Missionsdauer ein Missionar befinden sollte, zur Zufriedenheit der örtlichen Seelsorger und zum Wohl der Gläubigen.

III. Volksmission und Gemeindeeinkehrtage in der polnischen Provinz der MSF

Erfüllt vom missionarischen Geist ihres Gründers Jean Berthier und nach seinem Vorbild wirkend, nahmen die Missionare der Heiligen Familie, gleich nachdem sie 1921 in Polen eingetroffen waren, ihre Arbeit im Bereich der Volksmission und der Gemeindeeinkehrtage auf. Bereits eine Woche nach feierlicher Übernahme des ersten Klosters in Wielun, begann Antoni Kuczera am 6. März 1921 in der Kirche der MSF seine erste Gemeindemission. Ihm halfen der Ordensgeneral Anton Maria Trampe bei der Kommunionausteilung und Franciszek Rogosz beim Beichthören und beim Predigen. In der Adventszeit desselben Jahres fand A. Kuczera, trotz seiner vielen Verpflichtungen als Rektor in Kazimierz Biskupi, noch Zeit, eine Volksmission sowie eine Reihe von Einkehrtagen durchzuführen. Da er im Orden verschiedene Funktionen innehatte, konnte er nicht allzu viel Zeit für die Durchführung von Missionen und Einkehrtagen erübrigen. In den 20er Jahren veranstaltete er in Polen, Deutschland und Holland einige Einkehrtage und Missionen. Erst 1931, nachdem er die Provinzleitung an Jüngere abgegeben hatte, widmete er sich intensiv der Volksmission und hielt jährlich in ungefähr 25 Gemeinden Missionen oder Einkehrtage. Seit

1933 unterstützten A. Kuczera unter anderen die MSF-Priester Jósef Drzazga, Leopold Kielczewski und Franciszek Dera in dieser Tätigkeit.

Im Jahre 1936 übernahm J. Drzazga die Leitung der missionarischen Tätigkeit, der sich auch andere Priester anschlossen. Seitdem wurden die Methoden der Mission im In- und Ausland weiterentwickelt. 1936 wurden neun Volksmissionen und elf Einkehrtage organisiert, u.a. auch für in Deutschland lebende Polen. 1937 waren es schon 25 Missionen, darunter zehn für Polen in Frankreich, und etwa 15 Einkehrtage. 1938 übernahm man sieben Missionen, die Einkehrtage in neun polnischen Gemeinden und volksmissionarische Tätigkeiten für Polen in Frankreich und für polnische Saisonarbeiter in Deutschland. Der Zweite Weltkrieg brachte der MSF große personelle Verluste und stoppte die günstige Entwicklung der Missionstätigkeit.

In der Nachkriegszeit war die personelle Lage der Polnischen Provinz geradezu dramatisch und der Provinzvorstand konnte nur mit Mühe die Aufgaben des Ordens verteilen. Vor allem kümmerte man sich um die Ordenshäuser; viele Priester nahmen, dem Appell des Episkopats von 1945 folgend, die pastorale Arbeit in Gemeinden auf. An der Volksmission beteiligten sich in dieser Zeit zehn Priester, aber vereinzelt halfen ihnen auch andere. 1947 führte man bereits 16 Missionen und acht Einkehrtage durch; 1948 18 Missionen und 13 Einkehrtage, ein Jahr darauf elf Missionen und 17 Einkehrtage. Bis 1952 stieg die Anzahl der Volksmissionen auf 48. Durch die intensive Missionstätigkeit wollte man in dieser schweren Zeit nicht nur den Gemeinden zu Hilfe kommen, sondern auch einen Ausgleich für den großen materiellen Verlust durch die staatliche Vermögenseinziehung der Ordenshäuser schaffen (DUSZA, 1973). Von 1952 bis 1964 war Pater Boniecki für die missionarische Tätigkeit verantwortlich: Die Missionare besuchten in dieser Zeit jährlich etwa 50 bis 70 Pfarrgemeinden. 1964 wurde Bronisław Kartanowicz zum Direktor der Missionen und Einkehrtage berufen. Gleichzeitig wurde eine separate, aus zehn Missionaren bestehende Missionsgruppe gegründet. Diese Missionare arbeiteten nicht mehr wie bisher für ihre Ordenshäuser, sondern rechneten lediglich mit dem Direktor ab. 1970 gehörten 16 Missionare zu dieser Gruppe.

Neue Methoden der Volksmission in Polen

Laut Beschluß des Provinzialkapitels fand 1965 in Górka Klasztorna eine Konferenz der Volksmissionare statt, bei der es um die Erarbeitung einheitlicher Methoden für die Durchführung von Missionen und Einkehrtagen ging. Damals wurde auch ein Plan für Volksmissionen und ihre Erneuerung und für Besinnungstage angenommen und die Thematik dieser missionarischen Tätigkeit festgelegt. Ziel war es, den an die Tradition gebundenen Stil beizubehalten und ihn lediglich den Herausforderungen der Gegenwart anzupassen. Überdies beschloß man, jährlich eine Fortbildungstagung für die Missionsgruppe zu veranstalten, auf der auch die vom Episkopat vorgegebenen gesamtpolnischen Themenbereiche für pastorale Arbeit bekannt gemacht wurden. Das Archivmaterial der MSF in Posznan belegt, daß zwischen 1964 und 1970 150 Missionen und Einkehrtage durchgeführt wurden.

1966 wurde den Volksmissionaren bei einem eintägigen Treffen dargelegt, welche Ausrichtung die Predigten über die letzten Dinge haben sollten und wie die Standespredigten für Eheleute methodisch aufzubauen seien. Dagegen wurde 1970 während einer Tagung eine umfassende Analyse der bisher abgehaltenen Missionen und Einkehrtage vorgenommen und die Predigtthemen den Anforderungen des II. Vatikanischen Konzils angepaßt. Überdies wies man in der am 18. Juli 1970 in Bablin erlassenen Verordnung der Provinzkurie nachdrücklich darauf hin, daß die Familien stärker zu berücksichtigen seien.

Vier Jahre später wurde das Programm der Missionsbußandacht modifiziert. Im selben Jahr übersetzte Tadeusz Dusza das Werk *Le Prêtre* von Jean Berthier ins Polnische. Zugleich erschien in Maschinenschrift das von Zygmunt Zbrzycki bearbeitete *Vademekum eines Missionars*. Darin schildert der Autor, wie Volksmissionen von den MSF durchgeführt werden, nennt Richtlinien für Missionare und stellt einen schematischen Plan für Volksmissionen vor, in dem detailliert die Thematik der Predigten und verschiedene Andachten aufgelistet werden. Als Ergänzung erschien die *Sammlung verschiedener Gebete für Missionsandachten*.

Direktoren der Missionsgruppe waren Jan Czarny (seit 1979), Henryk Tetzlaff (ab 1982), Antoni Klag (ab 1987) und seit 1992 Marian Twardawa. Im Regelfall waren zehn MSF-Missionare mit

Volksmissionen beschäftigt, doch schwankte die Größe der Missionsgruppe häufig. Viele MSF-Patres arbeiteten nur gelegentlich mit. Die häufigen personellen Änderungen erschwerten die Beibehaltung einer einheitlichen Methode für das Predigen während der Missionen und Einkehrtage. Dennoch ist die missionarische Tätigkeit nach wie vor lebhaft: Es wurden 1981 127, 1982 116, 1983 106, 1985 112 und 1986 117 Missionen und Einkehrtage gehalten. 1987 wurde das Statut eines Volksmissionars bearbeitet und ein Jahr später legte man die modifizierte Thematik für die Predigten der Volksmission und Einkehrtage vor. Viele polnische Publikationen über Theorie und Praxis der Missionen und Einkehrtage sind heute zugänglich (LEWEK, 1985).

Schema einer polnischen Volksmission unserer Tage

Die ersten MSF richteten sich bei der Durchführung von Volksmissionen in Polen sowohl in der Art wie auch im Inhalt nach den Leitgedanken ihres Gründers J. Berthier. In Polen war es jedoch üblich, daß die Volksmissionen acht Tage, von Sonntag bis Sonntag, dauerten. Sie begannen mit einer feierlichen Einführung der Missionare am Samstagabend und endeten mit einer Andacht für Verstorbene am Montagnachmittag, nach dem zweiten Sonntag. Fünfzehntägige Missionen wurden nur in großen Pfarreien und in Gemeinden mit einigen Filialkirchen durchgeführt. In der Vor- und Nachkriegszeit, bis in die 60er Jahre hin, wurden die Volksmissionen in Polen nach einem von J. Berthier ausgearbeiteten Schema durchgeführt. Es muß darauf hingewiesen werden, daß anfangs die Auslegung des Katechismus größtenteils die Missionspredigten ersetzte. Mit der Zeit änderte sich aber die Situation, man nahm Abstand von der Katechismusauslegung und beschränkte sich lediglich auf Predigten während der Messe und Standespredigten nach der Messe. Die Vermeldungen wurden auf ein Minimum reduziert. Um die Gläubigen gut für die Generalmissionsbeichte vorzubereiten, bewahrte man die vom Gründer überlieferte Tradition und ging in den Beichtstuhl erst nach der am Mittwochabend stattfindenden Predigt über das Bußsakrament (DUSZA, o.J.).

Die traditionelle Art und Weise der Volksmission konnte nur in einigen wenigen Dörfern realisiert werden. In städtischen Gemeinden, wo sonntags gewöhnlich stündlich bzw. eineinhalbstündlich Heilige Messen gelesen wurden, war es notwendig, die Vermeldungen zu kürzen und die Predigtdauer auf 10 bis 15 Minuten zu beschränken. An Werktagen besuchten nur wenige die Frühpredigten. Dies veranlaßte 1965 den Direktor der Volksmission, Bronisław Kartanowicz, ein neues Programmschema für die Volksmission zu erarbeiten und somit eine Erneuerung der Missions- und Gemeindeeinkehrtage zu initiieren. Dabei wurden die polnischen Verhältnisse besonders berücksichtigt. Dieses Schema hat noch heute teilweise Gültigkeit.

Nach dem modifizierten Programm beginnt die Volksmission am Samstagabend mit der feierlichen Einführung der Missionare, dem Singen der Hymne zum Heiligen Geist, der Übergabe der violetten Stola und einer Vorstellung des Missionsprogramms. Dann wird eine Heilige Messe gefeiert, in der eine erste einführende Missionspredigt gehalten wird. Es schließt sich eine Bußandacht an, in der Psalm 50 gesungen wird und die Bußglocke läutet. (Diese Andacht wird die ganze Woche lang täglich gehalten.) Ein gemeinsames Abendgebet beschließt den Samstag.

Am Sonntag vor der ersten Eucharistiefeier (wie auch an den anderen Tagen) spricht der Missionar mit den Gläubigen ein kurzes Morgengebet. Vor jeder Predigt gibt er das Missionsprogramm für die ganze Woche bekannt. Themen der sonntäglichen Missionspredigten sind am Morgen: das Heil der Seele und das Ziel des Menschen; am Abend: die Sünde und ihre Folgen. Allgemeine Missionspredigten werden täglich früh und abends gehalten.

Die Morgenpredigten während der Woche behandeln folgende Themen: Glaube, Nächstenliebe, Drittes Gebot Gottes, Gottes Erbarmen, Leidenertragen für Kranke und Fegefeuer; die Abendpredigten beinhalten: Tod, Gottes Gericht, Beichte, Trunksucht und Ärgernis, Ewige Strafen und Maria, die Mutter Gottes. Nach den Abendmessen werden von Sonntag an folgende Standespredigten gehalten: für Frauen, junge Frauen und junge Männer, Männer, Eltern und Jugendliche. Die Kinder werden über die Woche hin separat geführt; ihnen werden folgende Predigten gehalten: Liebe Gottes, Liebe der Eltern, Sich selbst lieben und den Nächsten, Sünde und Beichte, Maria, die Mutter Gottes. Darüber hinaus werden die drei ersten Gebote besprochen. Es werden auch besondere liturgische Feiern veranstaltet, z.B. für Mütter und ihre kleinen Kinder, für Kranke, zur Erneuerung der Ehegelöbnisse, Lichterprozession auf den Friedhof in der Meinung für Verstorbene. Die Missionsbeichte beginnt für Kinder grundsätzlich am Mittwoch und für Erwachsene am Donnerstag. In vielen Pfarreien, insbesondere in der Stadt, ist täglich der Beichtstuhl besetzt.

Am zweiten Sonntag findet die Generalkommunion der gesamten Gemeinde statt und in den Predigten wird über das Ausharren im Guten, über die Eucharistie und das Gebet gesprochen. Am Nachmittag erfolgt dann ein feierlicher Abschluß der Mission, der mit einer Heiligen Messe beginnt, wonach eine Predigt über das Herz Jesu und das gegenseitige Verzeihen gehalten wird. Ferner findet eine Prozession zum Missionskreuz statt oder es erfolgt die Erhebung eines neuen Kreuzes, seine Einweihung sowie sakramentale Anbetung und eine Predigt über das Kreuz. Nach der Rückkehr in die Kirche wird von den Gläubigen das Te Deum gesungen und von den Missionaren der Apostolische Segen gespendet. Später übergeben die Missionare dem Gemeindepfarrer die Stola und danken ihm für die gemeinsam verlebte Zeit.

Die Erneuerung der Mission dauert von vier Tagen bis zu einer Woche, und wird ein Jahr nach der Gemeindemission durchgeführt. Diese Zeit soll an die Ereignisse vor einem Jahr erinnern, und deshalb befaßt man sich in den Predigten mit den Hauptsünden, den Pflichten eines Christen, dem Bedürfnis eines sakramentalen Lebens und der Verantwortung für die Kirche. Während der Missionserneuerung werden ebenfalls Standespredigten für Kinder, Jugendliche und Eltern abgehalten. Zum Schluß findet die Generalkommunion für die einzelnen Gruppen und eine Prozession zum Missionskreuz statt.

Mit den Gemeindeeinkehrtagen, die vor konkreten kirchlichen bzw. Gemeindefeierlichkeiten durchgeführt werden, will man die Gläubigen zum richtigen Erleben der bevorstehenden Ereignisse vorbereiten, und behandelt daher in den Predigten folgende Themen: Glaube und Gebet, Sünde und Beichte, Liebe und Kommunion sowie das Thema der kommenden Feierlichkeit. Während der Gemeindeeinkehrtage werden grundsätzlich keine Standespredigten gehalten. Vielmehr werden getrennte Einkehrtage für die einzelnen Stände sowie Gesellschaftsgruppen durchgeführt.

Familieneinkehrtage

Außer den Volksmissionen, der Erneuerung von Missionen, den Gemeindeeinkehrtagen und Besinnungstagen für Kinder und Jugendliche, werden von der Polnischen Provinz MSF auch Einkehrtage für Familien durchgeführt. Bereits in den 60er Jahren startete Tadeusz Dusza in den Gemeinden eine einwöchige Familienaktion. Seit den 80er Jahren werden in den Pfarreien Familieneinkehrtage veranstaltet sowie Besinnungstage für Familien in Form von „Oasen" und geschlossene Einkehrtage für Eheleute und Familien. Gelegentlich werden während der Volksmission auch Einkehrtage für nicht kirchlich getraute Eheleute veranstaltet. Das mit der Familie zusammenhängende Themenspektrum wird auch in das Programm der Volksmission und der Gemeindeeinkehrtage eingeführt und umfaßt Fragen der Liebe, des Ehesakraments und Familienlebens bis zu den Aufgaben einer Familie und ihrer Rolle im Evangelisationsprozeß der Kirche.

Um den enormen Anforderungen der heutigen Zeit gewachsen zu sein, muß ein im missionarischen Bereich wirkender Seelsorger über entsprechende Fachkenntnisse verfügen und sich ständig fortbilden. Er muß sich dessen bewußt sein, daß Gläubige von ihm mehr als das Durchschnittliche erwarten und an eine Missionspredigt besondere Ansprüche gestellt werden. Deshalb sollte man die Predigten für Mission und Einkehrtage immer aktualisieren, dem gegebenen Milieu anpassen und um die seelsorgerischen Forderungen der Lokal- und Gesamtkirche erweitern. Berthier äußerte, daß ein Missionar darauf bedacht sein muß, selbst heilig zu sein, wenn er andere zu Gott bringen will.

Zusammenfassung

Die Kirche, die von Natur aus einen missionarischen Charakter aufweist (*Ad gentes*, Art. 2), zeigt sich als solche nicht nur dann, wenn sie Heiden tauft oder eine Kirche unter den Völkern gründet, sondern in allem, was sie tut. Das ganze Wirken der Kirche ist darauf ausgerichtet, alles, was sich außerhalb ihrer Grenzen befindet, mit dem Geist Christi zu erfüllen. Es handelt sich hier nicht um Grenzen, die Völker voneinander trennen, sondern um Grenzen, die durch menschliche Herzen gehen (SIWEK, 1992). Die missionarische Botschaft der Kirche umfaßt deshalb auch die Kirche selbst: *Obgleich nämlich die Kirche von sich aus die Gesamtheit oder die Fülle der Heilsmittel umgreift, wirkt sie doch nicht immer und nicht sogleich im vollen Umfang und kann dies auch nicht. Vielmehr kennt sie Anfänge und Stufen in ihrer Tätigkeit, mit der sie den Plan Gottes zu verwirklichen sucht. Ja, bisweilen ist sie genötigt, nach glücklich begonnenem Voranschreiten abermals einen Rückschritt zu beklagen...* (*Ad gentes*, Art. 6). Papst Paul VI. sagt in bezug auf die Bestimmung der missionarischen Botschaft der Kirche und bei Verwendung des Terminus *Evangelisation*: *Die Kirche, Trägerin der Evangelisierung, beginnt damit, sich selbst zu evangelisieren. Als Gemeinschaft von Gläubigen... muß die Kirche immer wieder die Verkündigung der Großtaten Gottes hören, die sie zum Herrn bekehrt haben, von neuem von ihm gerufen und geeint werden, wenn sie ihre Lebendigkeit, ihren Schwung und ihre Stärke bewahren will, um das Evangelium zu verkünden... Um die Welt glaubwürdig zu evangelisieren, muß die Kirche sich durch eine beständige Bekehrung und Erneuerung selbst evangelisieren* (*Evangelii nuntiandi*, Art. 15). In dem Werk der Selbstevangelisation bedient sich die Kirche der *oft zu hastig abgeschafften traditionellen Volksmissionen, die für eine periodische und kraftvolle Erneuerung des christlichen Lebens unersetzlich sind* (Apostolisches Schreiben *Catechesi tradendae* vom 16. Oktober 1979, Art. 47).

Die amtlichen Aussagen der Kirche ermutigen zur Veranstaltung von Volksmissionen. So waren z.B. nach dem alten Kanonischen Recht gemäß Kanon 1349 die Seelsorger dazu verpflichtet, mindestens einmal in zehn Jahren Volksmissionen zu veranstalten; ähnlich formuliert es auch das neue Kanonische Recht (Kanon 770); Papst Johannes Paul II. fordert zur Wiederbelebung und Erneuerung der Volksmissionen auf (vgl. *Catechesi tradendae*, Art. 47 und Apostolisches Schreiben *Reconciliatio et paenitentia* vom 2. Dezember 1984, Art. 26); von den Sondersynoden wird die Abhaltung von Volksmissionen empfohlen. Die Erarbeitung eines Modells für die heutige Gemeindemission ist keine leichte Aufgabe. Die in der Kultur erfolgten Veränderungen sind so weitgehend, daß man nicht nur an eine Anpassung des alten Modells an die neuen Bedingungen bzw.

an eine Hinzufügung neuer Themen dem klassischen Repertoire der Missionspredigten denken kann. Die Aufgabe der Volksmissionserneuerung erfordert vor allem eine gute Orientierung in der gegenwärtigen Wirklichkeit und veranlaßt zur Suche nach einem neuen Modell.

Literaturhinweise:
Der Beitrag stützt sich auf Archivmaterial der MSF in Posznan sowie auf folgende Schriften:
ZBIGNIEW ADAMEK, Homiletyka (Homiletik). Tarnów 1992.
H. J. BARNHOORN MSF, Jan Berthier Założyciel Misjonarzy Świętej Rodziny 1840–1908 (Jean Berthier Gründer der Missionare der Heiligen Familie 1840–1908). Aus dem Deutschen übersetzt von Zachariasz KRYŻA MSF. Katowice 1973.
JEAN BERTHIER, Kaznodzieja (Prediger), Heft 1 und 2 (Übersetzung aus dem Französischen von Tadeusz DUSZA MSF). Szczytnaśląska 1974.
MARIAN BOCIAN MSF, Niestrudzony Misjonarz K. Jan Berthier Apostoł i wychowawca powłań misyjnych (Unermüdlicher Missionar Pater Jean Berthier. Apostel und Erzieher von Missionsberufungen). Otwock 1993.
MIECZYSŁAW BRZOZOWSKI, Misje parafielne- formą nadzwyczajnego duszpasterstwa (Volksmission als außergewöhnliche Form der Seelsorge). In: Ateneum Kapłańskie (Priesterliches Athenäum) 105 (1985) Heft 1.
TADEUSZ DUSZA MSF, 50 lat działalnosci Polskiej Prowincji MSF 1921–1971 (50jährige Tätigkeit der Polnischen Provinz MSF 1921–1972). In: H. J. BARNHOORN (vgl. oben).... Katowice 1973.
TADEUSZ DUSZA, Misje ludowe i rekolekcje parafialne według praktyki Polskiej Prowincji MSF (Volksmission und Gemeindeeinkehrtage nach der Praxis der Polnischen Provinz MSF) Maschinenschrift.
STANISŁAW KISIEL, Postulat nowoczesności i głębi w rekolekcjach młodzieżowych (Postulat der Moderne und der Tiefe in Einkehrtagen für Jugendliche). In: Ateneum Kapłańskie 105 (1985) Heft 1.
KONGREGACJA WYCHOWANIA Katolickiego, Katolik świecki świadkiem wiary w szkole, Chrześcijanin w świecie (Kongregation der katholischen Erziehung, Laienkatholik als Zeuge des Glaubens in der Schule). In: Chrzescijanin w swiecie (Christ in der Welt) 15 (1983) Nr. 1, S. 1–4.
STANISŁAW LECH, Liturgia rekolekcji i misji (Liturgie der Einkehrtage und Mission). In: Ateneum Kapłańskie 105 (1985) Heft 1.
ANTONI LEWEK, [Bibliographie zum Thema Mission und Einkehrtage, 1945–1983] In: Ateneum Kapłańskie 105 (1985) Heft 1, S. 112–123.
RYSZARD MARCINEK CSsR, Ewangelizacja 2000. In: Homo Dei 61 (1992) Nr. 1.
Misje po Soborze Watykańskim II (Missionen nach dem II. Vatikanischen Konzil) (Übersetzung aus dem Französischen). Plock 1981.
LESŁAW NIEBÓJ, Rekolekcje szkolne w opinii uczniów szkół średnich (Schuleinkehrtage aus der Sicht der Gymnasialschüler). In: Współczesna ambona (Moderne Kanzel) 21 (1993) Nr. 1.
WACŁAW OSZAJCA, Rekolekcje dla dzieci i młodzieży (Einkehrtage für Kinder und Jugendliche). In: Ateneum Kapłańskie 105 (1985) Heft 1.

HERBERT SIMON, Teologiczne podstawy rekolekcji (Theologische Grundlagen der Einkehrtage). In: Ateneum Kapłańskie 104 (1985) Heft 3.

GERARD SIWEK CSsR, Kaznodziejstwo misyjno-rekolekcyjne (Missionspredigertum). In: Homo Dei 61 (1992) Nr. 1.

GERARD SIWEK CSsR, Misje ludowe- ale jakie? (Volksmission – was für eine?) In: Biblioteka Kaznodziejska (Bibliothek des Predigertums) 130 (1993) Nr. 5–6.

GERARD SIWEK CSsR, Przepowiadać skuteczniej (Wirksames Predigen). Kraków 1992.

GERARD SIWEK CSsR, Rekolekcje parafialne ogólne (Allgemeine Gemeindeeinkehrtage). In: Ateneum Kapłanskie 105 (1985) Heft 1.

WACław ŚWIERZAWSKI, Misterium Eucharystii a dzieło ewangelizacji (Eucharistiemysterium und Evangelisationswerk). In: Communio 2 (1982) Nr. 6.

Ein Gebet- und Gesangbuch als Beitrag zur deutsch-polnischen Versöhnung

von JOACHIM PIEGSA in Deutschland

I

Es ist keine Selbstverständlichkeit, daß ein Gebet- und Gesangbuch zur Völkerverständigung beitragen kann. In Oberschlesien, über sieben Jahrhunderte deutsches Grenzgebiet zu Polen, besaß das traditionelle Gebet- und Gesangbuch WEG ZUM HIMMEL in Sonderausgaben einen polnischen Liedteil. Noch 1935, zur Nazizeit also, verlieh der Breslauer Bischof, Kardinal Bertram (1933–1945), solchen Ausgaben sein Imprimatur. Auf dem St. Annaberg, dem zentralen Wallfahrtsort Oberschlesiens, wurden manche Wallfahrtsgottesdienste in Deutsch und Polnisch gehalten. Viele Kirchenlieder können nämlich zur gleichen Melodie deutsch und polnisch gesungen werden.

Dieses versöhnliche Miteinander von Pilgern deutscher, polnischer und teilweise auch mährischer Sprache wurde erstmals Begrenzungen unterworfen, als Schlesien im 18. Jahrhundert zu Preußen kam. Einen noch tieferen Einschnitt bewirkten im 19. Jahrhundert die preußische Säkularisation und der nachfolgende Kulturkampf. Letzterer richtete sich gegen die katholische Kirche, aber auch gegen nationalpolnische Bewegungen, die zwar in Oberschlesien keine besonders eifrigen Befürworter hatten, durch politische Agitatoren des Posener Polentums jedoch Eingang gefunden hatten. Die Saat des Hasses und der Zwietracht brachte böse Früchte. Nach dem Ersten Weltkrieg kam es in den zwanziger Jahren zu den blutigen oberschlesischen Aufständen. Nach dem Zweiten Weltkrieg 1945 wurde Oberschlesien mit allen deutschen Gebieten östlich der Flüsse Oder und Neiße der polnischen Verwaltung unterstellt. Die neuen Machthaber untersagten den öffentlichen Gebrauch der deutschen Sprache am schärfsten dort, wo die meisten Deutschen zurückgeblieben waren – in Oberschlesien. Das Verbot galt auch für die Gottesdienste. So wurde weitgehend zerstört, was aus christlichem Geist über viele Jahrhunderte hinweg gedeihen konnte: das gemeinsame Beten und Singen vor Gott in deutscher, polnischer und mährischer Sprache.

II

Als Prof. Dr. Alfons Nossol 1977 durch den polnischen Primas Kardinal Wyszynski zum Bischof von Oppeln – der Hauptstadt Oberschlesiens – geweiht wurde, bestand eines seiner Hauptanliegen darin, versöhnend zwischen Polen und Deutschen in seiner Diözese zu vermitteln. Anstelle der vertriebenen Deutschen waren nach 1945 einige hunderttausend Ostpolen in seiner Diözese angesiedelt worden. Die kommunistischen Machthaber ließen öffentliches Wirken in der vom Bischof angestrebten Richtung nicht zu, denn offiziell gab es keine Deutschen in Polen. Im Priesterseminar setzte der Bischof Deutsch auf den Lehrplan mit dem Hinweis, daß der deutsche Erzbischof Bertram von Breslau einen Polnischkurs für diejenigen Priester zur Pflicht machte, die in zweisprachigen Gebieten eingesetzt werden sollten. Das Rituale für die Sakramentenspendung und die Sakramentalia war für diese Gebiete in Latein, Deutsch und Polnisch bzw. Mährisch verfaßt. Soweit konnte Bischof Nossol vorerst noch nicht gehen. Als er in einem Interview für die Kattowitzer Kirchenzeitung im Juni 1988 auf die erwähnten Tatsachen und andere geschichtliche Fakten hinwies, erregte er sogar in kirchlichen Kreisen teilweise noch Unmut. Ein Zeichen dafür, wie weit es den politischen Machthabern gelungen war, die geschichtliche Identität Oberschlesiens zu verdrängen bzw. zu verfälschen.

Nachdem Papst Johannes Paul II. das Problem ‚Minderheitenschutz als Voraussetzung des Friedens' zum Thema seiner Botschaft zum Weltfriedenstag 1989 gemacht hatte, sprach Bischof Nossol bei einem Rombesuch den Heiligen Vater auf den Bedarf deutschsprachiger Gottesdienste in der Oppelner Diözese an. Die Antwort war kurz und klar: „Wenn Du Deutsche in Deiner Diözese hast, dann mußt Du ihnen auch deutsche Gottesdienste anbieten" (BRIEF NOSSOL AN VERF. 1989). Aufgrund dieser höchsten Autorität durfte Bischof Nossol es wagen, sich über Bedenken seiner Mitbrüder hinwegzusetzen und am Sonntag, den 4. Juni 1989, die erste deutsche heilige Messe nach 44 Jahren auf dem St. Annaberg wieder feiern zu lassen. An allen Sonn- und Feiertagen sollte hier von nun an eine deutsche heilige Messe um 16.00 Uhr zelebriert werden. Der Pfarrer des St. Annabergs, ein Franziskaner, hatte Bedenken, der Anordnung des Bischofs Folge zu leisten. Er befürchtete Unruhen und Störungen der deutschen Gottesdienste. Nachdem der Bischof dem Provinzial der Franziskaner am 11. Mai 1989 schriftlich zusichern konnte, daß der polnische Primas Glemp dem Vorhaben zugestimmt habe, gab auch er seine Bedenken auf und befahl dem Pfarrer von St. Annaberg, die deutschen Gottesdienste zu halten (BRIEFKOPIE BEIM VERF.).

Die Befürchtungen des Pfarrers kamen nicht aus Überängstlichkeit. Wie gespannt die Lage war, das zeigte sich einige Monate später. Der deutsche Bundeskanzler, Helmut Kohl, wollte bei seinem Besuch in Polen im November 1989 einen deutschen Gottesdienst auf dem St. Annaberg besuchen. Der Oppelner Bischof mußte ihm dringend abraten, da blutige Unruhen für diesen Fall angedroht wurden und der ehemalige polnische Staatssicherheitsdienst noch einflußreich genug war, um blutige Zusammenstöße zu inszenieren. Statt des Annabergbesuchs kam dann der Versöhnungsgottesdienst in Kreisau am 12. November 1989 zustande, an dem auch der damalige polnische Ministerpräsident Tadeusz Mazowiecki teilnahm und den Bischof Nossol zelebrierte, obwohl Kreisau nicht in seiner Diözese liegt. Bald danach gestaltete sich die politische Situation günstiger, da seit Beginn des Jahres 1989 die kommunistische Diktatur zu bröckeln begann. Drei Jahre später konnte der Oppelner Bischof es wagen anzuordnen, daß in allen Pfarrgemeinden, in denen die Gläubigen es wünschen, eine deutsche heilige Messe stattfinden soll.

Einige Pfarrer hatten bereits 1990 deutsche Gottesdienste in ihren Gemeinden eingeführt, weil eine starke deutsche Minderheit dazu drängte und Mitte Januar 1990 ca. 60.000 deutsch-polnische Gebet- und Gesangbücher WEG ZUM HIMMEL – DROGA DO NIEBA auf den St. Annaberg kamen und zum Verkauf angeboten wurden. Der Minimalpreis von umgerechnet 5,– DM wurde für den Bau neuer Kirchen bestimmt. Diesbezüglich bestand ein großer Nachholbedarf nach Jahrzehnten kommunistischer Unterdrückung.

III

Schon während der vorbereitenden Bemühungen um die Wiedereinführung deutscher Gottesdienste, im Spätsommer 1988, konnte ich mit Bischof Nossol über eine neue Ausgabe des alten oberschlesischen Gebet- und Gesangbuches WEG ZUM HIMMEL beratende Gespräche führen. Das Oppelner Pastoralinstitut, unter der Leitung von Dr. Helmut Sobeczko, sagte seine Mitarbeit zu. Es sollte ein doppelsprachiges, deutsch-polnisches Gebet- und Gesangbuch werden, um schon dadurch die versöhnende Aufgabe zu verdeutlichen. Ein praktischer Aspekt kam hinzu: Während eines deutschen Gottesdienstes sollten auch diejenigen aktiv mitfeiern können, die nach 44 Jahren Unterdrückung der deutschen Sprache nicht mehr mächtig waren oder als Polen das Deutsche nie kannten. Darum sollten nur Lieder ausgewählt werden, die deutsch und polnisch zur selben Melodie gesungen werden können. Das Pastoralinstitut und auch bekannte Pfarrer schickten mir eine Auswahl solcher Lieder zu.

Die Arbeit am zweisprachigen Gebet- und Gesangbuch begann nicht beim Nullpunkt. Als Einlage zum GOTTESLOB, dem neuen deutschsprachigen Gebet- und Gesangbuch von 1975, hatte Prof. Dr. Franz Scholz für Spätaussiedler, die aus dem polnischen Machtbereich in die Bundesrepublik Deutschland kamen, eine deutsch-polnische Bearbeitung der heiligen Messe und des Bußsakramentes erstellt. Die Einlage war bald vergriffen und für die Herausgabe der Neuauflage von 1976 hatte mich Prof. Scholz um Mitarbeit gebeten. Die neue Einlage zum GOTTESLOB wurde etwas erweitert und umfaßte 16 Seiten. Das Bischöfliche Ordinariat in Augsburg übernahm die Druckkosten, wie schon bei der ersten Auflage. Im Sommer 1979 regte der Augsburger Generalvikar Weckbach an, eine dritte Auflage zu erstellen, die zusätzlich die Grundgebete in Deutsch und Polnisch enthalten sollte. Die Redaktion nahm ich diesmal selber vor, da Prof. Scholz bereits emeritiert und nach Klein-Zimmern umgezogen war; 1977 konnte ich seine Nachfolge auf dem Lehrstuhl für Moraltheologie an der Katholisch-Theologischen Fakultät der Universität Augsburg antreten.

Dem Pastoralrat der Apostolischen Visitatur Breslau in der Bundesrepublik Deutschland gehöre ich seit 1976 an. In seinen Statuten von 1984 (MANUSKRIPT BEIM VERF.) hatte sich dieses Gremium unter anderem die Aufgabe gestellt, die *Unterstützung bei der Wahrung der gesamten, insbesondere des religiösen Kulturgutes der alten Heimat* zu fördern. Mit Hinweis auf diese Aufgabe gelang es uns im Oktober 1988, den Apostolischen Visitator, Prälat Winfried König, für eine Neuauflage der Einlage zum GOTTESLOB zu gewinnen, die um einen Liedteil erweitert war. Es waren Kirchenlieder, die zugleich in Deutsch und Polnisch singbar waren. Der Entwurf wurde der Pastoralkommission der Deutschen Bischofskonferenz vorgelegt, die sich viel Zeit nahm, so daß im Januar 1989 ein verbesserter Entwurf nachgereicht werden konnte (BRIEF KÖNIG AN VERF.). Die Einlage wurde im Frühjahr 1989 gedruckt und umfaßte 40 Seiten.

Für Spätaussiedler, die aus dem polnischen Machtbereich in die Bundesrepublik Deutschland kamen und die in das neue, deutschsprachige Gebet- und Gesangbuch GOTTESLOB von 1975 eingeführt werden sollten, war die Einlage zu diesem GOTTESLOB eine ausreichende Übergangslösung. Für die Landsleute jedoch, die in der alten Heimat verblieben waren, reichte die Einlage allein nicht aus. Für sie mußte ein eigenes Gebet- und Gesangbuch erstellt werden. Darauf hatte ich im Oktober 1988 während der Sitzung des Pastoralrates in Königstein hingewiesen und gemeint, man solle dabei an das bewährte oberschlesische Gebet- und Gesangbuch WEG ZUM HIMMEL anknüpfen. Vielleicht gäbe es in Zukunft auch wieder die Möglichkeit, deutsche Gottesdienste in Oberschlesien zu feiern. Damals ahnte noch niemand, daß dieser langersehnte Augenblick im Juni des nachfolgenden Jahres 1989 in Erfüllung gehen sollte.

Inzwischen waren vom Pastoralinstitut in Oppeln die ersten Anregungen zum Inhalt des neuen Gebet- und Gesangbuches eingetroffen. Dr. Hubert Dobiosch, mein wissenschaftlicher Mitarbeiter an der Universität in Augsburg, hatte mit dem Leiter des Pastoralinstituts, Dr. Helmut Sobeczko, mehrere Gespräche in dieser Angelegenheit geführt. Das doppelsprachige Gebet- und Gesangbuch sollte eine Kurzfassung der wichtigsten Glaubenswahrheiten (Kurzkatechismus) enthalten, die Grundgebete, eine Hinführung zu den sieben Sakramenten mit ausführlicher Darlegung des Bußsakramentes und der Heiligen Messe, sowie eine Auswahl der bekanntesten deutschen bzw. polnischen und auf die gleiche Melodie singbaren Lieder. Die neueste Bearbeitung der Einlage zum GOTTESLOB entsprach bereits ansatzweise diesen Anforderungen. Bereits am 22. November 1988 konnte ein Entwurf des doppelsprachigen Gebet- und Gesangbuchs an den Apostolischen Visitator in Münster und an das Pastoralinstitut in Oppeln gesendet werden. Der Entwurf fand Zustimmung. Die konkrete Ausführung sollte noch einige Monate Arbeit kosten. Ein guter Ansporn war die Anfrage des Oppelner Bischofs vom Januar 1989: „Wie weit seid ihr mit der Neufassung des WEG ZUM HIMMEL? Ich hoffe nämlich, daß das Gebet- und Gesangbuch bei uns bald gebraucht wird" (BRIEF VERF. AN KÖNIG 1989). Bischof Nossol stützte seine Hoffnung auf die erwähnte Botschaft des Papstes zum Weltfriedenstag 1989 ‚Minderheitenschutz als Voraussetzung des Friedens', auf seinen anschließenden Vorstoß in dieser Angelegenheit während der Plenarsitzung der polnischen Bischofskonferenz und auf die sich ankündigende Ablösung der kommunistischen Diktatur durch eine freiere Machtstruktur. Am 28. April 1989 schrieb er: „Beim nächsten offiziellen Treffen mit dem Wojewoden und dem Ersten Parteisekretär will ich ihnen einfach ankündigen, daß wir ab sofort an allen Sonn- und Feiertagen auf dem St. Annaberg, nachmittags um 16.00 Uhr, einen deutschsprachigen Gottesdienst für alle feiern werden, die daran interessiert sind. ... Dieser Berg war ja immer schon als Versöhnungsstätte von Generationen, Kulturen und Sprachen gehalten worden. Übrigens feierte man dort auch bis 1938 polnische Kalvarienandachten. Jetzt, vor den Wahlen [4. Juni 1989], muß der Anfang auch praktisch gemacht werden, zumal die theoretischen Grundlagen dafür geschaffen worden sind" (BRIEF NOSSOL AN VERF.).

IV

Am 10. Mai 1989 konnte die erste ausgearbeitete Vorlage des zweisprachigen Gebet- und Gesangbuches WEG ZUM HIMMEL - DROGA DO NIEBA an den Apostolischen Visitator in Münster, an den Bischof von Oppeln und an sein Pastoralinstitut mit der Bitte um Änderungs- oder Ergänzungsvorschläge abgehen. Es waren 71 Maschinenschriftseiten. Der Oppelner Bischof antwortete umgehend. Er fand die Zusammenstellung „sehr gut", wünschte jedoch „mehr Lieder, auch Messen" (BRIEFE NOSSOL AN VERF.).

Es genügte jedoch nicht, die Einführung deutscher Gottesdienste zu beschließen. Die eingeschüchterte deutsche Minderheit mußte nach Jahrzehnten der Unterdrückung zu ihrer Identität zurückfinden. Dazu fehlten führende Köpfe. Viele hatten sich in den Westen abgesetzt, andere wagten nicht, sich zu ihrer deutschen Abstammung zu bekennen. Der Bischof sah sich daher genötigt, den Anstoß zu geben. Er ermunterte Vertreter der Minderheit, zu den bevorstehenden Parlamentswahlen eigene Kandidaten aufzustellen. Zuvor hatte er sich dazu die Zustimmung des polnischen Primas Glemp eingeholt. Es war zwar eine pastoral motivierte Initiative, aber sie ragte ins Politische hinein und konnte leicht mißverstanden werden. Und doch sah sich der Bischof zum Handeln gedrängt. Während der kommunistischen Diktatur hatten die Menschen es verlernt, Wahlen ernst zu nehmen oder gar eigene Initiativen zu entwickeln. Die diktatorisch herrschende Partei ließ so etwas nicht zu. Nun aber bot sich, nach jahrzehntelanger Bevormundung, die Gelegenheit zur freien politischen Aktivität. Die Chance sollte durch motivierte Christen genutzt werden, um eine wahre Wende herbeizuführen, nicht zuletzt auch zum Wohl der Minderheit und ihrer Rückbesinnung auf die eigene Kultur, die religiöse Glaubenspraxis eingeschlossen. Was bislang nicht möglich war, mußte jetzt begonnen werden. Sowohl der deutschen wie der polnischen Bevölkerung in Oberschlesien mußte zu Bewußtsein gebracht werden, daß die längst fällige Versöhnung nicht gelingen konnte ohne Toleranz für den anderen und Rückbesinnung auf die geschichtliche Wahrheit. Beides hatte die Diktatur verhindert, obwohl die Parolen vom Frieden und von der Freundschaft zum Grundbestand ihrer Propaganda gehörten. Nun konnte der mühsame Versöhnungsprozeß realiter und nicht nur verbaliter beginnen, der bis auf den heutigen Tag nicht abgeschlossen ist. Bischof Nossol schrieb dem Verf. am 20. Mai 1989: „Ich muß auf das Integrationsproblem Rücksicht nehmen, sowie viele andere Faktoren berücksichtigen ... Manche denken, es sei ein Zaudern, aber Sachen so delikater Natur müssen allseitig überlegt und abgesichert werden."

V

Die erwünschte Erweiterung des Liedteils ließ den Umfang des Gebet- und Gesangbuches auf 100 Maschinenschriftseiten steigen.

Viel mehr sollte es nicht werden, um die Druckkosten niedrig zu halten. Der Augsburger Generalvikar, Dr. Kleindienst, hatte das Augsburger Druck- und Verlagshaus empfohlen und einen Kostenvoranschlag angefordert. Demnach sollten 100.000 Exemplare im einfachen Balacron-Umschlag 94.500 DM kosten. Ein besserer Umschlag hätte den Druck bereits um 47.500 DM verteuert. Der Apostolische Visitator trug der Deutschen Bischofskonferenz die Bitte vor, die Druckkosten zu übernehmen. Der Vorsitzende der Deutschen Bischofskonferenz, Bischof Prof. Dr. Dr. Karl Lehmann, stimmte zu. Ein Hinweis auf den Geldgeber sollte jedoch im Vorwort zum Gebet- und Gesangbuch unterbleiben, damit nicht der Verdacht entstehe, die Deutsche Bischofskonferenz wolle in die Verhältnisse Oberschlesiens hineinwirken. Das Imprimatur sollte der Augsburger Bischof erteilen, der dann auch großzügig die Versandkosten übernommen hat. Dr. Dobiosch hat hierbei unschätzbare Vermittlerdienste geleistet und geholfen, die Druckfahnen zu korrigieren, die am 26. Oktober 1989 vorlagen. Mitte November konnte die Umbruchkorrektur erfolgen. Eile war geboten, denn noch vor Weihnachten sollten 3.000 Exemplare beim Oppelner Bischof für die Weihnachtsgottesdienste auf dem St. Annaberg abgeliefert werden. Das Programm wurde eingehalten. Bischof Nossol bedankte sich in einem Weihnachtsbrief beim Verf.: „Das ist fürwahr das schönste und größte Weihnachtsgeschenk." Die restlichen Exemplare, insgesamt 100.000, waren Mitte Januar 1990 fertiggestellt. Davon gingen 60.000 nochmals an den Oppelner Bischof ab; die verbliebenen Exemplare erhielt der Apostolische Visitator zum Gebrauch der Spätaussiedler.

Der Sekretär der Deutschen Bischofskonferenz, Prälat Schätzler, bat den Augsburger Generalvikar, über die Auslieferungen zu berichten, um einen Überblick über den Absatz zu haben. Es schien aus westlicher Sicht recht unglaubwürdig, daß in Oberschlesien ca. 65.000 deutsch-polnische Gebetbücher Abnehmer finden konnten, da es doch offiziell keine Deutschen mehr im polnischen Machtbereich gab. Der Augsburger Generalvikar wollte nun selber der Wahrheit auf den Grund gehen. Er fuhr mit mir und einem Reporter der Augsburger Kirchenzeitung Anfang März 1990 zu einem Kurzbesuch nach Oppeln und von hier aus in einige Gemeinden, in denen es deutschsprachige Pfarrer gab. Eine große Überraschung war ein deutscher Gottesdienst in Lubowitz zum Gedenken Eichendorffs.

Die große Dorfkirche war überfüllt. Die Gottesdienstbesucher benutzten das zweisprachige Gebet- und Gesangbuch WEG ZUM HIMMEL - DROGA DO NIEBA. Am nächsten Tag, am Sonntag um 15.00 Uhr, fand der inzwischen reguläre deutsche Gottesdienst auf dem St. Annaberg statt. Auch hier eine große Zahl von Gottesdienstbesuchern, die das zweisprachige Gebetbuch benutzten. Im Gespräch nach dem Gottesdienst kam immer wieder die Dankbarkeit dafür zum Ausdruck, daß man sie doch nicht ganz vergessen und abgeschrieben hatte.

Inzwischen hatte der Oppelner Bischof seinen Hirtenbrief zur österlichen Bußzeit 1990 dem brennenden Anliegen gewidmet: *Notwendigkeit der Versöhnung heute*. Er verwies auf die versöhnende Rolle des St. Annabergs in der Vergangenheit, auf die gegenwärtig eingetretene, politische Chance, eine wahre geistige Wende herbeizuführen, und beschwor die einheimischen Schlesier: *Harrt aus im Land eurer Väter, verlaßt es nicht!* Mit einem besonderen Appell wandte er sich an die Jugend, eine Zukunft ohne Haß aufzubauen, ein gemeinsames „Haus Europa", ohne Nationalismus und Chauvinismus.

V I

Schon im April 1990 wandte sich Bischof Nossol an den Vorsitzenden der Deutschen Bischofskonferenz, Karl Lehmann, mit der Bitte, weitere 50.000 Exemplare des zweisprachigen Gebet- und Gesangbuches zu finanzieren. Die erste Auflage war bereits vergriffen. Den offiziellen Antrag an den Verband der Diözesen Deutschlands stellte der Apostolische Visitator König. Im August lag die Bewilligung weiterer 100.000 DM für die zweite Auflage von WEG ZUM HIMMEL – DROGA DO NIEBA bereit. Die zweite Auflage sollte ein unveränderter Nachdruck werden, um Kosten zu sparen. Daher wurden nur kleine Korrekturen vorgenommen und vier Lieder hinzugefügt. Die Anregung dazu kam vom Guardian des St. Annabergs, Pater Dominik Kiesch. Ein neuer Umbruch sollte vermieden werden. Trotzdem waren inzwischen die Kosten soweit gestiegen, daß diesmal für 100.000 DM nur 86.000 Exemplare hergestellt werden konnten. Die Arbeiten wurden so zügig durchgeführt, daß einige Tage vor Weihnachten 1990 insgesamt 60.000 Exemplare der zweiten Auflage über

Oppeln auf den St. Annaberg kamen. Schon auf die Vorankündigung, daß dies geplant sei, schrieb Pater Guardian Kiesch am 25. September 1990 an den Verf. erfreut: „Die Nachricht, daß wir noch vor Weihnachten mit dem Gebet- und Liederbuch rechnen können, ist sehr erfreulich, da die Nachfrage groß ist." Zur selben Zeit meldete Prälat Schätzler in einem Brief an den Apostolischen Visitator, Winfried König, vom 3. September 1990, zum zweisprachigen Gebetbuch folgende Bedenken an, die an ihn herangetragen wurden: „Es besteht kein Bezug zum GOTTESLOB; es leistet keine Vorbereitung und Einführung in das kirchliche Leben hier in der Bundesrepublik Deutschland; es enthält Lieder, die weder in Deutschland noch in den ehemaligen deutschen Ostgebieten gesungen werden." Der Apostolische Visitator kommentierte die Einwände in einem Brief vom 6. September 1990 an mich mit den Worten: „Hoffentlich ist der Druck schon angelaufen; denn solche Einwände kommen wieder von Leuten, die offensichtlich von der ganzen Problematik wenig Ahnung haben."

Nach Oppeln drangen diese Querelen nicht durch. Mit Billigung des polnischen Primas Glemp hatte Bischof Nossol im Sommer 1990 beschlossen, die deutschen Gottesdienste nicht mehr offiziell auf den St. Annaberg zu begrenzen, sondern auf alle Gemeinden auszuweiten, die es wünschen. Für die Ermittlung des Bedarfs und für die Zelebration solcher Gottesdienste dort, wo der Ortspfarrer dazu nicht fähig war, wurden drei Pastoralreferenten für die Regionen Oppeln, Gleiwitz und Ratibor ernannt. Es war ein weiterer Schritt auf dem mühsamen Weg eines friedlichen Zusammenlebens zwischen Polen und Deutschen in Oberschlesien auf der Grundlage einer gemeinsamen, christlich geprägten Kultur. Aber der Weg dahin war und ist noch weit. Die Kommunisten haben jahrzehntelang die Ideologie des Hasses vertreten. Das blieb nicht ohne Folgen. In seinem Hirtenbrief zur Österlichen Bußzeit 1991 schrieb Bischof Nossol unter dem Titel *Versöhnung in Wahrheit und Liebe*: *Die Ideologie des Hasses und die Klassenfeind-Theorie haben in den menschlichen Gehirnen und Herzen eine große Verwüstung angerichtet. Heute bedarf es einer großen Anstrengung und einer besonderen, wahrhaft evangelischen Umerziehung, damit die Menschen endlich einsehen, daß der Haß den einzelnen immer seiner Menschlichkeit beraubt und zersetzend wirkt auf ganze Völker.*

VII

Im April 1991 fand im Oppelner Pastoralinstitut eine Sitzung statt, an der ich teilnahm und die einer erweiterten Ausgabe des doppelsprachigen Gebetbuches gewidmet war. Es war der Wunsch des Bischofs, daß vorerst baldmöglichst ein Nachdruck der bisherigen Ausgabe auf den St. Annaberg kommt, da der Bedarf immer noch groß war. Der Initiative von Pfarrer Wolfgang Globisch, Grafenweiler (Kolonowska), ist es hauptsächlich zu verdanken, daß diese dritte Auflage als Nachdruck bald erscheinen konnte. Diesmal ging im November 1991 die gesamte Auflage von 100.000 Stück auf den St. Annaberg. Pfarrer Globisch gehörte zu den Geistlichen, die bereits 1990 deutsche Gottesdienste in ihren Gemeinden eingeführt hatten. Daher wuchs der Bedarf an Gebetbüchern, obwohl von der ersten Auflage ca. 65.000 und von der zweiten Auflage 60.000 Stück nach Oberschlesien geschickt wurden. Die Druck- und Versandkosten übernahm diesmal die Caritas in Freiburg. Am 24. Oktober 1991 schrieb Pfarrer Globisch an den Verf.: „Carissime, wie weit seid ihr mit dem Druck des Gebetbüchleins? Wir warten sehnlichst!" Zu dieser Zeit waren die Gebet- und Gesangbücher bereits gebunden. Einen Monat später waren sie, auf 17 Paletten mit einem Gesamtgewicht von 12 Tonnen verpackt, bereit zum Transport.

Am 22. Oktober 1991 wurde mir das Verdienstkreuz am Bande der Bundesrepublik Deutschland verliehen. Anläßlich der Aushändigung (am 21. Februar 1992) sagte Staatssekretär Josef Miller, auf diese Weise solle das „segensreiche Wirken als Brückenbauer zwischen Ost und West und der wesentliche Beitrag zur Verständigung zwischen Deutschen und Polen" gewürdigt werden. Genannt wurden die Beziehungen durch Gastvorträge beiderseits, die Arbeit im Pastoralrat Breslau und nicht zuletzt das deutsch-polnische Gebetbuch WEG ZUM HIMMEL (ANSPRACHE BEIM VERF.). Der vorliegende Beitrag vermittelt jedoch die Einsicht, daß die Zusammenarbeit vieler Menschen guten Willens notwendig war, damit das deutsch-polnische Gebet- und Gesangbuch WEG ZUM HIMMEL - DROGA DO NIEBA in einer Gesamtauflage von 286.000 Exemplaren erscheinen konnte und davon ca. 225.000 nach Oberschlesien versandt werden konnten.

Abschließend sei noch darauf hingewiesen, daß bereits seit April 1991 an einer erweiterten Neuauflage des zweisprachigen Gebet-

und Gesangbuches beraten und gearbeitet wird. Diesmal sollen auch Noten hinzukommen. Es ist vorgesehen, daß das Gebetbuch in der diözesaneigenen Druckerei in Oppeln angefertigt wird. Dank niedriger Arbeitslöhne dürfte sich auch der Preis viel günstiger gestalten. Am 28. Februar 1993 sandte mir der Musikologe des Neißener Priesterseminars, Peter Paul Tarlinski, die Liedsammlung zu. Pfarrer Globisch schickte am 18. Juni 1993 die erweiterten Texte. Nun wollen wir hoffen, daß auf die Fürsprache der heiligen Hedwig, der Patronin Schlesiens, auch diesmal das Werk bald zustande kommt, zum Heil der Menschen und zur Ehre Gottes.

Literaturhinweise:
E. BRZOSKA, Ein Tedeum für Kardinal Bertram. Köln 1981.
Deutsche Bücher für Schlesien herausgebracht. In: Sendbote. Zeitschrift der Missionare von der Hl. Familie, Februar 1990.
M. DWORACZYK/J. J. MENZEL, Sankt Annaberg. Oberschlesiens Mitte. Würzburg 1993.
W. KÖNIG (Hg.), Das gemeinsame Erbe bewahren. Ein Gespräch mit dem Bischof von Oppeln, Dr. Alfons Nossol, und die gegenwärtige Situation (= Schriftenreihe der Apostolischen Visitatur Breslau 1). Köln 1989.
W. KÖNIG (Hg.), Versöhnung in Wahrheit und Liebe (= Schriftenreihe der Apostolischen Visitatur Breslau 3). Münster 1991.
W. MARSCHALL, Geschichte des Bistums Breslau. Stuttgart 1980.
O. ULITZ, Oberschlesien. Aus seiner Geschichte. Münster (3) 1971, S. 26ff.
TH. URBAN, Deutsche in Polen. Geschichte und Gegenwart einer Minderheit. München 1993.
Veritati et caritati. Dokumentensammlung anläßlich der feierlichen Überführung Kardinal Bertrams von Jauernig nach Breslau. 7. November 1991 (= Arbeitshilfen 97, hg. von der Deutschen Bischofskonferenz). Bonn 1991.
Zweisprachige Gesangbücher für Schlesien. In: Frankfurter Allgemeine Zeitung vom 19. Oktober 1989, S. 5.
Zudem schöpft der Beitrag aus einer umfangreichen Korrespondenz, die beim Verf. gesammelt vorliegt.

Aufgabe und pastorale Chance eines katholischen Rundfunkbeauftragten beim Westdeutschen Rundfunk in Köln

von HERMANN-JOSEF BURBACH in Deutschland

Als Prälat Jakob Holl, Fernsehbeauftragter der katholischen Kirche beim Westdeutschen Rundfunk (WDR), im Juni 1966 starb, hatte ich zwar schon einige Male im Fernsehen diskutiert und kommentiert, aber ich hatte nicht im Traum daran gedacht, jemals hauptamtlich beim Rundfunk (Hörfunk und Fernsehen) zu arbeiten. Damals war ich gerade in der Referendarsausbildung und bereitete mich für den Schuldienst in einer unserer Schulen vor. Prälat Prof. Dr. Johannes Overath, der spätere Präsident der Consociatio Internationalis Musicae Sacrae, Professor am Kölner Priesterseminar und Mitglied der katholischen Kirche im Rundfunkrat des WDR, war mit der Suche nach einem Nachfolger für Prälat Holl beauftragt. Dieser sollte Priester sein und etwas von Theologie, Sprache und Musik verstehen. Eines Tages erzählte er mir, er habe einen Nachfolger gefunden und nannte meinen Namen. Nach dem Studium der Theologie in Ravengiersburg hatte ich an der Universität und an der Staatlichen Hochschule für Musik in Köln, Germanistik und Schulmusik für das Höhere Lehramt, Musikwissenschaft und Sprecherziehung studiert und mit den Staatsexamen und der Promotion abgeschlossen. Ein Gespräch mit Provinzial Alfons Borgert zeigte das Interesse der Oberen für die neue Aufgabe. Im Februar 1967 ernannte mich Kardinal Frings im Auftrag der fünf nordrhein-westfälischen Bischöfe (Köln, Aachen, Essen, Münster, Paderborn) und im Einvernehmen mit dem Provinzial zum katholischen Fernsehbeauftragten beim WDR. Zwei Jahre war ich gleichzeitig noch mit einer halben Stelle im Schuldienst, dann aber fiel im Provinzpräsidium die endgültige Entscheidung für meine Tätigkeit beim Rundfunk. Seit Januar 1980 bin ich überdies der katholische Hörfunkbeauftragte beim WDR. Bezahlt werde ich von den fünf nordrhein-westfälischen Diözesen.

In erster Linie betreue ich die sogenannten „Verkündigungssendungen" in Rundfunk und Fernsehen (ARD), die im wöchentlichen

Wechsel zwischen evangelischer und katholischer Kirche ausgestrahlt werden. Hinzu kommen die Kommentierung großer Liveübertragungen, zum Beispiel der Papstbesuche (Deutschland, Polen, Benelux, USA), der Seligsprechung von Edith Stein in Köln oder Adolph Kolping in Rom, der Trauerfeierlichkeiten für Fürstin Gracia Patricia von Monaco oder König Baudouin, alles Sendungen, für die der WDR redaktionell verantwortlich zeichnete. Vor dem zweiten Pastoralbesuch Papst Johannes Pauls II. in Deutschland konnte ich den Heiligen Vater als Sprecher für das Wort zum Sonntag im Ersten Deutschen Fernsehen gewinnen.

Im deutschen Rundfunk gibt es zum Thema Kirche, Theologie, Glaube, Religion zum einen die genannten „Verkündigungssendungen", also Sendungen mit stärker verkündigendem Charakter. Beim WDR sind dies im Hörfunk: *Geistliches Wort, Morgenandacht, Gottesdienstübertragung* und im Fernsehen: *Wort zum Sonntag, Gottesdienstübertragung, geistliche Sendung zu einem Feiertag.*

Zum anderen gibt es religiöse Sendungen mit vorwiegend informativ-journalistischem Charakter. Beim WDR sind dies unter anderen die Sendungen *Lebenszeichen* und *Aus Religion und Kirche.* Diese zweite Gruppe wird im Hörfunk von der WDR-Redaktion „Religion/Theologie/Kirche", im Fernsehen von der WDR-Redaktion „Religion und Philosophie" betreut. Wenn außerhalb dieser kirchlichen Sendungen von den Kirchen die Rede ist, sind sie überwiegend Gegenstand von Berichterstattungen. Dann gelten für sie die gleichen Regeln wie für die Behandlung anderer Themen, also Aktualität und vermutetes Publikumsinteresse. Nun orientiert sich das journalistische Aktualitätsverständnis stark am Außerordentlichen. Deshalb findet Berichterstattung über kirchliche Probleme häufig so statt, daß auf Konflikte oder Mißstände in der Kirche hingewiesen wird. Dies ist ein Trend, dem auch die Kirchenfunkredakteure nicht selten folgen. Mancher Zuhörer oder Zuschauer fragt dann, wo denn die Normalität der Kirche im Programm stattfindet. Bei genauerem Hinschauen wird er sie finden. Die Orientierung am Außerordentlichen bietet allerdings auch Chancen für die Kirche, denn das Außerordentliche muß ja nicht negativ sein.

Der katholische und der evangelische Rundfunkbeauftragte sind für die Sendungen mit eindeutigem Verkündigungscharakter zuständig, allerdings in Zusammenarbeit mit der jeweiligen WDR-Redaktion. Dies hat sich in den vergangenen Jahren als sehr fruchtbar erwiesen. Der Senderbeauftragte betreut zum einen die „Verkündigungssendungen", zum anderen ist er eine Art von Kontaktbörse für das Gesamtprogramm. Er muß vermitteln und zuliefern: Gesprächspartner, Autoren, Übertragungsorte und vieles mehr. Das setzt eine genaue Kenntnis des Gesamtprogramms voraus, aber auch der Menschen, die in diesem Programm und für dieses arbeiten.

Redaktionell bin ich im Hörfunk zuständig für jährlich 26 Wochen *Morgenandacht* (fünf Sendungen täglich, jeweils eine Woche lang), 32 Sendungen *Geistliches Wort* an Sonn- und Feiertagen, 32 *Gottesdienstübertragungen* an Sonn- und Feiertagen, 20 geistliche Ansprachen im Fremdsprachenprogramm für die Kroaten und 52 geistliche Ansprachen im Fremdsprachenprogramm für die Italiener. Im Fernsehen kümmere ich mich um acht Sendungen *Das Wort zum Sonntag*, ein bis zwei Gottesdienstübertragungen an Feiertagen, eine geistliche Sendung im Sonntagnachmittagsprogramm und eine geistliche Sendung an Feiertagen.

Die redaktionelle Arbeit umfaßt unter anderem die Auswahl und Schulung der Sprecher. Dabei helfen mir Beauftragte der einzelnen Diözesen. Alle Manuskripte werden von mir gegengelesen und notfalls korrigiert. Es geht darum, daß ein Text theologisch richtig, sprachlich in Ordnung und inhaltlich verständlich ist. Wer für sich in Anspruch nimmt, Wahrheit zu erschließen, ist auch verantwortlich dafür, daß sein Wort nicht mißverstanden wird oder gar als Irrtum haften bleibt. Das setzt eine verständliche Sprache, klare Gedankenführung und bewußte Zuwendung zum Hörer bzw. Zuschauer voraus. Der katholische Sprecher bzw. die Sprecherin von *Morgenandachten*, *Geistlichem Wort* usw. handeln im Auftrag der Kirche. Sie haben sich sachlich und flexibel in den funktionellen Zusammenhang eines Kommunikationsmittels hineinzubegeben. Sie sollen sich darüber im klaren sein, daß sie es von dort aus mit denselben Menschen und Aufgaben zu tun haben wie die anderen Seelsorger. Das Medium bildet lediglich den Einstieg. Der Sprecher oder die Sprecherin müssen bereit sein, darüber hinaus sich mit dem einzelnen Menschen zu befassen. Sie sprechen zu Millionen Menschen, aber diese Millionen sind Einzelne. Als solche suchen sie zumeist weniger den geistreichen Publizisten als vielmehr den Seelsorger.

Ein *Geistliches Wort* von 19 Minuten kann vieles bringen. Eine *Morgenandacht* oder ein *Wort zum Sonntag* von vier Minuten kann mit Sicherheit nicht alles anschneiden, und der Sprecher kann sich auch nicht nach allen Seiten hin theologisch absichern. Der Text soll natürlich theologisch in Ordnung sein, dabei darf der Sprecher den Mut zur Lücke nicht scheuen. Die einzelne *Morgenandacht* kann in der Regel nicht mehr als einen oder zwei Gedanken ansprechen. Die aber müssen gründlich durchdacht sein. Bei jedem Satz ist zu überlegen, ob er verständlich und für die Behandlung des Grundgedankens notwendig ist. Ideal ist es, wenn der Zuhörer am Ende einer Morgenandacht mit einem Satz wiedergeben kann, was der Sprecher oder die Sprecherin ausdrücken wollten.

Texte im Rundfunk, auch die *Morgenandacht*, wenden sich an eine Öffentlichkeit aus Christen und Nichtchristen. Dies muß sich auch in der Sprache auswirken. Sie darf biblische Bilder und theologische Begriffe, die dem regelmäßigen Kirchgänger vertraut sind, nicht einfach voraussetzen. Die Verkündigungssendungen reisen in den einzelnen WDR-Programmen gleichsam „huckepack", das heißt eingebettet zwischen Unterhaltungsmusik, Landfunk, geistlicher Musik und Nachrichten. Ihre Chance liegt darin, daß sie vom Hörer „mitgenommen" werden. Sie müssen daher so gestaltet sein, daß sie den Zuhörer einladen, ihm Hilfen anbieten. Sie dürfen weder versuchen, ihn einzuschüchtern, noch ihn zu etwas zwingen wollen oder zu überfordern. Ausgesprochen negativ wäre es, den Zuhörer mit Zudringlichkeit zu vereinnahmen. Auch Publikumsbeschimpfungen eignen sich nicht für die *Morgenandacht* oder sonstige geistliche Sendungen. Sie wären eher etwas für's Theater.

Hörer und Sprecher befinden sich in einem inneren Dialog. Dennoch bestehen Hörfunk oder Fernsehen nicht aus Rede und Gegenrede, auch die *Morgenandacht* ist eine einseitige Ansprache an den Hörer, der nicht unmittelbar antworten kann. Daraus ergibt sich: Ein Autor religiöser Sendungen muß sich persönlich einbringen, ohne jedoch seine Erfahrungen als allgemein gültig auszugeben. Er darf niemals fromme Etüden liefern. Dem Hörer muß er einräumen, eigene Schlüsse aus dem Gehörten zu ziehen. Gerade das dient der Glaubwürdigkeit. Verkündigungssendungen leben von der Verkürzung, von der Betonung eines oder weniger Gedanken, vom Bericht über eine einzelne Erfahrung, vom Konzentrieren auf ein bestimmtes Wort Jesu. Aufgabe der Sendung ist Einladung, Ermutigung, vielleicht auch warnende Korrektur. Stets aber gilt: in vier Minuten läßt sich nicht die ganze Fülle des christlichen Glaubens darlegen. Eine Gefahr bei Verkündigungssendungen ist die Anbiederung, etwa modisch aufgesetzter Sprache, die auf diese Weise Zeitgemäßheit zu erschwindeln sucht. Wer sich selbst aufdrängt, nimmt weder die Botschaft Jesu ernst, noch den Hörer, dem sie gilt.

Den Autoren der kirchlichen Sendungen rate ich stets: Die Kirche darf mit dieser Sendung nicht nur einen Sendeplatz besetzen, sie muß die Hörer erreichen. Sprache und Sprechweise müssen hörerfreundlich sein. Wenn es gelingt, die Aufmerksamkeit des Hörers zu wecken und wach zu halten, kann die Kirche Menschen erreichen, die ihr sonst kaum oder nur selten zuhören. Stellen Sie Ihren Text unter ein klar formuliertes Thema. Fragen Sie sich: Was will ich sagen? Wen will ich erreichen und warum? Erfahrungen des Alltags wecken das Interesse der Hörer. Schreiben Sie einen Sprachtext. Um auch vom Sprechen her eine Kontrolle über den Text zu bekommen, sprechen Sie ihn sich laut vor. Radiosprache ist Umgangssprache. Fachsprache muß in diese Umgangssprache übersetzt werden. Bringen Sie wenige, aber zu Ende gedachte Gedanken. Geschichten sind wichtig und schön, aber verstecken Sie sich nicht hinter Geschichten. Treten Sie dem Hörer gegenüber wie einem Gesprächspartner, dem Sie etwas erzählen (das eine folgt aus dem anderen) oder dem Sie Ihre Meinung vortragen (ein Argument folgt dem anderen).

Die *Geistliche Ansprache* im Rundfunk bzw. im Fernsehen ist stets ein Hörtext. Wie ist dieser zu schreiben, wenn ich vom Hörer bzw. Zuschauer verstanden werden will? Was ist zu beachten, wenn ich einen Lesetext und wenn ich einen Hörtext verfasse? Im folgenden seien einige wichtige Unterscheidungen genannt:

Lesen	Hören/Sehen
1. Der Text richtet sich ans Auge.	Der Text richtet sich ans Ohr.
2. Lesen ist in der Regel eine Hauptbeschäftigung, bedingt also eine höhere Konzentration.	Radiohören bzw. Fernsehen schwankt zwischen Haupt- und Nebenbeschäftigung. Unter Umständen wird sich dabei unterhalten. Es bedingt eine geringere Konzentration.

3. Der Leser kann sich die Zeit aussuchen, in der er etwas Bestimmtes lesen möchte.	Der Radiohörer bzw. Fernsehzuschauer ist abhängig von der Sendezeit.
4. Der Leser kann selbst die Lesegeschwindigkeit bestimmen.	Der Hörer bzw. der Zuschauer muß sich auf das Sprechtempo einstellen.
5. Der Leser hat einen ständigen Überblick über den Text und dessen Gliederung.	Der Hörer der Rundfunk- bzw. Fernsehsendung erfährt eventuell die Gliederung. Er hat keinen beständigen Überblick über den Text.
6. Der Leser kann Nichtverstandenes noch einmal lesen.	Es gibt keine aktuelle Wiederholbarkeit.
7. Der Leser kann im Text springen.	Der Hörer bzw. Zuschauer muß warten, bis wieder etwas kommt, was ihn interessiert.
8. Ein Text wird vor allem durch die Schrift und die Aufmachung des Textes akzentuiert.	Der Text wird durch die Betonung (melodische, dynamische Akzente), Stimmfärbung, Mienen- und Gebärdenspiel (Augenkontakt beim Fernsehen) akzentuiert.
9. Beim Lesen helfen Satzzeichen, Anführungszeichen etc.	Die optischen Zeichen müssen für den Hörer durch die Art des Sprechens, also durch „akustische Zeichen", ersetzt werden.
10. Der Leser hat nur ein Schriftbild vor sich. Die Imagination spielt also eine große Rolle.	Der Radiohörer begegnet der Stimme eines Menschen („Sprich, damit ich dich sehe!"), der Fernsehzuschauer begegnet auf dem Bildschirm der Stimme eines Menschen und dem dazugehörenden Gesicht, in jedem Fall einem bestimmten Menschen, der durch sein Sprechen, seine Mimik etc. selbst Zeugnis ablegt von der Glaubwürdigkeit dessen, was er zu sagen hat.

Aus dem Gesagten ergeben sich für den Sprecher im Rundfunk bestimmte Folgerungen: Das Kurzzeitgedächtnis speichert nur wenig. In der Rücksichtnahme auf diese Gegebenheit liegt der

Schlüssel zum „Fürs-Hören-Schreiben". Der Hörer soll sich zum Verstehen nichts merken müssen. Das Gehörte muß in sich schlüssig sein. Manfred Jenke, der Hörfunkdirektor des WDR, schreibt in dem Aufsatz *Kirche im Kästchen - Überlegungen zur Präsenz der Kirchen und zur Immanenz des Christlichen in einem Hörfunkprogramm*: „.... Die Bedeutung von Morgenandachten und meditativen Sendungen tritt angesichts der quantitativen und qualitativen Erkenntnisse - also: der Hörerzahlen und der Empfangssituation - besonders deutlich hervor. Gerade diese Sendungen sind es, welche beim breiten Radiopublikum die Vorstellung davon prägen, was die Kirchen bedeuten, was sie bewegt und was sie bewegen. Inhaltliche und formale Gestaltungen dieser Sendungen entscheiden auch darüber, ob den Kirchen fernstehende Menschen einen Begriff von dem vermittelt bekommen, was Gemeinde und Christenheit denen bedeutet, die ihnen angehören und in ihnen tätig sind."

Die letzte Höreruntersuchung und elektronische Medienanalyse wurde in Nordrhein-Westfalen im Winter 1992/93 gemacht. Sie ist auch für die kirchlichen Radioprogramme von Bedeutung. Demnach wird die sonntägliche Gottesdienstübertragung (Dauer 60 Minuten) von über 100.000 Hörern eingeschaltet, die Sendung *Geistliches Wort* (Dauer 20 Minuten) im populären WDR 2-Programm von 240.000 und die werktags zu unterschiedlichen Zeiten in allen fünf WDR-Programmen ausgestrahlte *Morgenandacht* (Dauer je fünf Minuten) bringt es auf täglich über zwei Millionen Hörer.

Was sagen diese Zahlen? Zunächst: Niemand wird gezwungen, eine Sendung einzuschalten oder zu hören. Das zeigt, es gibt viele Hörer, die bewußt kirchliche Sendungen hören wollen. Die Hörfunkübertragung eines Gottesdienstes, also eines Ereignisses, das allsonntäglich in den Gemeinden stattfindet, ist ein Beitrag, der die Vielfalt der Bekenntnisse, Landschaften und religiösen Traditionen des Sendegebietes authentisch dokumentiert. Seit Kriegsende wird in Nordwest- und Westdeutschland der Sonntagsgottesdienst in der Regel nur im Hörfunk übertragen. An hohen kirchlichen Feiertagen wurde zunächst im Ersten Fernsehprogramm (ARD) ein Gottesdienst ausgestrahlt. Vor einigen Jahren führte das Zweite Deutsche Fernsehen (ZDF) eine regelmäßige sonntägliche Gottesdienstübertragung im Wechsel von evangelisch und katholisch ein. Ich bedauere diese Entwicklung ein wenig, weil sie die langjährige Praxis der sonntäglichen Hörfunkübertragung in Gefahr bringen kann.

Was muß beachtet werden, damit die Gottesdienstübertragung im Fernsehen mehr wird als eine bloße Programmerfüllung? Was ist überhaupt der Sinn einer solchen Sendung? Die Übertragung eines Gottesdienstes ist die ungestellte Selbstdarstellung der Kirche im Kultus (Pastoralbrief der deutschen Bischöfe 1956). Mit der regelmäßigen Sendung in Hörfunk oder Fernsehen soll den Kranken und anderen an der direkten Gottesdienstteilnahme Verhinderten, etwa den Menschen in der Diaspora, die geistliche Teilnahme ermöglicht werden. Auch kann sie Katholiken, die nicht mehr am Kultus ihrer Kirche teilnehmen, erinnern und ihnen das einladende Zeugnis einer lebendigen Gemeinde vermitteln. Nichtkatholiken können Verständnis für die gottesdienstlichen Formen der katholischen Kirche gewinnen. Umgekehrt kann Katholiken der Gottesdienst evangelischer Christen vorgestellt werden. Der ökumenische Aspekt ist nicht zu unterschätzen. Bei besonderen Anlässen, wie zum Beispiel Heiliges Jahr, Synode, Katholikentage, Requiem (Papst, Bischof, Staatsoberhaupt und ähnliches), vermittelt die Gottesdienstübertragung (vor allem im Fernsehen) das Miterleben von den Feierlichkeiten, an denen die meisten unmittelbar nicht teilnehmen können. Dabei stehen Dokumentation und Information im Vordergrund. Die Gottesdienstübertragungen im Hörfunk bzw. Fernsehen können eine direkte Teilnahme nicht ersetzen, sie können aber dem einzelnen helfen, sich geistlich mit dem Geschehen zu verbinden. Sie können Hilfe, Vorbild und Spiegelbild zugleich sein.

Die Vorbereitungen für solche Sendungen im Fernsehen sind umfänglicher als für die im Hörfunk. Beim WDR zum Beispiel lege ich gemeinsam mit dem Regisseur (seit über 26 Jahren Peter Gradion) und dem Redakteur den Übertragungsort fest. Ist aus einer bestimmten Kirche eine Gottesdienstübertragung technisch überhaupt möglich? Zusammen mit dem zuständigen Diözesanbeauftragten und dem Pfarrer wird dann das Weitere abgesprochen. Wie soll der Gottesdienst gestaltet werden? Welche Texte, welche Musik müssen vorbereitet werden? Wer übernimmt welche Aufgaben bei der Vorbereitung, wer welche im Gottesdienst? Es werden Sendeinhalt und Sendeablauf fixiert. Der Regisseur arbeitet sein Realisationskonzept des Beitrages aus. Zu beachten ist, den Zuschauer am

Bildschirm über den Gottesdienst und den Ort des Geschehens so zu informieren, daß nicht nur irgend etwas „abfotografiert" wird, daß vielmehr die inneren Bezüge zwischen Raum und Liturgie geschaffen und verdeutlicht werden. Raum und liturgisches Handeln, elektronisch zerlegt, müssen zu einer neuen Einheit geformt und auf den Bildschirm gebracht werden.

Auf Grund des Regiekonzeptes und einer Vorbesichtigung des Übertragungsortes wird ein Produktionsplan erstellt. Dabei geht es um den mit der Übertragung verbundenen technischen Aufwand, um Arbeitszeiten für Aufbau und Abbau, Proben mit der Übertragungstechnik und den am Gottesdienst Beteiligten. Der Geistliche, der mit seiner Gemeinde Eucharistie feiert, wird bei der Begrüßung in der Ansprache und der Formulierung der Fürbitten sicher die richtigen Worte für seine Gemeinde finden. Wird er sie aber so sagen können, daß sie auch den Zuschauer bzw. die Hörerin und den Hörer in der weiten Welt ansprechen? Wird er sie zu solcher Kürze verdichten, daß sie der zur Verfügung stehenden Sendezeit entsprechen? Mangelnde Erfahrung macht bekanntlich nervös. Deshalb werden die Texte in Zusammenarbeit mit mir erarbeitet und schriftlich festgehalten. Wie werden Priester und Lektoren ihre Texte sprechen? Geschieht dies sachgerecht? Wie klingen Gemeinde, Chor und Orgel? Das sind alles Dinge, die vom Rundfunkbeauftragten vorher geklärt und notfalls korrigiert werden müssen. Selbst die Predigt verlangt eine intensive Begleitung, notfalls auch entsprechende Korrekturen.

Einige Tage vor der Übertragung kommt dann das Fernsehteam zur Kirche, aus der der Gottesdienst übertragen werden soll. (Beim Hörfunk werden die Mikrophone am Vorabend installiert. Dabei findet auch eine technische Probe mit den Beteiligten statt.) Kabel werden verlegt, Scheinwerfer installiert, Kameras und Mikrophone aufgebaut, eingerichtet und an den Übertragungswagen angeschlossen. Zeremonien müssen eingeübt, Positionen bestimmt, Texte gesprochen, Musik gesungen und gespielt werden. Diese Proben vor Mikrophon und Kamera sind notwendig, damit Liturgen, Chor, Organist, Meßdiener und Lektoren ihre Sicherheit und normale Unbefangenheit haben und ihr Tun vor Kamera und Mikrophon nicht gestelzt wirkt. Zum andern müssen Kameraleute und Bildmischerin mit dem liturgischen Geschehen und den Bildvorstellungen des Regisseurs vertraut gemacht, das Zusammenspiel der vier oder fünf Kameras trainiert werden, denn bei Livesendungen läßt sich nichts wiederholen. Schließlich müssen die liturgischen Akteure mit Geist und Leben füllen, was gemeinsam erarbeitet und vorbereitet wurde.

Lohnen sich solche Mühe und solcher Aufwand? Ich denke: Ja! Einmal ist das Interesse der Zuhörer und Zuschauer an diesen Übertragungen groß. Zum anderen sind die Gottesdienstübertragungen in Hörfunk und Fernsehen Verkündigung der Heilstaten Gottes. Priester und Gemeinde legen durch ihr Gotteslob in einer würdig gefeierten Liturgie vor aller Welt Zeugnis ab von ihrem Glauben. Sie können Menschen helfen bei ihrer Suche nach Gott und dem Sinn des Lebens.

Den Hörer oder Zuschauer gibt es nicht. Es sind immer Einzelne, die einschalten. Insofern ist die Hörer- bzw. Zuschauerschaft undifferenziert. Manche schalten eine Sendung bewußt ein, manche zufällig. Die einen sind noch christlich geprägt, andere haben nur noch schwache Erinnerungen an ihre christliche Vergangenheit oder kommen aus nichtchristlichen Kulturen, wieder andere bezeichnen sich als Atheisten oder als Agnostiker. In meiner Arbeit geht es darum, dem Menschen zu helfen, *sein Schicksal und das der menschlichen Gemeinschaft besser anzunehmen* (Papst Paul VI.). Dabei müssen auch heikle Themen verantwortungsvoll aufgegriffen werden, zum Beispiel, wenn in einer Morgenandacht gefragt wird: „Wie gehen wir als Kirche mit dem Scheitern einer Ehe um?" Im Anschluß an die Sendungen schreiben viele Hörer oder melden sich telefonisch zu Wort. Manchmal sind es über 500 Zuschriften und Anrufe. Die meisten Hörer erfragen das Manuskript der Sendungen. Viele bitten aber auch um ein seelsorgliches Gespräch. Oft entwickelt sich ein Briefwechsel. Das alles kann recht arbeitsaufwendig und zeitintensiv sein, aber es ist eine Möglichkeit der Hilfe in unserer vielfach orientierungslos gewordenen Gesellschaft. In Radio und Fernsehen und im Gespräch mit den Menschen, die Radio machen, geht es immer um „Gott und den Menschen". Gesprochen wird von Gott und über Gott, obwohl er sich menschlichem Reden und Formulieren immer wieder entzieht. Es geht um Wahrheit und um Wahrhaftigkeit im Umgang mit eben dieser Wahrheit, mit den Menschen und ihren Problemen. Vorgefertigte Antworten sind meist unbefriedigend, manchmal sogar falsch. Die Menschen verlangen intellektuelle Redlichkeit. Ob eine geistliche Sendung „ankommt", hängt auch davon ab, ob die geistliche Rede einen Sitz im Leben hat, im Leben des Redenden und im Leben des Hörenden bzw. des Zuschauenden.

Das Fernseh- oder Radioprogramm kann ich insgesamt nur wenig verbessern, wenn nicht dieses ein wenig schon zu hoch gegriffen ist. Versuchen kann ich, daß im sachlichen Gespräch mit Redakteuren und Programmverantwortlichen journalistische Tugenden ins Bewußtsein gerufen und eventuelle Fehlleistungen als solche erkannt werden. Dabei gilt es stets, das Wohl der Hörer und Zuschauer im Auge zu behalten und das journalistische Anliegen der Redakteure nicht zu vergessen. Die Kirche muß sich in der journalistischen Auseinandersetzung und im Gespräch mit der Gesellschaft bewähren. Dabei soll sie *ihr Licht nicht unter den Scheffel stellen*. Im Gegenteil, die Kirche kann sich im Medium nur sinnvoll artikulieren, wenn das Miteinander mit den Redaktionen nicht von Belehrung und Besserwisserei bestimmt wird, sondern getragen wird von einem Geist der Offenheit, des gegenseitigen Vertrauens und Zutrauens, also von Haltungen, die - wie der Apostel Paulus sagt – wiederum Früchte des Glaubens sind. Im Umgang mit den Redaktionen muß das gelten, was das II. Vatikanische Konzil von der Kirche sagt, daß sie *sorgfältig die Würde des Gewissens und seiner freien Entscheidung respektiert* (GS 14). Papst Johannes Paul II. formulierte auf seiner Reise nach Portugal im Mai 1991: *Die Kirche schlägt vor, sie zwingt nichts auf. Sie respektiert die Person und die Kultur, und sie macht Halt vor dem Heiligtum des Gewissen.* Dialogfähigkeit ist eine wichtige Voraussetzung für die Arbeit als katholischer Rundfunkbeauftragter beim WDR. Es geht um Fairness und Verantwortung. Im Umgang mit den Redaktionen kann ich nur soviel Fairness erwarten, wie ich sie selbst zu geben bereit bin. Argumente allein entscheiden. Nur sie führen zu Verständigung.

All das dient letztlich dem, was Jean Berthier gewollt hat, wenn er es auch nicht so ausdrückte. Das Evangelium den Menschen nahe bringen, die Frohe Botschaft als Botschaft der Befreiung, als Hinwendung Gottes zu uns Menschen.

Der SENDBOTE

– eine Zeitschrift für Familie und Mission

dargestellt an der deutschen Ausgabe

von GERHARD EBERTS in Deutschland

Geh also, mein SENDBOTE, leichter beschwingt als der alte Missionar, der dich schickt. Geh in dies Frankreich, wo er in 16 verschiedenen Diözesen mehr als 33 Jahre lang Missionen und Exerzitien gepredigt hat. Gehe den Familiengeist wieder wecken, der mehr und mehr dahinschwindet.

Jean Berthier hatte eine eigene Monatszeitschrift gegründet und am 1. Januar 1904 den *Messager* zu den französischen Familien geschickt. Zugleich trat der SENDBOTE DER HEILIGEN FAMILIE den Weg nach Deutschland an.

Es darf nicht verwundern, daß Berthier ein großes Interesse daran hatte, eine eigene Zeitschrift herauszugeben. Der Volksmissionar und Ordensgründer war zugleich ein Mann der Medien. Seine zahlreichen Bücher erreichten hohe Auflagen. So wäre es verwunderlich gewesen, wenn er sich nicht auch mit dem Gedanken getragen hätte, eine eigene Zeitschrift herauszugeben. Mit Blick auf andere Ordensgründungen, besonders auf die Steyler Missionare, stellte er fest: *Unternehmen ähnlichen Charakters wie das unsrige haben alle eine ähnliche Zeitschrift.*

International wie sein Werk sollte diese Zeitschrift sein. Am liebsten hätte Berthier den Niederländern, Deutschen, Franzosen und Polen von Anfang an je eine eigene Ausgabe in ihrer Landessprache in die Hand gegeben. Aber wenigstens in französisch und deutsch sollte die erste Ausgabe erscheinen. Damit das möglich wurde, mußte der Ordensgründer seine ganze Autorität einsetzen; denn der Generalrat stand diesem Vorhaben skeptisch gegenüber.

Die französische Ausgabe redigierte Berthier selber. Fratres aus Deutschland besorgten die deutsche Übersetzung. Unter den Spätberufenen waren junge Männer, die das Druckerhandwerk erlernt hatten. Noch 1913 ist in einer Ausgabe des SENDBOTEN zu lesen: „Setz- und Druckarbeiten sowie der Versand werden ausschließlich von unseren Zöglingen besorgt, während das Falzen teilweise in der Stadt geschieht." Ein „Zögling", wie man die Kandidaten nannte, gab offen zu, daß seine Hände und Muskeln für die schwere Handpresse nicht geeignet seien. Aber für ihn und seinesgleichen gab es ja andere Arbeiten: „Das Refektorium verwandelt sich in einen Falzraum, die Studienräume in Expeditionsräume, weil ja keine speziellen Räume dafür vorhanden sind", heißt es in einer Ausgabe des SENDBOTEN von 1913. Ausdrücklich wird betont: „Die Zöglinge erledigen diese Arbeit nur in der studienfreien Zeit."

Was wollte Berthier mit dem SENDBOTEN bewirken? Vorausahnend schrieb er an einen Freund in Haarem: *Eine solche Zeitschrift würde, besonders wenn mich der Tod hinwegraffen sollte, zusammen mit dem Erlös aus meinen Büchern das Weiterbestehen des Werkes ermöglichen.*

Es war ein verständliches Anliegen Berthiers, durch den SENDBOTEN seine Gründung finanziell sichern zu helfen. Doch Berthier wäre nicht Volksmissionar und geistlicher Schriftsteller, wenn er mit der Monatszeitung nicht auch anderes bezwecken wollte. Darum hieß es in dem Brief an den Freund weiter: *Diese Zeitschrift könnte wohl manches Gute stiften: 1. die Heilige Familie zu verehren und zu ihr beten zu helfen; 2. den Familien, die die Schrift abonnieren, einige gute Ratschläge geben; 3. unser Institut besser bekannt machen, Berufe wecken und einige Wohltäter daran interessieren; 4. meine Bücher* [an dieser Stelle zählt Berthier einige auf] *propagieren und absetzen.*

I. Zweck: Die Verehrung der Heiligen Familie fördern

Als Berthier beim Bischof von Herzogenbusch um die Erlaubnis nachsuchte, eine Zeitschrift herauszugeben, geschah dies mit folgender Begründung: *Diese Zeitschrift würde den Zweck verfolgen, hauptsächlich in Frankreich, wo die Heilige Familie noch sehr wenig bekannt ist, die Verehrung der Heiligen Familie zu fördern, Familien, die nicht mehr beten, wieder zum Beten zu bringen, den Eifer der anderen neu zu beleben, indem sie darüber berichtet, was hier und dort zu Ehren der Heiligen Familie getan wird.*

Im Vorwort zur ersten Ausgabe des SENDBOTEN nahm Berthier Bezug auf den von Papst Leo XIII. (gest. 1903) errichteten „Verein der christlichen Familie". Der SENDBOTE, so meinte er, könne *den Eifer treuer Vereinsmitglieder wecken und den Eltern, die sich noch nicht unter das Banner der Heiligen Familie gestellt haben, dazu bringen, mit ihren Kindern diesem Verein beizutreten.* (Tatsächlich wurde der SENDBOTE in späteren Jahren vor allem in Deutschland mancherorts das Mitgliederblatt für den „Verein der christlichen Familie".) Berthier beschloß sein programmatisches Vorwort damit, daß er in bewegenden Worten den SENDBOTEN persönlich ansprach: *Mögen Jesus, Maria und Josef, deren Bildnis dein einziger Schmuck ist, dich auf deinem Weg begleiten... Wenn es dir gelingt, zu bewirken, daß die Heilige Familie geehrt, geliebt und ihr nachgeahmt wird, dann werde ich es nicht bedauern, dich hinausgesandt zu haben.*

Diese inhaltliche Vorgabe durch den Ordensgründer gab der Zeitschrift die Struktur: Verehrung der Heiligen Familie und diesbezügliche historische Begebenheiten, Leben der Heiligen, Katechismuswahrheiten, kleinere Episoden mit tiefem moralischem Hintergrund, Neuigkeiten religiösen und weltlichen Charakters mit religiösem Einschlag und endlich ein Briefkasten und Annoncenteil für religiöse Werke.

Im zweiten Jahr des Erscheinens veröffentlichte Berthier unter der Rubrik *Wahrheiten, die man niemals vergessen darf,* Auszüge aus einem Katechismus, den Papst Pius X. für die gesamte römische Provinz herausgegeben hatte. Berthier hatte sich die Exklusivrechte für den Abdruck gesichert und besorgte selber die Übersetzung aus dem Italienischen. Mit dieser Artikelserie verfolgte Berthier das Anliegen, *in seiner Zeitschrift dem Volke nur eine absolut sichere Doktrin zu vermitteln.*

II. Wichtige Neuigkeiten aus den Missionen

Im Vorwort zur niederländischen Ausgabe des SENDBOTEN, der zu Beginn des Jahres 1908 zum ersten Mal erschien, fügte Berthier neben den schon genannten Themen hinzu: *Als Abschluß bringt der*

SENDBOTE wichtige Neuigkeiten aus den Missionen und die Geschehnisse von Belang aus der christlichen Umwelt.

Was die Mission betraf, so berichtete der SENDBOTE zunächst von der Missionsarbeit anderer Orden. Als aber am 19. Dezember 1910 die ersten Missionare von Grave nach Brasilien gingen, wurden kurz darauf Missionsberichte über den Einsatz der eigenen Leute gebracht.

So wurde der SENDBOTE DER HEILIGEN FAMILIE schon bald zu einer Missions- und Ordenszeitschrift, deren Profil bestimmt wurde durch Glaubensthemen, durch die Förderung der Verehrung der Heiligen Familie und die Unterstützung der christlichen Familien, durch Berichte aus Kirche und Mission und durch eine breitgefächerte Unterhaltung. Was die Sorge um „Geistliche Berufe" anging, so konnten sich der Ordensgründer und auch noch seine unmittelbaren Nachfolger darauf beschränken, über das eigene Werk zu berichten und entsprechende Anzeigen einzustreuen.

Schließlich gehörten schon zu Lebzeiten Berthiers Berichte über den Erscheinungsort La Salette und dessen Botschaft zum Programm der Zeitschrift. Nach dem Tod des Gründers (gest. am 16. Oktober 1908) rückten Leben und Wirken Berthiers in den Mittelpunkt. Schon bald wurde auch damit begonnen, einzelne seiner Bücher im SENDBOTEN nachzudrucken.

III. Eine Familienzeitschrift mit missionarischem Charakter

Wenn an dieser Stelle so ausführlich dargelegt wurde, welche inhaltliche Konzeption Berthier seiner Zeitschrift gab, so hat das einen tieferen Sinn: Der SENDBOTE war nach dem Willen seines Gründers weder eine bloße Propagandaschrift, die Geld beschaffen soll, noch eine reine Missionszeitschrift. Der SENDBOTE, wie er sich in seinen Anfängen präsentierte, war eine Familienzeitschrift, die über den direkten Wirkungskreis der Missionare von der Heiligen Familie hinausreichte und die das pastorale Anliegen der Kongregation mittrug. Der SENDBOTE war keine Fachzeitschrift, sondern, wie Berthier sich ausdrückte, eine Zeitschrift für das einfache Volk. Sie war im besten Sinn erbaulich, manchmal freilich auch betulich und frömmelnd. Sie lag auf einer klaren kirchlichen Linie, wie sie Berthier vorgegeben hatte, und war darum nicht wundersüchtig. Das unterschied sie wohltuend von anderen religiösen Zeitschriften. Sie war aber auch nicht konfliktbereit und dialogfreudig, was sich vor allem bei den Themen zum Bereich Familie zeigte. Die Familien wurden zu Gebet und Verehrung der Heiligen Familie hingeführt, aber es wurden ihnen nicht die Augen geöffnet für soziale Ungerechtigkeit und für die politische Benachteiligung der Familien.

Obwohl der erste Jahrgang des SENDBOTEN an Bescheidenheit und Einfachheit dem Mutterhaus in Grave in nichts nachstand – er war nicht einmal geheftet, sondern mehrere Blätter wurden ineinander gelegt – wurden bis Ende 1904 mehr als 8.000 Abonnenten gewonnen. 1905 feierte man es als technische Verbesserung, daß die Monatshefte mit Garn geheftet wurden. Für diese Arbeit konnte Berthier „edelgesinnte Damen" in der Stadt gewinnen, die auch sonst sein Werk unterstützten. In Wäschekörben brachten die Zöglinge die Hefte zu den Helferinnen und holten sie geheftet wieder ab.

Der SENDBOTE wuchs. Zwei Jahre nach dem Tod Berthiers zählte er, der inzwischen in französisch, deutsch, niederländisch und polnisch erschien, 18.000 Exemplare. Vor dem Ersten Weltkrieg wuchs die Auflage auf fast 30.000 und selbst während des Krieges stieg die Auflage sprunghaft auf 50.000 Exemplare. Das Format wurde vergrößert und der Druck zweispaltig angelegt.

IV. Zwei Weltkriege hinterlassen Wunden – auch beim SENDBOTEN

Im dritten Kriegsjahr, 1917, sank die Auflage auf 22.000 Exemplare, und die Zeitschrift konnte nur noch alle zwei Monate erscheinen. Statt daß der SENDBOTE aus den Kinderschuhen in die Erwachsenenschuhe schlüpfen konnte, geriet er zwischen die Soldatenstiefel.

Der Zeitschrift erging es nicht anders als der Kongregation: Der Weltkrieg stutzte beide kräftig zurecht. Was das für den SENDBOTEN bedeutete, – es sei erlaubt, im Folgenden vor allem vom deutschen SENDBOTEN zu sprechen – ist in einer Doppelnummer im Kriegsjahr 1917 nachzulesen: „Infolge des Krieges häufen sich überall selbst in den kleinsten Betrieben, die Schwierigkeiten zur Fertigstellung ihrer Erzeugnisse. Das ist aber nicht nur der Fall für Deutschland allein. Nein, auch die neutralen Länder sind betroffen. So hat auch die Druckerei unserer Kongregation schon seit langer Zeit mit großen Hindernissen gekämpft und gerungen. Vor allem waren es die Einberufungen der Arbeitskräfte zum Militärdienst, die uns die rechtzeitige Fertigstellung des SENDBOTEN sehr erschwerte. Die Preise für die Materialien, für Papier, Druckerschwärze, Betriebskraft und Arbeiter haben sich jetzt mindestens um das Dreifache erhöht. Wir haben uns jedoch durch alle diese Unannehmlichkeiten und großen Nachteile nicht abschrecken lassen, unsere Monatsschrift zum alten Abonnementpreis zu liefern (1,60 DM im Jahr) und beabsichtigen auch nicht, denselben zu erhöhen. Jetzt aber ist es der Papiermangel, der unsere Bemühungen und Anstrengungen erfolglos macht. Selbst gegen Zahlung der höchsten Preise ist das nötige Papier nicht zu erlangen. In Anbetracht dieser mißlichen Verhältnisse können wir bis auf weiteres nur alle zwei Monate eine Doppelnummer von 16 Seiten des SENDBOTEN herausgeben. Ferner ist es sehr wahrscheinlich, daß durch diese Papiernot und die Transportschwierigkeiten die Lieferung der Hefte eine Verspätung von mehreren Wochen erleiden kann."

V. Eigene Verlage in Deutschland und Polen

Der Rückgang der Auflage, vor allem des deutschen und des polnischen SENDBOTEN, konnte erst dadurch gestoppt werden, daß 1921 in Polen und Deutschland eigene Verlage errichtet wurden. Für die deutsche Provinz wurde neben dem Missionshaus Sancta Maria in Oberhundem/Sauerland eine Druckerei gebaut und im November 1921 bezogen. Daß die Auflage unter den deutschen Lesern dennoch zurückging, hatte mit der rapiden Geldentwertung zu tun. „Der kleine SENDBOTE hält sich über der Brandung der Millionenteuerung" hieß es im Geleitwort zum Jahr 1924. „Die Mark hält ihren wahnsinnigen Todestanz, und die Stürme der treulosen Valuta zausen an den Blättern des SENDBOTEN herum. Wir sind Millionäre und doch so bitter- und bettelarm." Der Schriftleiter des deutschen SENDBOTEN – seit 1923 Eduard Auth – klagte: „Trotz größter finanzieller Schwierigkeiten und trotz aller Opfer, die so viele unserer treuen Abonnenten in Deutschland brachten, genügten die Jahresbeiträge nicht im entferntesten zur Bestreitung der Materialherstellung und Versandkosten." Aber einstellen wollte den SENDBOTEN niemand und zwar aus doppeltem Grund: „Die Andacht zur Heiligen Familie muß wachsen und die Missionshäuser und die Mission brauchen die finanzielle Unterstützung durch die Ordenszeitschrift."

VI. Die Schweiz springt ein

Um die Existenz des SENDBOTEN zu sichern und die Missionshäuser zu unterstützen, sprangen Schweizer und Luxemburger Abonnenten ein, wie Eduard Auth dankbar vermerkte. Scholastiker und Brüder der deutschen Provinz betrieben vor allem in der Schweiz eine erfolgreiche Werbung – Propaganda, wie man damals sagte. Während in Deutschland 1922 die Auflage auf 6.500 Exemplare und 1924 auf 2.000 sank, wurden in der Schweiz im gleichen Jahr 12.500 Bezieher geworben. Im gleichen Jahr erschien der erste in Polen gedruckte SENDBOTE, dessen Druckerei sich jetzt in Kazimierz befand. Nach anfänglichen Schwierigkeiten brachte es der polnische SENDBOTE bis 1926 auf 12.000 Abonnenten.

Der französische SENDBOTE war bei Kriegsausbruch eingestellt worden und konnte erst 1924 wieder zum Leben erweckt werden.

Dennoch expandierte die Ordenszeitschrift. 1930 kam zu den bereits existierenden Ausgaben des SENDBOTEN eine belgische hinzu. Später kam die von Berthier gegründete Zeitschrift auch in Nordamerika, Brasilien und Argentinien heraus.

VII. Internationale Ausgaben – aber keine internationale Zeitschrift

Zwar hatten alle nationalen Ausgaben des SENDBOTEN in etwa das gleiche inhaltliche Konzept. Aber sie waren keine Übersetzung einer allgemeinen Ausgabe. Der Wegzug von Grave in die jeweiligen Provinzen führte zu einer nationalen Prägung unserer Ordenszeitschrift. Es war nicht gelungen, aus dem SENDBOTEN eine internationale Zeitschrift in mehreren Sprachen zu machen, wie sie wahrscheinlich

Berthier noch vor Augen hatte und wie es vergleichsweise in heutiger Zeit den Fokolaren mit ihrer Zeitschrift NEUE STADT gelungen ist. Die beiden Weltkriege waren wesentlich daran schuld, daß der SENDBOTE nur in der jeweiligen Provinz überleben konnte.

Seit 1909 die Kongregation ihren Einzug in Werthenstein genommen hatte, war schon von Grave aus in der Schweiz ein guter Stamm von Beziehern aufgebaut worden. Die Werbeerfolge der Fratres und Brüder hatten diesen Stamm kräftig zur Blüte gebracht. Jeden Monat wurde der SENDBOTE in Spezialkisten verpackt von Oberhundem aus nach Werthenstein verschickt. Doch die Transport- und Zollkosten machten das Geschäft immer weniger lukrativ. Untragbar waren auch die deutschen Devisenbestimmungen. Daher verfügte der Generalrat 1932, den Schweizer SENDBOTEN ganz dem Kommissariat Werthenstein zu überlassen.

Seit 1928 erschien der deutsche SENDBOTE wieder monatlich. Als die Zeitschrift 1929 ihr 25jähriges Jubiläum feierte, stellte Auth zufrieden fest: „Der SENDBOTE behielt sein Bürgerrecht und ging von den Eltern auf die Kinder über. Aus allen Ständen und Schichten nahm man ihn in Schutz."

VIII. „Vom SENDBOTEN wollen sie sich nicht trennen"

Wie die Werbung für den SENDBOTEN verlief, schilderte 1933 ein leider ungenannter Frater. Ausgestattet mit der bischöflichen Erlaubnis, einem Empfehlungsschreiben seiner Oberen und der bürgerlichen Legitimation ging er auf die Reise. „Einzelne Leser drücken mir ihr Wohlwollen bei meinem Besuch unaufgefordert aus. Verschiedene Leute lassen sich den SENDBOTEN am Jahresschluß einbinden, und so nimmt er einen gebührenden Platz in der Hausbibliothek ein. Einzelne sagen mir, sie könnten wegen der schlechten Verhältnisse nicht alle bisher bezogenen Zeitschriften halten: aber vom SENDBOTEN, der ihnen im Laufe der Jahre ein lieber und teurer Freund geworden sei, wollen sie sich nicht trennen."

Doch die Zeiten waren alles andere als gut. Im gleichen Jahr erging ein Aufruf an die Bezieher: „Wir bitten alle unsere Förderer und Abonnenten, unserem SENDBOTEN in dieser schweren Zeit treu zu bleiben, da er die Hauptstütze unseres Missionswerkes ist."

Seit 1930 wurde für den deutschen SENDBOTEN als Druck- und Verlagshaus das Missionshaus der Heiligen Familie in Betzdorf angegeben. 1934 übernahm Franz Mols die Schriftleitung von Eduard Auth, der in die Mission nach Texas ging. Mehr als dreißig Jahre lang, bis Gerhard Eberts 1968 sein Nachfolger wurde, prägte Franz Mols Inhalt und Form des deutschen SENDBOTEN.

In seine Zeit fiel die bitterste Entscheidung gegen den SENDBOTEN. Im September 1939 wurde der SENDBOTE von den Nazis „wegen Papiermangel" verboten. Vorausgegangen war der Versuch örtlicher Nazistellen in Betzdorf, alles zu tun, um den SENDBOTEN unmöglich zu machen. Am 15. Februar 1941 teilte die Redaktion den Beziehern mit, daß unsere Zeitschrift „DER SENDBOTE DER HEILIGEN FAMILIE, „den kriegswirtschaftlichen Notwendigkeiten Rechnung tragend (Papiereinsparung), mit dem Oktoberheft 1939 das Erscheinen einstellt."

Schon bald nach Ende des Zweiten Weltkriegs wurde der Wunsch laut, den SENDBOTEN wieder aufleben zu lassen. Viele mühsame Wege waren nötig, um in dem von militärischen Besatzungszonen zerrissenen Westdeutschland die Druckerlaubnis zu bekommen. Das Schwierigste aber war es, die nötige Papiermenge aufzutreiben. Die Schweizer Mitbrüder halfen bereitwillig. „Seit Juli 1948", so konnte Mols verkünden, „erscheint der deutsche SENDBOTE wieder, zunächst als Doppelnummer für je zwei Monate. Preis 50 Pfennig." Die kirchliche Druckerlaubnis wurde von Trier mit der Bemerkung erteilt: „Grundsätzlich sind wir mit dem Wiedererscheinen des SENDBOTEN VON DER HEILIGEN FAMILIE einverstanden, wenn wir auch lieber das zur Verfügung stehende Papier für den Druck von Bibeln und Katechismen und Gesangbüchern verwandt sähen...". Das Bischöfliche Generalvikariat Trier schloß noch die Mahnung an: „Wie wir Ihnen bereits mündlich erklärt haben, legen wir großen Wert auf einen gediegenen Inhalt und gute Ausstattung. Daher erwarten wir, daß alles Kitschige, Minderwertige und Wundersüchtige ferngehalten wird..."

IX. Mutiger Neubeginn nach dem Zweiten Weltkrieg

Der Schriftleiter zählte in seinem ersten *Wort an die Leser* auf, was der SENDBOTE inhaltlich bringen wird: „Wir wollen Licht, Kraft und Trost vermitteln. Gegenseitig das Leben erleichtern. Dabei werden wir den Alpdruck der vergangenen Jahre langsam ablegen, uns nicht mehr unnötig nach all den grausamen Häßlichkeiten und Ungerechtigkeiten umsehen, sondern uns den großen Fragen zuwenden: Reinigung und Aufbau. Wir kehren vor der eigenen Tür und lassen uns nicht leiten von pharisäischer Hartherzigkeit und unwissender Gleichgültigkeit."

Die Ausgaben des deutschen SENDBOTEN, die nach dem Krieg erschienen, zeigten auf der Titelseite ansprechende Holzschnitte, die entweder die Heilige Familie oder das Brauchtum in der Familie darstellten. Statt in Betzdorf, wo alle Druckmaschinen dem Krieg zum Opfer gefallen waren, wurde die Zeitschrift jetzt in Lohndruck in der Heuserschen Buchdruckerei in Neuwied gedruckt. 1952 wechselte man zur Druckerei Bitter in Recklinghausen und 1957 zur Druckerei Kühlen nach Mönchengladbach. Dort wird der SENDBOTE heute noch gedruckt.

1950 übernahm Alois Borheier in Betzdorf die Gestaltung des SENDBOTEN, während Franz Mols den SENDBOTEN weiterhin von Oberhundem aus redigierte. Die Zeitschrift erhielt ein modernes Äußeres, für die der Augsburger Grafiker Eugen Nerdinger verantwortlich war. Auf der Suche nach einer preiswerten Druckerei war man auf die Druckerei Himmer in Augsburg gestoßen. Nur mit der kirchlichen Druckerlaubnis haperte es. Das Augsburger Ordinariat, schwäbisch-bayerisch selbstbewußt, gab Bescheid: „Für Ausländer geben wir keine Druckerlaubnis." Sie kam weiterhin aus Trier.

Die fünfziger Jahre waren für den deutschen SENDBOTEN sehr erfolgreich. Die Auflage wuchs bis 1964 auf 88.500 Exemplare. 1954, als die Zeitschrift fünfzig Jahre alt wurde, war im Vorwort zu lesen: „50 Jahre Sendbote. So grüßt euch alle, ihr lieben Leser, unser Sendbote zu seinem goldenen Jubiläum. Wir Menschen bekommen mit 50 Jahren graue Haare. Der Sendbote ist jünger und lebendiger, zeitnah geworden."

X. Was waren die Gründe für den damaligen Erfolg?

Vielfach sind die Gründe, die zur erfolgreichen Verbreitung des SENDBOTEN führten:

* Die zahlreichen Berufe, die es ermöglichten, daß intensiv für den SENDBOTEN geworben wurde. Von Betzdorf aus warben engagier-

te Brüder in den Familien. Diesen Propagandabrüdern verdankt die deutsche Provinz viel: nicht nur die Werbung für den SENDBOTEN, sondern auch den Kontakt zu vielen Familien, aus denen Berufe kamen, oder die zu Wohltätern der Kongregation und der Mission wurden. Auch Fratres von Ravengiersburg warben in ihren Ferien neue Abonnenten.

Übrigens: Neue statistische Untersuchungen haben ergeben, daß die Haustürwerbung die erfolgreichste Abonnentenwerbung ist, zumal, wenn der Werber vertrauenswürdig und mit einer amtlichen Legitimation auftritt. An Vertrauenswürdigkeit waren die Brüder und Fratres nicht zu übertreffen, weil sie sofort als Ordensleute erkennbar waren. Zudem verfügten sie über eine Empfehlung durch den Ortsgeistlichen und den Ordensoberen.

* Die große Zahl der Berufe, die fast aus der gesamten Bundesrepublik kamen, führte dazu, daß der Kreis der Abonnenten geographisch erweitert werden konnte. Bis heute sind die näheren Verwandten unserer Patres und Brüder unsere besten Mitarbeiterinnen und Mitarbeiter für den SENDBOTEN.

* Die hohe Zahl der Förderinnen und Förderer, die von den Brüdern gewissenhaft betreut wurden, leisteten viel für die hohe Akzeptanz des SENDBOTEN. Förderer brachten und bringen den SENDBOTEN unentgeltlich zu den Leuten. Einer unserer Propagandabrüder, Bruder Markus, schrieb 1950 von einer seiner Werbereisen: „Hier verteilt eine Förderin in einem Ort mit 50 Häusern an 40 Familien den Sendboten... Eine Frau in einem anderen kleinen Ort besorgt 80 Sendboten. Sie ist Mutter von acht meist schulpflichtigen Kindern, hat aber alles gut in Ordnung und findet Zeit für das Missionswerk. Will ein Bezieher abbestellen, dann geht die Frau selber zu ihm und regelt begütigend den ‚Fall'. Vor solch treuen braven Menschen kommt man sich doch ganz klein vor."

* Neben der Propagandaarbeit der Brüder tat das Missionshaus in Betzdorf viel für die Bindung der Leser und Leserinnen an ihre Zeitschrift. In Mönchengladbach wurde der SENDBOTE gedruckt, von Betzdorf aus wurde er versandt. Ein reger Schriftverkehr wurde vor allem von August Stupperich mit den Förderern und Lesern aufrecht erhalten. So entstand das, was man heute Leser-Blatt-Bindung nennt.

* Nach dem Zweiten Weltkrieg und der Diktatur der Nationalsozialisten wurde erneut Missionsbegeisterung lebendig. Das kam auch unserer Missionszeitschrift zugute. Manche Familien abonnierten gleich mehrere Missionszeitschriften. Wohl nicht zu unrecht wird behauptet, der SENDBOTE wurde damals von manchen weniger gelesen als abonniert, um etwas für die Mission zu tun.
* Der für religiöse und familiennahe Betrachtungen interessierte Leser konnte in den volksnahen, ungekünstelten und aus tiefem Gemüt geschriebenen Beiträgen von Franz Mols das ihm gemäße finden.

Die Jahre nach dem Zweiten Weltkrieg waren einerseits eine Zeit der einfachen Rezepte, andererseits die der Suche nach neuen Antworten. Das II. Vatikanische Konzil kündigte sich in den aufkommenden biblischen, liturgischen, ökumenischen und missionarischen Bewegungen an. Davon lebte auch der SENDBOTE. Dem verdankte er seine hohe Auflage.

Im Jahre 1968 gab Mols die Federführung des SENDBOTEN an Gerhard Eberts weiter, der in Augsburg bei der Zeitschrift *Mann in der Zeit*, später *Weltbild* seine journalistische Ausbildung bekommen hatte und dort als Redakteur arbeitete.

XI. Veränderungen nach dem II. Vatikanischen Konzil

Die gesellschaftlichen Veränderungen Ende der sechziger Jahre und das kirchliche „Aggiornamento" nach dem Zweiten Vatikanum waren für die katholischen Zeitschriften eine Herausforderung, aber sie stellten sie zugleich in eine Zerreißprobe. Innerhalb der Kirche entwickelte sich ein pluralistisches Denken und Handeln. Vielfach wurde bereits die sog. gesunde Mitte als konservativ oder progressiv verdächtigt. Die Katholiken verloren ihre Hemmungen gegenüber der „schlechten" Presse, vor der die Pfarrer und Bischöfe bisher gewarnt hatten. Sie stellten fest, wie professionell diese abqualifizierte Presse gemacht war, was von den eigenen konfessionellen Blättern oft nicht gesagt werden konnte. Die Auflagen der konfessionellen Presse gingen insgesamt zurück. Die innere Bindung an die Kirche nahm ab und damit die Zahl der Kirchenbesucher.

Andererseits entstand ein neues Selbstbewußtsein der Laien. Das allgemeine Priestertum wurde in der innerkirchlichen Diskussion präsenter als das besondere Priestertum oder die Berufung für den Ordensstand.

Das alles hatte Auswirkungen. Die katholischen Zeitschriften bemühten sich, nach Inhalt und äußerer Aufmachung Schritt zu halten mit der säkularen Presse. Aus Erbauungsblättern wurden informative und teilweise auch kritische Zeitschriften. Die Beiträge wurden besser bebildert, Fragen der Zeit kontroverser behandelt.

Für unsere Zeitschrift war es ein gravierender Nachteil, daß es in der deutschen Provinz, vielleicht sogar in der ganzen Kongregation keine Experten für Partner- und Familienfragen gab. Das ist nicht nur aus moralischer Sicht, sondern auch aus juristischer, naturwissenschaftlicher, pädagogischer und soziologischer Sicht zu bedauern, denn es begannen die leidenschaftlichen Diskussionen um *Humanae vitae*, um „wiederverheiratete Geschiedene" oder um „Ehen ohne Trauschein", um nur einige drängende und brennende diesbezügliche Themen zu nennen.

Zugleich wurde innerhalb der Gruppe der Ordens- und Missionszeitschriften Kritik an der Vielzahl dieser Zeitschriften laut. Es formierte sich die Devise: „Alle Zeitschriften zusammenlegen". Einige missionierende Orden gaben ihr eigenes Organ zugunsten der gemeinsamen Missionszeitschrift *Kontinente* auf. Der größte Teil der Träger dieser Zeitschrift hatte vorher kein eigenes Blatt.

Diskutiert wurde auch über die oft antiquierten Namen der Ordenszeitschriften. Eine Umfrage unter unseren Lesern ergab 1969, daß sich die Mehrzahl der Rückantworten für die Beibehaltung des alten Titels SENDBOTE aussprach.

Wir schlossen uns damals der gemeinsamen Zeitschrift *Kontinente* nicht an, weil der SENDBOTE nicht in deren Raster paßte. Obwohl die Zeitschrift einer missionierenden Gemeinschaft und immer wieder auch mit Missionsberichten bestückt ist, liegt der eigentliche Akzent des SENDBOTEN auf dem Thema Familie.

Das wurde auch ausdrücklich bestätigt bei der Feier, die aus Anlaß des 75-jährigen Bestehens des SENDBOTEN in Betzdorf gehalten wurde. Der damalige Provinzial Hubert Tillmann konstatiert in seiner Ansprache, daß der deutsche SENDBOTE auch heute noch der von Berthier vorgegebenen Linie folgt: Schwerpunktmäßig Themen des Glaubens, der Familie, der Lebenshilfe, der Mission und der Unterhaltung. Als Zeitschrift mit einem pastoralen Auftrag ist sie nicht in erster Linie dazu da, Geld einzubringen. Darum ist es sinnvoll, an ihr festzuhalten, auch wenn die Zahl der Abonnenten deutlich geringer wird. Von 1968 bis 1979 belief sich der Rückgang von 82.700 Exemplaren auf 58.500. Neunzig Jahre nach seiner Gründung liegt der deutsche SENDBOTE bei knapp 40.000 Exemplaren.

Die Gründe für solch alarmierenden Rückgang sind vielfältig. Abbestellung, weil jemand mit dem Inhalt nicht zufrieden ist oder weil ihm der Preis zu hoch ist, gibt es so gut wie nie. Viele Leser bestellen jedoch aus Altersgründen ab, wenn der bisherige Abonnent stirbt. Immer weniger junge Familien übernehmen den SENDBOTEN von den Eltern oder Großeltern. Die Flut der säkularen Zeitschriften, das Fernsehen und die wachsende Distanz zur Kirche tragen wesentlich dazu bei, daß der SENDBOTE seinen angestammten Platz in vielen christlichen Familien verliert.

Daß es an Mitbrüdern fehlt, denen es noch möglich ist zu werben, tut ein übriges. Dort, wo Bruder Hubert und Bruder Lukas noch in der Werbung tätig sind, sind die Erfolge gut.

XII. Was ist zu tun?

Solange die personellen Kräfte reichen und solange die Leserinnen und Leser den SENDBOTEN annehmen, werden wir uns für ihn einsetzen. Viel ist getan worden, um ihn graphisch und drucktechnisch auf ein hohes Niveau zu bringen. Jede Ausgabe erscheint mit vierfarbigem Umschlag, öfter auch mit farbigen Reportagen. Vom Tiefdruck sind wir auf Offsetdruck umgestiegen. Die Aktualität ist, soweit das bei einer Monatszeitschrift angeraten ist, deutlich verbessert worden. Der Computer hat in Redaktion, Vertrieb und Druckerei Einzug gehalten.

Für Berthier war der SENDBOTE ein Teil seines missionarischen Engagements. Wie damals gibt uns die Zeitschrift heute die Gelegenheit, mit vielen Menschen ins Gespräch zu kommen. Bei ihnen wirbt der SENDBOTE für die Verehrung und Nachahmung der Heiligen Familie, er bestärkt die Familien in ihrem christlichen Auftrag, weckt die Liebe zur Mission und fördert die Spendenbereitschaft.

Ohne daß ausdrücklich dafür geworben wird, gehören viele SEND-BOTEN-Leser zu den Wohltätern unserer Missionsprokura.

Heute ist der Begriff Mission weit zu verstehen. Es ist Verständnis dafür zu wecken, die Probleme des Ostens, den Nahen Osten und die Reevangelisierung in Europa mit in den Blick zu nehmen. Für den SENDBOTEN gilt auch, was der derzeitige Chefredakteur von *Kontinente* den Redakteuren von Ordens- und Missionszeitschriften empfiehlt: sie sollen „das negative Kirchenbild herum[zu]drehen, indem sie die weltkirchlichen Dimensionen aufzeigen." So könnten die jungen Kirchen den europäischen zu neuem Schwung verhelfen und damit sei auch Hoffnung gegeben auf eine „in Zukunft stabilere Leserzahl".

Die Zukunft des SENDBOTEN ist ungewiß, doch festzuhalten bleibt: viele haben durch ihn Weisung und Hilfe erfahren und unterhaltsame Lektüre gefunden. Viele haben diesem Apostolat ihre besten Jahre geopfert: Patres und vor allem Brüder und dazu die vielen Laien, hauptamtliche und ehrenamtliche: *Das kann ihnen nicht mehr genommen werden.* Die erfolgreiche Vergangenheit verpflichtet, den SENDBOTEN nicht nur als einen wesentlichen Bereich unserer hundertjährigen Ordensgeschichte zu feiern, sondern ihn auch in die Zukunftspläne der Gemeinschaft fest einzubinden. Die zunächst erfolgte Wiedergründung des polnischen SENDBOTEN nach Jahrzehnten des Krieges und der Diktatur ist ein Zeichen der Hoffnung.

Von der apostolischen Schule zum Apostolat in der Schule

von JOSEF VODDE in Deutschland

Die Rolle, die die Kirche mit der Unterhaltung eigener Schulen spielt, hat sich im Verlauf der Entwicklung des Schulwesens nicht unerheblich verändert. Das gilt auch für die Ordensschulen und somit auch für die Schulen der MSF.

Die ersten Schulen in der Schweiz und in Deutschland waren apostolische Schulen oder Missionsschulen. Das Eigentliche, das Spezifische ihres Bildungs- und Erziehungskonzeptes war die Heranbildung des ordenseigenen Nachwuchses. Die Sorge des Ordensgründers Jean Berthier galt den wachsenden Aufgaben der Kirche in den damaligen Randgebieten der Welt, sein Interesse und seine Liebe den jungen Menschen, die Gott zwar in seinen Dienst berufen hatte, die aber schon älter waren („Spätberufene") oder zu arm schienen, um dieser Berufung entsprechen zu können. Diese Menschen förderte er mit der ganzen Kraft seines Lebens. So erschloß Berthier eine neue Quelle, um Berufe für die Missionen zu gewinnen. Nach der Gründung seiner Kongregation wirkte er in Grave (Niederlande) als Lehrer seines Ordensnachwuchses. „Selber das Beispiel geben, war seine Erziehungsmethode", bezeugt später einer seiner Schüler.

In der Regel kamen die Schüler mit der festen Absicht in die Missionsschulen, um Mitglied der MSF zu werden. Sie nahmen das strenge Leben in der Missionsschule auf sich, um so organisch in die Ordensgemeinschaft der MSF hineinzuwachsen. Sie waren „Kinder des Hauses". Missionshaus und Missionsschule waren eine Einheit.

Der Erfolg bestätigt diese Zielsetzung. Hunderte von Ordenspriestern gingen aus den Missionsschulen hervor, darunter auch mehrere Missionsbischöfe.

Das war die Zielsetzung der apostolischen Schulen der MSF, die im wahrsten Sinne des Wortes *private* Schulen waren. Eine staatliche Anerkennung dieser Schulen gab es nicht und somit auch keinen anerkannten Schulabschluß (Allgemeine Hochschulreife, Abitur, Matura).

Aber nicht alle Schüler erreichten das Ziel des Priestertums. Die strenge Disziplin und die hohen religiösen Anforderungen bewirkten eine frühe „Auslese". Viele erkannten im Laufe ihrer Schülerzeit, daß sie nicht für den Beruf des Ordenspriesters und Missionars geschaffen waren.

Als mit der Zeit die Zahl der Spätberufenen kleiner wurde und die Missionsschüler immer jünger wurden, zeigte es sich, daß die sehr enge berufsorientierte Zielsetzung nicht unproblematisch war. Wenn diese jungen Menschen die Missionsschule verließen und sich nicht für den Ordensberuf entschieden, standen sie ohne einen staatlich anerkannten Schulabschluß da, der Zugang zu den Hochschulen und Universitäten war ihnen verwehrt. Dieses Problem wurde schon bald wahrgenommen. Aber zunächst wurden nur wenige Missionsschüler in der Oberstufe auf ein öffentliches Gymnasium geschickt, damit sie einen staatlich anerkannten Schulabschluß erhielten. So gab es jetzt einige wenige Privilegierte. Das war nicht gut. Erst Anfang der sechziger Jahre gelang es, in Deutschland die Missionsschulen in staatlich anerkannte Gymnasien zu überführen. Die Umwandlung erfolgte in mehreren aufeinander folgenden Schritten. Wenn früher alle Schüler im Internat lebten (Schule und Internat bildeten eine Einheit), wurden jetzt externe Schüler aufgenommen. In einem zweiten Schritt öffneten sich die Schulen auch für Mädchen. Damit dienten die Schulen nicht mehr einer sehr engen berufsbezogenen Grundversorgung (Ordensnachwuchs), sondern die Gymnasien übernahmen jetzt ganz neue profilierte Aufgaben. Aus den privaten Missionsschulen waren „Freie Schulen" geworden. In den Missionsschulen war die Zahl der Schüler abhängig von den Internatsplätzen. Nach der Öffnung und Umwandlung der Missionsschulen in koedukative Gymnasien stieg die Schülerzahl stetig an. Im Jahre 1994 besuchten 656 Schülerinnen (354) und Schüler (302) das Gymnasium Maria Königin in Lennestadt-Altenhundem, 637 Schülerinnen (318) und Schüler (319) das St. Josef Gymnasium in Biesdorf und 240 Schülerinnen (109) und Schüler (131) das Christkönig-Kolleg in Nuolen (Schweiz).

In den rein berufsbezogenen Internatsschulen war das Apostolat der Berufe eine ernste Aufgabe, um möglichst viele für das Missionsapostolat zu gewinnen. In der Zeit des Übergangs wurde oft die Frage gestellt, ob der Orden sich noch in diesen Freien Schulen engagieren solle, wenn für den Orden aus diesen Schulen kaum noch Nachwuchs kommt. Es mußte darüber nachgedacht werden, wie die Zielsetzung der Schulen im Kontext der missionarischen Aufgabe der Ordensgemeinschaft der MSF gestaltet werden sollte.

Aus den Konstitutionen der MSF erwächst den Ordensmitgliedern die Verpflichtung, für andere da zu sein. Die Deutsche Ordensprovinz der MSF sieht sich heute mit ihrer apostolischen Arbeit in den ordenseigenen Schulen in einer langen Tradition der Kirche und ihrer eigenen Kongregation. Sie entspricht damit einem Grundanliegen ihres Ordensgründers Berthier, der selbst von ganzem Herzen Lehrer war und sich in seinen Schriften immer wieder als ein unermüdlicher Kämpfer für die christlichen Schulen erweist (Provinzdirektorium der Deutschen Ordensprovinz der MSF). Ihre Prägung und ihren Anteil an der Sendung der Kirche in der Welt gewinnen die Ordensschulen dadurch, daß sie aus einem umfassenden Verständnis von Mensch und Welt heraus junge Menschen für das Leben in Kirche und Welt vorbereiten. So hat die Ordensgemeinschaft der MSF in Deutschland und in der Schweiz in ihrer Verantwortung für die jungen Menschen das Recht wahrgenommen, Freie Schulen zu gründen und sie aus dem Geist des Evangeliums, aus dem Geist der Freiheit und der Liebe zu gestalten. *Ziel unserer Schulen ist die ganzheitliche Entfaltung der uns anvertrauten jungen Menschen auf der Grundlage unseres Glaubens* (Provinzdirektorium). Grundlage für die Erziehungs- und Bildungsziele der MSF-Schulen in Deutschland sind die Aussagen der göttlichen Offenbarung und die daraus resultierenden Glaubens- und Wertvorstellungen. (Wesentliche Aussagen der katholischen Kirche über die Erziehungs- und Bildungsziele sind enthalten in der Erklärung des II. Vatikanischen Konzils *Gravissimum educationis, Über die christliche Erziehung*, vom 28. Oktober 1965, dem Beschluß der Gemeinsamen Synode der Bistümer in der Bundesrepublik Deutschland *Schwerpunkte kirchlicher Verantwortung im Bildungsbereich* vom 18. November 1975 und der *Erklärung der Kongregation für das katholische Bildungswesen zur katholischen Schule* vom 19. März 1977.) So stellt eine von Ordenschristen geführte Schule Christus in den Mittelpunkt ihrer Erziehungsarbeit. Christus ist der Eckstein, der Grundstein der Schule: Er offenbart und entfaltet den neuen Sinn des Daseins und wandelt das Leben um, indem er den Menschen fähig macht, auf göttliche Weise zu leben, das heißt, im Geist des Evangeliums zu denken, zu wollen und zu handeln. Der Paderborner Erzbischof Johannes Joachim Degenhardt erklärte diesbezüglich: *Eine Schule, die für ihre Erziehungsarbeit und für ihr Zusammenleben Christus zum Mittelpunkt wählt, kann nicht einem wie auch immer verstandenen Individualismus huldigen, sondern wird in allen ihren Vorzügen auf ein Miteinander der Beteiligten abzielen. Dies wirkt sich auf die Erziehung aus, in der personale Entfaltung zugleich auch Entwicklung der mitmenschlichen Beziehung einschließt. Und es prägt das gesamte außerunterrichtliche Zusammenwirken von Lehrern, Schülern und Eltern.*

Ein wichtiges Element des Schulapostolates ist die Schulseelsorge. Im Provinzdirektorium der Deutschen Ordensprovinz der MSF heißt es: *Bei all unserer Arbeit in der Schule bleiben wir uns stets unseres eigentlichen missionarischen Auftrages bewußt, die Frohe Botschaft zu verkünden und das Reich Gottes unter den Menschen aufzurichten, d. h. unsere besondere Aufmerksamkeit gilt der Verankerung und Vertiefung des Glaubens in den Herzen der jungen Menschen. Dem dient in besonderer Weise die Schulseelsorge, der sich Mitbrüder ganz und teilweise widmen. Sie ist darum bemüht, ein reges Glaubensleben an der Schule zu fördern, und umschließt in ihrer seelsorglichen Betreuung Schüler, Lehrer, Eltern, ehemalige Schüler, Angestellte und deren Familien.*

Die Vereinigung Deutscher Ordensobern (VDO) hat im Jahre 1990 einen Grundlagentext zur Schulpastoral vorgelegt. Darin kommt die Mitsorge der Ordensgemeinschaften um den Bildungsauftrag der katholischen Kirche zum Ausdruck. Auch die Aufgaben der Orden im Hinblick auf den schulpastoralen Aspekt der Trägerschaft werden in diesem Grundlagentext formuliert: Die grundlegenden Lebensäußerungen der Kirche – Diakonie, Verkündigung und Liturgie – bilden auch den Rahmen für die Pastoral in den Schulen (Vereinigung Deutscher Ordensobern: Schulpastoral in katholischen Schulen in freier Trägerschaft (Orden) in der Bundesrepublik Deutschland. In: Ordenskorrespondenz 31, 1990).

Der kulturelle Pluralismus drängt die Kirche, die Jugendlichen, die in einer täglich heidnischer werdenden Gesellschaft leben, zu *selbständigen und verantwortungsbewußten Persönlichkeiten heranzubilden, die dem lähmenden Relativismus widerstehen und gemäß den Anforderungen ihres Taufgelöbnisses leben können* (Erklärung der Kongregation für das Katholische Bildungswesen zur katholischen Schule vom 19. März 1977).

Die katholischen Bildungseinrichtungen scheinen heute die einzige Möglichkeit zu sein, mit den jungen Menschen in Verbindung zu bleiben, nachdem die Gemeinden sie kaum noch erreichen.

In diesem Sinne helfen die MSF *den Laien bei ihren Aufgaben in der Kirche und tragen Sorge für ihre Ausbildung und für die Entwicklung neuer pastoraler Dienste* (Konstitutiones der MSF).

Ausblick in die Zukunft

Mit der Umwandlung der Missionsschulen in öffentlich anerkannte koedukative Gymnasien mußten die Patres Laienlehrkräfte anstellen, die nicht dem Orden angehörten. Heute sind die Patres in den Lehrerkollegien nur noch eine kleine Minderheit. In wenigen Jahren wird es keine Ordensleute mehr in den Gymnasien der MSF geben und damit auch keine ordenseigenen Gymnasien der MSF.

Angesichts der geistigen und religiösen Not, die sich gerade auf das Schulwesen in Deutschland und der Schweiz auswirkt, erscheint das Apostolat in der Schule noch dringender als früher. Bei der neuen Evangelisierung Europas, von der Johannes Paul II. häufig spricht, wird das Apostolat in den katholischen Schulen künftig wahrscheinlich noch schwieriger, gerade deshalb um so notwendiger und vielleicht auch lohnender werden.

Wenn die MSF davon überzeugt sind, daß die katholischen Schulen ein wirksames Mittel zur Neuevangelisierung unserer Gesellschaft sind, müssen sie alle Gedanken darauf richten, die beste Lösung für den Erhalt ihrer Gymnasien in Deutschland und in der Schweiz zu finden. Die katholischen Schulen in Europa, wenn sie wirklich Schule und wirklich katholisch sind, können viel dazu beitragen, daß der Wunsch des Papstes Wirklichkeit wird.

Es ist zu hoffen, daß die Männer und Frauen, mit denen die Patres schon Jahrzehnte die Verantwortung für das Apostolat in der Schule teilen, vom christlichen Geist geprägt sind und auch bei einer Umstrukturierung der Trägerschaft der Schulen die Arbeit in christlichen Schulen fortsetzen, in denen Christus der Grundstein, der Eckstein und die Mitte ist.

Die Autoren

P. JOSÉ MARIA AGUIRRE MSF
geb. 1946 in Spanien; Eintritt 1965, Priesterweihe 1972; seit 1976 in Argentinien; als Seelsorger in Basisgemeinden und im Ordensseminar tätig; Pfarrer in José C. Paz, Provinz Buenos Aires.

P. OTTO APPERT MSF, DR.
geb. 1930 in der Schweiz; Eintritt 1952, Priesterweihe 1957; 1960–1966 und 1973–1988 Missionar in SW-Madagaskar; zwischenzeitlich in der Schweiz Auswertung der wissenschaftlichen Forschungen über Paläobotanik und Zoologie in Madagaskar.

P. VICENTE LAURINDO DE ARAÚJO MSF
geb. 1943 in Nordbrasilien; Eintritt 1967, Priesterweihe 1973; Magister in Geschichte, Religionslehrer und Dozent an der staatlichen Universität in Pernambuco; 1986–1992 Provinzoberer in Brasilien-Nord; Assistenzprofessor für Erziehungswissenschaften.

P. WERNER ARENS MSF, PROF. DR.
geb. 1934 in Deutschland; Eintritt 1953, Priesterweihe 1958; Lehrtätigkeit als Privatdozent und Professor für Anglistik an den Universitäten Regensburg, Tübingen und Stuttgart; zahlreiche Veröffentlichungen zur mittelenglischen, neuenglischen, amerikanischen und australischen Literatur.

P. EUCLIDES BENEDETTI MSF
geb. 1944 in Brasilien; Eintritt 1970, Priesterweihe 1977; Studium der Spiritualität; in der Pfarrseelsorge und in der Ausbildung von Ordensstudenten tätig; seit 1989 Provinzoberer in Süd-Brasilien.

P. ROQUE JOÃO BIEGER MSF
geb. 1959 in Brasilien; Eintritt 1985, Priesterweihe 1988; in der Pfarrseelsorge tätig und engagiert in der Bewegung „Landbevölkerung ohne Land".

P. ITACIR BRASSIANI MSF
geb. 1959 in Brasilien; Eintritt 1984, Priesterweihe 1987; Studium der Dogmatik in Belo Horizonte, Magister; tätig als Pfarrseelsorger und Professor am Missionarischen Institut für Theologie in Santo Angelo.

HANS-MARTIN BRAUN, DR.
geb. 1939 in Deutschland; Studium der Evang. Theologie, Pädagogik und Anglistik; Lehrtätigkeit an den Universitäten Regensburg und Paderborn; Veröffentlichungen zur englischen und amerikanischen Literatur.

P. HERMANN-JOSEF BURBACH MSF, DR.
geb. 1935 in Deutschland; Eintritt 1955, Priesterweihe 1960; Studium der

Theologie, Musikwissenschaft, Germanistik und Sprecherziehung; seit 1967 Kath. Fernsehbeauftragter beim Westdeutschen Rundfunk; Lehrtätigkeiten am Kölner Priesterseminar; seit 1980 auch Kath. Hörfunkbeauftragter beim WDR im Auftrag der nordrhein-westfälischen Bischöfe.

FR. IRIO LUIZ CONTI MSF

geb. 1961 in Brasilien; Eintritt 1985; Studium der Theologie; als Ordensbruder in der Bewegung für eine gerechte Landverteilung tätig; seit 1994 Nationalsekretär der pastoralen Kommission für Probleme der Landverteilung (CPT).

P. STANISŁAW CZARNY MSF

geb. 1955 in Polen; Eintritt 1975, Priesterweihe 1981; seit 1989 als Missionar und Superior der MSF Kommunität in Goroka (Papua-Neuguinea) tätig.

P. WILLEM DEMARTEAU MSF, BISCHOF

geb. 1917 in den Niederlanden; Eintritt 1936, Priesterweihe 1941; 1943–1947 als Seelsorger in Amsterdam tätig; seit 1947 Missionar in Borneo (Kalimantan); 1947–1954 Pfarrer an der Kathedralkirche in Banjarmasin; 1954 Bischofsweihe in Banjarmasin; Rücktritt vom Bischofsamt 1983; seitdem als Pfarrer in Banjarbaru/Borneo tätig.

P. GERHARD EBERTS MSF

geb. 1938 in Deutschland; Eintritt 1959, Priesterweihe 1966; 1966–1982 Redakteur von „Weltbild"; seit 1968 Chefredakteur des deutschen „Sendbote", Augsburg; 1987–1991 Chefredakteur der Augsburger Kirchenzeitung; seit 1991 Studienleiter beim Institut zur Förderung journalistischen Nachwuchses, München.

P. EGON FÄRBER MSF

geb. 1937 in Deutschland; Eintritt 1960, Priesterweihe 1966; Studium der Liturgiewissenschaft in Münster 1966–1970, zugleich Pfarr- und Familienseelsorge, Studienpräfekt und Superior im Ausbildungshaus der Kongregation von 1970–1977; Assistent in der Generalleitung in Rom von 1977–1983; seit 1983 Generalsuperior.

P. GASPAR HANDGRAAF MSF

geb. 1931 in den Niederlanden; Eintritt 1953, Priesterweihe 1958; seit 1960 als Missionar in Chile tätig; Hauptschwerpunkt: Jugend- und Kinderpastoral.

P. JOSEF HARTMANN MSF, DR.

geb. 1926 in Deutschland; Eintritt 1949, Priesterweihe 1954; 1954–1957 Studium in Rom; 1960–1971 als Missionar in Äthiopien tätig; 1972–1977 wissenschaftlicher Mitarbeiter an der Universität Hamburg; seit 1978 Pfarrer der Pfarrei Bodö, Norwegen.

P. EDOUARD JOST MSF

geb. 1922 in Frankreich; Eintritt 1943, Priesterweihe 1949; Universitätsstudien und Betreuer im Studienhaus des Ordens von 1949–1959; Novizenmeister von 1959–1965; Superior von 1965–1971; Krankenseelsorger 1971–1986; seit 1986 Postulator für die Seligsprechung Jean Berthiers und seit 1989 Generalassistent.

P. FRIEDHELM JÜRGENSMEIER MSF, PROF. DR.
geb. 1936 in Deutschland; Eintritt 1955, Priesterweihe 1960; 1973–1982 Professor in Mainz; seit 1982 Professor für Kirchengeschichte an der Universität Osnabrück; zahlreiche kirchenhistorische Veröffentlichungen.

P. JUAN J. M. VAN KESSEL MSF, DR.
geb. 1934 in den Niederlanden; Eintritt 1953, Priesterweihe 1959; seit 1963 als Missionar in Chile mit dem Schwerpunkt Indianerseelsorge; 1980 Doktorat in Soziologie; zeitweise als Dozent in den Niederlanden tätig.

P. YUVENALIS LAHAJIR MSF
geb. 1957 in Ost-Kalimantan; Eintritt 1979, Priesterweihe 1986; als Seelsorger in der Diözese Samarinda tätig; zahlreiche Veröffentlichungen zur Dayakkultur.

P. ISAIAS LASO MARTÍN MSF
geb. 1952 in Spanien; Eintritt 1971, Priesterweihe 1979; 1979–1986 Direktor und Professor am Seminar Regina Pacis in Cervera; 1986–1988 pastorale Tätigkeit in Madrid; von 1988–1994 Provinzsuperior in Spanien, Beauftragter für Familienpastoral in der spanischen Provinz.

P. GERHARD MOCKENHAUPT MSF
geb. 1931 in Deutschland; Eintritt 1953, Priesterweihe 1958; 1971–1977 Generaloberer in Rom; 1982–1986 Schulleiter im privaten Schuldienst; Leitung der Abteilung Schulen, Hochschulen und Universitäten im Bistum Trier als Ordinariatsrat seit 1986; seit 1992 Sekretär der Kommission für weltkirchliche Fragen der deutschen Bischofskonferenz.

P. JOACHIM PIEGSA MSF, PROF. DR.
geb. 1930 in Schlesien; Eintritt 1950, Priesterweihe 1956; 1964–1967 Rektor des Priesterseminars MSF in Polen; 1973–1977 Professor in Mainz; seit 1977 Professor für Moraltheologie an der Universität in Augsburg.

P. ALOYSIUS PURWA HADIWARDOYO MSF, DR.
geb. 1949 auf Java/Indonesien; Eintritt 1974, Priesterweihe 1977; 1978–1982 Studien an der Lateran-Universität in Rom; 1984–1990 Rektor des Scholastikates der MSF in Yogyakarta; seit 1983 Dozent für Moraltheologie und Direktor für Familienpastoral in der Erzdiözese Semarang auf Java.

P. VINCENT DE PAUL RAJOMA MSF
geb. 1942 in Madagaskar; Diözesanpriester im Bistum Fianarantsoa; Eintritt 1980 in Belgien, nach dem Noviziat als Seelsorger in Madagaskar; 1988/89 Studien der Erziehungswissenschaften am Salesianum in Rom; Verf. zahlreicher madagassischer Gesänge; seit 1994 Provinzoberer.

P. Otto Rickenbacher MSF, Dr.
geb. 1938 in der Schweiz; Eintritt 1958, Priesterweihe 1964; Studien in Rom am Angelicum und am Bibelinstitut (Doktorat 1971); 1972–1974 wissenschaftlicher Assistent in Fribourg; 1974–1983 in Madagaskar für Sprichwortforschung und Seelsorge tätig; seit 1984 in der Schweiz bei der Missionsprokura mit dem Schwerpunkt Bibel und PC.

P. José Antonio Rocha Lima MSF
geb. 1956 in Brasilien; Eintritt 1978, Priesterweihe 1981; Pfarrseelsorger in mehreren Städten der Diözese Januária/Minas Gerais; ab 1988 Leiter des Ausbildungshauses der MSF in Belo Horizonte und Dozententätigkeit in verschiedenen Seminaren; 1994 Wahl zum Provinzoberen Brasilien-Ost.

P. Andrew Spatafora MSF
geb. 1958 in Kanada; Eintritt 1978, Priesterweihe 1983; 1983–1988 Pfarrer in Kanada; 1988–1992 Studien der Bibelwissenschaften am Biblicum im Rom (lic. bibl. theol.); Doktorand an der Gregoriana in Rom.

P. Aloysius Sutrisnaatmaka MSF, Dr.
geb. 1953 auf Java/Indonesien; Eintritt 1975, Priesterweihe 1981; 1982–1987 Studien an der Gregoriana in Rom (Dr. theol.); 1988 Dozent für Theologie an der theologischen Fakultät Wedabhakti in Yogyakarta; seit 1990 Sekretär der Missionskommission und theologischer Berater für Liturgie der indonesischen Bischofskonferenz.

P. Marian Twardawa MSF
geb. 1954 in Polen; Eintritt 1975, Priesterweihe 1981; Dozent für Homiletik 1988–1993; Provinzvikar 1989–1992; seit 1992 Direktor der Equipe für Volksmission in Polen.

P. Josef Vodde MSF
geb. 1936 in Deutschland; Eintritt 1959, Priesterweihe 1965; Studium der Theologie, Biologie und Geographie an der Universität Bonn; seit 1973 Lehrer am Gymnasium „Maria Königin" in Lennestadt, Studiendirektor und Assistent des Provinzoberen.

P. Wim van der Weiden MSF, Dr.
geb. 1936 in den Niederlanden; Eintritt 1955, Priesterweihe 1961; 1961–1969 Studium an der Gregoriana in Rom; seit 1969 als Missionar in Indonesien, Provinz Java, tätig; 1974–1976 dort Provinzsuperior; seit 1970 Dozent für Altes Testament an der theologischen Fakultät Wedabhakti in Yogyakarta; 1978–1988 dort auch Dekan.

P. Yan Zwirs (Lawing Paran) MSF
geb. 1940 in den Niederlanden; Eintritt 1960, Priesterweihe 1966; seit 1967 als Missionar im Inland von Katan (Indonesien) tätig; 1980 Leiter des bischöflichen Sekretariates für Katechese; 1994 Generalvikar der Diözese Samarinda.